# BIBLIOTHÈQUE CLASSIQUE LATINE
— OU —
## COLLECTION
### DES AUTEURS
# CLASSIQUES LATINS

AVEC

COMMENTAIRES ANCIENS ET NOUVEAUX

FRAGMENTS INÉDITS, RECHERCHES, DISSERTATIONS, INDEX, PORTRAITS, CARTES GÉOGRAPHIQUES, PLANS DE SIÈGES ET BATAILLES, TABLEAUX, ETC.

## PAR N. E. LEMAIRE,
ANCIEN DOYEN ET PROFESSEUR DE POÉSIE LATINE A L'ACADÉMIE DE PARIS.

IMPRIMÉE PAR DIDOT.

## SECONDE SOUSCRIPTION.

1837

## PARIS,
### ON SOUSCRIT CHEZ M. EHRMANN,
RUE DE LULLI, N° 1, PLACE DE L'ANCIEN OPÉRA.

Catulle
Œuvres complètes

# BIBLIOTHECA

CLASSICA LATINA

SIVE

# COLLECTIO

AUCTORUM CLASSICORUM LATINORUM

CUM NOTIS ET INDICIBUS

*On souscrit, à Paris,*

Chez N. E. LEMAIRE, Éditeur, rue des Quatre Fils, n° 16, au Marais.
BARROIS l'aîné, libraire, rue de Seine, n° 10, F$^{bg}$ St-Germ.
DE BURE frères, libraires du Roi, rue Serpente, n° 7.
F. DIDOT, imprimeur du Roi, rue Jacob, n° 24.
TREUTTEL et WURTZ, libraires, rue de Bourbon, n° 17.
Ant. Aug. RENOUARD, libraire, rue de Tournon, n° 6.
BOSSANGE père, libraire, rue de Richelieu, n° 60.
BRUNOT-LABBE, libraire, quai des Augustins, n° 33.
MONGIE aîné, libraire, boulevard Italien, n° 10.
DONDEY-DUPRÉ, impr. libr. rue St-Louis, n° 46, au Marais.
H. VERDIÈRE, libraire, quai des Augustins, n° 25.
ARTHUS-BERTRAND, libraire, rue Hautefeuille, n° 23.
PEYTIEUX, libraire, Galerie Delorme.

Et chez tous les libraires de France et des pays étrangers.

# C. VALERII CATULLI

## QUÆ EXSTANT

## OMNIA OPERA

EXCUDEBAT FIRMINUS DIDOT,
REGIS ET GALLICARUM ACADEMIARUM TYPOGRAPHUS.

# C. VALERIUS CATULLUS

EX EDITIONE

## FRID. GUIL. DOERINGII

CUI SUAS ET ALIORUM ADNOTATIONES

ADJECIT

## JOSEPHUS NAUDET

REGIÆ ACADEMIÆ INSCRIPTIONUM ET LITERARUM HUMANIORUM SOCIUS

## PARISIIS

COLLIGEBAT NICOLAUS ELIGIUS LEMAIRE

POESEOS LATINÆ PROFESSOR

MDCCCXXVI

# B. JOSEPHO DACIER,

## REGIÆ ACADEMIÆ INSCRIPTIONUM

ET

## LITERARUM HUMANIORUM

AB ACTIS,

ELEGANTISSIMO VERÆ ERUDITIONIS CULTORI,

JUCUNDA SENECTUTIS GRAVITATE VENERANDO,

ET

# JOANNI P. ABEL-REMUSAT,

DOCTISSIMO LITERARUM ORIENTALIUM PROPAGATORI,

EJUSDEM INTER ACADEMIÆ LUMINA CONSPICUO,

AMBOBUS CHARITATE INVICEM ET PIETATE CONJUNCTISSIMIS,

QUOS AMICITIA MEA NON SEPARAT,

EGO HUNC LIBRUM

D. D. D.

# JOSEPHUS NAUDET.

# PRÆFATIO
## NOVI EDITORIS.

Multi sunt, et egregii quidem, qui Catulliani carminis lepores veneresque laudaverint; nemo (quod sciam) illius naturam et indolem introspexit, nemo, quid contulerit latinis literis adjumenti, et quid vitii rursus ipsi importarit Romani moris pravitas, adhuc sategit enarrare. Itaque quod magni viri sive obliti sunt, sive omiserunt scientes, ego, quantulæcunque vires sint, supplere aggrediar. Catullum, primo peritissimum versuum concinnatorem, dein vatem præstantissimum exigere mihi propositum est.

Præcipue in Catullo eminet, seu dicendi genus, seu excogitandi vim intuearis, græcissandi consuetudo. Ita Græcorum disciplinis imbuit animum, et eorum in se succum et sanguinem transfudit, ut ipse Græcus in Italia natus, græco ingenio latine scribere videatur: idque fuit illi Græcorum vestigiis insistendi studium, ut in hoc versu *Ebriosa acina ebriosioris*[1] quum dicere *ebrioso* posset, et, quod erat usitatius, *acinum* in neutro genere appellare; amans tamen hiatus illius homerici, ut refert A. Gellius[2], *ebriosa* dixerit propter insequentis *a* literæ concentum. Ergo multiplices græci carminis modos numerosque imitari, et ad illius effigiem suum artificium variare instituit; Graiorum quidem discipulus præclarissimus, Romanorum autem doctissimus magister; quo docente et fingente, prosodia latina in molliores formas flecti, jam inde tractabilior, didicit, magnoque ars poetica proventu, haud ex libelli amplitudine, imo ex auctoris fama æstimando, adaucta effloruit.

Priores etenim sermonem ditaverant patrium magis quam carminis pangendi scientiam excoluerant; quippe quum scena felicissimum quodque ingenium ad se traxisset. Iambicos autem et trochaicos comici sermonis, tragicos etiam trimetros, quisquis fragmenta veterum poetarum inspexit, vel Ciceronem testem audiit, similes sæpissime

[1] Carm. xxvii, 4.
[2] Noct. Att. vii, 20.

prosæ orationi cucurrisse non ignorat. Tum latina poesis leges metiendi syllabas versumque digerendi astrictiores constantioresque, et nova modulandi carminis genera desiderabat. Lyricis cantibus, elegiæ, et leviusculis poematiis sua deerat norma, et rhythmus cuique peculiaris. Ennius, Lucilius, Plautus, Terentius cæterique hujus antiquitatis, si nil intentatum liquissent, at certe imperfectam metricam artem tradiderant posteris; quos inter Catullus musici operis princeps exstitit et ab æqualibus habitus est; adeo ut, si quis doctrinæ poeticæ specimen, qualis illa ætate fuerit, cognoscere velit, libellum Catulli satis erit evolvisse. Namque ibi occurrent quatuordecim versuum species [1], et aliæ quoque occurrerent, nisi multa illius carmina periissent [2]. Qui, quum varietates modorum tam multas adhiberet, habilem ingenii vigorem insignemque solertiam expromebat exercendo, animi causa, non sane ambitiosus industriæ frivolæ et operosæ ostentator.

[1] Vid. inf. Vulpii Diatrib. de Met. Catull. p. 25.
[2] Vid. inf. vit. Catull. p. 15.

Polymetrica istiusmodi tentamenta, quæ nemo sapiens pluris æquo æstimaverit, tamen si recte judicare cupias, ratio temporum habenda est. Quotiens dictio poetica excellentium virorum cultu et inventis eo perducta est, ut copiosa simul et perpolita niteat, vanæ multiformis versificationis argutiæ sterilitatem ingenii magis quam subtilitatem arguunt, et degeneres animos ad inania præstigiarum oblectamenta alliciunt. Jam difficilia pro pulchris, perversa pro rectis omnes captant, et stulta verborum struendorum curiositate neglectus decor sententiarum jacet. Donec vero poetice adolescit, necesse est multa agitet, multa periclitetur, et alios atque alios habitus induere gestiat, quum meliora, quibus acquiescat, reperire nititur, atque illo sudore, qui in irritum effusus forsan multis videatur, stilus paulatim subactus, ducere quo menti placuerit, docilem se præbere consuescit. Quemadmodum puer in otio occupatus semper quidlibet conatur, unde nihil agens sese fatiget; imo vero hoc agit, palæstra illa naturali, ut, membrorum artus, quodcumque voluerit exsequi, postea ævi maturus, promptius commodiusque moveantur. Veterum poetarum nostratum exemplo utar. Hodie quidem, ea, quibus tum illi se volentes cruciabant, tormenta ridere licet, nugasque laboriosas, nominibus; *lais, vire-lais, triolets*, quas, quo pluribus vinculis impeditæ forent, eo magis placituras existimabant. Sic tamen linguæ semibarbaræ rusticitatem edomare cœperunt, materiemque, unde Malherbii illi, Cornelii, Bolæi, Racinii miranda operum efficerent, minus duram et asperam paraverunt; ut apud Romanos, antequam Varius, Virgilius, Horatius, Ovidius, Tibullus nascerentur, multi fuerant, qui linguam latinam deformarent. Absit vero (si Phœbo placet) ut Villonis, et Baïfi, omnisque Pleiados illius minime cælestis, vel ipsius Maroti rudimenta cum operibus Catulli et æqualium, aut priorum etiam, jam laurea donandis, comparare ausim; quanquam, quod ad versificandi artis profectum pertinet, aliquid similitudinis inter utrorumque momenta interesse mihi videtur; ita tamen ut Catullum eximio ingenio præditum, maximisque instructum auxiliis, adjuvante præsertim utriusque linguæ congruentia et, ut ita dicam, ὁμοιουσία, statim ad fere perfectam elegantiam, incrementis, quæ fecerit, poeticam promovisse fatear. Tullius adversus C. Verrem peroraverat, et eloquentia Romana in curia, in rostris vigebat, quum poetarum collegio Catullus accenseri cœpit, qui præterea, in scriptis Græcorum, optimos omnimodorum versuum typos invenit, quos latina lingua exprimeret. Sic vehementem sapphicum, et alcaicum majestate gravem, et stropharum periodos vel alacres et canoros, vel suaviores numerosioresque mutuavit.

Ex omnibus versuum generibus nullum est cujus affectus magis exploratos habeamus, et in quo nobis sit facilius proprium cujusque vatis morem et quasi vultum agnoscere, quam heroicus hexameter atque elegiacus; et hi quidem apud Catullum, præ cæteris, imaginis græcæ lineamenta manifeste referunt. Ibi namque sæpissime adverbia ex adjectivis deprompta deprehendes, qualia :

*Amplifice* vestis decorata figuris...
*Cupide* spectando Thessala pubes...
Quæ *tarde* primum clementi flamine...
CARM. LXIV, vv. 265, 268, 273.

Crebra sunt adjectiva composita, ut :

> Namque *fluentisono* prospectans litore...
> *Veridicos* Parcæ cœperunt edere cantus.
> Hæc tum *clarisona* pellentes vellera voce...
> Quæ tibi *flexanimo* mentem perfundat amore...
> *Justificam* nobis mentem avertere Deorum.
> ibid. vv. 52, 307, 321, 331, 407.

Non raro cumulatorum epithetorum complexum talem invenies :

> ....*suaves exspirans castus odores*
> Lectulus...
> Gnate, *mihi longa jucundior unice vita.*
> ibid. vv. 87, 215.

Quum ad exemplaria græca, in quibus videas particulis expletivis aliisque vocibus haud ita sententiæ necessariis, licet phrasis in tenore non ingratis, versus abundare, sese Catullus efformare diligentissime attenderet, inde factum est, ut identidem remisse et oscitanter incedere illius carmen videatur. Latinis æque ac Graiis scriptoribus verborum sonantium, quæ profluenti sermoni tanquam auxiliaria sæpius inderentur, copia non suppetebat; at pressior eorum pleniorque oratio, qualis apud Virgilium et Horatium et cæteros horum æquales constat. Sed Catullus supervacanea repetitione, aut additamento inutili languidos versus nonnunquam emittit, sicut :

> Illa tempestate ferox quo tempore Theseus

et :

> Conjugis an fido consoler memet amore
> Quine fugit *lentos incurvans gurgite remos.*
> CARM. LXIV, 73, 182.

Qua clausula, rotunda quidem, sed vacua, sensus loquentis frigescit.

Qui Catullo maxime inter posteros delectabantur, ipsi eum hac parte nonnunquam peccare intelligebant, quum *molliusculos, leviusculos* versus notarent[1]. Etiamque *duriusculos* esse nonnullos fatebantur. Nam aut aspera elisione claudicantes et horridos, aut congestis tardatos spondæis passim reperire est, e. g. :

> Troja virum et virtutum omnium acerba cinis.
> CARM. LXVIII, 90.
> ..... fulgenti splendent auro atque argento
> ........ curvis e litoribus Piræi.
> CARM. LXIV, 44, 74.

Incuria equidem magis quam quod eru-

[1] Plin. epist. I, 16.

ditio vati deficeret, nævos versibus inspersos facile persuasum habeas, si tersum et nitidum et exquisita urbanitate conditum ubique dicendi genus consideres. Utrum in eo jucunditatem inaffectatam elegantissimamque simplicitatem magis admireris, an emendationem illaboratam, vix dici potest. Quid autem laboris tolerare poterat facetissimus ille voluptariorum hominum sodalis, cui omnis industria eo spectabat, ut solutus omni cura gauderet? Carmina ex illius pectore, quasi ex aperto fonte, ut amore, aut ira, aut quovis affectu commotum erat, vel effluebant molliter, vel impetu erumpebant. Vere poeticas animi dotes a natura sortitus erat; nihil erat in sensibus tam vehemens et elatum, nihil in rebus tam grande et magnificum, quod ille et cogitando assequi et dicendo exprimere non valeret. Sed qua marcebat usque desidiosus, obfuit ingenio luxuries, et natum ad ingentia inter ludicra detinuit. Hæc est causa, cur inventionis et compositionis laude omnino caruerit, partibus quidem perfectissimus, at infelix operis summa, quoties intra angustos poematii parvuli fines non constitit[1]. Hæc est cur sinceris Anacreontis, et Sapphus, et veterum Græcorum veneribus innutritus, nonnunquam in delicias Alexandrinorum haud satis verecundas et sobrias degeneraverit, intempestivis nonnunquam in imaginibus juveniliter exsultans, immo lasciviens pueriliter[2].

Gravius autem carmini crimen objicitur, quod poeta cavillatione magis quam argumentis occupatum ivit[3], neque eluit quominus illud, nisi celebritati nominis, at certe notitiæ operum, officeret, præcipue apud recentiores. Librum enim tanta spurcitie fœdatum quis magister legendum ingenuis adolescentibus proponere sustineat? Unde fit, ut multis nomine tantum cognitus re-

---

[1] Ex ista notatione excipias velim Manlii et Juliæ epithalamium.

[2] Exemplo sint Carm. LXIV, vv. 62 — 65, ubi describendis Ariadnes vestibus, in summo dolore, luxuriat, et ib. vv. 311 — 320, in quibus, quum solertissime quidem lanificii partes depingeret, at loco in illo non operarias vulgares, sed Deas fatidicas exhibendas oblitus est, et Carm. LXVIII, vv. 107 — 118, qui ex *amore profundo* deducunt lectorem in barathrum ab Hercule effossum.

[3] Carm. XVI, 5.

manserit, quippe qui ubi e literarum gymnasio excesserint, civilibus intricati negotiis, non facile studia literarum antiquarum repetant, aut, si repetere vacet, libentius, quos teneris ab annis convictores habuerint, ad eos scriptores revertantur. Legentem quoque obsitæ plurimis in locis sordes adeo offendunt, ut præ fastidio nonnunquam librum emittat e manibus, et Apollinis alumnum in amicam luto suem subito conversum sectari mens abhorreat. Duos ita dispares inter se atque ita discrepantes in uno eodemque exsistere vix credibile est. At si requiras, qui fieri possit, ut, cujus carmen dictante Gratiarum decentium choro scriptum esse, et illud *unguentum, quod*, ut ait, *puellæ suæ donarunt veneres cupidinesque* fragrare videbatur, statim is canina rabie instinctus, aut lupanari ardens libidine, haustam e cloacis illuviem evomat; ad mores Romanorum respiciendum est, qui, dum luxu repentino diffluerent, auro quidem et purpura decori, at manentibus prisci ruris vestigiis, et ferocia militari domi debacchante, in vitia quæque immanissima sese ingurgitabant. Græcia capta cepit profecto et ornavit ferum victorem, nunquam penitus mitigavit, quin insititiæ populi late regis humanitati brutum aliquid et belluinum subesset usque et recrudesceret.

Ignoscendum igitur Catullo censebis, quod, qualiter Romæ viveretur, contagione se integrum purumque non servaverit. Sin autem, quanta dulcedine, quantis blandiloquentiæ illecebris lingua Romuli nepotum demulceri potuerit, scire velis, aurea illius carmina perleges. Te passim delectabunt et *suaviolum dulcius ambrosia*, et *brachiolum teres puellæ* et *solatiolum doloris* et *turgiduli flendo ocelli*, et millia dicendi venerum sine fuco. Noli credere circa tantum mollicellas quasdam voces delinimenta carminis versari; imo vero conjunctis aptissime et conspirantibus in unum delectu et compositione verborum, et suavissima sonorum harmonia, et imaginum amœnitate, felici ingenio enascuntur, sicut lætatam rore nectareo tellurem sponte rosarum germina peperisse Teius senex canebat. An elegidiorum specimina et hendecasyllabos amatorios

## PRÆFATIO.

huc afferam[1], de quibus disertissimus Rhetor haud immerito pronuntiavit : « Ce sont de petits chefs-d'œuvre, où il n'y a pas un mot qui ne soit précieux, mais qu'il est aussi impossible d'analyser que de traduire. On definit d'autant moins la grace qu'on la sent mieux. Celui qui pourra expliquer le charme des regards, du sourire, de la démarche d'une femme aimable, celui-là pourra expliquer le charme des vers de Catulle[2]. » Quos eximiæ mentis jucundissimos fœtus, qui prorsus Catulliani sunt, neque sæculi obscœnitate infecti, ubi videris, etsi tristi supercilio censuram susceperis, confido non magis tibi constituram severitatem, quam gravissimo illi areopagitarum consilio, quibus ream intuentibus formosissimam calculus infaustus excidit.

Nunc, de Catullo præfatus, pauca de hac editione adjiciam.

[1] E. g. e multis, Carm. III, V ad Lesbiam, XXXV ad Cæcilium, XLV de Acme et Septimio, LXI, LXII epithalamia, LXXXV de amore invito, LXXXVI de formosa etc. etc.

[2] La Harpe, Cours de Littérature, tome II, pag. 189, édit. d'Agasse.

Fere sextus tricesimus annus est, amice Lector, ut principatum inter Catulli editiones Doeringiana obtinet, haud immerito, sive textus plurimis in locis mutili sanationem, sive sententiarum intellectum æstimes. Namque emendationum interpretationumque Achillis Statii, Mureti, Passeratii, Vossii, Vulpii aliorumque flore decerpto, collataque, quam apud Græcos et Latinos poetas ipse collegerat, uberrima locorum messe, obscura illustravit, corrupta restituit in melius, afficta expunxit, pulcherrima quæque et genuina similium comparatione adornavit.

Talem illam editionem, amice Lector, integram ad verbum recudendam curavimus. Sed quantumvis egregium virum suspiciamus, tamen superstitiose in illius verba jurare, abdicato nostro judicio, nobis non destinatum fuerat. Itaque si quid humanitus illi excidit, ut acute dicta aut eximie excogitata præteriret, vel sensum Catulli falsa explanatione in pravum detorqueret, corrigere tentavimus, ita tamen illius annotationi nostra subjecta, ut arbiter controversiæ cognitorque causæ lector adhiberetur.

Poetarum recentiorum, sane nostratum, multa loca, quæ Catullianis versibus cognatione quadam proxime accedunt, apposuimus; quæ si coacervare nobis placuisset, hunc librum excrescere in molem improbam facile fuit. Laborem vero a clarissimo viro NOEL occupatum iterare vel furari, nobis in animum non induximus; cujus versionem laudavimus abunde, quum auctorem nominavimus. Sed quædam illi omissa passim collegimus; cætera talium studiosis ille in amplo suo thesauro composita præbebit.

Nos pœnitebat quod, urgente impigro Classicorum editore, spatium non daretur ad conferendos manuscriptos libros qui in bibliotheca regia servantur; duos tantum evolvere licuit, unum sequioris notæ N.° 7989 quinto decimo sæculo exaratum, alterum vetustiorem, at nimis mendosum[1]; et

---

[1] Cui hæc ad calcem adscripta :

« Tu, lector quicunque, ad cujus manus hic libellus obvenerit, scriptori da veniam, si tibi corruptus videbitur, quoniam a corruptissimo exemplari transscripsit. Non enim

epithal. Carm. LXII, quod in libro Thuaneo decimi seculi N° 8071 Bibl. Reg. continetur, relegimus.

Nunc, omni nostri operis exposito consilio, veniam, quidquid desiderandum reliquimus; gratiam, si quid Catulliani carminis recensionem per nos profecisse judicaveris, te rogamus.

J. N.

quodpiam aliud exstabat, unde posset libelli hujus habere copiam exemplandi, et ut ex ipso salebroso aliquid tamen suggeret, decrevit potius tamen corruptum habere quam omnino carere, sperans adhuc ab aliquo alio fortuite emergente hunc posse corrigere. Valebis, si ei interpretatus non fueris.

1375 m̃ B octob. 19 q̃n
Casignorius laborabat in
extremis. »

# PRÆFATIO

## FRID. GUILIELMI DOERINGII.

Prodeunti mihi ante decem annos ex disciplina, qua in schola Portensi usus fueram, quum variæ nec eæ inhonestæ, quibus ad specimen aliquod collectæ mihi supellectilis literariæ edendum impellerer, causæ occurrerent; animus meus, quem Præceptori, æternum mihi Venerando, Cl. *Barthio*, Rectori nunc scholæ Portensis meritissimo, patefeceram, ejusdem suasu et nutu inductus et inclinatus est eo, ut *Catulli*, quocum jam tum arctam familiaritatem contraxeram, *Epithalamium Pelei et Thetidos*, notulis meis instructum publici juris facerem, et captum simul novam aliquando totius Catulli adornandi editionem consilium proponerem. In quo quidem exsequendo consilio non confirmabar solum jam tum, quum juvenilem istum laborem æquis et idoneis harum rerum arbitris haud displicuisse intelligerem, sed accedebat quoque deinde auctoritas Viri, cujus plurimum in his rebus valet judicium, *Summi Heynii*, qui cognita ac probata, quam sequuturus eram, interpretandi ratione, ad inchoatam Catulli editionem strenue absolvendam humanissime instigavit, et mira quadam alacritate implevit animum. Nec retundere conatus meos vel animum infringere potuit vociferatio eorum, qui lectione Catulli animos juvenum corrumpi et bonos eorum mores depravari crepant et clamitant; quum vel ea ad susceptum laborem excusandum sufficere videantur, quæ tam *Heynius* in præfat. ad Tibull. edit. prim., quam *Barthius* in præfat. ad Propertium egregie his objectionibus responderunt, et juvenes venerum poeticarum studiosos ad eos quoque poetas, qui in rebus levioribus et amatoriis ingenium exercuerunt, animi et delectationis causa post studia graviora et severiora lectitandos, quovis incitamento allexerunt et incitarunt. Quorum virorum argumenta nisi satisfaciant superciliosis quibusdam et superstitiosis morum censoribus, per me licet Catullum et cæteros poetas, quos vocant lubricos, ceu pestem detestandos et Vulcano potius quam juvenum manibus tradendos pro genio et sensu suo censeant; quos tamen, quidquid isti garriant, salva honestate et morum integritate, quamdiu honor suus Musis stabit, et nostra et futura ætate magno cum fructu et voluptate lecturos et commendaturos esse omnes antiquæ elegantiæ et venustatis spectatores nullus dubito. Versatus autem sum in recensendo et explicando Catullo ita, ut primum, quantum fieri posset, textum darem emendatissimum, deinde sensum locorum obscurorum breviter explanarem, et tam exquisitiores vel insolentiores loquendi formas notarem, quam ad notandas singulas poetæ virtutes et elegantias animum adverterem. Quod igitur ad primum attinet, non unam alteramve editionem, ad quam textum excudi curarem, sequutus sum (animum enim, ex quo textum ad editionem Bipontinam conformaturus eram, et fere ab initio conformavi, ineptis passim et parum probabilibus in illa deprehensis lectionibus, mutavi deinde) sed ex antiquis et potioribus editionibus in Variet. Lect. indicatis, eas delegi et in textum recepi lectiones, quae vel proxime ad antiquae lectionis formam accedere, vel rei sensuique accommodatissimae esse viderentur. Ubi in locos incidi, e quibus, excussis et in partes vocatis lectionibus omnibus, nullo modo elici et extorqueri posset sensus commodus, ibi vel in notis, vel in Var. Lect., quod ad locum sanandum suppeditabat ingenium, modeste proposui, longissime ab hac temeritate remotus, ut conjecturam, vel maxime probabilitate se commendantem, in textum importarem. Neque ego tamen, quamquam in larga conjecturarum segete spectari vulgo solet ingenii ubertas et fertilitas, a recepto mihi veteres interpretandi more recessi, aut in posterum recedam, ad quem, si ulla ratione expediri et interpretatione juvari potest locus difficilior et paullo impeditior, haud temere illum nova forma induere audeo, quidquid alii de ingenii mei tarditate judicent. Speraveram quidem, quum ad enarrationem Catulli accingerer, me forte, concesso mihi usu Codicis Catulliani, qui in Bibliotheca Guelferbytana servatur, ad textum emendatiorem reddendum aliquid conferre posse; sed quum Cl. *Werns-*

*dorf*, Professor Helmstadiensis, diligenter hoc codice examinato, nihil plane bonæ frugis inde capere posse futurum Catulli editorem humanissime mihi significasset, spem illam abjeci. Illud autem doleo et mecum dolebunt omnes qui Catullum amant, quod duorum nobilissimorum Criticorum, *Duckeri* et *Brouckhusii*, in Catullum anecdota, nunquam e tenebris in lucem prolata sunt: *Duckeri* quidem animadversionum in Catullum exiguam partem (ad Carm. XVIII, XIX, XX, *in Priapum*) delibavit et publicavit *Burmannus Sec.* ad Anthol. Tom. II, p. 574; sed de *Brouckhusii* in Catullum commentariis nil scimus, nisi quod eorum aliquoties mentionem injicit *Burmannus Sec.* ad Propert. et *Dorville* ad Chariton. *Bernardus* autem de iis scribit (in vita *Reiskii* p. 420): *Catullum prelo subjiciet Wetstenius bibliopola, cui editioni accedent Commentarii inediti Brouckhusii ex bibliotheca Dorvillii.* — Quod ad interpretationem attinet, qua Catullum illustrare studui, quilibet, vel me non fatente, facile sentiet, me ad eam rationem, qua novam lucem Tibullo et Virgilio affundere et eorum lectoribus facem splendidissimam accendere sustinuit *Heynius*, imitandi studium direxisse; sed nemo, opinor, adeo me mihi Suffenum esse arbitrabitur, ut quod solus fere *Heynius* in poetarum interpretatione præstitit, et pro insigni ingenii et doctrinæ copia facile præstare potuit, id in Catullo me præstitisse, vel unquam pro ingenii et doctrinæ tenuitate præstare posse, stulte mihi persuadeam; immo gratissimo animo publice profiteor, me ne hanc quidem qualemcunque Catullo navare potuisse operam, nisi præcepta ab *Heynio* in Tibullo et præcipue Virgilio ad omne poetarum studium proposita mature imbibissem, et ad ejus normam virtutes poeticas et dictiones exigere didicissem. Ne quid ostentationis causa facerem, et ambitiose ad vanam doctrinæ gloriolam aucupandam undique omnia corraderem, non solum diligenter mihi cavi, sed etiam plurimam partem eorum, quæ olim magno cum studio ex commentariis aliorum ad Catullum constipaveram, quum parum utilitatis inde ad poetæ explicationem redundare videretur, resecui vel plane delevi. Quod autem ad instituendam cum Græcis, e quibus totus Noster pendet, comparationem spectat, animus est, si Deus vitam concesserit, alio tempore ad exemplum studii, quod Virgilio cum Græcis comparato olim impendit Ursinus, in libello peculiari institutam Catulli cum Græcis comparationem proponere.

Institueram quidem primum rationes meas ita, ut unus tomus omnia Catulli carmina complecteretur; sed quum ob nimis longas propter externarum rerum conditionem mihi faciendas moras jure suo operis finem urgeret humanissimus libri redemptor, Hilscherus; facile adductus sum, ut Catulli carmina, genere elegiaco scripta, ad tomum secundum reservarem; quem, si ad otium, quo nunc fruor, pristina animi, graviter, dum hæc scribebam, unici filii morte perturbati, tranquillitas et serenitas accesserit, brevi tempore absolvam. Quod si autem in condonandis erroribus, quos pro ingenii et virium imbecillitate hinc illinc me commisisse facile prævideo, lectorum humanitatem expertus fuero, nec plane inutilem laborem me suscepisse intellexero, non solum mirifice lætabor, sed ad alios quoque, quos meditor, labores, præcipue ad Plauti recensionem, fidenti animo pergam. Scribebam Gothæ, a. d. XXIX. April. A. R. S. MDCCLXXXVIII.

# ERNESTO

SAXONUM GOTHANORUM ET ALTENBURGENSIUM

## DUCI

CATULLUM AB SE RECOGNITUM

## D. D. D.

FRIDERICUS GUILIELMUS DOERING.

Cujus vis fieri, Catulle, munus?
Festina tibi vindicem parare,
Nec dentes metuas maligniorum,
Rumoresque senum severiorum,
Qui vultu tetrici Catoniano
Horrent versiculos pii poetae;
Et quidquid lepida procacitate
Laxat laetifico labella risu,
Oderunt cane pejus et veneno;
Dic vates, pater elegantiarum,
Dic, quo vindice tutus ambulabis? —
Sic dixi, lepidissimi poetae
Curis carmina perpolita nostris
Quum spectare viderem ad umbilicum
Respondit mihi leniter susurrans

(Ut solent animæ beatiorum)
Vates Elysiis redux ab oris :
« ERNESTO, PATRIÆ PIO PARENTI ! » —
ERNESTI cupis in sinum volare?
Cepisti eximium tibi Patronum !
Nam Dux optimus et disertus idem
Admittet placido, suoque vultu,
Quo nil supplicibus solet negare.
Mellitissimum et optimum poetam
Intra limina sanctioris aulæ.
Quod si legerit hæc, probaveritque
Hora, qua, posita severitate,
Sacris otia commodat Camœnis ;
Tu securus eris, Catulle, nec post
Lassi marmora Sisyphi revises,
Sed te Fama vehet, tuosque versus
Ad cælum rapido feret volatu.
O, quantum tibi nominis paratum !

# C. VALERII CATULLI

## VITA

### EX EDITIONE VULPIANA.

Valerio Catullo *Quinti* praenomen tribuit Josephus Scaliger, corruptissimi loci auctoritate fretus, ex Elegia ad Januam, v. 12 : testatus praeterea, se in antiquo libro Jacobi Cujacii J. C. ita scriptum manifesto comperisse. Huic Scaligeri persuasioni pondus addit Joannes Harduinus, qui (ad librum XXXVIII Nat. Historiae C. Plinii Secundi cap. 6.) affirmat, in omnibus codicibus manu exaratis Catullum *Quintum* appellari. Consensus tamen eruditorum, atque editiones paene omnes refragantur : quibus olim praeiverat L. Apuleius Madaurensis, quum in Apologia priore carminum quorumdam suorum lasciviam *Caii Catulli* nobilissimo exemplo defendit. Et certe librarii veteres, nominum similitudine decepti, *Catullum* Poetam cum *Catullo* saepe confundunt : idcirco factum existimo, ut quum illi *Quintus* praenomen fuerit, huic etiam idem affingerent.[1] Veronensem porro fuisse nostrum poe-

---

[1]. Alius certe *Quintus Catullus* fuit, cujus integrum nomen *Quintus Lutatius Catullus*, urbanus sive urbicarius, hoc est, mimographus, de quo videndus Scholiastes ad Juvenal. VIII, 186, ad verba, « Clamosum ageres ut Phasma Catulli; » et ad XIII, 109.—Q. Catulli [*]Epi-

---

[*] *Q. Catuli*, non *Catulli*, exhibent probatissima Gellii exemplaria. Hic est Q. Lutatius Catullus, Marii in consulatu collega, de quo G. J. Vossius in libris de Poetis et historicis lat. disseruit. N.

tam, liquido constat, quum ex Ovidio, Plinio majore, Martiale, Ausonio, cæterisque, tum ex ipsius testimonio, qui carm. XXXI, ubi, e Bithynia reversus, Sirmionem lacus Benaci peninsulam adloquitur, ad Larem domesticum salvum se advenisse gaudet. Natus est (si Hieronymus rationem recte subduxit, neque numeri in ejus Chronico depravati sunt) Olympiadis 173 anno 2, ab Urbe vero condita 667, Lucio Corn. Cinna, Cn. Octavio Coss. — Quamobrem non injuria Lilius Gregorius Gyraldus Petrum Crinitum reprehendit, quod scribere non dubitaverit: *pro comperto haberi, carmen de Passere Lesbiæ ad Virgilium missum fuisse, ob illud Martialis :* [1]

Sic forsan tener ausus est Catullus<br>
Magno mittere Passerem Maroni.

Nam verisimile non est, Catullum septemdecim annis Marone grandiorem (natus est enim Maro, teste Hieronymo ac Donato, olympiadis 177 anno 3, ab Urbe vero condita 684, Cn. Pompeio Magno, M. Licinio Crasso primum Coss.) eidem adhuc puero tantum detulisse, ut nonnisi fronte perfricta, animoque obfirmato, ad ejus tribunal accedere posset. Præterea τὸ *forsan*, quod est apud Martialem, argumenti vim omnino infringit. [2]

---

gramma e Callimachi epigr. XLIII suaviter expressum refert Gellius, XIX, 9, quod incipit, *Aufugit mi animus, credo, ut solet, ad Theotinum.* Omitto Cinnam *Catulum*, Stoicum, quem audivit M. Antoninus imperator, teste Capitolino in Marci vita c. 3. Nam et hujus verum nomen *Catullus* erat, ut constat ex M. Antonini lib. I, sect. 13. Accedit ille, ad quem Martialis XII, 73 : «Heredem tibi me, Catulle, dicis. Non credam, nisi legero, Catulle.» (Ex edit. nost. Tom. III, p. 68.)

1. Lib. IV, ep. 14. — Antequam de loco Martialis interpretando disputarent docti viri, videndum erat an Martialis ipse erroris non insimulandus esset, qui homines coævos, non coætaneos dum comparat, magis ad exempli proponendi quam ad computandi temporis rationem attendit. N.

2. Quod Martialis scripsit, *Sic*

## VITA C. VALERII CATULLI.

Parentem habuit Valerium, ex honesta familia municipali; cujus nimirum hospitio, si Tranquillum' audimus, C. Julius Cæsar uti solitus fuerit. Non amplissimam quidem pecuniam possedit, utpote qui *sacculum suum aranearum plenum*[2] ingenue fateatur, Furiumque et Aurelium inter principes amicorum observaverit; quorum alteri *nec servus, nec arca, nec cimex erat,*[3] alterum *esuritionum patrem*[4] ipse festive appellat. Quumque divitum Romanorum familia maxima esset, neminem habuit Catullus,

> Fractum qui veteris pedem grabati
> In collo sibi collocare posset.[5]

Patrimonio tamen satis lauto fuisse videtur, quod hominem eo loco natum deceret: nam et Romæ, in urbe sumptuosa, diutius commoratus est, ibique amoribus operam dedit, ac fundum in agro Tiburtino possedit: navi sua in Pontum navigavit, ac se *Sirmionis herum*[6] appellare non veretur; quæ omnia profecto sunt hominis locupletis, et cui familiares copiæ non desint. Quod tamen genio indulgeret, convivia pararet, puellas a lenone redimeret,[7] nobilium amicitiis floreret, propterea difficultate

---

*forsan*, etc., hoc non ita potest intelligi, ac si revera ad Virgilium carmina sua, vel carmen de Passere, miserit Catullus; nam alioqui non dixisset Martialis, *sic forsan*: sed quod Martialis sua voluerit epigrammata cum Catullianis, et Silium, ad quem scribit, comparare cum Marone; licet accurate loquendo non jam ita claruerit Virgilius, quum Catullus scriberet, ut ad eum misisse carmina sua credi possit. Sed quantacumque etiam dein fuit Virgilii fama, non dubitasset forte Catullus, si tum vixisset, passerem suum illi jocosque mittere. Ita Martialis quoque epigrammata sua ait se offerre Silio. Jo. Isaaci Pontani autem et Boxhornii (c. 35, Quæst. Rom.) hallucinatio tribuenda calami festinationi, Catullum Martiali juniorem facientium. (Ex edit. Bipont. p. 14.)

1. In Julio, c. 73.
2. Carm. XIII, vs. 8.
3. Carm. XXIII, vs. 2.
4. Carm. XXI, vs. 1.
5. Carm. X, vs. 22 et 23.
6. Carm. XXXI.
7. Carm. CIII.—Ex hoc carmine

nummaria sæpius erat, villasque suas pignori opponebat. Hanc vero potissimum causam fuisse crediderim, quare cum Jurisconsultis et Oratoribus, puta cum Alpheno Varo, Licinio Calvo, Tullio Cicerone assidue versaretur; homo scilicet ære alieno obstrictus, et forensibus negotiis distentus. Lucellum itaque alicunde corrasurus, Memmium prætorem in Bithyniam simul cum germano fratre sequutus est, nullo tamen successu; idque ob prætoris ejusdem nimiam cupiditatem, vel certe negligentiam. Immo vero quum in provinciam Troadem venisset, fratrem suum, quem æque ac se ipsum diligebat, immatura morte præreptum amisit. Hujus postea cineribus, ex Asia in Italiam revertens, maximo mœrore parentavit: ejusdem memoriam, ubicumque se obtulit occasio, mira pietate semper coluit. Navigatione demum absoluta, phaselum, quo mare transmiserat, Castori et Polluci, habitis eo tempore navium servatoribus, illustri carmine dedicavit.

Postquam ex ephebis excessit, in castris amoris cœpit stipendia facere: in primis autem Clodiam, præstanti mulierem forma, quam mutato nomine Lesbiam vocare consuevit; Hypsithillam quamdam, Aufilenam Veronensem, et Juventium puerum deperiit. Amores quoque suos mollissimis versibus complexus, eo scribendi genere haud minorem consequutus est gloriam, quam sublimi vereque divino Æneidos poemate vates Mantuanus.' Amici ejus plurimi enumerantur: Cornelius Nepos, cui libellum suum muneri misit; Verannius et Fabullus, Furius et Aurelius; Licinius Calvus, orator vehemens, et nobilis poeta, quem prisci scriptores fere semper *Catullo* adjungunt; Alphenus Varus, JC.; Cæcilius, qui de Matre Deorum poema conscripserat; Manlius Torquatus, e gente patricia ro-

illud male elicit Vulpius; nam in eo Catullus non cum lenone, sed cum homine qui lenocinium non professus agebat, rem habuit. N.

1. Pace tua, Catulle, laudes tuas plus æquo extollenti Vulpio,

# VITA C. VALERII CATULLI.

mana, cujus nuptias elegantissima ode celebravit, et ad quem est illa epistola, quam tanti Muretus fecit; Cinna, Smyrnæ auctor; Cornificius fortasse ille, cujus esse Rhetoricorum ad Herennium libros quatuor nonnulli putaverunt; Hortalus, poeta mediocris; Cato, non ille Uticensis, morum severitate insignis, at literator quidam, cujus mentionem facit Suetonius in libro de Illustribus Grammaticis, c. XI; denique Cœlius Veronensis. M. Tullium Ciceronem in causa forensi (quænam illa fuerit, ignoratur) videtur patronum adhibuisse, cui profecto ob acceptum beneficium venusto epigrammate gratias agit. Quamquam igitur Asinium Pollionem diligeret,[1] hominem Ciceroni tantopere infestum, a Tullio colendo non abstinuit: sed videlicet Asinius, mortuo demum *Catullo* et Cicerone ipso, adversus eximii oratoris manes inimicitias exercuit; nam Catullo florente, ac hendecasyllabos scribente, *puer*[2] adhuc erat. Iambicis et Phalæciis versibus in pessimos quosque homines, nullo discrimine, invectus est: neque ipsi Cæsari, quantumvis rerum potito, pepercit, quin calami aciem in *sinistram*[3] ejus *liberalitatem*, atque alia vitia distringeret. Mamurram, Gellium, Vatinium, Vettium, Cominium, quos vehementer oderat, propriis nominibus per ora hominum traduxit, ac stili acerbitate confixit. Lusit præterea in Volusium, ineptum (ut ipse quidem existimabat) annalium scriptorem; in rivalem Egnatium, malum poetam: in Suffenum, quem Cæsiis et Aquiniis literarum venenis adnumerat; postremo, in Sextium, oratorem, cujus frigidissima oratione molestam gravedinem se contraxisse per jocum affirmat.

etiamsi Martialem auctorem habeat (inf. p. 23), non assentiar. N.

1. Nescio quo auctore Vulpius Asinio Pollioni amicum fuisse nostrum poetam affirmet; nam ex carmine XII, neque ex aliis Catulli operibus, tale quidquam divinari certe non potuit. N.

2. Carm. XII, vs. 9.

3. Carm. XXIX, vs 16.

Græcis literis non leviter imbutum fuisse, ex eo colligi potest, quod suavissimam oden poetriæ Sapphus et Callimachi elegiam de coma Berenices, mundissimis carminibus latine reddiderit; ob id etiam fortasse a Tibullo, Ovidio, Martiale *doctus* appellatus. Et idcirco mirum videri debet, Julium Scaligerum, ea virum eruditione, quodque non minimum est, Veronensem, ideoque municipi suo saltem hoc nomine devinctum, hæc de Catullo monumentis mandavisse: *Catullo docti nomen quare sit ab antiquis attributum, neque apud alios comperi, nequedum in mentem venit mihi; nihil enim non vulgare est in ejus libris.*[1] Quamquam postea mutato consilio, qui mos est homini, παλινῳδίαν canere cogatur, *Galliambicum* ejus carmen *divinum* autumans, et poema de nuptiis Pelei ac Thetidos, verum aditum et gradum ad Æneidos divinitatem esse pronuntians. Nonne probabilius de *nugis* poetæ nostri Cornelius Nepos, vir gravissimus, judicium tulerat, quum eas *esse aliquid* putabat? Nonne benignius, et justius cum ipso egere Pompeius Saturnius, ac Sentius Augurinus, quorum uterque, teste Plinio[2] in epistolis, Catulliani carminis imitationem sibi gloriæ fore augurabantur. Sed hæc alias: nunc id, quod cœpimus, agamus. Quintilianus et Diomedes inter poetas Iambicos *Catullum* reponunt. Ante Horatium profecto iambicis versibus gloriam *Catullus* adeptus fuerat, ut falso scripserit Horatius[3] lib. I, Epist. 19, 23 et 24.

1. In Hypercritico, seu lib. VI, poetices, c. 6.—Qui doctum poetam poetæ appellavere, eo nomine illum laudabant quod peritus artis suæ, egregius carminum conditor, doctus vates esset, at non utpote ingenti eruditionis supellectile instructum, et, Scaligeriano more, prætumidum audebant extollere. Ita noster Bolæus gallicum verbum *docte* intendit: *seuls dans leurs* doctes *vers ils pourront vous apprendre*, etc. Art. poet. Ita Cat. ipse XXXV, 17.

2. Lib. I, epistola 16; lib. IV, epistola 27.

3. Valde dubitandum est, an Horatius laudem voluerit in se trahere, quod cæteris præivisset apud Latinos iamborum auctor: namque et ante Catullum multi hoc carminis

## VITA C. VALERII CATULLI.

......Parios ego primus iambos
Ostendi Latio......

Hieronymus Lyricis adnumerat : reliqui, Epigrammatographis. Ego vero, si modo fas est meam sententiam aperire, variis potius adjungerem; nam certe in ejus poematis nonnulla excedunt Epigrammatis modum. Ambigitur jure a nonnullis, utrum hæc solum paucula, quæ hodie ex stant, ab illo scripta fuerint, an vero longe plura, quæ vetustas nobis inviderit.¹ Ansam ad dubitandum dat Plinius, qui de Incantamentis aliquid a *Catullo* exaratum

genere usi fuerant. At neminem opinor priorem Horatio vel satiricum carmen, more Archilochi, iambis condidisse (Epod.), vel iambica lyricis, inseruisse. At reprehendendus alio nomine mihi videtur Horatius, quod multis in locis sibi glorietur, quasi primus ante omnes in Latium numeros modosque Lyræ Graiæ intulerit, videlicet oblitus Catulli, optimi sane fidicinis, nisi non dulcissimum resonent quæ ad Lesbiam, et Manlium, et Aurelium canebat. N.

1. Dubitandum minime est, opus Catulli ad nos lacerum pervenisse. Longe enim plura scripsisse testes sunt veteres Grammatici, qui de ejus poematiis ea producunt, quæ hodie non exstant. Itaque apud Virgilium (Æn. V, 609), *per mille coloribus arcum*, ibi Servius : *De Iride arcum in genere masculino dixit Virgilius; Catullus et alii in feminino, referentes ad originem*. Atqui tale nihil hodie in Catullianis. — Præterea ejus opus videtur in genera carminum distincta fuisse, *Hendecasyllabos, Heroica, Lyrica, Elegiaca*. Itaque Charisius citat Catul-

lum *in Hendecasyllabis;* quod sane non fecisset, nisi ita tributum fuisset volumen. Rursus apud Virgilium legimus *Et quo te dicam carmine?* Ibi Servius refert, Virgilium, quum sciret Rhæticum vinum summopere laudari a Catone, contra autem vituperari a Catullo, ne se in eam dissensionem interponeret, hoc modo locutum : atqui in hodiernis Catullianis nulla nota ejus rei exstat. Denique Nonius ex Priapeo Catulli adducit *de meo ligurire libido est*. Quare admodum mutilum opus Catullianum ad nos pervenisse minime dubium est. Quid præterea dicam, quæ citat ex Catullo Maurus Terentianus, quæ nusquam comparent? Hæc de carminibus Catulli deperditis Jos. Scaliger, quibus inepte quidam *Phasma* et *Laureolum* e Juvenale ac Tertulliano adjungunt. Vid. Sam. Petitum ad Leges Atticas, p. 245 sqq., et Pamelium ad Tertullian. c. 14, contra Valentinianos. *Phasma* Q. Lutatii Catulli, et *Laureolum* Nævii vel Laberii, neutrum vero Catulli esse, eruditis jam notatum. — Carmen Catulli *de incantamentis* citat Plin. XXVIII, 2 :

innuit,' cujus ne vestigium quidem superest. Et *Catullus* ipse affirmat (Carm. LXVIII, vs. 17) se *satis multa lusisse*,

> Jucundum quum ætas florida ver ageret.

Nisi Raphaeli Eglino Iconio Tigurino auscultare velimus,² qui Cirin, poema elegantissimum, Virgilio abjudicans, *Catullo* attribuit propter stili similitudinem. ³ *Catulli* profecto esse videntur tria carmina in Priapum, quæ doctis viris nonnullis post Carm. XVII collocare placuit; non ita dissimili sunt oratione ac stilo. Quod e puris iambis confectum est, Phaseli nitorem proxime attingit : et quædam in iis continentur, quorum imitatio in Eclogis Virgilianis apparet; Virgilius enim a *Catullo* plura sumpsit; tum comparativus *ostreosior* (Carm. XVIII) auctorem suum satis clamat; hujusmodi enim comparativis longioribus *Catullus* mirifice delectatur. Neque Terentiano Mauro, vetusto atque emunctæ naris Grammatico, repugnare ausim, qui testatur, *Catullum* plures versus eo Priapeio sive Antispastico metri genere composuisse. Decessit poeta noster annos aliquot natus ultra quadraginta, ut adversus Eusebii Chronicon ostendo ad ejus carm. LII et CXI.⁴

*Ithyphallica* memorat Terentianus Maurus. (Ex *Fabric. Bibl. Lat.* Tom. I, c. 5.)

1. Hist. nat. XXVIII, 2.

2. In vindiciis Ciris Catullianæ adversus Jos. Scaligerum.

3. Præter rem omnino *Cirin* Catullo tribuit *Eglinus*, quem Catulli non raro imitatorem docet Leonhardus Friso libro tertio de poemate; neque verius alii carmen *de Vere*, sive *Pervigilium Veneris* ad Catullum auctorem retulerunt; quorum sententiam confutat Lipsius, libro I Electorum, carm. V. ( Ex Fabric. Biblioth. Lat. tomo I, cap. 5. )

4. Catullum quoque Cæsari superstitem fuisse contendit Jos. Scaliger ad Eusebii num. MDCCCCLX, assentiente Is. Casaubono ad Suetonii Cæsarem, cap. 73, et Franc. Carpentarius in Carpentarianis, p. 452 sqq. ita ut per *Valerium* in Epistola Ciceronis ad Trebat. VII, 11, Catullus possit intelligi ( edit. Bipont. p. 14). Cf. nos in argumento ad Carm. XXXIV.

# NONNULLA VETERUM SCRIPTORUM DE C. VALERIO CATULLO TESTIMONIA A VULPIO COLLECTA.

*Cornelius Nepos, in T. Pomp. Attico, cap.* 12.

IDEM L. Julium Calidum, quem post Lucretii *Catullique* mortem, multo elegantissimum poetam nostram tulisse ætatem, vere videor posse contendere . . . . expedivit.

*Horatius, lib. I, Satir.* 10, 19.

Nil præter Calvum et doctus cantare *Catullum.*

*Tibullus, lib. III, Eleg.* 6, 41.

Sic cecinit pro te *doctus*, Minoi, *Catullus.*

*Propertius, lib. II, Eleg.* 19, 39. *Edit. Bipont.*

Ista meis fiet notissima forma libellis,
    Calve, tua venia; pace, *Catulle,* tua.

*Idem, lib. eod. Eleg.* 25, 87.

Hæc quoque lascivi cantarunt scripta *Catulli*,
Lesbia queis ipsa notior est Helena.

*Ovidius, lib. III Amorum, Elegia* 9, 61.

Obvius huic venias, hedera juvenilia cinctus
Tempora, cum Calvo, *docte Catulle*, tuo.

*Idem, libro eod. Eleg.* 15, 7.

Mantua Virgilio gaudet, *Verona Catullo.*

*Idem, lib. II Tristium, vs.* 427 *et sqq.*

Sic sua lascivo cantata est sæpe *Catullo*
Femina, cui falsum *Lesbia* nomen erat.
Nec contentus ea, multos vulgavit amores,
In quibus ipse suum fassus adulterium est.

*Velleius Paterculus, Historiæ Rom. lib. II, cap.* 36.

Quis enim ignorat, diremptos gradibus ætatis floruisse hoc tempore Ciceronem, Hortensium......auctoresque carminum Varronem ac Lucretium, neque ullo in suscepti operis sui carmine minorem *Catullum?*

*M. Seneca rhetor, Controversia* 19.

Erat enim (*Calvus*) parvulus statura, propter quod etiam *Catullus* in Hendecasyllabis vocat illum *salaputium disertum.*
(*Vid. carmen* Catulli LIII.)

*L. Seneca philosophus, in Apocolocyntosi Claudii Cæsaris.*

Nec mora, Cyllenius illum collo obtorto trahit ad inferos,

# TESTIMONIA.

*Illuc unde negant redire quemquam.*

(*Versus est* Catulli, *e Carmine III.*)

*Plinius major, Præfatione Hist. Nat.*

Namque tu solebas meas esse aliquid putare nugas, ut objicere moliar *Catullum* conterraneum meum (agnoscis et hoc castrense verbum): ille enim, ut scis, permutatis prioribus sætabis, duriusculum se fecit, quoniam volebat æstimari ea a Veraniolis suis et Fabullis.

(*Vid. carm. I et XII* poetæ nostri.)

*Idem, lib. XXVIII, cap.* 2.

Hinc Theocriti apud Græcos, *Catulli* apud nos, proximeque Virgilii, incantamentorum amatoria imitatio.

*Idem, lib. XXXVI, cap.* 6.

Hic namque est Mamurra *Catulli Veronensis* carminibus proscissus, quem et res, et domus ipsius clarius, quam *Catullus*, dixit habere, quidquid habuisset comata Gallia.

(*Vid. carmen XXIX* nostri poetæ.)

*Idem, lib. eodem, cap.* 21.

Sed et ii pumices, qui sunt in usu corporum lævigandorum feminis, jam quidem et viris, atque, ut ait *Catullus*, libris.

(*Vid. carm. I et XXII.*)

*Idem, lib. XXXVIII, cap.* 6.

Nonius Senator, filius Sturmæ Nonii ejus, quem Q. *Catullus* poeta in sella curuli visum indigne tulit.

(*Vid. carmen LII.*)

*Plinius junior, lib. I, Epistola* 16.

Facit versus (*Pompeius Saturninus*), quales *Catullus* meus, aut Calvus. Quantum illis leporis, dulcedinis, amaritudinis, amoris! Inserit sane, sed data opera, molliusculos, leviusculosque, duriusculos quosdam : et hoc quasi *Catullus* meus, aut Calvus.

*Idem, lib. IV, Epistola* 14, *loquens de Hendecasyllabis.*

Scimus alioqui, hujus opusculi illam esse verissimam legem, quam *Catullus* expressit : *Nam castum esse decet pium poetam Ipsum*, etc.
(*Vide carmen XVI.*)

*Sentius Augurinus ap. eumd. lib. IV, Epist.* 27.

> Canto carmina versibus minutis,
> His, olim quibus et meus *Catullus*,
> Et Calvus, veteresque.....

*Corn. Tacitus, lib. IV, cap.* 34, *Annalium, in Oratione Cremutii Cordi.*

Carmina Bibaculi et *Catulli*, referta contumeliis Cæsarum, leguntur.

*Juvenalis, Satira* 6, 7.

..... haud similis tibi, Cynthia, nec tibi, cujus
Turbavit nitidos exstinctus *Passer* ocellos.

*Suetonius, in Julio, cap.* 73.

*Valerium Catullum*, a quo sibi versiculis de Mamurra perpetua stigmata imposita, non dissimulaverat, satisfacientem eadem die adhibuit cœnæ ; hospitioque patris ejus, sicut consueverat, uti perseveravit.

# TESTIMONIA.

*Quintilianus, lib. I Instit. Oratoriæ, cap. 5.*

Sicut *Catullus ploxemum* circa Padum invenit.
(*Vide carmen XCVI.*)

*Idem, ibid. cap. 5, ubi de aspirationibus.*

Erupit brevi tempore nimius usus, ut *choronæ, chenturiones, præchones* adhuc quibusdam inscriptionibus maneant; qua de re *Catulli* nobile Epigramma est.
(*Vide carmen LXXXIII.*)

*Idem, lib. VI, cap. 3.*

Et *Catullus* quum dicit,
Nulla in tam magno est corpore mica salis,
non hoc dicit, nihil in corpore ejus esse ridiculum.
(*Vide carmen LXXXV.*)

*Idem, lib. X, cap. 1.*

Iambus non sane a Romanis celebratus est, ut proprium opus: a quibusdam interpositus: cujus acerbitas in *Catullo*, Bibaculo, Horatio.
(*Meminit præterea de Catullo Quintilianus, lib. IX, cap. 3 et 4; item lib. XI, cap. 1 et 3.*)

*Martialis, lib. I Epigr. Epistola ad lectorem.*

Lascivam verborum veritatem, id est, epigrammaton linguam excusarem, si meum esset exemplum; sic scribit *Catullus*; sic Marsus, sic Pedo, sic Getulicus, sic quicunque perlegitur.

*Idem, lib. I, epigr. 62.*

Verona *docti* syllabas amat *vatis.*

*Idem, lib. II, epigr.* 71.

Protinus aut Marsi recitas, aut scripta *Catulli.*

*Idem, lib. IV, epigr.* 14.

Sic forsan tener ausus est *Catullus*
Magno mittere *Passerem* Maroni.

*Idem, lib. V, epigr.* 5.

Sit locus et nostris aliqua tibi parte libellis,
　Qua Pedo, qua Marsus, quaque *Catullus* erit.

*Idem, lib. VII, epigr.* 14.

Accidit infandum nostræ scelus, Aule, puellæ :
　Amisit lusus deliciasque suas.
Non quales teneri ploravit amica *Catulli*
　*Lesbia*, nequitiis *Passeris* orba sui.

*Idem, lib. VIII, epigr.* 73.

*Lesbia* dictavit, *docte Catulle*, tibi.

*Idem, lib. X, epigr.* 78.

Nec multos mihi præferas priores,
Uno sed tibi sim minor *Catullo.*

*Idem, lib. eod. epigr.* 103.

Nec sua plus debet tenui Verona *Catullo.*

*Idem, lib. XII, epigr.* 44.

Lesbia cum tenero te posset amare *Catullo.*

## TESTIMONIA.

*Idem, lib. XIV, epig.* 77, *quod inscribitur, Cavea Eborea.*

Si tibi talis erit, qualem dilecta *Catullo*
*Lesbia* plorabat, hic habitare potest.

*Idem, lib. eodem, epigr.* 195.

Tantum magna suo debet *Verona Catullo*,
Quantum parva suo Mantua Virgilio.
(*Vide et epigr.* 152, *ejusdem libri.*)

*A. Gellius, Noct. Attic. lib. VII, cap.* 20.

*Catullus* quoque elegantissimus poetarum.
(*Et infra eod. capite.*)

*Idem, lib. XIX, cap.* 9.

Ecquis nostrorum poetarum tam fluentes carminum delicias fecisset? nisi *Catullus*, inquiunt, forte pauca, et Calvus itidem pauca.
(*Vide eumdem lib. VI, cap.* 16.)

*Ausonius Drepanio Pacato Latino.*

*Cui dono lepidum novum libellum*,
*Veronensis* ait *poeta* quondam,
Inventoque dedit statim Nepoti.

*Macrobius, lib. II, Saturnal. cap.* 1.

Saturnalibus, optimo dierum, ut ait *Veronensis poeta.*
(*Vide carmen XIV.*)

*L. Apuleius, in Apologia.*

Eadem igitur opera accusent *C. Catullum*, quod Lesbiam pro Clodia nominarit.

*Sidonius Apollinaris, lib. II, epistola 10, ad Hesperium.*

Reminiscere quod sæpe versum complevit *Lesbia* cum *Catullo.*

*Severinus Boethius, de Consol. Philosoph. lib. III, prosa 4.*

Num vis ea est magistratibus, ut utentium mentibus virtutes inserant, vitia depellant? Atqui non fugare, sed illustrare potius nequitiam solent; quo fit, ut indignemur, eos sæpe nequissimis hominibus contigisse : unde *Catullus* licet *in curuli Nonium sedentem, strumam* appellat.
(*Vide carmen LII.*)

*Diomedes Grammaticus, lib. III, cap. 6, de Iambico.*

Cujus carminis præcipui scriptores apud Græcos Archilochus, Hipponax, apud Romanos Lucilius, et *Catullus*, et Horatius, et Bibaculus.

*Terentianus Maurus, in Tractatu de Literis, Syllabis, Pedibus et Metris, v. 838, ubi de Phalæcio hendecasyllabo.*

Exemplis tribus hoc statim probabis,
*Docti* carmine quæ legis *Catulli*, etc.

*Idem, tractatu eodem, v. 1031.*

Hunc lucum tibi dedico, consecroque, *Priape*, etc.

Et similes plures sic conscripsisse *Catullum*
Scimus......
(*Vide carmen XVIII.*)

# VULPII DIATRIBE
## DE METRIS CATULLI.

Versuum genera, quibus in epigrammatibus cæterisque poematiis utitur Catullus, numero quatuordecim occurrunt. Principem locum obtinet Phalæcius hendecasyllabus, qui constat e spondæo, dactylo, ac tribus trochæis, hoc pacto :

    Quoī dō | nō lĕpĭ | dūm nŏ | vūm lĭ | bēllŭm.

In prima tamen sede, apud antiquiores poetas trochæum, vel iambum loco spondæi nonnunquam recepit, ut in sequentibus :[1]

    Arĭ | dā mŏdŏ | pūmĭ | cĕ ēxpŏ | lītŭm
    Mĕās | ēsse ălĭ | quīd pŭ | tārĕ | nūgăs.

In altera, poeta noster carmine 57, 7, creticum, sive amphimacrum semel usurpavit :[2]

    Uno īn | lēctŭlō | ērŭ | dītŭ | li āmbō.

1. Quod Catullo in primo loco tum hujusmodi versuum, tum aliorum quoque, pedem variare placeat, hæc est licentia non illius propria et singularis, at omnium communis. Siquidem primus cujusque versus numerus basis est, in qua vates quasi proludit et sese ad canendum præparat, liberiore modo. N.

2. Vulpius, quum in Phalæcium intrudere amphimacrum pedem voluit, non reminiscebatur latinos poetas, veteres quidem sæpissime, hoc more Græcorum usos fuisse, ut si longa syllaba quæ posset elidi, in subsequentem vocalem incurreret, dimidiata, non absumpta omnino, remanere posset, nempe ex longa in brevem contraheretur, quia ratio metricæ artis, tum Latinæ tum Græcæ, tempore pronun-

Versus autem ille initio carminis 40,

> Quænam te mala mens, miselle Ravide,

hypermeter est, sive una syllaba redundans: quem hac ratione metimur, ut postrema syllaba per synalœphen elidatur a prima subsequentis, quæ incipit a vocali:

> Quǣnām | tē mălă | mēns mĭ | sēllĕ | Rāvĭ—
> de˘Agīt...

Hoc primo genere versus utitur *Catullus* trecies novies, videlicet carmine 1, 2, 3, 5, 6, 7, 9, 10, 12, 13, 14, 15, 16, 21, 23, 24, 26, 27, 28, 32, 33, 35, 36, 38, 40, 41, 42, 43, 45, 46, 47, 48, 49, 50, 53, 54, 56, 57, 58.

II. Sequitur secundo loco Iambicus trimeter, seu senarius, acatalectus. Hic sex pedibus constat, qui omnes possunt esse iambi, ut:

> ˘Aīt | fŭīs | sĕ nā | vĭūm | cĕlēr | rĭmūs

Interdum vero in locis disparibus, puta in primo, tertio, quinto spondæus admittitur, pes iambo ἰσοσύλλαβος, etsi non ἰσόχρονος: nonnunquam etiam imparisyllabi, ut anapæstus ⌣⌣−, dactylus −⌣⌣, tribrachys ⌣⌣⌣. At in locis paribus, nempe secundo, quarto, ultimo, extra comœdiam, et fabulas Phædri Æsopias, comico fere stilo scriptas, præter iambum vel tribrachyn cæteri pedes vix recipiuntur. Exempla mixti Iambici:

> Sēlla īn | cŭrū | lī strū | mă Nō | nĭūs | sĕdēt
> Per con | sula | tum pe | je rat | Vati | nius.

tiandi, duobus syllabis brevibus unam longam æquiparabat. Hanc corripiendæ per elisionem syllabæ licentiam non abrogatam fuisse apud cultissimæ ætatis scriptores, arguunt haec, præter multa, exempla duo:

..... *imponere* Pelio *Ossam.*
Virg. Georg. I, 281.
.... *Cocto* num *adest honor idem?*
Horat. Sat. II, 2, 28. N.

## DE METRIS CATULLI.

Hoc genere *Catullus* utitur quater, nimirum carmine

    4. Phaselus ille, quem videtis, hospites.
  20. Ego hæc, ego arte fabricata rustica.
  29. Quis hoc potest videre, quis potest pati.

illa porro tria carmina constant ex Iambicis puris.
E mixtis et puris hoc Iambicis est; ut modo dixi :

  52. Quid est, Catulle, quod moraris emori?

III. Succedit superioribus Choliambus, sive Scazon, in omnibus præcedenti conveniens, si duos ultimos pedes excipias; etenim ordine præpostero quintus pes semper est iambus, ultimus semper spondæus, ut:

Fŭlsē | rĕ quon | dām cān | dīdī | tĭbī | sōlēs.

Hoc genus a Catullo septies adhibetur :

Carmine  8. Miser Catulle, desinas ineptire.
        22. Suffenus iste, Vare, quem probe nosti.
        31. Peninsularum, Sirmio, insularumque.
        37. Salax taberna, vosque contubernales.
        39. Egnatius, quod candidos habet dentes.
        44. O funde noster, seu Sabine, seu Tiburs.
        59. Bononiensis Rufa Rufulum fellat.

IV. Quarti generis est Sapphicus hendecasyllabus, qui constat e trochæo, spondæo, dactylo, et rursum duobus trochæis, ut :

Sīve ĭn | ēxtrē | mōs pĕnĕ | trăbĭt | Indōs

quamquam interdum poeta noster altera in sede trochæum collocaverit. Exempla sunt :

| Seū Să | cās să | gĭttĭfĕ | rōsquĕ | Pārthŏs |
|---|---|---|---|---|
| Pauca | nunti | ate me | æ pu | ellæ |
| Oti | um, Ca | tulle, ti | bi mo | lestum est. |

Hi autem versus abundant semipede, qui absorbetur a prima vocali subsequentis;

Nullum amans vere, sed identidem omni*um*.
Qui illius culpa cecidit, velut pra*ti*.

In sequente autem non servatur synalœphe, sed hiatus relinquitur quarto loco,

Gāllĭ | cūm Rhē | num hōrrĭbĭ | lēs*quĕ* | ūltĭ:

Hoc genere versus utitur *Catullus* bis, nimirum in duabus odis, quarum utraque est dicolos tetrastrophós; constant enim ex duplici genere versuum, Sapphico et Adonio, singulæque earum strophæ quaternis versibus concluduntur:

Carm. 11. Furi, et Aureli, comites Catulli.
   51. Ille mi par esse deo videtur.

V. Quinti generis est Adonius, versiculus exiguus, qui constat dactylo et spondæo, ut:

Ĭlĭă | rūmpēns.

Utitur eo Catullus bis, ut paullo ante diximus.

VI. Ad sextum genus pertinet Trochaicus Stesichorius, quem Antispasticum etiam vocant, Priapeium, et Angelicum; qui versus constat sex pedibus[1]: choreo vel spondæo, dactylo, cretico -⏑-, rarius dactylo, iterum choreo vel spondæo, iterum dactylo, postremum choreo, ut:

| Et să | lĭrĕ pă | rātum hăbĕs | sēd vĕ | rērĭs ĭn | ēptă |
|---|---|---|---|---|---|
| Quēmdām | mŭnĭcĭ | pēm mĕūm | dē tŭ | ō vŏlŏ | pōntĕ |
| Nŭtrĭ | ŏ, măgĭs | ēt măgĭs | ūt bĕ | ātă quŏt | ānnĭs. |
| Prō quēĭs | ōmnĭa hŏ | nōrĭbŭs | haēc nĕ | cēssĕ Prĭ | ăpō |
| In fos | să Lĭgŭ | rĭ jăcēt | sŭpĕr | nātă sĕ | cŭrĭ |
| Tantum | dem omnia | sentiens | quam si | nulla sit | usquam |
| Quercus | arida | rustica | confor | mata se | curi |
| Alter | parva fe | rens manu | semper | munera | larga. |

1. Hunc versum ab heroico hexametro in molliora deflexo lascivioribusque carminibus aptato degeneratum dicunt. N.

## DE METRIS CATULLI.

Utitur eo versu *Catullus* ter, nimirum:

Carm. 17. O Colonia, quæ cupis ponte ludere ligneo.
    18. Hunc lucum tibi dedico consecroque, Priape:
    19. Hunc ego, juvenes, locum, villulamque palustrem.

VII. Septimi generis est Iambicus tetrameter catalectus, qui constat septem pedibus, et cæsura in fine. Ad eum porro faciendum servantur omnia, quæ ad Iambicum trimetrum pertinent. Exemplum sit:

    Rĕmīt | tĕ pāl | lĭūm | mĭhī | mĕūm | quŏd in | vŏlās | tĭ.

In sequenti versu est amphibrachys ⌣-⌣ secundo loco, anapæstus tertio:

    Qūum dē | vĭā mŭ | lĭēr ā | lĭtēs | ōstēn | dĭtō | scītān | tēs.

in sequenti autem spondæus loco septimo:

    Invī | sătūr | pĭtēr | tĭbī | flăgēl | lă cōn | scrībĭl | lēnt.

Catullus hunc adhibet semel, carmine 25.

    Cinæde Thalle, mollior cuniculi capillo.

VIII. Octavi generis est Choriambus, qui constat quinque pedibus, nimirum spondæo, tribus choriambis -⌣⌣- et pyrrhichio, ut:

    Vēntōs | īrrĭtă fēr | re ēt nĕbŭlās | āĕrĭās | sĭnĭs.

Hoc versus genere conscripta est Horatii lib. I, Ode 18.

    Nullam, Vare, sacra vite prius severis arborem.

Utitur eo *Catullus* semel carmine 30.

    Alphene immemor, atque unanimis false sodalibus.

IX. Noni generis est Pseudo-phalæcius δεκασύλλαβος, qui fit ex duobus spondæis, ac tribus choreis, ut:

Fēmēl | lās ōm | nēs ă | mĭcĕ | prēndĭ
Quas vul | tu vi | di ta | men se | reno.

interdum spondæo et quatuor choreis; cujusmodi

Te ĭn cīr | cō te ĭn | ōmnĭ | bŭs lĭ | bēllĭs.

Tribrachys autem loco spondæi prima in sede positus, occurrit illo versu:

Cămĕrĭ | ūm mĭhĭ | pēssĭ | mæ pŭ | ēllæ.

Utitur eo *Catullus* semel, quamvis intermisceat legitimos hendecasyllabos, carmine 55:

Oramus, si forte non molestum est.

X. Decimi generis est Glyconius, qui fere constat spondæo, et duobus dactylis, ut:

Jām sēr | vĭrĕ Thă | lāssĭŏ.

At Veronensis poeta sæpenumero trochæum usurpat in prima sede; cujusmodi sunt illi:

Cīngĕ | tēmpŏră | flōrĭbŭs
Suave o | lentis a | maraci
Flamme | um cape | lætus huc
Huc ve | ni nive | o gerens.

aliquando iambum, ut in hoc

Pŭēl | læ ēt pŭĕ | ri īntĕgrĭ.

Utitur eo *Catullus* bis, nempe in duabus odis, quarum prima est dicolos tetrastrophos; constat enim e Glyconio versu et Phereçratio; singulæ porro ejus strophæ quaternis versibus finiuntur: altera est dicolos pentastrophos, quæ iisdem versuum generibus conscripta est, sed strophas habet e quinis versibus:

## DE METRIS CATULLI.

Carm. 34. Dianæ sumus in fide.
     60. Collis o Heliconii.

XI. Undecimi generis est Pherecratius, qui fere constat spondæo, dactylo, atque iterum spondæo, ut:

    Exēr | cĕtĕ jŭ | vēntām.

Catullus tamen in prima sede frequentius trochæum collocat; cujusmodi sunt

| Lŭtĕ | ŭm pĕdĕ | sōccŭm |
|---|---|---|
| Frige | rans Aga | nippe |
| Semper | ingene | rari |
| Sospi | tes ope | gentem. |

nonnunquam et iambum, ut in illis:

    Pŭĕl | læquĕ că | nāmŭs
    Hymen | o Hyme | næe.

semel secundo loco spondæum adhibuit:

    Nūtrĭ | ūnt hū | mōrē.

Hoc genere versus bis utitur, nempe carmine 34 et 60, cum Glyconio.

XII. Duodecimi generis est Hexameter; cujus notissima structura. *Catullus* non raro adhibet spondæum pro dactylo in quinta sede, veluti:

| Tempe | quæ sil | væ cin | gunt super | impēn | dentes |
|---|---|---|---|---|---|
| Non prius | ex il | lo fla | grantia | decli | navit |
| Eruit | illa pro | cul ra | dicibus | extur | bata. |

Hoc genere versus utitur poeta noster bis perpetua serie,

Carm. 61. Vesper adest, juvenes, consurgite; Vesper Olympo.
     63. Peliaco quondam prognatæ vertice pinus.

alternis vero cum Pentametro, a carmine 64, usque ad

finem libri. Nonnulli apud Nostrum occurrunt hypermetri, cujusmodi sunt exempli causa:

> Inde pater divum sancta cum conjuge, natis*que*.
> Et qui principio nobis terram dedit, aucto*re*.

XIII. Decimi tertii generis est Pentameter Elegiacus, æque notus. Est autem Catullus, more antiquiorum poetarum, in hoc genere nonnumquam duriusculus; qualia enim sunt illa!

> Troja virum et virtutum omnium acerba cinis.
> Quam modo qui me unum atque unicum amicum habuit.
> Vere, quantum a me, Lesbia, amata mea es.
> Divum ad fallendos numine abusum homines.
> Nec desistere amare, omnia si facias.

et si qua sunt alia similia.

XIV. Decimi quarti generis est Galliambicus, de quo vide in Argumento ad Carm. LXIII.

# C.* VALERII CATULLI

## VERONENSIS

### AD

## CORNELIUM NEPOTEM

## LIBER.

### CARMEN I.

Quoi dono lepidum novum libellum,
Arida modo pumice expolitum?

\* *Caii.* Scaliger legit *Quinti.* Refutatus jam a Passeratio et Vossio.

Arg. Modeste dedicat poeta libellum suum Cornelio Nepoti, tanquam benevolo ingenii sui æstimatori; ac simul ipsius Cornelii doctos labores multis extollit laudibus.

1. Sensus est : Cui dono offeram jocosa carmina, novo modo et a nostri temporis more recedente a me jam decantata et confecta? *Quoi* pro *cui* ex veteri scribendi modo, vid. Broukhus. ad Tibull. I, 9, 64, et Observat. Miscell. tom. I, pag. 134. Adjecta *lepidum* et *novum* nullo modo ad externum libri ornatum referenda sunt, quod putabat doctiss. Harlesius in Chrest. Poet. Lat. et J. M. Heintzius in Chrest. Poet. Nam *lepidum* h. l. est jocosum, festivum, facetum, leporis plenum. Ipse poeta mox carm. VI, 16, «*volo te ad cœlum lepido vocare versu.*» *Novus* vero libellus dicitur, quod Catullus tum primus ejusmodi jocosa carmina publici juris faciebat. Pari modo *carmina nova* vocantur apud Virgil. Eclog. III, 86, et *novæ fides* apud Horatium, Od. xxvi, 10. — Nimis argutatur Doer. in verbo *novum*, quod plane recentem librum, ut Gallice dicimus *un livre nouveau*, non genere novo conscriptum significat : namque multi et priores et coætanei jam tum argumento fere similia conscripserant. Terentius sæpe sæpius *novam* fabulam ita usurpat; Hecyr. prol. 4, 6, 45. Heautont. prol. 29, 34, 43. N.

2. Nonnulli *arido* perperam; nam quum in utroque genere occurrat *pumex*, sicut *cinis* apud Nostrum et *finis* apud alios [de nostra voce vide exempla apud Burmann. Sec. Anthol. II, p. 507], εὐφωνίας causa h. l. cum plurimis editionibus legendum est

## 34 C. VALERII CATULLI

Corneli, tibi : namque tu solebas
Meas esse aliquid putare nugas,
Jam tum, quum ausus es unus Italorum    5
Omne ævum tribus explicare chartis,
Doctis, Jupiter! et laboriosis.
Quare habe tibi, quidquid hoc libelli est,
Qualecunque : quod, o patrona Virgo,
Plus uno maneat perenne seclo.    10

*arida.* — *Arida m. p. expol.* h. e. modo absolutum, et ad umbilicum perductum. Nam veteres solebant membranas publicandas pumice expolire, lævigare, et æquare : conf. inf. c. XXII, 8, et Tibull. III, 1, 9.

3-7. Sensus est : Tibi, Corneli, libellus meus offerendus est, nam, quanti me facias, satis declarasti jam olim Chronicis tuis. Scripsit enim Cornelius Nepos, præter Vitas imperatorum, multa alia temporis injuria nobis erepta. In his numerantur Chronicorum libri tres, qui h. l. vocantur *tres chartæ;* nam chartæ, sicut Græcorum χάρται, passim vocantur ipsi libri vel volumina. Horat. Epist. II, 1, 161. « Serus enim *Græcis* admovit acumina *chartis.* » Conf. Horat. IV, 8, 21. Ovid. Trist. III, 1, 4, et infra LXIII, 45. Complexus autem fuerat Cornelius in his tribus libris *unus Italorum* (quod nullus Romanorum adhuc tentaverat) omnis ætatis res memorabiles (*omne ævum*), et id quidem multa cum doctrina et diligentia. *Jupiter* est exclamatio admirationi inserviens. Sic sæpe Græcis ὦ Ζεῦ, nobis *ὁ Dieu!* in his igitur libris Cornelius *solebat putare* (putavit) *esse aliquid* (εἶναί τι) pretium aliquod habere *nugas* Catulli, carmina lepida. Eleganter et modeste! —Doeringio in explanando horum versuum sensu, non assentior, quippe qui non facile crediderim Cornel. Nepotem in historia tot atque tantas res complectente, Catulliani lusus mentionem fecisse, neque verba Catulli tale aliquid innuere reperiam; quorum sensus hic esse mihi videtur : *Solebas* laudare, quamvis jam maximum opus ipse edidisses. N.

8. Accipe igitur hunc qualemcunque libellum, qui sub tutela Minervæ æternitate gaudeat. Nam *patrona Virgo* haud dubie est Minerva, quæ perpetuo epitheto dicitur *casta*, h. l. virgo. Nec minus ingeniorum et artium celebratur fautrix. Horat. A. P. 385. « Tu nihil invita dices faciesve Minerva. »

9. Nostram lectionem tuentur Stat. MSS. et edd. optimæ. *Patrima* Scal. *patroa* Voss. et Vulp. *quod ora per virorum* tentabat Jovianus Pontanus probante Barthio ad Stat. II, Theb. 651, *quod o perenna virgo* volebat Munckerus ad Antonin. Liberal. c. 16, *quod o Patrone gyro Plus uno maneat perenne seculi* conjecit Nic. Heinsius in Notis ad Catullum, quæ adjectæ sunt ejus Adversariis a Burmanno editis a p. 633-653, nimis audacter! cur enim non bene latine Minerva dici possit *patrona*, quod negat Heinsius, equidem non video.

## CARMEN II.

AD PASSEREM LESBIÆ.

Passer, deliciæ meæ puellæ,
Quicum ludere, quem in sinu tenere,
Quoi primum digitum dare adpetenti,
Et acris solet incitare morsus :
Quum desiderio meo nitenti
Carum nescio quid lubet jocari,

Arg. Primum statim carmen post dedicationem est lepidissimum. Laudat poeta in illo passerem, quem Lesbia in deliciis habebat, non alio profecto consilio, quam ut aures Lesbiæ permulceat decantatis passeris ejus laudibus, et sic mercedem carminis aucupetur dulcissimam. — Quamvis igitur argumentum hujus carminis est simplicissimum, cujus generis multa alia tam veteres, quam recentiores poetæ tractaverint; non defuerunt tamen allegoriarum captatores, qui et hic nescio quid obscœni sub passeris nomine latitare subodorarentur. Corradinus de Allio censet adeo, poetam hoc carmine alloqui passerem Lesbiæ ægrotantem; sed ipse ægrotasse videtur, quum hæc scriberet. Constat denique, in more positum fuisse apud veteres, ut pueri æque ac puellæ aves ad lusum et oblectationem exquirerent. Vid. Bochartus Hierozoic. p. 16. Cf. Martial. lib. I, epigr. 8. — Hoc testatur et Manilius : « Totamque per urbem Qui gestant caveis volucres ad jussa paratas, Quorum omnis parvo consistit passere census. » Astr. V, 385. N.

3. *Ac patentes* Vossius, quam lectionem ex librorum vett. auctoritate se reposuisse ait. Sed nostra lectio multo est accommodatior. — *Quoi pr. dig. da. adp.* primus digitus est extrema digiti pars (*le bout de doigt*) ἄκρον τοῦ δακτύλου. Sic *prima aqua* apud Ovid. Her. XVIII, 100, dicitur aqua extrema, quæ litus alluit, (et *prima fabula* apud Ter. Adelph. prol, V, 9). Pari modo *ultimus* dicitur infra c. XI, pratum *ultimum* est prati extrema pars. *Adpetenti* h. e. apprehendere et mordere cupienti.

5. *Quum desiderio mei intuentis Parum nescio quid lubet jocari* Heinsius in notis ad Catullum libro citato ex conjectura parum probabili.

6. Piget fere omnes conjecturas, quas VV. DD. ad hunc locum attulerunt, chartæ illinere. *Et solatiolum sui doloris credo*, Voss. *ut solatiolum* Vulp. Pro *credo ut* v. sq. tentabat Scaliger *credunt*. Difficultatem nimirum hujus loci peperit ingrata repetitio particulæ *ut* et diversa ejus significatio. Hinc diversæ sententiæ, conjecturæ, et explicationes. Heinsius in notis ad Cat. pro *ut* legendum esse suspicatus est *Tu*, et, quum ne sic quidem difficultates remotas vi-

(Ut solatiolum sui doloris :
Credo, ut tum gravis acquiescat ardor),

deret, versus ita constituendos et transponendos esse putavit: *Corde quum gravis acquiescit ardor, Ut solatiolo sui doloris Tecum ludere, sicut ipsa, possim.* Denique totum versum excidisse putat, quo donatum sibi a puella passerem poeta sit testatus.— Audacissimus omnium in hoc loco emendando fuit Corradinus de Allio, qui, ut molliter dicam, non emendavit, sed misere sæpe corrupit et mutilavit poetam. Nam quamvis libros Manuscriptos jactet, non unius tamen assis æstimandæ sunt plurimæ, quas affert, lectiones. Has igitur non recensebo, quodcunque autem in editione reperitur frugi, bona fide laudabo et proferam. Quid mihi de hoc loco emendando et explicando videatur, mox dicam. — Handius omnium veterum editionum consensu fretus, quæ dant *Et solatiolum*, etc. mutatum in *est* ab aldinæ auctore, censet, levissima mutatione, voci *et* substituendum *est*, et sic totam sententiam interpretandam. *Est solatiolum doloris sui credo, ut*, etc. « Hoc solatiolum est quod morsus dolor affert, nempe, ut ardor acquiescat. » Vereor ut medela omnibus sana videatur. Ego sic aldinam, probam quidem, lectionem exponi velim : passer.... quoi digit. dare.... solet.... quum lubet amabili tecum joco indulgere, quod est illi *ut* solatiolum, et quod agit ea mente, credo, *ut* ardorem inquietum ludo fallat, etc. Repetitio particulæ in sensus diversos distractæ unus est e multis quos in scriptis Catulli maxime illaboriosis in-

curia fere non invenusta nævulos fundere debuit. N.

5 — 9. Locus corruptissimus, quem levi medela sanari posse puto, si particulam *ut* v. 7, in *in* vel *ad* mutaveris, et locum sic interpunxeris : « Quum desiderio meo nitenti Carum nescio quid lubet jocari ; *In* solatiolum sui doloris Credo, ut tum gravis acquiescat ardor. » *Desiderio meo nitenti*, h. e. puellæ meæ formosæ. *Desiderium* vocatur puella, cujus desiderio amator flagrat. Sic πόθος apud Bion. Idyll. I, 83. *Nitere* autem, *nitidus* et *nitor* passim de pulchra fœminarum forma. Ovid. Met. XII, 405. *Hylonome, qua nulla nitentior fœmina.* Horat. I, Od. v, 13, «quibus intentata *nites;*» lib. II, Od. XII, 19, *nitidæ virgines*. Od. I, 19, 5, « urit me Glyceræ *nitor*. » — 6. *Carum nescio quid* dulce quid, suaviter. Jam sensus erit : puella mea lacessere solet passerculum suum ad ejusmodi morsiunculas inprimis tum, quando *illi* (pro quo eleganter: *desiderio meo nitenti*) lubet suaviter jocari et animi causa ludere, haud dubie (*credo*) in doloris sui levamen, ut *tum* (inter *jocandum*) æstus animi et fluctus componantur. Ergo Lesbiæ fuit passer id, quod nobis fere male affectis instrumentum aliquod musicum. — 9. Ad *possem* subintellige *si*, quæ particula nonnunquam omitti solet. Vid. Burmann. ad Ovid. Amor. III, 3, 9. Si possem, inquit poeta, eodem modo, ac puella mea, passere illo uti ad levandas animi curas, tam gratum id mihi foret, quam quod gratissimum. —

## CARMEN III.

Tecum ludere, sicut ipsa, possem,
Et tristis animi levare curas;
Tam gratum mihi, quam ferunt puellæ
Pernici aureolum fuisse malum,
Quod zonam soluit diu ligatam.

Nihil opus est particulam *si* subintelligere. Hoc loco *possem* est optativum, et sic vehementius fertur oratio. N.

9. *Posse* Vossius, Vulpius et alii; male ut modo dixi. N.

11. Post *gratum* supplendum est: foret. *Pernici puellæ*, Atalantæ, Schœnei filiæ, quæ cursu certavit cum procis suis, et victa tandem objecto malo aureo nupsit Hippomeni. Ovid. Metamor. X, 609. Fuerunt autem duæ Atalantæ, quæ sæpe confunduntur. Vid. Spanhem. ad Callimach. Hymn. in Dian. 216, et Perizon. ad Ælian. lib. X, c. 1. — *Tam gratum id mihi*, Muret. *tam gratum est*, Vossius et Vulpius.

13. *Quod zonam sol. d. ligat.* h. e. quod malum aureum effecit, ut viro traderetur, qui tandem zonam solveret. Solvebatur autem zona, qua virgines contra vim libidinosorum præcinctæ fuerunt, a sponso, primo concubitu. Diligenter et fuse hunc morem exsecutus est Schraderus ad Musæum, p. 343—349, Cf. Ernesti ad Callimach. Hymn. in Dian. 16, et Burmann. ad Ovid. Heroid. ep. II, 116.

## CARMEN III.

### LUCTUS IN MORTE PASSERIS.

Lugete, o Veneres, Cupidinesque,

Arg. Deflet poeta in hoc carmine mortem passeris Lesbiæ, quem vocat, melliti; sed melle dulcius est ipsum carmen flebilibus modis deductum et plane ad doloris sensum compositum. Si verum est, quod verissimum puto, maximam veterum carminibus dignitatem conciliari gravitate sententiarum, quibus repente sæpe lectorem in rebus ludicris occupatum ad seria abripiunt, nominatim Horatius, Tibullus, Propertius et Anacreon; profecto hoc Catullianum carmen jure sibi hanc laudem vindicat. Nam quem non horrore quodam perfundat Orci descriptio? — Non pœnitebit cum nostro contulisse Ovidii epicedium in mortem psittaci Amor. II, el. 6. Ejusdem argumenti carmen apud Statium II, Silv. 4, et Lotichii, poetæ suavissimi, carmen in funus Delphini lib. II, Eleg. 7. Eleganter carmen nostrum transtulit in vernaculum *Ramlerus* in *Oden aus dem Horatz*, Berolini 1769.

Et quantum est hominum venustiorum!
Passer mortuus est meæ puellæ,
Passer, deliciæ meæ puellæ,
Quem plus illa oculis suis amabat:   5
Nam mellitus erat, suamque norat
Ipsam tam bene, quam puella matrem:
Nec sese a gremio illius movebat;
Sed circumsiliens modo huc, modo illuc,
Ad solam dominam usque pipilabat.   10

2. *Quantum est hom. venust.* h. e. quotquot sunt homines elegantes et delicati. Nam *venustus* non semper ad formam, sed ad morum sæpe suavitatem et elegantiam refertur, et idem est, quod nobis: *gentil, galant,* infra carm. XXII, 2, *homo est venustus, et dicax, et urbanus,* XIII, 6, ad Fabullum *venuste noster.* Cicero de Orat. II, c. 56. *Sed cum omnium sis venustissimus et urbanissimus.* Idem Pro Domo c. 34, de facilitate jocandi *sermo venustus et urbanus.* Contra *invenustus,* quidquid elegantiæ et honestati repugnat, *gauche, grossier.* Infra carm. XII, 5, de furto sudarii *res est sordida et invenusta.* Nec huc traxerim felicitatem amoris, quam notionem interpretationi suæ immiscet Cl. Harlesius in Chrestom. Poet. Lat. 155, quamvis *venustus* eleganter alias dicitur, *cui Venus in amore favet, invenustus* (ἀναφρόδιτος) cui non favet. Vid. Hemsterhus. ad Lucian. t. I, p. 242. Sed hæc notio huc non quadrat. Citantur enim Veneres, Cupidines, et elegantissimi quique homines ad lugubres passeris exsequias non aliam ob causam, quam quod ipse passer fuerat dulcissimus mellitissimusque.

4. Hic versus abest in Stat. MSS. et aliis editionibus, sed Scaliger eum in suo MS. invenit. Tuetur eumdem Cantabrigensis edit. ex fide MSS. Auget certe hic versus vim doloris, nec displicet ejusdem versus ex superiori carmine iteratio.

5. *Quem plus oculis suis amabat,* hoc est, quo nihil ipsi fuit carius. Ab oculis enim, pretiosissima corporis nostri parte, variæ summi declarandi amoris formulæ petitæ sunt; conf. Mosch. Idyll. III, 9, et quæ ibi observat elegantissimus Manso. Plura vid. apud Rittershus. ad Oppian. Halieut. I, 703, et Spanh. ad Callimach. H. in Dian. 211. Plautus sæpius: *oculitus amare;* cf. infra carm. XIV, 1.

6. *Ipsa* Vossius et MSS. Stat.— *Suamque norat Ipsam tam bene;* suam ipsam, hoc e. suam dominam. Nam *ipsa* substantive pro *domina* dicitur more Græcorum, qui sæpe dominum αὐτὸν, et dominam αὐτὴν vocant. Sic Plautus, Casina, act. IV, 2, 10: «Ego eo, quo me *Ipsa* (domina) misit»; vid. quos laudat doctiss. Harlesius ad Chrestomath. Græc. p. 51.

10. *Pipiabat* Vossius et Cantabrigiensis; alii *piplabat, pipulabat, pipilabat; pippiebat* Muret.—*Ad do-*

## CARMEN III.

Qui nunc it per iter tenebricosum,
Illuc, unde negant redire quemquam :
At vobis male sit, malæ tenebræ
Orci, quæ omnia bella devoratis :
Tam bellum mihi passerem abstulistis.
O factum male! O miselle passer,
Tua nunc opera, meæ puellæ
Flendo turgiduli rubent ocelli!

minam hoc est versus vel adversus dominam.

11-14. *Iter tenebricosum:* nos , *le noir sentier de la mort.* Sallust. Catil. LII, §. 14, *inferorum loca sunt tetra, inculta, fœda atque formidolosa,* ubi vid. similia exempla a Cortio collecta. — 12. *Illud* MSS. Stat. — *Unde neg. red. q.* Similiter Orcus apud Oppianum, Halieut. IV, 394, ἀνίκβατος ἄϊδος εὐνή vocatur, ad quem locum alia exempla, fati necessitatem describentia, dabit Rittershusius. Cf. Antipatri epigr. in Analect. Vet. Poet. Græc. 90, t. II, p. 37, edit. Brunck. ἐς γὰρ ἄκαμπτον, Ἐς τὸν ἀνόστητον χῶρον ἔβης ἐνέρων. — Sic Racin. Phed. act. II, sc. 1 :
Mais il n'a pu sortir de ce triste séjour,
Et repasser les bords qu'on passe sans retour. N.

14. *Quæ omnia bella devoratis.* Simillima plane de Orco est querela Veneris mortem Adonidis lu-gentis apud Bion. Idyll. I, 35, τόδε πᾶν καλὸν ἐς σὲ καταρρεῖ. Cf. Ovid. Amor. II, VI, 39.

16. *Bellus ille passer* Ald. et Col. *o malæ tenebræ* Muret. *o factum male, væ pusille passer* Meleager, qui in antiquis libris invenerat, *bonum factum male bellus ille passer.* — *O factum male!* Exclamatio in rebus adversis. Sic Cicero de morte Alexionis ad Attic. lib. XV, epist. I, *O factum male de Alexione:* contra in rebus lætis *O factum bene;* cf. Vulpius. — *Tua opera* h. e. tua causa, propter te. — *Vestra nunc opera* Aldus. *cuja nunc opera* Vossius. Nostram lectionem tuentur Cantabrig. Vulp. et omnes fere libri scripti. — *Turgiduli ocelli.* Sæpe genæ *tumidæ* et oculi *tumidi* ex fletu dicuntur. Tibull. I, VIII, 68 : *Et tua jam fletu lumina fessa tument.* Ubi vid. illustrissimus Heyn. in Observat. p. 77, edit. nova.

## CARMEN IV.

### DEDICATIO PHASELI.

Phaselus ille, quem videtis, hospites,
Ait fuisse navium celerrimus,
Neque ullius natantis impetum trabis

Arg. Phaselum suum concelebrat poeta ob insignem sibi olim præstitum usum, nunc vero emeritum et recondita quiete senescentem. Summa ejus laus ponitur partim in celeritate, partim in roboris firmitate, qua tot et tanta emensus fuerit itinera. Suavissime autem ipsum Phaselum inducit deprædicantem merita sua et denique solemni modo Castori et Polluci se consecrantem. Cæterum vix dubitari potest, quin totum hoc carmen ad Græci cujusdam poetæ exemplum compositum et adumbratum sit; adeo spirat Græcorum indolem, leporem et in usu metaphorarum audaciam. Nec desunt exempla, ubi ipsæ naves vel merita sua extollentes inducuntur, vel deo cuidam dedicantur; cf. Antiphili epigramm. xxvi, in Analect. V. P. G. tom. II, p. 176, et Macedon. 22, 23, tom. III, p. 117, edit. Brunck. Est autem hoc carmen, quod meris iambis constat, numeris suis absolutissimum, tantaque arte et facilitate compositum, ut, artemne magis in illo admireris, an leporis et ingenii venustatem, ipse nescias. Hinc recte judicat Vulpius, vel ex hoc uno carmine perspici posse, cur Veteres *docti* nomine Nostrum insignierint.

Expressit autem hos iambos totidem iambis græcis puris Jos. Scaliger, qui leguntur in ejus notis ad h. carmen. Cf. Parodiæ ad Phaselum Catulli a diversis auctoribus scriptæ cum notis philol. Andr. Senftlebii Lips. 1642, 8.

1. *Phasellus.* Aldus et Statii MSS. — *Phaselus* est navicula longior et simul angustior, mira inprimis velocitate nota, quam præstabat prora longe et oblique supra aquam porrecta. Fuse de hac voce et ejus etymologia disputat Vossius ad hunc locum.

2. *Ait fuisse nav. celerrimus;* ex noto græcismo, casus primus pro casu quarto. Virg. Æn. II, 377, *sensit* delapsus *in hostes*: vid. Bentleius ad Horat. Epist. I, vii, 22.

3-6. Sensus: et potuisse cujuslibet navigii velocitatem superare, sive remorum sive velorum usu certandum fuisset. *Trabs* pro *navi* ex primo navium usu; *cava trabs* apud Virgil. Æneid. III, 191. *Palmula* proprie remi pars extrema, in modum palmæ protenta, ταρσὸς κώπης. *Præterire*, cursu superare, παρέρχεσθαι, παρατρέχειν, *volare*, velociter navi currere, ut Virgil. Æneid. III, 124; sic πετᾶσθαι apud Græcos: vid. Interpret. ad Hygin. p. 122,

## CARMEN IV.

Nequisse præterire, sive palmulis
Opus foret volare, sive linteo.
Et hoc negat minacis Adriatici
Negare litus, insulasve Cycladas,
Rhodumve nobilem, horridamve Thraciam,
Propontida, trucemve Ponticum sinum;
Ubi iste, post Phaselus, antea fuit

edit. Stav. Hinc ipsa navis vocatur πολυπλανέων ἀνέμων πτερὸν apud Macedon. in Analect. Vet. Poet. Græc. tom. III, epigr. XXIII, p. 117, edit. Brunck. Contra eleganti metaphora id, quod de navigio proprie dicitur, transfertur ad volatum. Ita Virgilius dixit *remigium alarum*, Æneid. I, 301, et VI, 19. Cæterum observandum est, tres diversas metaphoras hic conjungi, *natare, ire, volare* ut mox 12, ubi pro fronde *coma*, quæ *loqui* et *sibilum* edere dicitur. Quam quidem poetæ ab una metaphora ad aliam transilientis audaciam graviter taxat Muretus. Sed recte observat Ernesti in Initiis Rhetor. §. 319, non nimis huic legi adstringendos esse poetas, quibus, quum exarserunt ingenii calore, non licet ita expendere omnia severe ad præcepta magistrorum, et id modo tenendum esse, ne subjecto, metaphorice expresso, tribuamus, quæ isti metaphoræ non conveniant. Cf. Klotz. Lect. Ven. p. 417 seq. et Tollius ad Longin. 32, 2, p. 173.—Handius de Manuscripto, ut ait, optimæ notæ, quo usus est Hieron. Columna, huc transfert aliam lectionem : *Neque ullius volantis impetum alitis Nequisse præterire*.

6. Voss. quia in nonnullis MSS. legerat *negant*, reponit *nec aut*, sed male; nam sic perit quæsita poetæ elegantia.—*Et hoc negat negare*, hoc affirmare ait, *litus minacis Adriatici*. Adriaticum mare est sinus maris Mediterranei inter Italiam et Illyricum; *minax*, procellosum, impetuosum. *Cyclades* insulæ maris Ægæi. *Rhodus* insula Cilicii vel Carpathii maris, colosso, mercatura, artibus et philosophia nobilis, *clara* vocatur apud Horat. Od. I, VII, 1. *Thracia*, regio ultra Macedoniam, septemtrionem versus; *horrida* vel ad feros et barbaros mores trahendum est, quo sensu *Germania horrida* dicitur apud Horat. Od. IV, VIII, 22, vel ad asperam et gelidam regionem. *Propontis*, pars maris inter Hellespontum et Bosporum Thracium. *Ponticus sinus* mare Euxinum. Animadvertant autem tirones in hoc carmine elegantem metaphoram ab affectu iræ ad mare translatam in adjectis *trux*, *minax*, *impotens*; confer. doctiss. Harles. ad hunc locum in Chrest. Lat. Poet. contra ira *fervere*, *æstuare*, *fluctuare* etc. dicitur.

10-19. *Ubi*, in regione Ponti, quæ largissimo arborum navibus struendis aptarum proventu nota. Hinc naves ibi exstructæ nobilitatem suam jactabant. Horat. Od. I, XIV, 11 : «Quamvis Pontica pinus Silvæ filia nobilis Jactes et genus et no-

Comata silva : nam Cytorio in jugo
Loquente sæpe sibilum edidit coma.
Amastri Pontica, et Cytore buxifer,
Tibi hæc fuisse et esse cognitissima
Ait Phaselus : ultima ex origine
Tuo stetisse dicit in cacumine,
Tuo imbuisse palmulas in æquore,
Et inde tot per impotentia freta
Herum tulisse; læva, sive dextera
Vocaret aura, sive utrumque Jupiter
Simul secundus incidisset in pedem;
Neque ulla vota litoralibus Diis

men inutile. » Mira autem suavitate recordatur Phaselus usu et ætate nunc exesus, se olim inter arbores frondosas floruisse in jugo Cytorio, et foliorum agitatione dulcissimos susurros edidisse, quod dicitur 12, *loquente coma edidit sibilum.* Eleganter enim arboribus vox et cantus tribuitur a poetis. Petronius Carm. 120 : « Mollia discordi strepitu virgulta loquuntur»; ubi similia exempla larga manu dabunt interpretes pag. 567, edit. Burm. et ad Virgil. Eclog. v. 28. Sed satis notum vel ex primo versu Theocriti : « Ἁδύ τι τὸ ψιθύρισμα καὶ ἁ πίτυς. » Simili modo pristinæ suæ conditionis memor navis inducitur in epigramm. incerti cujusdam poetæ græci in Analect. Vet. Poet. Græc. tom. III, epigr. 385, pag. 232, edit. Brunck. « Οὔρεσιν ἐν δολιχοῖς ἑλωθρὴν πίτυν ὑέτιός με Πρόρριζον γαίης ἐξεκύλισσε Νότος. Ἔνθεν ναῦς γενόμην, ἀνέμοις πάλιν ὄφρα μάχωμαι. Ἄνθρωποι τόλμης οὔ ποτε φειδόμενοι. » *Amastris* urbs Paphlagoniæ, Sesamum olim nuncupata, proxima monti *Cytoro*, qui *buxifer* dicitur propter abundantiam buxorum. Virgil. Georg. II, 437 : «Et juvat undantem buxo spectare Cytorum.»

15. *Ultima ex origine*, non, uti omnes interpretantur, *ab antiquissimis inde temporibus*, at potius *ex antiquissima et nobilissima arborum stirpe*; nam arbores ducunt quasi familiam quamdam, ideoque apud poetas matrum filiarumque nomine audiunt. Ex ea nube exemplorum, quæ interpretes adduxerunt, unum huc facit a Statio laudatum ex Cornelio Nepote, in Attico cap. I, *Pomponius Atticus, ab origine ultima stirpis Romanæ generatus.*

19-22. *Læva, sive dextera v. a. sive utr.* etc. Sensus : Explevi boni navigii partes sive ab una tantum parte *(a dextera vel a sinistra)*, sive ab utraque parte ventus secundus ita adspiraret, ut plenis velis currere liceret. *Pedes* dicuntur a nautis funes, quibus inferiores veli anguli puppim versus adducuntur. Quod si igitur ab utraque parte ventus secundus adflat, ab utraque

Sibi esse facta, quum veniret a mare
Novissimo hunc ad usque limpidum lacum.
Sed hæc prius fuere : nunc recondita    25
Senet quiete, seque dedicat tibi,
Gemelle Castor, et gemelle Castoris.

etiam parte expansis pedum ope velis ille excipitur, et hoc est : *incidit ventus in utrumque pedem* sive *utroque pede curritur*, sin vero ventus obliquus spirat, et *vel a dextera vel a sinistra vocat*, tunc *uno* tantum *pede* inferior veli angulus ad excipiendum ventum attrahitur. Acriter autem de hac dictione disputarunt Scaliger et Vossius ad hunc locum, Salmasius ad Solin. p. 400, Potter ad Lycophron v. 1015, Grævius ad Cic. lib. XVI, ad Attic. ep. vi, Burmannus ad Ovid. Fast. III, 565, et plures alii. Sed nemo accuratius rem excussit quam illust. Heyne ad Virgil. Æn. V, 830. — *Jupiter* pro *vento* est res nota. Hinc vocatur οὔριος, cujus celebre fanum fuit in ora Ponti Euxini, de quo erudite Wesseling. ad Diodor. Sicul. et Petit. Commentar. LL. Attic. lib. V, iv, p. 503.

22 seqq. ornate pro : *se nunquam expertum fuisse tempestatem*. Nam sæviente tempestate nautis suscipiebantur vota in litore diis solvenda, quod nunquam opus habuit Phaselus. *Dii litorales* sunt dii quivis marini in litore expiandi; conf. Virgil. Georg. I, 436. — *Sibi esse facta* pro *a se facta*, ut solet, vel astricta, vel prosa oratione. Cf. Sen. consol. ad Marc. 20. N. — *A mare novissimo*, remotissimo, Pontum Euxinum puta. *Limpidus lacus* est Benacus, ad quem sita fuit Sirmio peninsula.

23. *A mari* Stat. in Maffei lib. in aliis *amaret*. Sed nostram lectionem *a mare* defendunt grammatici; cf. Sanctii Minerva, lib. VII, p. 195, *novissime* in MSS. Scalig. et Statii.

25. *Sed hæc prius fuere (mais ce temps est passé)!* vid. de hac formula Gataker in Dissertat. de n. instrum. stylo p. 115. — *Recondita quiete.* Eleganter dictum pro, Nunc senet reconditus quiete.

27. *Gemelle Castorum et gemelle Castoris* invenit Vossius in libris MSS. — *Gemelle Castor et gem. Cast.* Castor et Pollux, navigantibus propitii. Cf. Hor. I, iii, et ib. doct. Jan.

## CARMEN V.

#### AD LESBIAM.

VIVAMUS, mea Lesbia, atque amemus,
Rumoresque senum severiorum
Omnes unius æstimemus assis.
Soles occidere et redire possunt :
Nobis, quum semel occidit brevis lux,  5
Nox est perpetua una dormienda.
Da mi basia mille, deinde centum;
Dein mille altera, dein secunda centum;

---

ARG. Hilari animo assurgit poeta, et puellam suam ad delicias faciendas evocat mortis admonitu.— Eodem argumento ad mutui amoris cohortationem abusi sunt alii nequitiæ magistri. Propert. I, XIX, 25, II, XV, 24; Tibullus I, 1, 70. Plura exempla collegerunt Muretus ad hoc carmen et Burmannus ad Lotich. II, eleg. 8, 65. Cæterum comparare est cum Nostro Martial. VI, 34.

1. *Vivamus :* genio indulgeamus et amorem exerceamus. Horat. epist. I, VI, 65 : « sine amore jocisque Nil est jucundum, vivas in amore jocisque. » Petronius cap. 34, pag. 164 : « Ergo vivamus, dum licet esse bene », ubi vide Burmannum. Sic Ζῆν apud Græcos.

2. *Rumores sen. sev.* quicquid de amore nostro spargant et crepent senes morosi.

4-7. *Soles occidere et red. poss.* Accommodate Horat. Od. IV, VII, 13 : « Damna tamen celeres reparant cælestia lunæ » ; colorem inde duxit Lotich. Eleg. III, 7, 23 : « Ergo ubi permensus cælum Sol occidit, idem Purpureo vestit lumine rursus humum ; Nos, ubi decidimus, defuncti munere vitæ, Urget perpetua lumina nocte sopor. » Vid. quæ ibi notavit Burmann. Sec.

5. *Quum semel occidit lux, nox una perp. est dorm.* Certatim hinc sententiam exornarunt poetæ; cujus exempla ubivis. Unum ponamus ex Moscho Idyll. II, 108 : Ὁππότε πρῶτα θάνωμες ἀνάκοοι ἐν χθονὶ κοίλᾳ, Εὔδομες εὖ μάλα μακρὸν ἀτέρμονα νήγρετον ὕπνον. *Nox* pro *somno;* vid. Drackenborch. ad Silium Ital. III, 216.

6. Simonides, apud Stob. Serm. 126 : Κρυφθεὶς δέ ὑπὸ γῆς κεῖται θνητὸς τὸν ἅπαντα χρόνον. Poeta quidam nostras sic vatem Veronensem imitatus est :

L'inutile vieillesse au tombeau nous appelle;
Et quand notre nuit vient, elle vient éternelle.

8. *Dein mi altera da secunda centum* Voss. in suis exempl. et sic est in

## CARMEN V.

Dein usque altera mille, deinde centum:
Dein, quum millia multa fecerimus,
Conturbabimus illa, ne sciamus,
Aut ne quis malus invidere possit,
Quum tantum sciat esse basiorum.

libro manuscripto et edit R. nisi quod in priore verba transponuntur *altera mi da secunda centum.* Stat. MSS. *Dein mille altera deinde secunda* Cantabrig. *Dein mille altera, da secunda centum.*

9. *Deinde usque altera mille* omnes Statii MSS. et Cantabrigiensis. — *Usque*, sine intermissione, uno tenore. — *Millia fecerimus*, hoc est, millium basiorum summam fecerimus. Quod quum non intelligeret Heinsius, indulsit corrigendi libidini, qui pro *fecerimus* mavult, in notis ad Catullum *fixerimus*; male. *Millia facere* est summam facere vel conficere millium. Eadem summa vel numerus versu sequenti dicitur *conturbari*, computo seu rationibus turbatis; proprie enim *conturbare* dicitur de decoctoribus et aere alieno oppressis, quorum rationes sunt conturbatæ, quæ sibi non constant, non paria faciunt. Cf. Burmann. ad Petron. cap. 39, p. 169, et quos ibi laudat.

12. *Ne quis malus*, invidus et hinc maleficus, veneficus; *malus* enim, ut græcorum κακὸς, sæpe de rebus magicis et veneficis usurpatur. Vid. Drackenborch. ad Sil. Italic. VIII, 500, et Burmannus ad Petron. Carm. LXIII, p. 318. *Invidere*, invidia nocere. Homines invidi autem aliorum bonis nocere tentabant nimia laude tanquam fascinationis genere. Cf. Virg. Eclog. VII, 27, 28, et ibi Cerdanus. *Invidere* igitur hoc loco est, quod in patria lingua superstitiosis dicitur *ensorceler*; quod mox Carm. VII, 12, *mala lingua fascinare* dicitur.

## CARMEN VI.

### AD FLAVIUM.

FLAVI, delicias tuas Catullo,
Ni sint illepidæ atque inelegantes,
Velles dicere, nec tacere posses.
Verum nescio quid febriculosi
Scorti diligis: hoc pudet fateri.    5
Nam, te non viduas jacere noctes
Nequidquam tacitum cubile clamat,
Sertis ac Syrio fragrans olivo,

ARG. Frustra a Flavio petierat Catullus, ut sibi indicaret amoris sui delicias, et, quo beatus vulnere, qua periret sagitta, secum communicaret. Ex hac igitur Flavii tergiversatione suspicatur, illum laborare in vili aliqua morbosaque meretrice, quæ salva honestate indicari non possit; quam quidem suspicionem alia quædam signa externa confirmabant. Iterum nunc rogat Flavium, ut, cuicumque tandem amori vacet, diutius ipsum ne celet, addita promissione, se celebraturum esse ejus amores lepidis carminibus.

1. *Delicias tuas.* Puellam, qua delectaris, tuos amores. — *Catullo* eleganter pro *mihi*, summæ familiaritatis declarandæ causa. —Pace Doeringii dicere liceat, non reperio quam vim summæ familiaritatis declarandæ habeat nomen *Catullo* pro *mihi* positum. N.

2. *Ni sint illepidæ atque inel.* ni sit prostibulum, veluti mox v. 4, vocatur *scortum febriculosum.*

3. *Velis* et *possis* conjectat Heinsius in not. ad Catullum. parum recte. Cogita, Catullum jam antea explorare voluisse Flavium de ejus amore, sed illum tergiversatum esse: vid. argumentum supra.

7. *Nequaquam* vult Heinsius in notis ad Catullum; præter necessitatem!—Recte Heinsius, frustra renitente Doer. N.—*Nequidq. tacit. cubile clamat:* quamvis tu taces, frustra tamen tacet cubile, immo clamat atque ad claram solis lucem profert nequitiam tuam. Quilibet autem, vel me non monente, facile sentiet, quam suaviter *cubili nequidquam tacito clamor* tribuatur respectu alti, quo amorem suum dissimulabat Flavius, silentii. *Tacitus* et *clamare* eleganter ad res inanimatas transferuntur etiam apud alios. Sic *tacita vestis* apud Propertium I, IV, 14, ubi de utroque exempla collegit Passeratius.

8. Vetus lectio *Sertis Assyrio* et *Sertisque Assyrio;* pro *fragrans* alii *flagrans,* male; vid. Drackenborch.

## CARMEN VI.

Pulvinusque peræque et hic et illic
Attritus, tremulique quassa lecti
Argutatio inambulatioque:
Nam mi prævalet ista nil tacere.

ad Silium Ital. XV, 117, et Bentleius ad Horat. Od. II, XII, 25. —*Sertis ac Syr. fragr. olivo.* Non capillos tantum unguentis saturare solebant homines delicati et beatiores, sed lectulos etiam inungere rebus odoriferis. Sic infra LXIV, 87, *suaves odores exspirare lectulus* dicitur; cf. Muretus.

9. *Hic et ille* Stat. qui priorem et interiorem lectum intelligit.

10. *Lecti argutatio* non de crepitu lecti cum Statio intelligenda, sed eodem fere sensu, quo *inambulatio*. Sic *fullones* apud Nonium in fragm. veteris scriptoris IV, 34, dicuntur *argutari pedibus* (ὀξυποδεῖν); conf. Ernesti ad Tacit. Annal. XI, 28. — Nimium, opinor, Ernesti auctoritati Doeringius detulit, quum eodem fere sensu vocem *argutatio* intelligendam quo *inambulatio* existimaverit, videlicet nominis falsa interpretatione ductus. At idem Nonius sic vocem *argutari* explicat, ut sola, *loquaciter proloqui*, juncta cum verbo *pedibus*, *subsilire* significet. Atque ita fere dici possit *argutari manibus, oculis*, pro *celeriter movere manus, oculos*. Argutationem igitur eodem sensu quo *sonitum, crepitum*, Catullus mihi videtur adhibuisse, et hunc locum ita explanari velim: *lectusque tuus ita quassatus, ut compago male consistat, et, vel minimo impulsu, tremula crepitet* (argutetur) *et vacillet* (inambulet). N.

12. Prisca lectio, testante Scaligero, fuit: *Nam ni ista prævalet nihil tacere, Cur non tam latera exfututa pandam, Nec tu quid facias ineptiarum?* unde fecit; *Nam, ni stupra, valet nihil tacere,* [*Cur? non tam latera exfututa pandant?*] *Nec tu quid facias ineptiarum.* Antiquitatem lectionis Scaligeri confirmant Stat. MSS. et Vossii exempl. nisi quod ille pro *pandam* legit *panda* et hic *pandas*, habet tamen Commelini liber in margine *pada*. Vossius hunc locum corruptum ita restituere conatus est: *Nam ni istapte, valet nihil tacere, Cui non jam latera exfututa pandant Noctu quid facias ineptiarum?* Quam lectionem recepit Grævius et Vulpius. Nec multum discedit edit. Cantabrigiensis, quæ pro *cui non* exhibet *cui nunc*. Heinsius in not. ad Catullum tentat: *Quum nil prævalet ista mi tacere, Cur nunc jam latera exfututa pandas.* Bondanus in Var. Lect. p. 130, ex Excerpt. MSS. a Rhunkenio acceptis, affert: *Nam ni te pudeat, nihil taceres.* Idem vir doctus testatur in margine Aldinæ editionis legi *Ni te pigeat,* quod fortasse ex eodem fonte fluxit. Totum locum autem sic refingit Bondanus: *Nam ni te pudeat, nihil taceres, Quum nunc tam latera effututa pandant, Noctu quid facias ineptiarum.* Quæ quidem lectio commodum sane et orationis seriei valde accommodatum sensum fundit, sed nimis videtur vis facta esse antiquæ lectioni. Pari modo se habet cum plurimis emendationibus Corradini de Allio, in quibus sæpe

Cur nunc tam latera exfututa pandas,
Ni tu quid facias ineptiarum?
Quare quidquid habes boni malique,                 15
Dic nobis. Volo te ac tuos amores
Ad caelum lepido vocare versu.

nec vola nec vestigium antiquae lectionis apparet. Bipontina editio, ad quam textus editionis nostrae conformatus est, sequitur Gottingensem. — In hoc loco tam emendando quam explicando mirum in modum se torserunt interpretes. Vid. Var. lect. sup. Sed nondum remotae sunt difficultates, quibus tam verba, quam ipse sensus laborat. Quam nos dedimus lectionem in textu, contra loquendi rationem et orationis nexum explicant: *Nam mihi prodest ista nil tacere.* Quid? si duabus voculis transpositis hunc in modum legatur versiculus: « Nam nil praevalet ista mi tacere », hoc sensu: *nam nil praevalet*, nulla causa tantum apud te valere debet, *ut ista*, quae amorem tuum spectant, *mi*, tibi amicissimo, *taceas*, reticeas. *Tacere aliquid*, pro *reticere* passim dicitur. Terent. Eunuch. I, 11, 23, Cornel. N. X, 11, 5. Aut egregie fallor, aut egregie sic omnia cohaerent sibique respondent. Nec quemquam offendere debet particula *Nam*, quam, quia praecesserat v. 6, mutavit Nic. Heinsius in *Quum*. Sed non vidit utramque particulam habere, quo referatur. Primo loco *nam* referendum est ad verba *nescio quid febriculosi scorti diligis*, nam id testatur cubile. Altero loco, ad verba *nec tacere posses*, nam tibi sunt amicissimus, cui nil reticeri debet. —Hic versiculus sine ulla verborum transpositione facile intelligi potest. *Nam nil tacere ista mihi praevalet*, i. e. non reticere quae tu agis male mihi satius videtur; neque quo particula *nam* referatur laborandum est. Abrupta oratione vivide erumpit Catulli indignatio, quasi diceret, Te insectabor et arguam, namque nolo reticere quae reprehendi debes; ita saepissime Horatius caeterique poetae. N.

13. *Cur nunc tam latera exfututa pandas*, etc. Cur latera Venere adeo exhausta et viribus defecta ostendas, prae te feras, explices, nisi noctu illa lassentur palaestra? vel: Cur incurvas (a *pandare*) et pandicularis quasi latera infirma, nisi Veneris usu nimio noctu exerceantur? Ovid. Amor. III, xi, 13: « Vidi, quum foribus lassus prodiret amator, Invalidum referens emeritumque latus. »

15. *Quidquid habes*. Imitatus est Horat. Od. I, xxvii, 17: « quicquid habes, age, Depone tutis auribus. » — *Boni malive* vult. clariss. Jani ad hunc Horatii locum.

## CARMEN VII.

### AD LESBIAM.

Quæris, quot mihi basiationes
Tuæ, Lesbia, sint satis superque?
Quam magnus numerus Libyssæ arenæ
Laserpiciferis jacet Cyrenis,
Oraclum Jovis inter æstuosi
Et Batti veteris sacrum sepulcrum;
Aut quam sidera multa, quum tacet nox,
Furtivos hominum vident amores:
Tam te basia multa basiare,
Vesano satis et super Catullo est,
Quæ nec pernumerare curiosi
Possint, nec mala fascinare lingua.

Arg. Ingentem basiorum copiam petit a Lesbia. cf. Carm. V.

4. *Laserpiciferis Cyrenis.* Cyrenæ, una e quinque urbibus regionis Cyrenaicæ in Africa prope Ægyptum, laserpicio (σιλφίῳ) nobilis. Vid. de hac nobilissima apud Veteres planta Salmasius ad Solin. p. 149. Cyrenæis fuisse propriam et conspici eorum nummis impressam egregie docet Hemsterhusius ad Pollucem, IX, viii, 60, p. 1026-1028, cf. Trillerus ad Grot. Christ. patient. p. 257.

5. *Oraclum Jovis int. æst.* Innuit Jovem Hammonem, cujus templum et oraculum fama celeberrimum fuit in Libya. Describit illud Curtius, IV, vii, 5, ubi multa de hoc templo collegit diligentia Freinshemii. De imagine Jovis Hammonis in numismatibus et statuis expressa agit Spanhemius, de Usu et Præst. num. diss. VII, p. 389: adde *Ant. van Dalen* de Oracul. gentil. cap. 9, p. 209 seq. *Æstuosus* non ad Jovem sed ad Libyam referendum, ubi arena æstuabat, æstu fervebat, vel maris instar flante Euro agitabatur.

6. *Et Batti veteris sacrum sepulcrum.* Sacro honore colebatur sepulcrum Batti, quia primus Cyrenarum conditor fuit. De quo vid. Spanhem. ad Callimach. Hym. in Apoll. 76.

11. *Curiosi,* invidi. Videndum ad Carm. V.— Importuni rerum alienarum scrutatores. Unde sequiori ætate ita nominati publicæ inquisitionis ministri. C. Th. VI, tit. 29. N.

12. *Mala lingua* in simili re apud Virgil. dicitur, Eclog. VII, 28: « baccare frontem Cingite, ne vati noceat mala lingua futuro.

# CARMEN VIII.

### AD SE IPSUM.

MISER Catulle, desinas ineptire,
Et, quod vides perisse, perditum ducas.
Fulsere quondam candidi tibi soles,
Quum ventitabas, quo puella ducebat
Amata nobis, quantum amabitur nulla. 5

ARG. Frigere cœperat amor Lesbiæ, ejusque animus a Catullo abalienari. Quod quum animadvertisset, pari modo ad illam contemnendam animum induxit et obfirmavit. Sed cogita, Catullum post multas variasque animi commotiones acquiescere demum in hoc consilio, et tandem aliquando amoris ineptias intelligere. In hac igitur seriori cogitatione repente fit philosophus et secum instituit colloquium. Cf. Ov. Amor. III, 11. — Ni fallor, aliud sentit Catullus atque Doeringius hoc argumento indicat: namque tantum abest, ut vates animum obfirmaverit philosophusque fiat; ut vel quum maxime amori repugnet urgenti, quidquid conetur, ostendat se vinculis, quæ excutere non valeat, impeditum. Hæc fuit non unius ingeniosi viri arguta exprimendi amoris commentatio, ut amori nuntium remittere se velle diceret; quo vehementius se ad obdurandum hortatur, eo se magis fatetur vulnere debilitatum. N.

1. Heinsio in not. ad Catullum placebat: *Miser Catulle, desine ah! ineptire, Et, quod vides perisse, perditum duce.* — *Miser* cui tantos cruciatus amor, tantum amaritudinis propinat. *Ineptire*, hic suaviter pro inepte amare; amori, cujus aliquando nos pœniteat, indulgere. Sic *ineptus amor* apud Tibullum, I, Eleg. IV, 24.

3. *Candidi soles*, nulla nube obscurati, felices. Cf. Salvagnium ad Ovid. Ibin 219, et Cort. ad Sallust. Catil. V, 7. Sic apud Græcos λευκὸν φάος. Vid. Spanhem. ad Callimach. Hymn. in Cer. 123.

4. Heinsius legendum censet *quo puella dicebat* pro condicebat. Idem jam, in mentem venerat Brouckhusio ad Propert. lib. III, Eleg. XXII, et Ian. Dousæ filio in not. Catull. citra necessitatem! Sæpe autem in his vocibus inter se commutandis peccarunt librarii. Vid. quos laudat Drackenborch. ad Sil. Ital. XII, 221. — *Quo puella ducebat*, vocabat, me venire jubebat; consulto fortasse posuit verbum *ducere*, quia fallaciæ notionem simul complectitur; eleganter enim dicitur de puellis, quæ falsa spe amatores lactant; Gallic. *mener son amant par le nez.* Propertius, lib. II, Eleg. XVII, vers. 1: « Mentiri noctem, promissis ducere amantem. »

## CARMEN VIII.

Ibi illa multa tam jocosa fiebant,
Quæ tu volebas, nec puella nolebat.
Fulsere vere candidi tibi soles.
Nunc jam illa non vult: tu quoque, impotens, noli;
Nec, quæ fugit, sectare; nec miser vive :
Sed obstinata mente perfer, obdura.
Vale, puella : jam Catullus obdurat,
Nec te requiret, nec rogabit invitam.
At tu dolebis, quum rogaberis nulla,

6. *Tum jocosa* alii. — *Ibi illa multa tam jocosa fiebant.* En novam sane poetæ verecundiam, verecunde nunc circumscribentis amoris nequitias, quibus olim cum Lesbia indulserat! *facere* et *fieri* passim de re Venerea. Vid. Burmann. ad Petron. 39.

9. Voss. in Commelini codice invenit *tuque inepte et impote*, in aliis *impotens*, et sic est in Edit. R. et L. in omnibus vero MS. deerat pes extremus. Scaliger restituit *impotens ne sis*. Vossius ex vestigiis veteris lectionis : *tu quoque ipse te refer*. Statius *tu quoque impotens esto*, et hinc vult *tu quoque, impotens, noli*, quæ postrema lectio reperitur etiam in margine lib. Heinsii, ubi tanquam mantissa additur hæc lectio : *Jam nunc et illa non vult, tu quoque et noli*. Cantabrigiensis Vossianam lectionem amplectendam putat, modo pro *refer* legatur *obdura*. Servavit tamen in textu nostram lectionem. Heinsius, cujus celebrata in emendandis poetarum carminibus, nescio quo fato, tam parum ingeniolo meo probatur sagacitas, emendat in not. ad Cat. *tu quoque impotem mentis, Nec, quæ fugit, sectare*. — *Tu quoque, impotens, noli*. Sensus : nunc illa te contemnit, vicissim illam contemne contemptus. Hæserunt in hoc loco et ad conjecturas confugerunt interpretes, sed non cepisse videntur *impotentem* jam dici hominem invenustum, qui nihil in amore valet et pollet, qui rejicitur et repulsam fert. *Potens* contra est, qui felix et fortunatus est in amore. Infra Carm. C, 8 : « Sis felix, Cæli, sis in amore potens. » — Meræ interpretis argutiæ. Suam sibi Catullus dementiam, animum sui impotem, exprobrat, et se ad viriliter obdurandum exacuit. *Trop faible cœur, sache donc aussi la dédaigner*. N.

11. *Sed obstinata mente perfer, obdura :* imitatus est Ovid. Amor. III, 11 : « Perfer, et obdura ; dolor hic tibi proderit olim. » *Obdurare* est animum contra aliquid munire, durum facere, firmo et parato animo aliquid ferre, tenacem esse propositi. Idem dicitur infra Carm. 76, *animo se affirmare*, et apud alios *durare animum*.

12. *Vale, puella*, abi in malam rem. Sic χαῖρε apud Græcos; cf. Davis. ad Cic. de Nat. Deor. lib, I, cap. 1, sub fine. — Non imprecatur amans, sed valedicit infidæ. N.

14. *Quum rogaberis nullam, Sce-*

Scelesta, nocte. Quæ tibi manet vita? 15
Quis nunc te adibit? quoi videberis bella?
Quem nunc amabis? quoius esse diceris?
Quem basiabis? quoi labella mordebis?
At tu, Catulle, destinatus obdura.

*lesta, noctem* Vossius et Cantabrigiensis; vetus lectio fuit *nulla Scelesta necte* vel *nete.* Scaliger in suo MS. *rere, quæ tibi manet vita*, h. e. cogita, tecum reputa. Muretus ex libro quodam veteri affert: *Scelesta, quæ nunc, quæ tibi manet vita?* vulgata lectio *Scelesta tene?* Heinsius pro liberalitate sua: *quum rogaberis nulla, Scelesta, nulla; quæ tibi manet vita?* vel, *quum rogaberis nulli, Scelesta, noctem.* — Malim Vossianam lectionem: *nullam noctem,* quum facile scribi potuerit *nullā nocte* et simul lineola deleri. N. — *At tu dolebis.* Similiter Hor. Epod. XV, 11: « O dolitura mea multum virtute Neæra; Nam, si quid in Flacco viri est, Non feret assiduas potiori te dare noctes, Et quæret iratus parem. » — *Quum rogaberis nulla, Scelesta, nocte,* hoc est, de nulla nocte. *Scelesta,* perfida. *Quæ tibi manet vita?* quam spreta in posterum vives! Observa *manere* admittere etiam casum tertium, cujus exempla vid. in Sanctii Minerv. II, 4; cf. Ernesti in Clav. Cic. s. v. *manere.* — Handius conjectura ex manuscripto, quod dat *quæ te tum,* deducta, sic corrigebat: *quæ dehinc manet vita?* aut cum Santenio: *quæ tibi imminet vita?* Monstrum hoc loquendi Handio videtur, *tibi manet.* At illi refragatur Liv. I, 53, et Claudian. in Eutrop. II, 479.

18. *Quoi labella mordebis.* Frequentes sunt poetæ in commemorandis amantium morsiunculis, tanquam ferventissimi amoris signis. Vid. Passerat. ad Propert. III, VIII, p. 451, Brouckh. ad Tibull. I, VI, 14, et Sciop. ad Lus. c. 87, p. 92.

19. *Destinatus* recte dicitur, qui alicui rei devotus et addictus est, cui certa et fixa sedet sententia. Nam *destinare* sæpe est constituere, decernere, ut certum sit; ita Græcorum πέπηγε constitutum est. Malim tamen *obstinatus* propter vs. 11. *Obstinatus,* Vossius cum plurimis. Nostram lectionem defendit Scaliger et Ger. Joan. Vossius in Art. gram. lib. II, cap. 14.

## CARMEN IX.

**AD VERANNIUM.**

Veranni, omnibus e meis amicis
Antistans mihi millibus trecentis,
Venistine domum ad tuos Penates,
Fratresque unanimos, anumque matrem?
Venisti. O mihi nuntii beati!  5
Visam te incolumem, audiamque Hiberum

Arg. Verannio, arctissimo familiaritatis vinculo secum conjuncto, congratulatur felicem reditum ex Hispania, eique, quam gratus hic nuntius ad aures suas acciderit, declarat; mox magis declaraturus laetitiam suam mutuis amplexibus, et mutuo de ejus itinere instituendo colloquio. Dulcissimum est hoc carmen et mollissimos amicitiae sensus spirat. Comparent poetices studiosi Horat. I, Od. 36, et Juvenal. Sat. XII, in reditum Catulli, miramque in simili argumento varietatem et copiam agnoscant.

2. Alii *antistas* vel *antistes;* sed nostra lectio omnium antiquorum librorum auctoritate munitur, teste Vossio. — Handius contendit non recte Doeringium dixisse hanc lectionem *antistans* omnium antiqq. libb. auctoritate munitam, siquidem *antistas* melioris notae codicibus exhibetur. Itaque hanc lectionem retinet, atque *omnibus....trecentis* parenthesi includit, quasi intercisa oratio exultanti animo magis conveniat. Sed codices primos habuisse *antistās*, et lineolam vetustate vel casu aliquo deletam fuisse vel neglectam manu subsequentium librariorum, extra omnem dubitationis aleam ponendum est. N. — *Antistans*, praeferendus mihi ingenti amicorum turbae; *antistare alicui* est antecellere aliquem. Gell. I, vii, cap. 5, *qui caeteris antistabat.*

4. MSS. Stat. *uno animo sanamque et uno animo suamque.* Comel. lib. *senemque*, quam lectionem dare etiam Codices Vaticanos testatur Brouckhus. ad Tibull. I, vii, 88. Scal. lib. *unanimes suamque.* L. MS. *tuamque.* Edit. R. *unanimos suamque.* Nostra lectio debetur Faerno, quem sequutus est Vossius, et hunc Cantabrigiensis. Caeterum sollemnis est lectionis diversitas in *unanimus* et *ananimis*, *exanimus* et *exanimis*, *inermus* et *inermis* aliisque similibus. Vid. Drackenb. ad Sil. Ital. V, 584.

4. *Anumque matrem.* Adjective sumendum *anus*, ut infra LXVIII, 47, *charta anus*, et LXXVIII, 10, *fama anus.* Apud Ovid. Art. Am. I, 766, *cerva anus.* Martial. VI, 27, *amphora anus.*

6. *Hiberum loca* intellige non vicos tantum et oppida, sed etiam situs et regiones: nam late patet vox

Narrantem loca, facta, nationes,
Ut mos est tuus; applicansque collum,
Jucundum os, oculosque suaviabor.
O quantum est hominum beatiorum,   10
Quid me lætius est beatiusve!

*loca,* sicuti Græcorum, χῶροι χωρία. Vid. Salmas. ad Solin. p. 690. *Hiberi* sive Iberi sunt Hispani ab Hibero fluvio sic dicti.

8. *Applicansque collum.* Admovens collum meum, applicata ad te cervice. Conf. Sen. Troad. vers. 795, « Timidum juvencus applicat matri latus. » N.

9. *Jucundum os, oculosque suaviabor.* Intimi amoris signum apud Veteres fuit oculorum osculatio. Sic Eumæus apud Homerum Telemachum excipiens, Odyss. XVI, 15 : « Κύσσε δέ μιν κεφαλήν τε, καὶ ἄμφω φάεα καλά. » Cic. Epist. ad Fam. XVI, 27, *tuosque oculos dissuaviabor.* Ubi plura in hanc rem attulit Cortius. Cf. infra Carm. XLVIII.

10. *O quantum est hom.* etc. eleganter pro vulgari : nemo me est felicior et beatior.— *O quantum est* etc. quid me lætius inter eos quotquot sunt lætiores. Eadem formula usus est Horatius in Serm. II, VI, 1 : « Non quia, Mæcenas, Lydorum quidquid Etruscos Incoluit fines... nemo generosior est te. » N.

## CARMEN X.

### DE VARRI SCORTO.

Varrus me meus ad suos amores

Arg. Catullus, quum redux factus esset ex Bithynia, ubi commoratus fuerat inter comites prætoris Memmii, forte fortuna a Varro deducebatur ad ejus amicam, in cujus ore primo statim obtutu expressa videbat nequitiæ et vitæ meretriciæ indicia. Mox inter ipsos exoritur colloquium, in quo egregie adumbrata est retorrida meretricularum viros emungendi calliditas, sed elusa a Catullo ridiculo modo; nam quum meretrix inhiaret jam jam captando præmiolo vel certe lecticarios ex Bithynia adductos Catullum sibi concessurum esse speraret, repente derisa et multis conviciis cumulata relinquitur. Multum suavitatis et leporis habet hic dialogus propter nativam rei ex vita communi petitæ descriptionem.

1. *Varrus*: haud dubie intelligendus Alphenus Varus, qui ex tonsore vel sutore factus est jurisconsultus. Addictus fuit sectæ Epicureæ, et multa scripta reliquit. Scripsit ejus vitam Henr. Brenckmannus, Amstelodami 1709. Meminit ejus soda-

## CARMEN X.

Visum duxerat e foro otiosum;
Scortillum, ut mihi tum repente visum est,
Non sane illepidum, nec invenustum.
Huc ut venimus, incidere nobis
Sermones varii : in quibus, quid esset
Jam Bithynia, quomodo se haberet,
Et quonam mihi profuisset ære?
Respondi, id quod erat : nihil neque ipsis,

litatis infra Carm. XXX. — *Visum ad suos amores*, h. e. amicam suam; *amores* pro amica passim. Sic infra, XXI, 4, pædicare cupis *meos amores*; et XLV, 1, *suos amores* tenens in gremio. Cf. XXVIII, 6; XL, 7, et alibi. *Visere ad aliquem* est notus loquendi modus, Terentio, Lucretio, Plauto aliisque familiaris. Exempla conduxit Heins. ad Ovid. Amor. II, 11, 21.

2. *Otiosum* animadverte quam commode positum hoc vocabulum, quantamque vim ex ipso loco trahat, quum phrasis negligenter desinere videatur. N.

3. *Scortillum*, referendum ad amores, qui, quales fuerint, nunc describuntur. — *Ut mihi t. repente v. e.* quemadmodum statim primo adspectu judicabam.

6. *Quid esset jam Bithynia*, in quo statu jam esset hæc provincia, *quomodo se haberet*, quam lucrosa et quæstuosa esset respectu redituum (*comment la province se travaillait en finances.*) Et *quant. mihi prof. æ.* et quantum ego inde reportassem lucelli. Vana sunt quæ contra hunc locum disputat vir doctus in Observ. Miscell. vol. V, p. 2 et 3; de importuna ejus emendatione vid. not. seq.

7. Stat. MSS. *quomodo posse haberet*, et ita libri veteres teste Vossio, qui inde procudit *quomodo ops se haberet.* Vossium refutat vir doctus in Miscellaneis Observatt. quæ cura Dorvillii prodierunt vol. V, p. 2. Sed magis displicet ipsius prolata conjectura : *quomodo os haberet?* Fingit sibi nimirum V. D. scortillum rogasse poetam, *an ex irrumatione quæstum fecisset?* et *quantum sibi os impurum profuisset?* — Cui explicationi profecto omnis orationis series reclamat; nec cætera, quæ viro docto ad totum hoc carmen vel disputata vel observata sunt, tanti ponderis mihi videntur ut iis commemorandis immorer. Nostram lectionem tuentur libri veteres fere omnes.

8. *Quantum mihi profuisset ære.* Veteres libri Scaligeri et Vossii; quod, quum parum latine dictum esse censeret Scaliger, mutavit in : *Quantum mihi profuisset : e re Respondi*, improbante Gronovio lib. III, de Pecun. Vet. cap. 17, ubi plura egregie carmen nostrum illustrantia invenies. Ipse eleganter conjicit *Ecquonam*; nam simili modo loquitur Poeta Carm. XXVIII, 6 : « Ecquidnam in tabulis patet lucelli Expensum? » Heinsius in not. ad Cat. offert : *Et quanto mihi profuisset ære.*

9. Statii MSS. omnes *neque in*

Nec prætoribus esse, nec cohorti,
Cur quisquam caput unctius referret :
Præsertim quibus esset inrumator
Prætor, nec faceret pili cohortem.
At certe tamen, inquiunt, quod illic

*ipsis.* Sed modus metri facile evincit, τὸ *in* delendum esse. Vossius ex vetusto lib. Commelini recepit *nihilmet ipsis*, quem more suo sequitur Vulpius. Editiones tres antiquissimæ *mihi neque ipsis*, unde Scal. et Stat. *mihi nec ipsi*, quod rejicit Gronovius l. c. pag. 550. Editiones nonnullæ *nihil neque ipsi*, fortasse quia non concoquere poterant pluralem.—Malim *ipsi* quod ferunt nonnullæ editiones; ita personas ordinant Latini, ut se primo quisque nominet. N.—*Nihil neque ipsis*, Bithynis puta; neminem enim offendere debet, quod præcesserit Bithynia, quum frequens sit hoc loquendi genus [Syllepsin nominant Grammatici] optimis quibusque scriptoribus. Vid. Gronov. de Pec. Vet. II, 4, et Sanctii Minerv. IV, cap. 10, ibique Perizonium. *Nec prætoribus*, in universum, quibus administratio hujus provinciæ contigit ; *nec cohorti*, prætoris comitibus, qui fuerunt præfecti, medici, scribæ, præcones et alii (*la suite*). *Cur quisquam caput unctius referret*, h. e. cur quisquam propter lucrum ibi collectum lautior et ditior rediret (*quelque gain qui donnât moyen de faire figure*) ; *unctus* enim inde, quod ditiores et elegantiores homines se delibuere solebant pretiosis unguentis, eleganter transfertur ad omnia quæ sunt lauta et splendida, et quidquid beatiori conditione gaudet. Sic sunt infra Carm. XXIX, 23, *uncta* patrimonia. Conf.

v. 4, apud Martial. V, 46, cœna *uncta* i. e. lauta et opipara.

10. Pro *Prætoribus* Muretus *quæstoribus*, refragrante Gronov. l. c. *præconibus* Heinsius in not. ad Catul. emendandi libidine abreptus. — At orationis non probus hic tenor : «nec prætoribus, nec cohorti... quibus prætor». Itaque non spernenda conjectura Mureti videtur. N.

12. *Inrumator prætor* C. Memmius Gemellus, qui fuit homo nequam, non nisi pravis animi sui libidinibus indulgens et devorandis aliorum bonis avide inhians, nulla comitum ratione habita. Non enim significationis proprietas urgenda est in voce *inrumator*, sed in universum turpioris vitæ notio subjicienda, quod apparet ex Carmine XXVIII, 10, ubi eadem obscœnitate ejusdem Memmii sordida notatur avaritia : « O Memmi, bene me, ac diu supinum Tota ista trabe lentus inrumasti. » Cf. Carm. XXXVIII, 8, et Scaliger ad hunc locum. — *Nec faceret pili coh.* post *nec* subintellige *qui*.

13. Libri scripti Scal. *non facerent*. Vossius *non faceret*. Gronovius in l. c. *num facerent ?* vel *non faciens*. Quarum postrema lectio egregie favet orationi. Cæterum bene se habet et nostra tam L. MS. quam edit. Cantabrigiensi confirmata.

14. Conjecturam Turnebi *inquit, id quid illic*, et Scaligeri *inquiit* pro *inquiunt*, damnavit jam Gronovius.

## CARMEN X.

Natum dicitur esse, comparasti
Ad lecticam homines: ego, ut puellæ
Unum me facerem beatiorem,
Non, inquam, mihi tam fuit maligne,
Ut, provincia quod mala incidisset,
Non possem octo homines parare rectos.
At mî nullus erat, neque hic, neque illic,
Fractum qui veteris pedem grabati
In collo sibi collocare posset.

— *Quod illic natum dicitur esse*, ex eo, quod ibi lucratus esse diceris (*du bien que tu t'es amassé*). *Natum*, sicut Græcorum τὸ γιγνόμενον ἀργύριον, eleganter dicitur, quod quacunque de causa provenit, et rei familiari quasi subnascitur. Vid. Gronovius, de Pec. Vet. 255. Alii explicant : *cujus rei proprius usus est in Bithynia.*—Longe a vero deerrare videtur Doeringius, aliorumque sententiæ accedo. Si quidem *natum aliquid, nata res* usurpatur eo sensu ut rei statum et naturam, quomodo facta fuerit et provenerit, ostendat. Sic Plautus, Bacch. act. II, sc. 3, v. 40. Sic alii vulgo : *e re nata*. N.

15. Pro *natum*, malebat Meleager *notum*, probante viro docto in Observat. Miscell. l. c. male. Pro *esse* alii *ære* vel *asse*.

16. *Ad lecticam homines*, hoc est, lecticarios [φορειοφόρους]. De lectica veterum post Lipsium Elector. lib. I, cap. 19, copiose et accurate disputat Schefferus, de Re Vehiculari lib. II, cap. 5, pag. 85. — *Ut me facerem* h. e. me fingerem, jactarem, simularem. Sic *facere se ferocem* apud Plaut. Curcul. IV, III, 7, ad quem locum plura exempla collegit Gronov. in Plautin. p. 92.

17. *Beatiorum* Avantius, contra nitente Scaligero.

18. *Non mihi tam fuit maligne*, non adeo maligna fortuna usus sum, non adeo pressus fui angustiis.

19. *Quæ mala* tres antiquissimæ ed.

20. Ex corruptis lectionibus *octo literas, octo litas, octo mines* reposuit Vossius *octo Midas*, i. e. mancipia Phrygiaca, vel Bithynica; admodum dure ! salva res est, vulgata lectione servata. — *Parare* [πορίζεσθαι] *octo homines rectos*, h. e. erectos et proceros. Sic *recta servitia* apud Suet. Cæsar. cap. 47, sunt apta forma et statura, ut recte ibi explicat Ernesti. Lectica autem, vel a quatuor, vel a sex, vel ab octo servis portabatur, et hinc vocatur octophorus vel octophorum, cujus usu nobilis inprimis fuit Bithynia. Cic. Verr. V, 11, «nam, ut mos fuit Bithyniæ regibus, *lectica octophoro* ferebatur».

21. Sensus : At ego nullum plane habebam servum, neque hic, neque in provincia, in cujus collo vel vetus et fractus grabatus suspendi et gestari posset. *Grabatus* est lecticarum genus vile et exiguum. Multus est in hac explicanda voce Vossius. *Pedes* autem dicuntur asseres, vel furculæ, quibus inni-

Hic illa, ut decuit cinædiorem,
Quæso, inquit, mihi, mi Catulle, paullum
Istos commoda; nam volo ad Serapin

tentem lecticam humeris subibant lecticarii.

24. *Ut decuit cinœdiorem*, pro indole et more procacis et perfrictæ frontis scortilli. Eadem voce impudentiam hominis turpiori libidine diffluentis notat Martialis lib. VI, xxxix, 12. «Quartus cinæda fronte».

26. Bipontina editio, quam typis describendam curavimus, exhibet lectionem Scalig. *paullum Istos: commodo nam volo ad Serapin Deferri*, quam ut in textum reciperem, a me impetrare non potui. Licebit mihi et in nonnullis aliis locis discessionem facere ab edit. Bipont. ubi meliores lectiones idoneis ex causis præferendæ videntur. Antiquissima lectio, in quam conspirant omnes MSS. Statii, est nostra, *Paulum istos commoda :* unus tamen habet *paululum* sequenti syllaba ultimam absorbente. Jam vero quum producatur ultima in *commoda*, metri rationi succurrere studuit Scaliger conjectura, mutato *commoda* in *commodo*, parum feliciter! nam primum hujus ipsius vocis ultima correpta eget auctoritate et exemplo, cujus, quantum ego scio, nullum apud veteres exstat; deinde, licet cum Scaligero *commodo* explices *in tempore*, tamen nescio, quid frigoris habet. Melius consultum fuit tam numerorum modulo quam ipsi sensui in edit. Ald. I, ubi legitur : *Istos commodita volo ad Serapin deferri.* Sed nullius libri MS. consensu firmatur. Pari modo haud inepte legi possit cum viro docto in Observatt. Miscell. l. c. *Istos commoda*, enim *volo ad Serapin*; modo ejusmodi lapsus librariorum in permutandis particulis τοῦ *nam* et *enim* veritatis quandam haberet speciem. Itaque vel dicendum est, Catullum corripuisse ultimam in *commoda* [quod putat Vossius, quamvis non satis hanc insolentiam adstruere videantur allata exempla, *puta* et *tempera*, quorum prius dubium apud Pers. IV, 9, vel adverbialiter exponitur a grammaticis; alterum non nisi in veteri inscriptione occurrit]; vel lenior ineunda est emendandi ratio. Lenissimum autem puto, si quis pro *commoda* reponat *commode*, ut sit vocativus. Eleganter autem dicitur *commodus*, vel qui est benignus, liberalis, obsequiosus, *bon, obligeant*, ut apud Horatum, IV, Od. VIII, 1, 2, «Donarem pateras, grataque *commodus*, Censorine, meis æra sodalibus», vel qui commodo et opportuno tempore nos convenit. Terent. Andr. V, 11, 3. «Ego commodiorem hominem, adventum, tempus, non vidi». Sensus igitur erit : Quæso, mi Catulle, paullum istos mihi [eleganter reticet verb. *cede* vel *mutua*], *commode*, note mihi liberalitate tua, vel, tu qui commodo et opportuno tempore jam me convenis; nam volo ad Serapin deferri. Cui contorta videtur mea explicatio, meliora afferat. — Handius improbat correctionem Doeringii, ut pote quæ non satis sine commentario auctoris liqueat, neque simpliciter intelligatur. Idem

## CARMEN X.

Deferri. Mane, inquii puellæ;
Istud, quod modo dixeram me habere,
Fugit me ratio: meus sodalis
Cinna est Caius: is sibi paravit.
Verum, utrum illius, an mei, quid ad me?

nullius codicis auxilio hunc locum fatetur sanari posse, et quum utendum sit conjectura, suam proponit, quam libenter recipiam: *Quæso, inquit, mihi, mi Catulle, paullum Istos* (sub. da, concede); *commodum enim volo ad Serapin.* Commodum significare *opportuno tempore, in tempore,* gallice *tout justement,* evincit allatis Plauti et Terentii exemplis Stich. II, III, 40, Mercat. I, II, 106, Eunuch. II, III, 3, 51. N. — *Paullum istos commoda:* affectabat autem meretrix non sine causa octophorum, utpote quod muneri mitti solebat puellis. Martial. IX, III, 11: «Octo Syris suffulta datur lectica puellæ.» *Nam volo ad Serapin deferri,* h. e. ad templum Serapidis, haud raro enim ipsi dii pro templis poni solent. Sic apud Chariton. lib. IV, cap. 4. Παρθένος εἰς Ἀφροδίτην βαδίζουσα, ubi vid. Dorvillius et Albertus in Observat. in nov. Test. p. 254—256. Erat autem hoc templum eo tempore extra Urbis pomœrium [quapropter speciosam lecticæ postulandæ causam habebat meretrix] quod adibant mulierculæ vel procurandæ valetudinis, vel exercendæ libidinis causa. Vid. Vossius ad h. l. et Jablonskius in Pantheo Ægypt. lib. II, cap. 5, 6.

27. *Mane me, inquii, puellæ* plerique libri veteres. Nam *me* παρέλκει, uti sæpe apud Plautum et Terentium. Itaque non extrudi debebat *me* in edit. Bipont. quamvis alias ejusmodi hiatus amet Catullus. Alii *mane tum* vel *manedum.* Ultima in *mane* corripitur, uti in *cave, vale, jube, vide, responde.* Vid. Voss. de Analog. lib. III, cap. 25. Ex veteri scriptura *inquit,* recte fecit Scaliger *inquii.* Heinsius in not. ad Cat. totum versum audacter, ut solet, sic refingit: *Deferri. Itane? inquio puellæ.*—Supervacaneum τὸ *me* quod vett. MSS. et multæ editiones receperunt, ne versus claudicaret: namque in *mane* secunda syllaba per elisionem, non absorbetur, sed dimidiatur. Vid. quæ notavimus p. 1. N.

28. *Istud; quod m. d. m. h. fugit me ratio:* pro *istud* rationes grammaticæ postulabant *istius.* Sed consulto et eleganter jam neglexit poeta constructionem, ut hominis temere errantis et repente ad se redeuntis confusam loquendi rationem imitaretur. Sensus est: In eo, quod me possidere dixeram, erravi et deceptus fui, alibi animum habui, quum id dicerem, status rei me fefellit.

30. *Cinna.* Poeta nobilis, qui scripsit carmen Smyrnam, quod decem annis elimavit. Laudatur infra Carm. XCV; cf. Virgil. Eclog. IX, 35, et Martial. X, 21.

31. Vossius: *Verumne illius, an mei.* Idem vers. seq. legit: *quæ mihi paravit.* Statius ex veteri lectione *parassim* fecit *paratis.*

Utor tam bene, quam mihi pararim.
Sed tu insulsa male, et molesta vivis,
Per quam non licet esse negligentem.

32. *Utor tam bene, quam mihi pararim.* Post *quam* subaudi *si*. In animo habuit poeta tritum illud: amicorum omnia esse communia.

33. Nonnullæ antiquiores edit. *insulsa, mala et molesta*, vel *male et nimis molesta es*, vel *mala et nimis molesta es*. Vossius: *Sed tu invisa, male et molesta vivis*. Heins. in not. ad Cat. conjicit: *Sed tu insulsa vale et molesta ubivis*, vel *cuivis :* in vers.

ult. idem malit *negligenti* pro *negligentem*, quod jam in mentem venit Dousæ. — *Molesta vivis* eleganter pro *es*.

34. *Per quam non licet esse negligentem*, cujus rapacitas caute vitanda est (*avec laquelle il faut être sur ses gardes*).—Immo : per quam non licet loqui non cogitantem, neque satis verba pensantem, ne deprehendas. N.

## CARMEN XI.

### AD FURIUM ET AURELIUM.

Furi et Aureli, comites Catulli,

Arg. Sublimiori spiritu exsurgit poeta, et ipso, quo nunc utitur, graviori carminis genere, in altum eniti et paulo serioris argumenti rem moliri et promittere videtur. In qua quidem opinione tenet lectores usque ad versum 15, ubi inopinata conversione suaviter eludit lectoris exspectationem. Nam postquam satis laudaverat spectatam sibi Furii et Aurelii amicitiam, ad officia gravissima quæque amici causa suscipienda paratam, expetit sibi novum ab ipsis amicitiæ officium : quod quale quantumque fuerit, ipse lector cognoscat. Exsplendescit hoc carmen eximiis magni poetæ virtutibus, sive verborum delectum et ornatum plane lyricum respicias, sive inexspectatam conversionem et ingeniosam inventionem admireris, qua summam gravitatem repente excipit lasciva levitas. — An satis mentem Catulli Doeringius intellexerit, dubito : namque vates vero doloris impetu fertur, et quum infidam in remotissimas terrarum partes fugere, si possit, animo destinet, amicis, quorum paratam ad sequendum, quoquo iter ille intenderit, fidem egregiis ornat laudibus, mandat ut puellæ novissima verba et nequitiæ exprobrationem ipsius nomine ferant, quando et ipse, quod non dicit, sed facile suspiceris, eam adire reformidet. Iram igitur et læsum amorem, in hoc carmine, non cavillantis jocum video. Ita Ovidius (Rem. am.) monet quisquis ob offensam cum puella discidium facere voluerit, abstinendum convicio et omni conventu, ne recrudescat amor, 684 sqq. N.

1. *Furi et Aureli*. Innui putant interpretes Furium Bibaculum, elegan-

# CARMEN XI.

Sive in extremos penetrabit Indos,
Litus ut longe resonante Eoa
      Tunditur unda;
Sive in Hircanos, Arabasque molles,
Seu Sacas, sagittiferosque Parthos,
Sive qua septemgeminus colorat

tis ingenii poetam, passim veteribus laudatum, et L. Aurelium Cottam prætorem, qui legem promulgavit de judiciis equestri ordini restituendis. Sed recte judicat Vulpius, vix quicquam certi de illis pronuntiari posse, quum plures omnino fuerint iis temporibus tam Furii, quam Aurelii. Nec eosdem fuisse puto, quos infra acerbis versibus insectatur, Aurelium nempe in Carm. XXI, Furium in Carm. XXIII. *Comites Catulli*, me comitaturi, mecum adituri remotissimas terræ partes. Idem tanquam certissimum veræ amicitiæ argumentum exspectat Horatius a Septimio, Od. lib. II, vi, 1 : «Septimi, Gades aditure mecum, et Cantabrum indoctum juga ferre nostra, et Barbaras Syrtes, ubi Maura semper Æstuat unda»; ubi plura hujus generis exempla excitavit clar. Jani, nostri loci non immemor.

2. Alii *penetrarit*. Perperam : nam sequitur versu nono *gradietur*.—*Sive in extremos pen. Indos*. Extremi vocantur Indi, ut mox vs. 11, *ultimi* Britanni tanquam remotissimi populi. Eodem sensu apud Ciceronem India vocatur *extrema*, Verr. V, c. 65 : et sic passim extremæ oræ dicuntur vel pro India, vel pro alia quacunque remotiori regione in ultimo quasi orbis termino ex opinione Veterum sita. Cf. Burmannum Sec. ad Anthol. Tom. I, p. 264, ἔσχα-

τοι ἀνδρῶν Homero sunt Æthiopes Odyss. I, xxiii.

3. *Longe ubi litus* nonnulli. *Litus ut longe resonante*. Τὸ *ut*, sic Græcorum ἵνα, est *ubi*. Ita Carm. XVII, 10. Cf. Cerd. ad Virg. Æn. V, 329. — *Eoa unda* est mare orientem versus, Oceanus, unde surgere putabatur Aurora, ἠώς. *Longe sonans* exprimit illud Homericum πολύφλοισβον.

5. *Sive in Hircanos, Arab. molles*. Hircani Asiæ populi. Arabes autem dicuntur *molles*, quia clementia cæli emollit et enervat. *Tener Arabs* apud Tibull. II, 11, 4, ubi vid. Broukh.

6. Passeratius in vet. quodam libro *eotiriferosque*, collato Virgilio Æneid. X, 169, in margine H. lib. *pharetriferosve*. Sed nostræ lectioni addicunt libri fere omnes : modo observes Catullum, more Græcorum, spondæi loco in altera regione posuisse trochæum, ut versu 15, *Pauca nunciate meæ puellæ*. — *Sacæ* populi proximi Scythis. — *Parthi sagittiferi*, populi Orientis, mira dexteritate sagittas tractandi et in fuga retrorsum jaciendi satis noti. Cf. Burman. Sec. ad Propert. III, vii, 54, et quos ibi laudat.

7. *Sive qui* in edit. R. et in quibusdam Stat. MSS. in Maffei lib. *que*, unde legendum putat Stat. *quæ*. Vossius ex libb. veteribus, ad quos sæpe provocat, profert *quis* pro *quibus*. —MS. 1165, Bib. R. *que*, i. e.

Æquora Nilus;
Sive trans altas gradietur Alpes,
Cæsaris visens monumenta magni,
Gallicum Rhenum, horribilesque ulti-
    mosque Britannos;
Omnia hæc, quæcumque feret voluntas
Cælitum, tentare simul parati,
Pauca nunciate meæ puellæ
    Non bona dicta:
Cum suis vivat valeatque mœchis,

*quæ*, quod cum Statio malim. Nam sæpe librarii *que* pro *quæ* scripsere. N.—*Septemgeminus Nilus*, h. e. septenus, per septena ostia in mare se exonerans. Ovid. Amor. III, vi, 39. « Ille fluens dives septena per ostia Nilus. » Hinc vocatur ἑπτάπορος apud Dionys. Perieg. 264. Conf. Eustath. ad Dionys. Perieg. 226, vel ἑπτάρρους. Vid. Salmasius ad Solin. c. 32, p. 295. Cf. Maillet. Descript. Ægypti, p. 49. *Colorat æquora* h. e. aqua lutosa, qualem fere vehit Nilus ex agris inundatis relabens, colorem inducit mari ab aqua marina diversum.

10. *Cæsaris visens monumenta magni*: ex hoc versu conjicias scriptum esse hoc carmen, antequam Cæsar arma contra patriam cepisset; namque Catullus Cæsari fuit inimicus, simul ac ille Romæ hostis. N.—*Monumenta Cæsaris* intellige tropæa et quidquid ad ejus factorum conservandam memoriam publice exstabat.

11. Hiatus evitandi causa dederunt alii *horribilesque et ultimosque* contra linguæ indolem: ne quid mutes, cogita et alibi Catullum non repudiasse ejusmodi hiatus [ut sæpe Virgilius et alii. Exempla quædam collegit clar. Barthius, quem omnis felicitatis meæ auctorem et unicum studiorum meorum moderatorem veneror, ad Propert. II, ix, 45 ], et fortasse ipsum horrorem aspero duarum vocalium concursu exprimere voluisse. Britannos *horribiles* refer ad externum cultum. Vulpius in hanc rem laudat Cæsar. de bell. Gall. lib. V, cap. 11.

12—16. Sensus: Vos igitur, qui ad omnia, quæcumque fata ferent, mecum subeunda pericula parati estis, jam, quæso, probate mihi vestram fidem, et puellæ hæc pauca, sed haud jucunda verba nunciate. —*Tentare* exquisite dicitur de explorandis rebus cum periculo et audacia conjunctis.—*Non bona verba* proprie *male ominata*, οὐκ εὔφημα, vid. Brissonius de Formulis, p. 11 sq. Edit. Paris. deinde de quolibet ingrato nuntio, qui animum turbat, pungit et urit.

17, sq. Sensus: Res suas sibi habeat et procul a me discedat cum infinita copia mœchorum, quorum nullum vero amore complectitur, sed frequenti libidinis usu enervat, conficit et frangit.—*Valeat*. Hoc est

## CARMEN XI.

Quos simul complexa tenet trecentos,
Nullum amans vere, sed identidem omnium
    Ilia rumpens.
Nec meum respectet, ut ante, amorem,
Qui illius culpa cecidit; velut prati
Ultimi flos, praetereunte postquam
    Tactus aratro est.

verbum non semper fausta ominantis, at quocumque animo se ab aliquo separantis vel cum offensione. Vid. carm. VIII, 10. N. — *Complexa tenet*, eleganter: amore suo irretitos detinet. — *Ilia rumpi* dicuntur in re venerea. Prop. II, XVI, 14 : « Rumpat ut assiduis membra libidinibus. » Cf. Scioppius ad Lus. carm. XXII.

21. Nonnullae antiquiores edit. *spectet velut ante*. In margine St. lib. *speret velut*. Sed sic offendit ingrata repetitio particulae *velut* in vers. sq. — *Ut ante* nec meum speret duraturum, ut ante multa pertulit, amorem meum, quem negligit ut deinde repetat. Haec innuit *respectare*, i. e. omissum in praesens tempus tamen respicere et servare oculis. N. — Nec amplius amorem meum curet, qui plane ex animo meo propter ipsius inconstantiam et levitatem deletus et eradicatus est. Quod expressit elegantissima comparatione floris, qui vomere aratri succisus in perpetuum florere desinit. Non neglexit hanc suavissimam comparationem in rem suam vertere Virgil. Æn. IX, 435. Nec minus feliciter Lotichius, lib. IV, 5, ¿ 7. « Sic jacet, in culto flos qui nitidissimus agro Vomere succisus praetereunte fuit. » Conf. infra, Carm. LXII, 39 sqq.

22. *Pratum ultimum* est prati extremitas, viae vicina. Cf. ad Carm. II, 3, pari modo explicari fortasse possunt ἐσχατιαί apud Theocrit. Idyll. XIII, 25, ut agrorum extremitas significetur, licet aliter sentiat ad h. l. Casaubonus et Hemsterhusius ad Lucian. T. I, p. 143. Pascuntur enim oves in agrorum margine et extremitate.

23. Pro *ultimi* in quibusdam legitur *ultimus*, male : pro *tactus* exhibet Vossius ex vetustissimo exempl. Thuan. *fractus*, quod tam flori plane succiso, quam ipsi comparationi amoris plane finiti magis favere videtur. Proponit etiam Vossius *stratus*, quod fecit ex antiqua lectione *tractus;* sed haec corrupta lectio magis confirmat τὸ *fractus*, una tantum mutata littera. Caeterum turpiter in hoc loco emendando se dedit Heinsius in not. ad Cat. pro *prati* legi jubens *parati*, metro, ut ait, sic exigente. Immo jam est versus hypermeter, cujus ultima in *prati* a prima vocali sequentis versus absorbetur, ut vers. 19, *omnium Ilia rumpens*. En festinationem **Magni Heinsii** !

## CARMEN XII.

AD ASINIUM.

MARRUCINE Asini, manu sinistra
Non belle uteris in joco atque vino;
Tollis lintea negligentiorum.
Hoc salsum esse putas? fugit te, inepte,

ARG. Asinius, dexteritatis suæ ostentandæ causa, quam haberet in surripiendis aliorum bonis, sudarium Catullo clam abstulerat inter pocula. Quod quum ægre ferret Catullus, exprobrat Asinio hoc furtum, tanquam rem parum honestam et neutiquam homine ingenuo dignam, eumque monet, ut mox remittat sudarium, eo nomine inprimis sibi carum, quod pignus amicitiæ sit; si cessaverit, graviter hanc injuriam se ulturum esse hendecasyllabis minatur. — Non *ostentandæ dexteritatis*, sed quod placeret, potiundi causa, hoc fecisse Asinium, neque hoc Spartanum furtum crediderim. Nam ita Romæ vivebatur, ut juvenes non æqui servantissimi et alieni abstinentes essent. Adibant multi puellas blanditiis, ut incautas spoliarent veste et aufugerent. Ovid. Art. Am. III, 445. N.

1. Pro *Marrucine* Avantius legebat *Inter cœnam*, refutatus a Mureto et Scaligero. 1—4. *Marrucine Asini*: Asinius cum vi jam vocatur *Marrucinus*, propter fidem Marrucinorum Romanis inprimis spectatam. Conf. *Vossius*. Fuerunt autem *Marrucini* populi Italiæ inter Vestinos et Pelignos. *Manu sinistra n. b. u.* parum honeste in conviviis incuriosorum et hilaritati genioque indulgentium convivarum lintea surripere studes sinistræ manus agilitate. Usus *sinistræ* in suffurandis aliorum bonis passim notatur a Veteribus. *Furtifica* vocatur Plauto in Pers. II, 11, 44: *nata ad furta* Ovid. Met. XIII, 111. De more illo convivarum linteis vel mappis insidiandi vid. Martial. XII, 29, ubi eodem furti genere male audit Hermogenes; cf. eumdem, VIII, 59. — *Lintea* sunt *sudaria*, ut ex v. 14, apparet, ex lino confecta, quibus vel ad sudorem faciei detergendum, vel ad nares expurgandas utebantur.

4. sqq. *Hoc salsum e. p.* Hoc lepidum et facetum esse putas? *prends-tu cela pour un trait d'esprit?* erras, homo insulse et honestatis sensu destitute, res est vel maxime contumeliosa et indecora. *Quamvis* pro *valde*, *admodum* passim dicitur: *quamvis diu dicere* pro *valde diu* apud Cic. Rosc. Amerin. XXXII, Cf. Burm. ad Phædr. I, xxviii, 1, et Drackenb. ad Liv. I, iv, p. 31. *Crede Pollioni.* Est hic *Asinius Pollio*, tam gratia apud Augustum, et amicitia, quæ cum Horatio et Virgilio illi intercedebat, quam ingenio et gran-

## CARMEN XII.

Quamvis sordida res et invenusta est.
Non credis mihi? Crede Pollioni
Fratri, qui tua furta vel talento
Mutari velit : est enim leporum
Disertus puer, ac facetiarum.
Quare aut hendecasyllabos trecentos
Exspecta, aut mihi linteum remitte,
Quod me non movet æstimatione,
Verum est mnemosynon mei sodalis :

dioris spiritus carminibus notissimus. Cf. Virg. Eclog. III, 84, et Hor. Od. II, 1.

8. Vossius e lib. Vatic. *mulctari*, quam lectionem tanquam meliorem et elegantiorem vulgatæ præfert. De errore quidem librariorum in commixtis his duobus verbis non dubium est; vid. Burm. ad Anthol. t. II, p. 528, sed vulgata vel hanc ob causam videtur præferenda, quia vel maxime docet, fratrem quovis pretio fratris culpam redimere velle; illud vero votum, ut frater *talento mulctetur*, parum honestum sit. — *Mutari.* Sensus : si facta infecta fieri possent, furta tua lubenter frater tuus vel talento redimeret et permutaret. *Mutare rem re* vel *cum re* pro *permutare* ex antiquo emendi vendendique more sæpiuscule occurrit. Sic Medea apud Ovid. Met. VII, 59, 60 : «Quemque ego cum rebus, quas totus possidet orbis, Æsonidem mutasse velim ». Verte in voc. Gallic. *corrompre*. Vide quos laudat de usu hujus verbi Drackenb. ad Liv. tom. II, p. 130.

9. Passeratius et Vossius legi volunt *difertus* pro *differtus*; sed primum hæc locutio æque exemplo caret, ac nostra *disertus leporum*; deinde vix dici posse puto in bonam partem *differtus leporum*. Nonnulli *pater* pro *puer*, male! judicante Vossio.—Sed non cum Vossio consentit Handius et reponendum *pater* evincit exemplis ex Petronii cap. cxxxii, *Pater veri*, Prop. II, xxxii, 38, *Pater chori*, et Barth. ad Stat. Theb. III, p. 815, petitis. Sic *Pater* esset hic *autor præcipuus*. N.—*Disertus* nove jam dictum videtur de eo, qui alicujus rei, ubi facundia inprimis opus est, bene peritus invenitur. Pollio igitur, elegans et urbanus juvenis [sexcenties enim apud Veteres tam juvenes, quam ipsi viri blande vocantur *pueri*], non ferre poterat illepidos et inficetos fratris sui jocos. — Terent. in Eunuch. V, VII, 10 : « At etiam primo callidum et disertum hominem », ubi *disertus* pro *peritus, versutus* sumitur, ut hic apud Catullum. N.

10. *Hendecassyllabi*, ut iambus, erant propria vatum dicteriis aliquem carpentium tela. N.

12. *Quod me n. m. æst.* quod non pretii sed amicorum causa æstimo, in quorum memoriam illud accepi.

13. *Mnemosynon*, græce dictum, ut amat Catullus. Virg. Æn. V, 538, 572 : « Monumentum et pignus

Nam sudaria Sætaba ex Hiberis
Miserunt mihi muneri Fabullus
Et Verannius. Hæc amem necesse est
Ut Veranniolum meum et Fabullum.

'amoris». Nos Gallice: *un souvenir*. N.

14. Ex corrupta lectione *Setaba exhibere* fecit Vossius *Setabe ex Hibera*, ut sit ipsum urbis nomen. Sed quum plurimæ editiones et libri scripti offerant *Setaba*, et plane eodem modo *Sudarium Setabum* dicatur Carm. XXV, 7, tenenda est nostra lectio. Rectius autem per diphthongum exhibetur *Sætaba*, quod ex nummo antiquo ab Antonio Augustino memorato Dial. VII, in quo SÆTABIS scribitur, probatum ivit Drackenb. ad Sil. Ital. III, 374. — *Setaba*. Non recordatus est Vossius, quum frustra vulgatam lectionem corrigere tentaret, sæpissime factum esse tum apud antiquos, quum apud recentiores, ut res fabrefactæ, urbis nomine, ubi vel inventæ vel perfectæ essent, appellarentur. Ita Latini, *Sericam*; sic nos, *de la Valencienne* minutissimum e lino textum. N. — *Sudaria Sætaba* ex lino Sætabo ab urbe et fluvio Sætabi in Hispania sic dicto, ubi optimus lini proventus fuit. De *Hiberis*, Hispanorum populo vid. ad Carm. IX, 6.

16. Alii, quos sequuta est Bipontina editio, pro *hæc* legunt *hoc*, ut referatur ad linteum; sed illud magis favet orationi. — Male damnat Bip. lectionem Doeringius; elegantiorem Handius restituit sic: *Hoc amem necesse est* Et *Veranniolum et Fabullum*, i. e. *in hoc munere amem Veranniolum simul et Fabullum*. N. — *Hæc amem necesse est*. Nam verum est, quod ait Ov. Epist. XVII, 71: «Utque ea non sperno, sic acceptissima semper Munera sunt, auctor quæ pretiosa facit». Cf. Mart. IX, 99.

17. Male in nonnullis edd. *Et* pro *Ut* legitur.

# CARMEN XIII.

### AD FABULLUM.

Coenabis bene, mi Fabulle, apud me

Arg. Fabullum ad coenam invitat Poeta satis lepide et familiariter; nam quum ipse rebus, ut ait vel fingit, angustis laborans bonam et lautam coenam parare non posset, rogat Fabullum, ut afferat secum quidquid ad bonam et lætam coenam pertineat. Ipse autem spondet, se quolibet modo Fabullo amorem suum probaturum et unguentum suavissimum oblaturum esse. Eleganter expressit hoc carmen Goetzeus *in Carminibus Teutonicis*, t. II, p. 232.

1. *Coenabis bene*. Similiter exorditur Martialis, lib. XI, epigr. 52:

## CARMEN XIII.

Paucis, si tibi dii favent, diebus,
Si tecum attuleris bonam atque magnam
Cœnam, non sine candida puella,
Et vino et sale, et omnibus cachinnis.
Hæc si, inquam, attuleris, venuste noster,
Cœnabis bene : nam tui Catulli
Plenus sacculus est aranearum.
Sed contra accipies meros amores,
Seu quid suavius elegantiusve est;

« Cœnabis belle, Juli Cerealis, apud me ».

2. *Favint* dedit Vossius pro *faverint* ex antiqua, ut ait, lectione ; *faxint* male ! nam sic penultima contra leges hendecasyllabi longa est.

4. *Candidâ puella* h. e. pulchra. Cf. Brouckh. ad Tib. IV, IV, 17.

5. *Et sale* metaphorice. Horat. Serm. I, X, 3 : « quod sale multo urbem defricuit».

6. *Fabulle noster* Venet. Gryph. et aliæ editt. antiq.

8. *Plenus sacculus aranearum*. Eleganter et facete ita dicitur sacculus, qui pecunia vacuus non usu teritur. Res enim, quæ sine usu aut vacuæ jacent, vel situ vel aranearum textura obduci solent. Hinc Hesiodus araneas e vasis, quæ diu non usui fuerant, ejiciendas suadet rusticis felici messe gaudentibus, in Εργ. 475. Ἐκ δ᾽ ἀγγέων ἐλάσειας ἀράχνια..... Conf. Plaut. Aulul. I, II, 5, 6.

9. *Meos amores* quædam e vetustis. — *Accipies meros amores* : quidquid amorem meum probet spiretque, luculenta voluntatis meæ et placendi studii signa. Sic frugali illi cœnæ in Ovid. qua Jupiter et Mercurius a Baucide et Philæmone excepti sunt, Metam. VIII, 677, 678 : «...super omnia vultus Accessere boni, nec iners pauperque voluntas ». Idem placendi studium promittit Chytræo ad se invitato Lotichius, VI, XIV, 7 : « Ante tamen ponas vacui jejunia ventris, Frigido exstincto stat meus igne focus; Signa voluntatis rectæ sincera dabuntur. » —— Handius rejicit ut obscuram, et parum idoneam Doeringii interpretationem, recte quidem ; namque *amores* idem quod *benignitas* valere non probari potest. Sed ille reponendum contendit *meos amores*, et explicat : « puerum cujus suavitati atque elegantiæ opponitur unguentum a puella donatum ». Quæ explanatio non magis quam Doeringii sententia placet. Apud venustum poetam cœnabitur : ergo ibi habitant *meri* amores, atque spirant in domini sermonibus ; Fabullus inter conversandum cum amico suo eos audiet, accipiet. N.

10. *Seu q. s. el. est*, quod magis tibi arrideat et elegantiam meam declaret; nam unguentum tibi dabo suavissimum fragrantissimumque ex ipso Veneris myrothecio profectum. De unguento Veneris, quod καλὸν vocat Homerus, videnda Vossius ad hunc locum. Auctores nimirum exi-

Nam unguentum dabo, quod meæ puellæ
Donarunt Veneres, Cupidinesque;
Quod tu quum olfacies, deos rogabis,
Totum ut te faciant, Fabulle, nasum.

miæ præstantiæ et pulchritudinis a poetis vel Venus, vel Amores, vel Cupidines perhibentur. Similis locus est apud Prop. II, xxix, 17 : « Adflabunt tibi non Arabum de gramine odores, Sed quos ipse suis fecit Amor manibus. » Usus unguentorum apud Veteres in conviviis, quibus ora et capita perfricare solebant delicatiores, satis notus est. Promittit igitur Catullus non nisi externam elegantiam, ipsam autem cœnæ curam relinquit Fabullo. *Meros amores* explicant interpretes vel de unguento, vel de puella, cujus copiam Fabullo facturus sit Poeta. Sed illi explicationi repugnat particula *Seu*; huic, versus quartus. — *Seu quod* rectius, ex mea sententia. De aberratione librariorum in *quid* et *quod*, vid. Drackenb. ad Liv. t.V, p. 161. — *Elegantiusve est*. Handius supprimi *est* velit, haud frustra. Tum *Seu quid* bene se habet. N.

## CARMEN XIV.

### AD CALVUM LICINIUM.

Ni te plus oculis meis amarem,
Jucundissime Calve, munere isto
Odissem te odio Vatiniano :

Arg. C. Licinius Calvus, poeta et orator clarissimus [de quo vid. Cic. ad Div. XVII, 24; XV, 21; et Val. Max. IX, xii, 7], joci causa miserat Catullo, intima familiaritate secum conjuncto, pessimorum poetarum carmina, et quidem, uti eo importunius illi obstreperent poetæ importunissimi, ipsis, lætitiæ destinatis, Saturnalibus. Altos igitur clamores extollit Catullus ob creatam hoc joco sibi molestiam et interceptam lætissimo die lætitiam, et hanc amici protervitatem mittendis undique collectis et corrasis poetarum quisquiliis se remuneraturum esse prædicit.

2. *Munere isto,* h, e. propter istud munus. Sensus : Nisi tu mihi esses in deliciis, gravissimo propter missum mihi munus te odissem odio, vel, tanto odio, quanto te odit Vatinius, acerrimum criminum suorum accusatorem. Posteriori explicationi favet locus Carm. LIII, 3. De communi, quo omnes boni Vatinium, omnium bipedum nequissimum, prosequebantur odio, est locus classicus apud Macr. Sat. II, 6.

3. *Odio Vatiniano,* non, ut Doe-

## CARMEN XIV.

Nam quid feci ego, quidve sum locutus,
Cur me tot male perderes poetis?
Isti dii mala multa dent clienti,
Qui tantum tibi misit impiorum.
Quod si, ut suspicor, hoc novum ac repertum
Munus dat tibi Sulla literator;
Non est mi male, sed bene ac beate,
Quod non dispereunt tui labores.
Dii magni, horribilem et sacrum libellum,
Quem tu scilicet ad tuum Catullum
Misti, continuo ut die periret,

ringius exponit, quo Vatinius persequitur Calvum, sed quo omnes communi adversus Vatinium consensu invehuntur. N.

5. *Male perderes*, h. e. male mulctares, cruciares, enecares.

6. *Mala multa dant*, tanquam meliorem lectionem obtrudit Vossius sine idonea ratione.

7. *Tantum impiorum*, h. e. tantam pessimorum poetarum farraginem. *Poetæ impii* sunt, qui iratis Musis ad sacram poesin accedunt, vulgus profanum... at qui Musarum sacris rite initiati sunt, vocantur *sacri, sancti, pii*. Ipse noster se *pium* vocat Carm. XVI, 5. Conf. Virg. Æn. VI, 662, 668.

8. *Hoc novum hoc repertum* Stat. *refertum* parum eleganter conjecit Vossius. — *Novum ac repert. mun.* novo more composita et ingeniose excogitata carmina εἰρωνικῶς! de voce *novus* cf. ad Carm. I, 1. *Reperire* pro *excogitare* sæpe apud Plautum et Terentium. *Carmina labore reperta* apud Lucret. III, 420.—*Repertum* interpretando hoc verbo non satis felix mihi videtur Doeringius. *Reperire* opponitur τῷ *invenire*, si-

quidem hinc res quæ sponte aut casu provenit, tibi contingat; quod labore quæsiveris, consequaris; ergo intellige: Sulla, tuus cliens, quum quo tibi munere gratificaretur sedulo cogitaverit, hoc novum reperit. Ironice dictum, sed non de inventione operum, immo de judicio ea deligentis. Haud facile Handio credideris qui repertum explicat quasi *repartum*. N.

9. *Sylla* Muret. et alii. *Sillo* vel *Silo* in antiq. quibusdam editt. — *Sulla* Cornelius Epicadus, Lucii Cornelii Sullæ libertus, ut putant interpretes. Vide Suet. de Ill. Gramm. c. 12. *Literator*, grammaticus, h. e. poetarum interpres. Vid. Sueton. id lib. laud. cap. 4.

10. *Non est mi male*... non doleo et indignor, sed mirifice gaudeo, operam tuam forensem non frustra commodari clientibus.

12. *Sacrum libellum*, exsecrandum, detestabilem, ἄῤῥητον. Sic *morbus, ignis, serpens* et alia *sacra* (ἱερά), dicuntur. Vid. Drackenb. ad Sil. VIII, 100, et ad Liv. I, 1, p. 268.

14. *Contin. ut d. per.* — Sensus:

Saturnalibus, optimo dierum.  15
Non, non hoc tibi, salse, sic abibit;
Nam, si luxerit, ad librariorum
Curram scrinia : Caesios, Aquinios,

ut toto illo die, ipsissimis Saturnalibus, qui dies in optimis et laetissimis diebus festis habetur, *periret*, h. e. misere se haberet et pessime afficeretur Catullus tuus; vel : *ut continuo* h. e. illico *periret*, tanquam supplicio afficeretur. Vocantur enim mala carmina *supplicia*, v. 20. — *Continuo* posterior Doeringii explicatio sine dubio potior. Quid enim Catullum coegisset totum diem legendo durare? At statim atque deceptus librum inspexit, lethali quodam taedii sensu afficitur et enecatur. *Continuo* adverbialiter sumendum, i. e. vita non ultra hoc festum producta ipso die, optimo dierum, scilicet Saturnalibus, perire. N.

15. *Saturnalia* apud Romanos in memoriam aureae aetatis, per Saturnum, in regni societatem a Jano receptum, Italiae populis praestitae, summa hilaritate in mense decembri celebrata, et ab initio quidem uno tantum die peracta et finita sunt; sed postea inde a C. Caesaris temporibus plures dies illis celebrandis additos esse notum est vel ex Macrob. Saturn. I, 10, ubi de hac re est locus classicus. Hinc *Saturnalia prima* de primo Saturnaliun die, dicuntur apud Liv. XXX, 36, ubi vide, quae observat Gronovius. *Secunda* et *tertia* vocantur a Cic. ad Attic. XIII, 52. Apparet igitur, vel unum tum adhuc diem, quum haec scriberet Catullus, sacrum fuisse Saturnalibus, vel unum certe diem, qui proprie nuncupa-

retur *Saturnalia*, prae caeteris festum solemnemque habitum esse. Nec quemquam offendere debet loquendi id genus paullo insolentius, *continuo die, Saturnalibus,* quum ipse Liv. dicat, II, 21, *Saturnalia institutus festus dies.* Conf. Gron. ad Liv. I, 9. Constat denique ad munera, quibus invicem se excipiebant Saturnalibus, etiam libros pertinuisse, quos pauperes divitibus vel clientes patronis obtulisse tradit Lucianus in *Chronosolon* s. *legislator Saturnalium,* cap. XVI, p. 398, t. III, edit. Reitz. Cf. Martial. V, XVIII, 4. Plura de *Saturnalibus* praeter Macrob. l. c. vid. apud Liv. XXII, 1, Stat. Silv. I, 6, et Lipsum in Saturn. I, 2, sqq.

16. *Non modo hoc tibi* male tentat Vossius. Magnam vim habet repetitio particulae *non*, de qua elegantia vide Bentleium ad Horatii Od. III, XXIV, 25, et Drackenb. ad Sil. II, 25. *Salse*, ad fraudem aliis faciendam, ingeniose. — *Sic abibit*, tam impune feretur. Particulis *sic* et *ita* saepe ex serie orationis aliquid addendum est explicatione, quod diligenter observent tirones.

17. *Luxerit* V. MS. *luserit.* — *Si luxerit*, h. e. simul ac illuxerit dies, primo mane. Fortasse etiam dedit poeta *illuxerit*, quod est usitatius, quum facile fieri potuerit, ut prima syllaba *il* ab antecedente particula *si* absorberetur.

18. *Scrinia.* Vasa in quibus servabantur libri vel thesauri. Isid. Orig. XX, 9. Hor. Serm. I, 1, 120,

## CARMEN XIV.

Suffenum, omnia colligam venena,
Ac te his suppliciis remunerabor.
Vos hinc interea valete, abite
Illuc, unde malum pedem tulistis,
Secli incommoda, pessimi poetæ.
. . . . . . . . . . . . . . . . . . . . . . . . .
Si qui forte mearum ineptiarum
Lectores eritis, manusque vostras
Non horrebitis admovere nobis;
Pædicabo ego vos, et inrumabo.

ep. II, 1, 113. N.—*Aquinos* perperam in vetustioribus; nam in voce *Aquinios* duæ syllabæ in unam coalescunt. — Malum poetam *Aquinium* notat etiam Cicero Tuscul. V, 22.

19. De *Suffeno* conf. infr. carm. XXII. *Venena*, carmina mala, sunt abominanda et exsecranda, quibus inest multum veneni et pestilentiæ, ut loquitur Noster infra, XLIV, 12. — « Proscripti Regis Rupili pus atque venenum » Vid. Hor. lib. I, Sat. 7, 1. N.

20. *His suppliciis*, poetis malis, quorum lectione tanquam pœna gravissima afficimur et pæne enecamur. *Remunerabor*, ulciscar, ἀντιδωρήσομαι, parem gratiam tibi referam. Simili modo enim *gratiam referre* passim in malam partem dicitur Terentii Eunuch. act. II, sc. 3, 93, et IV, 4, 52.

22. *Attulistis* reperit et idem refutavit Scaliger.

23. *Secli incommoda*, terræ pondera, ἄχθος ἀρούρης.

24-27. Contra MSS. et librorum veterum fidem in nonnullis editionibus attexuntur hi quatuor versiculi Carm. XVI, ad *Aurelium* et *Furium*, ubi apparent etiam in edit. Bipont. Versus quartus *Pædicabo ego vos, et inrumabo*, qui abest in librr. vett. debetur liberalitati et ingenio clariss. Vossii. Videntur omnino hi versus ἀποσπασμάτια longioris carminis; assuas sis vel infercias. Incommode certe adjecti sunt Carm. XVI. Nos in assignando his versibus loco sequuti sumus auctoritatem MSS. ad quam Statius et editor Cantabrigiensis provocant. Cæterum versu primo, *Si qui forte*, etc., male legunt in Bipontin. *qua*, et *cui* vitiose in edit. prima Mureti.

## CARMEN XV.

### AD AURELIUM.

Commendo tibi me ac meos amores,
Aureli: veniam peto pudentem,
Ut, si quidquam animo tuo cupisti,
Quod castum expeteres, et integellum,
Conserves puerum mihi pudice; 5
Non dico a populo: nihil veremur
Istos, qui in platea modo huc, modo illuc
In re praetereunt sua occupati;
Verum a te metuo, tuoque pene,

Arg. Aurelio ea lege commendat puerum suum, ut caste hunc florem custodiat, nec solita libidinis suæ explendæ cupiditate illum contaminare audeat. Quod si fecerit et usque eo audaciæ progressus fuerit, ut illum corrumpat, gravissima, tanquam mœchum, affectum iri pœna minatur. — Factum autem hoc esse ab Aurelio ex Carm. XXI, apparet, unde acerbæ inter eum et Catullum inimicitiæ exortæ sunt.— Qui non omni honestatis sensu destitutus est, argumentum hujus carminis abominabitur, sed orationis elegantiam admirabitur. — Sed lusum poeticum rectius, quam Doeringius exponit hoc argumento, sentias oportet; namque in eo acumen poematii situm est, ut non vere tradat custodiendos amores, sed tradere simulet, quo magis ex improviso lepidiusque telum satiricum in eum detorqueat, et pro custode insidiatorem Aurelium declaret. N.

1. *Meos amores*, amoris mei delicias, puerum meum. Cf. ad Carm. X, 1.

2. *Veniam peto pudentem*; aber ich bitte um züchtige Verschonung. Fortasse excidit particula *at* post *veniam*. — *Pudentem*. Non nimiam, modestam, quam facile et jure concedas. Contra *impudens*, nimius, qui non justos intra limites consistit. Horat. Carm. IV, 13, 4: «Ludisque et bibis impudens» Item Virgilius, *injustus*, Georg. III, 347: «Injusto sub fasce viam quum carpit». N.

3. *Si quidquam animo t. c. Quod.* Eleganter et ornate pro: si ullus puer fuit, quem castum velles et indelibatum.

7. *Istos* ex *populo*. Nomen collectivum *populus* sæpissime excipit pluralis. «Clamor concursusque populi, *mirantium* quid rei esset» Liv. I, 41; conf. Drakenborch. ad Liv. XXXV, cap. 26, § 9, t. IV, pag. 945, et quos laudat Cortius ad Sallustium, Jugurth. XXVIII, p. 540.

8. *In r. p. s. occupati* negotiis suis

## CARMEN XV.

Infesto pueris bonis, malisque.
Quem tu, qua lubet, ut lubet, moveto
Quantum vis, ubi erit foris paratum.
Hunc unum excipio, ut puto pudenter.
Quod si te mala mens, furorque vecors
In tantam impulerit, sceleste, culpam,
Ut nostrum insidiis caput lacessas;
Ah! tum te miserum, malique fati,
Quem attractis pedibus, patente porta,
Percurrent raphanique, mugilesque.

exsequendis intenti modo huc, modo illuc discurrunt, nec quidquam a negotiis suis alienum curant.

10. *Bonis, malisque,* formosis et deformibus. Cf. Vulp. — *Bonis malisque,* malim interpretari, referendo ad mores, verecundis et protervis. N.

11. Statius in MS. invenerat *Quem tu qualubet ve moveto,* unde tentat *Quem tu, qualibet, ut velis moveto,* parum recte ob sequens *Quantum vis. — Ut lubet.* Vet. MS. *ut jubet.* N.

12. *Ubi erit foris paratum.* Sustuli interpunctionem post *foris,* et explico: ubi erit foris (in angiportu), scortum aliquod ad exercendam libidinem paratum; nam *puella parata* dicitur, quae facile copiam sui facit. Propert. I, IX, 25. Cf. Burm. ad Ovid. Met. V, 603, qui *paratum* malit referre ad *quem,* conferat illud de Priapo apud Ovid. Fast. I, 437. *Quantum vis,* quantum tibi lubet. — Comprobanda Doeringii interpunctio. Deliciis indulge, modo non apud me. N.

13. *Ut puto pudenter.* Credo non quidquam nimis poscere. N.

14. *Quod si te mala mens,* etc. Quod si ab immodica et insana animi tui libidine hoc impetrare non poteris, ut ab hoc puero abstineas, tum, etc. Expende verborum ornatum et compara Carm. XL, 1.

16. *Nostrum caput* eleganter pro *me.* Male trahunt interpretes ad puerum. *Insidiis,* furtivo amore; cf. XXI, 7.

17. *Miseri* exhibet Graeviana edit. quam lectionem more suo tuetur MSCTOrum jactator Corradinus de Allio. — *Malique fati* sc. hominem. *Homo mali fati* est infelix.

18. *Atratis pedibus* Vossius et MS. Commel. in aliis edit. *adstrictis* vel *artatis.* — In describenda ignominiosa illa adulterorum deprehensorum poena ῥαφανιδώσει et παρατιλμῷ otium nobis fecerunt interpretes, et ad hunc locum et ad Aristoph. Nub. 1079, cf. Kusterus. ad Suid. s. v. ῥαφανίς. Alias moechorum poenas commemorat Schefferus ad Ælian. V. H. XII, 12. *Attractis pedibus,* diductis et divaricatis, ut recte explicat Muretus. — *Patente porta,* τῷ πρώκτῳ, cui immittebantur raphani et mugiles, *mugiles* sunt genus piscium, de quibus vid. Plin. IX, 17, et ad Juven. X, 317.

## CARMEN XVI.

### AD AURELIUM ET FURIUM.

PÆDICABO ego vos, et inrumabo,
Aureli pathice, et cinæde Furi;
Qui me ex versiculis meis putatis,
Quod sint molliculi, parum pudicum;
Nam castum esse decet pium poetam
Ipsum : versiculos nihil necesse est;
Qui tum denique habent salem ac leporem,
Si sunt molliculi, ac parum pudici,
Et, quod pruriat, incitare possunt,
Non dico pueris, sed his pilosis,
Qui duros nequeunt movere lumbos.

Arg. Castitatem suam bonus et castus, si Diis placet, Catullus probare vult Aurelio et Furio, quibus illa ex mollioribus ejus versiculis suspecta reddita fuerat. Quam quidem male de se susceptam opinionem evellere ex eorum animis studet partim eo, quod sacri poetæ, in quos vel maxime cadat morum integritas, non ex carminibus suis dijudicandi sint, partim edendo, [en castitatis specimen!] ubi marem se præstiturus sit, specimine. Compara cum Nostro Martial. I, 36.— Errat Doeringius, si putat Catullum Aurelio et Furio minari fore ut eos pædicet inrumetque. Formula hæc est procaciter aliquem eludendi, ut qui gallice contemptum alicui significare volunt, sæpissime inhonesto et impudico verbo utuntur. N.

2. *Pathici* et *cinædi* dicuntur, qui muliebria patiuntur.

3. *Putastis* Cantabrig. et sic etiam infra, v. 13.

4. *Pium poetam*, rite Musarum sacris operantem vid. ad Carm. XIV, 7. *Versicul. nih. nec. e.* sc. castos esse. Eamdem castitatis speciem et alii præ se ferunt nequitiarum magistri. Ovidius, Trist. II, 354 : « Crede mihi, mores distant a carmine nostri; Vita verecunda est, Musa jocosa, mihi.» Cf. Martial. I, v, 8, et plura vide apud Raderum.

8. *Si sint* lib. Comel. et Pal. papyr.

9. *Possint*, Comel. — *Quod pruriat*, eleganter pro libidine. Conf. Martial. I, xxxvi, 10 et 11.

10. *Iis pilosis* legitur in paucis. *Hispidosis* in margine lib. Comel. cum quibusdam impressis. — *His pilosis*, hispidis, vietis et enervatis.

11. *Qui duros neq.* etc. h. e. qui *exfututa pandunt latera*, ut supra lo-

## CARMEN XVII.

Vos, quod millia multa basiorum
Legistis, male me marem putatis;
Pædicabo ego vos, et inrumabo.

quitur Noster VI, 13. Cf. Sciopp. ad Lus. XVIII, 4.
12. *Vos, qui* Cantabrig. *Vosque*, vitiose in lib. Comel. — Quod legistis de multis meis basiationibus versiculis celebratis ( cf. Carm. V, et VII ), *male marem me putatis* cinædum, mollem. Vid. Nic. Heins. ad Ovid. Art. Am. I, 524. — *Vos, quod legistis* Vos, meis quandoque lectis versibus quæ millia multa meorum basiorum referunt, creditis effeminatum, et facile quævis passurum; at vobis mihi masculas vires probabo sufficere. Ego vos p. et i. Duplici sensu turpiter in verbis ludit, dum significare vult eos sibi esse contemptui, et se inferiores, qui potius a Catullo vulnus patiautur quam ab iis Catullus. N.

## CARMEN XVII.

### AD COLONIAM.

O COLONIA, quæ cupis ponte ludere longo,

ARG. Acciderat ætate Catulli, quod sæpe accidere solet, ut homo insulsus et veternosus conjuge uteretur elegantissima formosissimaque. Quam quidem indignam rem quum vix ferre posset puellarum patronus et elegans harum deliciarum prospectator Catullus, in gratiam puellæ, Coloniam quamdam, quæ loca lutosa et palustria ponte sublicio junxerat, precibus adit, ut stupidum illum hominem de ponte illo in lividissimum paludis locum deturbet, si forte hoc modo fieri possit, ut stolidus ejus veternus repente excitetur, et supinus animus in gravi cœno derelinquatur.—Est hoc carmen elegantissimum, sive verborum ornatum, sive lepidam stulti et tardi hominis descriptionem spectes. — Versus sunt ithyphallici ex heroicis effecti, sed molles enervatique.—Quis locus fuerit *Colonia*, non certo affirmari potest. Muretus suspicatur fuisse oppidulum prope Veronam, quod hodieque nomen servet. At Scaliger et Vossius malunt intelligere *Novum Comum*, coloniam paullo ante a Cæsare deductam.

1. *Quem cupis ponte ludere longo* in plurimis editt. vett. Ald. Gryph. Muret. pro *longo* dedit Vossius *ligneo*, non male, quia idem pons mox ponticulus dicitur. — Sensus est : O Colonia, quæ tam lubenter velis ludos facere in ponte longo, ubi in promptu tibi est saliendi facultas, sed (inepta) frustra et nimis anxia times fulcra lignea ponticuli trementis et adsultantis, ne præceps ille cadat et in lutosa palude corruat, unde in pristinum statum

Et salire paratum habes : sed vereris inepta
Crura ponticuli adsulitantis, inredivivus

revocari nequeat, ede igitur, quæso, Colonia, in meam gratiam jucundissimum et maximo risu dignissimum spectaculum : (Sic) quod si feceris, opto, ut pons tuus plane ex animi sententia tam firmus fiat, ut vel Martis sacerdotes in illo saltare et sacra suscipere possint. Multum pulveris in hoc loco explicando ab interpretibus commotum est, neque tamen ullus rem satis adsecutus videtur. *Ludere*, luserunt enim olim et ludicra spectacula ediderunt in pontibus, quod et adhuc fieri in Italia, Pisis atque Venetiis, testatur Vulpius et Corradinus de Allio.

2. *Salire paratum habes*, in promptu tibi est τὸ salire, h. e. saliendi facultas. Vulpius et quos ille sequitur argutantur. — *Paratum habes* idem sonat quod *parata es*. N. — *Inepta* tam ad *Coloniam*, quam ad *crura* trahi potest. Qui ad *crura* referre malit, cogitet ligneas columellas ad pontem fulciendum infirmas nec satis aptas. — Hæc sane præferenda vocis *inepta* interpretatio; nam non immerito, inepte veretur Colonia ne ponticulus male fultus corruat, immo recte veretur male cohærentium, non bene aptorum crurum ruinam. N.

3. *Ac sulcis tantis* antiquissima lectio, in quam conspirant omnes Statii et Scalig. MSS. et editio R. *ex sulcis tantis* in L. MS. teste editore Cantabrigiensi, unde Vossius admodum ingeniose *ponticuli asculis stantis* h. e. parvis tigillis seu perticis innitentis. Nostra lectio *adsulitantis*, quæ rei maxime consentanea videtur, ingenio Scaligeri debetur, sed improbatur Vossio, quia sic dactylus in sede tertia ponitur, ubi debebat esse creticus, quo sublato rhythmus adeoque tota vis carminis ex sententia Vossii perit. Mureti editio prima ab anno 1554, quæ cum Ald. II ª et Gryph. in plurimis fere consentit, habet *sub his totus*. Quod ad antiquam illam lectionem *ex sulcis tantis* attinet, modo metri ratio constet, non adeo inepta sed explicatione fortasse emollienda videtur, ut *ponticulus ex sulcis tantis irredivivus* dicatur, qui nunquam restitui et revocari queat *ex tantis sulcis* h. e. fossis. At *sulcus aquæ* occurrit apud Ovid. in Nuce 66. Certe tale quid, quo referatur, postulare videtur vox *irredivivus*. — Nulla est quæ magis sententiæ simul et metri rationi congruat lectio, quam Vossiana. Neque *ex sulcis*, neque quidquam tale vox *irredivivus* postulat. Ut versus consistat, necesse est tertium locum cretico teneri; præterea mens Catulli fuit, ut pontem non ita firmum describeret. Τὸ *adsulitantis* dactylum dat pro cretico: *assulis stantis* cui lectiones vulgatæ non repugnant, absolutum numeris omnibus et sententiæ compotem versum restituit. N. — *Irredivivus* eleganter dic. de rebus inanimatis, quæ irreparabiles sunt, denuo excitari et restitui nequeunt. — Pro *irredivivus*, quod agnoscunt omnes Stat. L. MS. et cunctæ editt. est in Meleagri MSS. *iredivivis*. In antiquissima R. *in reclivis* corrupte. Nic. Heinsius tentabat in Not. ad Cat. p. 638, *irrecidivus*. Sed nihil lucramur hac permutatione.

## CARMEN XVII.

Ne supinus eat, cavaque in palude recumbat;
Sic tibi bonus ex tua pons libidine fiat,
In quo vel Salisubsulis sacra suscipiantur;
Munus hoc mihi maximi da, Colonia, risus.
Quemdam municipem meum de tuo volo ponte
Ire præcipitem in lutum, per caputque pedesque;
Verum totius ut lacus putidæque paludis
Lividissima, maximeque est profunda vorago.
Insulsissimus est homo, nec sapit pueri instar

4. *Ne supinus eat,* retro labatur in paludem, unde erectus fuerat. Suaviter et venuste! Sic apud. Liv. XXX, 10, *supinus telorum jactus*, h. e. tela quæ non evolant sed in terram decidunt.—*Cavaque in palude,* profunda et alta. Sic infra *undæ cavæ* XCV, 5, *flumina cava* apud Virg. Georg. I, 326, et ipsa *palus cava* apud Ovid. Met. VI, 371; cf. Burmann. ad Ovid. Ib. 228; et ad Lucan. I, 396.

5. *Ex tua libidine* plane ex voto tuo. De voce *libido* in bonam partem vid. Drackenb. ad Sil. XI, 312.

6. *Salisubsuli sacra suscipiunto* vel *Salisubsuli sacra suscipiant* in MSS. Statii, optt. editt. et Membr. Voss. unde admodum probabilis, quam in textum recepimus, ab ingenio Statii profecta est lectio. Vossius proposuit *Salii ipsulis sacra suscipiunto,* quam conjecturam ambitiose, ut solet, arripuit Vulpius. *Ipsulæ* autem vel *ipsules,* docente Festo, «erant lamellæ necessariæ sacris, quæ ad rem divinam conferre dicebantur maxime, specie virorum et mulierum.»—*Saliaribus sacra suscipiantur* Avantius. *Salisubsuli sacra suscipiuntur* Muretus, qui propter fraudem ex Pacuvio laudati loci, cujus nec vola nec vestigium exstat, ubi *Salisubsulus* Mars dicatur, graviter jam reprehensus est a Vossio. In antiquis quibusdam editt. corrupte legitur *Salii* vel *Subsalii sacra suscipiant.* Corradinus de Allio, cujus plurimæ emendationes dignæ sunt, quæ cum municipe Catulli in lividissimam paludem migrent, lepide obtrudit: *in quo vel salis subsilis, sarta suscipiantur.* — *Salisubsuli* haud dubie intelligendi sunt Salii, Martis sacerdotes, qui sacra celebrabant tripudiis et saltationibus, de quibus vid. Cuper. Observ. IV, 2. Finxit autem, opinor, hanc vocem Poeta ad rei imaginem magis exprimendam.

7. *Munus h. m.* De ludis et spectaculis et proprie quidem gladiatoriis sæpe obvium *munus* apud Tullium. Vid. Clav. Cic. Ern. Ita Noster ad ludos in pontibus editos alludit. Cæterum simili obtestatione cum obtestandi particula *sic* et alii poetæ graviter exordiri solent carmina. Tibull. I, 4; Hor. Od. I, 3.

9. *Per caputque pedesque,* ut, quantus quantus sit, a vertice usque ad talos immergatur.

10. *Ut* pro *ubi* videnda. supra ad Carm. XI, 3.

Bimuli, tremula patris dormientis in ulna.
Quoi quum sit viridissimo nupta flore puella,
Et puella tenellulo delicatior hædo,      15
Asservanda nigerrimis diligentius uvis;

13. *Matris in ulna* habet margo H.
L. — *Tremula ulna*, quæ leni motu
concutitur. Dignus est, quem in
hanc rem adscribam locum ex Calpurn. Eclog. X, 27 seqq. ubi Silenus parvulum Bacchum, quem
in ulnis gestat, tremulo brachiorum
et crepitaculorum concussu ad somnum invitat. « Quin et Silenus parvum veneratus alumnum Aut gremio fovet, aut resupinis sustinet
ulnis, Et vocat ad risum digito, mo-
tuque quietem Allicit, aut tremulis
quassat crepitacula palmis. »

14. *Viridiss. flore puell.* in flore
ætatis constituta. *Flos* de juvenili
ætate, sicut Græcorum ἄνθος, ἀκμὴ,
sexcenties apud poetas. Exemplorum nubem vide apud Klotzium ad
Tyrtæum pag. 23-25. Handius revocat codicum et veterrimarum editionum lectionem: *cui jocum sit
viridissimo*, etc. unde elicit: *cui jocus
viridissimo...*, i. e. cui puella talis
jocus est, non sedulo servatur. Vulgata quæ Handio displicet, mihi ex-
peditior videtur, neque pessimum
orationis nexum, quem suspicatur,
inesse credo, si quidem *quum sit*
non interpretor *quia sit*, ut ille, sed
*etiamsi puella sit*. N.

15. *Et puella* si vera est lectio,
ex antecedenti versu supplendum
est *sit*. — *Ut puella* L. MS. et antiquissimæ tres editiones. *Sit puella* ob
elegantem repetitionem (quam equidem non sentio), vel *Sed puella* conjecit Nic. Heins. in not. ad Cat. l. c.
Si conjectura opus sit, mihi vide-

tur particula *ah*, quæ passim eximiæ rei admirationi inservit, admodum loco nostro accommodata
esse. Infra Carm. LXI, 46 : « Quis
deus magis ah magis appetendus
amantibus. » — Nihil mutandum videtur. *Et* hic sumitur pro *et quidem*.
N. — *Tenellulo delicat. hædo.* Imitatus est Ovid. Met. XIII, 791, de
Galatea quæ *tenero lascivior hædo.*
Referenda autem est hæc comparatio partim ad teneritatem, partim
ad protervitatem et lasciviam. Una
igitur imagine expressit Noster,
quod duabus in tali Galateæ descriptione Theocr. Idyll. XI, 20, ἁπα-
λωτέρα δ' ἀρνός, Μόσχω γαυροτέρα.

16. *Asserv. nig. dil. uv.* cautius
tractanda quam uva matura, unde
levi motu acina defluunt. Nimirum
virgo *immatura* est aspera, sed *matura* ad amoris lusus facilis et pro-
clivis. Cæterum et alii poetæ hac
comparatione ab uvis petita et ad
puellas translata delectati sunt.
Theocritus l. c. φιαρωτέρα ὄμφακος
ὠμᾶς. Horat. Od. II, v, 10 : « Tolle
cupidinem immitis uvæ. » — *Uvæ
nigerrimæ* sunt maturæ. Rem unice
illustrat locus Columellæ, qui ab
interpretibus laudari debebat, lib.
XI, c. 2, 69, p. 758, edit. Gesneri: « Naturalis autem maturitas est,
si quum expresseris vinacea, quæ aci-
nis celantur, jam infuscata et nonnulla propemodum nigra fuerint. »
Atque huc pertinet epigr. xv Phi-
lodemi in Analect. Vet. Poet. Græc.
Brunckii, t. II, pag. 86 : Οὔπω σοι

## CARMEN XVII.

Ludere hanc sinit, ut lubet, nec pili facit uni,
Nec se sublevat ex sua parte, sed velut alnus
In fossa Liguri jacet supernata securi,
Tantundem omnia sentiens, quam si nulla sit usquam; 20
Talis iste meus stupor nil videt, nihil audit.
Ipse qui sit, utrum sit, an non sit, id quoque nescit.
Nunc eum volo de tuo ponte mittere pronum,
Si pote stolidum repente excitare veternum,
Et supinum animum in gravi derelinquere cœno, 25

καλύκων γυμνὸν θέρος, οὐδὲ μελαίνει
Βότρυς ὁ παρθενίους πρωτοβόλων χάριτας. »

17. *Ludere*, παίζειν in re venerea. Propert. II, xxv, 21. — Male Deoringius explicat *in re venerea*; pro glossemate malim : lascivire, puellari levitati indulgere. N.—*Uni* antique pro *unius*. — Plaut. Stich. V, 4, 49 : « Uni animi sumus. » Terent. Andr. III, 6, 2 : « nulli consilii » p. nullius, et « mihi solæ » p. soli Eunuch. V, 6, 3. N.

18. *Nec se sublevat ex sua parte*, scilicet ubi stipes ille semel jacet. Interpretes subodorati sunt nescio quam obscœnitatem.

19. *Liguris* in nonnullis. *Ligeris* in paucis. *Jacet separata* Muret. *superata* vel *seu parata* in quibusdam. — *Fossa Liguri* ita appellata a possessore, cui nomen fuit Ligurius, ut jam suspicatus est Vossius. — *Supernata*, h. e. succisa, ut ducta metaphora sit ab iis, quibus in modum pernarum suillarum, femina excisa sunt.

20. *Quasi* pro *Quam si* vult Statius, reclamante editore Cantabrigiensi. — *Usquam*, id est, omnino nulla.

21. *Merus stupor* Passeratius ex conjectura, male ! —*Talis iste stupor meus*; proprie debebat esse *qualis alnus...*, *Talis iste meus stupor*; sed poetæ ad hanc diligentiam grammaticam non exigendi sunt. *Meus stupor* : eleganter Latini, quem deridendum propinare volunt, *suum* vocant. Phædr. VII, 32 : « homo meus se in pulpito totum prosternit », ubi vid. Scioppius. — *Stupor* suaviter pro *stupidus*.—Sic pro scelesto homine *scelus* posuit, Terent. Eunuch. IV, 3, 3, et Plaut. Amph. II, 1, 7, Bacch. V, 1, 9, Mil. Glor. III, 2, 14; ac ad eam rem facit illud Mart. XI, 93 : « Non vitiosus homo es, Zoile, sed vitium.» N.

22. *Qui sit* MSS. Stat. et Meleagri omnes. *Is se quis sit* vel *Is se qui sit* offert ingenium N. Heinsii.

23. *Hunc eum volo* Pal. Papyr. *Hunc ego eum* Comel.

24. *Si pote*, si fieri potest ut, etc. — Vulgo apud Veteres pro *potis* quoque *pote* datur : «Nec pote quisquam. » Ennius. N.

25. *Supinum animum*, languidum et jacentem. Juven. Sat. I, 66 : «Et multum referens de Mæcenate supino.»— *Gravi cœno*, tenaci. Accommode ad hoc Tacit. Ann. I, 63. "Cætera limosa, tenacia gravi cœno,»

Ferream ut soleam tenaci in voragine mula.

26. *Ferream ut soleam:* nondum olim, uti nunc, equorum ungulis contra aspera, scruposa loca clavis suppingebantur soleæ ferreæ, sed nonnunquam tantum subligabantur ὑποδήματα quædam; id quod multis probare et contra Vossium, qui frustra nostræ ætatis soleas ferreas, quæ equis effigi solent, ex Xenophonte eruere atque hinc χαλκόπο- δας Homeri equos illustrare conatus est, idoneis argumentis evincere studuit Gesnerus in Lexic. Rust. Rei rusticæ Scriptoribus apposito, cujus sententiæ subscribit Vesselingius ad Diod. Sicul. tom. II, p. 233, qui huc potius referendos putat ἱππεὺς χωλεύοντας ἐξ ὑποτριβῆς [ὑπο τριβῆς pro ἐξ ὑποτριβῆς mavult Schweighæuserus] ex App. Mithrid. p. 371.

## CARMEN XVIII.

### AD HORTORUM DEUM.

Hunc lucum tibi dedico, consecroque, Priape,

Arg. Priapo consecratur lucus in hoc haud dubie olim longioris carminis exordio, quod ab interitu vindicavit et Catullo tribuendum olim jam existimavit Terentianus Maurus in docto libello de *Litteris*, Syllabis et Metris inter Gramm. vet. p. 2444, cujus sententiam et alii deinde amplexi sunt, ut Marius Victorinus in Arte Gramm. p. 2598—99, et Atilius Fortunatianus in Arte p. 2676. At Victorius in Var. Lect. XII, 3. Muretus ad h. l. et Scaliger ad Catalect. vet. Poet. non hoc tantum longioris carminis fragmentum, sed duo sequentia etiam in Priapum carmina quasi postliminio Catullo restituere conati sunt; quibus accedit Vossius, qui hæc ad calcem editionis suæ rejecit. Quod quidem ut a se impetrarent VV. DD. partim ludicro carminis genere ithyphallico, quo duo priora carmina composita sunt, et quibus tertium constat puris iambis Catullianis, partim ipsa horum carminum suavitate et orationis elegantia, Catullo dignissima, inducti sunt. Nec incommode hæc tria poematia [quæ sive a Catullo sive ab alio poeta magno profecta sint, neminem certe legisse pœnitebit] statim post carmen AD Coloniam, quum ob metri, tum ob argumenti similitudinem, conjunctim ab iis, quos sequimur, posita videntur. Leguntur autem hæc carmina inter Priapeia in Catal. vet. Poet. Scaligeri, cap. 85, in Priap. Scioppii, c. 86, et in Anthol. Vet. Lat. Poet. Burmanni Secundi lib. VI, 85, tom, II, p. 567, ubi præter ea, quæ jam Mureto et Vossio in Commentariis ad Catullum observata sunt, plura tam de incerto eorum auctore quàm ipso carminis genere ithyphallico erudite dispu-

## CARMEN XVIII.

Qua domus tua Lampsaci est, quaque silva, Priape
Nam te praecipue in suis urbibus colit ora
Hellespontia, caeteris ostreosior oris.

tantur, praecipue a Car. Andr. Duckero cujus ineditas, quae huc spectant, observationes subjiciendas curavit Burmannus Secund. in Anthol. tom. II, pap. 574, qui, si caeteras hujus doctissimi interpretis in Catullum notas, quas in scriniis suis a Guilielmo Roellio acceptas servabat, publici juris fecisset, magnam apud Catulli lectores gratiam initurus fuisset. — Caeterum vix dubium est, quin auctor horum carminum, quicumque demum fuerit, ex graeco quodam fonte hortulos suos rigaverit.

2. Si vera est lectio, de cujus integritate mihi nondum persuadere possum, sensus erit: Ubi propria nunc sedes et silva tibi dicata est, quemadmodum Lampsaci. Sed hoc durum et contra loquendi rationem videtur. Itaque pro *qua* et *quaque* legendum puto *quoi* et *quoique* ex antiquo scribendi more, de quo vid. carm. I, ad v. 1, et sic *tua* pro *tibi* positum est ut saepe. *Domus Deorum* est locus, quo maxime illi delectantur, et in eo sedem quasi suam figunt. *Nympharum domus* de antro apud Virgil. Æn. I, 168. *Lampsacum* est urbs Hellesponti teste Cicerone in Verr. I, 24, ubi Priapus vel natus vel nutritus credebatur. Vid. Schol. ad Apollon. Rhod. I, 932. — *Quae domus — quaeque silva* in edit. Bipont. nescio qua auctoritate. Apud Terentianum

Maurum olim una voce mutilus versus legebatur « Qua domus tua Lampsaci est quaque Priape », ut e Mureti et Achill. Statii adnott. intelligi potest.—Nonne etiam potuit errore librariorum *qua* pro *quam* recipi? quod si restitueris, nodus solvitur, subaudito in priore commate *tam*, ut fieri solet? Tam *dedico tibi* et facio tuum *hunc lucum, quam tua est* domus Lampsaci sita. N.

4. *Ostreosior oris*, ostreis enim omnis Hellesponti ora abundabat; praecipue tamen a Veteribus laudantur *ostrea Abydena*. Virg. Georg. I, 207, cf. Vineus ad Auson. p. 603 edit. Toll. *Priapus* autem *Hellespontiacus* [ut vocatur a Virg. Georg. I, 207.] fortasse navigationis causa, cui praeesse credebatur, cultus fuit in Hellesponti litoribus. Exstant enim manifesta apud Graecos vestigia, ubi Priapus navigationis praeses apparet. Sic ille apud Leonidam Tarentinum in Anal. Poet. Graec. Brunckii epigr. LVII, t. I, p. 235, navigationem vernali tempore instituendam indicens addidit v. 7, 8:
Ταῦθ' ὁ Πρίηπος ἐγὼν ἐπιτέλλομαι,
ὁ λιμενίτας, Ω' ὕδρωφ' ὡς πλώας
πᾶσαν ἐπ' ἐμπορίην. Conf. Antipat. Sidon. epigr. XXXVII, in Anal. V. P. Gr. Brunckii t. II, p. 16. Colebatur etiam Priapus Αἰγιαλίτης a piscatoribus; conf. Maecii epigr. VII et VIII, in Analect. Poet. Graec. t. II, pag. 238.

## CARMEN XIX.

#### HORTORUM DEUS.

Hunc ego, juvenes, locum, villulamque palustrem,
Tectam vimine junceo, caricisque maniplis,
Quercus arida, rustica conformata securi
Nutrivi, magis et magis ut beata quotannis:
Hujus nam Domini colunt me, Deumque salutant,   5
Pauperis tugurii Pater filiusque*

Arg. Priapus, fœcunditatis in agris auctor, fidum se profitetur custodem pauperis villulæ, a cujus dominis, patre et filio, summa pietate colebatur. Enarratis igitur, quibus quotannis ab illis mactetur, muneribus, monet sub fine pueros, ne quid furtiva manu ex eo agro auferant, sed ad vicinum potius ditioris domini agrum pergant, ubi Priapus ejusmodi furunculos non adeo curet.

2. *Tectam vim. junc.* etc. Casas enim vel tuguria varii generis frondibus contegere solebat rudis antiquitas. Tibull. II, 1, 39, 40: «Illi (ruris Dei) compositis primum docuere tigillis Exiguam viridi fronde operire domum.»—*Carex* commune junci genus videtur (Riedgras); *acuta* vocatur apud Virgil. Georg. III, 231. Cum *genista* jungitur apud Pallad. de Re Rust. I, 22, p. 876, edit. Gesneri.

3. *Conformata* vult Salm. ad Solin. p. 181, repugnante Vossio, cujus lectio *fomitata* ex antiqua *formidata* conficta non minus displicet. — *Quercus ar. rust. conf. sec.* suave et eleganter: Ego, qui ex quercu arida effictus et configuratus sum securi rustica. — «Olim truncus eram, etc. » Hor. Serm. I, 8. «Nam veneror seu stipes habet, etc. » Tib. I, 1, 11. N.

4. *Nunc tuor magis* Scaliger; *nutrio* pro *nutrivi* tacite recepit Vulpius.— *Nutrivi*, auxi et beavi fœcunditate. Eodem plane sensu *nutrire* de Cerere dicitur apud Horat. Od. IV, 5, 18: *Nutrit rura Ceres;* ubi, quum elegantem hujus verbi significationem non concoquere posset Bentleius, more suo turbas dedit, ad quem refutandum hic ipse Nostri locus a clariss. Jani laudari debebat.—*Ut beata quotannis* scil. esset, h. e. quolibet anno meliori conditione gauderet. Frustra damnat Handius hanc Mureti interpretationem, neque evincit verbum *esset* non potuisse commode ab autore omitti. Turbat, non sanat versum, hac proposita correctione: *nutrivi magis et magis*, et *beata quotannis*. Quo rectius versus constet, forte reponendum *quæ* pro *ut;* nam creticum tertius locus sibi poscit. N.

6. *Filiusque.* Sic in plerisque editionibus, deficiente ultima voce, hic versus exhibetur. Quam quidem lacunam ex ingenio supplere studuerunt Scaliger et Vossius, quorum

## CARMEN XIX.

Alter, assidua colens diligentia, ut herba
Dumosa, asperaque a meo sit remota sacello;
Alter, parva ferens manu semper munera larga.
Florido mihi ponitur picta vere corolla
Primitu', et tenera virens spica mollis arista;
Luteae violae mihi, luteumque papaver,
Pallentesque cucurbitae, et suave olentia mala;
Uva pampinea rubens educata sub umbra.

10

13. *Uvae* autemvel maxime ad traille tentabat *filiusque coloni*, hic *filiusque tenellus*. Et mihi succurrebat *patronum*, quod non incommode referri potest ad *pauperis tugurii*. Sed de Priapo apud Virgil. Eclog. VII, 34, « custos es pauperis horti. » Sed rectius fortasse intactas plane ejusmodi in poetis relinquimus lacunas. *Paup. tugurii*, inde colorem duxisse videtur Virg. Eclog. I, 61, « Pauperis et tuguri congestum cespite culmen. » ――― *Pater filiusque.* Fere similem Tibullus imaginem adumbravit, I, 10, 19-24. N.

7. Sensus est: alter me veneratur, dum assidua diligentia ita colit curatque meum sacellum, ut illud ab omni dumosa asperaque herba remotum et purgatum sit. Suspecta mihi olim videbatur lectio *colens* ob ingratam repetitionem ejusdemverbi ex versu 5, et hinc pro *colens* legendum esse putabam *cavens*, sed nunc vix opus videtur hac mutatione.

9. *Alter, parva manu ferens usque munera larga* ex ementione Dorvillii, quem laudat Burmannus Secundus in Anthol. ad h. l. sed magis arridet Schraderi τὸ *semper* metri causa in *saepe* mutantis correctio, suarum Observ. lib. II, c. I, pag. 12, 11.―Nobilissima hujus versus sententia est: *munera parva*, quae quis pio animo offert suo se metiens modulo, sunt magna et Diis gratissima. Hinc Tibull. I, 1, 21. « Tunc vitula innumeros lustrabat caesa juvencos : Nunc agna exigui est hostia magna soli. » ― Ad rem facere allatum exemplum non videtur, namque Tibullus non benignitatem Deorum parva munera magni aestimantium, sed agri paupertatem, cui vel munuscula magno constant, expressit. N.

10. *Picta corolla*, variis floribus distincta, ut *pictae volucres*.

11. *Primitu'*, quamprimum florum copia fit. Vid. de hac antiqua voce Nonium Marcel. p. 154.

12. *Lacteumque papaver* apud Vietum et Aldum. Sed *luteum papaver* et infra dicitur LXI, 195. Eadem harum vocum permutatio apud Mart. III, 58, 22, ubi alii pro *lactei vernae* malunt *lutei*.

14. *Uva pamp. sub umbra educ.* maturitatem nacta : eleganter enim herbae vel fruges educari dicuntur, quae tam aeris temperie foventur commoda, quam cura, cultu, et caeteris, quibus ad maturitatem perveniant, alimentis et subsidiis fruuntur. Sic infra LXII, 41 et 50, in Lusibus LII, 15; Tibuli. I, 1,

Sanguine hanc etiam mihi (sed tacebitis) aram
Barbatus linit hirculus, cornipesque capella;
Pro queis omnia honoribus hæc necesse Priapo
Præstare, et domini hortulum, vineamque tueri.
Quare hinc, o pueri, malas abstinete rapinas.
Vicinus prope dives est, negligensque Priapus.
Inde sumite, semita hæc deinde vos feret ipsa.

hendam maturitatem opus habent *umbra pampinea.* Hinc Virgilius in Eclog. VII, 58, de vitibus nimio æstu exsiccatis, « Liber pampineas invidit collibus umbras ». *Rubens uva:* Horatio, ubi de iisdem Priapo offerendis muneribus sermo est, dicitur *certans purpuræ,* Epod. II, 20.

15. Pro *hanc aram,* quod eleganter conjecerat Muretus, corruptam lectionem *hæc arma,* revocavit Vossius, haud dubie obloquendi studio abreptus; nostram lectionem defendit Burmnannus Sec. in Anthol. ad h. l. — *Jacebitis* pro *tacebitis* vitiose in Sciopp. edit. et Bipont. legitur. — *Sed tacebitis,* favebetis linguis. Silentium igitur Priapus imponit pueris de sacris suis, tanquam de magni cujusdam Dei mysteriis. Vulpius trahit ad impura flagitia, quæ in sacris Priapeiis committi solebant, nec evulgari debebant. Sed de his nihil jam viderant pueri. Muretus refert ad leg. XII, Tabularum, per quas sacra facere peregrinis Deis, nisi qui publice adsciti essent, non licuerit. Sed spectat fortasse hoc impositum silentium non nisi ad immolatas Priapo hostias, quem honorem majores tantum Dii sibi vindicabant.—Nec probari potest Livineii, quem Doeringius secutus est, sententia, majoribus tantum Diis hostias mactare licitum fuisse;

Vossius contra eam Petronii locum excitat, in quo Polyænus hircum et porcellum Priapo vovit. Sed Priapus nihil aliud dicit h. l. quam hæc : « Tacebitis, ne invidi audiant, nequis malus invidere possit, quum me, Priapum pauperis domini, tanta pietate cultum, meque in custodiendo ac nutriendo agro gratum videat. » Hæc Handius Sanguine Diis rusticis litabatur, teste cum multis aliis Tibullo I, 21-24. N.— *Linit sanguine aram,* imbuit : Theocrit. epigr. 1, 5, Βωμὸν δ' αἱμάξει κεραὸς τράγος. Cf. Carmen Petron. in Priapum, cap. 133.

16. *Barbarus hirc.* male in aliis ed.

17. *Hoc necesse* perperam in quibusdam.

19. *Manus abstinete rapinis* citra necessitatem correxerat Eggelingius, teste Burmanno Sec. in Anth. ad hunc locum.

20. *Negligensque Priapi* conjicit N. Heins. in not. ad Catull. p. 638. Quidni? *negligensque Priapum.* — Nihil agunt Nic. Heins. et Doering. quum sanum locum sanare laborant. N. — *Negligens Priapus*, indulgens, minus severus erga fures.

21. *Inde sumite :* Vulpius commode laudat Tib. I, 1, 34. *Hæc ipsa; semita* δειχτικῶς. *Deinde,* h. e. dehinc, abinde, ut apud Sallust. Jugurth. XIII, 4, ubi vid. Cortius.

## CARMEN XX.

#### HORTORUM DEUS.

Ego haec, ego arte fabricata rustica,
Ego arida, o viator, ecce populus
Agellulum hunc, sinistra, tute quem vides,
Herique villulam, hortulumque pauperis
Tuor, malasque furis arceo manus.          5
Mihi corolla picta vere ponitur;
Mihi rubens arista sole fervido;

Arg. Argumentum hujus carminis a superiore non nisi carminis genere iambico differt, adeo ut Catullus, si auctor horum carminum sit, ingenium suum in simili re diverso modo exercuisse videatur. Purissimum castigatissimumque jure hoc carmen vocat Brouckhusius apud Burmannum Secundum in Anthol. t. II, p. 67; nec indignum illud habuit quod multo studio, quale tum fervebat inter viros doctos, totidem iambis puris graece redderet Josephus Scaliger, ad hoc carm. in Catal. Vet. Poet.

1. *Ego ecce* conjectat Heinsius in not. ad Catull.

3. *Sinistra*, e regione agelli ad sinistram sita, exponit Muretus. Quod quam durum sit, quum ob alterum epitheton *arida*, quod jam appositum est τῷ *populus*, tum ob vere sinistram hujus epitheti locationem post *Agellulum hunc*, quilibet, opinor, sentiet. Ut nunc legitur locus, *sinistra* ob metri rationem nullo modo potest esse casus sextus. Sed sive cum Mureto *sinistra* ad *populus* referas, sive cum Livineio accusativum pluralem pro adverbio positum esse statuas, durissima semper manet haec lectio: Scaliger ad Atyn Catulli 13, pro *sinistra tute* volebat *sinistera ante*. Certe vix ulla paullo leniori ratione sanari posse videtur hic versiculus, quem tanquam in re desperata audacter ita diffingere et in ordinem redigere tentabam, *Agellulum, ad sinistram abinde quem vides.* — Hanc lectionem ex ingenio nimis audacter Doeringius proponit, neque recte desperatum locum pronuntiat, quem haud inepte Muretus explicuit. N.

5. *Tuor* pro *tueor*, verbum Lucretianum. *Tueor*, Aldus et Victorius. *Malasque manus* h. e. nocivas, perniciosas. Cf. Tibull. III, 5, 20, et Virg. Eclog. III, 11. Ipse fur simpliciter dicitur *malus* apud Martial. VI, 49, 7.

6. Hujus versus triumque sequentium, qui sententiae tenorem interrumpunt, interpolationem haud immerito Handius suspicatur. N.

7. *Rubens arista*: elegans epithe-

Mihi virente dulcis uva pampino;
Mihique glauca duro oliva frigore.
Meis capella delicata pascuis
In urbem adulta lacte portat ubera;
Meisque pinguis agnus ex ovilibus
Gravem domum remittit aere dexteram;
Tenerque, matre mugiente, vaccula
Deum profundit ante templa sanguinem.

ton, quod adumbrat colorem, quem referunt aristæ solis radiis percussæ. — *Sole fervido*, æstate.

8. *Virente pampino*, autumno.

9. In aliis : « Mihi glauca dura cocta oliva frigore. » In Aldinis : « Mihi glauca duro cocta oliva frigore »; in quibusdam veteribus : « Mihi glauca duro oliva frigore, » Fortasse *cocta* fuit glossa τοῦ *glauca* et sic in textum irrepsit. Quamquam enim *oliva duro frigore cocta* de maturitate, quam hieme contrahunt olivæ, non inepte explicari possit, tamen, quum hæc ipsa lectio puros iambos, e quibus hoc carmen constat, turbet, non admittenda videtur; nihilominus legi jubet Vossius: « Mihi glauca duro oliva cocta frigore. » — *Duro frigore*, hieme. — *Oliva glauca*: color glaucus est colori viridi affinis et albore quodam permixtus (gründlich). Idem epitheton et alii poetæ addere solent olivis, ut Claud. in Eutrop. II, 271, et Stat. Thebaid. II, 99. Cæterum confer Carmen LXXXIV, in Lus. apud Burm. Secund. in Anthol. p. 567, ubi pari modo Priapus recenset munuscula singulis anni tempestatibus sibi oblata.

10—11. Versus ornatissimi pro vulgari : capella lasciva in pascuis, quibus præsum, adulta inde in urbem ducitur. — *Adulta lacte ubera*, distenta, tumida et plena lacte. —. Confusa orationis structura, si *meis pascuis* referas ad *adulta*. Statuendum : Delicata capella portat ex meis pascuis, etc.

13. *Grav. dom. rem. ære dext.* aperta est imitatio Virgilii Eclog. I, 36 : « Non unquam gravis ære domum mihi dextra redibat. » Ex eodem fonte hausit auctor Moreti vers. 81. Plura exempla vid. apud Burm. in Anthol. ad h. l.

14. In aliis *teneraque*, quod servavit Vossius. Sed Muretus, ut metri rationibus consuleret, dedit et propugnavit nostram lectionem *tenerque* fœminini significatione, quod admodum durum, nec confirmari posse videtur exemplis in hanc rem ab illo allatis; carent enim illa terminatione fœminini. De *pauper* autem quod addit, non multum eum juvat locus Terentii IV, 6, 3, ubi lectio *paupera* in disceptationem adhuc vocatur. Magis igitur arridet elegans conjectura Dorvillii, quam profert Burm. Sec. in Anth. *Tenella, matre*.

15. *Profundit sanguinem*, cadit, mactatur hostia, eadem elegantia dictum, qua in Carm. sup. v. 15, *aram linit*. — « Illius aram Sæpe tener nostris ab ovilibus imbuet agnus. » Virg. Buc. I, 8.

# CARMEN XXI.

Proin', viator, hunc Deum vereberis,
Manumque sorsum habebis. Hoc tibi expedit;
Parata namque crux, sine arte mentula.
Velim pol, inquis : at pol ecce, villicus
Venit : valente cui revulsa brachio          20
Fit ista mentula, apta clava dexteræ.

17. *Manumque sorsum habebis*, h. e. continebis, non ad furtum extendes : nam in promptu est *mentula sine arte*, non affabre sed temere ex ligno excisa. *Crux* tanquam instrumentum supplicii, a furibus sumendi; nam servi furaces apud heros severiores pœnam in cruce luebant, quæ pœna jam respicitur. Cf. Lipsius de Cruce.

19, sq. Sensus: Profecto non ingrata hæc mihi pœna erit, inquis; at erit hercle, nam, secus ac putaveras, illa in te exercebitur. Ecce jam venit villicus, qui mentula ista, valente brachio evulsa, commode utetur clavæ loco, qua bene te mulctatum det. — Admirentur, si velint, hæc carmina, vereque Catulliana prædicent: ego difficile mihi in animum inducam idem argumentum ter a Catullo tractatum; libentius crediderim hoc ipsum ad præcedentis exemplar alia manu compositum. Desunt in multis codd. hæc tria priapeia. N.

# CARMEN XXI.

### AD AURELIUM.

Aureli, pater esuritionum,

Arg. Venerem non semper sine Cerere frigere, exemplo suo probavit Aurelius. Quamquam enim ille cum summa rerum inopia et esuritione conflictatus dicitur, tantum tamen abfuit, ut fame victus alia omnia quam libidinis explendæ nutrimenta quæreret, ut potius quovis modo Catulli puerum ad amorem pellicere machinaretur. Salse igitur Poeta perfricat hominem famelicum, a quo præcipue ne puer esurire et sitire discat, veretur, eumque prius, quam puerum, cui frustra nectat insidias, attrectaverit, a se ipso tactum iri inrumatione, monet. — Comparetur inprimis cum nostro imitatio Martialis ad Mamurianum, I, ep. 93.

1. *Pater esuritionum :* proprie convivii vel cœnæ dominus venerabili nomine *patris* insigniri solebat, ut apud Horat. Satir. II, 8, 7. Sed ridicule vocatur Aurelius *pater esuritionum*, ubi, quod Terentius ait, ex hesterno jure panis ater voratur.

Non harum modo, sed quot aut fuerunt,
Aut sunt, aut aliis erunt in annis,
Pædicare cupis meos amores;
Nec clam: nam simul es, jocaris una, 5
Hæres ad latus, omnia experiris.
Frustra: nam insidias mihi instruentem
Tangam te prior inrumatione.
Atqui, si id faceres satur, tacerem.
Nunc ipsum id doleo, quod esurire 10
Ah! meus puer, et sitire discet.

2. *Non harum modo:* similiter infra XXIV, 2, 3. — Multo difficilius hic quam in Carm. XXIV, *harum* explicaveris: namque, in illo, τὸ *harum* opponitur tantum futuri præteritique temporis mentioni *aut fuerunt, Aut posthac aliis erunt in annis.* Sed, in hoc loco, *aut sunt* valde sensum impedit. Handius *non harum modo* sic interpretandum esse censet: *Non solum in conviviis quæ apud Aurelium aguntur.* Illam vero solutionem latinitatis indoles non comprobat, quæ cum tali sensu, *istarum* reposcit. *Harum,* si cum *aut sunt* comcomponendum est, velim interpretari: *quæ hic, Romæ, ubi sumus, habentur.* Et τῷ *aut sunt* subjiciam: *ubicumque loci.* N.

5. *Nam simul ex jocaris una Hærens ad latus* in lib. MSS. *Nam simul, et jocaris* Muretus et Statius. — *Nam simul* consuescis et conversaris cum illo. — Statim ac ilum convenisti. N.

6. *Hæres ad latus:* nota locutio in amoribus. Vid. Brouckhus. ad Tibull. I, 6, 26.— *Omnia experiris Frustra;* male interpungit Muretus. *Experibis* in antiquis codicibus testante et probante Mureto.

7. *Frustra;* irrito plane studio, nam dum puerum meum libidine polluere cogitas, prior ego ipse te polluam libidine. *Tangere* est verbum nequitiæ. Propert. II, 34, 9: « Lynceu, tune meam potuisti tangere curam. » Cf. Hor. Sat. I, 2, 45; Mart. I, 93, 2. Hinc *intacta puella,* casta et indelibata.

8. *Prius* L. MS. eadem lectionis varietas exercuit V.V. D. D. ad Tibull. I, 4, 32, ubi vid. *Illustrissimus Heyne* in Obs. p. 39, edit. nov.

9. *Atque id si* effinxit Stat. ex corrupta lectione *Atqui ipsi faceres* in MSS. — *Atqui tacerem, si id faceres satur* (ich wollte gern nichts sagen), stimulat enim Κύπρις ἐν πλησμονῇ. Inf. XXXII, 10 et seq.: « Nam pransus jaceo, et *satur* supinus Pertundo tunicamque, palliumque. » Mart. l. c. v. 14, *Denique pædica, Mamuriane, satur.*

11. Mira et putida in hoc versu est lectionis discrepantia. *Næ meus puer* Muret. *Me me puer* in MSSC. Stat. unde *Me meus* legendum putat Statius. — *Ah me me puer* Scaliger, quam lectionem recepit etiam Bipont. *Meus me puer* Commel. membr. quod assensu suo comprobavit Vos-

## CARMEN XXI.

Quare desine, dum licet pudico;
Ne finem facias, sed inrumatus.

sius. Sed sic contra omnem loquendi consuetudinem *discet* pro *docebit* positum est. *Meus mi* Meleager. *Ne ...meus* Passeratius ad formam *ne... funera*, infra, LXIV, 83. *Meus jam puer* Cantabr. *Ah! meus puer* Vulpius, quam quidem lectionem, dum melior deerat, in textum recepimus, licet et illa metro laboret et trochæum pro spondæo ab initio habeat (Errat Doeringius, dum putat non posse in hunc locum trochæum recipi. Fere basis variat in omni versu. N.) *Meusmet puer* Gotting. haud dubie ex edit. Corradini de Allio. *Una meus puer* inepte contra omnes metri leges tentat Heinsius in not. ad Catull. Quantum equidem sensu meo assequi possum, istæ fere omnes, quas recensui, lectiones vel sensum turbare, vel metri rationibus adversari videntur. Si legere mecum ex conjectura liceat : *A te mox puer*, vel *Mox tecum puer*, omnis difficultas remota et tam sensui quam metri rationibus consultum

videtur. Sed non ausim ita corrigere poetas. — Handius longe omnium hic conjiciendo felicissimus, qui epitheton pueri pulchri et venusti desiderari putat, et *Mellitus* vere Catulliano genio consentaneum (vid. Carm. V) reponit, dum hoc verbum in codice, e quo alii descripti, obliteratum, et a librariis, ne lacuna existeret, superstites literas *me* duplicatas fuisse opinatur, et sic restituit *quod esurire Mellitus puer et sitire discet*. N.

12. Statius legi jubet : « Quare desine, dum licet, pudicus, Ne finem facias, sed inrumatus; *vel* : Quare desine, dum licet pudico, Ne finem facias, sat inrumatus. » Heins. in not. ad Catullum vult: *et inrumatus*, male! Notanda h. l. vocis *pudicus* significatio, quæ ad corpus, non ad animum attinet, i. e. a turpi contactu integer. N.

13. *Ne finem facias*, sc. non amplius pudicus et castus, *sed inrumatus*, corruptus.

# CARMEN XXII.

### AD VARRUM.

Suffenus iste, Varre, quem probe nosti,
Homo est venustus, et dicax et urbanus,
Idemque longe plurimos facit versus.

Arg. Suffenum, hominem vanum et ineptum ridet, qui, quum bellus et urbanus videri vellet, non solum in verbosa quadam garrulitate et aliis frivolis et ventosis artibus elegantiæ gloriolam aucupabatur, sed, ut esse solet ejusmodi hominum furor, ex sacris quoque Musarum campis calamistratæ et unguentis diffluenti fronti olivam decerpere quærebat. Hoc igitur furore abreptus, facili negotio, et, ut Venusinus canit, stans pede in uno innumeros fundebat versus; et hos lepidos ingenii partus, sicuti boni parentes tenellos filiolos, tanto amore deosculabatur et tam sollicite paterna quasi cura fovebat, ut nulli sumptui parcens quovis ornamento externum splendorem illis conciliare studeret. — Sed in iisdem egregie stultissimi auctoris imago expressa fuit, adeo rus et agrestes mores redolebant versus ab omni venustate et urbanitate alienissimi. — Dum igitur Catullus in hac ridicula Suffeni φιλαυτία describenda occupatur, repente in versu 18 ab aliorum vitiorum contemplatione ad se redit, et, suo ipsius animo diligentius excusso, neminem vitiorum expertem, immo quemlibet, in quocunque demum φιλαυτίας genere sit, Suffeno quodam modo similem esse pronunciat. Qua quidem nobilissima et honestissima conversione quantum dignitatis accedat huic carmini, suus quemque sensus docebit.

1. *Fuffenus* mavult Muretus. Pari modo apud Livium I, 23. *Mettus Fuffetius* non *Suffetius* legendum esse contendit Drackenborch. quem vide et quos ibi de hac scribendi ratione laudat t. I, p. 98. — *Vare* in plurimis editt.

2. *Homo venustus;* (Stutzer, galant homme.) cf. ad Carm. III, 2. — *Dicax*, qui multus et copiosus est in serendis sermonibus, idem paullo post dicitur *scurra* v. 12. *Urbanus* qui comitate, suavitate, sale et dicteriis auram populi captat, et cultioris vitæ concinnitatem præ se ferre studet. Passim autem apud Veteres *urbanus* cum *scurra* consociari solet, quia ambitiosa *urbanitatis* affectatio plerumque cum scurrili quadam dicacitate conjuncta est. Plaut. Mostell. I, 1, 15: «Tu urbanus vero scurra, deliciæ popli, Rus mihi tu objectas?» Cf. Hor. Epist. I, 15, 27, 28, et Gronov. ad Plaut. Trinum. I, 2, 165.

3. *Id. long. plur. fac. vers.* ut solent pessimi quique poetæ, quemlibet cum Crispino apud Horat. Sat. I, 4, 16, ad certamen provocantes:

## CARMEN XXII.

Puto esse ego illi millia aut decem, aut plura
Perscripta : nec sic, ut fit, in palimpsesto
Relata; chartæ regiæ, novi libri,
Novi umbilici, lora rubra, membrana
Directa plumbo, et pumice omnia æquata.

« videamus uter plus scribere possit. » Cf. Hor. Sat. I, 9, 23 sqq.
   5. *Nec sic, ut fit, in palimps. rel.* nec apparent ejus versus, quemadmodum apud alios poetas, in *palimpsesto*, sed in *chartis regiis*, etc. *Palimpsestus* fuit charta pergamena, in qua, quod scriptum est, deleri et eradi poterat. Vid. Schwarz. de Ornament. lib. p. 25, ed. Leuschneri. Magis autem arridet Heinsii lectio *releta* [vid. not. sq.] hoc sensu : nec delere et emendare solet versus in palimpsesto, ut alii poetæ. Sapienter enim præcipit Horatius Sat. I, 10, 72, « Sæpe stilum vertas, iterum, quæ digna legi sint, Scripturus. »
   6. Pro *relata* eleganter rescribendum esse suspicatur *releta* (a *leo, levi*) Heinsius, not. ad Cat. nam, si vulgatam tenemus, dicendum potius erat *relata in palimpsestum* — Merito Handio improbatur, quæ nimium Doeringio placet, Heinsiana correctio. Neque quidquam mutandum; siquidem *in palimpsesto referre* æque ac *in palimpsestum* latine dicitur. Cic. ad Att. VII, 3, *in codice relatum*. Ita vulgo *referre* pro *scribere*. N. — *Chartæ regiæ* Charta regia est macrocolon, membrana longior : nos, *Royal-papier*. Vid. Grævius ad Cic. Att. XIII, 25; XVI, 3; cf. Schwarz. lib. I, p. 24. — *Novi libri* intellige involucra et tegumenta liborum. De modo compingendorum apud Veteres librorum fuse ad hunc locum disputat Vossius. — *Novi umbilici :* umbilicus fuit bacillus teres, extremæ voluminis oræ eo consilio impactus, ut volumen ei circum volveretur, cujus eminentes utrimque partes, auro, argento vel alio metallo præmuniri solitæ, vocabantur *cornua*. Ov. Trist. I, 1, 8, cf. Ill. Heyne ad Tib. III, 1, 13. — *Lora rubra*, corrigiæ, quibus Veteres in colligandis constringendisque voluminibus usi sunt. Vid. Schwartz. l. l. p. 88, 89. — *Membrana directa plumbo*, h. e. versus in membrana diligenter ad lineas parallelas plumbo ductas directi et exarati sunt. Vid. de hac re præter Vossium ad h. l. Salmasius ad Solin. p. 917. Schwartz. l. l. p. 33, et Funccius de Scriptura Veterum, p. 136. Græcis vocabatur hic stilus plumbeus vel tenuis illa, ut vult Salmasius, e plumbo lamina, παράγραφον, et Latinis recentioribus *præductal*. Paul. Silentiarius epigr. L, in Anal. Vet. Poet. Gr. t. III, 87, ed. Brunck. ita describit hoc instrumentum plumbeum, Γυρὸν κυανέης μολίβδου σημάντορα γραμμῆς. Etiam Julianus Ægyp. ep. X, t. II, p. 495, hoc modo : Ἀκλινέας γραφίδεσσιν ἀπιθύνοντα πορείας Τόνδε μολίβδον, etc.
   8. *Detecta plumbo* Statt. MSC. *desecta plumbo* exempl. Mediol. et antiquiss. tres editt. *derecta* pro *directa* nonnulli. — *Pumice omn. æq.* Vid. ad Carm. I, 2.

Hæc quum legas, tum bellus ille et urbanus
Suffenus, unus caprimulgus, aut fossor
Rursus videtur : tantum abhorret, ac mutat.
Hoc quid putemus esse ? qui modo scurra,
Aut si quid hac re tritius, videbatur,
Idem inficeto est inficetior rure,
Simul poemata attigit : neque idem unquam
Æque est beatus, ac poema quum scribit;
Tam gaudet in se, tamque se ipse miratur.

9. *Tum bellus.* Lepide et graphice depingit *bellum hominem* Mart. III, 63, in Cotilum: «Cotile, *bellus* homo es: dicunt hoc, Cotile, multi. Audio: sed quid sit, dic mihi, *bellus homo. Bellus homo est,* flexos qui digerit ordine crines : Balsama qui semper, cinnama semper olet; Cantica qui Nili, qui Gaditana susurrat; Qui movet in varios brachia volsa modos.» Cætera, si lubet, apud ipsum vide. *Ille* cum emphasi quadam notat aliquem jam per se satis notum. Vid. Brouckhus. ad Tibull. I, 4, 19.

10. *Unus caprimulgus,* h. e. plane et quantus quantus est. *Caprimulgus* proprie, qui capras mulget. — Frustra, ut opinor, laborat Handius et argutatur voce *unus* explicanda, et male Vulpium damnat, qui exponit: *quidam caprimulgus.* Idem *unus* quod *aliquis* apud Plaut. Aulul. I, 1, 38, Stich. IV, 1, 32, et Cic. ips. loc. quem Handius ut huic voci vim emphaticam adderet, attulit (de Orat. I, 29 «qui sicut unus pater milias his de rebus loquor.» N.

11. *Ac nutat* Muret. — *Abhorret* scil. ab illa, quam præ se ferebat, urbanitate. *Mutat,* h. e. mutatur: sæpiuscule enim hoc verbum οὐδε-

τέρως usurpatur. Præter Vulpium ad h. l. vid. Cort. ad Sallust. Bell. Jugurth. XXXVIII, 10, et quos laudat Drackenb. ad Liv. III, 10, t. I, p. 577.

12. *Qui modo scurra,* facetus et dicax.

13. *Si quid hac re tristius* perperam in antiqq. quibusdam ed. — Handio non assentior qui restituere *tristius* conatur et prave detorquet Catulli sententiam. Sed neque Doeringio neque aliis concesserim *hac re* subjungendum comparativo. Quin subaudis *in*, et ita constituis : si quid *tritius,* usu edoctum magis, in hac re, sc. arte lepide et facete loquendi. Ita Ovidius voculam *in* omisit : «totidemque plagæ (in) tellure premuntur.» Metam. I, 48. N. — *Aut si quid hac re tritius,* eleganter : aut si quis magis adhuc scurra urbano tritus et subactus quasi est in loquacitate. *Scurra* autem honestiori illo sensu, quem primum habebat, interpretandus videtur. — Cf. Plaut. Epid. I, 1, 13, Most. I, 1, 14, Trin. I, 2, 165. Curcul. II, 3, 17. N.

15. *Simul,* simul ac, ut sexcenties.

17. *Tam gaudet in se.* Commode laudant Horat. Epist. II, 2, 107 : «Gaudent scribentes, et se veneran-

# CARMEN XXIII.

Nimirum idem omnes fallimur; neque est quisquam,
Quem non in aliqua re videre Suffenum
Possis. Suus quoique attributus est error;
Sed non videmus manticæ quod in tergo est.

tur, et ultro, Si taceas, laudant quidquid scripsere, beati.»

18. *Idem fallimur*, h. e. eadem vel simili re.

20. *Suus quoique attributus error*. Similiter Propert. II, 22, 17. «Unicuique dedit vitium natura creato.» Cf. Hor. Sat. I, 3, 68.

21. *Manticæ quid* in nonnullis legitur.—*Sed non vid. mant. qu. in tergo est*. Respicitur notissima illa fabula Æsopi de duabus peris, quam tractavit etiam Phædr. IV, 9, cf. Pers. IV, 23, Hor. Sat. II, 3, 299, et quem laudat Vulpius, Seneca de Ira II, 28.

# CARMEN XXIII.

## AD FURIUM.

Furi, quoi neque servus est, neque arca,
Nec cimex, neque araneus, neque ignis;
Verum est et pater, et noverca, quorum
Dentes vel silicem comesse possunt;
Est pulchre tibi cum tuo parente,
Et cum conjuge lignea parentis.
Nec mirum : bene nam valetis omnes,

Arg. Furius, quum summis rerum angustiis laborans et durissima quæque paupertatis incommoda perpetiens, centum sestertia ad melioris vitæ fructum sibi optasset, enumeratis variis paupertatis commodis, salse, ut luderet hominem famelicum Poeta, ab hoc temerario voto revocatur. Comparandus omnino cum nostro est Martial. XI, 32.

1. *Arca*, ubi pecunia servatur. Cf. Ramiresius de Prado ad Martial. I, 77, 5.

2. *Nec cimex* de lectulo, quod plenius Martial. l. c. v. 1, «nec tritus cimice lectus»; dixit.—*Neque ignis*, de foco. Idem ibid. «nec toga nec focus est.»—Notandum est hoc loquendi genus, nec cimex, nec araneus, pro *nec lectulus*, ubi cimices, *nec domus*, ubi araneæ habitant.

5. *Est pulchre tibi cum tuo par*. Felicem et beatam vitam in hac rerum tuarum conditione vivis cum par. etc.

6. *Conjux lignea*, h. e. arida, exsucca. Cf. Luc. IV, 1155; eodem sensu senem illum apud Terent. dici *aridum* puto, Heaut. III, 2, 15.

7. *Bene nam valetis omnes* Quem ad

Pulchre concoquitis, nihil timetis,
Non incendia, non graves ruinas,
Non facta impia, non dolos veneni,
Non casus alios periculorum.
Atqui corpora sicciora cornu,
Aut, si quid magis aridum est, habetis,
Sole, et frigore, et esuritione.
Quare non tibi sit bene ac beate?
A te sudor abest, abest saliva,
Mucusque, et mala pituita nasi.
Hanc ad munditiem adde mundiorem,
Quod culus tibi purior salillo est,
Nec toto decies cacas in anno;
Atque id durius est faba et lapillis,
Quod tu si manibus teras, fricesque,

locum laudant Hor. Sat. II, 2, 70.

10. *Non facta imp.* furta, vel caedes hominum improborum.

11. *Casus alios pericul.* debebat esse *aliorum periculorum*, sed haec epithetorum permutatio (hypallagen nuncupant Grammatici), poetis latinis est frequentissima. *Casus subitorum periculorum* dicit Cicero in Epist. ad Famil. VI, 4, ubi vide, quae ad hoc carmen observat Victorius.

12. *Aut qui* Stat. in suo et duobus libris Maffei repererat, unde ipse legendum putabat *Ut qui*, reclamante Vossio. — *Atqui*. Referenda haec particula videtur inprimis ad v. 9, ut sit: Non incendia timetis, quum tamen corpora cornu sicciora habeatis, quae facillime flammam concipere posse videntur. Aliter nexus orationis aegre apparet. Cl. Vossius *atqui* explicat *et certe*; sed nec hoc quadrare videtur, nisi mavis *atqui* explicare: porro, huc accedit quod. Sed in hac significatione nuspiam hanc particulam me legere memini. *Corpora sicca* plerumque gaudent salubritate, quia siccitas oritur e continentia, laboribus, et exercitationibus. Cf. Cicero Tuscul. V, 34, et Xenoph. Cyropaed. I, 2.

17. *Mucusque et mala pit.* Mucus et pituita ita inter se differunt, ut ille de crassiori, haec de liquidiori nasi excremento dicatur.

19. *Purior salillo.* Mira quadam puritate salem tractare solebant Veteres et prae caeteris vasis praecipue salinis nitorem et splendorem conciliare. Vide, quae in hanc rem collegit Meursius ad Lycophr. v. 135, ubi sal ἀγνίτης πάγος vocatur.

20. *Nec toto decies.* Imitatus est Martial. lib. XII, 56, 1.

21. *Lupillis* praeter necessitatem legendum esse censebant Guilielmius et Hottomannus.

## CARMEN XXIV.

Non unquam digitum inquinare possis.
Hæc tu commoda tam beata, Furi,
Noli spernere, nec putare parvi;
Et sestertia, quæ soles, precari
Centum desine, nam sat es beatus.

26. *Quæ soles* scil. precari. *Desine precari*, voto tibi exposcere, optare. Quisquis ingenium Catulli diligit, eum non potest non pænitere, quod musam venustissimam tanta spurcitie collutulet.

## CARMEN XXIV.

### AD JUVENTIUM PUERUM.

O QUI flosculus es Juventiorum,
Non horum modo, sed quot aut fuerunt,
Aut posthac aliis erunt in annis,
Mallem divitias mihi dedisses

ARG. Cum Juventio, egregio gentis suæ ornamento, expostulat, quod homini misero et inopi (haud dubie Furio) florem ætatis suæ attrectandum dederit, cujus egestati, utut illam excusare tentet, consulere potius debebat stipe et pecunia. Cum superiori hoc carmen conjungendum esse parum probabiliter statuit Heinsius in notis ad Catull. p. 639.

1. *O qui flosculus es;* egregie in gente tua exsplendescis et præmines. *Flosculum et florem* sæpe de cujuslibet rei præstantia, præcipue de juvenili ætate dici, in vulgus notum. Exempla vide apud Muret. ad h. l. et nos ad Carm. XVII, 14. De nobilitate autem gentis Juventiæ consule Vulpium.

2. *Non horum modo*, etc. cf. Carm. XLIX, 2.

4, *Mihi*, ut *sibi, tibi, nobis, vobis* sæpe παρέλκει non solum in græca et latina, sed omnibus pæne linguis. Vid. Rittershus. ad Oppian. Cyneg. I, 89. Drackenborch. ad Sil. Ital. I, 46. Burmann. ad Phædr. I, 22, 3, et quos laudat cl. Beck ad Aristoph. Aves, v. 146. — Vid. Carm III, 16. N.—*Mallem deliciis mihi dedisses, Quam isti* Muret. et in quibusdam vett. *mi dedisses* invenisse se ait Vossius in omnibus libb. script. unde fecit *Midæ dedisses*. Heinsius in not. ad Catullum totum locum ita constituendum arbitratur. « Mallem delicias mihi dedisses, Quam sic te sineres ab isto amari, Isto, cui neque servus est neque arca, Quid? non est homo bellus? inquies. » Sed hoc est refingere carmina, non interpretari.

Isti, quoi neque servus est, neque arca; 5
Quam sic te sineres ab illo amari.
Qui? non est homo bellus? inquies. Est:
Sed bello huic neque servus est, neque arca.
Haec tu, quam lubet, abjice elevaque :
Nec servum tamen ille habet, neque arcam. 10

5. *Isti* cum contemptu pro ipso nomine.
6. *Sic*, tam inhonesto modo.
7. *Homo bellus* cf. ad Carm. XXII, 9. — *Cui nil est.* Muret. *Cui non est* Stat. *Hui! non est homo bellus, inquies? est.* Meleag.

9, 10. *Hoc* in quibusdam. — *Abjice*, parvi pende. — Cicero verbum *abjicere* opponit verbo *extollere dicendo.* Orat. 36. — *Elevaque* (λόγῳ κουφίζε,) verbis emolli et extenua. — *Nec servum tamen,* est et manet tamen homo pauperrimus.

## CARMEN XXV.

### AD THALLUM.

Cinæde Thalle, mollior cuniculi capillo,
Vel anseris medullula, vel imula oricilla,
Vel pene languido senis, situque araneoso;

Arg. Thallum, hominem mollissimum eumdemque rapacissimum, qui pallium et quædam alia furaci manu Catullo surrepta tanquam sua palam habere non erubescebat, graviter monet, ut mox illa sibi remittat, nisi pœnas contumeliosas in molli corpore flagellis exigendas dare velit. Cf. sup. Carm. XII. Versus sunt septenarii. — Imo octon. catal.

1. *Thalle* est fortasse nomen fictum, adolescentiæ indicandæ causa, e græca voce θαλλὸς *de germine oleæ et quavis fronde viridi* dictus. — *Moll. cunic. capillo*, ad omne genus pilorum transferri *capillum* exemplis probavit Drackenborchius ad Liv. t. IV, p. 597.

2. *Anseris medullula.* Eadem comparatione ad summam hominis cujusdam impudici mollitiem describendam usus est auctor in Lus. LXV, 1. — *Vel imula oricilla.* Imitatus est Cicero ad Quint. fratrem II, 15, ubi est *auricula infima mollior.* — *Inula moricilla* vel *moricula* vel *molicella* corrupte in libb. MSS. unde fluxit satis lepida conjectura Statii *inula amaricilla.* In edit. prima Mureti et aliis vetustioribus legitur *hinnula tenella.* Alia lectionis monstra piget addere.

3. *Situque araneoso.* Intelligitur suspensa in locis desertis aranearum textura, natura sua mollissima, quæ etiam in Lus. LXXXIII, 29, *situs*

## CARMEN XXV.

Idemque Thalle, turbida rapacior procella,
Quum de via mulier aves ostendit oscitantes;   5
Remitte pallium mihi meum, quod involasti,

*araneosus* dicitur, ubi vid. Burmannus Secundus.

4, 5. Locus valde impeditus et vario modo tentatus, cujus integritatem ne sic quidem, ut nunc ex emendatione Scaligeri omnibus fere probata legitur, præstare velim. Quantum fieri poterit, rem interpretatione emolliri studeamus. Comparatur Thalli rapacitas *turbidæ* et omnia secum abripienti *procellæ*, qualis fere instat, *quum de via mulier* (quævis saga, ἡ τυχοῦσα) *ostendit* (se observasse ait) *alites oscitantes*, magno clamore (hianti ore) tempestatem præsagientes; vel, quum monet de alitibus oscitantibus. *Ostendere* est verbum augurale. Ad *aves oscitantes* fortasse referri possunt fulices, de quibus Cicero de Div. I, 8, 14, ex veteri poeta: « Cana fulix itidem fugiens e gurgite ponti, Nuntiat horribiles clamans instare procellas, Haud modicos tremulo fundens e gutture cantus.» Pro *oscitantes* mihi in mentem veniebat *ominantes*, scil. turbidam procellam. Sed nescio quid duri et frigidi in toto hoc versu remanet, qui fortasse pannus assutus scioli cujusdam est.

5. Mirum in modum turbant in hoc versu libb. vett. In plurimis est: *Quum diva mulier aves* (pro quo in quibusdam *alites* vel *alios*) *ostendit oscitantes*. In Mureti edit. I, *Quum diva mater alites ostendit occinentes.* Pro *occinentes* offert Stat. *oscinentes.* Notatu digna et nemini observata est lectio, quam reperi in edit. Gryph. ab anno 1537, *Quum dira maris hyems aves ostendit oscitantes*, quæ quidem lectio, modo metrum constet, sensum maxime commodum fundit hunc: Quando mare sæviens in conspectum venire sinit aves oscitantes, h. e. diducto ore clamitantes. Intelligi inprimis debent halcyones vel fulicæ. Vossius ex optimo exemplari, quod olim fuit Palatinæ Bibliothecæ, profert, *Quum diva Malia naves ostendit oscitantes*, unde effingit: *Quum clivias Malea aves ostendit oscitantes.* Heinsius campum hic nactus, ubi exsultaret ingenium suum, legendum esse pronunciat in Not. ad Catull. *Quum Clivias Malea aves ostendit arce nantes;* vel, *Quum devias mare alites ostendit obnatantes.* Nostra vero lectio, *Quum de via mulier*, debetur ingenio Scaligeri. — Sed omnes MSS. dant *diva*, non *de via*. Handius expungendum censet totum hunc versum tanquam supervacaneum, sensus expertem, et interpolatum, ut pote qui non alio modo exsistere potuerit, quam consutis variis verbis, quæ glossatores in margine adscripserint. N.

6. *Remitte pallium*, quod fortasse in balneis Catullo clam subduxerat Thallus. Utebantur etiam Romani pallio in cœnis. Vid. Fulv. Ursin. in Appendice ad Petrum Ciacconium de Triclinio, p. 238. *Quod involasti:* eleganter dicuntur *involari* res, quibus summo cum impetu et celeritate manus injicitur. — Cf. quæ Vulp. de pallio plurima enarrat,

Sudariumque Sætabum, catagraphosque Thynos,
Inepte, quæ palam soles habere, tanquam avita.
Quæ nunc tuis ab unguibus reglutina et remitte;
Ne laneum latusculum, natisque mollicellas,   10
Inusta turpiter tibi flagella conscribillent,
Et insolenter æstues, velut minuta magno

7. *Sudariumque Sætabum.* Vid. sup. ad Carm. XII, 14. *Catagraphosque Thynos.* Vix certe affirmari potest, quid per *catagraphos Thynos* intelligendum sit. Achilles Statius non inepte explicat de hominibus Thynis seu Bithynis, in vestibus aut aulæis εἰκονικῶς acu pictis. Aliorum explicationes vid. infra. Quidquid autem fuerit, variis certe coloribus et imaginibus distinctum actum e Bithynia, cui finitima est regio Thynia, reportatum videtur. — *Catagraphonque linum* Muret. *Catagraphonque linon* in editt. Brix. et Venet. *Cyrographosque Thynos* invenerat Scaliger in suo MS. unde ipse conjicit *chirographosque*, quod et Salmasio primum arrisit, postea vero maluit *cirographosque*, i. e. *cerographosque*, et explicat de annulis signatoriis sculpturæ Bithynicæ. *Catagraphonque Thynon* exhibet clar. Vossius et exponit de pugillaribus membranaceis et buxeis, quorum quatuor pagellæ diversis coloribus, purpureo, croceo, viridi, coccineo pictæ et exornatæ fuerint; Bithyniam autem omnibus iis, quibus ejusmodi pugillares conficerentur, valde instructam fuisse confirmat.

8. *Tanquam avita*, hæreditatis jure accepta.

9. *Reglutina*, h. e. resolve. Eleganter de furibus, quorum manus glutine quasi et visco illitæ omnibus rebus adhærent, easque tenaciter retinent. Sic infra in Carm. XXXIII, 3, *dextra inquinatior* dicitur. — *Laneum latusculum*, h. e. molle.

10. *Manusque molicellas* Muret. et aliæ antiquiores.

11. *Inusta flagella.* Uruntur enim fere homines flagellis vehementius cæsi. Sic *loris uri* apud Hor. Epist. I, 16, 47 : « Loris non ureris, ajo. » — *Conscribillent*, h. e. dilacerent, dilanient. Plaut. Pseudol. I, 5, 131, 132 : « Quasi in libro quum scribuntur calamo literæ, Stilis me totum usque ulmeis conscribito. » Sic ἐπιγράφειν χρόα apud Hom. Il. IV, 139, et ἐπιγράφειν ταρσὸν ποδὸς XI, 388. — Etiam huic versui varias et ridiculas formas induit criticorum sedulitas. Alius mavult *inlusa flagella*, alius *injecta*, alius *invisa*, alius *insuta*, alius (facile agnosces Corradinum de Allio) vere insulse *insulsa*. Pro *conscribillent* in aliis est vel *concribillent*, vel *constrigillent*, vel *consigillent*, vel *conserillent*, vel (ohe! jam satis est?) *contribillent*. — Vossius exemplo probavit in *conscribillent* antepenultimam corripi posse, et cum hoc verbo Catulli versum constare. N.

12. *Insolenter æstues*, præter modum subagiteris et jacteris.—*Velut deprensa navis*, tempestate abrepta. *Deprendere* est verbum proprium in

## CARMEN XXVI.

Deprensa navis in mari, vesaniente vento.

re nautica. Vid. Bentleius ad Hor. Od. I, 14, 10, et Burmannus ad Phædr. Fab. V, 4, 10. *Minuta* respondet τῷ *magno*, quo perpetuo fere epitheto *mare* a poetis insigniri solet. Sic Græcis ἁλς δῖα, ἱερά. Adi Burmannum ad Val. Flacc. I, 50, et quos ibi laudat.

## CARMEN XXVI

### AD FURIUM.

FURI, villula nostra non ad Austri
Flatus opposita est, nec ad Favoni,
Nec sævi Boreæ, aut Apeliotæ,

ARG. Argumentum hujus carminis pendet a dubia lectione versus primi, ubi pro *nostra* in nonnullis exstat *vestra*. Si *vestra* vera sit lectio, ut nobis videtur, omnis lusus ad Furii inopiam deridendam pertinebit, cujus villula horribili vento opposita, h. e. creditoribus oppignerata dicitur. Responderi quidem potest, et a Vulpio jam responsum est, Furium ne cimicem quidem et araneum (ut Noster de illo canit Carm. XXIII), nedum villulam possedisse; sed primum quis nescit verba poetæ non ad vivum resecanda esse, deinde verissime etiam hoc dici poterat de homine, cujus rem familiarem æs alienum superaret. Quod si vero cui altera lectio *nostra* verior videatur, is animo sibi fingat, Furium a Catullo pecuniam atque forsitan centum illa sestertia ( de quibus vid. Carmen XXIII, 23 ) petiisse, Catullum autem, jocose indicato, quo ipse prematur, æris alieni pondere, has preces a se removisse. Sed mihi persuadere non possum, tam ingenue Catullum angustæ rei suæ statum patefecisse Furio, in cujus egestate carpenda ingenium suum exercere solebat. — Unde tanta Catullo verecundia, ne jocos de suis angustiis faceret, vid. Carm. X, XIII. Imo omnis carminis perit lepor, si Catullus alii irridet. N.

1. *Vestra* in L. MS. et tribus editt. antiquissimis, teste editore Cantabrigiensi. Eamdem lectionem in quibusdam libris scriptam invenit Vossius.

2. *Opposita est*. Ludit Poeta in ambigua hujus verbi significatione, qua villula primum ventis, deinde pignori, ob millia quindecim et ducentos sestertium tanquam hypotheca, ut JCti loquuntur, opposita dicitur. *Opponere* pro *oppignerare* Sen. de Benef. VII, 14 : «Rebus meis ad securitatem creditoris oppositis. » Alia exempla collegit Vulpius.

3. *Apeliotæ*, de hoc vento vid. Plin. I, 47, et Gell. Noct. Attic. II, 22.

Verum ad millia quindecim et ducentos.
O ventum horribilem atque pestilentem!  5

4. *Ad millia quindecim et ducentos* sc. sestertios vel sestertium. Faciunt autem *sestertium quindecim millia et ducenti* ex ratione Gronovii de Pecun. Vet. III, 17, p. 549, denarium tria millia septingentos quinquaginta, coronatos CCCLXXV. — Gallicæ monetæ 3108 fr. — *Ducenta* in quibusdam. Vid. Gronovius de Pec. Vet. modo laudatus.

5. *O ventum horribilem*, πνεῦμα φοβερόν.

## CARMEN XXVII.

### AD POCILLATOREM PUERUM.

MINISTER vetuli, puer, Falerni,
Inger mî calices amariores,
Ut lex Posthumiæ jubet magistræ,

ARG. Pincernam evocat Poeta ad administranda pocula mero vetustiori plena, aquam autem, vini perniciem, ad severiores migrare jubet. Est hoc carmen vere Anacreonticum, qualia complura cecinit etiam Flaccus. Cf. Epod. IX, 13.

1. *Minister* proprie de eo, qui pocula et epulas ministrat. Vid. Burm. Advers. p. 83. — Aliter interpungendum velim, nam *minister Falerni* non sanum videtur. Melius, ni fallor : minister puer, inger mihi *calices Falerni*, ut Plaut. *hirneam vini* Amphit. I, 1, 273. N.

2. *Inger* h. e. infunde, nihil amplius. Plaut. Pseudol. I, 2, 24. « Tu, qui urnam habes, aquam ingere. » Antique *inger* pro ingere, ut *biber* pro bibere. — *Calices amariores*, h. e. vino amariori impletos. *Vinum amarum* (herber Wein) est vinum vetus; *delectat* enim *amaritudo in vino nimis veteri*, ut ait Seneca Ep. LXIV. Eodem modo *vinum Falernum* apud Hor. Od. I, 27, 9, dicitur *severum*. — *Ingere* Muret. contra metri rationem, pro quo ipse in notis *inger* legendum esse existimat. *Jungere* et *ingue* reperit in libb. vett. Vossius; *junge* affert Heins. in not. ad Catullum e codice Britannico Archiepiscopi Cantuariensis; *misce* invenit Douza Fil. quod glossam sapit.

3. *Ut lex Posthum. jub. mag.* creabantur enim in conviviis apud Veteres plerumque talorum jactu (Hor. Od. IV, 4, 27 : « Nec regna vini sortiere talis ») magistri convivii, quorum quidem munus vel *magisterium* (ut vocat Cic. Cat. Maj. II, 4,) præcipue in ferendis bibendi legibus versabatur. Iidem dicti sunt vel *modimperatores*, vel *reges*, vel *domini convivii*, vel *cœnæ patres*, vel *strategi*, vel *dictatores*, vel et *arbitri bibendi*. Græcis συμποσίαρχοι, βασιλεῖς τοῦ συμποσίου, etc.) Præter Fulv. Ursin.

## CARMEN XXVII.

Ebriosa acina ebriosioris.
At vos, quo lubet, hinc abite lymphæ,
Vini pernicies, et ad severos
Migrate : hic merus est Thyonianus.

in Appendice ad Petr. Ciaccon. p. 339 seqq. adito interpretes Ciceronis l. c. atque Petronii cap. 55, et Potter. Archæol. IV, 20, pag. 323. *Posthumia* autem, mulier bibula et vinolenta, quæ *acina ebriosa ebriosior* dicitur, admodum liberalis *magistra* in moderanda potatione fuisse videtur. *Ebriosus* est, qui sæpe fit ebrius, vinolentiæ deditus, et *ebriosa acina* (usitatius *acinus* et *acinum*) est nucleus uvæ (vinaceum vocat Columella) in succo et musto natans, vel succo turgens. Cf. Gronov. Diatrib. in Stat. Lib. c. 13, p. 75. Quid intersit inter *ebriosus* et *ebrius* præcipui interpretes Cic. Tusc. IV, Sen. ep. 83.

4. *Acino* Stat. male! vid. Gell. VII, 22.

6. *Vini pernicies :* contra Propertius, II, 24, 27 : « Ah pereat, quicumque meracas repperit uvas, Corrupitque bonas nectare primus aquas. » *Ad severos*, sobrios, tristes et morosos, cum quibus nihil negotii Bacchus habet. Cf. Tibull. III, 6, 21. — Ennius ita fere : « forum puteale Libonis Mandabo siccis, adimam cantare severis. » N.

7. *Hic merus est Thyonianus*, h. e. a nobis nil nisi merum bibitur ; finge tibi Poetam in manu jam tenentem poculum. *Thyonianus* vel *Thyoneus* (Hor. Od. I, 17, 23) Bacchus ab ejus matre Thyone, quæ et Semele vocatur, ita dictus. Cf. Ritt. ad Opp. Cyneg. I, 27. De Bacchi matre, Thyone, quam ex inferis in cælum duxisse perhibetur filius, narrat Diod. Sic. III, 62 et IV, 21, ubi cf. Wessel.

## CARMEN XXVIII.

### AD VERANNIUM ET FABULLUM.

Pisonis comites, cohors inanis,

Arg. Verannius et Fabullus, quum sordidam Pisonis, quem in Hispaniam secuti fuerant, adeo experti essent avaritiam et illiberalitatem, ut plus expensi quam accepti in tabulis, adeoque nihil plane in provincia illis paratum esset in loculis, jocose jam post reditum de rerum suarum conditione examinantur a Poeta, qui, quam illi in Pisonis, eamdem ipse olim in Memmii comitatu avaritiæ experientiam fecerat. Addita igitur hac admonitione, quam parum tuta spes sit in patrocinio nobilium posita, ejusmodi detestandis prætoribus, Romanæ gentis dedecoribus, mala quælibet indignabundus imprecatur.

1. *Pisonis comites.* Innuitur ex sententia Parthenii, quem sequitur

Aptis sarcinulis et expeditis,
Veranni optime, tuque, mi Fabulle,
Quid rerum geritis? satisne cum isto
Vappa, frigoraque et famem tulistis?
Ecquidnam in tabulis patet lucelli
Expensum? ut mihi, qui meum secutus
Prætorem, refero datum lucello;
O Memmi, bene me, ac diu supinum

Vulpius, Cn. Calpurn. Piso, qui, teste Sallustio (in Catilin. c. 18,) in citeriorem Hispaniam quæstor pro prætore (h. e. *cum imperio et dignitate prætoria*) missus est. Sed prætor etiam in Hispania fuit L. Calpurnius Piso, Pisonis, qui primus *Frugi* dictus est, filius. De quo vid. Cic. Verrin. IV, 25, et Liv. LXV, 20. In Hispaniam certe prætorem secutos esse Verannium et Fabullum, colligere possumus ex Carm. IX et XII. — *Cohors inanis*, nihil ex provincia reportans. De *cohorte* vid. supra ad Carm. X, 11.

2. *Aptis sarcinulis et exp.* Sarcinæ *aptæ* sunt, quæ commode gestari possunt, ad gestandum bene aptæ et accommodatæ, parvæ et habiles. *Expeditæ* parum oneratæ, concinnæ.

5. *Cum isto Vappa.* Hæc vox translata a vino corrupto notat hominem nequam et nullius pretii, quemadmodum et apud Aristophanem ὀξίνης.

6. *Ecquidn. in tab. pat.* etc. Sensus est: Num expensum in tabulis vestris tanquam lucrum et acceptum apparet? ut mihi olim accidit, quum prætorem meum in Bithyniam secutus *datum* h. e. expensum (*das zugesetze*) lucri et accepti loco in tabulis scribere cogerer. Faciebat igitur in tabulis, ubi lucrum vel acceptum apparere debebat, utramque paginam *expensum*. Conf. Gronov. de Pec. Vet. III, 17, pag. 557. *Patet* eleganter et proprie in ratione tabularum pro *est*, *exstat*, *apparet*. — Omnis sententiæ vis et acumen in eo vertitur, quod in finem rejiciatur et inexpectata post *lucelli* veniat vox *expensum*. N.

8. *Ratum in lucello* vel *datum in lucello* tentat Heinsius in notis ad Catullum.

9. Graviter ipsum Memmium jam alloquitur, cujus in simili amicorum casu recordatio antiquum ex sordida ejus avaritia et illiberalitate sibi inflictum dolorem refricuerat. Quæ quidem inopinata ad hominem absentem nequam ἀποστροφή quantam vim habeat ad vehementiorem animi commotionem exprimendam, non sensisse videntur, qui novum carmen hic incipere statuerent, et ab antecedente sejungerent. De *Memmio* vid. sup. ad Carm. X, 12. *Bene me ac diu sup.* etc. h. e. turpiter et inhoneste me tractasti, sordide et illiberaliter mecum egisti. Verbis igitur obscenis et impudica imagine rem non obscenam, sed turpem inhonestamque expressit. Vid. ad Carm. X, 12. Si verborum

## CARMEN XXVIII.

Tota ista trabe lentus inrumasti.
Sed, quantum video, pari fuistis
Casu ; nam nihilo minore verpa
Farti estis. Pete nobiles amicos.
At nobis mala multa Dii Deæque
Dent, opprobria Romuli Remique.

proprietatem spectes, *supinus* adumbrat σχῆμα hominis muliebria patientis. *Trabs* est τὸ ἀνδρῶν αἰδοῖον. Cf. Barth. Advers. LXI, 12. Quemadmodum *columna* apud Martialem, XI, 51. *Lentus*, Veneris usu lassus, languidus, confectus. Propert. II, 15, 8. — In edit. Muret. et aliis hic novum carmen exorditur, sed contra fidem MSS. et antiquissimarum editionum, ut testantur Vossius, Statius et editor Cantabrigiensis. Certe, quæ sequuntur, optime respondent antecedentibus. Qui hoc carmen divellunt, *fuisti* pro *fuistis* in v. 11, et *Es fartus* pro *Farti estis* in v. 13, invitis codicibus legunt. Heins. in not. ad Cat. misere in hoc carmine emendando fluctuat. Modo pro *Es fartus* vult *Is fartus*, modo probat, quod Achill. Stat. scripti codices habent, *pari fuistis Casu* et *Farti estis*, modo recte codicem Oxoniensem ex uno duo epigrammata facere judicat. — Pro *lentus*, *Vossius* ex veteribus libris reposuit *tentus*. — Ergo Vossius vim illius vocis in hoc loco non intelligebat, quam valde ἐπιδεικτικῶς Catullus adhibuit, ut enarraret quam facile et secure (Gallice *sans se géner*) Memmius amicos ludificaretur. Habet aliquid simile Voltarius in Henriad. lib. 10 : *Il fatigue à loisir son terrible adversaire*. N.

12. *Nam nihilo minore verpa farti estis*. Ab æque turpi homine male mulctati estis, æque sordidi et impuri hominis avaritiam experti estis.

13. *Pete nobiles amicos* : cum indignatione quemlibet ab aditu ad viros nobiles revocat; I nunc, quisquis es, inquit, et a nobiliorum patronorum liberalitate exspecta commoda: hoc est petere et adire amicos potentes ! tanta ab iis redundare solet utilitas. — Eadem mente Virg. Æn. VII, 42 : « I nunc, ingratis offer te, irrise, periclis », etc. N.

15. *Opprobria Rom. Rem.* Romanæ gentis dedecora, ἐλέγχεα, λῶβαι, cf. Bentleius ad Hor. Od. 1, 37. 9.

# CARMEN XXIX.

### IN CÆSAREM.

Quis hoc potest videre, quis potest pati,
Nisi impudicus, et vorax, et aleo,
Mamurram habere, quod Comata Gallia

ARG. Contumeliosis proscindit Cæsarem conviciis, quod Mamurram (quocum turpiter ille consuesse videtur, conf. Carm. LVII) ad summas importuna sua liberalitate evectum divitias profuse jam omnia perdere et deglutire, et ad explendam libidinem strenue consumere, tam æquo animo videat et patiatur. Simillimum igitur Mamurræ censet ipsum Cæsarem, qui ejusmodi hominem ferre et fovere possit, eumque ignominiosis illis dictis, quæ proprie in Mamurram cadebant, maligno dente lacerat et perstringit. Graviter inprimis et salse ab illo quærit, an eo nomine et consilio ad orientes populos debellandos profectus sit, ut ingentes divitiarum copias Mamurræ dissipandas devorandasque pararet. — Quamquam igitur hoc contumelioso in Cæsarem carmine vix quidquam cogitari potest audacius et poetæ periculosius, illum tamen tam leni fuisse ingenio tradit Sueton. (Cæs. cap. 73.) ut, quod vix credas, *Catullum, a quo sibi versiculis de Mamurra, perpetua stigmata imposita non dissimulaverat, satisfacientem*, h. e. dementiam facti excusantem, *eadem die adhibuerit cœnæ, hospitioque patris ejus, sicut consueverat, uti perseveruverit*, h. e. patri Catulli hospitium, olim institutum, propter injuriam a filio acceptam, non renunciaverit, ut recte ibi interpretatur, et egregie tam ad illas Scaligeri subtilitates ad Eusebii Chronicon MDCCCCLX propositas, quam ad Vossii argutias ad h. l. respondet Ernesti. — Cæterum Mamurra fuit præfectus fabrum Cæsaris in Gallia, de cujus insano luxu est locus classicus apud Plin. XXXVI, 6. Conf. Bayle *Dictionnare historique et critique*, v. Mamurra. t. II, p. 2020.

2. *Helluo* Voss. quem sequitur Bipont. non plane inepte puto ob vers. 17, ubi est *helluatus est*. Sed nostram lectionem *aleo* mordaciter tenent antiquissimæ editt. fere omnes. Eadem vox restituenda videtur Sallustii Catil. XIV, 2, ubi pro *ganeo* rectius in quibusdam legitur *aleo* ob sequentem vocem *manu*.

3. *Habere*, h. e. possidere, in manu et potestate sua habere, ut ἔχειν apud Græcos. Vid. si tanti est, Drackenborch. ad Sil. Ital. V, 264 et Græv. Cic. ad Ep. ad Div. VII, 29. *Quod uncti habebat*, quibuscumque bonis et lautioribus rebus gaudebat, cf. supra, ad Carm. X, 11.—*Comata Gallia* intelligitur Gallia omnis Transalpina præter Narbonensem

## CARMEN XXIX.

Habebat uncti et ultima Britannia?
Cinæde Romule, hæc videbis et feres?
Es impudicus, et vorax, et aleo.
Et ille nunc superbus et superfluens
Perambulabit omnium cubilia,
Ut albulus columbus, aut Adoneus?

provinciam, ut in vulgus notum.—
*Ultima Britannia* vid. Carm. XI, 11.

4. *Habebat omnis* Muretus; *cuncta* Scaliger, unde ipse restituit *unctum*. In MSS. Statii erat *cum te*, unde Faernus acutissime revocavit *uncti*.

5. *Cinæde Romule*. Romulus vocatur Julius Cæsar vel in universum pro *Romano*, ut *gens Romula*, *tellus Romula*, vel quia virtute bellica æque ac Romulus de patria meruerat; de virtute bellica enim nihil detrahit Cæsari Poeta, imo eum vocat *imperatorem unicum*; eo gravius additur *cinædus* ob suspectam consuetudinem cum Mamurra, quamquam jam Nicomedis contubernio æterna fere pudicitiæ ejus macula inusta fuerat; unde notissima illa cantilena: *Gallias Cæsar subegit, Nicomedes Cæsarem*. Vid. Suet. Cæs. cap. 49. Muretus et Jan. Dousa in Præc. c. 3, in contemptum potius *Romulos* dictos fuisse volunt eos, qui *Romulo* essent dissimillimi; in quorum sententiam cf. Curtius ad Sallust. in Lepid. Fragm. p. 937, 6. *Es impudicus*. Si hoc potes ferre et videre tu ipse, es impudicus, etc. — *Hoc videbis*. Heins. in not. ad Catull.

6. Expunxit hunc versiculum Vossius, quem in libris MSS. abesse præter Vossium testantur Scaliger et editor Cantabrigiensis. Exstat tamen in edd. Gryph. Muret. Græv. et aliis, nec turbare, immo egregie rem et orationem, meo quidem sensu, juvare videtur.

7. *Superfluens* non libidine, ut argutantur interpretes, sed divitiis et omni rerum copia ad quælibet pro animi libidine impetranda abundans et instructus, ut apparet ex instituta comparatione in versu 9. Hinc *arrogans, insolens*, ὑπερφίαλος. *Circumfluens*. Vid. Barthius ad Claud. IV cons. Hon. 139.—*Perambulabit*, graphice pro conscendet, polluet. — Incedunt per ora vestra magnifice. Sall. Jug. 31. N.

9. *Ut albul. col. aut Adon.* Utraque comparatio non ad libidinem, [in laude enim potius est columbarum castitas. Propert. II, 15, 27: « Exemplo junctæ tibi sunt in amore columbæ, Masculus et totum femina conjugium. »], sed ad externum splendorem et superbiam referenda videtur, quatenus Mamurra quolibet ornamentorum et pigmentorum genere condecoratus muliercularum oculos præstringere et auro, quod, ut Venusinus de Danae canit, *medios ire amat per satellites*, facilem accessum sibi parare solebat.—*Albulus columbus* est pulcher, qui placet ob colorem, ut *Adonis* ob externam formæ speciem placebat. *Adoneus* pro *Adonis*, ut apud Plaut. Menæchm. I, 2, 35. Sic *Achilleus* pro *Achilles*, *Ulixeus* pro *Ulixes*.

Cinæde Romule, hæc videbis et feres?  10
Es impudicus, et vorax, et aleo.
Eone nomine, Imperator unice,
Fuisti in ultima Occidentis insula,
Ut ista vostra diffututa mentula
Ducenties comesset, aut trecenties?  15
Quid est? ait sinistra liberalitas,
Parum expatravit; an parum helluatus est?
Paterna prima lancinata sunt bona;
Secunda præda Pontica: inde tertia

Non video igitur, cur in hoc loco tam interpretando quam corrigendo adeo se torserint interpretes. Maffei, Scalig. et Stat. MSS. offerunt *aut idoneus* præter unum, in quo est *aut ydoneus*, unde recte a Statio et Scaligero haud dubie genuina nostro vindicata est lectio *aut Adoneus*, pro quo nimis ingeniose vult Vossius *Aidoneus*. In vetustioribus quibusdam contra metri rationem legitur *aut Dionæus*. Heins. in not. ad Catull. vult *Ut albulus columbulus Dionæus*, sed sic legerat jam Muretus.

11. Ex corrupta lectione *Et si impudicus* male fecit Vossius *Est impudicus*.

12-15. *Imperator unice*. Unicus latinis dicitur, qui parem sui non habet, qui in genere suo præstantissimus est. Vid. Heins. operose hujus vocis usum adstruentem ad Ovidii Met. III, 454.—*Ultima Occid. ins.* Britannia.—*Ista vostra diffut. ment.* lepida Mamurræ pathici descriptio. —*Ducent. aut trecent.* h. e. ducenties aut trecenties centena millia sestertium.—*Comesset*, dilapidaret, decoqueret. Sic *comedere nummos* apud Cic. ad Att. II, 2; *Bona comedere* in Div. IX, 20. Cf. Interpret. ad Horat. Epist. I, 15, 40, et Victor. Var. Lect. IV, c. 6.

16-17. *Quid est? ait sin. lib.* Quid tum? ait importuna tua liberalitas, ais male et importune jam liberalis. — *Parum expatravit*, non adeo multum absumpsit libidine. Eodem sensu apud Suetonium, Cæs. c. 51, dicitur *aurum effutuere*. Sed quæso, pergit Poeta, *an parum helluatus est?* num dici hoc potest *parum?* mox recenset ipse perdita et consumpta bona. Verissima mihi visa est nostra in textum recepta lectio, in quam conspirant libri veteres Vossii et Scaligeri. In MS. Statii *Quid est. Alit sinistra liberalitas.* Hinc Faernus: *Quid abstulit. Quid est alit*, vel *alid* pro aliud. Statius *an hæc sinistra liberalitas Parum expatravit?* ex conjectura Avantii probata Mureto et aliis, repetita nunc in edit. Bipont. Vulpius ad Statii conjecturam textum conformavit.

18. *Primum* male in vett. quibusdam. — *Lancinata*, h. e. lacerata, dissipata. Vid. Cortius ad Sallust. Cat. XIV, 2.

19. *Secunda præda Pont.* Vossius accipit de lucro Cæsari olim ex con-

## CARMEN XXIX.

Hibera, quam scit amnis aurifer Tagus.  20
Hunc, Galliæ, timetis, et Britanniæ!
Quid hunc, malum, fovetis? aut quid hic potest,
Nisi uncta devorare patrimonia?
Eone nomine, Imperator unice,
Socer generque perdidistis omnia?  25

tubernio M. Thermi prætoris et familiaritate Nicomedis, Bithyniæ regis, facto; alii intelligunt spolia, quæ superato Ponti rege Pharnace Cæsar retulerat. — *Tertia Hibera* recte interpretatur Vossius de præda belli Lusitanici.

20. *Quam auxit* perperam nonnulli. *Quas et aurifer Tagus* sc. prædas attulit, parum ingeniose tentabat et interpretabatur Scaliger. — *Quam scit*, de qua facta præda testis est Tagus, Lusitaniæ fluvius notissimus; sæpe enim fluvii rerum præclare gestarum testes advocantur a poetis. Cf. inf. LXIV, 358; Tibu. I, 7, 11; Virg. Eclog. 21; Hor. Od. I, 4, 38.

21. *Hunc Galliæ timent, timent Britanniæ* ex ingenio Avantii, quem optimæ editt. secutæ sunt. *Hunc Galliæ timet et Britanniæ* Stat. MS. sic tamen, ut inter verbum *timet*, et id quod sequitur paullum quid desit, quod eleganter supplevit Faernus, pro *timet* una syllaba *is* addita, *timetis* legens. *Hunc Galliæ timent et Britanniæ* in edit. Reg. I. *Timentque Galliæ hunc, timent Britanniæ* Turnebus; at Scaliger, qui in libro suo invenerat *Hunc Galliæ timent tellus et Britannia*, totum versum, ex quo ne extundi quidem possit sana sententia, spurium esse indicat. — Sensus est: Hunc igitur hominem nequam, Mamurram, vos o Galli et Britanni timetis, ne omnia vestra bona deglutiat!

22. *Quid hunc, malum, fovetis?* Sed cur per deos immortales istum fertis et patimini? *malum*, elegans particula de irascentibus et subito cum indignatione in verba erumpentibus. (Nos: beym Himmel!) Terent. Heautont. IV, 3, 38: «Quid malum, me ætatem censes velle id adsimularier?» Cf. Eunuch. IV, 7, 10; Adelph. IV, 3, 4. Plaut. Casin. I, 1, 3, et sæpe alibi. *Quid hoc malum fovebis* tanquam concinnius commendat Vossius. *Uncta patrimonia*, opima et opulenta.

24. *Eone nomine*, sc. ut Mamurra quod profunderet, haberet.—Sic apud Curtium (VII, 14): «Natura mortalium *hoc* quoque *nomine* prava et sinistra dici potest, quod», etc. N.

25. *Socer generque*, Cæsar et Pompeius, *perdidistis omnia?* sc. bello. *Urbis opulentissimæ* editiones fere omnes ante Scaligerum; multum dure et frigide! — Cf. Nostras *Ginguené* qui, instituta disputatione de ordine chronologico quatuor Catulli adversus Cæsarem epigrammatum, comparavit criticorum sententias, unde interpretationem hujus Carminis veram eliceret (*les noces de Thet. et de Pélée trad. en vers franç. par Ging.* 1812, in-18, p. 111-6).

# CARMEN XXX.

### AD ALPHENUM.

ALPHENE immemor atque unanimis false sodalibus,
Jam te nil miseret, dure, tui dulcis amiculi;
Jam me prodere, jam non dubitas fallere, perfide.
Nec facta impia fallacum hominum cælicolis placent;
Quæ tu negligis, ac me miserum deseris in malis.
Eheu! quid faciant dehinc homines, quoive habeant fidem?

ARG. Flebiliter queritur de perfidia Alpheni, a quo, quum summam in arctissima ejus secum contracta amicitia et sanctissima sibi data fide poneret fiduciam, turpiter deceptus, et in re, ubi probare ille debebat præstitam fidem, præter omnem opinionem derelictus est; cujus quidem violatæ fidei deos ultores et vindices fore sibi persuasum habet. Quid illud fuerit, ubi Catullo defuerit Alphenus, non certo affirmari potest. Fortasse fraudem ei fecit in re amatoria, in quam ab ipso antea irretitus fuerat, cui quidem opinioni favere præcipue videntur v. 7 et 8. Cæterum mollissimus in hoc carmine sensus regnat, qui facile tangat et ad commiserationem moveat animum. Cf. Carm. LXXIII.—Occasionem hujus carminis falso divinat Doering. quoniam in interpretando versu 8 erravit: nam *inducens in amorem* non significat *deducens ad veneris illecebras*, sed *alliciens ad amorem tui*, videlicet officii et amicitiæ dolosa specie. N.

1. *Alphene*, vid. ad Carm. X, 1.

*immemor* sc. datæ fidei. *Unan. false sodalibus*, h. e. qui fallere soles sodales unanimos, ut *falsus amicis* apud Claud. Cons. Honor. IV, 278.

3. *Me prodere*, hoc est, me deserere, destituere. Sic infra, Carm. LXIV, 190, Ariadne se vocat *proditam*, se a Theseo desertam. Vid. Gronov. Observ. III, 20, et Græv. ad Cicer. pro L. Flacc. c. 41.

4. *Nec facta impia*. *Nec* pro *non*, vid. Drackenborchius ad Livium, I, 3, 27, t. I, p. 629 et 630. Eadem gravitate de Deorum justitia Homer. Odyss. XIV, 83 et 84 : « Οὐ μὲν σχέτλια ἔργα θεοὶ μάκαρες φιλέουσι. Ἀλλὰ δίκην τίουσι, καὶ αἴσιμα ἔργ' ἀνθρώπων. » Confer. Tibullus, I, 9, 24, et quæ congesserunt in hanc sententiam Gatackerus suis Advers. Miscell. I, 7, p. 214, et Rittershius ad Oppian. Hal. II, 687, p. 257.

5. *Quæ tu neglig.* quæ (monita) tu tanquam levia parum curas et parvi pendis. *Animam tradere* dicuntur illi, qui plane alicui sese devovent et committunt, vitam et omnia sua alicui credunt.

6. MSC. et veteres editiones *dico*,

## CARMEN XXX.

Certe tute jubebas animam tradere, inique, me
Inducens in amorem, quasi tuta omnia mî forent.
Idem nunc retrahis te, ac tua dicta omnia factaque
Ventos irrita ferre, et nebulas aerias sinis.
Si tu oblitus es, at Dii meminerunt, meminit Fides;
Quæ, te ut pœniteat postmodo facti, faciet, tui.

unde bene Statius fecit *dehinc*, quem sequitur Vossius. Pontanus volebat *dic*, quem sequuntur plurimi libri excusi.—Non consideravit Statius, eam conjecturam *dehinc* non minus languere, quam codicum lectionem *dico*. Poeta quidem dicere noluit, Alpheni perfidiam esse cur homines in posterum nemini fidem habeant. Sententia ejus hæc est: Quid faciant homines, siquidem amici ita se gerant ut Alphenus? Differt vero hæc aliquantum ab illa. Quare difficile erit Pontano non assentiri, qui salva orationis vi atque elegantia scripsit *quid faciant, dic, homines.* Sic Horatius, I, 8: « Lydia, dic,..... Sybarim cur properas amando perdere. » Virgil. Æn. VI, 343. Hæc *Handius*. Lectione quidem *dic* restituenda recte judicare mihi videtur, sed non explicandis vocibus *quid faciant homines*. N.

7. *Tute*, tu ipse ap. vett. gramm. N.

8. *Inducens in amorem*. Proprie *inducere* est fallacia et dolo malo pellicere, ut decipias. Exempla dabit Brouckhusius ad Tibull. I, 7, 1.

10. *Ventos irrita ferre*. Conf. infra, ad carm. LXIV, vs. 58, 59. *Ad nebulas* dat male Muretus, *ac nebulas* Statius; dure, ob ingratam repetitionem particulæ *ac* ex versu antecedenti, ubi legitur *ac tua dicta*.

11. *Fides*. Divinis apud Romanos *Fidem* cultam esse honoribus, res est satis nota; memorabile autem est solemne illud, quod Numam Pompilium huic Deæ instituisse tradit Liv. I, 21, ubi miror, Strothium ex loco satis perspicuo se expedire non potuisse; verba ibi sunt: «Et soli Fidei solemne instituit», h. e. *Fidei soli*, præ cæteris Diis Deabusque omnibus, *solemne*, singulari quodam more et ritu celebranda sacra instituit et sacravit; nimirum, « ad id sacrarium », pergit Livius, «flamines bigis, curru arcuato, vehi jussit, manuque ad digitos usque involuta rem divinam facere: significantes fidem tutandam, sedemque ejus etiam in dextris sacratam esse». Hic locus igitur minime sollicitandus, aut verbis, quæ excidisse videbantur Strothio, supplendus videtur. *At Di meminere, at meminit Fides* liber Mureti.

# CARMEN XXXI.

### AD SIRMIONEM PENINSULAM.

Peninsularum, Sirmio, insularumque
Ocelle, quascunque in liquentibus stagnis,
Marique vasto fert uterque Neptunus;

Arg. Exsultat præ lætitia Poeta, quum ex Bithynia reversus, villulam suam ante oculos videt, in cujus sinu, curis abjectis omnibus, suaviter et tranquille nunc delitescere et animum onere et laboribus ex itinere fessum recreare possit. — Dulcissimos sane hoc carmen ex vitæ rusticæ felicitate concipiendos sensus propinat et excitat, et liquidissimam illam, qua, qui ex nimis longa laboriosaque peregrinatione domum reversi omnia ibi quieta et composita reperiunt, demulcentur voluptate, egregie et vivis coloribus exprimit.

1. *Sirmio* miræ amœnitatis peninsula in agro Veronensi ad lacum Benaci, qui nunc *Lago di Garda* vocatur, sita, ubi prædium habuit Catullus. Vid. Cellar. in Not. Antiq. Orb. t. I, lib. 2, c. 9, p. 639.

2. *Ocelle*, optima et præstantissima; eleganter enim, *oculis*, præstantissima corporis nostri parte, res optimæ et nobis carissimæ denotantur. Similiter Cicero villulas suas *ocellos* vocat ad Att. XVI, 6, et sic sæpe apud Græcos ὄμμα et ὀφθαλμός de rebus præstantioribus dicitur. Adrastus apud Pindarum Amphiaraum ob præcipuas ejus virtutes vocat ὀφθαλμὸν τῆς στρατιᾶς Olymp. VI, 27, et ἀνθῶν ὀφθαλμὸς est *rosa* apud Achill. Stat. II, 1. Vid. quæ præter Victorium Var. Lect. IX, 9, in hanc rem notarunt Barthius in Adv. p. 516, et Burmannus ad Quintil. VI, procem. p. 494; cf. sup. ad Carm. III, 5.

3. *Uterque Neptunus*, Ἐπιθαλάσσιος καὶ ἐπιλίμνιος, stagnorum æque ac maris vasti præses, ut recte interpretatur Vulpius. Cf. Aristoph. Plut. v. 396, 397, et ibi Spanheim. Nam qui factum sit, ut in loco tam claro, cujus interpretationem sponte offerunt addita verba *in stagnis marique*, tam egregie hallucinarentur et nugas venderent Scaliger, Vossius et alii, vix assequi possum. — Ipsum quidem Doeringium hallucinari existimo. *Uterque Neptunus* hic est utrumque mare, Adriaticum et Mediterraneum. «An mare quod supra, memorem, quodque alluit infra.» Virg. Georg. II, 158. N.— Neptunus insulas *fert*, h. e. sustinet quasi humeris impositas, in potestate sua habet ac dirigit. Sic φέρειν apud Græcos, cf. Interpr. ad Nov. Testam. in Epist. ad Hebræos I, 3, ubi Christus dicitur φέρων τὰ πάντα τῷ ῥήματι τῆς δυνάμεως αὐτοῦ, h. e. omnipotentia sua omnia quasi sibi imposita regens et gubernans.

# CARMEN XXXI.

Quam te libenter, quamque lætus inviso!
Vix mî ipse credens Thyniam atque Bithynos
Liquisse campos, et videre te in tuto.
O quid solutis est beatius curis?
Quum mens onus reponit, ac peregrino
Labore fessi venimus larem ad nostrum,
Desideratoque acquiescimus lecto.
Hoc est, quod unum est pro laboribus tantis.
Salve, o venusta Sirmio, atque hero gaude;
Gaudete, vosque Lydiæ lacus undæ;
Ridete quidquid est domi cachinnorum.

4. *Quam te libenter.* Sic Ulysses, quum, post multos exantlatos labores, in patriam rediret Ithacam: «Χαῖρ' Ἰθάκη. μετ' ἄεθλα, μετ' ἄλγεα πικρὰ θαλάσσης Ἀσπασίως τεὸν οὖδας ἰκάνομαι·» apud indertum auctorem in Anal. Vet. P. Gr. Brunkii, tomo III, carm. xviii, p. 146.

5. *Thyniam,* vid. supra ad Carm. XXV, 7.

6. *In tuto,* ἐν ἀσφαλεῖ; nos: in der Ruhe.

7. *O quid sol. e. b. c.* Exquisitius ipsæ curæ vocantur *solutæ*, quum proprie *animus* curis solutus dicatur. Ipse Livius III, 8: «Eo solutiore cura in Lucretium incidunt consulem», hoc est, eo liberiore et omni timore vacuo animo. Conf. Burm. Sec. ad Lotich. III, 11, 13.

8. *Peregrino labore,* molestissima peregrinatione.

11. *Hoc est, quod unum est pro laborib. tant.* hæc una ex multa variaque in itinere et comitatu Memmii nobis devorata molestia in nos redundat utilitas, multo ut magis jam, quam præbet villula nostra, sentiamus et percipiamus voluptatem. *Labor* est vox latissimæ significationis, et complectitur omnia, quæ nobis molestiam creant, nos premunt et conficiunt. Sæpe hac voce de misera Æneæ in ejus erroribus sorte usus est Virgilius. Quam male se habuerit Catullus in Bithynia, et quam illiberaliter a Memmio tractatus sit, ab ipso disce in Carm. X et XXVIII.

13. *Lydiæ lacus undæ* intellige lacum Benacum in agro Veronensi, cujus *aquæ* id circo jam vocabantur *Lydiæ,* quia Rhæti, ad quos pertinebat Verona, originem suam ab Etruscis et hi a Lydis ex vulgari Veterum opinione repetebant. Cf. Illustr. Heynii ad Virgil. Æneid. XI, Excursus III. *Gaudete vos quoque* Stat. *Ludiæ lacus* ab antiqua voce *Ludius* h. e. saltatore, quasi unda saltet, nimis ingeniose Scaliger. *Lariæ lacus* ex optimo exempl. Commelini præfert Vossius, quod Catullus etiam ad lacum Larium in Comensi Colonia villulam habuerit. *Limpidæ lacus* audacter Avantius.

14. *Ridete quidq. est domi cach.* rideat et gaudeat, quidquid in villula ridere et gaudere potest. Vulpins inepte explicat *cachinnum ridere* de aquarum plangore et murmure; aperte enim repugnat vox *domi.*

# CARMEN XXXII.

### AD IPSITHILLAM.

Amabo, mea dulcis Ipsithilla,
Meae deliciae, mei lepores,
Jube ad te veniam meridiatum.
Quod si jusseris, illud adjuvato,
Ne quis liminis obseret tabellam,
Neu tibi lubeat foras abire;
Sed domi maneas, paresque nobis
Novem continuas fututiones.
Verum, si quid ages, statim jubeto,
Nam pransus jaceo, et satur supinus
Pertundo tunicamque, palliumque.

Arg. Tam cibis, quam libidine post prandium plenus, meridiari et ineptire vult apud Ipsithillam, quam, ut copiam sibi explendae libidinis faciat, satis libidinose sollicitat.

1. *Amabo, jube* h. e. jube quaeso, magnam gratiam apud me inibis, si jusseris. Saepe haec blandientis particula obvia est apud Comicos. *Hispitilla* profert Vossius ex libro veteri, *Hypsithila* Vulp.

4. *Meridiatum.* Meridiantes amori ludum dedisse apud Veteres, vel sine exemplis facile tibi persuadeas, nec indicio meo fortasse egebit lasciva illa meridiatio Ovidii Amor. I, Eleg. V. — *Adjubeto* vult Gifanius in Indice Lucret. s. v. *adcrescere.*

5. *Liminis obs. tabellam.* Ornate *liminis tabella* pro ipsa janua, quam, ut bene observat Vossius, etiam Graeci σανίδα και πτύχα vocarunt, quia ex tabulis sectilibus constructae et compositae sunt januae; has tabulas vocat Homerus σανίδας εὖ ἀραρυίας, Odyss. XXII, 128. Super verbo *obserare* vidend. Sagittar. de Januis Veterum, cap. X, §. 6, 7, pag. 68, 69.

7. Cf. Ov. Amor. III, 7, 25, 26.

9. *Si quid ages.* Nos: wenn du etwas thun willst. — *Si quid ago* tentat Vulpius et explicat: si quid precibus proficio. — Si vere me adjuvare velis: namque si tardaveris, nihil egeris. N.

10. *Satur:* pro quod Statius mavult *Sathe* a graeca voce σάθη (membrum virile) quam, non sagacem, sed rectius salacem conjecturam dixeris.

11. *Pertundo tun. pall.* Plenius id expressit Martialis, XI, 16, 5. — *Pallium* recte explicat Vulpius de veste stragula. Vid. Burmannus ad Ovid. Amor. I, 2, 2, profecto enim non pallio indutus jacuisse videtur supinus.

## CARMEN XXXIII.

### IN VIBENNIOS.

O furum optime balneariorum,
Vibenni pater, et cinæde fili;
Nam dextra pater inquinatiore,
Culo filius est voraciore;
Cur non exsilium malasque in oras     5
Itis? quandoquidem patris rapinæ
Notæ sunt populo, et nates pilosas,
Fili, non potes asse venditare.

Arg. Petulanter stringit calamum in Vibennios, patrem et filium, quorum alter furto, alter impuro amore innotuerat, eosque in malam rem abire jubet.

1. *Optime.* Nimirum in genere suo et arte erat optimus, h. e. callidissimus et artis furandi peritissimus. Sic *bonus* sæpe in malam partem usurpatur apud Comicos, vid. Drakenborch. ad Sil. Ital. II, 240. —*De furibus balneariis* (βαλανειοκλέπταις), qui vestimentis in balneis lavantium insidiabantur, præter Vulpium consule Interpretes ad Petron. cap. 30, et quos ibi laudat Burmannus.

3. *Inquinatiore* h. e. furaciore, multis furtis polluta et contaminata; inquinatur enim quasi manus illicito rerum alienarum tactu, et rapaci unguium tenacitate. Cæterum et *dextræ* jam tribuitur furandi agilitas, qua alias *sinistra* tantum infamis erat. Cf. supr. ad Carm. XII, 1. — *Uncinatiore* Guyetus ex conjectura.

5. *Malasque in oras*, loca inculta, remota, et abominanda, non nisi malis hominibus scelerum expiandorum causa adeunda. Cf. Terent. Phorm. V, 9, 86, edit. Bipont.

8. Unius assis æstimare C. V, 3, non unius assis facere C. XLII, 12.

## C. VALERII CATULLI

# CARMEN XXXIV.

### AD DIANAM.

Dianæ sumus in fide

Arg. De tempore et consilio, quo hoc carmen a Poeta nostro compositum sit, magna inter viros doctos agitata est controversia. Josephus Scaliger haud dubie ab aliena manu huic carmini præfixa inscriptione *Seculare carmen ad Dianam* illusus, et præoccupatus in Eusebianis animadversionibus ad annum MDCCCCLX, ipsis Ludis Secularibus anno U. C. 737 celebratis hoc carmen scriptum fuisse operose adstruere conatus est; cujus quidem ab omni veritatis specie alienam sententiam recte jam impugnavit Vossius, dum longe ante hoc tempus diem supremum obiisse Poetam ostendit; sed idem non magis probabilem in constituenda ætate Catulli rationem sequitur, dum nimis severa manu decurtat et resecat ejus vitæ filum, quod nimis benigne ille produxerat et extenderat. Hanc, utriusque viri nimiam in definiendo vitæ Catulli termino aberrationem egregie examinavit et vindicavit *Bayle* in *Dict. historique et critique* tom. I, p. 864-866, qui medium tenens inter utrumque concedit quidem, non amplius in vita fuisse Catullum, quum Ludi Seculares Augusti celebrarentur, sed eumdem ad provectiorem ætatem pervenisse, quam Vossius putabat, idoneis argumentis evincit. Quod autem ad nostrum carmen attinet, id eo fortasse consilio ante Ludos Seculares a Poeta nostro scriptum fuisse Vir doctus autumat, ut vel paratum jam jaceret ipsis Ludis Secularibus instantibus, vel pueros puellasque ad illos rite celebrandos hoc carmine evocaret et præpararet. Sed quis tam angustis magni poetæ ingenium circumscribat finibus, ut, tanquam præsens præteritumque tempus graviora argumenta non suppeditet, eum res futuras in usum futurum carmine descripturum esse existimet? Profecto hoc est poetas veteres comparare cum poetis ætatis nostræ mercenariis, qui pro parata pecunia quovis tempore in quævis futura tam tristia quam læta hominum fata in promptu habent, et parata jam sua carmina emptori offerunt. Rectius igitur hoc carmen (nisi hymnum vocare malis) vel cum Bentleio, qui pessime illud a viris doctis *Seculare* inscriptum esse judicat in *Sententia de temporibus libror. Horat.* ad festum Dianæ, quod singulis annis mense Augusto celebrabatur, vel ad quemcunque sacrum et peculiarem, in Dianæ honorem, usum referendum videtur, præcipue quum ejusmodi hymni amœbæi sæpius a choro puerorum puellarumque nobilium in Dianam et Apollinem decantati fuerint, qualis v. c. est hymnus Horatii in Dianam et Apollinem Od. I, 22,

## CARMEN XXXIV.

Puellæ, et pueri integri;
Dianam pueri integri,
Puellæque canamus.

O Latonia, maximi
Magna progenies Jovis,
Quam mater prope Deliam
Deposivit olivam;

Montium domina ut fores,
Silvarumque virentium,
Saltuumque reconditorum,
Amniumque sonantum.

qui omnino cum nostro comparandus est. In nostro quidem hymno uterque puerorum puellarumque chorus Dianæ laudes celebrat, ejusque præsidio totius populi Romani salutem committit; sed apud Horatium pueri sejunctim Apollinis et puellæ Dianæ laudes alternis canunt. Denique ex multis locis veterum constat, non solum Dianæ et Apollinis, sed etiam aliorum Deorum laudes a nobilium puerorum puellarumque choris decantatas fuisse: cf. Horat. Od. IV, I, 25 seqq. et quæ ibi notavit Cl. Jani. —A. U. 545 jussu pontificum, virgines ter novenæ, carmen ab Livio Andronico conditum prodigii procurandi causa cecinerunt ( Liv. XXVII, 37); et postea item aliud a Licinio Tegula factum ann. 552 (Liv. XXXII, 12). Utrum ob Dianæ festum an per lusum poeticum Catullus hoc carmen e græco exemplari expresserit vel ex ingenio composuerit, quis possit decernere? N.

1-2. *In fide*, h. e. clientela et patrocinio, ut sexcenties alibi. *Integri*, casti et indelibati. Diana enim et ipsa servabat castitatem et a castis coli volebat: cf. Spanhem. ad Callim. Hymn. in Dian. 5; hinc ipsa quoque ab Horatio vocatur *integra* III, Od. 4, 70. Cæterum hanc et ultimam hujus carminis stropham uterque chorus conjunctis vocibus cecinisse videtur.

3. *Dianam pueri integri*, quum hic versus deesset in MSS. et edit. vett. felicissime a viris doctis revocatus et primum ab Aldo impressus est.

7, 8. *Prope Deliam*. De dissensu Veterum in Dianæ natalitiis vid. Spanh. ad Callim. Hymn. in Del. 255, et ad 262. — *Deposivit* antique pro *deposuit* Deponere autem sicut Græcorum ἀποτίθεσθαι proprie dicitur de partu, qui tanquam onus deponitur. Vid. Ernesti ad Callim. Hymn. in Jovem 15, et Burmann. ad Phædr. Fab. I, 18, 5.

9. *Mont. dom. ut fores*, etc. Accommode Horat. III, Od. 22, 1: *Montium custos nemorumque, Virgo*, cf. eumdem I, Od. 21, 5. Precata enim fuerat Diana a Jove patre Δὸς δέ μοι οὔρεα πάντα apud Callim. H. in Dian. v. 18, ubi vid. Spanhem. Hinc Græcis dicta οὐραία, ὀρεσκόμος.

12. *Sonantum* pro *sonantium*, ut

## C. VALERII CATULLI

Tu Lucina dolentibus
Juno dicta puerperis;
Tu potens Trivia, et notho es
Dicta lumine Luna.
Tu cursu, Dea, menstruo
Metiens iter annuum,
Rustica agricolæ bonis
Tecta frugibus exples.
Sis quocunque placet tibi

*fallacum* pro *fallacium* in Carm. XXX, 4.

13-16. *Tu Lucina dol.* cf. Callim. Hymn. in Dian. v. 20 seqq. Horat. III, Od. 22, 2. Eædem enim sæpe sunt et eodem obstetricis munere apud poetas funguntur *Juno Lucina*, *Diana Lucifera* et *Ilithyia*. Cf. Cl. Jani ad l. c. Horat. cui adde Hemsterhus. ad Lucian. Dial. Deor. XXVI, tom. I, pag. 287, et Jablonski Panth. Ægypt. lib. III, c. 3: Pars II, p. 62. *Trivia* (τριοδῖτις) ita vocatur, quia in triviis colebatur Diana triformis (τρίμορφος, τριπρόσωπος), vid. Spanhem. ad Callim. Hym. in Dian. 38. Præcipue nota sunt Ἑκαταῖα, vel δεῖπνον Ἑκάτης ἐν τῇ τριόδῳ, de qua re disputat erudite et copiose Hemsterhus. ad Lucian. Dial. Mort. tom. I, pag. 330. — *Notho lumine Luna*, ex communi enim jam antiquissimis temporibus Veterum opinione Luna non propria sed spuria quasi et a sole mutuata luce fulget. Ponam in hanc rem luculentam locum ex Luciano de Astrolog. c. 3, t. II, p. 361: Αἰθίοπες — ἰδόντες πρῶτα τὴν σεληναίην οὐκ ἐς πάμπαν ὁμοίην φαινομένην, ἀλλὰ πολυειδέα τε γιγνομένην, καὶ ἐν ἄλλοτε ἄλλῃ μορφῇ τρεπομένην,

ἐδόκεεν αὐτέοισι τὸ χρῆμα θωύματος καὶ ἀπορίης ἄξιον· ἔνθεν δὲ ζητέοντες, εὗρον τουτέων τὴν αἰτίην, ὅτι οὐκ ἴδιον τῇ σεληναίῃ τὸ φέγγος, ἀλλά οἱ παρ' ἠελίου ἔρχεται. et sic Plinius II, 9: «Luna in totum mutuata a sole luce fulget.» Hinc suaviter Lotichius ad Lunam, I, Eleg. 5, 77: «Hoc quoque quod tecum rutilos communicat ignes Sol oculus mundi, gloria magna tua est.» Ubi conf. Burmann. Sec. et ad nostrum locum Vulp. et Jan. Dousa.

17. *Tu cursu, Dea, menstr.* Non solum enim ad maturitatem perveniunt fruges descriptis Lunæ cursu mensibus, sed ipsi Dianæ quoque tribuitur, quod alias Cereri convenit. Cf. Callim. in Dian. 130, ubi vid. Spanhem. et quod ad Vossii argutias, «qui more Græco et præsertim Asiatico Cererem et Dianam eamdem esse putat,» in notis ibi respondet Ernesti.

21. *Sis quocunque—nomine.* Multis enim nominibus gaudet Diana πολυώνυμος, quæ ipsa a Jove rogaverat πολυωνυμίαν. Vid. Callim. Hym. in Dian. v. 7, et quæ solita sua diligentia in hanc rem congessit Spanhem.

## CARMEN XXXV.

Sancta nomine, Romulique
Antiquam, ut solita es, bona
Sospites ope gentem.

22. *Sancta* (ἁγία) veneranda. *Sancta mater* Diana in veteri lapide Thesauri Gruter. XLI, 5. — *Romulique Ancique*, hæc lectio plurimas editiones invasit post Scaligerum, quam ille finxerat ex lectione MSC. *antique*. Sed hanc emendationem ipse loquendi mos respuere videtur, quum nullibi fere *Romulus* cum *Anco* ita conjungi soleat. Aliud est *Romuli Remique* in Car. XXVIII, 15. Huc accedit, quod in nostram lectionem, quæ multo magis orationi accommodata et vere poetica est, cæteri MSS. et libri veteres omnes, teste editore Cantabrigiensi, amice conspirant. *Antiqui* unus MSC. Stat.

23. *Bona ope sospites* h. e. favore tuo et patrocinio serves. Hinc etiam Diana ΣΩΤΕΙΡΑ vel πολιοῦχος a variis olim urbibus culta et tanquam tutelaris Dea in variis urbium et populorum nummis expressa est. Vid. Spanh. ad Callimach. Hym. in Dian. ad v. 18-36 et 129.

## CARMEN XXXV.

### CÆCILIUM INVITAT.

Poetæ tenero, meo sodali,
Velim Cæcilio, papyre, dicas,

Arg. Amicum suum Cæcilium, cui res quasdam de communi quodam amico patefacturus est, quam primum Novo Como ad se Veronam venire jubet, eumque lepide monet, ne pulchræ puellæ blanditiis, a qua ex eo tempore, quo ejus poema de Cybele illi lectum sit, multo vehementius eum amari audiverit, se revocari patiatur ab hoc itinere. Suaviter autem ipsam chartam, quæ mandata referat, tanquam nuntium abiturum, ut sæpe Ovidius, alloquitur.

1. Quis fuerit Cæcilius, non certe constat, quem tamen ex eo, quod *poeta tener* vocatur, res amatorias præcipue tractasse teneris et mollibus versibus facile colligas. Locum Ovidii, ubi Callimachus, Sappho, Tibullus et Gallus *poetæ teneri* vocantur, jam indicavit Vulp. Remed. Amor. 757, et sic *versus teneri* Ovid. Art. Amand. II, 273, et *carmen tenerum* apud eundem Amor. III, 8, 2.—Eo differunt versus *teneri* a *mollibus*, quod hi lasciviam, illi animi affectus exprimunt. Cf. Carm. XVI, 4. N.

2. *Papyre* pro *charta*, quæ ex papyro Ægyptiaca conficiebatur. Vid. Schwarz. de Ornamentis Libr.

Veronam veniat, Novi relinquens
Comi mœnia, Lariumque litus;
Nam quasdam volo cogitationes
Amici accipiat sui, meique.
Quare, si sapiet, viam vorabit,
Quamvis candida millies puella
Euntem revocet, manusque collo
Ambas injiciens, roget morari;
Quæ nunc, si mihi vera nuntiantur,
Illum deperit impotente amore.
Nam, quo tempore legit inchoatam

Vet. cap. 2, pag. 22, 23, edit. Leuschn.

3. *Novi Comi mœnia.* Novum Comum fuit oppidum in Insubria ad Lacum Larium. Vid. Vulp. et Cellar. Not. Orbis Antiq. tom. I, lib. 2, c. 9, p. 680.

5. *Nam quasd. volo cogit.* etc. Eleganter pro vulgari: nam communicabo cum illo communis nostri amici sententias quasdam.

7. *Viam vorabit*, h. e. summa celeritate et festinatione viam emetietur, velis remisque huc advolabit. *Vorare* habet notionem incitatioris impetus et festinationis, quemadmodum illi, qui cibos avidius et festinatius deglutiunt, *vorare* dicuntur. Pari modo dicitur *viam rapere*, ἀρπάζειν τὴν ὁδόν. Vid. Dorville ad Charit. I, 9, p. 263, edit. Lips.

8. *Candida puella*, pulchra. Vid. ad Carm. XIII, 4.

9. *Euntem*, h. e. ire et proficisci volentem, ut apud Virg. Æn. II, 111. *terruit Auster euntes.*

10. *Injiciens man. amb. coll.* injicere alicui manus proprie in malam partem dicitur de violento impetu, sed apte transfertur ad amantes summo amoris impetu alterius amplexus petentes. Sic *brachia collo injicere* apud Ovid. Metam. III, 389. — Profecto noluit Catullus ad hoc loquendi genus, quod Doeringius memorat, alludere, sed ante oculos mente sibi proponebat et graphice venustissimeque adumbravit mulierculæ blanditiis et tenero amplexu amicum retentantis imaginem. N.

12. *Illum deperit*, h. e. perdite amat; pereunt enim quasi homines prudentes, scientes, vivi videntesque, quos agendi libertate amor privat, et, quidquid ille demum suadet, agere cogit. Sic *Lydia* apud Hor. Od. I, 8, 3, *amando perdere* dicitur *Sybarim*, cujus amore ille ita mancipatus tenebatur, ut rebus suis non amplius vacare et libere operam dare posset. Hinc facile apparet, quid sit *amor impotens*, h. e. sui non compos, sibi temperare nesciens: nam, ut vere Propertius canit El. II, 15, 3: «Verus amor nullum novit habere modum.»

13-14. *Quo tempore* pro vulgari

## CARMEN XXXV.

Dindymi dominam, ex eo misellæ
Ignes interiorem edunt medullam.
Ignosco tibi Sapphica, puella,
Musa doctior : est enim venuste
Magna Cæcilio inchoata mater.

« ex eo tempore quo inchoatam Dindymi dominam; » intellige autem carmen in Cybelem, quod scribere adgressus fuerat Cæcilius, necdum absolverat. Fortasse primam tantum hujus carminis partem cum lectoribus tum communicaverat. Vossius *inchoare* explicat perficere et consummare, et in hanc rem laudat Virg. Æn. VI, 252, sed nec ibi *inchoare* est perficere rem et finire; immo semper apud Ciceronem *inchoatum* opponitur *perfecto*. Egregie in rem nostram facit locus quidam in Brut. c. 20 : *Meos libros, quos exspectas, inchoavi, sed conficere non possum his diebus.* — Legit *entheatam Dindymi dominam* edit. Brix. et Venet. male ! *incohatam* scribit Muret. de qua scribendi forma vid. Drackenborch. ad Liv. tom. IV, pag. 353. — *Dindymi domina* vel *Dindymene* vocatur Cybele a monte Dindymo Phrygiæ majoris, ubi illa colebatur, ut notum. *Misellæ* ornate pro *illi*; *misella* autem jam non est infelix, sed misere amans, *die zärtlich liebende* : sæpissime enim apud poetas amantes dicuntur *miseri*, quorum animus totus est in amore. Sic *misellus Acmen* infra Carm. XLV, 21, σχέτλιοι οἱ φιλέοντες Theocrit. XIII, 66.

15. *Ignes edunt medullam*, conf. Muret. ad h. l. et Cerda ad Virg. Æn. IV, 66. *Macerari lentis ignibus de vehementiore amore* dicit Hor. Od. I, 13, 8.

16. *Sapphica musa*, pro Sappho ipsa, quæ Græcis Musa decima dicta est.

17. *Doctior*, ingenio poetica erudito ornatior. Sic vulgo « docti vates ». N.

# CARMEN XXXVI.

### IN ANNALES VOLUSII.

ANNALES Volusi, cacata charta,
Votum solvite pro mea puella;
Nam sanctae Veneri, Cupidinique
Vovit, si sibi restitutus essem,
Desissemque truces vibrare iambos,   5
Electissima pessimi poetae
Scripta tardipedi Deo daturam

ARG. Lepide et jocose voto se obstrinxerat puella Catulli Veneri et Cupidini, se, simulac Catullus sibi reconciliatus iamborum tela in se contorquere desierit, electissima pessimi poetae carmina in gratiam hujus reconciliationis igni comburenda traditurum esse. Quum igitur hujus voti damnatae jam persolvenda esset haec Diis adstricta fides, ipse Catullus puellae pietati satisfacturus salse tanquam egregie malum libellum in has partes vocat annales Volusii, Veneremque, ut favere velit his ex voto puellae concremandis pessimi poetae carminibus, solemni Deos appellandi more invitat.

1. *Annal. Volus.* Volusius, quicunque tandem ille fuerit aetate Catulli male feriatus poeta, ad exemplum Ennii carmine composuerat annales, sed tam infelici studio et irato Apolline, ut turpiter se deridendum propinaret omnibus Annalium suorum lectoribus. Praeter Catullum nemo, quantum scio, veterum hujus Volusii poetae et ejus Annalium mentionem injicit, de quibus verissime cecinisse videtur Noster infr. XCV, 6, 7 : *At Volusi annales* *** *Et laxas scombris saepe dabunt tunicas.* — *Cacata charta* h. e. conspurcata et contaminata malis versibus, parum honeste! nec magis honeste mala carmina describit Martial. XII, 61, 10.

3, 4. *Sanctae Veneri.* Sic infra vocatur Venus *sancta* Carm. LXVIII, 5, et ipse Cupido *sanctus* Carm. LXIV, 95. Cf. Brouckhus. ad. Tibull. IV, 13, 23. *Sancte* Livin. male! *Restitutus*, h. e. reconciliatus, redditus. Cf. infr. CVII, 4.

5. *Truces vibr. iamb.* Eleganter *iambi* dicuntur *truces*, h. e. terribiles et minaces, ob timendam inde contumeliam. *Contumeliosos* vocat Hor. Od. I, 16, 2. De quorum inventore, Archilocho, eundem vid. Art. Poet. v. 79. Iambis autem plerumque deinceps scriptores ad satiras conscribendas usi sunt; hinc ἰαμβίζειν apud Graecos nihil aliud est, nisi satiras conscribere. *Vibrare iambos* tanquam tela venenata, exquisite pro vulgari *scribere*.

7. *Tardipedi deo*, Vulcano, pro

## CARMEN XXXVI.

Infelicibus ustulanda lignis:
Et hæc pessima se puella vidit
Jocose et lepide vovere Divis.
Nunc, o cæruleo creata ponto,

10

igni. Cf. Tibull. I, 9, 49, et Horat. Od. I, 16, 3.

8. *Infelicibus lignis.* Ligna infelicia sunt abominanda, ut *lapis infelix* apud Tibull. I, 4, 60, ubi cf. Illustr. Heyne. *Arbor infelix* de cruce apud Liv. I, 16. Locus classicus de *arboribus infelicibus* exstat apud Macrob. Saturnal. II, 16. Cf. Cœlius Rhodigin. Antiqu. Lect. X, c. 7. Interpr. ad Grat. Cyneg. v. 242. Turneb. Advers. XVIII, 2. Ad portenta autem expianda usurpata fuisse *ligna infelicia* apparet ex Lycophr. v. 1157, ubi vid. Meurs.

9. *Et hoc* Venet. Gryph. Muret. *Hæc pessima puella* blande dieses lose Mædchen, ut infr. Carmine LV, 10. —Male Doering. *pessima* cum *puella* jungit et *hæc* in recto casu sumit. Velim sic interpretari: *et puella vidit se vovere hæc scripta pessima*, ut ait supra, *pessimi electissima.* N. — *Vidit*, h. e. intellexit, probe cognovit.

10. *Jocose, lepide* Scalig. L. MS. et omnes Statii. *Joco se* Vossius, quem sequuntur editt. recentiores Goetting. Bipont. Sed sic otiosum plane est *se* in versu antecedenti. Lubenter igitur acquiescimus in vulgata, quam dedimus, ex editionibus Gryph. Muret. et aliis antiquioribus. Heins. in not. ad Catull. mavult *Joco sed lepido*, parum concinne! — *Vovere* p. *vovisse* ut licet poetis. N.

11-12. Solemni invocatione ad Venerem se convertit, et more poetarum, nomina locorum, quibus præesse illa credebatur, concumulat, ut sæpe Horatius et illi. Cum nostro loco compara Horat. Od. I, 30, 1 seqq. et vid. Burmannus Secund. ad Lotich. lib. I, Carm. 26, 15, edit. Kretschm. Nam quo major urbium erat numerus, quas Dii singuli præsidio suo fovebant, eo major inde illis conciliabatur honor et dignitas: hinc sæpe ipsi Dii jactanter fere, quas tuebantur, urbes enumerant; ut Venus apud Virg. Æn. X, 51 : « Est Amathus, est celsa mihi Paphos atque Cythera, Idaliæque domus. » —*Cæruleo creata pont.* Sic Græcis Venus dicitur ποντογενής, ὁπόσπορος θαλάσσης. Cf. Rittershus. ad Oppian. Cyneg. I, 33. —*Idalium* Cypri nemus, Veneri sacrum, in quo oppidulum. Cf. Theocrit. Idyll. XV, 100 et ibi Valckenar. qui plura in hanc rem dabit.—*Syrosque apertos:* hæc lectio, quam Vossius ex vestigiis antiquorum codicum eruit, haud dubie cæteris [not. seq. ad v. 12] præferenda videtur, ad quam stabiliendam egregie facere videtur vetus epigramma Posidippi in Anal. Vet. Poet. Græc. Brunckii. Tom. II, p. 46, ep. 3. « Ἀ Κύπρον, ἅ τε Κύθηρα, καὶ ἁ Μίλητον ἐποιχνεῖς, Καὶ καλὸν Συρίης ἱπποκρότου δάπεδον. » Per *Syros* Vossius intelligit Syros superiores, h. e. Assyrios, qui jam propter planas et apertas, quas incolebant, regiones, ipsi quoque a Nostro ex more poetarum licentius in epithetorum usu sibi indulgentium vocantur *aperti*,

Quæ sanctum Idalium, Syrosque apertos,
Quæque Ancona, Cnidumque arundinosam
Colis, quæque Amathunta, quæque Golgos,
Quæque Durrachium, Adriæ tabernam;  15
Acceptum face, redditumque votum,
Si non inlepidum, neque invenustum est.
At vos interea venite in ignem,
Pleni ruris et inficetiarum,
Annales Volusi, cacata charta.  20

ut supr. Carm. VII, 5, *Jupiter* a Lybia arenis æstuante, ubi ille colebatur, dictus est *æstuosus*. De apertis Assyriæ regionibus locum Ciceronis de Divination. I, 1 commode jam laudavit Vossius, quem adscribam: « Assyrii .... propter planitiem magnitudinemque regionum, quas incolebant, quum cælum ex omni parte patens atque apertum intuerentur, trajectus motusque stellarum observaverunt. »

12. *Uriosque* in omnibus editionibus vetustioribus; intelligi autem volunt incolas *Uriæ*, quæ fuit urbs Apuliæ in via Appia non longe a Venusio distans, ubi Venus solemni modo in celebri templo culta sit. Hinc *Venus Appias* apud Ovid. Remed. Amor. v. 659. Cf. Heins. ad Art. Am. III, 452. Sed aliæ etiam urbes *Uriæ* fuerunt; conf. Cellar. not. Orb. Antiq. T. I, lib. II, c. 9, p. 902. — *Eriosque* Ald. *Uxiosque* Scalig. *Ariosque* Stat. *Erycosque* Corrad. de All. *Uriosque portus* Heins. in not. ad Catull.

13. *Ancon* vel *Ancona* urbs maritima in agro Piceno. *Ancon* autem est usitatius veteribus. Vid. Oudendorp. ad Cæs. Bell. Civ. I, 11. Cf. Wesseling. ad Anton. Aug. Itiner. p. 101. — *Cnidus* urbs Doridis in Caria, quæ Veneri sacra ejusque signo a Praxitele sculpto adeo nobilitata fuit, ut multi ad illud visendum Cnidum navigarent. Vid. Plin. XXXVI, 5. Cf. Pausan. Attic. c. I. *Arundinosa*, arundine vel calamis scriptoriis, ut trad. Plin. XVI, 36, abundans.

14. *Amathus*, oppidum Cypri.— *Golgus, Golgum* vel *Golgi*, urbs Cypri, unde Venus *Golgia*. Cf. Valckenar. ad locum Theocr. paullo ante laudatum. —- *Colchos* in libris quibusdam Vossii.

15. *Durrachium*, urbs Macedoniæ, mercatura inprimis olim celebris, ubi Illyrii et omnes Hadriaticum mare accolentes negotiabantur; hinc *Hadriæ taberna* vocatur. Multis descripsit hanc urbem celeberrimam Palmerius Vet. Græc. lib. I, c. 19. — Alii *Durrhachium* vel *Dyrrachium*.

16. *Accept. face, redditumque vot.* Accipe hoc votum tanquam rite peractum et solutum; verba *accipere* et *reddere* proprie dicuntur de ære alieno, quod a debitore *redditum* et *solutum accipit* creditor.

19. *Pleni turis* male in quibusdam vetustioribus. Cf. supr. XXII, 14.

## CARMEN XXXVII.

### AD CONTUBERNALES.

Salax taberna, vosque contubernales,
A pileatis nona fratribus pila,
Solis putatis esse mentulas vobis?

Arg. Quum puella relicto, cui perdite amabatur, Catullo, in tabernam quamdam libidinis usu infamem secedens turpiter ibi corporis sui copiam faceret omnibus hanc Veneris palæstram adeuntibus, graviter huic tabernæ et abjectis hominibus, qui libidinis causa in illa commorabantur, indignatur Poeta, a quorum multitudine ut ut numerosa se non deterritum iri ait, quo minus illos omnes contumeliose tractet, et, evulgatis eorum flagitiis, turpes notas illorum famæ inurat.

1. *Salax taberna*, taberna jam est caupona vel locus publicus, ubi compotandi confabulandique causa confluebant homines; et quia in ejusmodi locis libidini plerumque fenestræ quasi aperiri solent, non raro in istis tabernis cauponariis, tanquam lupanaribus, delitescere solebant meretriculæ, quas frequentes adibant homines salaces; cujusmodi *taberna* haud dubie fuit nostra, quæ inde vocatur *salax*, quo sensu etiam *taberna* illa apud *Auctorem Copæ*, v. 3, *famosa* dicta videtur; alteram enim lectionem *fumosa* equidem non prætulerim ibi cum Illustrissimo Heynio, quum omnino crotalistria lasciva et infamis in *famosa* potius quam *fumosa* taberna saltasse videri debet. — *Contubernales*, scortatores, qui in eadem taberna una erant et eidem nequitiæ sub eodem tecto operam dabant. Pari modo *contubernium* in malam partem de scortatione dictum est apud Cic. Verr. V, 40, « ubi illud contubernium muliebris militiæ in illo delicatissimo litore. » — Eleganter autem summæ indignationis exprimendæ causa ipsum locum simul Poeta acerbe alloquitur, ubi homines, in quos odium et iram suam effusurus erat, degebant.

2. *A pileatis nona fratribus pila*, h. e. nona inde a Castoris et Pollucis templo taberna; cuilibet enim tabernæ, ut facilius a prætereuntibus animadverteretur, pila sive columella apposita fuit. *Pileati fratres* sunt Castor et Pollux, pileos gestantes, quorum figura, ab eorum fabulosis natalibus, dissectum per medium ovi putamen [τοῦ ᾠοῦ τὸ ἡμίτομον] refert. Vid. Lucian. Deor. Dial. XXVI, ad quem locum erudita et copiosa de Dioscurorum insignibus et ministeriis disputatio adjecta et Vossii ad Nostri locum de Dioscurorum pileis prolata sententia recte refutata est a Viro Incomparabili Hemsterhusio, T. I, p. 281-287. — Situm autem fuit

124    C. VALERII CATULLI

Solis licere quidquid est puellarum
Confutuere, et putare caeteros hircos?
An, continenter quod sedetis insulsi
Centum, aut ducenti, non putatis ausurum
Me una ducentos inrumare sessores?
Atqui putate : namque totius vobis
Frontem tabernae scipionibus scribam.

templum Castoris et Pollucis in foro Romano ad lucum Juturnae. Vid. *Adlers ausführliche Beschreibung der Stadt Rom*, p. 246.

4. *quidquid est puellarum*, eleganter : omnes puellas sine discrimine.

5. *Hircos*, h. e. qui viros se praestare nequeunt, hircis castratis similes. Interpretes explicant *hircos* homines foedos, hircum olentes, h. e. tetro axillarum odore laborantes, et hinc puellis detestandos, de qua re vid. ad Carm. LXIX, 6. Sed prior explicatio aptius respondet versui 3.

6. *An, continenter quod sedetis insulsi*, etc. Sedere proprie dicitur de iis, qui desides in aliquo loco commorantur, et ignavo otio diffluunt; id quod vel maxime valet de hominibus libidinis causa in tabernis sedentibus, qui ipsi suaviter inde v. 8, vocantur *sessores*. Sic apud Graecos ἧσθαι et καθῆσθαι. Vid. quae ambitiose in hanc rem constipavit *Klotzius* ad Tyrtaeum, p. 143.
— *Continenter*, nach der Reihe, einer nach dem andern; uno quasi ordine et tenore. Sic Graeci συνεχῶς, ἐπισχερώ, ἑξῆς.

7. *Centum, aut ducenti*, numerus rotundus pro multis.

8. *Inrumare*, flocci pendere, non curare, injuria lacessere. Cf. ad Carm. XXIX, 10; et X, 12. Dilucide autem ex hoc loco apparet τὸ *inrumare* non propria significatione accipiendum esse, quum statim additur « namque totius vobis frontem tabernae scipionibus scribam, » h. e. totius tabernae fronti j. e. extremae parti [vel potius *anteriori* N.] flagitia vestra inscribam, ut palam fiant et ab omnibus praetereuntibus cognoscantur. Non raro enim, carbonibus praecipue, in aedium foribus ab inimicis notari vulgarique solebant hominum vitia. Plaut. Merc. II, 3, 74 : « Impleantur meae fores elogiorum carbonibus; » ubi vid. Interpret. hinc *carbone notare* est perstringere. Hor. Sat. II, 3, 248.
— Non commode ad rem Plauti locum huc Doeringius attulit, siquidem de amatoriis inscriptionibus in eo fit mentio. At τὸ *carbone notare* ideo damnare, infamare valet, quod carbo niger, et hic apud veteres infaustus color fuit. Tit. Liv. XXVIII, 29 : « Atrium Umbrum nominis etiam abominandi ducem ». Horat. Sat. I, 4, 85 : « Hic niger est, hunc tu, Romane, caveto. » Pers. Sat. V, 108 : « Illa prius creta, mox haec carbone notasti ». N.

9. *Vobis*, in vestram contumeliam.

10. *Scipio* hoc loco bacillum semiustum notare videtur, quo fortasse eo consilio jam carbonis loco

## CARMEN XXXVII.

Puella nam mea, quæ meo sinu fugit,
Amata tantum, quantum amabitur nulla,
Pro qua mihi sunt magna bella pugnata,
Consedit istic. Hanc boni beatique
Omnes amatis: et quidem, quod indignum est,
Omnes pusilli, et semitarii mœchi;
Tu præter omnes une de capillatis
Cuniculosæ Celtiberiæ fili,

usui us erat, ut eo altiori loco, ubi non facile deleri posset, criminosam inscriptionem appingeret — *Sopionibus* tentat Vossius, cui *sopiones* exstincti aut sopiti carbones sunt, ζώπυρα. Aliis placet *titionibus* vel *scriptionibus*.

11. *Puella namque quæ meo sinu fugit* in quibusdam vetustioribus. Sed Mureto et Vossio magis arridet vetus lectio, quam præferunt libri veteres Ald. Venet. *Puella nam modo quæ meo sinu fugit*; nostram lectionem debemus Statio, qui omnibus in MSSC. invenerat *puella nam me quæ meo:* in uno autem *quæ meo e sinu fugit*. Edit. R. *quæ e meo sinu*, sed præpositiones sæpe apud poetas negliguntur.

12. *Amata tantum*, etc. Sic supr. Carm. VIII, 5.

13. *Bella patrata* Scaliger, probante N. Heinsio in Not. ad Catull. —male, ni fallor. N. — *Pro qua mihi*, etc. Hoc est, de qua magnæ mihi cum rivalibus excitatæ sunt lites. *Bellum pugnare* dictum est a *pugnam pugnare, bellum bellare*, etc. — *Pugnataque in ordine bella* Virg. Æn. VIII, 629. N.

14. *Consedit istic*, sedem propriam quasi ibi fixit. — *Hanc boni beatique*, qualis nimirum bonitas et beatitudo cadit in homines, qui v. 16, vocantur *pusilli* [h. e. abjecti, impuri, μικρόψυχοι; apud Martial II, 10, 2, *pusillus* opponitur *bello*] et *semitarii mœchi*, meretricum diobolarium sectatores. — *Boni beatique* quam salse dictum operæ pretium est attendere; namque sub specie laudis acrior exprobratio latet; quippe qua Catullus mirari videatur et iis gratulari mansueti animi facilitatem, quum *boni* eodem amore simul omnes utantur, neque invicem sibi invideant vel obsint, et raram *beatitudinem*, quum hujusmodi commercio gaudeant. Beatus est qui aliquid agens sibi placet; «laudant quidquid scripsere beati,» Horat. epist. II, 2, 108. Fere similem ei quam Catullus eludit, rivalitatem securam noster Bolæus in epigrammate quodam carpsit. N.

15. Versus sequentes male in editionibus quibusdam antiquis sede sua moti trahuntur ad carmen proximum, quocum plane non cohærent.

17, sqq. *Une*; ad usum hujus vocativi probandum hunc ipsum Nostri locum laudant Grammatici.—*De capillatis*, capillos enim alere et promittere solebant Celtiberi et Hispani.

18. *Celtiberosæ* MS. Prisciani, unde Vossius jam ad Melam, p. 233,

Egnati, opaca quem bonum facit barba,
Et dens Hibera defricatus urina.

conjecerat *Celtis perosæ;* sed nostram lectionem *cuniculosæ* ex nummo, ubi sedens cum oleæ ramo mulier et adstans cuniculus, peculiare Hispaniæ symbolum, exhibetur, defendit Spanhem. de usu et præst. num. Diss. IV, p. 179.

19. *Opaca quem bonum facit barba et dens*, etc., h. e. qui præter barbam opacam et dentium candorem, multa urinæ fricatione quæsitum, nihil habet, quo se commendet, cujus omnis bonitas in barba et dentibus spectatur. *Barba opaca* eleganter dicitur prima lanugo, quæ genas quasi inumbrat. Claudian. in Prob. et Olyb. Cons. v. 68 : «Ante genas dulces quam flos juvenilis inumbret, Oraque ridenti lanugine vestiat ætas.» Ubi vid. Barth. Sic Græcis τὸ πρόσωπον ταῖς ἰούλοις κατασκιάζεσθαι dicitur. Cf. Virg. Æn. VIII, 160, ubi plura in hanc rem ex græcis scriptoribus congessit Cerda. Fundus est in Homeri Odyss. XI, 318, 319.

20. De *dente Hibera urina defricato* cf. Carm. XXXIX, 19.

# CARMEN XXXVIII.

### AD CORNIFICIUM.

Male est, Cornifici, tuo Catullo,
Male est, mehercule, et laboriose,
Et magis magis in dies et horas;
Quem tu, quod minimum facillimumque est,
Qua solatus es adlocutione?

Arg. Catullus quum gravi rei cujusdam adversæ, quam expertus fuerat, afflictus dolore, a Cornificio, ut in doloris sui societatem veniret, animique tristitiam molli quodam carmine levaret, frustra hanc fidem sibi probandam exspectasset, jam neglectæ amicitiæ culpam ei exprobrat.

1. De *Cornificio* vid. Burmannum ad Ovid. Trist. II, 436.

2. *Laboriose mihi est*, h. e. multo dolore mihi laborandum est, misera mihi sors est. — *Hercule me* Muret. *mercule* Conr. d. All.

3. *Magisque et magis* Gryph. Muret. Vulp. Voss. Sed *magis magis* sine copula dicitur quoque infra LXIV, 275.

4. *Quam* inepte tentat Corrad.

5. *Allocutione* h. e. consolatione, ut *alloquium* apud Ovid. ex Ponto I, 6, 18. Trist. IV, 5, 3. Vid. Bentleius ad Horat. Epod. XIII, 18, et

## CARMEN XXXVIII.

Irascor tibi. Sic meos amores?
Paullum quid lubet adlocutionis,
Mœstius lacrimis Simonideis.

Drackenborch. ad Liv. lib. IX, 6, Tom. II, pag. 682, et sic sæpe *alloqui* est consolari. Vid. Vulp. cui adde illustre exemplum ex Senecæ Troad. v. 622 : *Alios parentes alloqui in luctu decet : Tibi gratulandum est.* Intelligo autem per *allocutionem* carmen consolatorium ob versum ultimum.

6. *Dic meos amores* male vult Heins. in not. ad Catull. — Totum hunc versum, quum nexum non posset assequi, audacter ut solet, statim post tertium posuit Scaliger. — *Sic meos amores?* scil. curare soles. Tam parum curas id, quod animum meum graviter afficit? eleganter autem ad vim doloris exprimendam verbum omittitur. *Amores* accipio de amore a puella perfida interrupto, adeoque infelici. Fortasse enim omnis dolor Catulli pertinet ad perfidiam puellæ, quam carmine superiore a se in tabernam secessisse ait. *Amores* sæpe sunt, quod nos dicimus die Liebschaft. Cf. nos ad Carm. X, 1. Vulpius cogitat de præmatura morte fratris, de quo vid. Carm. LXVIII. — Jan. Dousa *meos amores* de Cornificio interpretatur, non spernendus. An non possit ita quoque locus explanari : *sic meos* in te *amores* remuneraris? N.

7. *Paullum quid lubet adlocut.* Interpretor locum paullo obscurum et implicitum sic : *lubet* opto et desidero *paullum quid adlocution.* Brevem tantummodo consolationem, breve carmen consolatorium, quod *mæstius* sit *lacrimis Simonideis*, miserabiles et flebiles elegos Simonidis superet.—*Paullum quid* vel *quod* in quibusdam vett. *Paullum quidlibet* Gryph. Muret. et alii, quod fortasse sic explicari potest, ut subintelligatur *satis fuisset* vel sic : *paullum quidlibet allocutioni:* a te profectum Mœstius fuisset *lacrimis Simonideis*.— *Paullum quod juvet* Vossius approbante Heins. in not. ad Catull. — Voculas *quid lubet*, una voce complicari malim, et sic *paullum quidlibet* intelligi subaudito *da mihi, affer* : te precor ut mihi des aliquid adlocutionis, quantulum et qualecunque sit. N.

8. *Lacrimæ* paullo sublimius de carminibus, quæ lacrimas movent. Simonidem autem scribendis carminibus operam dedisse, vel ex Phædri fabulis notum est; multum præcipue valuisse videtur in tractandis rebus lugubribus, et molliori sensu excitando, ut hic ipse Nostri locus docet. Hinc laudatur Σιμονίδης ἐν θρήνοις apud Scholiast. Theocrit. ad Idyll. XVI, 36. Vid. de Simonide Munckerus ad Hygin. Fab. CCLXXVII, BAYLE, *Dictionnaire Historique et Critique* s. h. v. et quos laudat de ἐγκωμίοις, quæ Simonidi tribuuntur, Wesseling. ed. Diodor. Sicul. T. I, p. 412. — « Sed ne relictis, musa procax, jocis *Ceæ* retractes munera *nœniæ* ». Horat. Od. II, 2, 36. N.

# CARMEN XXXIX.

### IN EGNATIUM.

EGNATIUS, quod candidos habet dentes,
Renidet usquequaque: seu ad rei ventum est
Subsellium, quum orator excitat fletum,
Renidet ille: seu pii ad rogum filî
Lugetur, orba quum flet unicum mater,   5
Renidet ille: quidquid est, ubicunque est,
Quodcunque agit, renidet. Hunc habet morbum,

ARG. Egnatium, hominem stultum et ineptum exagitat, qui, quum ex more patrio, Celtiberis proprio, dentibus urina quotidie lotis et perpolitis candorem conciliare studuisset, usquequaque, ut dentes candidos ostentaret, nec loci nec temporis ratione habita, in re gravi aeque ac tristi, ridere solebat. Ab hoc igitur inepto et importuno risu avocare studet hominem, ex ea praecipue ratione, quod, quo candidiores et expolitiores ejus dentes sint, eo plus urinae eum bibisse indicent. — Catulli rivalem fuisse Egnatium apparet ex Carmine XXXVII, ubi jam notavit ejus stuporem v. 17 sqq. — Compara cum Nostro jam a Mureto allatum locum Alexidis Comici apud Athenaeum lib. XIII, ubi inter alias meretricum artes refert: « Εὐφυεῖς ὀδόντας ἔσχεν; ἐξ ἀνάγκης δεῖ γελᾶν, ἵνα θεωροῖεν οἱ παρόντες τὸ στόμ', ὡς κομψόν φορεῖ etc. » cui adde Ovid. Art. Am. III, 279 seqq.

2. *Renidet*, renidere jam est: os ridendo ita diducere, ut dentes [quos Graeci inde γελασίνους vocant, Pollux II, c. 4, Sect. 91,] renideant et effulgeant. — *Usquequaque*, h. e. quovis tempore et loco, quavis occasione; eleganter mox ipse hanc particulam circumscribit. — Pro *seu* ad vitandam diphthongi elisionem in hoc et quarto versu Vossius legit *si*.

3. *Subsellia* in judiciis sunt sedes judicum et patronorum utriusque partis. Vid. Ernesti Clav. Cic. s. h. v. Sed hoc loco reis quoque *subsellia* assignantur. — *Fletum excitare* de miserabili dicendi genere miserabiliter explicat Vulpius.

5. *Unicus filius* jam est μονογενής, ut acerbior luctus exprimatur, alias fere *unicus* est ἀγαπητός, dilectus.

6. *Quidquid est, ubicunque est, quodcunque agit — seu ad rei ventum est sub.* etc. h. e. seu ad causam reo ex subselliis dicendam ventum est, ubi causae patronus orationis gravitate saepe ita percellit animos adstantium, ut sibi a lacrimis temperare nequeant.

7. *Hunc habet morbum:* morbus

## CARMEN XXXIX.

Neque elegantem, ut arbitror, neque urbanum.
Quare monendus es mihi, bone Egnati;
Si urbanus esses, aut Sabinus, aut Tiburs,
Aut pastus Umber, aut obesus Etruscus,
Aut Lanuvinus ater atque dentatus,
Aut Transpadanus, ut meos quoque attingam,
Aut quilibet, qui puriter lavit dentes;
Tamen renidere usquequaque te nollem;
Nam risu inepto res ineptior nulla est.
Nunc Celtiber es : Celtiberia in terra,

passim de vitio animi vel insania; Ter. Eunuch. II, 1, 19. Alia exempla dabit Cort. ad Sallust. Catil. XXXVI, p. 223. Sic νόσος apud Graecos. Cf. Victor. V. L. I, 14, et Triller Obs. Critic. p. 377.

9. *Quare monendus est mihi. Bone Egnati*, pauci. Vossius legit quidem *es*, sed interpungit post *mihi*.

10. *Si*, etiamsi, licet. Vid. Graev. ad Cicer. Epist. ad Famil. XII, 11, Drackenborch. ad Liv. XXXIII, 49, T. IV, p. 758. — *Urbanus*, h. e. *Romanus*. Sic *urbanus* pro *Romano* dicitur Cic. Brut. 46, ut *urbs* saepissime pro *Roma*. Vid. Cort. ad Sallust. in Catil. LII, p. 333. — Recenset jam Poeta nobiles quosdam Italiae populos, a bona corporis habitudine et puritate laudandos.

11. *Pustus Umber* [ex emendatione Vossii. h. e. pinguis, bene saginatus, bene curata cute πιμελής. Cf. Vossius. — *Parcus Umber* in plerisque vett. unde fecit Scalig. *porcus Umber*, quem sequitur Bipont. parum recte! noluit enim Catullus Umbros ridere, sed potius laudare succulenta Umbrorum corpora. Pro *Parthus*, quod invenerat Me-

leager, legit *fartus* — *pinguis Umber* quidam. — *Obesus Etruscus* e copiosis, inquit *Muretus*, frequentibusque sacrificiorum epulis, quibus ea gens plurimum dedita fuisse dicitur.

12. *Lanuvinus ater.* Lanuvium fuit oppidum Latii et municipium, cultu Junonis Sospitae celebre. — *Lanuvinus acer*, in quibusdam vett.

13. *Ut meos quoq. atting.* Nam Verona pertinet ad Italiam transpadanam.

14. *Lavit a lavere*, quod apud Virgilium, Horatium et alios occurrit.

16. *Nam risu inepto res ineptior nulla est.* Antiquum et verum dictum. Sic in Gnomicis v. 83, 84, p. 224, edit. Brunck.:
Γέλως ἄκαιρος ἐν βροτοῖς δεινὸν κακόν.
Γελᾷ δ' ὁ μῶρος, κἄν τι μὴ γελοῖον ᾖ.

17. *Nunc Celtiber*, populus Hispaniae Tarraconensis. *Celtiberia terra* dictum ut *terra Africa*, *terra Hispania*, *terra Campania*. Vid. Vulp. ad Tibull. I, 9, 33, et VV. DD. quos bene multos in hanc rem laudavit Drackenborch. ad Sil. Ital. XVI, 180. Cf. eumdem ad Liv. XXV, 7, Tom. III, p. 956. — *Nunc Celtiberus*, *Celtiberia in terra* vel *nunc*

Quod quisque minxit, hoc solet sibi mane
Dentem, atque russam defricare gingivam;
Ut quo iste vester expolitior dens est,
Hoc te amplius bibisse praedicet loti.

*Celtiber, Celtiberia in terra* in plerisque vett. editt. et MS. teste Statio. Scaliger in MS. et vett. editt. se invenisse ait : *Celtiber ex Celtiberia in terra*, unde ille legit *Celtiber in Celtiberia terra*. Editor Cantabrigiensis bene tentat : *Nunc Celtiber et Celtiberia in terra*, sed male explicat: *Nunc quum sis Celtiber*; et Heins. in Not. ad Catull. vult : *Nunc Celtiber e Celtiberia terra*; fortasse, ut meam quoque interponam sententiam, *Nunc Celtiber, at Celtiberia in terra*. Quam in textum recepimus lectionem, *Nunc Celtiber es*, exstat in edit. Gotting. et Bipont. haud dubie ex edit. Corrad. de Allio.

18. *Quod quisque minx.* etc. Idem de Celtiberis tradit Diodor. Sicul. Lib. V : Τὸ σῶμα λούουσιν οὔρῳ καὶ τοὺς ὀδόντας. Ubi vid. Wesseling. T. I, p. 357, qui in eamdem rem indicat locum Strabon. Lib. III, p. 249, ubi cf. Casaubonus.

19. *Pumicare gingivam* legit Apulejus in Ap. hunc versum proferens.

20. *Vester*, dens tuus politus more *vestro* celtiberorum. N.

21. In MS. biblioth. reg. 1165 legitur *lotus*. N.

## CARMEN XL.

### AD RAVIDUM.

Quænam te mala mens, miselle Ravide,
Agit praecipitem in meos iambos?
Quis Deus tibi non bene advocatus
Vecordem parat excitare rixam?

Arg. Furorem Ravidi increpat, qui aeterna ab iambis Catulli timenda contumelia se deterreri non passus sit, quo minus ejus puellam [vel puerum] ad amorem sollicitaret.

1. *Quænam te mala mens*, etc. Wie kannst du auf den unglücklichen Einfall kommen, dich mit Gewalt in meine Jamben zu stürzen? —

*Mala mens*, mentis perversitas, dementia.

3. *Quis deus non bene adv.* Nam mala consilia aeque ac bona a Diis immissa dicebantur. Vulpius laudat Hom. Iliad. XVII, 469 : «Αὐτόμεδον, τίς τοί νυ θεῶν νηκερδέα βουλὴν Ἐν στήθεσσιν ἔθηκε, καὶ ἐξέλετο φρένας ἐσθλάς;»

4. *Rixa vecors*, quum quis alte-

## CARMEN XLI.

Anne ut pervenias in ora volgi?
Quid vis? qualubet esse notus optas?
Eris : quandoquidem meos amores
Cum longa voluisti amare pœna.

rum, cui impar est, temere ad rixam lacessit.

5. *Ut pervenias in ora volgi*, ut per iambos meos vulgo innotescas, et ore omnium feraris et differaris.

6. *Quid vis?* Quid quæris et tibi vis? *qualubet* sc. ratione, quocunque modo, licet per iambos mordaces sit, *notus esse optas?* In uno

MS. Statii legebatur *Quia vis*; hinc fecit *Quo vis qualubet esse notus optas. Cuivis qualubet esse optas,* Vossius.

8. *Amare meos amores*, puellam meam tangere. Cf. ad Carm. X, 1.
—*Cum longa pœna*, ut semper duret inde tibi contracta ignominia ad posteros per iambos propaganda.

## CARMEN XLI.

### IN AMICAM FORMIANI.

ANNE sana illa puella defututa
Tota? millia me decem poposcit;
Ista turpiculo puella naso,
Decoctoris amica Formiani.

ARG. Meretricem quamdam turpem et deformem, ingenti pro libidinosa nocte a Catullo postulato pretio, delirare et medicorum propinquorumque curæ tradendam putat.

1. *Acme illa, illa puella defututa Tota*, in plerisque editt. vett. quod tenuit etiam edit. Bipont. In libris MSSC. fuit *ameana* vel *amean*, unde fecit Stat. *Acme una puella* et Vossius *Ain' sana puella*. — Vulpianus ex edit. Vossii servavit *Ah me, an illa puella defututa*. — Nos dedimus lectionem præ cæteris nobis probatam ex edit. Gotting. cui egregie respondere videtur vers. 7.—At sic

phalæcius non constat. Nisi creticum in primo loco per licentiam ponere Catullo libuisse existimes; quod ille nusquam alias : nam hendecasyllabus fieret dodecasyllabus. Liceat conjecturam quoque meam proferre : «Sanane illa puella,» etc. Vel, « Anne sana, puella defututa Tota, millia me decem poposcit? » N. — *Defututa tota,* i. e. assiduo scortationis usu plane confecta et detrita. Infra Carm. XC, 8. « Quæ sese toto corpore prostituit. »

2. *Millia decem* sc. sestertium. Gallic. monet. circiter 2400 fr.

4. *Formiani*, Mamurræ Formiis

Propinqui, quibus est puella curæ, 5
Amicos medicosque convocate;
Non est sana puella; nec rogare

nati. Vid. Arg. ad Carm. XXIX, 5.
5. *Propinqui*, furiosorum enim eorumque pecuniæ curam ex lege suscipere debebant agnati et gentiles. Auctor. ad Herenn. I. c. 13. Hinc Horat. Epist. II, 2, 136: « Hic ubi cognatorum opibus curisque refectus Expulit helleboro morbum. » Cf. eumd. Sat. II, 3, 218.
6. *Amicos... convocate*. Quia in consilio amicorum decernebatur utrum aliquis demens esset et cujus tutelæ committendus, ne fraudis suspicio subesset. N.
7 - 8. *Nec rogate Qualis sit, solet hæc imaginosum* L. MSC. et omnes fere impressi. « Nec rogare Qualis sit solet hæc imaginosum » Muret. qui *imaginosum* explicat de speculo, ut sit: speculum de sua forma non consulere solet. Salmas. ad Solin. p. 1087, legit: *dolet hæc imaginosum*, quod explicat, μαίνεται, φρενιτιᾷ, *imaginibus laborat*. Vossius, ut novam inferret obscenitatem, exsculpsit ἐκ μαγείου ὄζειν, quod quid sit, apud ipsum videant harum deliciarum cupidi. *Hæc imago nasum* inepte Turnebus, ineptius tamen Corrad. de All. *en imago nasum!* cui adhæret edit. Gotting. — In editionibus antiquis Venet. Gryph. et aliis cum sequenti carmine hoc conjungitur, a quo quidem illud disjungendum esse recte jam monuit Victor. Var. Lect. II, c. 15.
— *Nec rogare Qualis sit solet*, etc. Non parum hic locus ingenia Virorum Doctorum exercuit. Plerique sequuntur Scaligerum, qui legit *nec rogate*, *Qualis sit. Solet hæc imaginosum*, et supplet ad vocem *imaginosum* morbum ægrotare. Per *morbum imaginosum* autem intelligit φαντάσματα, quæ animo occurrunt, in cujus sententiam vide quæ disputat Burmann. Sec. in Antholog. tom. I, pag. 463. Scaligeri explicandi rationem, quod mireris, amplectitur etiam Nic. Heins. in Not. ad Catull. qui per *imaginosum* morbum, quo laborasse meretricem volunt, intelligit « quum concentus carminum audimus, et patentibus oculis somniamus » ut sensus sit: « sana non est, nam tota nocte nil nisi æris tinnitum meditatur. » Equidem lubenter fateor, me nondum a sensu meo impetrare potuisse, ut in ulla a VV. DD. ad hunc locum allata vel explicatione vel emendatione acquiescerem. Immo totum locum vel plane mutilum, vel alia certe medela sanandum puto. Cardo rei vertitur in voce *imaginosum*, quæ vel damnanda [si vox damnanda sit, quæ semel tantum apud Veteres occurrit] vel explicatione juvanda videtur. Jam vero quum *imaginari* recte apud bonos scriptores dicitur de iis, qui imaginem quamdam sibi fingunt et animo concipiunt, non video cur non eodem jure a Catullo *imaginosa* dici potuerit ea, cujus tanquam febri correptæ phantasia in fingenda, qua sibi placeret, imagine, multum valuerit. Quod si verum est, locus fortasse ita constitui possit: « .... nec rogare Qualis sit, solet; en imaginosam! » h. e. nec

## CARMEN XLII.

Qualis sit solet hæc imaginosum.

in se descendere et quærere solet, quam vilis et deformis sit; en quantum ejus phantasia valet in fingenda sibi de se formaque sua imagine! In eamdem sententiam legi quoque possit: « .... nec rogare, Qualis sit, solet hæc imaginosa. »

Sed illud *en imaginosum!* non solum gravius finit epigramma, sed etiam ad antiquam lectionem in MSSC. Achillis Statii *et imaginosum* propius accedit. — Libenter Scaligeri lectione acquiescam, quæ præcedentibus bene concinit. N.

## CARMEN XLII.

### IN QUAMDAM.

ADESTE, hendecasyllabi, quot estis
Omnes undique, quotquot estis omnes.
Jocum me putat esse mœcha turpis,
Et negat mihi vostra redditurum
Pugillaria, si pati potestis.

ARG. Ad vindicanda a meretrice sibi subducta pugillaria omnes undique convocat hendecasyllabos, eo consilio ad meretricem jam amandandos, ut sublatos codicillos, tanquam rem sui juris, alta et contumeliosa voce ab ista reflagitent; — sed mox eosdem, quum omni conviciorum genere usi nihil apud perfrictæ frontis meretricem proficere possent, rationem invertere et rem blanditiis tentare jubet.

1. *Hendecasyllabi,* jaciendis enim conviciis æque apti ac iambi visi sunt hendecasyllabi, ut apparet vel ex hoc carmine.

3. *Jocum me put.* Dignum quem ludat et parvi pendat. Sic passim *jocus* de iis, qui sunt ludibrio. Phædri Fab. I, 21, 2. Petron. c. 57. Videantur ad utrumque locum Interpretes.

4. *Negat redditurum,* sc. *se,* quod sæpe apud poetas negligitur. *Vestra,* nam sedem quasi propriam habent versus in poetarum tabellis.

5. *Pugillaria* vel *pugillares* erant codicilli parvi, quorum tabellæ, ut nunc quoque concinnari solent, fuerunt a fronte dissectæ, a tergo consutæ compactæque, at plerumque in utraque planitie ceratæ; vid. Schwartz. de Ornamentis Libr. Vet. p. 179 et 128, edit. Leuschn. et quæ de usu et forma codicillorum disputat Burmannus in præfatione ad Petronium non longe ab initio. — *Si pati potestis,* si per vos fieri potest, ut inulta cum ista sua protervitate elabatur meretrix, sed certe id fieri per vos non potest; agedum igitur, *persequamur eam et reflagitemus* pugillaria. — Ita sæpe apud Poetam nexus quærendus est. Istam

Persequamur eam, et reflagitemus.
Quæ sit, quæritis? illa, quam videtis
Turpe incedere, mimice ac moleste
Ridentem catuli ore Gallicani.
Circumsistite eam, et reflagitate :
Mœcha putida, redde codicillos;
Redde, putida mœcha, codicillos.
Non assis facis? O lutum, lupanar,
Aut si perditius potest quid esse.

enim interpunctionem a plerisque editionibus receptam *Pugillaria: si pati potestis*, *Persequamur eam et refl.* vix verba admittere videntur.

8. *Turpe incedere*, quod fit ab iis, quorum incessus, ut Petronius ait, ita arte compositus est, ut ne vestigia quidem pedum extra mensuram aberrent. Ejusmodi autem gressum delicatum meretrices inprimis placendi causa fingebant. Hinc Ovid. Art. Am. III, 299 sqq. « Est et in incessu pars non temnenda decoris. Adlicit ignotos illa, fugatque viros. Hæc movet arte latus tunicisque fluentibus auras [cf. Propert. I, 2, 2.] « Excipit; extensos fertque superba pedes. Illa, velut conjux Umbri rubicunda mariti Ambulat, ingentes varica fertque gradus. » Cf. in hanc rem Interpretes ad Petron. c. CXXVI, et Burmannus ad Phædr. Fab. V, 1, 13. *Incedere* autem proprie de iis, qui gravitatem quamdam et dignitatem incessu affectant. Prop. II, 2, 6. Cf. Serv. ad Virg. Æn. I, 46.— *Turpe* morali sensu accipiendum, tanquam *parum modeste et decenter*, *delicate nimis*, ut Doering. monet, non opinor; sed *prave et invenuste* velim intelligi. Vox *turpis* sæpissime vitium corporis quod libet notat. N.
— *Mimice et moleste ridere* est more mimorum et ingrato more ridere.—
*Catuli ore Gallicani*, ore patulo et late diducto, quali fere instructi sunt canes venatici Gallicani. — *Myrmice*, male in vett. edd. pro *mimice* quod recte revocavit Stat. *Murice*, Corrad. de All. *Ritmice*, Erhardus ad Petron. c. 126.

11. *Putida*, ridicula ob nimium et multa arte quæsitum placendi studium, ineptis moribus displicens.

13. *O lutum, o lupanar* vel *o lutum luparum* vult Stat. *O lutum lupanare* Vossius. — *Oblitum o lupanar* tentat Heins. in not. ad Catull. quia, teste Vossio, olim lectum sit *oblitum lupanar*. — *O lutum* pro *lutulenta*, sordida, ut sæpe loqui solent Comici. Sic *stupor* supra Carm. XVII, 21, pro homine stupido. Sic *cœnum* apud Cicer. ad Attic. II, 21, Pro Pub. Sext. c. 11. Cf. Turneb. Advers. XXIX, 17. *Lupanar* pro *lupa*. Sic *carcer* apud Terent. Phorm. III, 2, 25, pro homine carcere digno. — Hujusmodi convicii et occentationis exemplum præbet Plautus, Pseudol. I, 3, 124. N.

14. *Aut si quid perditius* h. e. vilius et abjectius.

## CARMEN XLIII.

Sed non est tamen hoc satis putandum.
Quodsi non aliud pote est, ruborem
Ferreo canis exprimamus ore.
Conclamate iterum altiore voce:
Mœcha putida, redde codicillos,
Redde, putida mœcha, codicillos.
Sed nil proficimus, nihil movetur.
Mutanda est ratio, modusque vobis,
Si quid proficere amplius potestis.
Pudica et proba, redde codicillos.

16. *Non aliud potest* in MSS. Stat. *Quodsi non aliud pote est* etc. Quodsi non alia ratione ad extorquenda pugillaria nobis uti licet, *exprimamus*, exprimere certe tentabimus pudorem *Ferreo canis ore*, duro et impudenti ore. *Canis* enim jam antiquissimis temporibus fuit impudentiæ imago. In vulgus notum est Homericum κυνῶπης. Vid. Spanhem. ad Callim. H. in Cererem v. 64, et Interpretes ad Petron. c. 74. Sic apud Terent. Eunuch. IV, 7, 33 : *Ain' vero canis?* — et mox eodem sensu v. 35, *Os durum*, ubi in edit. Bipont. satis lepida, quales non raro in illa vendi solent, adjecta est explicatio : *durius quam quod molliatur et concoquatur.* [Ab *os, ossis*]. Imo *duri oris* [non *ossis*] *homo* apud Ciceronem et Livium dicitur, cujus os nulla re facile mutatur aut pudore suffunditur, qui omnem pudorem exuit.

23. *Amplius*, alia ratione plus.— Lepida sane et maligna in laudes conversio quæ per irrisum inimicam acrius destringit. N.

## CARMEN XLIII.

### IN AMICAM FORMIANI.

Salve, nec minimo puella naso,

Alg. Descripta Formiani amicæ deformitate, non satis mirari potest Poeta insipidum eorum ingenium, quibus ista bella et digna, quæ cum Lesbia comparetur, videri possit. — In eamdem scriptum est Epigram. XLI, quod confer.

1. *Salve*, εἰρωνικῶς : nam profecto illam non *salvere*, sed abire potius in malam rem jubet. Pari modo passim usu venire solet *Vale:* cf. ad Carm. XI, 17. Graviter autem hac solemni quasi allocutione exordiri alias solent poetæ carmina, Deorum Dearumve vel Heroum laudes celebraturi. — *Nec nimio naso* Scalig.

Nec bello pede, nec nigris ocellis,
Nec longis digitis, nec ore sicco,
Nec sane nimis elegante lingua,
Decoctoris amica Formiani.
Ten' provincia narrat esse bellam?
Tecum Lesbia nostra comparatur?
O seclum insipiens et inficetum!

probante Heins. in not. ad Catull. Fuit iste nasus, quem præ se tulit meretrix, *turpiculus*, ut vocatur Carm. XLI, 3, sive fuerit *nec minimus* h. e. præter modum grandis et expansus, sive *nec nimius* præter modum parvus et depressus. Vossius *nec minimo naso* ridicule interpretatur, *quasi nihil plane nasi habuerit puella*.

2. *Nec bello pede*, haud dubie nimis largo et spatioso; nam in laude fuit *pes exiguus*, Ovid. Art. Am. I, 623, et Amor. III, 3, 7. — *Nec nigris ocellis*: apud veteres quoque pars pulchritudinis ponebatur in nigris oculis, Propert. II, 12, 23. Cf. Faber ad Anacreont. Od. XXVIII, 7, et Lambin. ad Horat. Od. I, 32, 11.

3. *Nec longis digitis*: cf. Propert. II, 2, 5, et ibi Passeratium. — *Nec ore sicco*, ex quo salivæ quasi rivulus perpetuo rorat. — Ita fere Aul. Gell. I, 15 : « Verbis humidis et lapsantibus diffluunt. N.

4. *Nec sane nim. eleg. ling.* innuitur fortasse meretricis infantia vel loquendi rusticitas, vel ingratæ vocis asperitas. — Potius, loquendi inelegantia, ut fert *lingua*. Cæterum multæ meretrices doctæ fuerunt. N.

5. Cf. ad Carm. XLI, 4.

6. *Ten' provincia*. Scaliger intelligit Galliam, cujus pars esset Transpadana, ubi amica Mamurræ et ipse Catullus, quum hæc scriberet, commoratus fuerit.

8. *O secl. insip. et inficet.* O ætatis nostræ homines ab omni sensu pulchri destitutos!

## CARMEN XLIV.

AD FUNDUM.

O FUNDE noster, seu Sabine, seu Tiburs,
Nam te esse Tiburtem autumant, quibus non est
Cordi Catullum lædere : at quibus cordi est,
Quovis Sabinum pignore esse contendunt :
Sed seu Sabine, sive verius Tiburs,     5
Fui libenter in tua suburbana
Villa, malamque pectore expuli tussim;

ARG. Ad cœnam quum invitatus esset Catullus a Sestio quodam oratore pessimo, prælecta ab eo ineptiarum et stuporis plena oratione adeo affectus fuit, ut illico quassaretur tussi et gravedine. Ut igitur, quod in hac cœna devorasset, acerbitatis virus evomeret, et male affectum corpus recrearet, adiit villulam suam, in cujus sinu mox recuratus fuit otio et medicaminibus. — Laudat ergo in hoc carmine villulæ suæ præstantiam et egregium ab illa sibi præstitum beneficium, Sestiique nefaria scripta in posterum se nunquam manu triturum esse sancte pollicetur. — Eamdem fere sortem, quam Catullus a Sestio, Philoxenus olim expertus est a Dionysio, cujus prælectis carminibus adeo cruciatus et pæne confectus fuit, ut redire mallet in latomias. Vid. Diod. Sic. l. XV, c. 6. — Egregiæ vere loquendi libertatis hoc exemplum cum ludo Catulliano minime convenit. Hoc sæpe peccat Doering., quod jocularitcr excogitata serio dicta putat. N.

1. *O Funde nost. s. Sab. s. Tib*

Situs nimirum fuit Catulli ager in Sabinorum et Latinorum finibus ita, ut commode ad utramque regionem referri posset. Fuit autem ager circa Tibur, oppidum Latii ad Anienem amnem, amœnissimus, cujus suavissimam descriptionem lege apud Horat. Od. I, 7, 11 seqq.

2. *Tiburtem* igitur Catullus, quum ob celebratam ejus regionis amœnitatem, tum ob majorem villulæ conciliandam dignitatem, fundum suum vocari maluit, quam *Sabinum*. Eadem de causa optat Horatius Od. II, 6, 5 seqq: « Tibur — Argeo positum colono Sit meæ sedes utinam senectæ ; Sit modus lasso maris et viarum Militiæque. » De *Tiburte* qui egerint, vide quos laudat Illustr. Heyne ad Virg. Æn. VII, Excurs. VIII, tom. III, p. 134.

3. *Lædere*, urere et pungere.

4. *Quovis pignore esse contend.* Satis nota hæc loquendi ratio vel ex Phædr. IV, 20, 5. — *Sacramento contendere* eodem sensu dixit Cic. in Epist. ad Div. VII, 32, ubi cf. de hoc dicendi genere Manutius.

7. Pro *expuli tussim* Scaliger et

Non immerenti quam mihi meus venter,
Dum sumptuosas appeto, dedit, coenas.
Nam, Sextianus dum volo esse conviva,
Orationem in Antium petitorem
Plenam veneni et pestilentiae legit.
Hic me gravedo frigida, et frequens tussis

Vossius malunt *exspui*, quod apud Terentium Eunuch. III, 1, 16 dicitur, *miseriam ex animo exspuere*. Sed haec levis causa ad proscribendam lectionem satis bonam, quae egregie stabiliri potest Horatii exemplo Epist. II, 2, 137, ubi est *expulit helleboro morbum*. Caeterum hic locus a Viris Doctis felicissime sanatus est ex corrupta et foeda MS. lectione *aliamque pectore* [vel *petere*] *expulsus sum, non immerenti quam mihi mens vertitur*, vel *mens veretur*, vel *mens vertur*, [ut in Stat. MSS.] vel *meus vertet* [uti in Muret. MS.]. Lambini liber *vorax venter*.

8. 9. *Non immer. quam mihi meus vent. Dum* etc. h. e. quàm, dum lautas et opiparas sector coenas, jure meritoque mihi [*dedit*] contraxit [*venter*] ventris mei voracitas. — Sic Plautinus quidam parasitus : « Has aerumnas mihi venter creat. » Mil. glor. I, 1. N.

10. *Sextianus conviva*. Haud dubie ad *Sextium* vel potius *Sestium* nostrum pertinent *dicta Sestiana* pro insulsis et ineptis apud Ciceron. ad Div. VII, 32, ad quem locum jam Victorius probatum ivit, eumdem ibi Sestium a Cicerone innui, quem Catullus in hoc carmine perstrinxerit. Fortasse de eodem valet, quod scribit Cic. ad Attic. VII, 17 : « In quo accusavi mecum ipsum Pompeium, qui quum scriptor luculentus esset, tantas res, atque eas, quae in omnium manus venturae essent, Sestio nostro scribendas dederit; itaque nihil unquam legi scriptum σηστιωδέστερον » h. e. magis insulsum et frigidum.

11. *Orat. in Ant.* de Antio nihil certi pronuntiari potest. Vossius intelligit C. *Antium Restionem*, qui legem tulit sumptuariam et proscriptus a triumviris anno U. C. 711. mira servi fidelitate evasit, testibus Macrobio et Appiano Alexandrino. — *Actium* vel *Attium* in plurimis, sed verior lectio videtur nostra, quam Stat. e lectione MSS. *minantium* bene restituit. *Munacii* in quibusdam vetustioribus. — *Petitorem* perperam Vulpius, et quos ille sequitur, de eo explicant, *qui in veste candida magistratum a populo petierit*. Immo *petitor* jam est auctor causae, qui petit et litem intendit, cui opponitur *unde petitur* h. e. reus, in quo sensu *petitor* passim apud Ciceronem dicitur, verb. causa in Orat. pro Roscio c. 14, edit. Graev. Cf. Ter. Eun. Prol. v. 11, 12. Pro reo igitur quodam in oratione ista pestifera contra actorem Antium causam dicere ausus fuerat Sestius.

12. *Plen. ven. et pestil.* Cf. supr. Carm. XIV, 19.

13. *Gravedo frigida*, morbus, qui, ut Celsus docet IV, 2 : « nares claudit, vocem obtundit, tussim siccam

## CARMEN XLIV.

Quassavit, usquedum in tuum sinum fugi,
Et me recuravi otioque et urtica.
Quare refectus maximas tibi grates
Ago, meum quod non es ulta peccatum.
Nec deprecor jam, si nefaria scripta
Sexti recepso, quin gravedinem et tussim
Non mi, sed ipsi Sextio ferat frigus,

15

20

movet;» est igitur *gravedo*, quod dicimus: Schnupfen und Catarre.

14. *In sinum tuum* eleganter summae familiaritatis et consuetudinis indicandae causa pro *ad te*. — *Sinus* est angulus terrae in quo quis latet beatus; opponitur hic τῷ *sumptuosas appeto coenas. Sinus famae* Tacit. Agric. c. 30, *sinus Imperii* Germ. 29. N.

15. *Procuravi* Scalig. *Et me curavi* in uno MS. Stat. qui conjicit: *Et me ne, curavi*, ut *ne* pro *quidem* dictum sit. *Ocymoque* Muret.

17. *Quae non es ulta peccatum* in MSS. Patav. Statii. *Quod non es* ulte *peccatum* emendat Gabriel Faernus, ut ad fundum referatur, quem sequitur Vulpius. *Non es ultu' peccatum* Muret. — Non optime cum antecedentibus *ulta* videtur cohaerere, si quidem *fundum* alloquitur Poeta et pergit v. 6, 7 *in tua villa;* at potuit *fundum* oblivisci, et *villam suam tiburtem* habere tunc in animo. Namque lectio Mureti obsoleta aevo Catulliano, et correctio Faerni paullo durior. Annon posset locus sanari scribendo *est* ulta sub. *villa?* vid.infra not. ad vers. 20. N.—*Meum peccatum*, quod temere me adduci passus sim, ut lautioris coenae causa hominem stultum adirem, qui paene me perderet et enecaret stultissimae orationis praelectione.

18. *Nec deprecor*, nec recuso et a me amolior. Loquendi genus usitatum, cf. Liv.

19. *Recepso* antique pro *recepero*. — *Sesti* et vers. seq. *Sestio* scribunt alii, quod rectum puto ob locum Ciceronis supra laudatum, ubi est σηστιωδέστερον. Cf. in hanc rem ad locum Cic. Leonard. Malhesp.

20. *Non mi, sed ipsi Sest.* explico : non mihi solum, sed ipsi quoque Sestio; quam quidem explicationem orationis nexus fere flagitat; huc accedit, quod particulae, *non, sed*, saepiuscule apud optimos scriptores poni solent pro *non modo, sed etiam*. Vid. Cort. ad Sallust. Jugurth. XIV, 23, p. 484 et Drackenborch. ad Liv. X, 6, Tom. III, p. 25, ad XXVIII, 26, Tom. IV, p. 226, et ad XXXVIII, p. 22, Tom. V, p. 199. — Non eget vocibus subauditis sensus, ut explicetur, quem pervertunt magis quam explanant. Catullus carmen lusorium ingenii lusu claudere voluit, atque ita dum se reum juris jurandi gravissimi facere primo simulat, repente in Sextii caput omne commissi reatus periculum deflectit. Hoc est, ni fallor, acumen. N. — *Ferat*. Quo pertineat illa vox non video nisi *villa* subaudias, qua deficiente sententia caret. Itaque libens crediderim et hic et v. 17 subesse hujus vim latentem. N.

Qui tunc vocat me, quum malum legit librum.

21. *Qui tunc voc. me, quum mal. leg. libr.* ex bono alias more apud Veteres fieri solebat, ut convocatis ad coenam amicis doctos labores praelegerent, et, priusquam illos publici juris facerent, eorum judicio subjicerent; sed non raro huic mori male indulgebant homines stulti, laudem stultissimis scriptis, quibus non parum sibi placebant Suffeni isti, per oblatas epulas a convivis paraturi. Huc pertinet Lucil. Epigr. LXXII, in Anal. Vet. Poet. Graec. Brunck. T. II, p. 331: « Ποιητὴς πανάριστος ἀληθῶς ἐστιν ἐκεῖνος, Ὅστις δειπνίζει τοὺς ἀκροασαμένους · Ἢν δ' ἀναγινώσκῃ, καὶ νήστιας οἴκαδε πέμπῃ, Εἰς αὐτὸν τρεπέτω τὴν ἰδίην μανίην. » De verbo *vocare* pro *invitare* vid. ad Carm. XLVII, 7 : « Quaerunt in triviis vocationes. »

## CARMEN XLV.

### DE ACME ET SEPTIMIO.

Acmen Septimius, suos amores,
Tenens in gremio, Mea, inquit, Acme,
Ni te perdite amo, atque amare porro
Omnes sum assidue paratus annos,
Quantum qui pote plurimum perire; 5

Arg. Versatur hoc carmen in ferventissimo Septimii et Acmes describendo amore, et declarando modo, quo mollissimos amoris sensus invicem sibi patefecerint. Septimius Acmen suam in gremio tenens, summum, quo erga illam flagrat semperque flagraturus sit, amoris ardorem perpetuae fidei obtestatione exponit primum; quem blande deinde excipit Acme dulci osculo, et multo vehementiorem, quo torreatur, erga illum amorem libere fassa propriam se illi per totam vitam dicat. — Sed huic amori, cui nunc demum Amor dexter adspirasse dicitur, v. 8, 9, et 17, 18, non respondisse antea videtur optatus successus, sive aspera primum fuerit Acme, sive alia impedimenta amori objecta fuerint. Caeterum miram in mutuo invicem sibi aperiendo amore simplicitatem et venustatem quilibet, opinor, in hoc dulcissimo mellitissimoque carmine mirabitur. Expressit hoc carmen Kretschmar. in Carm. Teuton. tom. II, p. 260.

1. *Suos amores*, amicam suam. Vid. ad Carm. X, 5.

3. *Porro*, in posterum; cf. Terent. Andr. prol. 2, Phorm. V, 7, 44. N.

5. *Quoi pote* in marg. libri Bibl. Bodleian. Oxon. — *Quant. qui pot.*

## CARMEN XLV.

Solus in Libya, Indiave tosta,
Cæsio veniam obvius Leoni.
Hoc ut dixit, Amor, sinistram ut ante,
Dextram sternuit approbationem.

*pl. per.* h. e. quantum ullus amator amicam suam perdite amare potest. *Perire* pro *deperire* cf. ad C. XXXV, 12.

6. *Solus in Lybia* pro sola in Libya h. e. deserta. *India tosta*, arida, torrida. Non bene autem a Nostro Africam cum India componi observat Barthius ad Stat. Silv. IV, 3, 137, quod equidem non video. Voluit et potuit Poeta jam quamlibet regionem remotiorem appellare, leones alentem, quod quidem de India æque ac Libya valere non dubium est, quamquam Libya leonum frequentia nobilior sit, et *Gætuli* inprimis *leones sæpe* apud poetas commemorentur.

7. *Cæsio leon.* τὸ *cæsius* male vulgo explicant de glauco leonis colore. Imo *cæsius* leo plane est, qui Homero Iliad. XX, 172, dicitur γλαυκιόων h. e. vultum truculentum præ se ferens, quia oculi cæsii truculentum quiddam habent. In quam sententiam recte etiam explicatur Minerva γλαυκῶπις. Vid. Hemsterhus. ad Luc. T. I, p. 226, et Heins. ad Ovid. Art. Amand. II, 659. Terribilis autem leonis vultus multo gravius quam ejus color ab Homero et aliis poetis in adjunctis exprimi solet. Hinc σμερδαλέος Iliad. XVIII, 579, χαροπὸς Odyss. XI, 610. —*Obvius veniam* sc. ut me sceleratum et perfidum discerpat. Sceleratos enim præcipue a feris peti, vulgaris ferebat Veterum opinio. Hinc Horat. « integrum vitæ scelerisque purum se prædicans, sponte se inermem lupum in silva Sabina fugisse » canit Od. I, 22, 9, sqq.

8. *Sinistra ut ante Dextra sternuit approbatione* MSS. fere omnes et editt. veter. nec video, cur non ita loqui potuerit Catullus : nostram lectionem produxit Statius ex MSC. Patavino altero. — *Hoc ut dixit Amor sinister ante, Dextram sternuit adprobationem* Vossius, qui in quibusdam libris invenerat *sinistrante ante.* Cæteris lectionis monstris futilibusque recensendis conjecturis chartam perdere nolo. — *Hoc ut dixit, Am. sin. ut*, etc. Sensus est : ab hoc tempore et hoc amoris declarandi modo favere cœpit Amor Septimii et Acmes amori, cui antea minus favere visus est. — Probanda Vossii correctio videtur; namque non satis intelligo quid sit *approbatio sinistra*, approbatio improbans? *Sinister ante* recepto, rectus fit sensus verborum facilisque connexio. Sic apud Senec. Troad. 983, « Quis tam sinister dividit captas Deus? » N.

9. *Sternuere dextr. approb.* est omen faustum, *sinistr. appr.* omen infaustum sternuendo prædicere. Sternutamenta enim jam antiquissimis temporibus ad bona auspicia pertinuisse apparet ex Homero, ubi faustum eventum ex Telemachi sternutatione auguratur Penel. Odyss. XVII, 545. Sic de Menelao apud

At Acme leviter caput reflectens,
Et dulcis pueri ebrios ocellos
Illo purpureo ore suaviata,
Sic, inquit, mea vita, Septimille,
Huic uno domino usque serviamus, 10

Theocrit. Idyll. XVIII, 16. «Ὄλβιε γάμβρ', ἀγαθός τις ἐπέπταρεν ἐρχομένῳ τοι ἐς Σπάρταν. . . . » Hinc vulgaris illa, qua sternuentes apud Veteres excipiebantur, cantilena Ζεῦ σῶσον. Translatum igitur est *sternuere* inde ab hominibus vel ad Deos, qui coeptis propitii adessent, praecipue ad Amorem, amantium votis obsecundantem; Theocr. Idyll. VII, 96 : Σιμιχίδᾳ μὲν Ἔρωτες ἐπέπταρον. Propert. II, 3, 24 : «Num tibi nascenti primis, mea vita, diebus Aureus argutum sternuit omen Amor?» vel ad alias boni ominis res, verbi causa ad crepitantem lucernae stridorem apud Ovid. Heroid. XIX, 151. Vide in hanc rem Interpretes ad locos laudatos, praecipue Burmann. Sec. ad locum Propert. et quos laudat Pet. Burmann. ad Ovid. l. c. Memorabile autem est in nostro loco, quod Amor *sinistram* quoque *approbationem* sternuisse dicitur; unde non ad bona solum, sed etiam ad mala omina relata fuisse sternutamenta recte colligi potest, quod egregie confirmat locus Frontin. Stratag. I, c. 12, §. 11.

10. *Levit. cap. refl.* nota est simillima illa Licymniae osculationis descriptio apud Horat. Od. II, 12, 25 : «Dum flagrantia detorquet ad oscula cervicem. »

11. *Ebrios ocellos*, ebrii oculi sunt, quos vocat Quintilianus lib.

XI, c. 3, « lascivos et mobiles aut natantes et quadam voluptate suffusos, etc. » Eodem plane sensu oculi vocantur apud Graecos ὑγροί, vid. Fischer. ad Anacr. Od. XXVII, 21, imprimis Bergler. ad Alciphr. p. 117, et quae de oculorum petulantia copiose notarunt Interpret. ad Petron. cap. CXXVI.

12. *Illo purpureo ore*, h. e. pulchro. Nihil amplius, ut recte Bentl. ad Hor. Od. III, 3, 12 ; sed observa vim in pronomine *illo*, h. e. cum nullo alio comparando. — *Saviata* Meleager.

13. *Sic, inquit, mea vita*, etc. Particula *sic* respondet τῷ *ut* v. 15. Sensus est : quam certe ego te multo ardentius amo, tam certe semper ego meam tibi uni probabo fidem. Est igitur jurisjurandi genus ; expende verborum ornatum.

14. *Huic uni* perperam in quibusdam ; nam amat Catullus formam hujus vocis antiquam, ut supr. Carm. XVII, 17. — *Huic uno domino* δεικτικῶς et eleganter pro : tibi. *Serviamus*; eleganter hoc verbum ad amorem transfertur Terent. Eun. V. 8, 3, Ovid. Amor. II, 17, 1, ut δουλεύειν apud Graecos. Vid. Dorvill. ad Chariton. II, c. 17, p. 319, edit. Lips. Suaviter autem et molliter jam Acme Septimium suum *dominum* vocat, quum alias solae puellae apud poetas in amore audiant *dominae*, quibus pro-

## CARMEN XLVI.

Ut multo mihi major acriorque
Ignis mollibus ardet in medullis.
Hoc ut dixit, Amor, sinistram ut ante,
Dextram sternuit approbationem.
Nunc ab auspicio bono profecti,
Mutuis animis amant, amantur.
Unam Septimius misellus Acmen
Mavolt, quam Syrias Britanniasque;
Uno in Septimio fidelis Acme
Facit delicias, libidinesque.
Quis ullos homines beatiores
Vidit? quis Venerem auspicatiorem?

prie *servire* dicuntur amatores. Nisi quis forte verba: *Huic uno domino:* suavissima imagine δεικτικῶς ad *Amorem* tanquam praesentem referre malit. Et sic similiter infr. Carm. LXI, 134, dicitur: *servire*

*Thalassio.* — Multo potior haec interpretatio. N.

19. *Nunc ab auspic. bon. prof.* h. e. laetis ominibus amorem exorsi.

21. *Misellus* der Zärtliche. Cf. ad Carm. XXXV, 14.

## CARMEN XLVI.

### AD SE IPSUM DE ADVENTU VERIS.

Jam ver egelidos refert tepores,
Jam caeli furor aequinoctialis

Arg. Catullus quum esset in Bithynia, quem male ibi in comitatu Memmii se habuisse constat ex Carm. X, et XXVII, sub adventu veris, quo discessum ex Bithynia apparaturus erat, exsultat prae laetitia, et dulcissimam, quam ex hac in aliam regionem instituendo itinere capturus sit voluptatem, jamjam animo praesentiscit. Laeto igitur animo valedicit comitibus.

1. *Egelidos tepores.* Egelidus est gelu expers, et dicitur de tepidis et mollioribus sub veris reditu aurae flatibus. Hinc *ver egelidum* apud Columell. X, 282, ubi vid. de hac voce Beroaldus.

2. *Furor caeli aequinoctialis*, sublimius et exquisitius de ventis sub aequinoctium inprimis furere et bacchari solitis; videtur igitur scriptum hoc carmen post aequino-

Jucundis Zephyri silescit auris.
Linquantur Phrygii, Catulle, campi,
Nicaeaeque ager uber aestuosae.
Ad claras Asiae volemus urbes.
Jam mens praetrepidans avet vagari;
Jam laeti studio pedes vigescunt.
O dulces comitum valete coetus,
Longe quos simul a domo profectos
Diverse variae viae reportant.

ctium. Statius et alii parum commode *aequinoctialis* ad *Zephyri* trahunt, at Vossius et Vulpius *aequinoctialis* referunt ad *caeli*. Ego jungo *aequinoctialis furor*.

4. *Phrygii campi:* Bithynia enim antiquitus fuit pars Phrygiae minoris.

5. *Nicaeaeq. ag. ub. aest.* Vide de hac urbe Strabon. lib. XII, p. 389, [edit. Casaub.] ubi Nicaeam, μητρόπολιν τῆς Βιθυνίας vocat, et ejus πεδίον μέγα καὶ εὐδαιμον laudat. *Aestuosa* ex explicatione Vossii dicitur Nicaea, quod, quo vehementius ibi, teste Galeno, ob crassiorem aerem hyemali tempore saeviret frigus, eo gravior deinde, ut docet Aristoteles, ibidem ferveret calor.

6. *Ad clar. Asiae urb.* huc refer Pergamum, Smyrnam, Ephesum, Miletum et alias. Cf. omnino Ducker ad Liv. XXVI, 24, §. 9, tom. III, p. 1104, edit. Drackenb.

7. *Mens praetrepidans.* Praetrepidare eleganter de iis, qui morae sunt impatientes et prae laetitia, vel cupidine alicujus rei, quam mox suscepturi sunt, sicut equi generosi, ut hoc exemplo utar, frenum mordentes, trepidant.

8. *Jam laet. stud. ped. vig.* versus ornatissimus pro vulgari: jam pedes prompti et parati sunt ad ingrediendum iter. *Studio* sc. ambulandi. Vulpius, qui *pedes* de navium pedibus explicat, egregie, ut passim, ineptit. — Haud satis beneficiorum memor Doering. qui plurima a Vulpio tacitus mutuavit. N.

9. *O dulc. comit.* Haud dubie intelligit caeteros ex cohorte Memmii.

11. *Diverse,* in diversas terrae regiones. — *Diverse varie* liber Heinsii. *Diversos variae* in MSC. teste editore Cantabrig. quam lectionem servavit Vulpius. *Diversae varie* vel *diversae et variae* in quibusdam.

## CARMEN XLVII.

### AD PORCIUM ET SOCRATIONEM.

Porci et Socration, duæ sinistræ
Pisonis, scabies famesque Memmi;

Arg. Catullus quum homines nequissimos, Porcium et Socrationa, ob inhonestum, quo Pisonis habendi cupiditati velificabantur, studium, bene et laute, at sodales suos Veranniolum et Fabullum, quibus isti nebulones prælati essent a Pisone, maligne et duriter vivere videret, animi sui indignationem de hac iniqua sorte abjectis istis hominibus hoc carmine declarat. — Verum nomen *Verannius,* quod blande imminuitur.

1. *Duæ sinistr. Pisonis.* Hoc est, quorum opera egregie uti poterat Piso in surripiendis aliorum donis; de *manu sinistra,* furto infami, vid. supr. ad Carm. XII, 1. Erant igitur Porcius et Socration ministri et quasi instrumenta Pisonis nequitiæ; iidem paulo audacius mox vocantur *scabies et fames Memmi* ideo, quod Memmii avaritiæ ita inservire studebant, ut istius *scabiem et famem* in semetipsis referrent, et eadem, qua ipse, aliorum bonis rapacitate inhiarent. *Der Abdruck von Memmius immer reizenden Haabsucht und Geldhunger.* Scabies de nimio et prurienti quasi lucrandi studio dicitur aupud Hor. Epist. I, 12, 14: «Quum tu inter scabiem tantam et contagia lucri Nil parvum sapias,» et *auri sacra fames* de insana habendi cupiditate ex Virgilio satis nota est. Videant de hac mea explicatione doctiores — Scabies est morbus carnis edax, proprio sensu, et translate quævis omnia corrodens pestis. Itaque audacia vere poetica satellites Memmii Catullus vocat *scabiem et famem* hujus viri, nempe quos velut duas pestes in provinciales immittebat quodlibet obvium devoraturas. Sic apud Virg. Georg. III, 552: « emissa tenebris Pallida Tisiphone morbos agit ante metumque. N.

2. In plerisque editt. præter Vulp. recepta est lectio *famesque mundi,* quam quidem omnes libros MSSC. nisi quod in nonnullis pro *mundi* sit *mondi* vel *mandi,* præ se ferre testantur Achill. Stat. et Janus Meleager. Sed ex mea sententia totus locus friget, nisi viri cujusdam nomen jungatur substantivis *scabies famesque.* Jam vero quum Scaliger in libro suo invenerit: *scabiesque Memmi,* eandemque lectionem offerat edit. Venet. ab anno 1493 et Gryph. ab anno 1537, servandam et revocandam illam putavi, præcipue quum Catullus eosdem bonos viros Pisonem et Memmium jam secum composuerit eorumque impuritatem perstrinxerit supra Carm. XXVIII. — Cæterum de *Memmii* avaritia et illiberalitate vid. ad Carm. X, de *Pisonis* ad Carm. XXVIII.

Vos Veranniolo meo et Fabullo
Verpus præposuit Priapus ille?
Vos convivia lauta sumptuose
De die facitis; mei sodales
Quærunt in triviis vocationes?

4. *Verpus Priapus ille*, proprie salacissimus iste homo Piso, quasi totus penis. Sed puto hac obscena imagine nil nisi sordidissimam Pisonis avaritiam et turpitudinem notari, ut supra Carm. XXVIII, 12 ; « nam nihil minore verpa Farti estis. » Idem valebat de voce *inrumator*, vid. nos ad Carm. X, 12, et verbo *inrumare* Carm. XXXVII, 8. — Errat Doering., quum hujus probri explicandi gratia lectorem ad Carm. XXVIII, XXXVII reducit, quæ huc non pertinent. Novum est *verpus Priapus* spurcæ objurgationis genus, quod Catullus ex duobus inter se pugnantibus concinnat, siquidem quasi decurtatum Priapum appellat Pisonem. N.

6. *De die*, hoc est, statim a meridie, sive multa adhuc die; eodem modo passim apud Ciceronem dicitur *de nocte* pro : statim a media nocte, sive multa adhuc nocte ; *convivia* igitur *de die* sunt *tempestiva.* Vid. Interpretes ad Curt. V, 7, 2. ubi est *de die convivia inire.* Conf. Burmann. ad Phædr. III, 10, 20. Sic Græci ἀφ' ἡμέρας πίνειν. Vid. Toup. Emend. in Suid. P. III, p. 221. Horat. Sat. I, 8, 2, « de medio potare die. » Cic. Philipp. II,

34 « jamjam minime miror te....... cum perditissimis latronibus non solum de die, sed etiam in diem vivere.

7. *Mei sodales Quærunt in triv. vocat.*, at sodales mei in triviis exspectare debent invitationes ad cœnam? *vocationes* sunt *invitationes*, quemadmodum *vocare* [καλεῖν apud Græcos] simpliciter pro *invitare* dicitur, ut supr. Carm. XLIV, 21, cf. Cort. ad Plin. Epist. X, 117. Hinc servi ad cœnam invitantes dicti sunt *vocatores*, Græcis κλήτορες. Vid. Rittershus. ad Oppian. Halieut. III, 232, p. 270, qui pluscula in hanc rem dabit. *In triviis*, respexit fortasse poeta cœnam Hecatæ, in cujus honorem sub initium cujusque mensis apud Athenienses præcipue a ditioribus cœna instructa et in triviis proposita fuit, ut diriperetur a pauperibus : de qua re vid. Hemsterhus. ad Lucian. tom. I, p. 330.——Non mihi placent Doeringii argutiæ in his vocibus explicandis; rectus nudusque sensus est : « in triviis, passim in locis vulgo celebratis. » Sic apud Plaut. parasiti quærunt per forum et lacessunt ultro qui vocent. Captiv. III, 1. Stich. I, 3. N.

## CARMEN XLVIII.

#### AD JUVENTIUM.

MELLITOS oculos tuos, Juventi,
Si quis me sinat usque basiare,
Usque ad millia basiem trecenta,
Nec unquam saturum inde cor futurum est;
Non si densior aridis aristis
Sit nostræ seges osculationis.

ARG. Juventium, puerum formosum, a quopiam sibi deosculandum dari optat, cujus ne numerosissima quidem osculorum copia se expletum iri ait. Cf. In eumdem Juventum Carm. XXIV.

1. *Mellit. ocul.* de more osculandi oculos vid. ad Carm. IX, 9, et cf. XLV, 11.

4. *Nec unquam satur. inde cor futur.* Nam ut Theocrit. canit Idyll. III, 20: «Ἔστι καὶ ἐν κενεοῖσι φιλήμασιν ἁδέα τέρψις.» — *Nec unquam videar satur futurus* edit. Gryph. *Inde cor satur futurus* invenit Stat. in MS. unde tentat *Nec mi unquam videor satur futurus.* Vossius defendit librorum veterum scripturam *Nec unquam inde ero satur futurus*, quam se invenisse etiam in L. MS. et Edit. R. affirmat editor Cantabrigiensis, qui transposita voce *satur* versum sic concinnandum putat: *Nec unquam satur inde ero futurus.* Quam nos dedimus lectionem satis bonam, jam est in edit. Venet. ab an. 1493.

5. *Non si dens. arid. ar. sit seg.* etc. Versus suavissimi et ornatissimi! *aristarum* comparatione ad ingentem alicujus rei significandum numerum et alii poetæ passim usi sunt. Ovid. Epist. ex Ponto II, 7, 25: «Cinyphiæ segetis citius numerabis aristas.» Cum *arena Libyssa* infinitam osculorum copiam comparat Noster supr. Carm. VII, 2 — Cf. et Carm. LXI, 206 — 209.

## CARMEN XLIX.

### AD M. T. CICERONEM.

Disertissime Romuli nepotum
Quot sunt, quotque fuere, Marce Tulli,
Quotque post aliis erunt in annis;
Gratias tibi maximas Catullus
Agit, pessimus omnium poeta; 5
Tanto pessimus omnium poeta,
Quanto tu optimus omnium patronus.

Arg. M. T. Ciceroni, cui obstrictus pro re quapiam tenebatur Catullus, gratias in hoc carmine agit, quas potest maximas, et quanto ipse se omnibus poetis inferiorem fatetur, tanto illum omnes oratores eloquentia superare ait.

2. *Quot sunt, quotque fuere*, nota loquendi forma de rebus vel hominibus incomparabilibus. Sic supr. Carm. XXIV, 1 — 4: «O qui flosculus es Juventiorum, Non horum modo, sed quot aut fuerunt, Aut posthac aliis erunt in annis.» Cf. supr. Carm. XXI, 2 et 3.

6. *Tanto pessimus omnium poeta.* Hunc versum abesse in melioribus libris affirmat Vossius, quo quidem sublato nec sensum turbari idem existimat; quum *quantus*, *qualis* et similia pronomina absque relativis poni soleant; quod quamvis in nonnullis locis verum est, vid. Drackenborch. ad Liv. IX, 36, § 2, Tom. II, p. 985; id tamen parum commode huic loco accommodari posse videtur. Librariorum fortasse incuria ob verborum repetitionem, ut sæpe factum est, hic versus excidit.

## CARMEN L.

### AD LICINIUM.

Hesterno, Licini, die otiosi

Arg. Convenerat die quodam inter Catullum et Calvum Licinium otio, quo fruebantur, ita uti, ut versibus invicem se lacesserent, et alter ad alterius in Catulli tabellis scriptos versus responderet. In quo quidem certamine poetico Calvi sale et leporibus ita abreptus fuit

## CARMEN L. 149

Multum lusimus in meis tabellis,
Ut convenerat esse; delicatos
Scribens versiculos uterque nostrum,
Ludebat numero modo hoc, modo illoc,
Reddens mutua per jocum atque vinum.
Atque illinc abii, tuo lepore
Incensus, Licini, facetiisque,
Ut nec me miserum cibus juvaret,

Catulli animus, ut domum reversus, quum totus esset in repetendis et admirandis Calvi facetiis atque leporibus, nec cibo nec somno juvaretur. Scripsit igitur in hac ipsa graviori animi affectione hoc poemation, quo misso non solum indomitum, quo ob privatam ejus absentia voluptatem nunc crucietur, significaret dolorem Licinio, sed eundem quoque, ut summo, quo flagret, secum versandi colloquendique quam primum satisfaciat desiderio, per Nemesin obtestaretur. De Calvo Lic. vid. sup. ad Carm. XIV.

2. *Multum lusim. in meis tab.* Versibus enim αὐτοσχεδίαστί in pugillaribus exaratis boni etiam nonnunquam poetæ animi causa ludere solebant, frequentius tamen poetæ deterioris notæ. Horat. Sat. I, 4, 13 seqq: « Ecce Crispinus minimo me provocat: Accipe, si vis, Accipe jam tabulas, detur nobis locus, hora, Custodes: videamus, uter plus scribere possit. » — Cf. Cl. Raoul-Rochette ( Mém. de l'Académie des Inscr. et B. L. Tom. V, in-4°, 1821), docte de extemporali carmine disputans. N.

3. *Ut convenerat esse,* supple *otiosos,* et explica: *ut conventum inter nos fuerat hoc die esse otiosos;* sic omnis, puto, qua impediti tenentur interpretes, remota erit difficultas. Male in editione Bipont. et aliis interpungitur post *delicatos,* quod ad versiculos referendum est ; *delicati versiculi* sunt jocosi. — *Ut convenerat esse, dedicatos* in Patavin. altero, male!

6. *Reddens mutua* sc. *carmina,* quod sæpe omitti solet. Sic apud Virgil. Eclog. VII, 22 : « proxima Phœbi Versibus ille facit. » Ubi si ad *proxima* supples *carmina,* non opus est cum *Heynio* statuere τὸ *proxima* tanquam neutrum absolute positum esse pro *proximos.* Cf. Virg. Eclog. IX, 36, et Æn. II, 239. *Reddere mutua* igitur est quasi *alternis canere.* — *Per jocum atque vinum* insolentius dictum videtur *per vinum;* sed vid. exempla apud Drackenborch. ad Liv. LX, 7, 9, Tom. V, p. 439. Supra dicebatur Carm. XII, 2, *in joco atque vino.*

7. *Illinc abii,* ex hoc certamine.

8. *Incensus* non ira ob præreptam sibi in hoc certamine a Calvo palmam, sed in bono sensu: facetiarum admiratione inflammatus, plane iis abreptus et in una harum facetiarum cogitatione defixus.

9. *Me miserum,* vehementiori animi affectione impeditum.

Nec somnus tegeret quiete ocellos,
Sed toto indomitus furore lecto
Versarer, cupiens videre lucem,
Ut tecum loquerer, simulque ut essem.
At defessa labore membra postquam
Semimortua lectulo jacebant,
Hoc, jucunde, tibi poema feci,
Ex quo perspiceres meum dolorem.
Nunc audax, cave, sis; precesque nostras,
Oramus, cave despuas, ocelle,
Ne poenas Nemesis reposcat a te;
Est vehemens Dea; laedere hanc caveto.

10. *Nec somnus tegeret quiete ocellos.* Ornate additum est τὸ *quiete. Indomitus* sc. *somno*, *furore*, ob furorem. Vincere igitur et domare furentem et nimium sibi indulgentem animum somnus nequibat.

14-15. Versus ornatissimi! *defessa labore* versando et circumagitando *membra semimortua* elanguida, inertia et adeo viribus exhausta, ut vix amplius versari et promoveri in lectulo possent, qualia fere sunt, quae morte appropinquante deficere incipiunt. N.

17. *Meum dolorem*, quem tui desiderio capio.

18. *Precesque nostras* refer ad vers. 13. Optat nimirum et precatur, ut quamprimum Calvus una secum esse velit.

19. *Despuas*, respuas et a te amoliaris; ductum inde, quod, qui rem mali ominis vel etiam homines sibi invisos aversarentur, ter in sinum despuere solebant. Tibull. I, 2, 96. Theocrit. Idyll. VI, 39 et XX, 11. — Vid. et Plaut. Asinar. I, 1, 26. — *Ocelle,* carissime, quem jam supra Carm. XIV, 1, «plus oculis a se amari» dixit.—*Cave despuas ocello* vitiose in quibusdam quum vett. tum recentioribus; nam quis unquam dixerit: «ocello alicuem despuere?»—*Ocelle, ocule,* in blanditiis amantum saepissime usurpatur; cf. Plaut. Cistell. I, 1, 55. Lucret. I, 3, 47 et passim.

20. *Nemesis* superbiae ultrix. Macrob. Saturn. I, c. 21. «Nemesis quae contra superbiam colitur.» Cf. Vulp. et *Herderum* in *zerstreute Blätter* T. II, p. 230 seqq. — «Ne poenas Nemesis reponat: Ate est vehemens Dea» Meleag. Voss. et editor Cantabrig. sed quilibet, opinor, vulgatam sine haesitatione praeferet.

21. *Est vehemens dea:* graviter superbos ulcisci solens. Βαρὺς θεός.

## CARMEN LI.

#### AD LESBIAM.

Ille mihi par esse Deo videtur,

Arg. Beatum et vere divina sorte, vel si quid ultra, illum frui putat, cui tam felici esse contingat, ut Lesbiam contra intueri et dulces ejus voces captare possit, qua quidem obtingente sibi felicitate sensibus adeo se privari et furore corripi fatetur. — Quam studiose Graecorum vestigia presserit Catullus, vel ex hoc carmine dilucide apparet, quod ad singula verba paene, ut infra, Carm. LXVI, de coma Berenices ex Callimacho, expressum et translatum dedit ex Sapphus quodam carmine, servato illo nobis a Longino de Sublimitate cap. X, ubi si quis acutissimi harum elegantiarum arbitri de sublimitate hujus carminis legerit judicium, nec meam nec me peritiorum, opinor, commendationem desiderabit.—In gratiam juvenum, ut, perfectissimo verae simplicitatis et naturalis pulchritudinis exemplo ante oculos posito, summam, nisi omni sensu pulchri destituti sint, ex instituta utriusque carminis comparatione percipiant voluptatem, subjiciendum curabo venustissimum Sapphus odarion, modo de nexu ultimae strophae, quam sensu suo ductus Sapphicae imitationi Catullus addidit, quaedam praemisero. Profecto enim in explicando hoc carmine vere et turpiter abusi sunt *otio*, qui quum nexum ultimae strophae cum caetero carmine sensu suo non possent assequi, insulsissima ad hunc locum vendere et lectoribus obtrudere non erubescerent judicia. Sic *Vossius* Catullum *otio* in adeo tenui re, vertendo Sapphus carmine, diutius abuti nolentem abrupisse et hoc nomine ultimam stropham addidisse censet, quo quid ineptius a viro docto vix dici et in medium proferri potuit; alii, qui mollius de Catulli ingenio sentirent, fragmentum certe alius carminis, cujus initium perierit, putarunt. — Haud raro nimirum factum est, ut in locis poetarum pulcherrimis, praecipue iis, ubi amatorum modo ferventissimo amore flagrantium, modo eidem renunciantium, modo supplicantium, modo superbientium, modo laudantium, modo objurgantium, modo exsultantium, modo dolentium, egregie se invicem quasi trudentes animi motus expressi eorumque imagines vivis coloribus adumbratae sunt, egregie hallucinarentur eorum interpretes et frustra cogitationum nexum quaerentes istos locos impugnarent, turbarent, luxarent vel certe reprehenderent. Qua quidem in re prae caeteris turbas dedisse *magnum Scaligerum* ex ejus trajectionibus in Tibullo et Propertio audacter tentatis satis constat. At profecto non sola doctrinae copia [quam quis ausit derogare Scaligero, Vossio et aliis?] in explicandis poetarum car-

Ille, si fas est, superare Divos,
Qui sedens adversus itentidem te

minibus juvamur, sed feliciter in iis interpretandis versaturi, eorum sensum potius quasi induere, eorum statum et conditionem subire et in animo nostro in eorum locum nos surrogare debemus. In quam rem vide, quæ præclare disputat *Heyne* ad Tibull. de codic. et editt. p. XVI, ed. nov. Idem valet de ultima stropha παρὰ προσδοκίαν carmini nostro addita, qua ex meo quidem sensu maxima omnino eidem conciliatur dignitas et majestas. Quod si enim tibi finxeris Catullum, quum imitationem Sapphicam ad Lesbiam suam translatam pæne finierat, seriori cogitatione instituta et causa insani amoris et ineptiarum in *otio* inventa, post breve temporis intervallum in hæc verba erupisse: «Otium Catulle, tibi molestum est,» haud scio, an hic locus inter præstantissimos Catulli locos habendus et gravitate cæteris omnibus præferendus sit? — In eodem animi statu, quo ultima hujus carminis stropha scripta est, scriptum etiam videtur Carm. VIII: «Miser Catulle, desinas ineptire:» et sic sæpe apud amantes repugnantes plane invicem se excipiunt animi motus. Sic Tibullus I, 4, 75 — 81, qui modo jactanter se professus fuerat magistrum spretis amatoribus, et cuilibet se additurо Veneris præcepta promiserat, eodem fere momento v. 82 infra, furit, nec ulla arte indomito amoris, furori resistere potest. Sic apud Terentium in Eunucho Phædria, in cujus mira arte adumbrato charactere absolutissimum veri amatoris habes exemplum, modo æstuat, modo animi mollitiem ejicere tentat, modo ad pristinam insaniam redit. — Nec tamen in amore tantum ejusmodi conversiones apud magnos et lyricos præcipue poetas locum habent, sed etiam in tractandis aliis rerum argumentis quum gravioribus tum ludicris. Sic Noster supra Carm. XXII, postquam salse perstrinxerat Suffeni φιλαυτίαν, repente ad se redit vs. 18, ubi cf. argumentum. — Cf. quæ de illa strophe ingeniose disputat Abbas Arnaud *Mém. de l'Acad. des insc. et Bell. Lett.* t. XLIX, p. 245, cum Doer. consentiens. N. — Sed ut in gratiam redeam cum iis, quibus levia forte, quæ in hanc rem attexere sustinui, videantur, opponam nunc Sapphus odarion, ut legitur illud apud Longin. ex recensione Mori p. 62—66:
« Φαίνεταί μοι κῆνος ἴσος θεοῖσιν Ἔμμεν᾽ ὠνήρ, ὅστις ἐναντίος τοι Ἰζάνει, καὶ πλασίον ἀδὺ φωνεύ—σας ὑπακούει, Καὶ γελαῖς ἱμερόεν· τό μοι τὰν Καρδίαν ἐν στήθεσιν ἐπτόασεν· Ὡς γὰρ εἴδω σε, βροχέως με φωνᾶς Οὐδὲν ἔτ᾽ ἴκει· Ἀλλὰ καμμὲν γλῶσσα ἔαγε· λεπτὸν δ᾽ Αὐτίκα χρῷ πῦρ ὑποδεδρόμακιν· Ὀππάτεσσιν δ᾽ οὐδὲν ὄρημ᾽, ἐπιῤῥομ— βεῦσι δ᾽ ἀκουαί. »

1. *Mihi.* Poetæ *mi* pro *mihi* sæpius adhibent. Lucret. III, 106, Virg. Æn. VI, 104, et Catullus ipse c. V, 7, XIV, 10 et alibi. Itaque velim hic restitui *mi*, ut Sapphicus rectius consistat, qui trochæum, non dactylum, in prima sede recipere solet. N.

3. *Sedens adversus*, e regione, ἐναντίος. Francogalli: *vis à vis*.

## CARMEN LI.

      Spectat et audit
Dulce ridentem, misero quod omnes
Eripit sensus mihi : nam simul te,
Lesbia, adspexi, nihil est super mi
        \*   \*   \*
Lingua sed torpet : tenuis sub artus
Flamma dimanat : sonitu suopte
Tintinant aures : gemina teguntur
      Lumina nocte.
Otium, Catulle, tibi molestum est;

5. *Dulce ridentem.* Notissimus ille locus Hor. Od. I, 1, 22. 23 : «Dulce ridentem Lalagen amabo, Dulce loquentem. » — *Quod* intellige τὸ *spectare et audire Lesbium.* — *Misero mihi*, misere mihi amanti. — Supra Carm. XLV, 21 *misellus Septimius.*

6. *Simul* pro *simulac*, ut sexcenties etiam in pedestris orationis scriptoribus.

7. *Suprema* in nonnullis apud Stat. \* \* \* Hanc lacunam olim explevit Parthenius ita : «Quod loquar amens, » et Corradinus de Allio : «voce loquendum.» Certe tale quid postulant verba græca βροχέως με φωνᾶς οὐδὲν ἔτ' εἴκει. Sed quis ausit in textum recipere, quod in ejusmodi veterum scriptorum lacunis non nisi ingenio V V. D D. suppletum et prolatum fuit ; æque ac si quis quartam sapphici carminis stropham, quam intactam reliquerat Catullus, a Statio, Jan. Dousa fil. et aliis imitatione expressam Catullianæ imitationi sociare velit.

9. *Lingua sed torpet :* signum ferventissimi amoris. Sic in veteris carminis fragmento Æditui, quod servavit Gellius Noct. Attic. c. 9, *verba labris abire* in amore dicuntur. Hor. Epod. XI, 9, *languor et silentium amantem arguit.* Cf. eundem Od. IV, 1, 35, 36 et *Lessingii Schriften, dritter Theil* pag. 50. — *Tenuis flamma*, subtilis et mollis. *Tenues* in quibusdam, male ! nam est in Sapphus carmine, λεπτὸν πῦρ.

10. *Dimanat*, permeat : *dimanare* autem, quod proprie de rebus fluidis dicitur, eleganter jam transfertur ad ignem tacite et celeriter serpontem. Sic *manare* et *permanare* apud Lucret. et alios de *igne* dicitur. — *Suapte* pro *sponte* absolute positum vult Vossius, in quam rem laudat Lucret. VI, 755, sed ibi in optimis libris legitur *sua vi.*

11. *Tinniunt* Muret. Gryph.

13. *Otium, Catulle, tibi molest.* Comparandus omnino cum nostro locus suavissimus Ovidii Remed. Amor. dignus ille profecto, qui totus a vers. 135 — 151 et seqq. ab omnibus juvenibus iterum iterumque legatur, et in succum et sanguinem, quod vulgo aiunt, vertatur. Quædam saltem ex illo delibare liceat ; 139 seqq : «Otia si tollas, periere Cupidinis arcus ; Contemptæque jacent, et sine luce, faces. Quàm platanus vino gaudet,

Otio exsultas, nimiumque gestis;
Otium et reges prius, et beatas     15
Perdidit urbes.

quam populus unda, Et quam limosa canna palustris humo, Tam Venus otia amat. Qui finem quæris amoris, (Cedit amor rebus) res age : tutus eris.» Et paulo post v. 149 : « Desidiam puer ille [Amor]

sequi solet, odit agentes; Da vacuæ menti, quo teneatur, opus.» Cf. Terent. Heautont. I, 1, 57.

15. *Otium et reges* etc. Vid. quæ ad hanc sententiam illustrandam attulerunt Statius et Vulpius.

## CARMEN LII.

### AD SE IPSUM DE STRUMA ET VATINIO.

Quid est, Catulle, quid moraris emori?
Sella in curuli Struma Nonius sedet;

Arg. Catullus, quum homines indignissimos, Nonium Strumam et Vatinium, ad summos honores, hunc quidem ad consulatum, illum ad ædilitatem præturamve evectos videret, ob vix ferendam rei indignitatem non amplius in terra sibi morandum putat. — Simili fere animi indignatione Horat. Epod. IV, invehitur in Mænam, Pompeii libertum, qui levitate et perfidia usque eo pervenerat, ut non solum divitiis, sed equestri splendore adeo superbiret.

1. *Quod moraris* Muret. cujus lectionis patrocinium in se suscepit Vulpius usus auctoritate Ciceronis, qui semper dicere soleat : *quid, quod.* Sed in omnibus, quæ produxit, exemplis τῷ *quod* conjunctivus jungitur; et sic debebat etiam esse : *mœreris;* at omnes codices et libri veteres conspirant in lectionem

*quid,* quæ multo magis animum concitatiorem exprimit.

2. *Struma Nonius.* Meminit ejus Plin. Hist. Natur. XXXVII, 21, cujus distinguendi causa addit : «quem Q. Catullus poeta in Sella curuli visum indigne tulit» — *Struma* est cognomen a struma, cervicis quodam tumore; cujusmodi multi apud veteres a nævis corporis traxerunt cognomina; ad locum Plinii de hac gente agit *Harduinus*. Cæterum quum aliunde, quos honores gesserit Nonius, non constet, ex sella curuli, magistratuum majorum insigni, in qua sedisse dicitur, Censorem vel Prætorem Ædilemve illum fuisse certe colligere possumus. *Sedet* cum contemptu de homine ignavo et stulto. Cf. ad Carm. XXXVII, 6. — Plano sensu hic τὸ *sedet* sumitur, non contemptim, neque componendum

## CARMEN LII.

Per consulatum pejerat Vatinius.
Quid est, Catulle, quid moraris emori?

cum v. 6. Carm. XXXVII. Vitium est quærere et excogitare subtiliores in scriptis veterum interpretandis lepores. N.

3. *Vatinius*, qui fuit consul cum Q. Fusio Caleno anno U. C. DCCVII. Cf. sup. ad Carm. XIV. — *Pejerat per consulatum;* jurare enim per carissima quæque præcipue sacrosancta solebant; eo gravius igitur commissum per ea fuit perjurium. — Et Vulpius ad confirmandam eam interpretationem hæc enarrat: « Sic apud Eupolidem comicum jurat quidam (Miltiades, ut puto) per suum prælium ad Marathona. Ejus poetæ versiculos recitat Longinus, Sect. 16 περὶ ὕψους. Ita Ovid. in Remed.

Am. v. 783 : « Nam sibi quod nunquam tactam Briseida jurat Per sceptrum; sceptrum non putat esse Deos. » Hæc ille. Sed locus potest alio modo exponi. Ineuntes consulatum sacramento se obstringere solebant se non quidquam nisi e republica, et nihil contra rempublicam facturos. Itaque Vatinius inter improbos nequissimus, dum se commodo omnium esse consulturum polliceretur, dolosum falsumque juramentum cogitans et sciens præbebat, consulatumque polluebat impietate mendacii. Namque ut datam fallere fidem, sic dare fidem, quam præstare nolis, perjurium est. N.

## CARMEN LIII.

### DE QUODAM ET CALVO.

Risi nescio quem modo in corona,
Qui, quum mirifice Vatiniana
Meus crimina Calvus explicasset,
Admirans ait hæc, manusque tollens;

Arg. Ridendi causam dederat Catullo quidam ex populo, qui Calvum, audita ejus multa vi et arte in Vatinii crimina habita oratione, *disertum Salaputium* vocarat.

1. *E corona* affert Meleager e libro Comelini, quam confirmat Papyr. Pal. et libri editoris Cantabrig. cui favet etiam Edit. R. antiquissim. ubi est : *et, corona.* — *Corona* est circulus hominum, qui judicium in foro audiendi causa ab omnibus partibus cingunt. — « Non enim corona consessus vester cinctus est, ut solebat », Cic. pro Mil. I. N.

3. *Calvus.* De Calvo et Vatinio cf. ad Carm. XIV.

4. *Manusque tollens*, χεῖρας ἀνασχόμενος. Morem veterum, summam sublatis manibus admirationem ex-

Dii magni, salaputium disertum!

primentium, notarunt et multis exemplis illustrarunt *Nic. Heins.* et *Burmannus* ad Petron. XL.

5. Alii *saluputium*, vel *saliputium*, vel *salapusium*, vel *sapientium*, vel *salapichium*, vel *solopugium*, vel *salicippium*, vel *sallicippium*, vel *salapantium*, vel *holopachium*, vel *ascolapation*, vel *colabotion*, vel — ohe! sat prata biberunt! tollite manus et admiramini diserta criticorum salaputia!!! — *Dii magni.* Cf. ad Carm. XIV, 12. *Salaputium disertum.* In constituenda vocis insolitæ et nuspiam apud cæteros scriptores occurrentis lectione *salaputium*, superare fere se invicem studuerunt interpretes argutiis et figmentis lepidissimis, quorum novis figuris et facetis imaginibus uno obtutu, si lubet, oculos tuos pascere potes in Var. Lect. Quod pro re sua propugnanda quisque attulerit, nec angusti chartæ fines capiunt, nec, ut recensendis vel refutandis ejusmodi vanæ doctrinæ speciminibus immorer, ab ingenio meo impetrare possum. Omnis lis componi poterat loco Senecæ Controv. III, 19, ubi de eodem Calvo: « Erat enim parvulus statura, propter quod etiam Catullus in hendecasyllabis vocat illum *salaputium disertum;* » sed et ibi libri turbant, et eadem fere in Senecæ loco conspicitur lectionis varietas. Acquiesco igitur in lectione *salaputium*, quam optimorum tam Senecæ, quam Catulli, quibus se usum esse affirmat, codicum auctoritate defendit et erudite de hoc loco disputat *Scaliger* ad Catal. Poet. III, Epigr. 238, in Antholog. Burman. Secund. Tom. I, p. 676. Putat autem Scaliger, *salaputium* esse nutricum ὑποκορισμὸν tractum a *putus* vel *pusus*, [πόσθων, unde *præputium* est] a qua parte suos alumnos per lasciviam non modo *putos* sed etiam *salaputia*, quasi tu *salaces caudas* dicas, appellarint. — Quodcunque demum sit, vel ex quocunque tandem fonte hanc appellationem haustam putaveris, videntur certe Romani voce *salaputium* vel huic simillima, cujus optio tibi datur in Var. Lect., in vita communi vel conviciandi vel blandiendi et jocandi causa *hominem pusillum* denotasse, quemadmodum fere plebecula apud nos in quibusdam regionibus *hominem pusillum* vocare solet *einen kleinen Puts*, quod ipsum fortasse a *Putus* vel *pusus* tractum est. Sensus igitur est: Di magni, quanta eloquentia latet in hoc pusillo corpusculo! — At hebetatur acumen, si tritum plebeculæ verbum ex oratione detrahas, quod rudem eloquentiæ laudem politissima quavis alia Calvo forsan gratiorem, sed vehementiorem certe præfert. N.

## CARMEN LIV.

### AD CÆSAREM.

OTHONIS caput oppido pusillum,
Vetti, rustice, semilauta crura,
Subtile et leve peditum Libonis,
Si non omnia, displicere vellem
Tibi, et Fuffitio seni recocto.           5

ARG. Urbanitatis et honesti sensum abjudicat Cæsari, quem una cum sene Fuffitio homines quosdam deformes, sordidos, et obscenos in deliciis habere intellexerat.— Tres primi versus male in quibusdam editionibus antecedenti carmini annexi sunt.

1. Ex versibus hujus poematii non nisi Sibyllæ interpretatione sensum aliquem elici posse putabant Muretus, Vossius et alii; sed profecto, ut nunc illi leguntur, sine Sibyllæ afflatu in eorum mysteria penetrare possumus; sensus totius epigrammatis redit fere eo : «O Cæsar [*rustice*], agrestes plane mores sectaris et ab urbanitate et sensu pulchri alienissimus es — nam, quamvis non omnia et quælibet, certe tamen admodum pusillum caput Othonis, Vetti squalorem et spurcitiam, caninam Libonis impudentiam, tibi et Fuffitio displicere vellem; sentio quidem, te, unice Cæsar, iterum iambis meis indignaturum esse, sed non merentur veritatis interpretes hanc tuam indignationem.» '— Post *oppido* in quibusdam vett. editt. additur *est* : quod haud dubie intrusum est ab illis, qui nexum carminis non caperent.

2. Hic versus in quibusdam editt. post sequentem demum ponitur, quod etiam salva sententia fieri potest. Cæterum hic quoque versus, ut totum carmen, varias formas in vett. editt. induit; in vetustioribus sine sensu legitur : *At en rustice* vel *rusticæ* — *Heri rustice* Gryph. Muret. *Etri rustica semiplota crura* Scalig. Voss. at in libr. MS. teste Vossio legitur *Etri* vel *Veteri*, unde Vossius finxit nostram lectionem *Vetti!* in aliis est *Peti* vel *Peri*. Est in *Vettium* epig. Carm. 98.

3. *Subtil. et lev. ped. Lib.* crepitum ventris; πορδήν. Solebat autem iste spurcus homo usquequaque ejusmodi nasorum pestem clanculum emittere.

4. *Sed non* Muret.

5. *Suffecio* Venet. Gryph. Muret. plane sic variant libri apud Liv. in hoc nomine I, 23, ubi vide Drackenborch. p. 98. Sic supra Carm. XVII, 11, pro *Suffeno* in nonnullis legitur *Fuffeno*. — *Seni recocto*. Senex *recoctus* dictus videtur is, qui rerum, in quibus diu multumque agitatus et longo earum usu quasi

Irascere iterum meis iambis
Immerentibus, unice Imperator.

subactus fuit, multam peritiam sibi contraxit, vafer, astutus; nos in vita communi, ein ausgefeimter. Conf. Hor. Sat. II, 5, 55, ubi scriba in eandem, puto, sententiam *recoctus* dicitur, ubi cf. *Torrent.* et *Lambin.* add. *Nic. Heins.* ad Val. Flacc. VI, 444. Simili modo apud Phædr. IV, 1 : « Mus *retorridus*, qui sæpe laqueos et muscipula effugerat et procul insidias hostis callidi cernebat, » mihi explicandus videtur. Nisi forte *senex recoctus* dicatur is, qui senectutem viridem et crudam agit, qui juventutem recuperasse videtur; nos : *verjungt.* Sic certe *anus vino recocta* dicta videtur apud Petron. Fragm. p. 865, in Burmanni edit. secund. Respicitur enim fortasse in hac locutione fabula Æsonis, Jasonis patris, a Medea cocti et juventuti restituti.

7. *Unice Cæsar* vid. ad Carm. XXIX, 12.

# CARMEN LV.

### AD CAMERIUM.

Oramus, si forte non molestum est,

Arg. Quærit ex Camerio, quem frustra ubique locorum exquirere et ad summam usque defatigationem huc illuc discurrendo indagare studuerat, quo tandem locorum lateat, quave puella detineatur, eumque audacter sibi committere et palam facere jubet amorem, qui utique amico sermonis gaudeat commercio, nisi tacendo et occultando sibimet ipse ejus fructus intercipere velit. Contra leges hendecasyllabi sæpius in secunda sede hujus carminis pro dactylo ponitur spondæus, quo quidem versus genere et numeris tardigradis ipsam Catulli, quam circumcursando sibi contraxerat, lassitudinem expressam esse non inepte putat Vossius. Sed quum alii nimis offenderentur hoc in secunda sede posito spondæo, alii, ut Vossius, in illo servando et exsculpendo nimis sibi indulgerent, adeo Criticorum manus in lectiones hujus carminis sæviit, et pro suo quisque arbitrio et aures demulcente numerorum modulo illas diffinxit, [vid. Var. Lect.] ut antiqua et genuina hujus carminis forma vix nunc restitui et ab adspersis maculis purgari posse videatur.

1. *Si forte non mol. est.* Urbana et venusta per preces aliquid impetrandi formula. Cf. Mart. I, 97, 1. Sic Græci : εἴ τι μὴ λυπεῖ. — *Oro, si forte* Stat. — « Oramus, tibi forte ni molestum est » Gron. ad Liv. VII, 13.

## CARMEN LV.

Demonstres ubi sint tuæ tenebræ.
Te quæsivimus in minore Campo,
Te in circo, te in omnibus libellis,
Te in templo superi Jovis sacrato, 5

2. *Demonstr. ubi s. tuæ tenebræ,* h. e. quo obscuro et latebroso loco lateas; per *tenebras*, ut ex sequentibus apparet, haud dubie innuitur lupanar aliquod; in locis abditis enim et a luce publica quasi remotis operam suam addicere solebant quæstum corpore facientes meretriculæ; hinc homines libidinosi dicuntur apud Plautum Bacch. III, 3, 20, in *locis latebrosis* versari. — *Tuæ latebræ* Gryph. Muret. Eodem modo variant libri apud Stat. Achill. II, 243, ubi pro *tenebris* Cod. Voss. *latebris* offert. Cf. Burman. Sec. ad Anthol. T. I, p. 70. — *Tuæ tabernæ* ex antiqua, ut ait, scriptura reponit Scalig. quam lectionem probat Vulpius: at nostra multo aptior est, et nititur auctoritate L. MSS. et omnium antiquissimarum et optimar. Editt.

3. *In minore Campo,* sc. Martio, qui vocatus quoque fuit *Campus Tiberinus*, nunc *Campo di Fiore*. Vid. Cl. Adleri *ausführliche Beschreibung der Stadt Rom. Altonæ* 1781, pag. 301. Eundem campum *Cælimontanum* et subsequenti tempore *Lateranum* appellatum esse id. Vir Doct. observat libro laudato p. 154. — *Te campo quæsivimus minore* Scalig. ex suo libro, quem sequitur Vossius.

4. *In circo* haud dubie Circo Maximo, inter Palatium et Aventinum sito, in oblongam et ab altera parte rotundam formam et ab altera rectam exstructo, in quo ludi equestres, qui inde Circenses dicuntur,

habebantur; cf. Liv. I, 35, et ibi B. Stroth. Cæterum de circis Romanis post *Donat. Rom. Vett. et Nov.* III, 14. *Salmas.* ad Solin. p. 635, et alios sedulo exposuit Cl. Adler libr. laud. p. 325 — 329. — *In omnibus tabernis* Gryph. Muret. — *In omnibus tabellis* in quibusdam. — *In omnibus plateis* Heins. Cod. vet. — *In omnibus labellis* tentat Stat. et de thermis et balneis explicat. — *In omnibus locellis* conjecit olim Parthenius. — *In omnibus libellis* h. e. tabernis librariis. Res enim venales ex attico loquendi more pro ipsis locis vel tabernis, ubi venales habentur, ponuntur. Commode ad locum nostrum illustrandum laudat Vossius Pollucem IX, 5, cujus verba, ut a Vossio et in libro MS. Jungermanni leguntur, juvat apponere: Ἐν δὲ τῶν κοινῶν βιβλιοθῆκαι, ἢ ὡς Εὔπολίς φησιν, οὗ τὰ βιβλία ὤνια, ὃν τόπον καὶ ἁπλῶς βιβλία ἐκάλουν οἱ Ἀττικοί, ὥσπερ καὶ τοὺς ἄλλους τόπους ἀπὸ τῶν ἐν αὐτοῖς πιπρασκομένων, ὡς εἰ φαῖεν, ἀπῆλθον εἰς τοὔψον, καὶ εἰς τὸν οἶνον, καὶ εἰς τοὔλαιον, καὶ εἰς τὰς χύτρας. — Docta quidem et ingeniosa Doeringii est interpretatio; aliam propono faciliorem, tabellis pro *tabernis*. Sic Nævianæ cujusdam comœdiæ Nonius titulum refert: *Tabellaria*, gallice, *les boutiques*. N.

5. *In templo sup. Jov. sacrato:* in Capitolio, ubi Jovi supremo templum a Tarquinio Prisco sacratum fuit. Liv. I, 38. — *Summi Jovis* Vossius ex suo libro præfert.

In Magni simul ambulatione;
Femellas omnes, amice, prendi,
Quas voltu vidi tamen sereno;
Has vel te sic ipse flagitabam:
Camerium mihi, pessimæ puellæ.           10

6. *In Magni sim. ambul.* h. e porticu Pompeiana prope theatrum Pompeii, ab utraque parte multis arboribus consita, unde poetis dicitur *umbra Pompeia*, Propert. IV, 8, 75, Ovid. Art. Amand. I, 67, de qua ad utrumque locum plura notarunt Interpretes. Adde inprimis Vitruv. V, 9, et *Adleri* ausführliche Bescreibung der Stadt Rom, p. 310. — Pompeius autem honoris causa passim vocatur simpliciter *Magnus*. Mart. XI, 5, 11 : « Et te privato cum Cæsare *Magnus* amabit » ; de quo cognomine quando illi datum, Scalig. ad Euseb. p. 154. Cæterum egregie ad rem cum Nostro Vulpius comparat Plaut. Amphitr. IV, 1, 3, ubi Amphitruo: « Nam omnes plateas perreptavi, gymnasia et myropolia: Apud emporium atque in macello, in palæstra atque foro; In medicinis, in tonstrinis, apud omnes ædes sacras Sum defessus quæritando, nusquam invenio Naucratam. » In quo loco observa, τὸ *in medicinis* eodem modo ut v. 4 *in libellis*, dictum esse de tabernis, ubi medicina venditur.

7. *Prendi* h. e. rogavi. *Prendere* aliquem eleganter dicitur, qui aliquem prehensa manu rogat, vel in via sibi occurrentem colloquii causa seducit; Terent. Phorm. IV, 3, 15: *Prendo hominem solum*. Cic. ad Div. VIII, 11: *prendimus eum*, h. e. rogavimus. — *Præhendi* vitiose in Venet.

8. *Quas vultu vidi tamen sereno* H. e illas tamen præcipue, quas vultum serenum præ se ferre videbam vel his verbis, ut te mihi redderent, impensius rogabam. — *Quas vultu mage vidimus sereno*, Gryph.; *quas vultu vidi tamen serenas*, Muret.

9. *Has te flagitabam* pro vulgari *ab his te flagit.* vel *has de te flagitabam*: quamquam et hujus formæ, ubi duobus accusativis *flagitari* jungitur, usus non adeo infrequens est. — *Avellite* vel *aulite sic ipse* in MSS. teste Meleagro, qui inde sine sensu proponit : « Ah vult in, sic ipse flagitabam Camerium mihi, pessimæ puellæ — Avelli sinite » Avant. — *Has te sic tamen* Gryph. — *Has te sic tantum* Muret. — *Ab vel te sic* Scalig. unde ille fecit nostram lectionem *Has vel te sic*. At Vossius mavult *Ah avellite ipse flagitabam*. —In margine libri Heins. egregie ad sensum adscriptum fuit: « Jamjam reddite sæpe flagitanti. » — Tὸ *vel* sensu caret in hoc versu. At lectio Scaligeri ita flecti posset: *has autem sic ipse*. N.

10. *Camerium mihi*: eleganter ad exprimendum loquendi usum ex vita communi petitum reticetur ejusmodi fere verbum, *reddite, indicate, ubi sit*. Spondæi loco in prima sede hujus versus est tribrachys. — *Pessimæ puellæ* blande, ihr losen Mudchen. Cf. supra Carm. XXXVI, 9. —Vid. Plaut. Mil. Glor. IV, 4, 5: « Nimis facete nimisque facunde mala est. » N.

## CARMEN LV.

Quædam inquit, nudum sinum reducens;
En hic in roseis latet papillis.
Sed te jam ferre Herculei labos est.
Tanto te in fastu negas, amice.
Dic nobis, ubi sis futurus: ede,    15

11. *Nitidum sinum* Stat. — *Nudum sinum reducens* h. e. reducta veste sinum vel mammam nudans; expressum est illud Homericum, ubi Hecuba, Hectoris ferocem animum, ut intra mœnia potius pugnare et Achillis congressum vitare velit, exserta et monstrata mamma, qua infans a se innutritus sit, flectere et frangere studens, dicitur: « Κόλπον ἀνιεμένη, ἑτέρηφι δὲ μαζὸν ἀνέσχε.» *Sinum reducere* igitur dictum est, ut *pectus diducere* pro *nudare* apud Senec. Hercul. Œtæ. v. 1669: « Mater in luctum furens *Diduxit avidum pectus*, atque utero tenus Exserta vastos ubera in planctus ferit.»

12. *In roseis papillis.* Sic apud Sosipat. in Anal. Vet. Poet. Græc. Brunckii T. I, p. 504, Epigr. III, 6, μαζοὶ — πάσης τερπνότεροι κάλυκος, et eodem modo apud Rufin. in Anal. Vet. P. G. Brunck. T. II, p. 394, Epigr. XIX, 1, puella dicitur εἰαρόμασθος.

13. *Sed te jam ferre Hercul. labos est:* h. e. quæritando jam te ferre et tui exquirendi causa omnes latebras perreptare velle, res est immensi et vix ferendi laboris. — *Ferre aliquem* non possumus, quum ille nimiam molestiam nobis creat. Male Vossius *ferre* pro *adducere* explicat, nec dubitat in rem suam Ciceronis, Virgilii et aliorum auctoritate abuti. *Herculei* pro *Herculis*, ut (supra XXIX, 9) *Adoneus* pro *Adonis:* ubi cf. not. — *Sed te quærere Herculis labos sit*, Gryph. — *Sed te quærere jam Herculis labos est*, Venet. Muret. — *Sed næ jam ferre*, Meleag. — At nostra lectio est in libris MSS. Scalig. et Voss. hanc etiam testantur edit. Cantabrig. et Rheg. — *Herculei* turbat versum, *Herculis* restituit. N.

14. *Tanto te in fastu negas*, h. e. «en insignem tuam, amice, superbiam, qua amicorum adeo conventum vitas!» et sic est epiphonema. Magis tamen placet, si hic versus per interrogationem efferatur hoc sensu: «adeone jam superbis, ut te convenire non liceat?» *se negure* jam est alterius conventum vitare, aliquem latere velle. Præpositio in τῷ *fastu* addita παρέλκει, ut sæpe: exempla collegit Drackenb. ad Liv. Lib. I, 52, T. I, p. 207, præcipue ad I, 56, T. I, p. 220, et quos ibi laudat. — *Tanto ten' fastu* in quibusdam vett. non male. — *Fastum*, quem ei exprobrat, refer ad amorem, quo nunc beatum illum frui, et insolentius efferri putat.

15. Totum hunc versum glossema putat editor Cantabrig. ex cujus sententia locus ita distingui et legi debet: « Dic nobis ubi sis futurus, ede hoc, Num te lacteolæ tenent puellæ?» Sed non sensit Vir Doctus, ejusmodi locos, ubi eadem sententia ter et quater aliis verbis iteratur, egregie exprimere vehe-

Audacter committe, crede luci.
Num te lacteolæ tenent puellæ?
Si linguam clauso tenes in ore,
Fructus projicies amoris omnes;
Verbosa gaudet Venus loquela.  20
Vel, si vis, licet obseres palatum,
Dum vostri sim particeps amoris;
Non custos si fingar ille Cretum,

mentiorem, quo quid petitur, animi impetum.

16. *Crede luci*, ex occulto in lucem profer. — *Comiti hoc libenter vel licenter ede* Venet. Gryph. Muret. — *Audacter committe, crede, licet* Vossius; at nostram lectionem confirmant omnes libri MSS. Statii, nisi quod in illis pro *luci* vitiose exaratum sit *lucet*, pro quo substituendum esse suspicatur Statius *Luci*; sed primum non demonstrari potest, *Lucium* prænomen fuisse *Camerii*, deinde multo magis respondet *crede luci* versui 2, *ubi sint tuæ tenebræ*; eandem lectionem probat Scaliger.

17. *Lacteolæ puellæ*, candidæ, pulchræ. Aptior tamen videtur lectio *lacteolæ tenent papillæ* in cod. Rom. teste Lipsio, proposita.

18. *Si ling. claus.* etc. conferatur in hanc sententiam Tibull. IV, 7, 1, et ibi *Brouckhus.* — « Linguam clauso in ore tenere, » ut mox v. 21, *palatum obserare*, ornate pro *reticere*, *occultare*.

19. *Fructus projicies*, abjicies, perdes.

21. *Vel signis licet obseres palatum* vult Vossius. — *Vel si vis, licet obser. palat.* etc. sensus : « vel per me licet, si tibi hoc magis placet, nihil plane de amoris tui lusibus mecum communices, modo in partem quandam amoris tui veniens non plane a te sejungar, » aut sic : « vel si placet, alios omnes amorem tuum diligenter celes, modo ego unus illius sim conscius. » — Hæc multo potior et vera interpretatio. N.

22. *Dum vestri sim ego particeps amoris* Gryph. Muret. Cæteræ corruptæ lectiones, quas editt. vett. et MSS. in hoc versu exhibent, vix commemoratu dignæ sunt.

23. Sequentes decem versiculi adduntur in tribus antiquissimis editt. et in MSS. L. teste editore Cantabrigiensi Carmini LVIII, *ad Cœlium de Lesbia*, et ita esse in plerisque MSS. affirmat quoque Vossius. Quem nunc in plerisque editt. occupant locum, assignavit his versiculis Josephus Scaliger, quos tamen Vossius nec in hoc loco commode se habere, sed ad præcedens Epigramma pertinere et haud dubie deesse aliquid putat. Edit. Gryph. Muret. et alii constituunt eos post versum 12 : « En hic in roseis latet papillis. » Interim ex meo sensu aptissime hoc ipsum carmen claudere videntur. — *Non custos si fing.* etc. cum gravitate denuo sub fine carminis repetit, se nullo mo-

## CARMEN LV.

Non si Pegaseo ferar volatu,
Non Ladas si ego, pennipesve Perseus,
Non Rhesi niveæ citæque bigæ;
Adde huc plumipedes volatilesque,
Ventorumque simul require cursum,
Quos junctos, Cameri, mihi dicares;

25

do, licet insigni currendi volandive facultate instructus sit, Camerium exquirere posse. — *Si pro quamvis.* Cf. supra ad XXXIX, 11. *Fingar* eleganter pro *sim*. — *Custos Cretum* h. e. Talus, ærei corporis gigas, Europæ a Jove datus, ut custos esset Cretæ, quam singulis diebus totam circumisse dicitur. Locus classicus de illo est apud Apollon. Rhod. IV, 1637—1688: cum aliis ejusdem nominis passim confunditur, de quo vide omnino sagacissimum veterum mythorum Interpretem *Illustr. Heyne* ad Apollodor. in not. 220 seqq.

24. *Non si Pegas. fer. volatu.* Pegasus, equus ille alatus, Neptuni e Medusa progenies, quo per aerem vectus est Chimæræ interfector, Bellerophon, vel pueris nondum ære lotis notus est. Apollodor. II, c. 3.

25. *Non Ladas si ego* sc. sim. Ladas nomen celebris cursoris in Olympicis. Vid. Muret. et Vulpius. — *Pennipesve Perseus;* profecturus ille ad necandam Medusam accepit a Nymphis *alata talaria* [πτηνὰ πέδιλα] Apollodor. II, c. 4, Pausan. III, 17, p. 251, *edit. Kuhn.* Mythum more suo explicat *Illustr. Heyne* in not. ad Apollodor. p. 295. — *Penniferve* tres antiquissim. editt. — Cæterum egregie ad rem in editt. Muret. hic versus antecedenti præponitur, ita ut hoc ordine et hac permutatione legantur et intelligantur versus: «non si Ladas pennipesve Perseus, Non si Pegaseo ferar volatu, Non Rhesi *niveis citisque bigis.*»

26. *Non Rhesi niv. cit. big.* sc. si mihi sint. Erant autem Rhesi, regis Thracum, qui ex descriptione Homer. Iliad. X, 435, Λευκότεροι χιόνος, θείειν δ' ἀνέμοισιν ὁμοῖοι. Fabulam horum equorum, Trojanis fatalium, ad locum Homeri memorat Eustath. et Schol. — *Citæque bigæ* invenit Vossius in exemplar. Mediolan. quod de curru Medeæ, utpote natæ in oppido Cyta, intelligi posse autumat.

27. *Adde huc plumipedes volatil.* Intelligo omnes, quicunque vel *alatis talaribus* (plumipedes) vel omnino *alis* (volatiles) instructi fuerunt; pluribus enim in veterum fabulis *alata talaria* affinguntur. Vid. nos in «Comment. de alatis imaginibus apud veteres.» Goth. 1786, p. 21. — *Muretus plumipedes* non male explicat de Zethe et Calai, Boreæ filiis; alati certe eorum pedes finguntur apud Apollon. Rh. I, 219.

29. *Quos junctos* h. e. omnes; durius alii ad *junctos* supplent *currui.* — Nescio an recte damnet erroris eos qui *currui* suppleri volunt. Certe vocis vim et usum expromunt, neque quidquam proponunt absurdum, si Catullum optare ut

Defessus tamen omnibus medullis,
Et multis languoribus peresus
Essem, te, mi amice, quæritando.

sibi currus ventis et omnibus, quiqui sunt aut fuerunt, plumipedibus, junctus sibi tradatur, existiment. N. —*Mihi dicaris* Gryph. Muret.—*Dicares*, ad usum meum concederes.

30, *Defessus tamen.* Ἀναχόλουθον hoc loco animadvertit Vulpius, sed non sensit particulam *si* v, 23, 24,

25, pro *quamvis* positam esse.—Sed τὸ *non* unde pendet, ni subaud. *valeam sequi?* Vulpius recte judicat. N.

31 *Peresus*, viribus exhaustus et confectus.

32. *Esse in te* vitiose in edit. Vossii.—*Mihi amice* Venet. Gryph. Muret.

## CARMEN LVI.

### AD CATONEM.

O REM ridiculam, Cato, et jocosam,
Dignamque auribus, et tuo cachinno.
Ride, quidquid amas, Cato, Catullum;
Res est ridicula et nimis jocosa.
Deprendi modo pupulum puellæ

ARG. Catonem secum ridere jubet ob rem, ut vocat, ridiculam et nimis jocosam, si unquam res turpis et nimis obscena, quam refert, ridicula et honestis auribus digna vocari potest. Immo vehementer dolendum est, Catullum in tractandis ejusmodi argumentis infamibus tam turpiter abusum esse ingenio.

1. *Cato.* Vulgo intelligunt Valerium Catonem Grammaticum; sed quis Catullum familiariter cum hoc Catone vixisse præstet?

2. *Dignam naribus* legendum esse censet Scaliger.

3. *Si quid amas* in margine ed. Gryph. — *Quidquid* potius et magis

poeticum pro *quatenus, quantum*, N.

5. *Deprendi* verbum proprium de iis, qui inopinati ab interveniente quopiam in furtivo amore (etiam alio quocunque actu N.) opprimuntur. Sic καταλαμβάνειν apud Græcos. Theocrit. Idyll. IV, 60. ‥‥ πρώαν γε μὲν ἀυτὸς ἐπευθών, Καὶ ποτὶ τᾷ μάνδρᾳ κατελάμβανον, ἆμος ἐνέργει. » *Pupulum*, admodum puerum, pusionem. *Trusantem, trusare* frequentativum a *trudere*, obscene dicitur de iis, qui irrito conatu stuprum puellæ inferre allaborant. — *Pupulum puellæ crissantem* vult Vossius et explicant κελητίζοντα. Nolumus cum illo de obscenitate pugnare.

## CARMEN LVI.

Trusantem. Hunc ego, si placet Dionæ,
Pro telo rigida mea cecidi.

6. *Sic placet Dionæ* eleganter conjicit Stat. — *Si placet Dionæ*. Pro formula illa solemni, *si Diis placet*, accommodatius jam dicit *si placet Dionæ*. Eleganter autem formula illa solemni *si diis placet* cum sale quodam uti solemus in describendis rebus ineptis et ridiculis. Vid. *Brisson*. de Formul. p. 66, et 68. — Sed, ut fatear, multo magis mihi arridet conjectura Statii, pro *si* rescribendum esse suspicantis *sic*, unde hic fere sensus exit : sic enim puniendos vult Venus, qui nondum ejus sacris initiati temere illa contaminant. *Dione*, mater Veneris, non raro pro ipsa Venere ponitur.

7. *Protelo* pro adverbio accipit Vossius, ut sit jugiter, eodem tractu et tenore συντόνως. Cui subscribit Vulpius ; conf. Gesneri Thesaur. sub voce *protelum*. — *Pro telo*. Teli loco *rigida* sc. mentula. *Cecidi* verbum obscenum de maribus, de quo vide *Scioppium* ad Lus. Carm. XII, 1.

## CARMEN LVII.

### AD MAMURRAM ET CÆSAREM.

Pulchre convenit improbis cinædis
Mamurræ pathicoque, Cæsarique.
Nec mirum : maculæ pares utrisque,

Arg. Singularem Cæsaris et Mamurræ morum similitudinem et mirificam inde inter illos enatam unanimitatem familiarissimamque consuetudinem salse describit et exagitat. Cf. omnino Carm. XXIX.

1. *Pulchre conven. improb. cinæd.* etc. Hoc est, arctissima inter Mamurram et Cæsarem ob unum idemque vitæ studium intercedit necessitudo; amicissime Cæsar et Mamurra in unum idemque conspirant.

2. *Mamurræ pathicoq. Cæsariq.* h. e. tam Mamurræ quam Cæsari pathico. Haud raro enim ita sibi respondent copulæ *que que*; nisi copulam *que*, primo loco τῷ *pathico* additam, pro *nimirum*, *scilicet*, explicare malis. — Doering. in hac vocula nimium laborat, quam phrasis ratio Mamurræ postponi vellet, versus necessitas *pathico* postposuit. N. — *Pathicus*, ut *cinædus*, designat hominem mollem, qui muliebria patitur, et fœdissima libidine polluitur.

3. *Maculæ pares utrisque*, etc. Sensus : utrique enim eodem plane flagitiorum genere impressæ sunt maculæ, quæ nunquam deleri et oblitterari possunt ; alteri quidem (*Cæsari*) ob commissa flagitia et

Urbana altera, et illa Formiana,
Impressæ resident, nec eluentur.
Morbosi pariter, gemelli utrique;
Uno in lectulo, erudituli ambo;

nequissime disperdita bona in urbe [*Romæ*] ; alteri *Mamurræ* Formiis [veteri Campaniæ oppido, ubi ille natus fuit]. Observa autem τὸ *illa* in versu 4, pro *altera* positum esse. *Alter-ille* pro *alter-alter* passim apud bonæ notæ scriptores jungi solent. Vid. *Ducker*. ad Flor. IV, 7, 10, et *Ioh. Freder. Gronov.* ad Liv. XXXV, p. 40.—Notandum est τὸ *utrisque* pro *utrique*. Sic apud Cic. Verrin. VI, 14, Sallust. Catil. 31, et alios, uterque in plur. num. adhibetur, vel quum de duobus tantum loquuntur. N. — Cæterum loquendi genus: «maculæ impressæ resident nec eluentur,» haud dubie ductum est ex placito illo philosophiæ Socraticæ, a Platone inprimis in Phædone aliisque dialogis exposito et exornato, ubi maculæ illæ et labes, quas animus nimium in vita indulgendo cupiditatibus sibi contraxerit, post mortem etiam apud inferos conspici nec ulla ratione elui posse dicuntur. Locus classicus apud Platonem est in fine Gorgiæ, p. 356—60, et in Phædone, p. 61, A. B. edit. Ffr. Dignus est, qui in hanc rem consulatur, *Meinersius*, qui præclare veterum philosophorum et inprimis Platonis placita exposuit, quum in tribus illis, quæ variarum dissertationum nomine inscripsit, voluminibus, [*Vermischte Schriften*] tum in suavissimo et lectu dignissimo libro, *Geschichte der Wissenschaften in Griechenland und Rom;* tom. II, p. 404, sqq. et 770, sqq. Ad hunc mythum suavissimum seu involutum fabulosa narratione philosophema Platonicum respexit etiam Virgilius in nobilissimo illo loco Æneid. VI, 730—741, de quo tres tantum versus describam : «Non tamen omne malum miseris nec funditus omnes Corporeæ excedunt pestes: penitusque necesse est Multa diu concreta modis inolescere miris.» Ubi cf. *Heyne* in not. et uberiorem, quam in hanc rem ex profundæ doctrinæ copia suppeditat, disputationem in Excurs. XIII, ad Libr. VI, p. 664—669. — Docta quidem Doeringii annotatio, sed neque e re, neque ad rem. Nam difficile crediderim Catullum ad Platonicam disciplinam hic et alias respexisse, dum tritissima metaphora utitur, qua libidinis turpissimæ sordes exprimat. N.—Maculæ illæ flagitiorum impressæ apud Græcos vocantur modo στίγματα, modo οὐλαί, modo μώλωπες, modo κηλίδες vel plenius ἀνεξάλειπτα ὀνείδη. — Alia loca in hanc rem congessit Vulpius.

6. *Morbosi pariter*, turpi amore laborantes. Vid. *Bentleius* ad Horat. Od. I, 37, 9. — *Gemelli:* honestiori nomine cinædi vocantur *fratres*. Cf. *Burmann. Sec. ad Anthol.* tom. I, p. 641.

7. Vulgatam distinctionem post *lectulo* tollit Meleager et respici putat proverbium *uno in lectulo edocti:* ita ut ambo in omnibus sibi simillimi, et in eodem quasi *lectulo im-*

## CARMEN LVIII.

Non hic, quam ille, magis vorax adulter,
Rivales socii puellularum.
Pulchre convenit improbis cinædis.         10

*probitatis* nequiter instructi intelligantur. — *Unilectuli* conjectat Statius. — *Uno in lectulo*, σύλλεκτροι, summæ et turpissimæ simul consuetudinis indicandæ causa. — *Eruditui*, eruditionis gloriæ elevandæ gratia.

8. *Magis vorax et adulter* Venet. *Vorax adulter*, qui bona sua in adulterio perdit et expatrat. Conf. supra Carm. XXIX, 6. Nolim huc trahere obscenam significationem, quam infra habet verbum *vorare*

Carm LXXX, 6. — *Non hic quam ille magis vorax adulter Rivalis socius puellularum* tentat Stat. — *Puellarum* Vossius. In editionibus potioribus constanter legitur *rivales socii et puellularum;* at in edit. Bip. quam sequimur, copula *et* post *socii* omissa est, quæ profecto incommode post *socii* ponitur. Legendum fortasse *rivales et socii paellarum*, vel *rivales sociique puellarum*.

9. *Rivales socii puellul*. Hoc est socii et una rivales puellularum.

## CARMEN LVIII.

### AD COELIUM DE LESBIA.

Coeli, Lesbia nostra, Lesbia illa,
Illa Lesbia, quam Catullus unam

Arg. Lesbiam, præ cæteris omnibus olim sibi amatam, adeo a pristinis moribus recessisse scribit Cœlio, ut nunc vilissimum in angiportis sit prostibulum.

1. *Cœli*. Non sine probabilitate quadam cum Pet. Victor. Var. Lect. Libr. XVI, c. 1. M. Cœlium Rufum intelligere possumus, in quem exstat oratio Ciceronis; fuit certe is, qui pro indole sua facile rebus amatoriis aures præberet. Accuratius de ejus vita, moribus et fatis exposuit Manutius ad Epist. Cicer. ad. Div. VIII, 1; in præfat. ad Comment. in Epistolas Cœlianas; ad eundem

Cœlium pertinet infra Carm. C. — Sed nimis argute Victorius et alii sub Lesbiæ nomine Clodiam latere putant, quam una cum Cœlio amoris causa Catullum adiisse, et hinc *nostram* jam vocasse, frustra contendunt. — Erravit multosque fefellit Apuleius in Apol. nisi Lesbia sit illa famosior Clodia. N.

2. *Illa Lesbia:* ἐμφατικῶς additur et repetitur *illa,* h. e. olim tam amabilis et honestis moribus conspicua. Sic Virgil. Æneid. II, 274, «quantum mutatus ab illo Hectore.» Cf. Hor. Od. IV, 13, 18. — *Unam* opponitur his in versu sq. vocibus:

Plus quam se, atque suos amavit omnes,
Nunc in quadriviis et angiportis
Glubit magnanimos Remi nepotes.            5

*se et suos omnes.* Neque Catullus innuit unam, cæteris contemptis, amatam. N.

3. *Plus quam se*, etc. Sic infra de Lesbia Carm. LXXV, 1. « Nulla potest mulier tantum se dicere amatam Vere, quantum a me, Lesbia, amata, mea, es. » Similis orationis color est supra Carm. XXXVII, 12, et VIII, 5.

4. *Angiportis*: in vicis enim angustis prostabant scortilla abjectissima. Hor. Od. I, 25, 10 : « Flebis in solo levis angiportu. »

5. *Glubit* h. e. masturbat. Eodem obscenitatis sensu *deglubere* occurrit apud Auson. Epigr. LXX, 7. — *Glubere* vel *deglubere* propriam sedem habet in re rustica, et significat vel *corticem detrahere* vel *granum tunica sua nudare*, quod ut multa alia ex re rustica petita, ad obscenissimæ impuritatis genus accommodatum est, pari modo ut Græcorum σκολύπτειν et ἀποσκολύπτειν, vid. Casaubon. ad Athenæum, III, 34, vel δέφειν, δέφεσθαι, quod Vulpius ex Glossis Philoxeni adducit, quem confer. — *Magnanimos Remi nepotes*, h. e. Romanos, quos εἰρωνικῶς jam vocat *magnanimos*, qui potius ob turpissimum libidinis exercendæ genus, ut supra Carm. XXVIII, 15, Pisó et Memmius, vocari debebant *opprobria Remi*. — *Magnanimi Remi* vult Vossius.

## CARMEN LIX.

### DE RUFA ET RUFULO.

Bononiensis Rufa Rufulum fellat,

Arg. Rufæ cujusdam ex Bononia infimæ conditionis mulierculæ et famelicæ, nequissimo modo abominandæ Rufuli cujusdam libidini morigerantis, infamiam notat et evulgat. — *Rufuli* nomen accepit fortasse impurus iste homo, quem diffamat poeta et cujus diffamandi causa hoc carmen præcipue scriptum videtur, ab ipsa libidinis suæ ministra *Rufa*. — Ruforum gentem amplam et honestam olim floruisse Bononiæ observat Vulpius ex Martial. VI, 85, sed hoc Catullianam *Rufæ nostræ* descriptionem vix potest suspectam reddere.

1. *Rufa Rufum fellat* Venet. — Margini edit. Gryph. adscriptum est *me rursum fallit*—*Rufa Rufulum fallat* ab antiquo verbo *fallare* pro *fallere* acriter defendit Scaliger. — *Fellare* proprie est *lac sugere*, quod, ut verbum *inrumare*, ad exsecrandum libidinis genus translatum est.

# CARMEN LIX.

Uxor Menenî, sæpe quam in sepulcretis
Vidistis ipso rapere de rogo cœnam,
Quum devolutum ex igne prosequens panem

Disertius fœda hujus obscenitatis imago expressa est infra Carmine LXXX, 8.

2. *Uxorne Meni?* quod fecit ex veteri, ut ait, scriptura *uxor nemeni* Scaliger, quem perperam sequitur edit. Bipont. nam præter Scaligerum veterem illam scripturam nemo reperit, immo omnes libri MSS. quibus cæteri interpretes usi sunt, constanter servant *uxor Meneni*. — Signum interrogandi post *Meneni* et in fine apparet in edit. Cantabrig.— *In sepulchris* Venet. — *Sepulchretis*, de locis sepulturæ destinatis.

3. *Rapere de rogo cœnam*: intellige cœnam feralem, quæ cum corpore simul in rogum ingesta cremari et ab infimæ conditionis hominibus et famelicis, vel certe rapacioribus et impudentioribus, ex ipso igne peti solebat. Hinc factum est, ut loquendi genus *cœnam e rogo rapere* commode transferrent vel ad summam paupertatem voracitatemque describendam, vel ad eam aliis exprobrandam imprecandamve. Sic apud Terent. Eunuch. III, 2, 36, Parmeno ad Thrasonem: « Tace tu, quem ego esse infra infimos omnes puto Homines: nam qui huic animum assentari induxeris, *E flamma petere te cibum posse arbitror*. » Hinc apud Plautum ejusmodi homines rapaces et voraces *bustirapi* vocantur. Pseudol. I, 3, 127, cf. *Kirchmann de Funeribus Romanis* Libr. IV, c. 5, inprimis *Hemsterhus*. ad Lucian. T. l. p. 519. Atque huc pertinere etiam puto locum Tibulli, ubi poeta. paupertatem imprecatur aniculæ hoc modo, I, 5, 53: « Ipsa, fame stimulante furens, escasque sepulcris Quærat, et a sævis ossa relicta lupis. » Non enim cum *Heynio* in versu majori *herbasque sepulcris*, sed cum Mureto potius *escasque sepulcris* legendum esse puto. Ex meo enim sensu proverbialis illa extremam mendicitatem describendi vel imprecandi locutio *escas sepulcris quærere*, h. e. de rogo deripere, ut gravior et imprecationi accommodatior longe præferenda videtur insolenti et novæ plane paupertatis descriptioni: *herbas sepulcris quærere*. Nec causæ, ex quibus Mureti lectionem *escasque* rejiciendam censet *Heyne* in Observat. ad Tib. p. 50, satis idoneæ videntur; nam primum non de *silicernio*, quod ab *escis feralibus rogo impositis* distinguendum esse docet *Hemsterhus*. l. l. cum Mureto cogitandum est; deinde, quod addit Vir Summus, « hoc (silicernium) dabatur ad rogum, non ad sepulcrum, » minime enervare potest loci explicationem, quum *sepulcrum* ex usu loquendi vel de ipso rogo vel de loco certe, ubi rogus exstructus fuit, recte omnino accipi posse videatur. Sic Terent. Andria, I, 1, 100: « Funus interim procedit: Sequimur: ad sepulcrum venimus: In ignem imposita est. » Et sic passim *sepelire* ut Græcorum θάπτειν, pro *cremare*, vel de *combustione mortui* dicitur. Vid. *Cuper.* Observat. I, 7. *Dorvil.* ad *Charit.* p. 244, edit. Lips. et quos ibi lau-

Ab semiraso tunderetur ustore.

dat. — Condonent mihi, quibus extra oleas evagatus videar; ut *Summum Heynium*, si quid forte non recte ceperim vel in re parvi momenti paulo loquacior fuerim, pro singulari, qua exsplendescit, humanitate facile id mihi condonaturum esse spero.

5. *Ab semiraso ustore* : ustor, νεκροθάπτης vel νεκροκαύτης servus bustuarius a *comburendo* cadavere, quod curabat, ita dictus. *Semirasus*, quia ejusmodi mancipiorum genus admodum sordidum et semiraso plerumque capillo fuit. — *Tonderetur* Vossius ex auctoritate plurimorum librorum vett. et sic est in editt. Gryph. et Venet. — Accipit autem Vossius *tondere* pro *vellicare*, *radere*, *lacerare* et *carptim ferire*, et addit antepenultimam more antiquo in *tonderetur* corripi. — Recepta lectio præferenda, ut pote quæ facilius intelligatur. N.

## CARMEN LX.

Num te leæna montibus Libyssinis,
Aut Scylla latrans infima inguinum parte,
Tam mente dura procreavit ac tetra,

Arg. Duri cujusdam amici perfidiam accusat, cujus in re tristi auxilium vel solatium frustra imploraverat. — Ad quem scriptum sit hoc carmen, nisi longioris carminis fragmentum potius habendum sit, vel in qua re Catullo defuerit duri pectoris amicus, inani studio scire cupias. — Pessime certe in edit. Venet. ab an. 1500 et Gryph. cum superiori conjungitur, nec probabiliter in edit. Parthenii Venet. 1493, *ad Camerium* inscribitur. Mihi quidem egregie respondere videtur argumentum hujus carminis illi *ad Cornificium* supra Carm. XXXVIII.

1. *Num te leæna*. Cf. in hanc sententiam infr. Carm. LXIV, 154, et ibi not. — *Libystinis* mavult Scaliger, cui accedit Vossius.

2. *Aut Scylla latrans infima ing. parte :* in simili re Tibull. III, 4, 89 :«Scyllave virgineam canibus succincta figuram.» Fabulam Scyllæ lege apud Ovid. Metam. XIV, 59, sqq. et Hygin. Fab. CLI. Est autem hæc *Scylla* Phorci filia, quæ passim a poetis cum altera Scylla, Nisi Megarensium regis filia, confunditur, ut apud Virgil. Eclog. VI, 74, 75 : « Quid loquar aut Scyllam Nisi, quam fama secuta est, Candida succinctam latrantibus inguina monstris, Dulichias vexasse rates. » De qua utriusque Scyllæ apud poetas confusione erudite egit *Nic. Heins.* ad *Auli Sabini Epistol. tres, tribus Ovid. Epistol. respond. I, v.* 33, in Ovid. edit. Burm. tom. I, p. 846. In eandem rem ad Virgilii locum laudat *Heyne* Perizon. Anim. histor. c. 9.—Monstrosam Scyllæ formam

Ut supplicis vocem in novissimo casu
Contemptam haberes? O nimis fero corde! 5

illustrant nummi gemmæ in *Dactyl.* *Lippert.* Mill. I, 1, 127, 128.
4. *In novissimo casu*, h. e. extremo et tristissimo.—Sic apud Tacit. Ann. VI, 50, Caius « a summa spe *novissima* exspectabat. » N.

## CARMEN LXI.

### IN NUPTIAS JULIÆ ET MANLII.

COLLIS' o Heliconei

ARG. Nuptias Juliæ et Manlii solemni carmine poeta celebrat, miraque simul arte et suavitate ritus nuptiales describit et persequitur. In primo carminis limine a versu 2 usque ad 15 rite appellat et salutat nuptiarum præsidem, Hymenæum, eumque ad concinenda carmina nuptiali ornatu adesse jubet compositum. — A versu 16—26, sequitur brevis sed ipsa hac brevitate absolutissima exquisitissimaque insignis, qua Julia enitebat, formæ descriptio, in cujus ornatu quilibet facile summi poetæ ingenium agnoscet.—V. 26—36, iterum Hymenæum ad virginem in domum novi conjugis evocandam et desponsorum animos arctissimo amoris vinculo conjugandos ab Helicone citat. — V. 36—46, solemni invocationi Hymenæi, ut eo libentius dux ille Veneris his celebrandis nuptiis dexter adesse velit et propitius, accinere jubet indelibatas virgines. — Locus sequens a v. 46—76, versatur in decantanda Hymenæi laude, ejusque extollendo numine, quod sub omnium nuptiarum auspicio pie devenerandum sit. — A versu 76 sqq. sigillatim enarrantur ritus nuptiales, quibus solemni pompa ad novi mariti ædes virgo deduci, ibique excipi solebat. Fingit igitur animo poeta, se e longinquo propius jam accedentem pompam nuptialem facesque corusco splendore emicantes oculorum acie assequi; hinc primum claustra januæ pandi jubet, mox sponsam, virginalis pudoris præ se ferendi causa, moras nectentem, hortatur, ut procedat et flere desinat, præcipue quum tam egregia formæ pulchritudine florescat, et conspicua sit; addita fide [v. 100—115] summa amoris constantia maritum semper inhæsurum esse solius ejus amplexibus. — V. 121—126, puerorum chorus, ad januam sponsi venientem sponsam excepturus, jubetur faces extollere et hymenæum in modum concinere. — V. 126—128, cantus lascivorum carminum Fescenninorum mox instituendus indicitur.—V. 128—141, concubinus a furtiva sponsi consuetudine excluditur.—V. 141—151, ipse sponsus, ut in poste-

Cultor, Uraniæ genus,

rum a molli puero abstineat, rogatur; at sponsa [v. 151 sqq.] ut votis mariti tam nobilitate quam divitiarum copia præpollentis morigeretur et satisfaciat, monetur. — V. 166 sqq. ipse sponsæ adventus ad sponsi januam poetæ nunc obversatur animo. Jubetur igitur nova nupta intrare domum, et ferventissimum mariti amorem coram cognoscere. [v. 171 sqq.] Mox e manu ductoris dimissa [v. 181 sqq.] a spectatæ fidei feminis collocatur in lecto [v. 186] ad quem vocatur maritus [v. 191 sqq.] qui sine mora adest [v. 201]. Hic bonos conjuges ludere sinit poeta pro lubitu; et voto, ut prognato puello, vivis coloribus expressam patris imaginem et matris pudicitiam ore referente, felices parentes fiant, carmen nuptiale finit. — Fuerit ne Catullus apud Romanos epithalamium, Græcorum more, canendi auctor, neque affirmare neque negare quisquam possit. At certe nullum vel in poeticis, vel in historicis monumentis epithalamii Romæ decantati vestigium reperias, et inde a Catullo Poetæ magnas nuptias carmine solemni celebrarunt, ut testatur Ov. ex Pont. I, 2, 133: « Ille ego, qui duxi vestros hymenæon ad ignes, Et cecini fausto carmina digna toro. » Summa solertia in hoc Carm. Catullus moris romani descriptionem cum græcæ cæremoniæ festivitate conjunxit. Neque mirum est severiores confarreationis ritus hoc exemplo lætiori pompæ et ornatui indulgere cœpisse. N. — *Aulus Manlius Torquatus*, in cujus nuptias composuit hoc carmen Catullus, idem esse videtur, cujus singularem in se amorem et amicitiam magnifice extollit infra in Elegia mellitissima, ejus nomini inscripta, LXVIII. Nobilissima autem eo tempore fuit gens Manliorum, ex quibus *Titus Manlius primus* dictus est Torquatus teste Cicerone Offic. III, 31. — Vir consularis vocatur *Aulus Manlius Torquatus* apud Plin. Nat. Histor. VII, 53, Tom. I, p. 409, edit. Harduin. At Juliam non nisi ex eo, quod v. 87, *Aurunculeia* vocatur, e gente Cottarum, quorum cognomen *Aurunculeius* fuit [vid. Liv. in Suppl. Freinshem. lib. CIV, c. 57. Cæsar de B. G. II, 11] ortam esse, colligere possumus. — Vetus hujus carminis descriptio, *Epithalamium*, quam editiones antiquissimæ præ se ferunt, sæpius ab interpretibus impugnata et repudiata fuit. Jam Muretus ad h. c. scribit: « Est hoc carmen quidem nuptiale, neque tamen proprie epithalamium; nam epithalamia canebantur a virginibus, quum jam nova nupta in lecto viri collocata esset etc. » Sed Muretus, et qui ejus vestigiis insistunt, vocis proprietatem urgentes notionem Epithalamii nimis arctis circumscribunt finibus. Quodsi enim multa alia carmina communi passim assensu ad genus quoddam carminum referri solent, quorum propriæ indoli et naturæ vel primæ origini minime respondent, non video, cur non eodem jure latiori significatione omne carmen vocari possit *Epithalamium*, quod, ad quascunque celebrandas nuptias, res et ritus nuptiales tractat, vel pompam nuptialem describit, sive illud a vir-

# CARMEN LXI.
## Qui rapis teneram ad virum

ginum puerorumque choro ad januam sponsi sub adventum sponsæ decantatum fuerit, [ut carmen sequens LXII] sive illo ad jota sponsis canenda ipse poeta [ut Noster hoc carmine] chorum evocarit, et quasi chori præcentor verbis præiverit. Vide quæ erudite in hanc rem disputat Cl. *Wernsdorf* ad Poet. Min. in Præfat. ad Epithal]. *Auspicii* et *Ælliæ* et *Laurentii* et *Mariæ*, ubi «de veterum epithalamiorum auctoribus et diversa ratione» accurate exposuit. Tom. IV, p. 462 — 475. Interim nolumus pugnare cum iis, qui carmen nostrum *Hymenæi* potius nomine insigniendum esse contendunt: de *Epithalamio Pelei et Thetidos* vid. nos in argumento. — De variis ritibus in nuptiis veterum observatis, quos poeta in hoc carmine tangit, multi multa scripsere; quorum si quis sibi contrahere appetet notitiam, adeat *Alberti Fabricii Bibliograph.* Cap. XX, § V, 898-899, edit. Schaffsh. adde *Montfaucon. L'Antiquité expliquée* T. III, p. 216-224, et *Potteri Archæolog. Græc.* lib. IV, c. 9, Tom. II, p. 232-241. — Cæterum quum hoc carmen, quod «Veneris et Gratiarum manibus scriptum esse» judicat Barth. ad Claudian. p. 789, pulcherrimis antiquitatis monumentis jure accensendum videatur, passim exstitere, qui illi vel illustrando vel in vernaculam vertendo peculiarem operam addicerent. Novissima ejus *versio metrica* auctorem habet, mature his terris ereptum, *Rosenfeldum*, quam in defuncti memoriam publici juris fecit ejus amicus *Gurlittus*, (Lips. apud Schwickert, 1785)

cujus amicitiæ, qua vix ferendam hujus versionis stribliginem in adspersis notulis excusare studuit, facile concedimus, longeque ab hac impietate absumus, ut *boni Rosenfeldi* manes vellicare audeamus. Melioris frugis sunt, quæ doctiss. *Gurlitt* in præfatione et notis ad hanc versionem attexere sustinuit. — Denique vix dubium est, quin Catullus in hoc carmine scribendo exemplum quoddam Græcum, fortasse Sapphonem, cujus odas quasdam *epithalamii* inscriptionem habuisse testatur Dionys. Halicarn. ἐν τέχνῃ c. 4, περὶ μεθόδου ἐπιθαλαμίων, ante oculos habuerit. De metro observa pro dactylo nonnunquam trochæum et in versu quarto pro trochæo in prima sede spondæum positum esse. Eodem autem versus genere, quo cujuslibet strophæ quatuor versus primi in epithalamio nostro constant, præcinit quoque epithalamium Jasonis et Creusæ nuptiis chorus e mulieribus Corinthiis apud Senec. Med. v. 75 sqq. — Quintus est cujusque strophæ Pherecratius; sed dactyli medii vicem obtinet spondæus v. 25. N.

1. Alii *Heliconii.*
2. *Uraniæ genus.* Hinc *Musa genitus* vocatur Hymenæus apud Claudian. XXXI, Epithal. Pallad. et Celer. v. 31, ubi cf. *Gesner.* — Alii, ut Proclus in Chrestomathia apud Photium p. 425, Hymenæi matrem faciunt Terpsichorem. Quantumvis enim in Veterum mythis Musarum celebretur castitas, et ipse Cupido Musas a se vulnerari posse neget apud Lucian. Dialog. Deor. XIX, 2, vix ulla tamen in numero novenario

Virginem, o Hymenæe Hymen,
Hymen o Hymenæe;
  Cinge tempora floribus
Suaveolentis amaraci.
  Flammeum cape : lætus huc

reperitur, ex qua non aliquis furtivo concubitu susceptus dicatur. Vid. *Hemsterhus.* ad Lucian. l. c. Facile autem ex fabulosa Hymenæi origine apparet, cur sedes illi fere propria in monte Helicone assignata fuerit. — *Genus* pro *stirpe* vel *filio* dicitur passim Senec. Med. v. 845. Virgil. Æneid. XII, 198. Vid. *Burmannus* ad Ovid. Metam. II, 743. Sic γένος apud Græcos. Vid. *Ernesti* ad Callimach. H. in Apoll. v. 74. — De Veterum inconstantia in variis, qui perhibentur, Hymenæi parentibus vid. *Cerda* ad Virg. Æn. IV, 99.

3. *Qui rapis,* etc. Virgines enim ad maritum deducendæ e gremio matris vel cognatorum se rapi simulabant, [cf. v. 56 — 59.] non quidem, ut Festus putat, quod raptus virginum feliciter cesserit Romulo, sed potius, opinor, pudoris, qui decet virgines, declarandi causa. Hinc apud Claud. XXXI, Epithal. Pall. et Celer. v. 124 : «Aggreditur Cytherea nurum, flentemque pudico Detraxit matris gremio.»—*O Hymenæe Hym. H. o Hy.* fuit hæc solemnis fere in nuptiis decantata formula. Vid. Aristoph. Avv. v. 1740, et quæ in hanc rem ibi notat doctissimus hujus fabulæ Interpres *Beckius.*

6. *Cinge tempora flor.* Sic Bion, Idyll. I, 88, Hymenæo, qui eodem fere, quo novæ nuptæ, apud poetas ornatu induci solet, στέφος γαμήλιον tribuit. Cingebantur autem novæ nuptæ corollis floreis, vid. *Paschal.* de Coron. II, c. 16, et singularis, qui *de coronis nuptialibus* exstat, libellus *Maderi,* qui prodiit Helmstadii 1688.

7. *Suav. amarac.* Amaracus suaveolens [ἡδύπνους] est Majorana nostra, sive Sampsuchum *in Cypro,* teste Plinio XXI, 22, s. 93, *laudatissimum* et *odoratissimum.* Suaviter suaveolentem amaracum describit Lotich. Carm. I, 19, 25, sqq. edit. Kretzschm. p. 403.

8. *Flammeum* fuit genus velaminis lutei vel crocei et flammei coloris, quo die nuptiarum pudoris causa cooperiri solebant virgines. Ovid. Heroid. XXI, 162, ubi cultum Hymenæi describit, *flammeum,* quo ille utitur, vocat *pallam croco splendidam.* Cf. *Interpretes* ad Petron. c. 26, p. 121. *Burmann.* edit. sec. et *Dempster.* ad Claudian. Rapt. Proserp. II, 325, p. 595, edit. Burmann. Sec. — *Luteum soccum : soccus* calceamenti genus græcum, cujus usus, mulieribus præcipue adamatus, apud viros plerumque ad venustatem et ambitiose quæsitam elegantiam spectabat. Sic Hercules, delicias ac libidines faciens apud Omphalen, *socco luteo* indutus placere studet dominæ. Senec. Hippolyt. v. 322. Ex multis aliis autem locis constat, a beatioribus ac mollioribus ingentem sæpe in pretioso soccorum usu sumptum factum esse.

## CARMEN LXI.

Huc veni, niveo gerens
Luteum pede soccum;
Excitusque hilari die,
Nuptialia concinens
Voce carmina tinnula,
Pelle humum pedibus, manu
Pineam quate taedam.
Namque Julia Manlio,

Plaut. Bacchid. II, 3, 98. Plin. Hist. Nat. XXXVII, 2, 6. Sueton. Caligul. 52, et ibi *Torrent.* Copiose de omni soccorum usu egit *Balduin. de calc. Antiq.* cap. XVI. — Color *luteus* h. e. flavus, erat festi ornatus et laetitiae index, quo inprimis delectati sunt amantes. Vid. *Cerda* ad Virg. Eclog. II, 50, et *Brouckhus.* ad Tibull. I, 7, 46.

12. *Nuptial. concin. carmin.* νυμφιδίους ᾠδὰς, ut vocat Aristoph. Avv. 1727.

13. *Voce tinnula*, clarisona. Hinc Hymenaeus apud Callimach. vocatur εὐήχης Hymn. in Del. v. 296, ubi cf. *Spanhem.*

14. *Pelle humum pedib.* ornate pro vulgari *salta*; simili ornatu Horat. de saltantibus Gratiis Od. I, 4, 10 : « Alterno terram quatiunt pede. » — Innuitur autem saltatio, quae in pompa nuptiali institui solebat. Homerus in pompae nuptialis descriptione, Iliad. XVIII, 494: Πολὺς δ'ὑμέναιος ὀρώρει, Κοῦροι δ' ὀρχηστῆρες ἐδίνεον. Cf. Hesiod. Scut. Hercul. v. 277.

15. *Manu pineam quate taedam.* De praelatis in pompa nuptiali facibus res est notissima, et in omnibus antiquitatum compendiis occupata. Ex pinu autem praecipue faces nuptiales factas fuisse docet *Dempsterus* ad locum Senec. Med. v. 37, ubi fax nuptialis *pronuba pinus* dicitur. — *Spineam quate taedam* ex emendatione Parthenii in edit. Venet. Muret. et aliis. Eodem modo num « spinea an pinea taeda » in nuptiis rectius dicatur, fluctuant interpretes in loco Ovid. Fast. II, 558. Apud Plinium quidem Nat. Hist. XVI, 18 : « spina nuptiarum facibus auspicatissima » dicitur, et apud *Festum* (s. v. *patrimus*) unus ex patrimis « facem praefert ex spina alba; » sed quum lectio *pinea* constanter servetur in omnibus MSS. Statii, Vossii, Vulpii et editionibus potioribus, *taeda pinea* autem recte locum habeat in nuptiis, omnino haec praeferenda videtur.

16. *Junia* in MS. Statii. — *Mallio* Gryph. — Splendidissima Juliae cum divina Veneris forma, qua olim ad Paridem, formae judicium subitura, venit, comparatio. Comparantur quidem et alias pulchrae puellae cum Venere, vid. *Schrader.* ad Musaeum p. 152, sed neutiquam cum insigni illa Veneris imagine, qua ad pulchritudinis palmam Minervae et Junoni praeripiendam quibuslibet lenociniis composita fuit. Imaginem Veneris, una cum Juno-

Qualis Idalium colens
Venit ad Phrygium Venus
Judicem, bona cum bona
Nubit alite virgo;
  Floridis velut enitens
Myrtus Asia ramulis,
Quos Hamadryades Deæ
Ludicrum sibi roscido
Nutriunt humore.
  Quare age, huc aditum ferens

ne et Minerva coram judice Paride se sistentis, ex duobus veteribus lapidibus expressam dedit *Lippert* Dactyliothec. Mill. I, 291-292. Cum Thetide, qualis illa se obtulit Peleo, Deliam suam comparat Tibull. I, 5, 46.

17. *Idalium :* vid. supra ad Carm. XVI.

19. *Bona cum bona*, suavis παλιλογία ut apud Ovid. Trist. IV, 2, 15 : « Plebs pia cumque pia. »

20. *Nubet* in MS. Stat. — *Bona alite*, faustis ominibus.

22. *Myrtus agia* Venet. — et sic e Plin. Hist. Nat. XV, 29, legendum quoque censet Ramirez de Prado ad Luitprandi Chronicon an. DCXXIII. — *Hagia* est in margine edit. Gryph. — *Myrtus Asia*, h. e. ad *Asiam paludem*. Est enim jam *Asia* angustus tractus paluster Lydiæ ad Caystrum, non longe a Tmolo, vel ex Homero satis notus Iliad. II, 461. Vid. Voss. ad h. l. et Heyne ad Virg. Georg. I, 383. De universa terra Asiatica non cogitandum esse sponte apparet. Passim autem a poetis teneræ puellæ *myrto* comparari solent. Vid. Horat. Od. I, 25, 18, ubi alia loca excitavit

*Jani*. Conf. infr. Carm. LXIV, 89.

24. *Ludicrum* [ἄθυρμα, παίγνιον] ut haberent quo se oblectarent. Serv. ad Virg. Eclog. X, 62. Cæterum ad h. l. conferatur doctissimus mihique amicissimus *Mitscherlich* ad Hymnum in Cererem p. 116, ubi pulchre loci nostri interpretationem ducit ex Aristophan. Avv. v. 1099 : « Ἡρινά τε βοσκόμεθα παρθένεια Λευκότροφα μύρτα χαρίτων τε κηπεύματα. »

25. *Roscido.*—*Nutriant in humore* contra metri rationes in Ald. Venet. Gryph. semper enim producitur antepenultima in *humore*. Statius e MS. profert *in honore*, et margini edit. Gryph. adscriptum est *in odore*, quæ quidem lectiones haud dubie profectæ sunt ab auctoribus, qui spondæum pro dactylo positum ferre non possent. — At spondæum pro dactylo ponere vulgo apud veteres poetas adeo in usu fuit, ut vel dactylici versus sæpe spondæis toti constarent. Qui mos, Catulli ætate, exolescebat, non omnino tamen abolitus. Itaque per licentiam in locum dactyli spondæum tempore æquiparabilem potuit inducere. N.

26. *Huc aditum ferens.* — *Aditum*

## CARMEN LXI.

Perge linquere Thespiae
Rupis Aonios specus,
Lympha quos super inrigat
Frigerans Aganippe :
   Ac domum dominam voca,
Conjugis cupidam novi
Mentem amore revinciens,
Ut tenax hedera huc et huc
Arborem implicat errans.

*ferre* dictum est, ut *pedem ferre.*
27. *Perge linquere* h. e. linque sine mora. Eleganter enim τὸ *pergere* inservire solet periphrasi, quum sermo est de rebus, quae confestim et nulla interposita mora fieri debent. — *Thesp. rup. Aon. spec.* h. e. Heliconem, qui a *Thespiis* urbe Boeotiae, molliter assurgere incipit. Vid. Voss. unde Musae dictae sunt *Thespiades.*

29. In aliis *Nympha* : infinitis autem in locis voces *Nympha* et *Lympha* a librariis pro lubitu commutatae sunt. Vid. quos laudat *Drackenborch.* ad *Sil. Italic.* XI, 20. — *Lympha quos sup.* etc. h. e. quos desuper rorante aqua frigida humectat fons Aganippe.

31. *Ad domum* in quibusdam. Saepissime quidem voculae *ad* et *ac* confusae sunt a librariorum negligentia, quod multis exemplis Livianis docet *Drackenborch.* ad *Liv.* T. III, p. 420, sed nunc *ac domum* haud dubie genuina est lectio. — *Ac domum dominam voca.* Suaviter jam nova nupta vocatur *domina,* quo quidem blando nomine tam puellae jure amatoria, quam uxores et matronae gaudebant. Hinc Epictet. Enchirid. cap. XL, p. 159,

edit. Heyn : « αἱ γυναῖκες εὐθὺς ἀπὸ τεσσαρεσκαίδεκα ἐτῶν, ὑπὸ τῶν ἀνδρῶν κυρίαι καλοῦνται. » Conf. *Spanhem.* de usu et Praest. Num. Dissert. XII, p. 487. *Cerda* ad Virg. Aeneid. VI, 397, et *Rittershus.* ad Oppian. Cyneg. I, 4. — Partem rituum nuptialium, qua uxori, hymenaeo conclamato, domum intranti claves tradebantur, quasi indicium accepti in familiam dominii, Catullus poetico ornatu significat, nec tamen verba solennia omittit. N.

33. *Mentem amore revinc.* etc. h. e. animum ejus cum mariti animo ita connectens mutuo amore et vinciens, ut, quo tenaci amplexu hedera implicari solet arbori, eodem illa marito implicetur et cum eo coalescat. — *Revinciens,* eleganter *vinciendi* notio transfertur ad amorem. *Brouckhus.* ad *Tibull.* I, 36, 20.

34. *Tenax hedera,* tenaciter adhaerens, nec facile se divelli patiens. — *Huc et huc* in editt. vett. Venet. Gryph. Muret. at in omnibus MSS. Statii *huc et huc.*

35. *Errans* h. e. « serpens multiplici lapsu et erratico, » ut loquitur Cicero Cat. Major. cap. XV, [κισσὸς πολυπλανής.] Suavissima au-

Vos item simul integræ
Virgines, quibus advenit
Par dies, agite, in modum
Dicite : O Hymenæe Hymen,
Hymen o Hymenæe;

  Ut lubentius, audiens
Se citarier ad suum
Munus, huc aditum ferat
Dux bonæ Veneris, boni
Conjugator amoris.

  Quis Deus magis ah magis
Est petendus amantibus?
Quem colent homines magis
Cælitum? O Hymenæe Hymen,
Hymen o Hymenæe.

tem hac comparatione usus est quoque Horatius Od. I, 36, 20 : « nec Damalis novo Divelletur adultero, Lascivis hederis ambitiosior. » Cf. eumdem Epod. XV, 5, 6.

36. *Vos iterum* in edit. Venet. — *Vosque item* in MSS. Statii. — *Integræ*, castæ et intactæ. Cf. supra ad Carm. XXXIV, 2.

38. *In modum dicite*, ad numeros et rhythmum canite, choro cum rhythmo et ad leges musicas accinite. Idem mox v. 123, dicitur *in modum concinere*. — *Dicere*, ut Græcorum λέγειν pro *canere*, tritum et pervulgatum est; collegit tamen exempla *Brouckhus.* ad Tibull. lib. II, 5, 11.

43, seqq. *Munus*: munus Hymenæi versatur in confirmandis nuptiis honestis et legitimis; hinc vocatur *dux bonæ Veneris*, h. e. honestæ: et *Conjugator boni amoris*, h. e. legitimi.

46. *Magis amatis* in edit. Venet. et omnibus MSS. Statii, unde ille legendum censet *magis a macris*, admodum jejune! — *magis optimis* Gryph. Muret. — *Magis ac magis* Vossius. Fons depravatæ lectionis haud dubie latet in veteri scribendi ratione *a* sine aspiratione pro *ah*, quod sæpe reperitur in veteribus codicibus: vid. *Brouckhus.* ad Propert. 1, 16, 13. Non sine probabilitate autem scriptum videtur *magis a magis*; præcipue quum Scalig. in optimo libro *magis a maeis* se invenisse testetur, et litera *c* cum *g*, ut v. 68. *juncier* pro *jungier*, passim in libris MSS. permutetur, ita ut nostra lectio, elegans sane et commoda, ex hac ratione defendi posse videatur. — *Magis ah magis*. *Ah* jam est particula cum admiratione rem augentis. — Vid. infra v. 139. Frequens est Catullus in repetitione verbi *magis*. N.

## CARMEN LXI.

Te suis tremulus parens
Invocat : tibi virgines
Zonula soluunt sinus ;
Te timens cupida novus
Captat aure maritus.

55

51. *Te suis trem. par inv. Suis*, in gratiam filiarum suarum, ut illas faustis nuptiis bees. Expressit hoc laudatissimus inter Nostrates poeta *Ramlerus* in Carm. Lyr. XXVII, ad Hymenæum : « Dir fleht der sorgenvolle Greis , O Stifter der Geschlechter ! etc. » — Tibi exquisite pro *tuis auspiciis.*

52. *Virgines zonula soluunt sinus*, se tradunt marito et copiam sui illi faciunt : *zonam virginum* ipse maritus proprie solvere solebat. De *zonu et zonæ solutione* vid. quos laudavi supra ad Carm. II, 13, adde *Jul. Carol. Schlægerum* in Commentatione de Diana λυσιζώνῳ.

54-55. *Te timent, cupida novos Captat aure maritos* Muret. *Te te Hymen cupida novus* etc. nulla allata ratione tacite in textum recepit Vossius, cujus vestigia more suo legit Vulp. — *Novos maritos*, quod in omnibus MSS. reperit Statius, sine dubio ἀρχαϊκῶς pro casu recto *novus maritus* positum fuit. Pro *timens* alii *tumens*, alii *tenens* malunt.
— « Te timens cupida novus captat aure maritus. » Sensus: tempus illud, quo solemni cantu nomen tuum , Hymenæe, resonat, [*Te*] cupide exspectat novus maritus et cupidis arrectisque auribus dulcissimos hujus cantus sonos captat et excipit. *Timens* [angstlich und unruhig] ne quid forte mali, priusquam hic cantus audiatur, speratas nuptias tur-

bet. *Cl. Gurlitt* in notis ad *Rosenfeldi* Vers. Metric. plane contra latinæ linguæ indolem, vernacula fortasse deceptus, τὸ *timens* vertit *verehrend*. In hac enim significatione nunquam in hono sensu apud Latinos *timere* dicitur. — Sed, ut fatear, multo magis mihi arridet lectio *tumens*, h. e. libidine turgens, ὀργῶν , Tibull. I, 8 , 36 : « Dum tumet, et teneros conserit usque sinus. » Mihi certe hæc lectio ex mea interpretatione multo poeta dignior et rei convenientior videtur. — Hos versus non recte interpretari Doeringius mihi videtur. Scriptura *os* pro *us* in recto casu jam pridem Catulli ætate exoleta erat, qua nusquam alias usus est. Itaque retinenda lectio fere omnium MSS. et quem secum fert, sensus recipiendus. Quem facile expedies, si memineris scriptores antiquos non modo astricta numeris, sed etiam soluta oratione, passim ἀνακολούθως a singulari ad pluralem numerum haud temere transire. Itaque ejus licentiæ hoc in loco exemplum reperies, si quidem quum *virgines solvunt* primo dixisset, statim addit : *timens captat* sub. virgo. Sic omnino exponenda mihi videtur sententia : « virgo te timens (sc. ne non votis suis annuas) captat aure cupida novos maritos i. e. sermones qui nunciant novos maritos. », *Cupida aure.* Cf. *cupidam conjugis* v. 32. N.

Tu fero juveni in manus
Floridam ipse puellulam
Matris e gremio suæ
Dedis, o Hymenæe Hymen,
Hymen o Hymenæe.

Nil potest sine te Venus,
Fama quod bona comprobet,
Commodi capere : at potest,
Te volente. Quis huic Deo
Compararier ausit?

56. *Tu fero juveni.* Displicet juvenis *ferus* Burmanno Sec. ad Lotich. Eleg. IV, 3, 55, sed causa est in versione. Verte : « dem raschen und von Liebe glühenden Jüngling ; » et sic *ferus ignis* de vehementiori amore apud Ovid. Remed. v. 265 dicitur. *Omnia fecisti, ne te ferus ureret* ignis. Est igitur juvenis *ferus* idem plane, qui in simillima animi affectione *ardens* vocatur, Carm. LXII, 23 : qui locus a. v. 20 omnino cum nostro comparandus est.

57. *Floridam* h. e. pulchram, suavem, et amabilem. Vid. de hac voce *Brouckhus.* ad Tibull. lib. I, 1, 16.

59. *Dedis.* « Dedere, » inquit Muretus ad hunc loc., « plus quiddam est, quam dare. Damus etiam recepturi, dedimus vero ea tantum, quæ volumus accipienti propria ac perpetua fieri ; » et sane *dedere se alicui* ita dicitur ut sit, « totum se alicui tradere et totum ad alicujus voluntatem se componere. » Vid. *Grævius* ad Cicer. Orat. pro Cn. Plancio cap. 30, quæ quidem notio vel maxime loco nostro convenit. Simillime *dedere* dicitur infra Carm. LXIV, 375 : « Dedatur cupido jam dudum nupta marito. » Passim tamen *dedere* simpliciter pro *dare* dicitur. Tibull. I, 3, 7, ubi vid. Heyne. *Matris e gremio* vid. *rapis teneram ad virum* v. 3.

61. *Nil potest sine te Venus*, etc. ornate et eleganter pro vulgari : Nullus amor, nisi per te confirmatus, honestus haberi et communi assensu probari potest, at est et habetur honestus per te et tuis auspiciis confirmatus.

63. *Aliquid commodi capere* jam est bono eventu in aliqua re gaudere, bene et feliciter aliquid perficere. — Similiter de Hymenæo Claudian. Epithal. Pall. et Celer. v. 31 — 34 : « Hunc Musa genitum legit Cytherea, ducemque Præfecit thalamis : nullum junxisse cubile *Hoc sine*, nec primas fas est attollere tædas. » Pulchre nostrum expressit Lotich. Eleg. IV, 3, 55, 56 : « Nil sine te Venus alma potest, Jovis inclita proles ; Comprobet assensu quod bona fama suo. » — Nota pudicum verborum delectum exprimendæ rei gratia quæ pudicitiam cum voluptate conjungere debeat. N.

# CARMEN LXI.

Nulla quit sine te domus
Liberos dare, nec parens
Stirpe jungier : at potest
Te volente. Quis huic Deo
Compararier ausit?

Quæ tuis careat sacris,
Non queat dare præsides
Terra finibus : at queat,
Te volente. Quis huic Deo
Compararier ausit?

Claustra pandite januæ,
Virgo adest. Viden', ut faces

---

66. *Nulla quit sine te dom.* h. e. nulla familia edere et suscipere potest liberos legitimos, nisi qui ex conjugio legitime contracto et Hymenæi sacris initiato prognati sint.

68, *Stirpe vincier* in L. MS. et tribus antiquissimis editt. testante editor. Cantabrig. Eamdem lectionem reperit quoque Scaliger, sed idem *jungier* vel ex ea causa reponendum esse censet, quod fugitivus oculus librarii *juncier* pro *jungier* in veteri codice forte exaratum legentis facillime in describenda voce aberrare potuerit. Sic *junctus* et *vinctus* passim a librariis permixtæ sunt. Vid Drackenborch. ad Liv. Tom. III, p. 95. Pari modo in *vinxisse* et *junxisse* variant libri apud Claud. Epithal. Pallad. et Celer. v. 32, ubi vid. Interpp. *Stirpe dicier* Muret. *Stirpe nitier* Stat. — *Parens stirpe jungier*, parentis nomen legitima stirpe propagari. — Nonne et *cingier* substitui possit, quod promptiorem sensum faciat? N.

72. *Non queat dare præsid. terra fin.* aditus enim ad summos in republica honores non patebat apud Romanos hominibus spuriis. Per *præsides* autem intelliguntur omnes, qui administrandæ et tuendæ reipublicæ quocunque modo vel munere præsunt et invigilant. Cf. Scalig. et Voss. — Longe a vero, doctissimas ambages excogitando, divertunt, qui *magistratus* inde quærunt. *Præsidium* militarem esse oppidi tutelam quis ignorat? Itaque *præsides finibus dare* quum Noster scripsit, nihil aliud atque juventutem defendendæ patriæ armatam significare voluit. N.

77. *Viden', ut.* Vide de hac formula, qua repente animus ad rei cujusdam contemplationem avocatur, *Burmann.* et *Heins.* ad Valer Flacc. V, 595, et *Brouckhus.* ad Tibull. II, 1, 25. Sic Græci οὐχ' ὁρᾷς. — *Ut faces splendid.* quat. com. sublimius pro *scintillant.* Paullo audacius enim rutilantes flammæ radii a sublimioris spiritus poetis comparari solent *crinibus.* Loca quædam collegit Vulp. Sic *crines* tri-

Splendidas quatiunt comas?
Sed moraris, abit dies;
Prodeas, nova nupta.
    Tardat ingenuus pudor,
  Quae tamen magis audiens
  Flet, quod ire necesse sit.
  Sed moraris, abit dies;
  Prodeas, nova nupta.

buuntur astris. Vid. quos laudat *Dorville* ad Charit. p. 656, edit. Lips. *Sic sol ignicomus* apud Auson. Epist. VIII, 8. Caeterum cum Nostro compara Hesiod. Scut. Hercul. v. 275.

79. *Abit dies*, cave ne hoc intelligas, tanquam: *lucere dies desinit*, quia nuptiae vespere surgente demum inibantur. *Dies* hic sumitur pro *tempore*, ut saepissime alias. N.

80. *Prodeas* verbum pompae muliebris. Cf. *Brouckhus.* ad Tibull. I, 10, 70.

81-82. *Tardet ingenuus pudor Quem tamen magis audiens Flet* in omnibus MSS. Statii et vetustissimis, quas editor Cantabrigiensis inspexit, editt. — *Tardet* Scalig. et alii antique dictum esse putant pro *tardat*, ut *denset* pro *densat* et alia similia. *Quem* referunt ad *audiens*, et *audire pudorem* explicant *pudori obtemperare* vel *parere*; at *magis* pro *nimis* sumunt; quod quam durum sit, quilibet facile sentiet. Si omnino *quem* legendum sit, malim certe duritiem hujus versus ita fere mollire: *quem tamen* [pudorem] *magis jam quam* aliorum adhortationem *audiens flet, quod* etc. Equidem in textu pro *tardet* dedi vulgarius *tardat* et sic est apud Ald. et in edit. Gryph. — Pro *quem* ex edit. Gryph. Voss. Graev. Vulp. recepi *quae*, ut olim jam ita rescribendum esse visum est Scaligero, qui inde errorem fluxisse putat, quod Gallicanum fortasse exemplum *que* sine diphthongo pro *quae* scriptum obtulerit. — *Tardat ingenuus pudor* etc. sensus: tardat quidem ingenuus et virginalis pudor, quem lubenter illi concedimus; eadem tamen nunc audiens, quod ire necesse sit, multo magis flet et tardius procedit. — Meliorem rationem ex verbis paullo impeditioribus bonum et commodum sensum eliciendi equidem reperire non potui. Sensus autem, qui ex mea interpretatione et recepta lectione exit vel propterea commodus et rei conveniens videri potest, quod, quo magis saepe homines in re tristi a lacrimis sibi temperare jubentur, eo magis in eas erumpere et dolori indulgere solent. Quod vel maxime de pudore virginali valet. — Vel recepta Doeringii lectione, nolim tamen, ut ille, verborum componere ordinem; namque *audiens .... quod sit necesse* latinitatem non Catullianam, sed medii aevi sapiat. Ego quoque sensum extricare meum hinc tentabo. Pompa ad ja-

## CARMEN LXI.

Flere desine. Non tibi,
Aurunculeia, periculum est,
Ne qua fœmina pulchrior
Clarum ab Oceano diem
Viderit venientem.
    Talis in vario solet
Divitis domini hortulo
Stare flos hyacinthinus.
Sed moraris, abit dies:
Prodeas, nova nupta.
    Prodeas, nova nupta, sis;

nuam præstolata clamavit: *prodeas, nova nupta.* Adhuc *tardat pudor* eam, *quæ* licet *audiens magis,* scilic. quum fiat dicto obedire magis parata, *tamen flet. Audiens* pro *obediens* vulgatissimum. Vid. infr. v. 97, 98. N.

86. *Flere desine* etc. a fletu jam ideo Aurunculeiam abstinere jubet, quod formæ venustati, qua ab nulla omnino superetur fœmina, vel maxime fidere et hinc felicissimum augurari possit conjugium.

87. *Aurunculeia.* In MS. Statii *Arunculeia,* unde forte legendum putat *Arunculea.* — *Herculeia* in edit. Ald. Venet. Gryph. Muret.— Certe hoc nomen versum perturbat, nisi fiat synalœphe: *Aurunclcia.* N.

89-90. *Clarum ab Oceano diem* vid. ven. ornatissime pro simplici *exstiterit.*

91. *Talis in vario sol.* Cf. omnino Carm. LXII, 39 sqq. *Horto vario,* h. e. floribus versicoloribus distincto.

93. *Stare,* h. e. florere. Sic sæpe res *stare* dicuntur, quæ in summo flore sunt.

96. *Prodeas nova nupta si Jam vi-*

*detur* in omnibus MSS. et editionibus antiquissimis, quæ quidem lectio facilitate sua ita se commendat, ut jure mireris ejus integritatem in disceptationem vocatam fuisse a Scaligero. Emendavit autem Scaliger hunc locum ita, ut in textu et plerisque post Scaligerum editionibus nunc legitur, quo nihil elegantius a poeta in toto hoc poematio scribi potuisse pronuntiat; « Elegantissimus Poeta, » ait ille, « μιμητικῶς imitatur festinationem votorum in vulgo. Nam quum vulgus optat aliquid, tametsi id non evenit, tamen quasi evenerit, sibi ipsum persuadere conatur. » Eleganter omnino sic scribere Poetam et rem ad sensus vocare potuisse quis neget? Sed quum nullum plane in libr. MSS. et editt. vett. latentis in hoc loco vitii appareat vestigium, quis vere Catullum ita scripsisse præstet? Quodsi enim verba *si jam videtur* frigent, friget quoque, quam substituit Scaliger, particula *sis,* quæ eamdem significationem habet. — Equidem ex lege, quam mihi in interpretandis veteribus scripsi,

(Jam videtur) et audias
Nostra verba. (Viden'? faces
Aureas quatiunt comas.)
Prodeas, nova nupta.
Non tuus levis in mala
Deditus vir adultera,
Probra turpia persequens,
A tuis teneris volet
Secubare papillis;
Lenta qui velut assitas
Vitis implicat arbores,

ab iis lectionibus, in quas omnes libri MSS. et editt. vett. amice conspirant, si ullo modo sensus ex iis erui potest idoneus, non facile discedendum puto. — Vossius haud dubie exemplo Scaligeri inductus, pro *si* reposuit *st*, ut sit nota silentii, sed valde cum Vulpio vereor, ut haec particula sine vocalis adjumento syllabam explere possit. — Quin igitur in textu *si jam videtur* reponendum fuit. N.

98-99. *Faces aureas comas quat.* Cf. ad v. 78. Sic χρύσεαι ἔθειραι ἄστρων, de coruscante siderum splendore in Orph. Fragm. VI, 22, p. 366, edit. Gesner. χρύσεον φάος ἐρατᾶς Ἀφρογενείας vocatur Hesperus apud Bion. Idyll. VIII, 1. — *Viden' ut faces* vitiose in Gryph. et quibusdam aliis invito metro. — *Vide ut faces* rectius vult Statius.

101. *In mala adultera* h. e. lasciva et proterva; ut contra supra v. 19. *bona virgo*, honesta et pudica. *Deditus in aliqua* Lucretiana locutio, vid. *Gifan.* In Indic. Lucret.

103. *Probra turpia*, turpem amorem.

104. *A tuis papillis* exquisite pro *a te*.

105. *Papillulis* Venet. contra metrum.

106. *Lenta qui velut ass.* Nobilissima a vite arbori implicita ad adumbrandum conjugalis amoris vinculum arctissimum translata comparatio, qua certatim usi sunt sequioris aetatis poetae. Sic Lotich. Eleg. I, 3, 147: «Ergo velut patula vitis se tollit in ulmo, Vitis et impositum sustinet ulmus onus, Sic pius uxori vir adhaereat.» — *Lenta*, elegans epitheton, flexibilem vitis tenacitatem notans, qua arborem, cui annexa est, complectitur. Adjungebantur autem vites praecipue *ulmis.* Columella de Re Rustic. XI, 2, 79: «Ulmi quoque recte vitibus maritantur,» atque haec ipsa vitis cum ulmo conjunctio vocabatur *conjugium*, ulmus mas, *vitis* femina. Vid. imprimis *Cerda* ad Virg. Georg. I, 2, et conf. Carm. LXII, 54.—*Assitas* h. e. juxta satas; nam recte et saepe *seri* dicuntur arbores. Multa exempla collegit Heins. et Drackenborch. ad Silium Ital. X, 533.

# CARMEN LXI.

Implicabitur in tuum
Complexum. Sed abit dies;
Prodeas, nova nupta.                110
. . . . . . . . . . . . . . . . . . .
. . . . . . . . . . . . . . . . . . .
. . . . . . . . . . . . . . . . . . .
O cubile, quot [o nimis
Candido pede lecti]                  115
  Quæ tuo veniunt hero,
Quanta gaudia, quæ vaga
Nocte, quæ media die

115. Hic tres versiculi ab omnibus MSSC. et omnibus editionibus antiquioribus sine ulla exceptione (ut Scaliger affirmat) absunt, et hi duo, quos ad edit. Bipont. excudi curavimus, varie et corrupte leguntur. — Piget fere adscribere, quot modis lacunam hujus strophæ explere studuerit virorum doctorum sagacitas. Apud Aldum integra stropha legitur sic : « O cubile quot omine Candido lacteo pede Quæ tibi veniunt bona, Gaudeas sed abit dies, Prodeas nova nupta. » In edit Gryph. hoc modo : «O cubile quod homine Candido pede lectulis Quæ tibi veniunt bona, Gaudeas, sed abit dies, Prodeas nova nupta. » In edit. Muret. ita : « O cubile quot omina Candido pede lectulis, Quæ tibi veniunt bona? Gaudeas, sed abit dies. Prodeas nova nupta. » Scaliger duos versiculos, ut in libris MSS. leguntur, ad sensum inde extorquendum jungit et digerit cum sequenti stropha ita : « O cubile [o nimis Candido pede lecti] Quæ tuo veniunt hero, quanta gaudia. » Vossius omissis tribus versiculis prioribus et asterisco notatis legit :

« O cubile quot omnibus Candido pede lecti. » Heinsius in notis ad Catullum tentat : « O cubile quot omina, » alii aliter. Ego vero ad hunc locum tam interpretandum quam emendandum ne verbulum quidem addo. Cui volupe est in ejusmodi locis exercere ingenium, per me licet quemlibet sensum ex hoc corrupto loco extundat, aut mutila et deperdita membra vel pede ligneo vel naso cereo resarciat. Mihi quidem antiquitatis monumentum mutilum vel temporis injuria detruncatum multo magis placet, quam additamentis a manu recentiori interpolatum et expolitum nitidissimis.

116-120. *Gaudia* sexcenties in Veneris usu. — *Vaga nocte*: *vaga* poetæ appellant, quæcunque motu perpetuo feruntur. Vid. **Brouckh.** ad Tibull. I, 3, 39. *Nocti* autem a poetis non minus ac *Soli* equi et currus tribuuntur. Vid. Heyne Excurs. ad Virgil. Æneid. II, 8, tom. II, pag. 236. Vid. inf. Carm. LXIV, 272. — *Media die* h. e. interdiu; *medius* sæpe apud poetas est epitheton ornans, et latiori signifi-

## C. VALERII CATULLI

Gaudeat. Sed abit dies;
Prodeas, nova nupta.
    Tollite, o pueri, faces;
Flammeum video venire.
Ite, concinite in modum;
Io Hymen Hymenaee io,
Io Hymen Hymenaee.
    Neu diu taceat procax
Fescennina locutio;
Neu nuces pueris neget
Desertum domini audiens
Concubinus amorem.

catione accipiendum est. — *Gaudeas* in quibusdam.

121-125. *Tollite* h. e. altum tollite, extollite, ut saepe. — *Flammeum*. Vid. ad v. 8. — *Videor venire* dit Scaliger, et ex graeca loquendi ratione δοκῶ ἐλθεῖν explicat. Nonnulli legunt *videor videre*, sed st. lectio *video venire* est in omnibus MSS. teste Statio.

126-130. *Neu. nec* in quibusdam. *Ne* Voss. Vulp. *Neu diu taceat Fescen.* loc. — *Fescennina jocatio* citra necessitatem ejectat Heinsius in not. ad Catull. — *Fescennini versus*, qui in nuptiis canebantur, «dicti ita,» ut Festus ait, «quod ex urbe Fescennina (oppido Campaniae) allati essent, sive quod fascinum arcere p...» Versabantur autem hi versus in jacientis dicteriis jocisque obscenis et opprobriis petulantibus. Hinc *Fescennina licentia* apud Horat. Epist. II, 1, 145, vid. Interpretes ad locum Horat. et ad Claudiani Carm. XI-XIV *fescennina* inscripta; inprimis *Menagius* in Origg. Gallicis s. v. *charivari*. — *Neu nuces pueris neget*. Antiquus in nuptiis Romanorum nuces spargendi mos. Spargebantur autem nuces, nupta jam in domum et thalamum deducta, quum a novo marito (Virg. Eclog. VIII, 30, *sparge marite nuces*), tum ab ejus concubino, quo uter hactenus ille usus fuerat, haud dubie ut indicarent, se relictis, et pueris quasi, qui sparsas nuces colligerent, traditis jam, quibus adhuc indulserant, ineptiis, ad seria et viris digna transituros esse. Hinc *nuces relinquere* Persius Sat. 1, 10, dixit pro «virilia negotia capessere;» vid. ibi *Casaubon*. Alii alias hujus ritus causas afferunt. Vid. Interpretes ad h. l. et fuse de hac re disputantem *Cerdam* ad Virg. Eclog. VIII, 30. — *Desertum domini* doctius pro vulgari « a domino. » — *Desertum* DEUM *audiens* vel *desertum dominum audiens* ex MSS. affert Statius, qui corrigit, *defectam dominam audiens Concubinus*; in versu sequenti pro *amorem* alii legunt *amores*. At Vossius vult *amore*; nec dubitamus, quin recte aliquis

## CARMEN LXI.

Da nuces pueris, iners
Concubine. Satis diu
Lusisti nucibus. Lubet
Jam servire Thalassio.
Concubine nuces da.
  Sordebant tibi villuli

*desertus amore* ut *desertus amicis* dici possit, sed sic dure supplendum est *se;* magis placet conjectura editoris Cantabrigiensis : « desertos DOMINO audiens Concubinus amores, *vel* desertum DOMINO audiens Concubinus AMOREM. »

131-135. *Iners concubine.* Eleganter jam vocatur *iners* ob cunctationem et consilii inopiam, præcipue quum cinædi et pathici naturalibus ex causis sint inertes et ignavi. — *Servire Thalassio,* Hymenæi sacris operari. *Thalassius* unde dictus Hymenæus, vid. apud Liv. I, c. 9, et ibi *Struth.*

136. Hic versus tam lectione quam interpretatione misere fluctuans et impeditus non parum exercuit interpretum ingenia. In edit. Venet. ab an. 1493, et antiquissimis editt. legitur : *Sordebant tibi villicæ;* et sic legunt quoque Muret. et Achill. Stat. ne γρὺ quidem de lectionis varietate addentes. Subjecta vero est a Mureto hæc interpretatio : « Tu, inquit, nuper villicarum dissuaviari te cupientium oscula, pro innata formosis omnibus superbia, refugiebas, et amore domini ferox et formæ bono : at nunc certe istos animos demittes, quum et dominus ad nuptias animum adjecerit et tondere te jusserit, quod indicio est, te ei amplius in deliciis non fore. » — At in cæteris editionibus fere omnibus Ald. Gryph. Scaliger. Voss. Cantabrig. Vulp. Bipont. hic versus ita profertur : *Sordebam tibi villice* CONCUBINE, cui Vossius subjungit hanc interpretationem : « Sordebam tibi, inquit, o concubine villice, meque indignum tuis judicabas amoribus, elatus nempe et superbus formæ tuæ præstantia, et simul quod villicus, seu dispensator et omnia esses apud dominum; sed concidet tibi iste spiritus, et jam jam miser a nova nupta traderis cinerario, qui cum capillitio simul quoque auferet istam arrogantiam. » *Sordebant tibi villice* in Libr. MS. edit. Reg. et Heins. vet. cod. teste edit. Cantabrig. — Mihi quidem in hoc versu semper suspecta fuit vox *villicæ* vel *villice;* non video enim cur concubinus paulo jam adultior et cinerario mox tondendus *villicas* præcipue contempserit, ad quas animum potius ille nunc adjecisse videatur; nec mihi persuadere possum concubinum domini dispensatorem in ejus domo fuisse; [male enim fortasse huc traxeris locum Martial. II, 18, 24, sqq.] nec denique apparet, cur Catullus, ex cujus persona dicta omnino videntur, *Sordebam tibi villice,* concubino sorduerit, vel ab illo despectus sit? Desiderabam igitur vocem aliquam, quæ ut magis responderet sequenti-

Concubine, hodie atque heri;
Nunc tuum cinerarius
Tondet os. Miser, ah miser
Concubine, nuces da.
   Diceris male te a tuis
Unguentate glabris marite
Abstinere : Sed abstine.

bus, *primam lanuginem notaret*, et ecce, variis a me frustra tentatis, opportune *Corradinus de Allio*, cujus editionem, nescio quo taedio, raro alias consulere soleo, ex libro MSC. profert *villuli*, quae lectio, sive vere in libr. MSC. Corradini exstiterit, sive ab ejus ingenio profecta sit, unice vera et rei accommodatissima videtur. *Villulus* est diminutivum a *villus*, quod, eodem modo ut *lanugo*, ad primos et teneros in genis adolescentium propullulantes pilos translatum est. Jam vero hospes plane et peregrinus in Catulli carminibus sit, qui, quantopere Noster diminutivorum usu delectetur, et quam multa alia diminutiva apud solum Catullum legantur, nesciat. Fortasse autem ab ignorantia librariorum, quibus ignota et inaudita esset vox *villuli*, notius vocabulum substitutum est. Non dubitavi igitur lectionem Corradini *Sordebant tibi villuli*, quam jam in editione Gottingensi 1762 exhibitam video, in textum recipere, quae si forte aliis displicuerit, facile cum vulgatis, quas recensui, permutari poterit. — *Sordebant tibi villuli*: sensus est: Sordere tibi jam inde ab aliquo tempore, h. e. ingrata molestaque esse coepit succrescens tibi et genas inumbrans lanugo, ecce nunc tempus adest, quo cinerarius nuptae jussu os tuum tonsurus hanc tibi molestiam eximet. Egregie autem haec loci nostri explicatio confirmatur loco Martial. I, 33, 5: « Dum nulla teneri *sordent* lanugine vultus. » — Opportune citatur Martialis, at errantem in voce *sordebant* Doeringium arguit, quam ille debuit non de fastidio, sed de excrescente quasi sordibus in mento barba, interpretari. N. — *Hodie atque heri*, h. e. nuper vel brevi inde tempore. Χθὲς καὶ τήμερον, χθὲς καὶ πρώην. Vid. de hac proverbiali locutione *Gatacker.* ad Antonin. X, 7, p. 292; *Wesseling.* ad Diodor. Sicul. lib. II, c. 5, et ad Herodot. II, 53, p. 129. — *Cinerarius* vel *ciniflo* vocabantur servi, qui calamistris in cinere calefactis herae capillum crispabant. Vid. Vossius, qui ex Martial. XI, 78, 4, docet, concubinos non mariti, ut putabat Muretus, sed novae nuptae jussu tonsos fuisse. Adde Vulp.

139. *Miser ah miser*, εἰρωνικῶς jam ejus vicem dolet.

141. *Diceris male*, etc. — *Diceras* Corradin. Aiunt quidem homines, haud facile te impetraturum esse a libidine tua hoc, ut in posterum abstineas a mollibus et imberbibus pueris, sed abstine quaeso.

142. *Unguentate*: nam die nuptiali vel maxime novum maritum

## CARMEN LXI.

Io Hymen Hymenæe io,
Io Hymen Hymenæe.
  Scimus hæc tibi, quæ licent,
Sola cognita : sed marito
Ista non eadem licent.
Io Hymen Hymenæe io,
Io Hymen Hymenæe.
  Nupta tu quoque, quæ tuus
Vir petet, cave ne neges;
Ne petitum aliunde eat.
Io Hymen Hymenæe io,

145

150

decebat unguentis delibutum caput.

146—150. *Qua licent* Scalig. — *Cælibi soli cognita* Passeratius in exemplaribus Memmianis, unde, si vetusti alicujus exemplaris auctoritate fulciri possit hæc lectio, Catullum fortasse scripsisse putat Vossius, *Scimus hæc tibi cælibi et soli cognita*, quod mihi quidem multo magis displicet. — Pro *sola* Statius quoque rescribit *soli*. — Haud dubie vulgata lectio retinenda est, quæ in omnibus scriptis et impressis apparet, et rectissime quoque servata est a Vossio. — *Scimus hæc tibi*, etc. Sensus: probe quidem scimus, te iis tantum huc usque amoris indulsisse ineptiis, quæ cadunt in juvenes, liberius ante nuptias vivendi potestate gaudentes [h. e. te non nisi pueris meritoriis ad explendam libidinem adhuc usum esse], iisdem tamen nunc tibi marito amplius indulgere non licet. In eamdem fere sententiam apud Terentium Simo ad Davum de filio, cui uxorem daturus est, Andr. I, 2, 17 : « Nam, quod antehac fecit, nihil ad me attinet. Dum tempus ad eam rem tulit, sivi, ut animum expleret suum : Nunc hic dies (*sc. nuptialis*) aliam vitam adfert, alios mores postulat.»—*Cognita: cognoscere* in re Venerea vid. Davisius ad Cæsar. B. G. VI, 21, ubi est *fœminæ notitiam habere;* et *Heraldus* in Animadvers. ad Jambl. c. V. 154. Sic apud Græcos γινώσκειν. Vid. Interpret. ad Nov. Test. Matth. I, 28, et *Gatacker.* de N. T. St. cap. XI, p. 47.

147. *Sed marito.* Hic versus est hypermeter, ut paulo ante v. 142, 191, 234, cujus syllaba abundans a prima vocali sequentis versiculi absorbetur.

148. *Eadem* pro adverbio sumit Scaliger, et spondæum dactyli loco positum esse putat. Nulla vero idonea perturbandi versus causa.

151—152. *Quæ tuus vir petet*, honeste pro vulgari, « quando rem tecum habere vult. » *Cave*, ultima hujus imperativi corripitur. Vid. Var. Lect. supra ad Carm. X, 27.

153. *Ne petitum aliunde eat*, ne alias mulieres exercendæ libidinis causa adeat, alibi scortandi occasionem exquirat.

Io Hymen Hymenaee.
En tibi domus ut potens,
Et beata viri tui,
Quo tibicine serviat,
(Io Hymen Hymenaee io,
Io Hymen Hymenaee.)

156. *Domus ut potens* inepte conjecit Heinsius in not. ad Catull. — *Domus potens*, h. e. nobilitate praepollens et insignis: *beata*, opulenta, divitiarum copia abundans.

157. *En beata* Heins. in not. ad Catull.

158. *Quæ tibi sine fine erit* Ald. haud male, puto, ad sensum fere hunc: quæ continuo et haud interrupto usu tam diu in potestate tua erit, usque dum, etc. *Quæ tibi sine serviat* Venet, Muret. Cantabrig. quæ quidem lectio, ex Pontani conjectura, perquam elegans et quam proxime ad veterem scripturam accedere videtur editori Cantabrig. Affirmat autem Scaliger MSC. et antiquas Editt. habere *sine fine serviet*: hinc in edit. Gryph. contra metrum legitur *Fine quæ tibi sine serviat*. — *Sine fine servit* L. MS. et edit. R. teste editore Cantabrig. — *Sine servit* liber Maffei et sic in plerisque MSS. esse testatur Voss. — Ex his depravatis lectionibus fecit Scaliger *quæ tibi sene serviet*, ut *sene* ἀρχαϊκῶς dictum sit pro *seni*. At Statius tentat *quæ seni tibi serviet*, probante *Brouckhus.* ad Tibull. I, 7, 88, sed utraque lectio vix ullo modo ferri potest ob sequentia *usque dum tremulum*, etc., quis enim bene dicat *quæ tibi serviet seni usque dum senex es?* Excussis omnibus, quæ a viris doctis in medium prolatæ sunt, emendationibus, præ cæteris elegans et orationi accommodata mihi visa est conjectura Vossii, ad veteris scripturæ ductum *quæ tibi sine servit* rescribentis *Quo tibicine serviat*, quam in tanta lectionis ambiguitate et inconstantia fidenter cum Vulpio in textum recepi. — Mihi quidem succurrebat legendum fortasse esse *Quæ tibi bene serviat*. — *Quo tibicine serviat*. Hoc est, quo quasi fulcro domus nitens pareat tibi dominæ et matrifamilias, usque (v. 161) dum, etc. — *Tibicen* (h. e. columna, cui domus incumbit) eodem modo ut *fulcrum* vel *columen*, translatum videri debet ad eos, in quibus summa rei vertitur. Sic infra LXIV, 26, Peleus vocatur *Thessaliæ columen*, ubi plura de hac locutione dabimus in notis. — Egregie autem et vere maritus, in quo (ut verbis utar Virgilii Æneid. XII, 59) *omnis domus inclinata recumbit*, columen vel tibicen familiæ vocatur. — In MS. invenio *quæ tibi sine servit* corr. altera manu *serviet*: unde hunc sensum elicio: *quæ tibi, sine, serviet*. Sine i. e. modo sinas, modo per te liceat. Lectio Vossii docta mihi videtur, at paullo audacior. Malim quoque *est potens* quam *ut*. Sic Tibull. IV, 6, 3: « tota tibi est hodie, » etc., pro « tota tua est. » Sic omnis oratio luculente, nulla relicta voce, fluet. En dom. pot. et h. viri

# CARMEN LXI.       191

Usque dum tremulum movens
Cana tempus anilitas
Omnia omnibus annuit.
Io Hymen Hymenææ io,
Io Hymen Hymenææ.                         165
    Transfer omine cum bono
Limen aureolos pedes,
Rasilemque subi forem.
Io Hymen Hymenææ io,
Io Hymen Hymenææ.                         170
    Adspice, intus ut accubans

tui est tua, quæ tibi serv. modo velis. N.

161. *Usque dum tremul. mov.* etc. Versus ornatissimi splendissimique pro vulgari, « usquedum in extrema aliquando senectute constituta et ætate fessa omnia bona omnibus, qui ea appetunt, lubenter concessura es. » Anus autem annosa subinde trementis capitis motu nutare et aliis fere annuere solet.

162. *Tempus* pro parte capitis, de qua pluralem modo dici Grammatici præcipiunt, apud ipsum Ciceronem in singulari occurrit ad Herenn. IV, 69; cf. *Gifan.* in Indic. Lucret.

166. *Transfer omin. c. bon. lim. aur. pedes:* Plaut. Casin. IV, 4, 1: «Sensim super attolle limen pedes, nova nupta.» Ominosum enim putabatur vel ingrediendo limen tangere: vid. *Burmann.* ad Ovid. Amor. I, 12, 4. Tradunt autem, qui de Romanorum ritibus nuptialibus scripsere, novam nuptam, ut invita nubere et virginitatem deponere videretur, a paranymphis trans limen portatam esse. — *Aureolos*, pulchros; res nota.

168. *Forem rasilem*, eleganter politam et lævigatam, cf. Voss.

171. *Adspice intus : Unus ut accubans* constans lectio in omnibus MSS. et editt. vett. cujus integritas haud dubie impugnata est ab iis, qui in explicatione τοῦ *unus* hærerent. Est autem *vir unus*, qui plane is est, qui esse debet, unice conjugi deditus et in explendis boni viri partibus unice occupatus. Eodem plane sensu supra dicebatur Carm. XXII, 10, *unus caprimulgus*, ubi cf. notas, et sic egregie τῷ *unus* respondet in 173, *totus*. Mutata autem est vox *unus* ab interpretibus vel in *imus* ob solemnem fortasse harum duorum vocum in libris veteribus confusionem, vid. *Drackenborch.* ad Sil. Italic. V, 112, et XV, 590, vel in *unctus*, *Barth.* Adversar. 1159—1160, vel in *udus* Nic. *Heins.* Adversar. c. X, p. 102, et in not. ad Catull., vel denique in *intus*, quod in plerisque editionibus nunc apparet. — *Salmasius* ad Solin. p. 1256, parum feliciter tentat, «Adspice intus et accubans Vir tuus Tyrio ut toro Totus immineat tibi.» — *Tyrio in toro*, lecto tricliniari,

Vir tuus Tyrio in toro,
Totus immineat tibi.
Io Hymen Hymenaee io,
Io Hymen Hymenaee.

  Illi, non minus ac tibi,
Pectore uritur intimo
Flamma, sed penite magis.
Io Hymen Hymenaee io
Io Hymen Hymenaee.

  Mitte brachiolum teres,
Praetextate, puellulae;
Jam cubile adeant viri.
Io Hymen Hymenaee io,
Io Hymen Hymenaee.

  Vos bonae senibus viris
Cognitae bene foeminae,

purpura Tyria instrato. Sponsus nimirum geniali mensae cum aequalibus adsidens expectabat sponsam. Cf. Carm. LXII, 3. Non enim de lecto cubiculari cogitandum esse docet vers. 191, 192, 201.

173. *Totus immineat tibi*, toto animo in te feratur et amplexus tuos cupide petat.

176. *Ille non minus atque tu Pectore uritur intimo Flamma, sed penitus magis* Gryph. Muret. et alii; sed multo doctior haud dubie est lectio nostra, quam dedit Scaliger ex libro suo; quamque omnes MSSC. Statii confirmant, nisi quod in his *urimur* legitur. Eamdem suppeditant MS. et tres antiquissimae editt. affirmante editore Cantabrig. — *Illi non minus ac tibi*, h. e. in ejus medullis non minor ac tibi ignis ardet [ut supra loquitur Noster XLV, 16,] *flamma uritur*, graece πῦρ δαίεται, vide Scaliger.

178. *Sed penite magis*, h. e. imo p. mag.

181. *Mitte brachiol. teres puellulae*, h. e. e manu dimitte teres brach.

182. *Praetextate*: intelligitur puer ingenuus, et quidem *patrimus* et *matrimus* [ἀμφιθαλής] qui nuptam ad domum mariti deducebat (παράνυμφος). « Patrimi et matrimi, auctore Festo, praetextati tres nubentem deducunt: unus, qui facem praefert; duo, qui nubentem ducunt.

183. *Jam cubile adeat*. Gryph. Muret. Vulp. sed omnes libri MSSC. et editt. vetustiores offerunt *adeant*, recte. — *Adeant* nimirum virgo et pronubae, a quibus sponsa in lecto geniali collocabatur, ut docet stropha sequens.

187. *Cognitae bene foeminae*, spectatae fidei et castitatis. Debebant etiam pronubae istae esse *univirae*.

## CARMEN LXI.

Collocate puellulam.
Io Hymen Hymenaee io,
Io Hymen Hymenaee.

Jam licet venias, marite;
Uxor in thalamo est tibi
Ore floridulo nitens;
Alba parthenice velut,
Luteumve papaver.
 At marite (ita me juvent

---

192. *Tibi*, h. e. in tuam gratiam et voluptatem. Sic Tibull. IV, 6, 3: « Tota *tibi* est hodie, *tibi* se laetissima compsit. » Virgil. Eclog. VIII, 30: « *tibi* deserit Hesperus OEtam, » et sexcenties alibi.

193. *Nitens*, formosa. Vid. supra ad Carm. II, 5.

194. *Alba parthenice*, herba quaedam, cujus nomen incertum est; vulgo vocant *Mutterkraut*. — *Luteumque papaver*: color luteus non semper eodem modo dicitur, nec unum eumdemque colorem notat, sed ut *caeruleus* fere, *flavus*, *rufus*, et alii colores, latius patet. Hinc passim a viris doctis de coloribus Veterum multum et acriter disceptatum est; de quorum diversitate et vaga notione nos ipsi, prima quaque pro muneris nostri partibus scribendi aliquid oblata occasione, in singulari commentatione uberius exponere in animum induximus. *Colorem luteum* (hellroth, rosenroth) affinem esse colori rufo et roseo vel ex nostro loco sponte apparet. Flagitat enim hunc colorem tam ipsa instituta comparatio [color albus enim in ore pulchrae puellae permixtus esse debet cum colore roseo et purpureo. Conf. Anacr. Od.

XXVIII, 23, et quos ibi in hanc rem laudat Cl. *Fischer*,] quam ipsum nomen, cui additur, *papaver*. Sunt autem, auctore Plinio, Hist. Nat. XIX, 8, 53, « Papaveris sativi tria genera: primum candidum, cujus semen tostum in secunda mensa cum melle apud antiquos dabatur. Alterum genus est papaveris nigrum, cujus scapo inciso lacteus succus excipitur. Tertium genus, rhoeam vocant Graeci, id nostri erraticum. Sponte quidem, sed in arvis cum hordeo maxime nascitur, erucae simile, cubitali altitudine *flore rufo* et protinus deciduo: unde et nomen a Graecis accepit. » Aperte autem tertium papaveris genus a Poeta innuitur: multus jam fuit in explicando *colore luteo* Salmas. ad Solin. tom. I, p. 256—258, et tom. II, p. 1154—1158. Adde quos laudat, qui de hoc colore egerunt, *Titius* ad Nemes. Cyneg. 319.

196. Hunc locum inquinatissimum egregie purgavit et ad formam mundiorem, pulchre ad Catullianam venustatem compositam, revocavit Scaliger. Transposuit autem, et, ut nunc legitur, emendavit Vir Magnus hanc stropham, quae olim sinistre post sequentem posita cor-

Cælites) nihilominus
Pulcher es, neque te Venus
Negligit. Sed abit dies;
Perge, ne remorare.
  Non diu remoratus es.
Jam venis. Bona te Venus
Juverit: quoniam palam
Quod cupis, capis, et bonum
Non abscondis amorem.
  Ille pulvis Erythrei,

rupte legebatur ita : « Ad maritum tamen juvenum Cœlites nihilominus Pulchre res. » Unde Parthenius fecerat « At marita tuum tamen Celites nihilominus Pulchra res, » et Statius lepide ex conjectura proposuerat « Admetum juvenem tamen Celites nihilominus, Pulchra res. » [Cujus lectionis explicationem vide sis apud ipsum.] — Plausum jam tulit hæc præclara Scaligeri emendatio a Vossio et cæteris interpretibus.

199. *Negligit*, h. e. parum curat; dictum mihi videtur per λιτότητα pro « et tu quoque singularem Veneris curam et benignitatem in concessa tibi formæ pulchritudine et dignitate expertus es. »

202. *Jam Venus, bona te Venus Juverit* profert e libro veteri Passeratius. Venustior sane hic orationis color! — *Bona te Venus Juverit*, propitia tibi aderit et nuptiarum tuarum eventum jubebit esse felicissimum.

203. *Palam*, non furtive, sed publica auctoritate.

204. *Quod cupis cupis* Heins. in not. ad Catull. male! nam sic dulcissima perit paronomasia.

206. *Ille pulveris Erythræi* vitiose in MS. edit. Venet. et aliis antiqq. — *Pulvis Erithræi* Guarin. Gryph. — *Pulveris Eritei* et *Ericei* omnes libri MSS. Statii, unde, quod Avantio jam in mentem venerat, Vossius legendum censet *pulvis* (pro pulveris) *Erythrii* ab *Erythros* vel *Erythron* parte regionis Cyrenaicæ, cujus mentionem facit in Geographia Ptolemæus. Ab agro *Erythrio* autem, ut docet Vossius, ejusque oppidis Palæbisca et Hydrace incipiebat Libya siticulosa sive arenosa, ita ut *pulvis Erythrius* sit arena Cyrenaica. Quam quidem Vossii explicationem, doctam sane et ingeniosam, cupide amplexus est Vulpius. — Nic. Heins. in not. ad Catull. legi jubet, quod proposuit jam Theodorus Marcilius, *Ille pulveris ætheri* vel *aeri* pro *ætherii* et *aerii*. Per *pulverem ætherium* autem innui putat atomos, quæ ex Epicuri et Democriti sententia numero infinitæ sint. Sed haud facile poetæ carminibus suis intexere solent philosophorum placita. Multo magis igitur mihi arridet altera ejusdem Heinsii conjectura in not. ad Catull. *pulveris Africi*, quam cæteris lectioni-

## CARMEN LXI.

Siderumque micantium
Subducat numerum prius,
Qui vostri numerare volt
Multa millia ludi.
  Ludite, ut lubet, et brevi
Liberos date. Non decet
Tam vetus sine liberis
Nomen esse: sed indidem
Semper ingenerari.
  Torquatus, volo, parvulus

bus partim ideo præferendam puto, quod antiquus genitivus *pulvis* pro *pulveris* apud nullum alium scriptorem occurrit, partim quod in omnibus MSS. teste Statio, et editionibus antiquissimis constanter servatur τὸ *pulveris*. Equidem olim tentabam: *pulveris aridi*, sed illud Heinsii est doctius et poeta dignius. — *Pulvis Erythrei*, quod in textu est, dictum volunt pro *pulveris Erythræi*, ita ut ex diphthongo in *Erythræi* metri causa una litera elisa sit. — *Ille pulvis Erythr.* Omnino cum hoc loco compara supra Carm. VII, 2 sqq. — Hæc Doering. At omnino non ferendum *pulvis* pro *pulveris*, neque *Erythræi* correpta penultima, utpote quod ab ἐρυθραῖος deducatur. *Erythri* pro *Erythrii* per contractionem solitam legi potius videtur, et restitui simul *pulveris*. N.

209. *Vestri* pro *vostri* et *volunt* pro *vult* vitiose in MSS. Statii.

210. *Lusum* contracte pro *lusuum* et *lusus* in veteribus libris fuisse ait Avantius. Sed Statius in omnibus MSS. quos manu trivit, invenit *ludere*, unde haud dextro Apolline tentabat *multa mollia ludi*. Scaliger in codice Gallicano exaratum deprehendebat *ludei* pro *lude*, unde fluxit fortasse depravata lectio *ludere*. Vossius ex veteri lectione *ludi* vel *ludite*, quam in nonnullis libris se invenisse affirmat, reponit *luctæ*. Sed quis non præferat *ludi*, ob statim sequens et egregie respondens *Ludite*?

211. *Ludite ut lubet.* — *Ludere* in re Venerea παίζειν, ἀφροδισιάζειν: cf. supra ad Carm. XVII, 17. Adde *Heins.* ad Ovid. Heroid. XVII, 6, ad Amor. I, 8, 43, et Interpr. ad Petron. c. 132 sub fin.

212. *Liberos date*, procreate ut v. 67. — *Non decet tam vetus* etc. genti tam nobili et antiquæ non spes posteritatis deesse, sed eidem (*indidem*) ex eadem semper stirpe nova et legitima subnasci debet propago.

216. Tanta est versuum sequentium dulcedo et divina fere suavitas, ut vel eos, quibus nondum factis patribus dulcis arriserit puerulus, hos versus legendo exsultaturos, vel mollissimo sensu delinitos futuri patris lætitiam animo præcepturos esse, facile tibi persuadeas. — *Volo*, h. e. opto, ut pas-

Matris e gremio suæ
Porrigens teneras manus,
Dulce rideat ad patrem,
Semihiante labello.                    220
 Sit suo similis patri
Manlio, et facile insciis
Noscitetur ab omnibus,
Et pudicitiam suæ
Matris indicet ore.                    225
 Talis illius a bona
Matre laus genus approbet,
Qualis unica ab optima
Matre Telemacho manet
Fama Penelopeo.                        230
 Claudite ostia, virgines;
Lusimus satis. At, boni

sim. — *Parvulus Torquat.* comparant illud Virgil. Æneid. IV, 328:
« .... si quis mihi parvulus aula
Luderet Æneas, qui te tantum ore referret. »

219. *Dulce rideat ad patr.* h. e. suaviter patri arrideat.

220. *Semihiante labello*, semihiulco, semiaperto. « Dum semihiulco savio Meam puellam savior » apud Gell. Noct. Attic. XIX, c. 11. — Hunc versum ex corruptis lectionibus *sed micante*, vel *sed mihi*, vel *sed nitente* felicissime restituit Scaliger.

221. *Sit suo similis patri*, ὅμοιος τῷ πατρί, nati enim cum patre similitudo probabat uxoris in maritum fidem et castitatem; hinc τέκνα οὔποτ' ἐοικότα πατρί (Theocrit. Idyll. XVII, 44), sunt liberi furtivo amore suscepti. Cf. Horat. Od. IV, 5, 23, et quæ in hanc rem congessit loca Cl. *Jani.* Adde *Græv.*

in Lect. Hesiod. c. 5, et *Dorvill.* ad Charit. p. 328, edit. Lips.

222. Pro *facile* vult Burmannus Sec. ad Anthol. T. I, p. 305, *Facie*: cur quæso?

224-225. *Et pudic. suæ Matris ind. ore*: Vulpius laudat Martial. VI, 27, 3, 4.

226. *Tale Juliadum e bona Matre* sine causa Heins. in not. ad Catull. — Sensus : Qualis laus a matre castissima Penelope parta olim est Telemacho, maxima omnino semperque duratura, talis ad stirpis veritatem probandam a matris castitate contingat Torquato parvulo.

228-230. *Unica fama*, nimirum in genere suo unica, h. e. maxima. Cf. supra Carm. XXIX, 12.

231. *Claud. ost. virg.* omnibus in his nuptiis nunc rite peractis, thalami januam claudere jubet virgines, et simul carmini, quo lusit

## CARMEN LXII.

Conjuges, bene vivite, et
Munere assiduo valentem
Exercete juventam.

poeta, cum bono voto finem imponit. — *Bene vivite.* I. e. sitis felices, graece εὖ ζῆν; cf. c.V, 1. N.
234. *Munere assiduo*, h. e. assiduo Veneris usu. *Munus* in re Venerea. Sic *munia comparis aequare* Hor. II, Od. 5, 2, et sic passim *officium* Ovid. Amor. III, 7, 24, et Propert. II, 22, 24.

235. *Exercete juvent. Exercere* eleganter dicitur de iis, quae otiosa, sterilia, ac sine fructu esse non patimur. Vid. Ducker. ad Flor. IV, c. 12, p. 900, edit. nov. — Simili fere sententia Helenae epithalamium finit Theocrit. Idyll. XVIII, 54 :
« Εὕδετ' ἐς ἀλλάλων στέρνον φιλότητα πνέοντες Καὶ πόθον.

## CARMEN LXII.

### CARMEN NUPTIALE.

### ARGUMENTUM.

Differt hoc carmen nuptiale, vel epithalamium a praecedenti ita, ut chorus juvenum puellarumque, quem Poeta ad solemnem cantum nuptialem superiori Carmine tantum exhortatus fuerat, nunc fere et rite canendo certet, et alternis invicem se excipiat. (v. 1 — 6.) Juvenes, sponsi aequales (ἡλικιῶται) mensae geniali, una cum sponso in ejus domo accumbentes et sponsam exspectantes, surgente Hespero, ipsi a mensa surgunt, et solo novo marito in triclinio relicto ( Carm. LXI, 171 ) ad januam, ubi sponsam excepturi sint, se proripientes Hymenaeum dicere parant. — Interea (v. 6 — 11) virgines aequales (ὁμήλικες) sponsam ad sponsi domum comitantes appropinquant, juvenesque ad certamen prosilientes conspiciunt. Easdem (v. 11 — 20) vident juvenes, et quidem toto animo in re praesenti et laudis honore ex certamine reportando defixas et occupatas, unde sibi, paullo negligentioribus et alia omnia curantibus, haud facilem praepositam intelligunt victoriam. Eo magis ad praesentis rei studium invicem se excitant. Canere (v. 20 — 26) incipiunt puellae, et Hesperi crudelitatem, filiam ex amplexu matris avellentem, accusant. At (v. 26 — 32) juvenes maximis laudibus extollunt Hesperum, cujus affulgente splendore laetissimo pacta nuptialia confirmentur. Iterum ( v. 32 — 36) puellae rapacitatem Hespero exprobrant adduntque, ejus adventu et simul inductis tenebris diligenter sibi cavendum esse a furibus. Juvenes ( v. 36 — 39 ) facete respondent, puellas aliud in ore, aliud in pectore habere, ideoque hunc ipsum, quem palam carpant, tacite optare. Comparant (v. 39—49) puellæ virginem intactam cum flore in horto secreto nascente, qui, quamdiu in honore suo intactus et intemeratus superbiat, mirifice pueris puellisque placeat: — at puellam libidine contaminatam similem esse canunt flori decerpto et jamjam flaccescenti, quem nec pueri nec puellæ curent. Vim (v. 49 — 59) elegantissimæ comparationis infringunt juvenes alia ex re agresti petita imagine. Puellarum nimirum conditionem respondere potius aiunt conditioni et naturæ vitis, quæ, si in nudo arvo nascatur inculta, nec in altum exsurgens mites uvas demittat, nullius pretii haberi soleat ab agricolis; eamdem vero, si ulmo maritata fœcunditatem promittat, ab iisdem maxima cura coli; et plane ita se habere cum puellis innuptis et nuptis, illas senescere steriles et incultas, has caras et jucundas esse viro et parentibus. Uterque (v. 59 usq. ad fin.) nunc chorus, ut supra in ultima stropha Hymni in Dian. Carm. XXXIV, ubi vid. nos ad v. 1, (puellarum enim chorus, æque ac nupta marito, victus jam cessisse videtur puerorum choro,) se convertit ad nuptam, eamque, ut virginitatem, cujus partem aliis concedendam jure sibi vindicare possint parentes, in mariti amplexibus lubens jam deponat, graviter hortatur. — Singulares et divinæ hujus carminis dotes percipi potius a lectoribus, quam vana declamatione a me describi et extolli debent, quas qui hebetioris ingenii percipere non possunt, ab omni veterum poetarum lectione arcendos puto. — Est autem hoc carmen nuptiale ex *amœlæi carminis* genere, cujus lex, (ut *Heyne* præcipit in Argum. ad Virgil. Eclog. III) hæc est, ut is, qui respondet, eisdem versibus et numeris aut contrarium, aut majus, aut pulchrius aliquid dicat, aut ulla ratione simile quid subjiciat; nec dubito, quin idem latiore significatione recte quoque vocari possit epithalamium. Vid. nos in Argum. ad Epith. Manl. et Jul. — In quas nuptias hoc carmen scriptum sit, vix ullo argumento satis firmo probari potest; multi ad easdem Jul. et Manl. nuptias cum superiore referunt; *Corradinus* præposuit adeo hoc carmen superiori, cum illo conjunxit; sed haud dubie, quod nunquam certe sciri potest, nec illud scire multum refert, nescire velle præstat. — Cæterum hoc carmen studiose imitati sunt tam veteres quam recentiores, et a multis in patriam linguam translatum est. *Rosenfeldi Vers. metric.* cujus mentionem fecimus in argumento *Epithalam. Jul. et Manl.* verbosis laudis præconiis condecorat et nobis commendat ejus amicus *Gurlittus*, nec dubitat eam præferre *Herderi* versioni, quæ de hoc carmine exstat in *Herderi Volksliedern* l. II, p. 141, cujus tamen auctor ex sententia *Gurlitti* vix esse possit *Herderus*; sed dicat mihi *Gurlittus*, an verbi causa in vernacula recte dici possit *die Gedanken versammeln?* nam vers. 17, vertit *Rosenfeldus*: « Drum ihr Genossen; nur jetzt versammelt eure Gedanken. » Ut alia taceam.

# CARMEN LXII.

### JUVENES.

Vesper adest, Juvenes, consurgite : vesper Olympo
Exspectata diu vix tandem lumina tollit.
Surgere jam tempus, jam pingues linquere mensas;
Jam veniet virgo, jam dicetur Hymenæus.
Hymen o Hymenæe, Hymen ades o Hymenæe.

### PUELLÆ.

Cernitis, innuptæ, juvenes? consurgite contra,
Nimirum OEtæos ostendit noctifer ignes.

1. *Vesper adest, Juven. consurgite:* cogita unum ex juvenibus præ aliis forte Hesperi ortum animadvertentem subito jam appellare cæteros et ad cantum nuptialem solemni modo et certamine cum puellis mox instituendum evocare. — « Vesper Olympo Exspectata d. vix tandem lum. tollit, » ornate et sublime pro vulgari « tandem aliquando Hesperus oritur. » *Tollit lumin.* extollit et profert rutilantem splendorem. Simili modo *Vesper lumina accendere* dicitur apud Virgil. Georg. I, 251. — Aliam surgentis Hesperi descriptionem vid. apud Claudian. Carm. XIV, 1, 2 (p. 162, edit. Gesner.).

3. *Surgere jam tempus.* Voci tempus gerundii loco subjungitur infinitivus, de quo loquendi genere multa exempla congessit *Drackenborch.* ad Liv. III, 4, 9, Tom. I, p. 545. — *Mensas pingues*, in quibus epulæ pingues et opimæ appositæ sunt.

4. *Dicetur Hymenæus.* Observa syllabam brevem ante sequentem vocem aspiratam, præcipue ante vocem *Hymenæus*, passim a poetis produci. Sic infr. Carm. LXIV, 20, Virgil. Æneid. X, 720, et sæpe alibi.

5. *Hymen o Hymen.* etc. Cf. ad Carm. LXI, 4. — Hic versus duplici, quam sibi fere acclamandi vehementia vindicat, licentia notandus est; siquidem et dactylicus senarius ab iambo incipit (vid. p. XXV, not. 1) et in tertio loco vocalis vocali sequente non absorbetur. N.

6. *Consurgite contra.* Consurgere est verbum militare, quod sæpe apud Livium de impetu hostili dicitur.

7. *Nimirum Eoos ostendit noctifer imbres* Venet. Stat. — *Nimirum æthereos — ignes* Gryph. Muret. — Vetus lectio MSS. fuit *nimirum hæc* (vel *hoc*) *eos ostendit Noctifer imber*, unde Statius ex ingenio proposuit « Nimirum OEteas ostendit Noctifer umbras. » — Scaliger « Nimirum Oceano se ostendit Noctifer imbre. » Meleager « Nimirum choreas ostendit Noctifer igneas. » Sed

Sic certe, viden' ut perniciter exsiluere?
Non temere exsiluere : canent quod visere par est.
Hymen o Hymenæe, Hymen ades o Hymenæe.

#### JUVENES.

Non facilis nobis, æquales, palma parata est;
Adspicite, innuptæ secum ut meditata requirunt.

nostra lectio, quam Vossius ex vetustissimo libro Thuanæo produxit, egregie confirmatur loco Virg. Eclog. VIII, 3o.—Sed MS. bib. reg. N° 8071, quem tenemus, qui vulgo vocatur Thuanæus, fert *imbres*. N. — *Nimirum OEtæos ostend. Noctif. ign.* h. e. scilicet ortus jam est Hesperus, cujus igneus splendor inde a monte OEta in conspectum venit. — Noto enim poetarum more sidera montibus oriuntur et occidunt. Conf. Virgil. Æneid. II, 801, et alia, quæ in hanc rem ibi collegit exempla *Cerda*. Factum autem est, ut veteres poetæ ex antiquiore aliquo carmine, quod in tractibus illis, qui sub OEta sunt, scriptum erat, hanc formulam retinerent, et ortum Hesperi, qui a Locris in præcipuo cultu habebatur, et in nummis Locrorum frequenter visitur, ab OEta repeterent. *OEta* sive *OEteus* mons fuit Græciæ, et limes Thessaliæ ab austro, cujus jugum ab oriente versus occidentem porrigitur. Vid. Strab. IX, p. 639 et 655, edit. Almeloven. Iis itaque, qui totum illum tractum habitabant, Veneris seu Hesperi stella, quoties post solis occasum in conspectum veniebat, ab OEtæis montibus oriri videri debuit. Hæc fere sunt, quæ egregie ad locum nostrum illustrandum jam observavit *Heyne* ad Virgil. Eclog. VIII, 3o, et ad Tibull. in Observat. p. 153, edit. nov. Cf. Vossius.

8. Post *certe* excidisse putat Statius *est*, quod in uno MS. tres literas hic erasas fuisse animadverterit. — Vid. de hac formula supra LXI, 77. — Noster MS. *Sic certe s. t*, unde *sic certe est*. N.

9. *Non temere*, h. e. non sine præmeditatione. — *Cavent quo visere parent*, vetus scriptura teste Scaligero, et sic est in libro Comelin. Papyr. Patet tribus antiquissimis editt. unde vario modo hic locus correctus et excusus fuit. « Canent quos vincere par est » Gryph. Muret. — « Canent quod vespere par est » Meleager. — « Canent quod vincere par est » edit. Cantabrig. addita explicatione : carmen victoria dignum. — « Canent quo vincere par est » receptum est ex quibusdam editt. vett. impedit. Gotting. et Bipont. — Vossiana lectio, quam dedimus, jam est in excerptis Thuanæis. — *Quod visere par est*, quod visu et auditu dignum est (*was sich wird hören lassen,*) nam· videndi verba ad omnes sensus referuntur; huic respondet mox sequens (v. 13) *memorabile quod sit*.

12. *Requirunt* omnes editt. anti-

## CARMEN LXII.

Non frustra meditantur : habent memorabile quod sit.
Nec mirum : tota penitus quæ mente laborent.
Nos alio mentes, alio divisimus aures.  15
Jure igitur vincemur. Amat victoria curam.
Quare nunc animos saltem committite vestros;
Dicere jam incipient, jam respondere decebit;
Hymen o Hymenæe, Hymen ades o Hymenæe.

PUELLÆ.

Hespere, qui cælo fertur crudelior ignis?  20

quiores. Statius autem ex corruptis lectionibus, quas in duobus MSS. invenerat, vario modo hunc versum restituere molitus est : vult enim vel « Aspice quæ innuptæ secum ut meditata requirunt, » vel « Aspicite innuptæ quæso ut meditata requirunt, » vel « Aspice quæ innuptæ secum ut meditamina quærunt, » vel « Adspicite innuptæ quæso ut meditamina quærunt. » Profecto hæ sunt epulæ dubiæ ! — *Innuptæ secum ut medit. requirunt*, hoc est quam curiose repetunt et promere student, quæ diligenter antea puellæ secum commentatæ et meditatæ sunt. *Meditata* passive, ut *oratio meditata* Tacit. Annal. XIV, 55, 1, et *carmen meditatum* apud Plin. Paneg. c. 3, ubi vid. *Schwartz* pagin. 6.

14. Hunc versum reduxit Vossius, temere ex ejus sententia a viris doctis expunctum, quum et vetustissimum Thuanæum et alia exemplaria eum agnoscant. Sententiam certe et orationem egregie hic versus juvat. Pro *laborent* equidem malim *laborant*. — *Nec mirum*, h. e. nec mirum adeo videri debet, si memorabile quid profertur ab iis, quæ toto animo et omnibus intentis viribus in eo laborant.

15. *Nos alio mentes, alio divis. aur.* nos aliis rebus, quibus simul aures et animum præbemus, districti et distenti tenemur. *Animus divisus*, qui pluribus rebus et cogitationibus eodem tempore occupatur. Virgil. Æneid. VIII, 20 : « Atque animum nunc huc celerem, nunc dividit illuc. » Similiter apud Ovid. Remed. v. 443, *mens bipartito secta* dicitur de eo, qui binas simul amat puellas.

16. *Amat victor. cur.* Sic Euripid. Phœniss. v. 726 : Τὸ νικᾶν ἐστὶ πᾶν εὐβουλία. »

17. *Convertite vestros* Vossius. — *Committite* nimirum cum puellarum animis, h. e. componite; translatum a gladiatoribus, qui *committi* vel *componi* cum adversariis dicebantur. — Falsa hæc interpretatio. Catulli sententia sic habet : adhuc aliis rebus occupati, nunc saltem ei rei, quam agitis, dedite, committite animos vestros. Noster MS. dat *convertite*. N.

20. *Qui pro quis. Quis* cœlo perperam in quibusdam, nam sæpis-

Qui natam possis complexu avellere matris,
Complexu matris retinentem avellere natam,
Et juveni ardenti castam donare puellam?
Quid faciant hostes capta crudelius urbe?
Hymen o Hymenæe, Hymen ades o Hymenæe.

### JUVENES.

Hespere, qui cælo lucet jucundior ignis?
Qui desponsa tua firmes connubia flamma,
Quod pepigere viri, pepigerunt ante parentes,
Nec junxere prius quam se tuus extulit ardor;
Quid datur a Divis felici optatius hora?
Hymen o Hymenæe, Hymen ades o Hymenæe.

sime a bonis scriptoribus *qui* pro *quis* ponitur. Vid. *Drackenborch.* ad Liv. I, 7, ad verba *rogitat qui vir esset.* Adde *Ducker.* ad Florum I, c. 18, et *Schwartz* ad Plin. Panegyr. c. 74, p. 366. — Pro *fertur* in nonnullis exstat *lucet*, quod haud dubie ex v. 26 intrusum est. Sed quemadmodum in hoc versu *lucet* melius convenit τῷ *jucundior*, ita in nostro versu magis respondet *fertur* τῷ *crudelior*. — *Fertur.* h. e. volvitur, circumfertur. — Et est in nostro MS. *fertur*. N.

21. Ex instituta comparatione cum loco simillimo in Epithal. Jul. et Manl. v. 56 sqq. non sine voluptate animadvertes, quam pulchre eamdem sententiam Poeta variaverit.

22. *Retinentem* sc. *se*, h. e. reluctantem, ægre se avelli patientem. — Malim *matrem* quam *se* voci *retinentem* suppleri, sc. natam quæ reprensare matrem, matri adhærere conatur. N.

26. *Hespere, qui cælo lucet.* Laudant Homer. Iliad. XXII, 318: «Ἕσπερος ὅς κάλλιστος ἐν οὐρανῷ ἵσταται ἀστήρ.» et sic apud Bionem Idyll. VIII, 2, Hesperus vocatur κυανέας νυκτὸς ἱερὸν ἄγαλμα.

28. *Quod pepigere viri, pepig.* etc. pactum nempe quod a procis et parentibus ante nuptias contractum nec prius quam tuis auspiciis et ortu confirmatum est. Disertius igitur hi duo additi versus antecedentem explicant et declarant, ut sæpe apud poetas, et sic τὸ *quod* non offendere videtur. — *Quæ pepigere viri* liber Memmii teste Passeratio, Voss. et editor Cantabrig. sed nostra lectio, quia est difficilior, ex lege critica præferenda est. — Quis hanc legem rogaverit scire velim. Omnes, credo, lectionem intellectu promptiorem recipient, qui ratione magis quam difficultate rem æstimant. N. — In nostro MS. invenimus *quæ*. N.

29. *Ardor* exquisite pro igneo splendore.

# CARMEN LXII.

**PUELLÆ.**

Hesperus e nobis, æquales, abstulit unam.
. . . . . . . . . . . . . . . . . . . . . . . . . . . . .
Namque tuo adventu vigilat custodia semper.
Nocte latent fures, quos idem sæpe revertens,
Hespere, mutato comprendis nomine eosdem.   35

**JUVENES.**

. . . . . . . . . . . . . . . . . . . . . . . . . . . . .
At lubet innuptis ficto te carpere questu.
Quid tum si carpunt, tacita quem mente requirunt?
Hymen o Hymenæe, Hymen ades o Hymenæe.

32. Varie et corrupte hic versus legitur in MSS. Statii, qui inde tentat, « Hesperus e nostris æqualibus abstulit unam," vel "Hesperus e nostris æqualem hinc abstulit unam. » In margine edit. Gryph. adscriptum fuit « Hespere, quis nobis æqualem hanc abstulit unam. » — Noster MS. Doering. lectionem confirmat. N. — *** hic quædam excidisse jure jam suspicati sunt Statius et Scaliger, quamquam Vossius omnia recte se habere putaverit; non habet enim quo referatur sequentis versus particula *namque*; ego hanc fere sententiam desidero: Hespere, te jure rapacem vocamus et timemus, *namque*.

33. Vossius pro *namque* corrigit *nempe* et post vocem *custodia* interpungit. — *Vigilat custodia*, h. e. custodes furum abigendorum causa vigilant.

34. *Nocte latent fures*. Hinc *fur nocturnus* dicitur apud Calpurn. Eclog. III, 73. Vossius comparat Hom. Iliad. III, 10, 11. Per *fures* intelligi simul possunt *adulteri*, ut sexcenties *furta* de adulteriis. V. c. infr. Carm. LXVIII, 136 et 140. Honestius de Hespero sentit, ejusque affulgente luce ad pastorem commessatum iturus juvari in via cupit amans quidam apud Bion. Idyll. VIII, 6, 8 : « Ἕσπερε — οὐκ ἐπὶ φωρὰν ἔρχομαι, οὐδ' ἵνα νυκτὸς ὁδοιπορέοντ' ἐνοχλήσω· Ἀλλ' ἐράω· καλὸν δέ τ' ἐρασσαμένῳ συνεράασθαι. »

35. *Vespere* editt. vett. — *Mutato comprendis nomine eosdem.* Nam qui vespere Hesperus, idem mane vocatur Lucifer ; vid. Vulp. et Cl. *Wernsdorf.* ad Poet. minor. Tom. III, Excurs. V, p. 508, 9. — *** hic quoque deesse quædam vel inde colligo, quod versuum numerus, qui par esse debebat, non constat. Tot enim versibus, quot puellæ cecinerant, ex lege carminis amœbæi respondendum fuit juvenibus.

36-37. *Ut* pro *utcunque* nexus causa conjecit Vossius. — *Quod mente requir. alii.* — Versus suavissimi! at puellæ simulanter pro in-

## PUELLÆ.

Ut flos in septis secretus nascitur hortis,
Ignotus pecori, nullo contusus aratro,
Quem mulcent auræ, firmat sol, educat imber;
Multi illum pueri, multæ optavere puellæ;
Idem quum tenui carptus defloruit ungui,
Nulli illum pueri, nullæ optavere puellæ;
Sic virgo dum intacta manet, dum cara suis est.

dole sua queri et te carpere solent, quod quidem facile illis condonandum est, si, quem palam carpunt et accusant, tacite sibi animo expetant et suspirent. Confer omnino in hanc sententiam infr. Carm. LXVI, 15 — 19.

39. *Ut flos in septis* etc. Ad nobilissimum hunc locum imitandum certatim sequioris ætatis poetæ operam suam contulerunt. Sic suavissimis inde ductis coloribus egregie Cantum primum distinxit et illuminavit Areostus, quem comparat Vulpius. Ex nostratibus poetis juvat in nonnullorum gratiam elegantissimam imitationem subjicere, quæ legitur in *Ramleri lyrische Blumenlese* III, 27 :

### IRIS.

Ein Veilchen, das im Garten
  blüht,
Am Sonnenstrahl wie Purpur glüht,
Und nie vom Vieh, das weidend
  irrt,
Vom Pfluge nie verderbet wird,
Gefällt dem Jüngling und dem Mädchen:

### SILVIA.

Ein Weinstock, den kein Winzer pflegt,
Der keine Purpurtrauben hegt,
Weil er noch ohne Stütze kriecht,

Und schmachtend auf dem Boden
  liegt,
Labt keinen Jüngling und kein Mädchen :
Doch trifft er einen Ulmbaum an,
Um welchen er sich schmiegen kann.
Labt er den Jüngling und das Mädchen.

—*Flos secretus*, ab aditu publico et violatione remotus.

40. *Convulsus aratro* in vetustis membran. Thuan. et in libro Memmii. — *Nullo contusus aratro.* Imitatus est Maro Æn. IX, 435 : «Purpureus veluti quum flos, succisus aratro, Languescit moriens. »

41. *Educat.* cf. supra ad Carm. XIX, 14.

42. *Multi illum pueri*, etc. Hunc totum pæne versum a Nostro mutuatus est Ovid. Metamorphos. III, 353: «Multi illum (Narcissum) pueri, multæ cupiere puellæ.» Hausisse quoque inde videtur Virgil. Æneid. XI, 581, ubi cf. *Heyne.*
—*Optavere* græce dictum pro optare solent, ut (v. 53) *accoluere* pro accolere solent.

43. *Tenui carptus ungui.* Similiter Virgil. Æneid. XI, 68: «Qualem virgineo demessum pollice florem.»

45. *Dum intacta manet, tum cara suis.* Sed ex correctione eorum, qui

# CARMEN LXII.

Quum castum amisit polluto corpore florem,
Nec pueris jucunda manet, nec cara puellis.
Hymen o Hymenæe, Hymen ades o Hymenæe.

### JUVENES.

Ut vidua in nudo vitis quæ nascitur arvo,
Nunquam se extollit, nunquam mitem educat uvam;  50
Sed tenerum prono deflectens pondere corpus,
Jamjam contingit summum radice flagellum;
Hanc nulli agricolæ, nulli accoluere juvenci;

*dum*, *dum* concoquere non possent, et particulam *sed* in sequenti versu desiderarent. At nostram, quam excudi curavimus, lectionem, non solum agnoscunt omnes libri MSS. et editt. antiquissimæ, sed etiam egregie auctoritate Quintiliani confirmatur (Institut. libr. IX, c. 3), quem eodem modo hunc locum legisse ex addita explicatione, qua alterum *dum* pro *quoad*, alterum pro *usque eo* sumit, manifeste apparet. Subit etiam mirari, cur hujus versus emendatores non ad v. 56 attenderint, ubi in eleganter repetitis particulis *dum dum* nullus aliquid mutare ausus est. — Particula *sed* autem eodem plane modo v. 57, desideratur et subintelligi debet. — *Sic virgo dum intacta*, etc. Hunc versum ita explico: plane ita se habet cum virgine, quamdiu illa virginitate gaudet, et quamdiu ideo cara est æqualibus suis. *Dum* pro *quamdiu* sexcenties v. c. in trito illo Terentii: «dum moliuntur, dum comuntur, annus est.»—Miror qui Doering. rursum hunc explicare locum, et frustra quidem, laboret, quum interpretationem Quintiliani, a qua non bene recedit, modo protulerit. Tamen reticere non debeo esse in MS. nostro *tum cara*. N.

49. *Vitis vidua*, nulli arbori alligata. Cf. Horat. Od. IV, 5, 30, et notata ibi in rem ab interpretibus. —*Arvo nudo*, h. e. nullis arboribus, quibus adjungi vitis possit, consito.

50. Ex depravata lectione membr. Thuan. *quam muniteam* nimis ingeniose Vossius conjectat *Amineam educat uvam*, quem vid.

51. Versus tam verborum structura et artificiosa collocatione, quam ornatu splendidissimus. *Corpus tenerum*, teneri palmites, *deflectens prono pondere*, ob pondus, quo laborant et se sustinere non valent, ad terram inclinantes.

52. *Contingit summum radice flagellum*, exquisitiori loquendi ratione pro «radicem contingit summo flagello.» *Flagellum* est vitis pars superior.

53-55. *Coluere* duo MSSC. teste Passeratio. — *Hanc nulli agricolæ, nulli accoluere juvenci;* hanc neque agricolæ neque juvenci curare solent. Ejusmodi enim vitis sine omni cultu neglecta jacet in nudo agro, et vel pedibus ab agricolis et juvencis conteritur.

At si forte eadem est ulmo conjuncta marito,
Multi illam agricolæ, multi accoluere juvenci;   55
Sic virgo, dum intacta manet, dum inculta senescit;
Quum par connubium maturo tempore adepta est,
Cara viro magis, et minus est invisa parenti.

   At tu ne pugna cum tali conjuge, virgo.
Non æquum est pugnare, pater quoi tradidit ipse,   60
Ipse pater cum matre, quibus parere necesse est:
Virginitas non tota tua est; ex parte parentum est;
Tertia pars patri data, pars data tertia matri,
Tertia sola tua est: noli pugnare duobus,
Qui genero sua jura simul cum dote dederunt.   65
Hymen o Hymenæe, Hymen ades o Hymenæe.

54. *Ulmo conjuncta maritæ* vult Heins. in not. ad Catull. — *Marita* noster MS. N. — *Ulmo conjuncta.* Cf. ad Epithal. Jul. et Manl.v. 106, sqq.

55. *Multi illam agricolæ, multi accoluere juvenci.* Verba hujus versus non subtiliter exigenda sunt. Juvenci enim vix dici possunt proprie colere vitem ulmo conjunctam; sed, si quid illi ad ejus cultum conferunt, debet id fieri, antequam vitis seritur, dum terram aratro proscindunt, eamque illius sationi aptam reddunt. — Hic verbum *accolere* non idem quod *colere.* Poeta significat circa vitem modo nullis, modo multis ab agricolis terram cultura lætam fieri. N.

56. *Sic virgo* sc. ab omnibus negligitur. *Dum* conditionaliter pro *si*, vel simpliciter pro relativo *quæ*. — Errat Doering. tum interpungendo, tum interpretando hunc versum; ubi post vocem *virgo* male interpungit. Vid. not. ad v. 45. Noster MS. *tum inculta.* N.

57. *Par connubium*, h. e. conveniens, puellæ conditioni ætatique respondens. *Maturo tempore*, quum puella (ut cum Virgil. loquar Æneid. VII, 53) « jam matura viro, jam plenis nubilis annis. »

59. *Et tu nec pugna* MSSC. omnes teste Stat. et editt. antiquissimæ, accedente Vossio. — *Cum tali conjuge*, tam præcellente et eximio. Vid. *Burmann.* ad Petron. c. 16, et ad Phædr. III, 9, 6, *Schwartz.* ad Plin. Panegyr. c. 11, pag. 23, *Heins.* ad Ovid. Fast. V, 460. — Sic τοῖος apud Græcos. Vid. Spanhem. ad Callimach. H. in Dian. v. 146.

60. *Pugnare* sc. cum illo, cui ipse pater te tradidit. — *Tertia pars patris est, pars est data tertia matri* Muret. Voss. In nonnullis editt. antiq. primo loco *matri* et secundo *patri* positum est.

64. *Tertia sola tua est:* contra Ovid. Heroid. XX, 157: « Hæc mihi se pepigit: pater hanc tibi, primus ab illa: Sed propior certe, quam pater, ipsa sibi est. »

# CARMEN LXIII.

DE ATY.

## ARGUMENTUM.

Ore profundo ruit Poeta, et miserrimam Attinis sortem numeris decantat concitatioribus. — Atys vel Attin, nave per mare advectus, statim cum comitibus pergit ad nemus Phrygium Cybelæ sacrum, ubi insano furore correptus amputat sibi virilia. Quibus quum ille se privatum et sanguine suo terram maculatam videt, furibundus arripit instrumenta musica in sacris Cybeles ab ejus cultoribus furore percitis tractari solita, et comites, ad exemplum ducis jam eviratos, montem, qui sacrorum tumultu et rauco musicorum instrumentorum clangore reboet, una secum adire et vagis erroribus animum exhilarare jubet. — His jussis exoritur ululatus, tympana et cymbala remugiunt, ad montem ruit chorus, dux Atys præit, et sic tamdiu lymphata mente in monte tumultuantur, usquedum ad ædem Cybeles perveniunt, ubi languore victi obdormiunt. Atys sub primo solis ortu excitus molli somno, quo domita fuerat vesana mentis rabies, ad se redire incipit, facta sua animo recolit, quibus nunc derelictus sit sentit, ad mare recurrit, lacrimat, et ad patriam conversus plena affectus oratione felicissimam, qua olim in patria usus sit, conditionem, cum præsenti sorte miserrima comparat. Dum igitur has tristes querelas fundit, et jamjam facti sui illum pœnitet, Cybele solutum de jugo leonem, qui quovis terroris excitandi modo juvenem de fuga cogitantem percellat et ad reditum compellat, immittit, quem quum impetum in se facientem videt Atys, ad nemora refugit, ubi omne reliquum vitæ spatium exigit. — Est autem hoc carmen, sive altioris spiritus, quo scriptum est, sublimitatem, sive solutiores, quibus devolvitur, numeros spectes, singulare plane Romanæ pœseos monumentum; quod quidem, quum omnino ab ingenio Catulli abhorrere et vetustioris potius, dithyrambici fortasse, poetæ opus esse videatur, totum e græco quodam scriptore translatum censuit jam insigne illud Angliæ decus, *Wartonus in Sammlung vermischter Schriften* B. VI, p. 281. Berlin 1763. — Alii levissimo argumento inducti, quod supra Carmine XXXV, 17, dicitur « est enim venuste Magna Cæcilio inchoata Mater, » Cæcilio hoc carmen tribuendum esse arbitrati sunt. — Optime de hoc carmine dijudicando, interpretando et in vernaculam vertendo haud dubie meruit Cl. *Werthesius* [*Ueber den Atys des Katull, von Friedrich August Clemens Werthes, Münster* 1774,] cujus interpretationi adjecta est erudita de obscura et mira narrationis varietate implicita Cybeles et Attinis fabula disquisitio, cujus summa fere hæc est: *Terra*, omnium mater inventa præ cæteris Diis Deabusque omnibus a prisca mortalium gente divino honore culta fuit, et a diversis populis diversa nomina accepit. — A Phrygibus vocata est *Cybele* (*de Terra, Cybeles nomine insignita, est locus classicus apud Lucret.* II, 598 sqq.). Cultus ejus in monte Ida est notissimus: ipsa ratio autem, qua magno musicorum instrumentorum sonitu et insanis tripudiis culta dicitur, manifesta priscæ et rudis antiquitatis præ se fert vestigia. — Ejusdem antiquitatis videtur cultus Solis, cui æque ac Terræ varia a variis populis indita sunt nomina. Sub Attinis nomine Phryges divino honore Solem prosecutos esse testatur Macrob. Saturn. I, c. 21. Aptissime autem Terra Soli addita est conjux; et hinc quoque conjugium vel amor Cybeles et Attinis repetendus est (p. 48, *auctorum in tradendo Attinis mytho exponitur discrepantia.*) — Fuit Atys, ex descriptione Catulli, juvenis formosissimus (v. 63 sqq.) quem si cum Apolline comparaveris, eumdem sub illo latere facile tibi persuadeas. — Collectis omnibus, quæ de Attinis mytho circumferuntur, præcipue si ejus mortem ex communi fere narratione in silvis subsecutam respicimus, Adonidis morti in hac re simillimam (*unde fortasse, quod docet Proclus Diadochus in Ptolem. Tetrab.* p. 79, *Adonidis et Attinis sacra sæpe pro iisdem per Phrygiam et Lydiam habita sunt*), unus eorum regum ille fuisse videtur, qui totam vitam in silvis venando consumpserit. Ex eadem causa neque conjugio neque prole gavisus est, unde vel οὐ τεκνοποιὸς, vel parte, qua viri sumus, privatus fictus est. Post mortem autem nullius Deæ sacris aptius nobilitari potuit Attin, quam Cybeles, quæ, quum Dianæ simul personam tunc temporis adhuc induerit, jam in vita illi fuit amatissima. — Solemnia Cybeles sacra ad Phryges migrasse videntur a Phœnicibus: — hinc Atys *super alta vectus*, Phrygium nemus cum comitibus ingressus a Catullo inducitur. — Ipsa *Cybele* nomen suum fortasse traxit a Phœniciæ regionis parte *Cabul;* et ejus sacerdotes *Galli* ab orientalis linguæ voce גלל (*devolvit* et hinc *circumcidit*). — Hæc fere, quæ paucis complexus sum, fusius ad carmen nostrum illustrandum exsecutus est *Werthesius*, quibus de totius carminis sublimitate et singulis ejus virtutibus perpulchra sub finem addita est enarratio. — In constituendo hujus carminis metro Galliambico, dicto ita, quod a *Gallis* canetur, Magnæ Matris sacerdotibus, quum ejus ratio non satis perspecta esset, nec illud in genere suo, quod ætatem tulit, unicum, ad veteris exempli normam exigi posset, valde inter viros doctos disceptatum fuit, adeo, ut ex opinionum varietate mira quoque in textu enata sit lectionis varietas et depravatio. Neque vero tamen, si carmen nostrum, ut videtur, ad genus referendum sit dithyrambicum, quod, ut canit Horatius, *numeris lege solutis fertur,* vel in universum a poeta entheo liberius scriptum sit, id unquam certæ legi adstringi posse arbitror. — Ex sententia Vulpii vero Galliambus constat sex pedibus, quorum primus frequentius est *anapæstus*, nonnunquam *spondæus* vel *tribrachys*: secundus fere *iambus*, rarius *anapæstus, tribrachys* vel *dactylus*: tertius sæpe *iambus*, raro *spondæus*: quartus *dactylus* vel *spondæus*: quintus sæpe *dactylus*, interdum tamen *creticus* aut *spondæus*: ultimus *anapæstus* et nonnunquam

# CARMEN LXIII.

*iambus* praecedente *cretico*. — *Werthesius* Galliambi schema metricum exhibuit hoc:

```
∪∪- |  ∪ - | ∪ - | -∪∪ | -∪∪ | ∪∪-
 - -  | ∪∪∪ |     |      |  - - | ∪∪∪
∪∪∪ | ∪ ∪- |     |      |      |
```

Sed Cl. *Reizius* peritissimus harum rerum magister in sententiis, quas publicae examinationi subjecit in Programmate « Prosodiae Graecae Accentus Inclinatio Epimetron Partis I. » inscripto (Lipsiae 1782), contra *Werthesii* rationem proposuit hanc: « Qui Catulli carmen de Attine vertit in Germanicum, et optime interpretatus est *Werthesius*, in exponendo metro Galliambo vehementer a veritate aberravit, metri caesura tollenda, et ejus tribus ultimis pedibus, anapaesto et duobus iambis in duos dactylos et anapaestum vertendis. Non cogitavit, caesuram esse duplicem: aliam podicam, ut hexametri, aliam vero metricam, ut pentametri. Podica in pede trisyllabo in alterutram e duabus prioribus syllabis cadere potest: metrica nihil variat, ut nec in Galliambo, qui eam habet. Non debuit igitur Galliambi caesuram, quae metrica est, podicam facere. » — Caeterum ad hoc Catullianum exemplum pro singulari, qua pollebat, Romanae elegantiae peritia, Galliambico genere carmen in *Bacchum* composuit *Muretus*, notis ejus insertum, et, quod ab omnibus juvenibus delectationis causa legatur, dignissimum. Hactenus Doeringius.

Quare tanta tamque intricata certamina inter se moverint docti viri, neque ad locum classicum Terentiani Mauri, qui litem omnem dirimebat, respexerint, non satis intelligo. Quantascumque igitur eruditionis opes explicent et Vulpius, et Werthesius, et Reizius, Terentiani tamen elegantissimi sane et optimi metricae artis magistri, qui ex professo de variis versificandi modis et legibus apud Latinos latinus ipse didacticum opus, non conjecturis ut de re antiqua et obsoleta, sed exemplis praesentibus composuerit, auctoritati magis deferendum esse et confidendum opinor. Quae Galliambi versus forma sit et natura, ita exponit, postquam ionici cujusdam versus rationem edocuerat, qui anapaesto et duobus iambis, cum superstite syllaba constat, ∪∪- | ∪ - | ∪ - | :

> Hoc (sc. comma Ionicum) si sic repetamus, ut secundo
> Supremam dare syllabam negemus,
> Juncto commate, Galliambus exit:
> Segetes meum laborem Segetes meum labo (1).
> Sonat hoc subinde metro Cybeleium nemus;
> Nomenque Galliambis memoratur hinc datum,
> Tremulos quod esse Gallis habiles putant modos,
> Adeo ut frequenter illum prope ab ultimo pedem,

---

1. Hoc est primum comma: sĕgĕtēs | mĕūm | lăbō | rēm, et hoc alterum cui repetito suprema syllaba detrahitur: sĕgĕtēs | mĕūm | lăbō. |

Mage quo sonus vibretur, studeant dare tribrachyn (2).
Anapæstus esse primus, spondæus et solet,
Duo post erunt iambi, tribrachysve subjicitur,
Linquitque comma primum catalecticam brevem (3);
Pariambus et trochæi duo comma posterum
Tribrachysve continebunt; superatque semipes.

Itaque ex his colligas sic se habere versum:

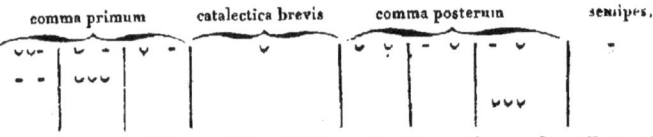

Mireris forsan quod duas galliambi formulas Terentianus describat, sihique non consentire videatur. At ambæ aptissime conveniunt et coalescunt in unum, ita ut idem versus duplici metiendi ratione varietur, sicut fit in Pentametro elegiaco: quod agnosces, modo experiri velis: namque ex tali syllabarum serie:
conficies si libet, modo:
modo:
neque disturbatur metiendi hujus versus ratio, quod tribrachys in altera structura penultimo pedi, sc. iambo, substituitur, in altera ultimi ante catalecticam finalem, sc. trochæi, vicem obtinet. Namque si in rationem Galliambi tribrachyn induxeris, ut Terentianus licere monet, hanc formam effinxeris, quæ priori descriptioni respondet:

sŭpĕr āl | tă vēc | tŭs A | tys | cĕlĕrī | rătĕ mă | rĭā

quam in hanc speciem, si velis, vertere possis facientem ad descriptionem alteram:

sŭpĕr āl | tă vēc | tŭs A | tys | cĕlĕ | rī ră | tĕ mărĭ | a

et Catullum ipsum Terentianus autorem disciplinæ suæ galliambicæ præbet. Ergo dubium esse non potest, quin ea, quam a Terentiano accepimus, vera sit lex galliambi, quippe quum pæne omnes carminis Catulliani de Attine versus, si ad hanc normam exegeris, optime congruant.

Sed enim Terentianus, utpote carmine præcepta tradens, quæcunque varietates in galliambi metricam ex lubitu poetarum inciderent, persequi aut noluit, aut nequivit; quas igitur omiserit præmonere lectorem æquum censuimus, et simul notare, quoties Catullus pedes commutaverit, eum

---

2. Scil. in penultimo pede tribrachyn ⏑⏑⏑ iambi vice locant ad libitum, ita:

3. Notandum est syllabam, qua fit catalectica, quam brevem jubet esse Terentianus, sæpe natura longam virtute cæsuræ corripi et ad libitum converti in brevem.

# CARMEN LXIII.

modos, tempora, habitus metrorum servasse, ita ut pedes inter se discrepantes nunquam confunderet, in locum pedis a longa in brevem procedentis intrudens alium a brevi in longam desinentem, ut iambum et anapæstum pro trochæo et dactylo et vice versa; atque, si numerum syllabarum deminueret, quantitate compensaret, unam longam pro duabus brevibus reponens.

Nempe in priore commate, primo loco, proceleusmaticum $\smile\smile\smile\smile$ anapæsto quater substituit

        23. ŭbĭ căpĭ | tă mǣ | nădēs | vi |

vid. v. 48, 54, 70.

semel tribrachyn, v. 68.

        ĕgŏnĕ | Dēūm | mĭnīs | tra.

Sexies, in posteriore commate, pro pariambo, unde illud incipit, Poeta spondæum posuit, at rythmi harmoniam cæteris pedibus reconcinnavit, pariambis in vicem trochæorum succedentibus, ut comma, quanto tardatius in primo pede, tanto incitatius in utroque sequenti procederet.

        18. ērrō | rĭbŭs | ănĭ | mum
        22. cūrvō | grăvĕ | călă | mo

vid. v. 34, 74, 83, 86.

Nunc, quo facilius quæ de Galliambi ratione diximus, intelligantur, omnes, quas recipit, varietates, quasi in synoptica tabella legentium oculis hic subjiciemus:

Hoc etiam monitum lectorem velim, esse nonnullos versus, qui claudicare videantur, nisi licentia poetis concessa quantitas quarumdam syllabarum immutetur: nam occurrent in v. 8, 9, *tympanum*, et in v. 60, 64: *gymnasiis*, *gymnasii*, quæ legem metri pervertere credideris. Sed si audias Priscianum Grammaticum docentem: « liquentes esse quatuor literas l, m, n, r, quod fluant et quasi intereant, tum quum consequuntur aliquam brevem syllabam cum quavis alia consonante, » et hoc exemplis probantem, jam nodus tibi solvitur, et versus Catulliani optime constant, his vocibus ita ad licitam quantitatem redactis: tў[m]panum, gў[m]nasium, fluente et intereunte litera m, utpote quæ liquida in syllabam brevem incurrat cum alia consonante.

    8. Niveis citata cepit | mănĭ | būs lĕ | vĕ tўmpă | num
    9. Tўmpănūm, | tūbām, | Cybĕlle |
    60. Abero foro, palæstra, stădĭ | o ātquĕ | gўmnăsĭ | īs
    64. ĕgŏ gўmnă | sĭī | fŭī | flos | .            N.

Super alta vectus Atys celeri rate maria,
Phrygium nemus citato cupide pede tetigit,
Adiitque opaca silvis redimita loca Deæ;
Stimulatus ubi furenti rabie, vagus animi,
Devolvit illa acuta sibi pondera silice.

*Atys.* De varia hujus nominis scriptura præter Scaligerum videndus omnino *Hemsterhus.* ad Lucian. T. I, 235, et Interpretes ad Ovid. Metam. X, 104. — Ex eo vero, quod *Atys super alta vectus* Catullo dicitur, colligit et statuit Vossius, Attinem nostrum non esse Phrygem illum pastorem a Cybele amatum, quoniam is non mari advenerit, sed in ipsa natus educatusque fuerit Phrygia: quapropter minime dubitandum putat, quin Attinis nomine significet Poeta nobilem aliquem juvenem, qui e Græcia in Phrygiam migraverit, atque ibi semivirorum Magnæ Matris cantu in furorem actus virilia sibi ipse exciderit, comitibusque et famulis, ut idem facerent, persuaserit. — At Cl. *Werthesius* ad stabiliendam opinionem suam, Attinis sacra e Phœnicia in Phrygiam invecta esse, inde argumentum ducit. Vid. quæ huic carmini præmisimus.

2. Particula *ut*, quæ in libris antiquioribus post *Phrygium* legitur, deleta est a Scaligero, nec commode servari potest, nisi pro *ubi* in versu quarto legatur *ibi*, quod est in edit. Gotting. — Terentianus Maurus ita versum citat: Phrygium ut nemus. N. — *Phrygium nemus* intellige *Dindymum*, qui præcipue de Cybeles sacris notus est; Virgil. Æneid. IX, 252; vel τὰ Κύϐελα, ὄρη Φρυγίας. Vid. Hesych. cf. *Hemsterhus.* ad Lucian. Tom. I, p. 90. et *Heins.* ad Virgil. Æneid III, 111.
— *Citato pede* h. e. celeri, summa celeritate agitato. Sic infra v. 18, *citati errores* et 26, *citata tripudia*.

3. *Loca silvis redimita*, exquisite pro vulgari *circumdata*. Sic passim silva locum *coronare* dicitur. Ovid. Metam. V, 390, et XI, 335.

4. *Stimulatus ut fur.* editt. vett. — *Stimul. ubi fur. rab.* Cf. Anacr. Od. XIII, 4.—*Vagus animi*, ἔκφρων; similiter *amens animi* apud Virg. Æneid. IV, 203.

5. *Devellit* Stat. qui inde tentat *devovit*. — *Devellit* præfert Werthesius, sed nostra lectio *devolvit* non solum sublimiori poetæ dignior est, sed etiam multo magis convenit nomini *pondera*. — Ex corruptis lectionibus in libr. MSS. *illectus, illetus, iletus, lacteus*, rescribendum putat Statius *icta*; suspicatur nimirum glossema fuisse *ille*, quod a librariis cum *icta* conjunctum sit. — Passeratius vet. lib. lectionem *ipse lactes sibi pondere silices*, *silices* in *silicis* tantum mutato, probat et *lactes* accipit pro *testes*. Vossius ex *ilecto*, quod reperit in exemplari Mediolanens. primum conjiciebat *lecto acuto*, sed quum meliora ejus exemplaria haberent fere *læta* vel *leta*, sine hæsitatione reponendum censuit *lenta acuto*; at sic secundum pedem fecit spondæum, qui iambus esse debebat. Nihilominus Vir

# CARMEN LXIII.

Itaque ut relicta sensit sibi membra sine viro;
Et jam recente terræ sola sanguine maculans,
Niveis citata cepit manibus leve tympanum,
Tympanum, tubam, Cybelle, tua, mater, initia;

Doctus in Observatt. Miscell. quæ cura Dorvillii prodierunt, Tom. I, Vol. II, p. 325, ubi totum hoc carmen exhibitum et notis criticis instructum est, propius accedens Vossio, legendum putat *devolvit lecta acuta*, ut legerit silicem acutum, quo opus hoc perageret. — *Devolvit ille acuto* Græv. — Cf. de hoc loco Victor. Var. Lect. XX, 10. Textus nostri lectio est ex emendatione Scaligeri. — *Devolvit.* Eleganter pro « demetit et abjicit. » Proprie enim devolvi dicuntur *pondera*, quibus, quasi viris molesti sint, a poetis denotantur testiculi; de quo loquendi genere vid. Interpretes ad Petron. c. 92. Hæc *pondera* autem ex Scaligeri interpretatione, pudoris causa jam vocantur *illa*. « In rebus enim, inquit doctiss. vir, quas nominare pudor non sinebat, semper hoc pronomine *ille* utebantur, » ut supra VIII, 6, et inprimis LXVII, 27. Equidem in contemptum potius *illa* dici puto *pondera*, hoc sensu: illa tam vilia membra, quæ oneri visa sunt Attini. Et sic eodem modo exsecti testiculi apud Tibull. I, 4, 70, vocantur *vilia membra*, ubi plura exempla de hac locutione collegit *Heyne*. — *Acuta silice*, cultello lapideo. *Saxum acutum* de eadem re et eodem nostro Attine dixit Ovid. Fast. IV, 237. Cf. Vulp.

6. *Itaq. ut relict. sens. sibi membra sine viro*, ornate, pro « quum se eviratum sensit. » — *Sine viro*, sine ea parte, qua viri sumus. *Evirastis* inf. v. 17.

7. *Etiam* Gryph. Muret. Græv. — *Terræ sola* exquisite pro *terram*, qua pleniori locutione sæpe usus est Lucretius.

8. *Citata*, impetu quodam abrepta, celeriter. Vim vocis *citatus* docet ejusdem sæpius in hoc carmine repetitus usus; cf. ad vers. 2. Facete autem nunc genus mutat Poeta, et de evirato Attine tanquam de fœmina loqui incipit. — *Niveis manibus* h. e. pulchris. — *Breve crotalum* pro *leve tympanum* alios habere testatur Muret. — *Leve tympanum*; formam tympani exhibet *Sponius* Miscell. erud. antiq. Sect I, art. 6. Inprimis de *tympani* forma et ejus in sacris usu fuse et erudite disputat *Perizonius* ad Ælian. XI, c. 8. Adde *Christ. Gottl. Schwartzii* Miscell. polit. human. p. 86 et 114 seqq. — Primam in voce *tympanum*, elisa litera *m*, ut numerorum ratio constet, a poeta corripi, præcipiunt ad hunc locum Interpretes.

9. *Leve tympanum* ex versu superiori repetit Muretus. — *Tympanum, tubam Cybelles*, Vossius. — Vulpius, Werthesius et cæteri qui Vossium sequuntur legunt *Tympanum tubam Cybelles*, hoc sensu: « tympanum nimirum, quod tubæ loco in Cybeles sacris usurpatum est; » quæ quidem explicatio, quam frigida et indigna plane non sublimiori tantum, sed quocunque alio poeta sit, ut taceam quam parum

Quatiensque terga tauri teneris cava digitis,
Canere hæc suis adorta est tremebunda comitibus:
« Agite, ite ad alta, Gallæ, Cybeles nemora simul;
Simul ite, Dindymenæ dominæ vaga pecora,

accommodata additis verbis *tua, mater, initia*, quemlibet, ad virtutes poeticas paullo diligentius attendentem, facile sensurum esse arbitror. — Jure quidem in hoc versu *tuba*, cujus nuspiam in sacris Cybeles diserte mentio fit, in quibus non nisi *tympanum, cymbalum, tibia, cornu* et *crotalum* commemorari solent, dubitationem movere potest, sed profecto hujus dubitationis eximendæ causa, non ad ineptam explicandi rationem, quasi Poeta nos docere voluerit, tympanum tubæ vices in sacris Cybeles subiisse, confugere debemus. Notatu dignus potius hic locus videtur, quod *tubam* [de cujus in aliis sacris usu vid. *Lipsius de Milit. Rom.* IV, 10] tibiæ loco ad instrumenta in sacris Cybeles usurpata hic relatam cognoscimus. Quodsi autem hoc est, pro *tympanum*, partim ob ejus ingratam ex versu superiori repetitionem, (quis enim in hoc loco ἀναδίπλωσιν agnoscat?) partim ob vers. 21 et 29, *cymbalum* legi mallem; nisi totus hic versus, ut mihi videtur, ab homine indocto et male sedulo, qui cætera horum sacrorum instrumenta desideraret, interpolatus putandus sit. — *Cybelle*: de varia hujus vocis scribendi ratione, ex qua secunda modo brevis, modo longa est, videndus omnino *Drackenborch.* ad Sil. Ital. XVII, 8, et quos ibi laudat. Adde *Heyne* ad Virgil. Æneid. III, 111, in Var. Lect. — *Initia*, sacra, mysteria, dicta fortasse ita, quod iis ad feliciorem statum se initiari putabant homines.

10. *Cava terga tauri*, tympana: exempla hujus locutionis vid. apud Vulp. — βύρσης ταυρείου κενὸν δούπον tympani sonitum vocat Antipater Sidonius in Anal. Vet. Poet. Græc. Brunckii XXVII, 22, tom. II, p. 13.—*Teneris digitis*: percutiebantur enim tympana manibus vel digitis. Cf. LXIV, 262, Lucret. II, 618, Ovid. Fast. IV, 342, Met. IV, 29.

11. *Tremebunda*, toto corpore ob furorem tremens.

12. *Gallæ*. Galli enim, quod cum virilibus habitum quoque virilem deponerent, passim ut mulieres a veteribus inducuntur. Vid. Voss. cui adde inprimis *Heins.* ad Ov. Her. IV, 48. — Alloquutus suos comites, mutat genus, ut pote qui eviratos compellet, v. v. 17. Sic Virg. Æn. IX, 617, probris lacessentem hostes bellatorem inducit: «O vere Phrygiæ, neque etim Phryges.» Nomen *Gallorum* e lingua phrygia quam fuisse eamdem atque armeniacam illustr. Freretus docuit, ille deducit, siquidem ea lingua *Gheloul* torquere, *Galouts* ora et membra motu distorquens, dant significatione. Inde in latiam lexim detorta vox phrygia, neque e flumine Gallo, quod Pessinuntem præterlabitur, nomen Gallis assumptum. Vid. Mem. Acad. insc. et bell. lett. tom. XXIII, hist. p. 41. N.

13. *Vaga pectora* Venet. — *Dind.*

## CARMEN LXIII.

Aliena quæ petentes, velut exsules, loca,
Sectam meam exsecutæ, duce me, mihi comites
Rapidum salum tulistis, truculentaque pelagi,
Et corpus evirastis Veneris nimio odio.
Hilarate heræ citatis erroribus animum.

*dom. vaga pecora.* Cur paullo audacius vel inhonestius jam Galli a Poeta vocentur *vaga pecora*, varias causas afferunt interpretes. Vossius quidem ita dictos censet Gallos, quod, si deesset asinus, magnæ matris sellam gestare coacti fuerint : Muretus, quod neque viri amplius neque veræ mulieres fuerint : Vulpius, quod homines ad servitutem nati *pecora* appellati sint : alii denique, quod pecoris ritu in montibus vagati sint; simplicissima haud dubie est posterior sententia, nisi forte arrideat *vaga pectora*, quod in editione Parthenii reperi.—Qui gregatim et alieno impulsui obsequuntur, pecus audiunt. Sic Horatius : « O imitatores, servum pecus. » Epist. I, 19, 20. N. — *Dindymenæ dom.* Cybelem a Dindymo vel Dindymis, Phrygiæ monte, *Dindymenen* vocatam esse, in vulgus notum est.

14. In MSC. Statii hic versus legitur vel *Alienaque petentes velut exules loca celeri*, vel *Alienaque petens velut exules loca celeri*. Ipse Statius conjicit *Alienaque petite pede exilio loca celeri*. In priore Aldi editione est *Aliena petentes velut exilio loca celeri*. Vossius pro *celeri* rescribit *celere*. Vir Doctus in Observ. Miscell. l. l. vult *Aliena quæ petentes ex'les loca celere*. Corradinus de Alio ingeniose *Alienaque, exules, ite pede loca celeri*. Werthesius probat *Alienaque petentes exilio loca*

*celeri.* Nostra lectio jam prolata est a Guarino, et servata est in edit. Gryph. Muret. Græv. Vulp.

15 *Sectam meam*, me vestrum horum sacrorum suscipiendorum auctorem et magistrum ; nimis argute Werthesius *sectam a secare* de virilium exsectione accipit.

16. *Rapidum salum tulistis trucul. pelag.* h. e. pericula in mari tempestuoso una mecum subiistis, et pertulistis. Similis orationis color est in oratione Teucri ad socios apud Horat. Od. I, 7, 30. *Truculenta pelagi* dictum est ut *angusta* vel *strata viarum*, *opaca locorum*, *ardua montium* vel *terrarum*, et similia alia. — *Pelage* Scaliger, improbante Viro Docto in Obs. Misc.

18. *Hilarate ære excitatis* editt. vett. — *Hilarate crocitatis* invenit Stat. in libro suo, ubi ipse faciebat *concitatis*. — *Hilarate hero citatis* Voss. Vulp. — *Hilarate excitatis* Græv. Corrad. Gotting. Bipont.— Nostram lectionem proposuit Muretus, cui subscribit Werthesius. — *Hilarate heræ cit. err. animum.* Exhilarate animum vestrum, indulgendo solutioribus in gratiam heræ [ *Cybeles* ] erroribus. Alii τὸ *heræ* ad *animum* referunt, ut sit « exhilarate Cybeles animum erroribus ; » sed sic languet oratio. — *Hera* pro *dea*, ut infr. Carm. LXVIII, 76 et 78, *heri* pro *diis*. — *Erroribus* poetice pro cursibus

Mora tarda mente cedat : simul ite, sequimini
Phrygiam ad domum Cybelles, Phrygia ad nemora Deæ,
Ubi cymbalum sonat vox, ubi tympana reboant,   21
Tibicen ubi canit Phryx curvo grave calamo,
Ubi capita Mænades vi jaciunt hederigeræ,
Ubi sacra sancta acutis ululatibus agitant,

vagis, dum feruntur hinc illinc amentes et tripudiantes. *Erroribus heræ* durum videtur. N.

20. *Phryg. ad dom.* ubi propria in posterum nobis sedes erit. Val. Flacc. Argonaut. IV, 26: «Hoc nemus, hæc fatis mihi jam DOMUS, improba quo me Nympha rapit.» Cf. Burmannus ad eumdem lib. II, 74, et quos ibi laudat.

21. *Ubi cymbalum sonat nox* ex MSC. profert Statius reclamante Vossio, cujus tamen lectionis patrocinium, rejecta vulgata, quam tuentur omnes libri MSC. editt. vett. et recentt. non dubitavit in se suscipere Werthesius. Lapsus librariorum in vocibus *nox* et *vox* passim notatus est ab Interpretibus. Vid. inprimis *Drackenborch.* ad Liv. V, XLIV, § 6, tom. II, p. 193, et quos ibi laudat. — *Ubi cymbalum son. vox.* Cymbalorum formam vid. apud Albert. *Rubenium de Re Vestiar. Vet.* c. 17, p. 187. — Peculiares libellos, qui *de cymbalis* exstant, indicavit *Joh. Albert. Fabricius* in Bibliograph. Antiq. p. 527. *Vox* de omni sono; de *buccina* apud Ovid. Metam. I, 338. Sic φωνὴ τῆς σάλπιγγος. Plura in hanc rem ad l. l. Ovidii notavit Burmannus.

22. *Tibicen ubi can. Phr. cur. gr. cal.* per *curvum calamum* intellige tibiam e calamo, quæ tametsi recta et admodum tenuis esset, tamen propter cornu aut codonem curvum et æreum calamo adfixum gravem sonum [βαρὺν φθόγγον] edebat. *Curva tibia* dicitur Tibullo II, 1, 86. In sacris Cybeles hæc tibia ubique fere cymbalis et tympanis juncta reperitur. Vid. *Perizon.* ad Ælian. XI, 8, tom. II, p. 13, ed. Lips. Cantus autem tibiæ vel *modus Phrygius* quummaxime furore exstimulabat homines. Tibull. I, 4, 70, et ibi *Heyne*. Præter Vossium et Vulpium de *tibia Phrygia* vid. inprimis quos laudat *Heyne* ad excitatum jam locum Tibulli II, 1, 86, p. 100, edit. nov. quibus adde Callimach. Hymn. in Dian. v. 245, et *Barthol. de Tibiis* p. 72.

23. *Mænades.* Hanc appellationem, qua proprie ἀπὸ τοῦ μαίνεσθαι mulieres in sacris Bacchi designabantur, transtulit jam ad Gallos, quos æque ac bacchantes finxit quoque *hederigeros*. Sic infra Attis de se ipso v. 69, *Ego Mænas.*—*Vi jaciunt capita*, quo possunt impetu rotant et quatiunt in furore capita.

24. *Saera sancta agit.* h. e. celebrant. Sic *Dionysia agitare* apud Terent. Heautont. IV, 3, 11. — *Ululatibus*, lætitiæ vocibus, ἰαχαῖς, ὀλολυγμοῖς, nam ὀλολύζειν et *ululare* de jubilantibus et tripudiantibus æque ac lamentantibus dicitur. Vid. *Hemsterh.* ad Lucian. tom. I, p. 7, et *Wesseling.* ad Diodor. Sicul. t. II,

## CARMEN LXIII.

Ubi suevit illa Divæ volitare vaga cohors;
Quo nos decet citatis celerare tripudiis. »
    Simul hæc comitibus Atys cecinit notha mulier,
Thiasus repente linguis trepidantibus ululat,
Leve tympanum remugit, cava cymbala recrepant.
Viridem citus adit Idam properante pede chorus.
Furibunda simul, anhelans, vaga vadit, animi egens,
Comitata tympano Atys, per opaca nemora dux,
Veluti juvenca vitans onus indomita jugi.
Rapidæ ducem sequuntur Gallæ pede propero.
Itaque, ut domum Cybelles tetigere, lassulæ

p. 90. —*Acutis*, clarisonis, εὐήχεσι.
25. *Volitare*, huc illuc discurrere, vagari. Cf. LXIV, 252.
26. *Celebrare tripudiis* profert ex libro suo et defendit Scaliger, accedente *Burmanno* ad Ovid. Metam. IV, 304.
27. *Simul*, simulac. — *Nota* pro *notha* vitiose in libris MSS. et editt. vett. — *Nova* Scaliger, quem sequitur Werthesius.—*Notha mulier*, nec fœmina, nec vir. Cf. Ovid. Ibis. v. 457; ἡμίθηλυς, Anacr. Od. XIII, 2.
28. *Thiasus*, cohors ipsa, quæ Attinem secuta erat. — *Strepitantibus* vel *crepitantibus* parum feliciter tentat Vossius. — *Linguis trepidantibus*, h. e. subinde clamando motis et vibratis. — Etiam motum festinatione et vehementia concitatum vox *trepidare* passim et hoc loco significat. N.
29. *Increpant* in nonnullis MSS. Statii.
30. *Viridem Idam* : intellige montis Idæ partem, vel Dindymum, vel τὰ Κύβελα, cf. ad vers. 2. Mons Ida enim vel a sacris ibi institutis vel a variis ejus partibus

et verticibus varia quoque accepit nomina. Cf. *Hemsterhus.* ad Lucian. t. I, p. 252. *Frondosa Ida* Virgil. Æneid. V, 253, ubi cf. Cerda.
31. *Animo egens* vulgata lectio, sed doctior est nostra, quæ stabilitur depravata lectione in MSSC. Statii *animi geris.* — In edit. Parthenii et in margine edit. Gryph. legitur *animo gemens.*—Virg. Georg. III, 289, « animi dubius ». Æn. II, 61, «animi fidens ». Plaut. Rud. I, 5, 16, « egentes opum ». Horat. Od. IV, 8, 10, «animus deliciarum egens ». N.
34. *Properepedem* vel *properopeditem* Pal. Papyr. et Commelin. membr. unde Meleager rescripsit *properipedem* receptum a Vossio, editore Cantabrig. Vulp. — Amat certe Poeta in hoc carmine ejusmodi voces compositas, ut *hederigeræ, nemorivagus, silvicultrix*, etc. — *Propero pede* Gryph.
35. *Cybeles* Voss. — *Cybebe* Græv. utrumque falsum, debet esse vel *Cybebes* vel *Cybelles.* — *Cybelles domum*, templum. Stat. Silv. IV, 3, 77, et sæpe alibi, ut

Nimio e labore somnum capiunt sine Cerere.
Piger his labantes languore oculos sopor operit.
Abit in quiete molli rabidus furor animi.
Sed ubi oris aurei Sol radiantibus oculis
Lustravit æthera album, sola dura, mare ferum,
Pepulitque noctis umbras vegetis sonipedibus;
Ibi Somnus excitum Atyn fugiens citus abiit;

Græcorum οἴκημα. — Sustuli interpunctionem post *lassulæ*, et jungo *lassulæ nimio e labore* h. e. viribus exhaustæ nimiis erroribus. — Sic Doeringius poeticam vim infringit; quanto enim præstat priorem versum desinere et procumbere in vocem *lassulæ*, et componi subsequentem sententiam ita : capiunt somnum e labore, i. e. statim post laborem, quæ forma dicendi usitatissima; at *lassulæ e labore* insolens. N.

36. *Sine Cerere*, incœnatæ.

37. *Piger his labante languore* in libro Patavino et Maffei, L. MS. et edit. R. teste Statio; quæ quidem lectio, si numerorum rationi consulere volumus, omnino præferenda videtur ; nec video, cur τὸ *labans* non æque *languori* ac *oculis* conveniat. *Languor labans* est, cui diutius ferendo impares sumus, cui membra viribus exhausta succumbunt, amplius ei resistere nequeunt; *labare* enim est deficere, alterius vi cedere, titubare, lapsui proximum esse : vid. *Gronov.* ad Liv. Præfat. § 9, et *Drackenborch.* ad Sil. Ital. II, 392. — In editt. antiquis vitiose *labentes* ex vulgari librariorum errore, vid. *Drackenborch.* ad Liv. tom. I, p. 12, tom. II, p. 526, et tom. III, p. 143. — *Piger his labori nantes* Avant. — *Labunte* recipiendum, quod metri ra-

tio et orationis elegantia simul poscunt. Hæc est hypallage ei quam fert vox *piger* omnino similis. N. — *Piger*, quod pigros homines reddit, ut *pallida mors*. — *Labantes lang. oculos*, fessos et victos pæne languore.

38. *Rabidis* Venet. — *Rabidi* Gryph. Stat. Græv.

39. *Horis aureis* vel *heris aureis* vitiose in L. MSSC. et editt. antiquissimis. — *Sed ubi oris aur.* etc. Splendidissima solis orientis imago! *aureus* de solis fulgore passim. Φέγγος χρύσεον φαεινῆς Ἡριπόλης Paul. Silentiar. in Anal. Vet. Poet. Græc. Brunckii, XXII, 6, t. III, p. 78. — De *radiantibus solis oculis* disputat Spenc. Polymet. VIII, n. 10. — « Omnia qui video, per quem videt omnia tellus, Mundi oculus. » Hæc loquitur Apollo apud Ovid. Met. IV, 227. N.

40. *Æthera album*, serenum, sudum : exempla dabit *Barthius* ad Claud. de Bell. Get. v, 379. — *Sola dura*, tellurem solidam. — *Mare ferum*, tempestuosum, vel immanibus monstris plenum, ut vers. 89, *Nemora fera.* — *Ferum* quod planitiei desertæ, incultæ, horridæ speciem præbeat. Gallice *sauvage*. Virg. Georg. II, 36, « feros fructus. » N.

41. *Perpulitque* Gryph. — *Pepulitque noct.* etc. Vulpius comparat Virgil. Æneid. XII, 115.

## CARMEN LXIII.

Trepidantem eum recepit Dea Pasithea sinu.
Ita de quiete molli rabida sine rabie
Simul ipsa pectore Atys sua facta recoluit, 45
Liquidaque mente vidit sine quis, ubique foret,
Animo aestuante rursum reditum ad vada tetulit:
Ibi maria vasta visens lacrimantibus oculis

43. *Fugientem eum recepit* Muret. Graev. quod haud dubie glossema fuit τοῦ *trepidantem*. Vir Doctus in Observ. Miscell. tentat. *trepidante*. Sinum autem *trepidantem* dictum putat ut cor vel pectus trepidans, vel *tepidante* pro fovente, calefaciente, nimis ingeniose! — *Trepidantem eum* scil. somnum. Somnum trepidantem nimis argute Werthesius explicat « terrore adhuc plenum ob miserum, in quo Attinem reliquerat, statum. » Equidem *trepidantem somnum* explico vel simpliciter pro *festinantem* [ in qua significatione *trepidare* passim dicitur, cf. Horat. Od. II, 4, 23]; vel, quod magis arridet, *trepidantibus alis advolantem;* nam quum alae celeri motu agitatae recte et eleganter dicantur *trepidantes*, ipse Somnus quoque, qui alatus fingitur, a poeta sublimiori dictus videri potest *trepidans*. — Apud Tibull. II, 2, 17, *Alae trepidantes* tribuuntur *volanti Amori;* ubi de verbo *trepidare* conferatur Broukhus. et Heyne Observat. p. 104; adde Ovid. Metam. VII, 382. — *Pasitheo* in quibusdam vett. *Dea Pasithea*, una de Gratiis et uxor somni. Vid. nos in *Prolus. de Imagine Somni* Lips. 1783, p. 9.

44. Sensus est: Simulac Atys igitur, solutus per dulcem somnum mentis rabie, facti sui temeritatem animo repetiit, et, in quo nunc esset, miserum statum cognovit, plenus curarum ad mare pedem retulit. *Ita* scil. excitus. — *Rapida sine rabie* Voss. — Vossiana lectio sine dubio praeferenda, et expungenda *rabida sine rabie* ut absurda. N.

45. *Ipsa* refer ad *facta;* et explica « ipsam factorum suorum naturam et conditionem. » — *Revoluit* Stat. in Patav.

46. *Liquida mente*, aperte et clare. *Sine quis*, virilitate, patria, parentibus, etc. *Ubique* h. e. *et ubi*, in quo loco et statu. Vid. *Cort.* ad Sallust. Catil. XXVII, 1, p. 173, et Drackenborch. ad Liv. III, 30, § 7, tom. I, p. 662.

47. *Animo aestuante*, sollicito et perturbato, graviori commotione incenso.—*Tetulit* antique pro *tulit*, ut saepe apud Plautum et alios. — *Rusum* ἀρχαϊκῶς pro *rursum* Voss. — *Retulit* in quibusdam. *Rursum reditum ferre* pro *redire*. Sic *aditum ferre* Carm. LXI, 26.

48. *Ibi maria vasta*, etc. Litus maris jam Homero fundendis querelis aptus locus visus est, Iliad. I, 34, 11, 349-350, et Odyss. V, 151 sqq. — *Visere* idem q. *videre*. « Undique visendi studio » Æneid. II, 63. « Vise, specta tuo arbitratu » Plaut. Most. III, 2, 106. Qui tristes animo sensus volvunt, eos, si datur occasio, vastum marium

Patriam adlocuta voce est ita mœsta miseriter;
« Patria o mea creatrix, patria o mea genetrix, 50
Ego quam miser relinquens, dominos ut herifugæ
Famuli solent, ad Idæ tetuli nemora pedem;
Ut apud nivem et ferarum gelida stabula forem,
Et earum omnia adirem furibunda latibula;
Ubinam, aut quibus locis te positam, patria, rear? 55
Cupit ipsa pupula ad te sibi dirigere aciem,
Rabie fera carens dum breve tempus animus est.
Egone a mea remota hæc ferar in nemora domo?
Patria, bonis, amicis, genitoribus abero?

æquor adspicientes poetæ vulgo effingunt. Illa enim infinitæ et æquabilis et cæruleæ planitiei contemplatio mirum in modum cum mærore consentit. Rem prorsus eamdem Virgilius expressit: «Cunctæque profundum Pontum adspectabant flentes.» Æn. V, 614. N.

49. *Miseriter*, miserabiliter, lamentabili modo. — Mira in libb. vett. et editt. lectionis hujus versus reperitur discrepantia. «Patriam allocuta est voce mœstula miseriter» Gryph.—«Patriam allocuta mœsta est ita voce miseriter» Mur. Voss. Cantabrig. Vulp. — Alii aliter. — De singulari arte, qua sequens Attinis oratio ad excitandam commiserationem composita est, vix monendi videntur lectores.

52. *Retuli* Græv.

53. *Stabula ferarum*. «Itur in antiquam silvam, stabula alta ferarum.» Virg. Æn. VI, 179. N.

54. *Et femina earum adirem* profert Guarin. *Et earum ut omnia adirem* vult Stat. ut *omnia* dissyllabum sit; vid. Interpretes ad Virgil. Æn. VI, 33. — *Et ut omnia earum adi-*

*rem* Scalig. — Scandendo versum, liquida *m* effluit, ut sit *omnia* tribrachys; præterea concursu vocalium ultima syllaba vocis *earum* non absorbetur, sed dimidiata remanet; unde prius comma hujus versus sic habeatur: ĕt ĕā | rŭm ŏmnĭ | a ădī | rem. Hoc modo, Virgil. Æneid. III, 211, «insŭlæ Ionio in magno.» Vid. et quæ de hac re supra diximus in notis ad Diatrib. de Met. Catull. N.

56. *Ipsa* h. e. sponte. *Ipse*, ut αὐτὸς apud Græcos, sæpe ita usurpatur; exempla ex Cicerone notavit *Ernesti* in Clav. Cic. s. h. v. — Cf. *Cerda* ad Virgil. Eclog. IV, 21, *Ernesti* ad Callimach. H. in Apoll. v. 5, et *Vir Doctus in Observ. Miscell.* V, III, p. 372.— *Sibi* παρέλκει. Cf. supra Carm. XXIV, 4.

57. *Dum ad breve tempus* sine omni necessitate Heins. in not. ad Catullum.—*Carens est* pro *caret*. Cf. Carm. LXIV, 308 et 318. Consule de hoc loquendi genere virum Doctum in Observ. Miscell. tom. III, p. 395, et *Davis.* ad Cic. de Nat. Deor. IV, 44.

## CARMEN LXIII.

Abero foro, palæstra, stadio et gymnasiis?  60
Miser ah miser, querendum est etiam atque etiam, anime.
Quod enim genus figuræ est, ego non quod habuerim?
Ego puber, ego adolescens, ego ephebus, ego puer,
Ego gymnasii fui flos, ego eram decus olei.
Mihi januæ frequentes, mihi limina tepida,  65

60. *Atque gymnasiis* metri causa Avantius. — *Stadioque gymnasiis* alii.—Prima in *gymnasiis*, extrusa litera *m*, corripitur, ut in *tympanum* v. 8. Sic in *Progne*, *Cygnus*, *Clytemnestra* et aliis. —Vid. Heins. ad Ovid. Fast. V, 9, et Metam.VI, 468. — *Foro*, ubi ingenui adolescentes cum æqualibus versari, ludis forensibus operam dare et alia animi causa facere solebant.— Sic loca vulgo celebrata apud Veteres, Plautus enumerat : « Omnis plateas perreptavi, gymnasia et myropolia; apud emporium atque in macello, in palæstra et in foro.» N.

62. *Ego non quod haberim* vel *numquid abierim*, vel *ego non quid abierim* MSS. Stat. unde ille vult *ego numquid obierim*. In edit.Venet. Gryph. hic versus legitur sic : « Quod enim genus ? figura est ? ego numquid abierim ? » quam lectionem servavit quoque Werthesius; quo jure, non dixerim. — *Quod enim genus figuræ est ? mihi quo vigor abiit ?* Muret. — *Ego non quod adierim ?* Voss. — *Ego quod non habuerim* in edit. Græv. contra metrum ! — *Quænam mihi vetus figura*, *quo vigor abierit ?* ex codice quodam profert Vir Doctus in Observ. Miscell. et quum in alio codice secundo loco, ut testatur, deesset *quo*, forte legendum existimat *Quo mi vetus figura heu heu*, *quo*

*vigor abiit ?* — *Quod enim genus fig. est*, *ego non*, etc. Sensus : Quid enim ex omnibus, quæcunque pulchra, venusta, et fortunata habentur, et a prima ætate invicem apud homines se excipiunt, mihi defuit? *Figura* de pulchritudine passim, jam vero de ea pulchritudinis forma et conditionis felicitate, quæ a pueri- libus annis quolibet anno fere mutatur, et aliam quasi figuram induit.

63. *Ego mulier* in L. MSCC. et plerisque editt. vett. contra omnem orationis nexum, unde egregie Scaliger *Ego puber*. — *Ego inuber* legi jubet *Dempsterus* Paralipom. Antiq. Rom. Rocin. lib. II, c. 1. — *Ego puber*, etc. *puber* nihil, ut ait Vulpius, ab *ephebo* differt; at ne opus quidem et differentiam quærere, quum ejusdem notionis repetitio eleganter pingat concitatiorem animum, ut vers. 50.

64. *Gymnasi* requirit versus, observante Statio.—Frustra, nam versus a proceleusmatico potest incipere. N. — *Gymn. flos*, ornamentum. Cf. inf. Carm. C, 2, et supra Carm. XXIV, 1. — *Decus olei*, oleum, quo, priusquam in arenam descenderent, inungebantur luctatores, paullo audacius jam de ipsa *palæstra* dictum est.

65. *Januæ frequentes*, multis amatoribus frequentatæ.—*Limina tepida*, tundendo et incubando tepefacta.

Mihi floridis corollis redimita domus erat,
Linquendum ubi esset orto mihi sole cubiculum.
Egone Deum ministra, et Cybeles famula ferar?
Ego Mænas, ego mei pars, ego vir sterilis ero?
Ego viridis algida Idæ nive amicta loca colam?     70
Ego vitam agam sub altis Phrygiæ columinibus,
Ubi cerva silvicultrix, ubi aper nemorivagus?
Jamjam dolet, quod egi, jamjamque pœnitet. »
Roseis ut huic labellis palans sonitus abiit,

Propert. I, 17, 22 : « Nullane finis erit nostro concessa dolori? Tristis et in *tepido limine* somnus erit? »

66. *Floreis* pro *floridis* vult Stat. — *Mihi florid. coroll. red. dom.* e. mos corollas januis appendendi satis notus in amoribus. Lucret. IV, 1171 : « At lacrimans exclusus amator limina sæpe Floribus et sertis operit, postesque superbos Ungit amaracino, et foribus miser oscula figit. » Cf. Tib. I, 2, 14, et ibi *Heyne*, et ad Prop. I, 16, 7, Cl. *Barth.*

68. *Egone heu Deum* metri causa Vir Doct. in Observatt. Miscell. — *Ferar*, furibunda huc illuc agiter, exquisite pro vulgari *sim.* — Animadverte quantam vim habeat subita illa, postquam juventutis suæ respexit decus præteritum, transitio ad muliebre dehonestamentum : *Ego ministra.* N.

69. *Ego vis sterilis* lib. Passeratii, quod ille probat.

70. *Ego vir'dis*, ut metro consulatur, Vir Doct. in Observ. Miscell. — At multi alii versus in hoc carmine a proceleusmatico incipiunt. N. — *Nive amicta* pro vulgari *operta*, *contecta*.

71. *Sub altis Phryg. columin. Columen* pro *culmen* passim. Vid. Delrius ad Senec. Herc. Fur. v. 1000, et *Gronov.* ad Thyest. v. 55. *Columina* male Turnebus et Vossius de arboribus accipiunt; nam quod Vossius ait, *sub columinibus* pro *ad* vel *in columinibus* h. e. montibus, non esse latine, id egregie contra Vossium docuit et multis exemplis probatum ivit *Burmannus* ad Ovid. Met. I, 689.

72. Hic versus in edit. Gryph. antecedenti præpositus est. — Præclarus in hoc carmine compositorum epithetorum usus græco more. Cf. v. 23, 51. N.

73. *Jam* secundo loco est dissyllabum, observante Viro Docto in Observv. Miscell. p. 34. — Imo quoties in hoc versu τὸ *jam* inducitur, toties dissyllabum est iambicum ut totus ita versus notetur : ĭām ĭām | dŏlēt | quŏd ē | gĭ | ĭam ĭ | āmquĕ | pœnĭ | tet. N.

74. *Roseis ut hic labellis abiit sonitu' palam* Muret. — *Roseis ut hinc palam labellis sonitus adiit* Voss. contra metrum. — *Palam* et *adiit* ex MSSC. adduxit quoque Stat. — *Roseis ut huic*, etc. Sensus : postquam hæ jactatæ voces et querelæ a pulchro Attinis ore exierant, ad Deos statim hunc de illo portantes

## CARMEN LXIII.

Geminas Deorum ad aures nova nuntia referens,  75
Ibi juncta juga resolvens Cybele leonibus,
Lævumque pecoris hostem stimulans, ita loquitur:
«Agedum, inquit, age ferox, i: face ut hinc furoribus,
Face ut hinc furoris ictu reditum in nemora ferat,
Mea libere nimis qui fugere imperia cupit.  80

nuntium, ibi, etc. — *Sonitus palans*, vagus, per aerem dispersus.

75. Hic versus, qui omnino salvo sensu abesse potest, jam suspectus fuit Mureto, nunc autem plane repudiatus et ejectus est a Werthesio. Sede tantum sua motus et post sequentem versum positus est a Scaligero, *geminas eorum* pro *geminas Deorum* legente. — *Geminas Deai* h. e. Cybeles, tentat Vir Doctus in Observatt. Miscell. — *Geminas Deorum ad aures*. Vetus proverbium εἰς θεῶν ὦτα ἦλθεν. Geminas est epitheton ornans. *Deorum* intellige Deos in universum et in his *Cybelen*. — *Nova nuncia:* τὸ *nova* pertinet ad ornatum, nam quælibet *nuntia*, quum afferuntur, *nova* sunt. — *Nuntium* pro *re nuntiata* genere neutro dici docet Servius ad Virg. Æneid. XI, 896, et Vossius ad hunc locum.

76. Werthesius, ut numeris succurreret, pro *leonibus* satis audacter rescripsit *Domina feris;* putat nimirum τὸ *leonibus* glossam fuisse τοῦ *feris*, quæ imperitorum librariorum culpa genuinæ lectionis locum occupaverit. Cui equidem non accesserim. — Non eget medela hic versus, qui, ut Terentianus Maurus fieri posse docet, in posteriore commate post pariambicum duos trochæos recipit. N. — *Leonibus*, qui currum Magnæ Matris trahebant: hinc *bijugi leones* apud Virg. Æn. X, 253, ubi cf. *Cerda.*

77. *Sævum pectoris hostem* Gryph. — *Lævum pecor. host.* currui, ad lævam junctum. — *Lævus* idem videtur quod *funestus. Lævus ignis* p. pestilentia Stat. Theb. I, 634. N. — *Hostis pecoris*, pecori enim insidiatur leo.

78. *Agedum, inquit, age ferox, hunc agedum aggredere furor* Gryph. Muret. — *Age ferox ut hunc furor* in duobus MSS. Statii. — *Ferox fac ut hunc furor* in uno Statii, testante quoque Vossio, qui ulcere insanabili hunc versum laborare autumat. *Agitet* vel ejusmodi aliquid desiderat Cantabrig.—Nostra lectio auctorem habet Scaligerum, qui in libro suo et priscis editt. se invenisse ait *fac ut hunc furoribus*. Werthesius dedit *Agedum, inquit, age ferox, hunc agedum aggredere ferox.*

79. *Furoris ictu.* Non graviter satis dictum videbatur *furoribus* in vers. anteced. addit igitur *furoris ictu*, h. e. vehementissimo furoris impetu, summa furoris vi. Liv. V, c. 21: *Velut repentino icti furore*. Sic passim ad summam vim exprimendam *mens icta dolore, metu, furore, malis,* pro *perculsa* dicitur. Cf. *Burmannus* Sec. ad Anthol. t. II, p. 66, et *Heins.* ad Ov. Fast. II, 818.

80. *Libere nimis,* h. e. nimis au-

Age, cæde terga cauda: tua verbera patere;
Face cuncta mugienti fremitu loca retonent;
Rutilam ferox torosa cervice quate jubam.»
   Ait hæc minax Cybelle, religatque juga manu.
Ferus ipse sese adhortans rapidum incitat animum; 85
Vadit, fremit, refringit virgulta pede vago.
At ubi ultima albicantis loca litoris adiit,
Tenerumque vidit Atyn prope marmora pelagi;
Facit impetum. Ille demens fugit in nemora fera.
Ibi semper omne vitæ spatium famula fuit. 90
  «Dea, magna Dea, Cybelle, Didymi Dea domina,

dacter. *Imperia*, ministerium, sacra mea.

81. *Age, cæde terga cauda*, etc. In describendo sævientis leonis incessu præivit jam Homerus Iliad. XX, 170: «Οὐρῇ δὲ πλευράς τε καὶ ἰσχία ἀμφοτέρωθεν Μαστίεται, ἓε δ' αὐτὸν ἐποτρύνει μαχέσασθαι.» Et Hesiodus Scut. Hercul. «—πλευράς τε καὶ ὤμους Οὐρῇ μαστιγόων, ποσσὶ γλάφει —» Werthesius comparat Lucan. Phars. I, 205 sqq.

84. *Religatque*, solvit; ut *refigere, refodere*. Vid. Stat. nisi quis forte τὸ *religat*, soluto jam jugo v. 74, ad alterum potius leonem, qui religandus esset, referre malit. Exempla certe, ubi religare *solvendi* notionem habeat, desunt.—Cf. Carm. LXIV, 173. N.

85. *Adortalis* MSS. Stat. et libri fere omnes Vossii. — *Adortatus lis* edit. R. — Unde bene emendarunt Viri Docti *sese adhortans*. At Vossius, quum exempl. Mediolanense haberet *ad ora talis*, et in uno, quod olim fuit Palat. Bibliothecæ, exaratum esset *ipse adertalis*, reposuit *ardore talis* vel *arde talis* ἀρχαϊκῶς pro *ardore*, parum probabiliter!

— *Ferus* pro *leone*; pro *cervo* apud Phædr. Fab. I, 12, 9, ubi vid. Interpretes et ad Petron. c. 89; adde Cerd. ad Virg. Æn. II, 51.—*Ipse*, sponte: cf. ad vers. 56.

86. *Vadit, tremit, refringit virgulata pede vago* Muret. — Nostra lectio sine copula *et*, quæ, si vel metrum spectes, male in edit. Voss. Vulp. Getting. Werthes. Bipont. ante *refringit* intrusa est, jam conspicitur in editione Parthenii.

87. *At ubi humida* Vossius et ejus comites. Antiquior et elegantior est nostra lectio. — *Ultima loca litor*, extremam litoris partem, quam mare alluebat. Cf. supra ad Carm. XI, 23. — *Albicantis* nimirum maris spuma.

89. *Demens*, perterrefactus, animi impos. —*Nemora fera*, ferarum latibula, cf. v. 53-54.

91, 92. *Dea domina Didymi* Venet. — *Dea Dindymi domina* Gryph. — *Dea domina Dindymi* Muret.—*Domina Dindymei* MSS. Statii, quod, quum antiqui E longum per EI scripserint, indubitatum Statio videtur

Procul a mea tuus sit furor omnis, hera, domo;
Alios age incitatos, alios age rabidos.»

veteris scripturæ vestigium. Nostra lectio, jam probata aliis, debetur Scaligero. — *Dea, magna Dea, Cyb.* —Finit carmen Poeta elegantissima conversione ad ipsam Deam Cybelen, qua omnem furorem a se suisque vehementer deprecari, eumque aliis potius imprecari studet. *Didymi* pro *Dindymi*, metri causa. — *A mea domo* i. e. a me. Cf. Plaut. Amph. I, 2, 7, Mercat. II, 3, 20. N.

93. *Incitatos*, furore correptos.

# CARMEN LXIV.

### EPITHALAMIUM PELEI ET THETIDOS.

### ARGUMENTUM.

Quum hoc, quod sequitur, carmen omnium, quæ a Catullo ad nos pervenerunt, longissimum sit ac pulcherrimum, non abs re alienum esse putamus paulo liberius evagari, et quibus lector monendus esse videtur, hic in unum locum, præfationis more, congerere. Dispiciamus primum de ipso hujus carminis argumento, in quo quidem enarrando ita nobis versari liceat, ut ea simul, quæ ad pulchritudinem hujus carminis rite æstimandam pertinere videntur, passim adspergamus, et ad observandam singularem plane artem, qua in diversis fabulis inter se connectendis usus sit poeta venustissimus, digitum intendamus.

Orditur carmen ab Argonautarum expeditione. Nereides, ob insolentiam novi navigii admiratione perculsæ, subito emergunt ex æquore, Thetisque et Peleus mutuo amore accenduntur. — Mox nuptiæ apparantur, sternitur lectus genialis, et totius regionis incolæ nuptialem, ut fit, apparatum spectaturi, undique confluunt. Inprimis admiratione eos defixos tenet vestis lecto geniali vel pulvinari instrata, mira arte confecta et priscis hominum variata figuris. — Hic sponte accuratius hoc peristroma ζωστὸν una cum adstantibus perlustrandi in animo lectoris suboritur cupiditas; cui quidem ut satisfaceret poeta, exemplum eorum, qui ejusmodi argumenta, vestibus vel aliis rebus intexta, fusius exponere et verbosis descriptionibus exornare solent, sequutus est. [Sic Jasonis chlamydem, Palladis donum, magnifice describit Apollon Rhod. I, 730—765, cf. Heyne ad Virg. Æn. V, 250—257. Excurs. IV, p. 538.]
—Jam finge tibi, adstare huic ἐξηγητὴν quemdam vel interpretem, qui populo, mira aviditate hæc omnia oculis et animo quasi devoranti, non solum quas textura exhibet figuras et fabulas, sed singularum etiam

causas et eventus declaret; et hinc explicandum censeo illud *ferunt, perhibent*, et id genus alia, quæ passim in hac narratione occurrunt. — Conspicitur autem in illa veste stragula primum Ariadnes, e Naxi littore, ubi illa deserta erat, Theseum in fuga e longinquo oculis persequentis, egregie adumbrata imago. Misera puella in illo ipso temporis articulo, quo primum somno excita se relictam sentit, oculis in navem Thesei plenis velis avolantem conjectis *saxea ut effigies bacchantis* prospicit, hæret attonita, et ingenti curarum æstu fluctuat.— Jam, si observaveris, sermonem hic esse de pictura, in qua, ut præclare in *Laocoonte* docuit *Lessingius*, nobilissimum et ἐνεργότατον actionis momentum exprimi debet ab artifice; quid, quæso, efficacius ad spectatorum animos dolore et commiseratione permovendos cogitari potest, quam sic et in hoc potissimum statu descripta Ariadne, quæ, ab amatore derelicta in solitudine deserti littoris, oculis desiderio tabescentibus in mare vastum prospicit! Habet hoc ipsum horroris aliquid, fingere sibi hominem ad mugientis maris fluctus in littore querelas fundentem, unde jam Homero littus fundendis precibus et querelis locus aptissimus visus est. Vid. quæ notavimus ad Carm. LXIII, 48. Neque illud prætermittendum est, quod poeta summo dolore percussam Ariadnen neque comas sibi evellentem, neque pectora tundentem, neque alia summi luctus signa edentem [ cf. v. 223, et 351 sqq.], sed stupore tantum defixam, et cultum puellarem negligentem sapienter exhibuerit, quod quidem ipsum insigni ejus, qua prædita fuit, formæ pulchritudini [v. 89, 90,] novum addit lenocinium. Quod igitur recentioris artis Critici et elegantiores veræ pulchritudinis spectatores præcipiunt, pictoribus fictoribusque imaginum in exprimendis animi perturbationibus vel maxime cavendum esse, ne oriatur turpitudo et deformitas, sed venustatis et decoris diligenter habeatur ratio, id apprime a poeta nostro observatum esse, non sine voluptate animadvertimus. Vide quæ ad *Laocoontem Lessingii* observavit *Herderus* olim in *Silva Critica* Vol. II, pag. 244, adde *Hagedornii Betrachtungen über die Malerey*, etc., IX, pag. 108. Nec multum intercedam, si quis poetæ in hac Ariadnes adumbranda imagine veram aliquam picturam vel statuam certe ob oculos versatam esse contendat et sibi persuadeat. Placuisse enim hoc argumentum in antiquitate artificibus, vel ex iis monumentis, quorum memoria ad nos pervenit, abunde patet. Inprimis digna est quæ conferatur pictura in *picturis Herculanensibus*, tom. II, tab.  . cf. Plin. Hist. Nat. XXV, II, S. 35, et *Junius in Indice Artificum* s. v. *Aristides.* — Proposita autem hac Ariadnes imagine, ipse poeta partes agit interpretis, et ad fabulam de amore Ariadnes et cæde Minotauri latius explicandam pergit. — Hinc ad locum pulcherrimum de variis animi commotionibus, quibus misella illa agitatur, progreditur; et post alia, quæ summo dolori conveniunt, dirarum denique, quibus illa caput Thesei devovet, mentione injecta, ad pœnam, quam mox a Theseo repetierit Jupiter, transit, fabulaque de Ægeo, in mare se præcipitante, subortam sensim ex Thesei perfidia in animis lectorum indigna-

## CARMEN LXIV.

tionem quodammodo abstergit. — Errant autem, qui hæc omnia telæ intexta esse arbitrantur, quod nullo modo nec e verbis poetæ elici, nec, quomodo in peristromate illo commode exprimi potuerint, cogitari potest, licet hanc sententiam nuperrime exornaverit Doctissimus hujus carminis interpres *Mitscherlichius* in Lectionibus Catulli, p. 41.—His omnibus igitur, quæ ad pleniorem Thesei historiam pertinere viderentur, expositis, ad explicationem alterius picturæ, quæ in veste illa stragula conspiciebatur, poeta convertitur. (v. 252.) Bacchus, cum thiaso et pompa Bacchica insulam illam pererrans, ad perditam et animo desperantem puellam advolat, ejusque amore incenditur. Subit hic quoque mirari prudenter poetæ institutam rationem, qui, quum inclytas illas Ariadnes cum Baccho nuptias, in quibus describendis ad nauseam usque luxuriat Nonnus, Dionys. XLVII, uberius persequi, et quod sequioris ætatis poeta, v. c. Claudianus ambabus, quod aiunt, arrepturus fuisset, commode jam ad Pelei nuptias transferre posset, hæc omnia consulto prætermisit silentio, et præter ea, quæ ad picturam declarandam facere viderentur, ne verbulum quidem addidit. — Fortasse in hac quoque pictura ad certum aliquod, quod tum exstaret, artificis monumentum poeta se composuit. Nam quum in hoc argumento pompæ Bacchicæ parerga scitissime exprimi possent, et Bacchanalium imagines in universum frequentissime effingerentur (quod ex infinita fere anaglyphorum, gemmarum et statuarum, quæ hac de re adhuc supersunt, multitudine recte colligere possumus); lubentissime sane huic argumento tractando et exornando operam suam addixerunt veteres artifices. Juvabit hic quoque contulisse *tabulam Herculanensem in picturis Herculanensibus*, tom. II, tab. 16, cf. *Bellorii Admirand. Rom. Antiq.* XLVIII, et quæ e *Lipperti* Dactyliotheca laudavit jam *Gurlitt*. Nec pœnitebit ad comparationis suavitatem legisse Philostratum Icon. I, 15, p. 786, edit. Olear.; unde, quantum nativa nostri poetæ pulchritudo anxie quæsitis pigmentis et ornamentis antistet, optime discere poterunt tirones, harum elegantiarum studiosi. — Jam poeta a diverticulis, in quibus summa cum voluptate lectorum liberius exspatiatus fuerat, redit ad nuptias Pelei et Thetidos. — Major scena adornatur. — Cedit diis adventantibus vilior spectatorum plebecula (ad eos enim pertinet Homericum [Iliad. XX, 131,] χαλεποὶ θεοὶ φαίνεσθαι ἐναργεῖς.). — Succedunt thalamo primum heroes cum muneribus nuptialibus, deinde reliqui dii, et mensis accumbunt. Et hic est consessus ille augustissimus, quem Pindarus celebravit Nem. IV, 107:

> Εἶδεν δ' (sc. Peleus.) εὔκυκλον ἕδραν,
> Τὰς οὐρανοῦ βασιλῆες
> Πόντου τ' ἐφεζόμενοι,
> Δῶρα καὶ κράτος ἐξέφα-
> ναι ἐς γένος αὐτῷ.

At eas partes, quæ in his nuptiis a Pindaro (Pyth. III, 158 sqq.) Musis et in veteris mythi vestigiis diis in universum tribuuntur apud Apol-

Iodor. III, c. 13, p. 259, (edit. *Heyn.*) θεοὶ τὸν γάμον εὐωχούμενοι καθύμνησαν, egregio invento ad Parcas transtulit Catullus. Adsunt igitur genitales deæ (cf. Spanhem. ad Callimach. H. in Dian. 22, p. 185, edit. *Ernesti*) his nuptiis, et magnæ soboli inde orituræ fatalia stamina deducentes hymenæum canunt. — Fecerant hoc Parcæ jam in Jovis nuptiis, ut patet ex loco satis diserto Aristoph. Avv. v. 1734. Nec vitio verti debet poetæ, quod, quæ de Achille vaticinantur, nimis aperta sint nec tortuosis, pro more vaticiniorum, anfractibus implicita, præcipue quum ipsis diis, futurarum rerum optime gnaris, præsentibus hæc canerent sorores fatidicæ. — Finito Hymenæo et carmen finire poterat poeta, sed egregie ad capiendos lectorum animos, suavissimum post tot mythorum enarrationem addere illi placuit epilogum, in quo quidem si legimus, frequenter adhuc tunc temporis deos interfuisse mortalium cœtibus, sceleribus eorum nondum ab iis alienatos, facilius omnino, hæc omnia evenire potuisse temporibus heroicis, animus noster persuadebitur. — Atque hæc sunt quæ de argumento præfari visum est.

Duplex in antiquioribus et recentioribus editt. hujus carminis circumfertur inscriptio. Prior et antiquior illa *Argonautica*, haud dubie ab exordio carminis efficta, ab universo carminis argumento quam maxime abhorret, et jure meritoque a plerisque fere jam diu repudiata est. — Altera, et vulgo nunc fere recepta hujus carminis inscriptio est *Epithalamium Pelei et Thetidos;* quæ tamen, et ipsa ab iis, qui totum hoc carmen ad normam Epithalamiorum, quæ ex antiquitate ad nos pervenerint, exigerent, sæpius jam impugnata et in disceptationem vocata fuit. Sed priusquam tam ipsam hujus carminis inscriptionem plane rejicimus, quam totam carminis œconomiam acriter cum aliis reprehendimus, de ipso, quo illud a poeta scriptum sit, consilio paulo diligentius quærendum videtur. Jam vero Catullum non eo consilio ad hoc scribendum carmen accessisse, ut nil nisi Pelei et Thetidos epithalamium caneret, quum ex aliis causis, tum ex toto carminis habitu et intextis longioribus digressionibus, quas respuit plane veri epithalamii ratio, satis certe colligere possumus. Quodsi enim Catullus uni harum nuptiarum argumento operam dare voluisset, illi profecto non longius fabularum ornamenta petenda fuissent, sed eidem in hoc ipso pertractando argumento campus, ubi exsultaret ejus ingenium, patuisset amplissimus (vide, verbi causa, complures ad has nuptias spectantes fabulas in farragine illa apud *Tzetzem* ad Lycoph. v. 178. Cf. *Heyne* ad *Apollodor.* p. 794 sqq.). Sed si cogitamus nihil aliud spectasse in hoc carmine pangendo Catullum, nisi ut, invitatus celebrandis Pelei et Thetidos nuptiis, alias simul, quas ætas Græcorum heroica et mythica suppeditaret, fabulas laxiore fictionis cujusdam vinculo connexas et copulatas versibus exponeret; et sic lectores, per amœnissima Musarum diverticula ductos, et aliorum, quæ præ cæteris illi arriderent, mythorum expositione delinitos, varietatis sensu suaviter demulceret; facile apparet, et ipso poetæ consilio ipsum carmen quoque dijudicandum esse. Quod quidem si recte perpensum esset a Viris Doctis,

# CARMEN LXIV.

magis forsan a virgula illa censoria, qua digressiones hujus carminis vel ut nimium prolixas et copiosas, vel ut parum inter se aptas et copulatas notarunt, sibi temperassent. Sic *Duschius* in libro vernaculo *Briefe zur Bildung des Geschmacks*, (Vol. III, p. 227) totum carmen male inter se cohærere et digressionibus longe petitis laborare, multis docere studuit: cujus vestigia deinde legit *Degenius* in versionum libello, *Deutsche Anthologie der romischen Elegiker* p. 378. Nec mollius ipse Magnus *Heyne* de carmine nostro sentit ad Virgil. Tom. IV, p. 4. — Quamquam autem huic carmini, si a fatidico illo Parcarum cantu sub ejus finem discesseris, nihil fere insit, quod commode ad Epithalamii, proprie sic dicti, genus referatur, et recte omnino *parvum Epos* cum Doctiss. *Gurlitt* nominari queat, idem tamen, quum præcipue in honorem nuptiarum Pelei et Thetidos compositum sit, haud inepte, latiori sensu, *epithalamii* nomine insigniri posse videtur. Cf. Argumentum ad Carm. in Nupt. Jul. et Manl. — Missis igitur omnibus, quæ ad pretium hujus carminis elevandum in medium prolata sunt, fruamur nitidissimis flosculis, quos undique et ex dissitis quasi regionibus poetæ decerpere volupe fuit, nec varietate colorum et odorum bene inter se permixtorum majorem nobis conciliari suavitatem indignemur.

Restat alia quæstio, in qua constituenda multum laborarunt, sed parum perfecerunt interpretes. Quum enim Catullum, diligentissimum Græcorum poetarum imitatorem, hic quoque fontes eorum in areolas suas derivasse e toto poematis colore dilucide appareat, diu multumque quæsitum est, quos potissimum imitatione sibi exprimendos sumpserit. Fuit Hesiodi ἐπιθαλάμιον εἰς Πηλέα καὶ Θέτιν a Scaligero jam laudatum; cf. *Heyne* ad Apollodor. p. 764. — Fuit aliud Agamestoris Pharsalii, e quo nonnulla profert *Tzetzes* ad Lycoph. 178. Sed neutrum a nostro exprimi potuit, quum ipse, ut supra monitum est, noluerit concinnare epithalamium; vel, si quædam inde in usum suum converterit, (quod ex instituta comparatione v. 25—27, cum fragmento Hesiodeo probabile fit) in paucis certe hoc factum, et plurima in illa Ariadnes fabula ab aliis potius mutuatus videtur. Exstat apud Ciceronem in epistolis ad Atticum VIII, 5, fragmentum veteris poetæ — ῥίψαι Πολλὰ μάτην κεράεσσιν ἐς ἠέρα θυμήναντα, quod quum egregie respondeat versui illi de Minotauro 111, satis probabili conjectura suspicari possis, Catullum in fabula de Ariadne veterem illum, quem ignoramus, hujus fragmenti poetam expressisse. Omnino autem satis fidenter statuere possumus, Catullum non ad unum aut alterum tantum poetam imitandi studium attemperasse (quod fecit in carminibus quibusdam κατὰ πόδα e Sappho et Callimacho translatis), sed undique, *apis Matinæ more modoque*, per hortulos Græcorum circumvolitasse et suavissima quæque delibasse, id quod ex apertis, quas in hoc carmine deprehendimus, Græcorum poetarum imitationibus plus satis apparere puto. Sic ex Homerico Hymno in Cererem nuperrime reperto, pluscula Nostrum derivasse præclare docuit *Ruhnkenius* in præf. ad H. in Cerer. p. 12 sq. Sic e Theocriti Idyliis, et inprimis ex Adoniazusis, loca plura imitatum esse Nostrum passim observavit *Valckenarius* ad Adoniaz. 127, p. 406. Sic Apollonium Rhodium plus quam viginti locis a Nostro non adumbratum, sed vere expressum esse diligenter docuit *Mitscherlichius in Lect. ad Catull.* Sic denique manifesta in v. 164, deprehenditur imitatio Lycophronis Cass. 1451, quem in aliis quoque locis ante oculos habuit. In universum autem visus sum mihi animadvertere, præ cæteris Nostrum imitatum esse poetas Alexandrinos, quorum, ni sensu nostro fallimur, genium (cf. *Heyne* Opuscul. Vol. I, p. 92) totum hoc carmen spirat. — Ipsum vero Catullum studiose deinde imitati sunt alii; v. c. Virgil. in Cir.; quem sedulo jam cum Nostro comparavit *Lenzius* p. 82. — De epistola Ariadnes ad Theseum apud Ovid. Heroid. X, lege quæ disputat *Gurlitt* p. 87 seqq.

Restat ut breviter indicemus, qui peculiarem inde ab aliquot annis huic illustrando carmini dicarunt operam. Nos ipsi, quum abhinc prope decem annos Scholæ Portensi, cui Deus faveat! valediceremus, vires nostras in hoc edendo carmine periclitati sumus, nec improbatus plane fuit hic juvenilis labor humanissimo Virorum Doctorum judicio; unde facile veniam me impetraturum spero, si ex istis meis juvenilibus, nescio qua suavi animi recordatione vel vanitate, bonam partem servavero. — Non ita multo post, *Mitscherlichius* V. Cl. et sodalis olim in schola Portensi, in cujus almæ matris sinu eodem tempore mecum educatus est, jucundissimus, quum et ipse Catulli edendi suscepisset consilium, primum *in epistola Critica in Apollodorum* (Gotting. 1782) p. 43—51, emendationes in Catulli Epithalamium proposuit, deinde *Lectiones in Catullum* (Gotting. 1786) edidit, in quibus quam egregie de hoc carmine meruerit passim indicabimus. — Eodem fere tempore præclarum eruditionis specimen in hoc carmine edidit *Lenzius*, Vir Doctissimus mihique amicissimus, cui titulum præfixit, « Catulli carmen de nuptiis Pelei et Thetidos cum versione Germanica Chr. Fr. Eisenschmidt, in usum tironum illustravit Carl. Gotthold Lenz. Altenburg 1787: » quem quidem, quantum ab ejus doctrinæ copia, ingenii venustate et acumine exspectare possit respublica literaria, satis in hoc specimine declarasse puto. Edito jam hoc libello, literis mecum communicavit exquisitas et perelegantes ad hoc carmen observationes, quas loco suo commemorabo. — Nec defuit, qui manum eodem tempore huic carmini admoveret, tertius, elegans sane Venerum poeticarum æstimator, Cl. Gurlitt. Katulls epischer Gesang von der Vermählung des Peleus und der Thetis, metrisch übersetzt, und mit einigen Anhängen begleitet von Jul. Gurlitt, Leipzig 1787. — Exstat autem præter ea, quæ *Duschius* et *Degenius* locis supra laudatis ex hoc carmine transtulerunt, et præter *Eisenschmidti* versionem, Lenziano libello additam, illepidam illam et satis inficetam, alia *Bodmeri*, a *Stændlino* post Venerabilis senis obitum in libello *Apollinarien* inscripto, edita Tubingæ 1783.

# CARMEN LXIV.

Peliaco quondam prognatæ vertice pinus
Dicuntur liquidas Neptuni nasse per undas
Phasidos ad fluctus, et fines Æetæos;
Quum lecti juvenes, Argivæ robora pubis,
Auratam optantes Colchis avertere pellem,                5

1. *Peliaco vert.* in summo Thessaliæ montis jugo, uhi silva erat pinifera. *Dorville* (ad Chariton.) comparat Maneth. II, 104: «Πηδάλιόν τε νεὼς, τὴν ἀκροτάτοισι (ex emendat. Dorv.) τεμοῦσα Πηλίου ἐν κορυφῇ Παλλὰς θέτ' ἀν' ἀστράσιν Ἀργώ.» Et Apollon Rhod. II, 1191: «—καὶ τάμε χαλκῷ Δούρατα Πηλιάδος κορυφῆς πέρι.»  — *Prognatæ* hic eleganter de arboribus, quæ, ut animantes, stirpem suam propagare dicuntur; hinc passim apud poetas vel *matrum filiarumque* nomine insigniuntur (cf. Virg. Georg. II, 19, ubi plura in hanc rem ex Græcis Latinisque scriptoribus diligenter collegit exempla *Cerda*, add. Æn. XII, 209), vel genus et stirpis nobilitatem jactant Horat. Od, I, 14, 11. — Cf. supra ad Carm. IV, 10 et 15.

2. *Nasse* de celeri fere et secundo navium cursu. Tibull. I, 5, 76.

3. *Phasidos ad fluct. et fin. Æet.* eleganti circumscriptione pro «*Colchidem*, ubi volvebatur fluvius *Phasis*, et imperium exercebat *Æetes*.» — Quod *Lenzius* (in notis ad h. v.) putat, per *Æetæos fines* extremam terram fortasse poetam innuere voluisse, et ad hanc sententiam confirmandam in literis ad me datis laudat Apollon. Rhod. II, 419 sq. et 264, id ex ea quidem opinione, qua veteres per Pontum Euxinum et Colchidem extremos terrarum mariumque sibi cogitarunt terminos, fieri potuisse verum est; sed profecto jam obliquam extremæ terræ descriptionem poeta dare noluit.

4. *Læti juvenes* in MSSC. quibusdam, teste Statio; in aliis, quos trivit N. Heins. *læsi*. — *Quum lecti juvenes*. Theocr. Idyll. XIII, 16, 18: «Ἀλλ' ὅκα τὸ χρύσειον ἔπλει μετὰ κῶας Ἰάσων Αἰσονίδας, οἱ δ' αὐτῷ ἀριστῆες συνέποντο, Πασᾶν ἐκ πολίων προλελεγμένοι, ὧν ὄφελός τι.» Et paullo post vocantur Argonautæ θεῖος ἄωτος Ἡρώων. — λεκτοὶ Ἡρώων, ex Apollon. Rhod. IV, 831, laudat *Mitscherl.* — *Puppis* pro *pubis* MSS. Statii et Venet. — *Argiv. robora pubis*, robustissimi fortissimique (der Kern der griechischen Mannschaft). Sic sæpe apud Liv. *robora virorum*. — Exempla conduxit *Drackenborch.* ad Liv. XXII, 40, 5, tom. III, p. 635. — Huic equites bis centum, robora pubis Lecta dabo. Virg. Æn. VIII, 518. N.

5. *Aurat. pell. avertere.* De aureo Phryxei arietis vellere in vulgus omnia nota. Unde ortum traxerit fabula, varias et ridiculas ad hunc locum causas afferunt interpretes. Totam hanc rem, nobilitatam maxime instituto ordine equitum aurei velleris, bene excussit *Rabenerus* in *Amœnitatib. Philologic.* pag. 193 seqq. — *Avertere* verbum proprium de rebus, quas ex aliena in

Ausi sunt vada salsa cita decurrere puppi,
Cærula verrentes abiegnis æquora palmis;
Diva quibus, retinens in summis urbibus arces,
Ipsa levi fecit volitantem flamine currum,
Pinea conjungens inflexæ texta carinæ.

nostram potestatem et ditionem dolo et malis artibus redigimus, respondet nostro *entwendem.*—Vid. *Gronov.* Observ. IV, 5. *Drackenb.* ad Silium Italic. III, 321, et ad Liv. VI, 14, 11, tom. II, p. 319. — Mitsch. ad h. l. hæc citat : « instructa quod vexerit ipsa carina, Vellera sacra meis quærentem *avertere* lucis. » Val. Flacc. V, 629. « Arva aliena jugo premere atque *avertere* prædas. » Virgil. Æn. X, 78. N.

7. *Verrentes. Verrere*, ut Græcorum μαστίζειν, suaviter in re nautica, maris remis percussi et quasi flagellati adumbrat imaginem; si quis in re nota exempla desiderat, adeat *Heins.* ad Ovid. Amor. I, 9, 14. — *Palmis*, remis. cf. supra ad Carm. IV, 5.

8. *Diva quibus, retinens*, etc. Minerva *retinens* (κατέχων) tutela sua custodiens *arces*, quibus illa præerat. Vid. Interprett. ad Petron. c. 5. Hinc Græcis πολιοῦχος appellatur. Vid. *Cuper.* Observ. III, 16, et *Spanhem.* ad Callimach. H. in Lav. Pallad. v. 53.

9. *Ipsa sui facie.* Vossius e libro membranaceo, addita explicatione «ad morem et formam sui currus, quo in cœlo utitur, quoque nubes atque æthera tranat; » inepte sane. — *Cursum* pro *currum*, irato Apolline, tentavit Staver. ad Cornel. Nep. Milt. 1, 6, p. 23. — *Ipsa*

*fecit.* Hinc *opere Palladio fabricata Argo* dicitur apud Phæd. IV, 9, ubi cf. *Burmannus.* Observa vim pronominis *ipsa* h. e. ipsa artium præses, quæ alias adjuvare tantum artifices auxilio suo solet. *Lenzius* commode in literis laudat Apoll. Rhod. I, 111 : Αὐτὴ γὰρ καὶ νῆα θοὴν κάμε, et Orph. Argon. v. 66, quem vide. — *Levi volitant. flam. curr.* : sic Apoll. Rhod. III, 345, de Argo ἴσον δ᾽ ἐξ ἀνέμοιο θέει. — *Currum* eleganter pro *nave :* vid. *Muret.* Var. Lect. I, c. 11, et *Gifan.* Collect. ad Lucret. Sic ἅρμα et ὄχημα apud Græcos. Vid. *Gatacker* Observat. Misc. II, c. 18; *Kühn* ad Pollucem, I, s. 83, n. 8, et *Stanleius* ad Æschyl. Prometh. v. 467. — *Volitantem;* cf. cupra ad Carm. IV, 5. — *Volitans* pro *volans* et apud Tibull. reperitur : « impiger Ænea, volitantis frater amoris. » Ejusdem rei novam excogitavit imaginem Voltarius, Alzir. act. I, sc. 1 :

L'appareil inoui pour ces mortels nouveaux
De nos châteaux ailés qui volaient sur les
    eaux N.

10. *Inflexit* Vossius, ut referatur ad illud *ipsa sui facie.* —*Pinea conj. infl. t. c.* inserens et adaptans curvæ carinæ trabes, et alia, quibus naves instruuntur, e ligno pineo contexta et contignata. *Texere*, ut Græcorum ὑφαίνειν, proprie de ædificiorum et navium contignatione. De navibus v. c. apud Propert. III, 7, 29,

## CARMEN LXIV.

Illa rudem cursu prima imbuit Amphitriten.
Quæ simul ac rostro ventosum proscidit æquor,
Tortaque remigio spumis incanduit unda;

cf. Ovid. Metam. XIV, 531, et ibi Interpretes. Hinc ipse locus, ubi naves fabricantur, vocatur *textrinum;* vid. *Serv.* ad Virg. Æn. XI, 326.

11. *Prora* pro *prima* Vossius ex libro Mediolanensi: quod si omnino retinendum sit, verba saltem sic inter se concilianda putat *Mitscherl.; Illa prora* (in primo casu) *rud. Amphitr. imbuit, quæ,* etc. — Aut scribendum *cursu proræ.*—*Primam* Stat. et Corrad. male! vix eget vulgata commendatione nostra. — *Impulit* præter necessitatem conjecit Titius ad Grat. Cyneg. v. 65. — *Illa prima:* quomodo *prima* navigationem tentasse dicatur *Argo,* præter Vulpium docuerunt *Muncker* ad Hygin. Fab. XI, *Burmannus* ad Val. Flacc. II, 287, et *Schraderus* ad Musæum pag. 372-375. — Verba *rudem, prima* ita intelligenda præbet Vulpius: « non quod ante Argonautarum expeditionem a nemine fuerit navigatum: Catullus enim ipse in hoc poemate, classis Thesei mentionem facit, narrat juvenes et virgines atticas in Cretam ad minotaurum navibus avectas fuisse: verum quod Argonautæ difficilem admodum et nondum ad ea tempora susceptam navigationem primi tentaverint. Etenim *rudis Amphitrite,* h. l., ut recte Vossius animadvertit, non est mare quodlibet, sed Pontus Euxinus importuosus, etc. Præterea, critici memorant Phœnices, Tyrios præcipue, mercaturæ faciendæ causa longe priores navigavisse. » Sed Catullum multo quam fuit rerum cognitione doctiorem et in carmine scribendo unius argumenti observantiorem faciunt; nam hoc loco, ut multis aliis, unum ex pluribus poematiis græcis latine vertendo compegisse conjicias licet. Et ego ab iis qui *prima rudem* de navigandi solum in Ponto Euxino novitate intelligunt, quæro cur vates Deos maris stupore perculsos ad navis aspectum fecerit? utrum Pontus Euxinus propria Nereidum sedes? an, si et maria cætera, totam *Amphitriten,* pervagari solerent, et antea Tyrios velificantes vulgo vidissent, emergerent *monstrum admirantes?* itaque quum hæc verba *prima, rudem, Amphitriten* Catullus scriberet, argutas interpretationes et discrimina, quæ huc afferunt Viri Docti, credo, non cogitavit. Quid ergo? Catullum componendis carminis partibus peccasse fatearis? fatendum est. N.—*Rudem Amphitriten,* mare nondum navem expertum, nondum navigio tentatum. — *Cursu imbuit,* initiavit, ἐκαίνισεν. Vid. *Ruhnken.* ad Callimach. Fragm. a Bentl. collect. 119, p. 487, edit. Ernesti. *Imbui* eleganter dicuntur res, quæ primo usui accommodantur. Notissimum est illud Horatii; « Quo semel est imbuta recens, servabit odorem Testa diu. » Cf. *Græv. Lect. Hesiod.* c. 15, sub fin.

12. *Proscidit. Proscindere,* ut multa alia, eleganter ab aratione ad navigationem translatum.

13. *Totaque* in libr. MSS. et editt. antiq. solemni librariorum

Emersere feri candenti e gurgite vultus
Æquoreæ monstrum Nereides admirantes ;   15

errore. Vid. *Drachenborch.* ad Sil. Ital. VII, 412, et quos ibi laudat. — *Incanuit* in MSS. et quibusdam editt. vett., quod tam ob statim sequens *candenti*, quam ob v. 18, ubi est *cano æquore*, non male defendi posse videtur. — *Tortaque remig. spum. inc. unda*, exquisite pro vulgari « remigio agitata fuit.» *Incanduit,* ἐλευκαίνετο πόντος. *Lenzius* in litt. comparat Qu. Smyrn. V, 86 sqq. Apoll. Rhod. I, 1327.

14-15. In interpretandis his duobus versibus valde fluctuarunt interpretes, et sensus ambiguitatem conjecturis tollere studuerunt. *Mitscherlichius* quidem in Lect. in Catull. pag. 14, vel rescribendum « Emersere FRETI candenti e gurgite vultus Æquorei ; » vel copulam *et* post *æquoreæ* excidisse putat, quæ posterior ratio probata quoque fuit *Heynio.* At *Lenzius*, in not. ad h. l. p. 95, ingeniosissime conjiciebat «Emersere FERIS candenti e gurgite PULTÆ Æquoreæ monstrum Nereides admirantes; » cui favere videbatur Mosch. Europ. 114 sq. Νηρεΐδες δ' ἀνέδυσαν ὑπ' ἐξ ἁλὸς, αἱ δ' ἄρα πᾶσαι Κητείοις νώτοισιν ἐφήμεναι, et Claud. X, 159 ; idem tamen paullo post de integritate loci non amplius dubitat, de qua nec nobis ampliandum videtur. — *Emersere feri*, etc. Sensus est : simulac navis iter suum in mari ingressa est, Nymphæ marinæ, vultu torvo, et ad stuporem ob rei novitatem et hominum audaciam composito, repente e fundo maris prospiciunt, et summa admiratione monstrosam navis figuram animadvertunt. *Feri vultus* est casus secundus, et pendet a *Nereides* h. e. «Nereides fero vultu jam præditæ vel indutæ. — *Ferus vultus* autem recte et eleganter de vultu torvo, severitatem stuporemve præ se ferente dicitur. Horatius Epist. I, 19, 12 : « Quid? si quis vultu torvo ferus » etc. — Plane ita nos dicimus *einen wilden Blick.* — Hæserunt in hoc loco et valde in eo emendando laborarunt *Mitsch.* et *Lenzius*; sed profecto qualibet correctione tota hujus loci tollitur elegantia, qua Nympharum, audaciam primorum nautarum indigne ferentium, egregie plane adumbratur imago. Huc accedit, quod tetrica quædam austeritas jam olim ab ipsis artificibus tributa est Nereidum vultibus. Vid. *Lipperti Dactyliotli.* Mill. I, 74. — Nihil temere in hoc loco mutandum esse sensit quoque Vir Doctus, qui recensuit *Lenzii* libellum in Act. Litter. Jenens. (Scid. XX, 1787); quem tamen, acutissime alias de carmine nostro judicantem, Vossianam rationem, qua *feri vultus* ad *monstrum* trahitur, amplexum esse miror. Nam locus Apollon. Rhod. IV, 316, quem egregie cum nostro comparat, ad hanc rationem defendendam nihil valet. — Miror cur viri docti tantam exsudent operam in loco, qui, nisi fallor, est integer, emendando. Namque si duæ voces *feri vultus* recto casu in plurali numero restitutæ fuerint, exinde per appositum *æquoreæ Nereides* sequentur, et sic liquido tota fluet

# CARMEN LXIV.

Illaque haudque alia viderunt luce marinas
Mortales oculi nudato corpore Nymphas,
Nutricum tenus exstantes e gurgite cano.
   Tum Thetidis Peleus incensus fertur amore,
Tum Thetis humanos non despexit hymenæos,
Tum Thetidi pater ipse jugandum Pelea sensit.

oratio decorumque poeticum servabitur. « Emersere feri vultus, *scil.* æquoreæ Nereides.» Jam ante Catullum Attius, in Argonautis, adventu navis inaudito stupentes animos carmine expresserat. Sic pastor loquebatur : « tanta moles labitur Fremebunda ex alto, ingenti sonitu et spiritu Præ se undas volvit, vortices vi suscitat, Ruit prolapsa, pelagus respergit, reflat. Ita dum interruptum credas nimbum volvier, Dum quod sublime ventis expulsum rapi Saxum aut procellis, vel globosos turbines Exsistere ictos, undis concursantibus; Nisi quas terrestres Pontus strages conciet, Aut forte Triton fuscina evertens specus, Subter radices penitus undanti in freto Molem ex profundo saxeam ad coelum vomit.» N.

16. *Illa atque alia* in edit. vett., sed unice vera, quam dedimus, Vossiana lectio. — *Illaque haudque alia*, hoc uno tantum die, non alio vicissim; ἤματι κείνῳ, Apollon. Rhod. I, 547.

17. *Mortales oculis* male in quibusdam.

18. *Nutricum tenus* MSS. Statii, et sic est in editt. Venet. — *Crurum tenus* Scaliger ex libro vet. et sic est in edit. Gryph. — *Umblicum tenus* Voss. quod adscriptum quoque est margini edit. Gryph. — *Nutricum tenus*, h. e. mammarum. Apulei.

Met. II, ab init. *eandem nutricem simul bibimus.* — Nimirum *nutrix* de quacunque re, quæ nutrit et alit homines, dicitur. Vid. *Wesseling.* Observ. II, 17.

19, 20. Male pro *tum* in quibusdam veteribus *cum* vel *quum* legitur ; suaviter enim et cum vi ter repetitur hæc particula; peccarunt autem sæpe in his permutandis vocibus librarii. Vid. *Drackenborch.* ad Sil. Ital. I, 40, et ad Liv. VI, 23, 3, Tom. II, p. 361. — *Non despexit hymenæos*, non invite cessit nuptiis humanis. Varie omnino hæc fabula a Græcis tractata fuisse videtur. Apud Homerum (Iliad. XVIII, 434) Thetis πολλὰ μάλ' οὐκ ἐθέλουσα, Peleo nupsisse dicitur. Apud Ovid. (Met. XI, 235 seqq.) inopinato illa in specu Æmoniæ seu Thessalici littoris a Peleo opprimitur: sed apud Val. Flacc. I, 130, ubi Thetidos nuptiæ in Argo pictæ sunt, lubens illa, delphino vecta, ad Peleum deducitur. Cf. *Dorville* ad Chariton. p. 360, edit. Lips. et *Heyne* ad Tibull. 1, 5, 46.

21. *Ipse pater*, non Jupiter, ut *Mitscherlichius* et alii volunt, sed ipse Thetidos pater Nereus, cui proprie convenit *jugare* (in matrimonium dare) filiam marito. Cf. Virgil. Æneid. I, 345. Aliud est concedere alteri puellam, quod de Jo-

O nimis optato seclorum tempore nati
Heroes, salvete, Deum genus! o bona mater!
Vos ego sæpe meo, vos carmine compellabo.
Teque adeo eximie tædis felicibus aucte, 25
Thessaliæ columen, Peleu, quoi Jupiter ipse,
Ipse suos Divum genitor concessit amores;
Tene Thetis tenuit pulcherrima Neptunine?
Tene suam Tethys concessit ducere neptem,
Oceanusque, mari totum qui amplectitur orbem? 30
   Quæ simul optatæ finito tempore luces

ve valet in 27. — *Sanxit* Muret. Voss. et alii, male! pari modo hæc duo verba confusa sunt apud Ovid. Heroid. VI, 154. — *Sensit*, censuit, judicavit, consultum duxit; cujus verbi usus bene adstruitur in *Observ. Miscel.* Tom. IV, p. 121.

22. *Optato* pro optando, *digne d'envie*, sicut invictus *invincible*. N.

23. *Heroes, Deum genus.* Cf. Interpretes ad Val. Flacc. p. 4, edit. Burmanni. — *O bona mater*, o bonam et beatam matrem, quæ vos tales et tam optato seclorum tempore peperit! — Alii alio sensu hæc verba *o. b. m.* explicuerunt. Mihi potissimus interpres visus est Mitscherlichius, qui hæc ad Thetida refert, quia deabus maternum nomen, ut diis paternum venerandi causa tribuebatur. N.

26. *Æmathiæ columen* in quibusdam; haud dubie ex glossa. — *Thessaliæ columen*, in quo nititur omnis Thessaliæ salus. Sic βάθρον, ἐρεισμα apud Græcos: vid. *Gatacker*. in Adversar. Miscell. c. 20, p. 83, *Rittershus.* ad Oppian. Cyneg. I, 1, *Cerda* ad Virgil. Æneid. XII, 59, imprimis *Hemsterhus.* ad Lucian. T. I, p. 163.

27. *Amores suos*, amatam sibi Thetidem. Cf. supra ad Carm. X, 1, et XV, 1. Cessit autem Jupiter eo libentius Peleo Thetidem, quum filium Thetidos ex fati necessitate ipso patre fortiorem exstiturum esse sciret. Vid. Hygin. Fab. 54, et Hemsterhus. ad Lucian. T. I, pag. 205.

28. *Tenuit*, ut maritum complexa est. Exempla de hoc verbo collegit Gudius ad Phædr. Fab. II, 2, 4. — *Neptunine*, Thetis, Neptuni potestati subjecta. *Mitscherl.* laudat Perizon. Animadv. Hist. c. IX, p. 400.

29. *Tethys*, Cœli et Terræ filia, Oceani soror et conjux, quæ Dorin peperit, Thetidos parentem. N.

30. *Oceanusque pater* MSS. Statii. Muret. Gryph. et alii. Recte quidem ex loquendi more. Cf. Virgil. Georg. IV, 382, et ibi Ursin. sed vulgatam bene defendit Mitscherlichius.

31. *Qui simul optatæ finito tempore lucis* in margine Venet. male! ut recte judicat *Mitscherl.* — *Quæ simul optat.* etc. Eleganter pro vulgari « simulac destinatus his celebrandis nuptiis dies illuxit optatis-

Advenere, domum conventu tota frequentat
Thessalia : oppletur lætanti regia cœtu;
Dona ferunt : præ se declarant gaudia vultu.
Deseritur Scyros : linquunt Phthiotica Tempe,       35
Cranonisque domos, ac mœnia Larissæa;

simus.»—H. l. *optatus* aliud fert atque v. 22. N.

32. *Ut venere* Vulp. et alii male! nam *simul* in versu antecedenti est pro *simulac*. — *Domum conventu frequentat*, ornate pro « frequenter in domo convenit. »

34. *Dona ferunt præ se; declarant gaudia vultus*, proposuit *Lenzius*. Magis tamen placet nostra lectionis ratio et interpunctio; suavius enim Thessaliæ incolæ gaudia præ se declarare et pandere vultu, quam dona præ se ferre manibus dicuntur; aut si forte cui illa ratio, quam jam Muretus secutus est in edit. prima, ut post *præ se* interpungatur, melior videatur, certe non opus est τὸ *vultu* in *vultus* mutare. — *Dona ferunt*, nimirum Thessaliæ incolæ: de quo loquendi genere cf. supra ad Carm. X, 9.

35. *Phthiotica templa* tentat Lennep. ad Coluth. I, 7, quod Tempe non in Phthiotide, sed in Pelasgide, inter Olympum et Ossam, sita fuerint. — Docte jam ex more poetarum, ut eo clarius totius rei scena lectoris obversetur animo, urbes et partes quasdam Thessaliæ recenset. — *Scyros:* longius quidem hæc insula remota est a Thessalia, sed culta olim fuit a Thessalorum gente, Dolopibus: præter Vossium ad h. l. vid. Diod. Sicul. XI, 60, et et ibi *Wesseling*. — Consulto autem poeta, ut undique confluxisse videantur remotissimi populi quique, remotioris regionis mentionem primo loco injicit. — *Phthiotica Tempe :* communi quidem veterum consensu in Pelasgide, inter Olympum et Ossam, ubi Peneus labitur, Tempe sita fuerunt. (Plin. H. N. IV, 8, s. 16. Ælian. V, H. III, 1.) Sed, quo jure Peneus propter vicinitatem φθιώτης vocatur apud Callimach. [H. in Del. v. 112] eodem quoque jam Tempe *Phthiotica* dicta videri debent; nisi forte tractus Phthiotici ob regionis amœnitatem *altera* quasi *Tempe* appellati sint; sequiorem certe ætatem amœnissima quæque loca *Tempe* nominasse satis constat.

36. Mire hic versus tam in scriptis quam impressis libris depravatus est. *Gravinonisque domos* MSS. Stat. et vetust. exempl. Voss. — *Graninonisque domos* Vatic. — *Grajugenasque domos* L. MSS. et tres antiquissimæ editt. teste editor. Cantabrig.; unde Scaliger *Grajugenumque domos*. — Depravata lectio haud dubie orta est ex antiqua scriptura *Crannonis*. Vid. Mitscherl. et *Drackenborch*. ad Liv. XXXVI, 10, 1, p. 1017. — Pro *mœnia Larissæa* monstrose legebatur in libr. MSS. *ac nicenis alacrisea*, vel *Larisæa* uti est in Voss. libro, vel *ac nitens alacrissa* vel *ac nitentis alacrissæa* vel *ac nitentis alacrissæa* vel *ac Nicenis alacrissa.* — *Cranon* est oppidum Thes-

Pharsaliam coeunt, Pharsalia tecta frequentant.
Rura colit nemo; mollescunt colla juvencis;
Non humilis curvis purgatur vinea rastris;
Non glebam prono convellit vomere taurus;
Non falx attenuat frondatorum arboris umbram; 40

saliæ : Plin. H. N. X, 12, s. 15, et ibi *Harduin.* — *Mœn. Lariss.* Larissa, nobilissima Thessaliæ urbs, unde Achilles *Larissæus* apud Virgil. Æneid. II, 197.

37. *Pharsala tecta freq.* Venet. — *Pharsalon* aut *Pharsalum* Pontan. et Scalig. nimirum alteram in voce *Pharsalia* alii brevem, nitentes exemplo Calpurn. IV, 101, alii longam faciebant; et vere semper altera in hac voce producitur, sed ut trisyllaba pronuncianda est. — *Pharsaliam coe.* Pharsalia, ut observat Vossius, hoc loco antiquum regionis, non oppidi, nomen est. Sed Euripid. Andromach. v. 16, καὶ πόλεως Φαρσαλίας — ἵν' ἡ θαλασσία Πηλεῖ ξυνώκει — Θέτις.

38—42. Sine necessitate transposuit hos versus Ramirez de Prad. ad Mart. I, 44, hoc ordine : *Non humilis* etc. — *Non falx* etc. — *Rura colit nemo* — *Non glebam* — *Squalida desertis.*

38. *Rura colit nemo* etc. Feriæ, quas agunt rustici instantibus Pelei nuptiis, egregie et suaviter, qui sequuntur, describuntur versibus. Sic fere Tibullus II, 1, 5 : « Luce sacra requiescat humus, requiescat arator, Et grave suspenso vomere cesset opus: Solvite vincla jugis etc.» — *Mollescunt colla juvencis* : intermisso his feriis labore, mollitiem quandam trahit jugo detrita et callo obducta juvencorum cervix. —

*Juvencis* exquisitius pro *juvencorum.* — *Lenzius* in spicilegio observationum, quas mecum per literas communicavit, commode cum hoc loco comparat Fulgent. I, præf. p. 9, edit. Munk.: «Tam largo fumo *lurida* parietibus *aratra* pendebant, et laborifera *boum colla* jugales in vaccinam *mollitiem* deduxerant callos: squalebat viduus sulcis ager, et herbidis sentibus olivifero vertici minabatur.»—Cf. Virg. Ecl. IV, 40. N.

39. *Humilis vinea*, ubi vitis humilis nascitur, quæ nisi rastro purgatur, palatur et alligatur, natura sua humi serpit et humilis manet. Cic. Tuscul. V, 37 : « Vitis et ea, quæ sunt humiliora, neque se tollere altius e terra possunt.» Ipse Noster supra Carm. LXII, 49 : « Ut vidua in nudo vitis quæ nascitur arvo, Nunquam se attollit etc. » — Vix igitur opus videtur probare velle, vites in Thessalia vel maxime humiles fuisse, quod docte probatum ivit *Lenz.* in not. ad h. l. ex Longi Pastoral. II, 1, ubi ἄμπελος ταπεινή in insula Lesbo describitur.

40. *Prono vomere*, ad terram inclinato, presso.

41. *Lennep.* ad Coluth. I, p. 33, sine ulla idonea causa hunc versum emendavit sic : « Non *falce* adtenuat frondator *roboris* umbram;» profecto hoc est pro lubitu tractare poetas! — *Falx frondator.* Tria fron-

# CARMEN LXIV.

Squalida desertis robigo infertur aratris.
Ipsius at sedes, quacunque opulenta recessit
Regia, fulgenti splendent auro, atque argento.
Candet ebur soliis; collucent pocula mensis;   45

datorum genera fuisse observat Serv. ad Virg. Eclog. I, 57. — *Attenuat arbor. umbr.* nimis densas et inutiles arborum frondes exsecat. — *Arboris umbra* de *frondibus* sexcenties apud poetas. Vid. *Drackenborch.* ad Sil. Ital. IV, 681.

42. *Infertur,* verbum gravius ad rubiginis vim, qua statim occupari solent aratra sine usu jacentia, indicandam. — Observa elegantem et artificiosam hujus versus ex apta epithetorum et nominum collocatione structuram, quam sæpe in hoc carmine animadvertere licet, ut v. 39, 40, 59, 129 et alibi.

43, 44. Heins. in not. ad Catull. satis audacter et parum probabiliter refingit hos duos versus sic: « *Spissius* at sedes quocunque opulenta *recessu* Regia fulgenti *splendens* auro atque argento, » ut sensus sit « sedes regia in omni ejus recessu spissius argento et auro splendet.» *Splendens* nimirum accipit pro *splendens est,* et hoc pro *splendet,* ut v. 308 *complectens;* cf. ad Carm. LXIII, 57. — *Ipsius at sedes quacunque* etc. at ædes Pelei, in omni opulentæ regiæ parte et recessu, splendent auro et argento. In errorem hoc loco ab Heins. se induci passus est *Mitscherl.*, qui *splendent* propter adjecta *sedes regia* non ferri posse putat, in Lect. in Catull. p. 35. Non cogitavit igitur Vir Cl. τὸ *sedes*, quo pendet *splendent* in plurali ut v. 48, et τὸ *regia* substantive positum esse. — Cæterum expende ornatum in locutione « quacunque opulenta recessit regia» pro vulgari *ubique*: — *ipse* honoris causa sæpe de eo, qui primas partes in aliqua re tenet, vel de quo præcipue sermo est. Sic sæpe αὐτὸς de Achille apud Homerum, de Jasone apud Orph. Argon. v. 864. Vid. quos laudat *Burmannus* ad Ovid. Fast. V, 1, 45. — *Splendent* verbum proprium de apparatu magnifico. Vid. *Burmann.* ad Phædr. Fab. IV, 29, 20. — *Auro atque argento.* In hujus versus schemate priscæ rubiginis hærent vestigia.

45. *Candet ebur soliis, colluc. pocula mens.* inversa constructio, poetis familiarissima, pro « solia candent ebore, mensæ collucent poculis. » — Amicissimus *Lenzius* in spicilegio observation. ad l. c. scribit: « Quæ de ebore dicuntur, non ad historicas rationes exigenda sunt. Poeta in his, ut poeta, versatus est. Eboris enim usus post Trojanæ expeditionis tempora demum in Græciam importari cœpit. Sed Catullus Homerum secutus esse videtur, in quo passim exempla frequentis eboris usus in variis utensilibus adhibiti prostant. » — Nimirum res antiquiores sæpissime ad sua tempora accommodarunt poetæ. Sic v. c. præter temporum rationem *tubarum clangor* apud Virgil. Æn. II, 313 memoratur. Cæterum de *Veterum ebore et eburneis signis* cf. *Heyne* in Nov. Comment. Soc. Sc. Gotting. T. I, n. 96 sqq.

Tota domus gaudet regali splendida gaza.
Pulvinar vero Divæ geniale locatur
Sedibus in mediis, Indo quod dente politum
Tincta tegit roseo conchyli purpura fuco.
Hæc vestis, priscis hominum variata figuris,
Heroum mira virtutes indicat arte.

46. *Gaudet* vid. infra v. 268 et Hor. Od. IV, 2 : « Ridet argento domus. » N.

47. *Pulvinar geniale*, lectus genialis vel nuptialis, λέκτρον γαμικὸν, νυμφίδιον. — Vid. Lips. Elect. I, 16. — Aliam lecti genialis descriptionem in nuptiis Jasonis et Medeæ vid. apud Apoll. Rhod. IV, 1141.

48. *Ædibus in mediis* Venet. Gryph. — *Ædes* et *sedes* sæpissime a librariis permutatæ sunt : vid. *Drackenborch.* ad Liv. I, 55, 4, T. I, p. 216, et ad IV, 20, 11, T. II, p. 942, adde *Burmann.* ad Ovid. Fast. VI, 258. — *Sedibus in mediis*, in medio palatio. — *Indo quod dente polit.* etc. ornate pro vulgari « cui affabre ex ebore Indico facto instrata fuit vestis purpurea. » *Indo dente*, nimirum alii osseam illam ex ore elephantis hinc inde prominentem partem *dentem*, alii *cornu* vocant : vid. *Brouckhus.* ad Propert. II, 23, 12, et *Drackenborch.* ad Sil. Ital. XVI, 206. — In summo pretio autem fuisse *ebur Indicum* operose docet *Cerda* ad Virg. Georg. I, 57; *India mittit ebur.*

49. *Purpura*, vestis purpurea. — *Tincta roseo fuco* exquisitius pro *succo*, unde sæpe hæ voces confusæ sunt : vid. *N. Heins.* ad Claud. in Rufin. I, 207, et *Heyne* ad Tibull. VI, 2, 16, in Observ. p. 215. —

*Conchylis* Venet. Gryph. Muret. Cantabrig. — *Conchyli :* diversum esse conchylium a purpura, licet id discrimen non semper servetur, probare studuit *Bochart.* Hierozoic. IV, 2. — Accommodate ad nostrum Hor. Sat. II, 6, 102 : « In locuplete domo.... rubro ubi cocco Tincta super lectos canderet vestis eburnos. » Cum Theocrit. Adoniazus. v. 125 sqq. hunc locum comparavit *Valckenar.* in Annotatt. in Adon. p. 406.

50. *Hæc vestis* stragula ut sæpe; vid. *Ferrar.* de Re Vest. IV, 3, P. II, adde *Ernesti* in Clav. Cic. — *Priscis hominum variata figuris*, variis priscorum hominum imaginibus vel picturis distincta.

51. *Heroum virtutes indicat* res illustres et celebres ex ætate heroica repetitas. Ex pluribus autem, quæ huic vesti intextæ fuisse videntur priscæ ætatis figuræ et fabulæ, unam tantum latius hoc carmine sibi exsequendam sumpsit et delegit poeta. Colligere imprimis hoc possumus ex vers. 266 : « Talibus amplifice vestis decorata figuris. » Hoc est ejusmodi generis figuris; alias dixisset *his figuris.* — *Mira arte*, mira artificis dexteritate intextas. — *Heroum virtutes* pro ipsis heroibus ἑλληνικῶς dixit, ut Vulp. monet. Sic apud Homerum ἱερὸν μένος Ἀλκινόοιο, βίη Πριάμοιο. Sed huic interpreta-

# CARMEN LXIV.

Namque fluentisono prospectans litore Diæ
Thesea cedentem celeri cum classe tuetur
Indomitos in corde gerens Ariadna furores:

tioni Mitscherlichius refragatur, ut pote quæ idem per idem eloquatur: « Vestis heroum figuris variata heroas indicat. » Tautologiæ vero vitium in oratione Catulli nullum, nisi postquam refinxit Mitscherl., apparet. Namque *hominum figuris* imago *heroum cum virtutum* suarum splendore multum addit. N.

52. *Fluentisono*, quod, (ut supra Carm. XI, 4, dicebatur) *longe resonante unda tunditur*, θὶς πολύφλοισ6ος, περιηχούμενος τῷ κύματι. — *Diæ :* intellige insulam Naxum, unam e Cycladibus. Diodor. Sicul. IV, 16, pag. 308, edit. Wesseling. καὶ κατῆρεν εἰς νῆσον τὴν ποτὲ μὲν ΔΙΑΝ, νῦν δὲ ΝΑΞΟΝ προσαγορευομένην et sic constanter veteres. Cf. *Heyne* ad Apollodor. III, 5, 3, pag. 578. Sed longe aliter, qui non raro fluctus in simpulo movere solet, sentit Vossius. Non enim *Naxum*, quod plerique statuunt, per *Diam* intelligendam esse contendit, sed *Diam Cretensem*, quæ vulgo *Standia* appellatur. Ad hanc suam exornandam sententiam duobus inprimis utitur argumentis; primum quidem, quod Naxus nimis a via Thesei remota sit; deinde, quod querelæ, quas infra fundit Ariadne [v. 184, *Præterea nullo litus, sola insula, tecto,* etc.] vix de insula Naxo valere queant. Quod ad primum attinet, consulto omnino Theseus in fuga rectam viam reliquisse videtur; ut taceam alia, quibus ille vel invitus in mari a recta via abripi potuit. Quod ad alterum attinet,

cogitare debemus, Ariadnen ad litus maris, in solo et remotiori insulæ loco, a Theseo derelictam esse, ubi omnino in querelas, quas infra jacit, erumpere poterat. Nec nimis subtiliter vehementiori animi commotione jam æstuantis, et summo ob perfidiam Thesei dolore perculsæ, Ariadnes querelæ examinandæ et ad vivum resecandæ sunt, præcipue si Naxum cum ejus patria Creta, *centum urbibus* (ut canit Horat.) *nobili*, comparamus. — *Naxus* denique sacra erat Baccho, et peculiare ejus domicilium. Vid. *Barth.* ad Stat. Theb. VII, 686, in qua ipse Bacchus ex India rediens triumphum bacchicum egit. Virg. Æn. III, 125, ubi cf. *Heyne*. Quod enim *Vossius* putat, Bacchum quærendæ Ariadnes causa accessisse illam desertam Cretensium insulam, ridiculum pæne est. Vossii vestigia secure, ut solet, legit Vulpius. — Copiosius de *Naxo* egit *Choiseul-Gouffier*, *Voyage pittoresque de la Grèce*, Cahier I.

54. *Furores* de quibusque vehementioribus animi commotionibus, præcipue ex magno amore ortis. Cf. v. 94, vid. *C. Barth.* ad Grat. Cyneg. v. 284, et *Vir Doctus* in Observatt. Miscell. tom. II, p. 234. — *Indomitos*, quorum vis et impetus nulla ratione supprimi et coerceri potest : exempla suppeditat *Burmann.* ad Ovid. Art. Am. III, 511. — Egregie incitatione hujus versus præcedentium mœstitiæ opposita vates perturbationem simul

16

Necdum etiam sese, quæ visit, visere credit;  55
Utpote fallaci quæ tum primum excita somno
Desertam in sola miseram se cernit arena.
Immemor at juvenis fugiens pellit vada remis,
Irrita ventosæ linquens promissa procellæ.
Quem procul ex alga mœstis Minois ocellis,  60
Saxea ut effigies bacchantis prospicit Evoe;

atque stuporem mentis expressit.

55. Mira in hoc versu miserrime depravatæ lectionis tam in scriptis quam impressis libris deprehenditur varietas, in qua quidem recensenda ne chartam perdam, ea tantum ponam, quæ VV. DD. ingenio ducti inde exsculpere tentarunt. *Necdum etiam seseque sui tum credidit esse* Vicent. accedentibus Venet. Ald. Gryph. Muret. et aliis. — *Necdum etiam sese, quæ sit, tum credidit esse* Stat. — *Necdum etiam sese quæ sit, vix et sibi credit* Scalig. — *Necdum etiam sese, quæ visit, visere credit* Vossius, quam aliis jam probatam et receptam lectionem nos quoque servavimus. — *Necdum etiam sese quo sit, visit, sibi credit* lepide, ut solet Corradin. — *Necdum etiam sese oblivisci Thesea credit* audacter, ut solet, Lennep. ad Coluth. I, 7, 34. — *Necdum etiam sese ipsa suam tum credidit esse* Heins. not. ad Catull. — *Necdum etiam sese*, etc. vix fiditoculis Theseum in fuga animadvertentibus; somnium fere, quod videt, putat.

56. *Fallaci*, qui fraudi ipsi fuerat, et fallaciam Thesei juverat. — Cæterum *Ariadne dormiens* statuariis et pictoribus sæpe, in qua artem suam ostentarent, materiam præbuit. Vid. *Dorville* ad Chariton. pag. 241, edit. Lips.

57. *In sola arena*, litoris arenosi solitudine.

58. *Immemor* sc. promissorum, perfidus. — De perfidia Thesei vid. quos laudat *Wesseling*. ad Diodor. Sicul. IV, 61, tom. I, p. 305.

59. *Irrita ventosæ*. Cf. infra ad v. 142; et Virg. Æn. IX, 313.

60. *Ex acta* N. Heins. in not. ad Catull. — *Alga*, algoso litore, ut *arena* v. 47.

61. *Saxea ut effig.* etc. Ut furibunda et rabie percita mulier bacchans exprimi solet in saxo vel marmore, quæ *Evoe* clamare videtur, et vultum torvum in ea, quæ e longinquo oculis subjiciuntur, jacit; ejusmodi imaginem oculis jam Theseum persequens refert et exprimit Ariadne. — Summa hujus exquisitissimæ comparationis vis, bacchantis imagine, in qua tam corporis quam animi motus egregie ab artificis manu expressi sunt, animo nostro repræsentata, percipi magis a lectoribus debet quam declarari ab interprete. — Vulpius de ea comparatione enarrat non indigna quæ hic exscribamus : « Puellam acerbissimo luctu externatam comparat Poeta non bacchanti mulieri, quod satis fuisset ad rabiem et furorem exprimendum, sed bacchantis mulieris marmoreo simulacro, ut ni-

## CARMEN LXIV.

Prospicit, et magnis curarum fluctuat undis,
Non flavo retinens subtilem vertice mitram,
Non contecta levi velatum pectus amictu,
Non tereti strophio luctantes vincta papillas;
Omnia quæ toto delapsa e corpore passim
Ipsius ante pedes fluctus salis alludebant.
Sed neque tum mitræ, neque tum fluitantis amictus

mirum pallorem faciei, capillum passum atque horrentem, defixum adspectum, pedem in vestigio stantem, stuporem denique ex accepta calamitate contractum, quammaxime significet. » N. — *Prospicere*, procul spectare, ut sæpe; exempla collegit *Burmannus* ad Phædr. Fab. I, 17, 8. — Magnam vim ad exprimendum animi affectum verbi *prospicit* iteratio confert. Ita Virgil. in secundo Æn. *lumina* repetiit. N. — *Evoe*, vid. inf. v. 254. N.

62. *Curarum fluctuat undis*: νόος δὲ οἱ ἠύτε κῦμα Εἰλεῖται. Oppian. Hal. 505. — Undarum fluctus eleganter et sæpe ad alternantes et undantes quasi perturbati animi motus transferuntur. Exempla vid. apud *Drackenborch*. ad Sil. Ital. IX, 527.

63. *Flavo vertice*. Cf. ad vers. 98. — *Mitram*: mitra est fascia, qua caput redimitur. Vid. *Burmann*. ad Ovid. Met. V. 53, Græv. in Lect. Hesiod. c. XXIII, et *Ernesti* in Clav. Cic. s. h. v. — *Mitscherl*. comparat Homer. Hymn. in Cerer. v. 41.

65. In examinandis papillarum epithetis, an recte illæ dici queant vel *lactantes*, quod est in tribus Venet. Ald. Colin. et Gryph. vel *lactentes* in MSS. Statii et Vicent. vel *lucentes*, quod vult Stat. multus est Mitscherl. in Lect. in Catull.

pag. 51—56; jure denique in nostra lectione *luctantes* acquiescit.
— *Non tereti strophio luctantes vincta papillas*: de strophio (ταινία) quo papillas feminæ coercebant, vid. *Heins*. ad Ovid. Art. Am. III, 274, *Magius* Var. Lect. III, 3, et *Ernesti* in Clav. Cic. s. h. v. Eodem sensu *fascia* apud Martial. XIV, 134, 1: « Fascia, crescentes dominæ compesce papillas. » *Luctantes* cum vinculis nimirum, quibus cohibentur turgentes, contra nitentes et enitentes papillæ. — Nimis indulget vates singulis cultus neglecti partibus describendis, v. 63-65. N.

66. *Tenero* pro *toto* conjecit *Gurlitt*, minus bene: nam nostra lectio ad rem augendam multo majorem vim habet.

67. *Allidebant* Gryph. et in quibusdam aliis, utrumque recte; sed *allidere* de aquarum appulsu plerumque a Viris Doctis male impugnatum est. Vid. *Gesner* ad Columell. IV, 20, ubi pro *alludebant* in loco nostro mavult *alluduntur* citra necessitatem — *Fluctus salis alludebant*: Cic. de Nat. Deor. II, 39: *Mare terram appetens litoribus alludit*. Sic προσπαίζειν apud Græcos. — *Alludebant* multo melius quam *allidebant*, siquidem vehementissimo Ariadnes furori opponitur. N.

Illa vicem curans, toto ex te pectore, Theseu,
Toto animo, tota pendebat perdita mente.                    70
   Ah misera! assiduis quam luctibus externavit
Spinosas Erycina serens in pectore curas
Illa tempestate, ferox quo tempore Theseus,
Egressus curvis e litoribus Piraei,
Attigit injusti regis Gortynia tecta.                       75

69. *Illa vicem curans*: nulla mitrae et fluitantis ante pedes amictus ratione habita. — *Fluitantis* ob vers. antecedentem proprie accipio. — *Vicem* eleganter inservit periphrasi in rebus, quas dolemus. Sed Ariadne jam non dolebat vicem amictus in undis natantis. — Pulcherrimum horum vv. 68-70 artificium, quo primum negligentiam despondentis animi prae se fert quasi projecta oratio, dein repente sese corripit, et flagrat progrediendo. N.

69—70. *Toto te pectore Theseu, Toto animo, tota prodebat perdita mente* Ald. — *Toto ex te pectore pendebat. Pendere ex* vel *ab* aliquo dicitur, qui toto animo alicui addictus est et vacat, toto animo, in aliquo vel contemplando, vel audiendo defixus est. — Caeterum observa, quam egregie eadem ter repetita notio et idem ter repetitum adjectum *toto* affectus vim declaret et exprimat.

71. *A* pro *Ah* antique Stat. cf. Gifan. et Burmann. ad Ovid. Met. II, 491. — *Miseram* in plerisque vett. — *Extenuavit* Stat. — *Externavit*, adeo perturbavit et implevit ejus animum, ut vix sui compos esset. Vid. *Pricaeus* ad Apuleium, p. 111.

72 - 73. *Spinosas curas. Spinosae curae* (ἀκανθώδεις μέριμναι) sunt, quae animum lacerant, pungunt et cruciant.—*Curae* de amore pervulgatum. *Gravi cura saucia Dido* apud Virgil. Aeneid. IV, 1. — Deleta interpunctione post *curas*, junge *serens illa tempestate spinos. cur. in pector.* (Ariadnes) *quo tempore*, etc. — *Ferox et tempore* liber optimus Vossii, *feroxque et tempore* vitiose MSS. Statii, *ferox quo et tempore* vulgata nunc fere lectio, sed et sic me offendit particula *et*, quam sine haesitatione delevi, praecipue quum hoc jam factum sit in aliis bonae notae editt. Gryph. ab anno 1537, Muret. Cantabrig. — *Illa tempestate, quo tempore*. Hoc plenius loquendi genus illustrat Vossius exemplo Ciceronis *ejus temporis, quo die*. Brevius idem dicit Noster infra Carm. LXVI, 11: *Qua rex tempestate.... vastatum fines iverat Assyrios.* — *Ferox* intrepidus, ut *atrox* animus Catonis apud Horat. N.

74. *Pyreaei* Ald. I. — *Pyraei* in quibusdam.

75. *Invisi regis* Heins. in not. ad Catull. — *Injusti regis*. Minos, cujus celebratissima in antiquitate est justitia, *injustus* vocatur respectu Atheniensium, a quibus tam dirum quotannis tributum exigebat. — Inde deducunt argumentum quod Catullus e graeco exemplari suum carmen expresserit; quum sit hoc graecum judicium.—*Gortynia templa* MSSC. Meleagri, Scaligeri et edit.

## CARMEN LXIV.

Nam perhibent olim crudeli peste coactam
Androgeoneæ pœnas exsolvere cædis,
Electos juvenes simul et decus innuptarum
Cecropiam solitam esse dapem dare Minotauro :
Quis angusta malis quum mœnia vexarentur,        80

R. non male, recte enim *templa* de amplis ædificiis dicuntur. Sic *templum* apud Cicer. pro Dom. 51, de *curia* dicitur. — *Cortynia* in nonnullis. — *Gortynia tecta*, Cretam : *Gortyne* Cretæ metropolis.

76-77. *Nam perhibent olim.* Sensus : nam tradunt, olim Athenienses crudeli pestilentia pœnas propter cædem Androgei solvere coactos, juvenes electos et virgines præ cæteris forma et ætatis flore eminentes, (*dapem*) tanquam sacrum religiosum epulum Minotauro dare solitos fuisse (h. e. ex pacto quotannis misisse). — *Androgeoneæ cædis. Androgeus*, Minois et Pasiphaes filius, vir fortissimus, et sæpe in publicis Græciæ ludis victor, ex invidia occisus ab Atheniensibus et Megarensibus. — *Crudeli pest. coact.* tam bello, quo hanc ab Atheniensibus illatam injuriam ulturus erat Minos, quam *fame et pestilentia*; responsum autem erat Atheniensibus oraculo, eos non prius, quam Minoi satisfactum sit, malorum finem experturos esse. Minos autem tributum septem juvenum et puellarum quotannis postulavit.

78. *Electos juvenes et dec.* Alii eos missos esse tradunt facto delectu, alii ductis sortibus. Virgil. Æneid. VI, 20 : « . . . tum pendere pœnas Cecropidæ jussi (miserum) septena quotannis Corpora natorum : stat ductis sortibus urna. »

Fabulam tirones legant apud Diod. Sicul. IV, c. 60, 61 ; Apollodor. III, 15 ; Ovid. Met. VII, 456, et VIII, 153.

79. *Cecropidum solitum esse* et paullo ante c. 66, *coactos* pro *coactam* audacter Heins. in not. ad Catull. — *Minotauro.* Notissima est fabula Minotauri : οὗτος εἶχε ταύρου πρόσωπον, τὰ δὲ λοιπὰ ἀνδρός, secundum Apollodor. III, c. 1, 4, cf. *Heyne* in not. pag. 537. — Capite bubulo, parte inferiore humana, Minotaurum quoque describit Hygin. Fab. XL. — Sed nummi Gelensium et Tauroministarum in Sicilia, Neapolitanorum et plurium aliorum per Magnam Græciam, eumdem corpore taurino et corpore humano instructum exhibent : de quo inter nummos et auctores dissensu vid. Voss. ad v. 111, et *Wesseling.* ad Diod. Sicul. IV, 77, n. 32, t. I, p. 320, qui laudat *Spanhem.* de Us. et Pr. Num. Diss. 5.

80. *Augusta* pro *angusta* male in quibusdam vett. legitur ; sæpissime autem in his scribendis vocibus aberrarunt negligentiores librarii. Vid. *Burmann.* Sec. ad Claud. in Rufin. I, v. 204, inprimis *Drackenborch.* ad Liv. V, 41, tom. II, pag. 180. — Pro *vexarentur* duo vetusti libri apud Stat. *versarentur*. Sed has quoque voces non raro turbavit librariorum ignorantia. Vid. quos laudat *Drackenborch.* ad Liv. II,

Ipse suum Theseus pro caris corpus Athenis
Projicere optavit potius, quam talia Cretam
Funera Cecropiae nefunera portarentur.
Atque ita nave levi nitens ac lenibus auris
Magnanimum ad Minoa venit, sedesque superbas.  85

34, tom. I, pag. 392. — *Angusta moenia*, Athenienses in rebus trepidis et angustis versantes, ob publicam calamitatem miseri ac afflicti.—Notionem parvae nequedum latae urbis in voce *angusta* contineri verosimilius est. Dure nimis dictum *angusta moenia* pro *angustiis pressa*, licet Mitsch. doctissime hunc sensum tueatur. Simplicissima interpretatio semper optima. N.

82. *Projicere optav. potius* : maluit contempta vita se objicere periculo, vitam suam devovere, ἑαυτὸν παραβάλλειν, ἀποβάλλειν ψυχήν. Vid. quae egregie de hac locutione notavit *Drackenborch.* ad Sil. Ital. X, 42.

83. *Funera nec funera* Venet. Gryph. Muret. — *Funera, ne funere* Stat. — *Munera Cecropiae seu funera* vel *ceu funera* conjicit N. Heins. in not. ad Catull. — At sic omnis hujus versus perit elegantia. —*Ne* et *nec* saepe confunduntur in MSS. : vid. *Drackenborch.* ad Liv. III, 47, 7. T. I, p. 737, et quos ibi laudat.—*Funera nefunera*, ergo *viva* funera. *Nefunera* pro *non funera*, ut *nevolt* pro *non vult* apud Plaut. Trinum. II, 2, 85. — Amarunt inprimis hoc loquendi genus suaviter et cum sale sibi repugnans Graeci, qui commodius ad hanc formam uti poterant τῷ α quod Grammatici vocant *privativum*. Multa exempla conduxit Vulp. Sed plenissime et elegantissime de hac dictione egerunt *Hemsterh.* ad Lucian. T. I, pag. 698, et ibidem *Iensius; Rittershus.* ad Oppian. p. 29-32, et quos laudat *Alberti* ad Hesych. Tom. I, pag. 275, n. 4.— Hunc locum Vulpius Doeringio paene illaudatus doctissime explanavit, qui Plauti exemplum attulit : « ne - multa quae ne-volt, eveniunt, » i. e. pauca quae non vult ; et multa alia in hanc rem congessit, quae loquendi genus graecum a Catullo, quum adjectum ex substantivo cum privativa particula conjuncto gigneret, adhibitum esse comprobant. Et hunc versum respondere his de eodem argumento Isocrateis verbis : πενθουμένους ἔτι ζῶντας idem Vulpius monet. *Nenu* antique apud Latinos pro non. « Nenu potest » Lucret. III, 200. Inde fecerunt *ne* privativum in compositione; e. g. *nescire*, *nefandus*. N.

84. *Nave levi nit. ac len. auris* : *niti* jam est *fortsteuern*; proprie enim nautae nituntur remis. *Lenibus auris*, ope et afflatu secundi venti.

85. *Magnanimum* : invidiose jam vocat Minoem, quem versu 75, *injustum* vocaverat, *magnanimum*, h. e. altos spiritus trahentem, insolentius contra Athenienses se efferentem. — «Jussa superba magnanimi Jovis» Virgil. Aeneid. XII, 847, et Ovidius Phaethonta *magnanimum* vocavit, Metam. II, 111. N.

# CARMEN LXIV.

Hunc simul ac cupido conspexit lumine virgo
Regia, quam suaves exspirans castus odores
Lectulus in molli complexu matris alebat :
Quales Eurotæ progignunt flumina myrtos,
Aurave distinctos educit verna colores :
Non prius ex illo flagrantia declinavit
Lumina, quam cuncto concepit pectore flammam
Funditus, atque imis exarsit tota medullis,
Heu! misere exagitans immiti corde furores.

86. *Hunc simul ac cupid.* Theocr. Id. III, 42 : ὡς ἴδεν, ὡς ἐμάνη, ὡς ἐς βαθὺν ἅλετ' ἔρωτα.

87-88. *Quam suav. exsp.* etc. ornate et splendide pro vulgari « quæ in sinu et domo matris adhuc delitescebat innupta et indelibata. » Cf. supra Carm. LXI, 88, et LXII, 22. Commode laudat Mitscherl. in Lect. in Cat. p. 87. Hesiod. Ἔργ. 520 : « Ἥ τε δόμων ἔντοσθε φίλη παρὰ μητέρι μίμνει, Οὔπω ἔργ' εἰδυῖα πολυχρύσου Ἀφροδίτης. » — *Lect. exspir. odores.* Cf. supra ad Carm. VI, 8. — *Alebat*, fovebat, educabat.

89. *Myrtus* Voss. et alii, recte. Veteres enim hujusmodi arbores per *us* in plurali efferre solebant, ut docet *Cerda* ad Virgil. Georg. II, 71. — *Myrtos.* Cf. supra ad Carm. XI, 22.

90. *Educit,* educat. Cf. supra ad Carm. XIX, 14. — *Educere* pro *educare* sæpe apud Cic. Or. II, 28. Terent Adelph. III, 5, 49. Cf. *Burmann.* ad Sammonic. v. 64, et *Drackenb.* ad Liv. I, 4, 7. — *Distinctos colores,* varios flores.

91 — 93. Felicissime describenda nascentis amoris insani imagine Catullus Virgilio præivit. Ardet, æstuat oratio. Sed arte eximia ante cupidinem incensam puellæ castam integritatem exhibuit, quo excusatior in libidinem quasi Deo abripiente caderet. N.

92. *Cuncto :* in nonnullis *toto,* quod si admittimus, ait Heins. in not. ad Catull. versu subsequenti *tosta* pro *tota* legendum erit.

94. *Heu! misere exagit. immiti cord. furor.* Trahebam olim hunc versum ad Ariadnen, et *immiti corde* explicabam *immaturo,* amore nondum domito et subacto; multo enim vehementius amat, qui prima vice amoris vim experitur. — Sed multo elegantior omnino et concinnior efficitur oratio, si hic versus (ut vult *Gurlitt* in Observv. ad h. c. p. 117, 118) cum sequenti conjunctus ad Amorem refertur, qui *immiti corde* (h. e. sævo pectore) hominum animos furore exagitare dicitur; hunc tamen elegantiorem orationis nexum vix verba juvare et admittere videntur; valde enim dubito, an recte in latina lingua *exagitare furores,* quod putat *Gurlitt*, simpliciter pro *concitare, commovere furores* dici possit. Quid? si legamus *Heu! misere exagitans immiti corda furore. —* Non post *medullis,* sed post *furores* interpungendum

Sancte puer, curis hominum qui gaudia misces, 95
Quæque regis Golgos, quæque Idalium frondosum,
Qualibus incensam jactastis mente puellam
Fluctibus, in flavo sæpe hospite suspirantem!
Quantos illa tulit languenti corde timores!
Quantum sæpe magis fulgore expalluit auri! 100
Quum sævum cupiens contra contendere monstrum,
Aut mortem oppeteret Theseus, aut præmia laudis.

existimo. Sic enim vehementius procedit oratio, quæ ad Ariadnen attinet, et augustior incipit invocatio hinc : « Sancte puer etc. » *Immiti* non intelligo, ut Vulpius, immaturo, sed hypallagen esse suspicor qua cordi adjungitur epitheton quod ad furorem pertinet. N.

95. *Sancte puer,* ut *sancta Venus* supra Carm. XXXVI, 3, ubi vid. not. — *Curis hominum qui gaudia misces,* simillime infra de Venere, Carm. LXVIII, 18, « Quæ dulcem curis miscet amaritiem. » — Suaviter in hanc rem Anacreon, Od. XLV, 5 : «Ἀκίδας δ' ἔβαπτε Κύπρις Μέλι τὸ γλυκὺ λαϐοῦσα· Ὁ δ' Ἔρως ὀλὴν ἔμισγεν.» Hinc Ἔρως γλυκύπικρος Posidippo in Anal. Vet. Poet. Græc. Brunk. Ep. XI, 4, Tom. II, p. 48. — Cf. Musæus v. 166, et plura in hanc rem collecta a C. Barth. ad Claud. de Nuptiis Honor. et Mariæ v. 70. — Adde *Dorville* ad Chariton. p. 426, edit. Lips. — Cf. Plaut. Cistell. I, 1, 71 : «Amor et melle et felle est fecundissimus, Gustu dat dulce, amarum ad satietatem usque oggerit. » Pseudol. I, 1, 61. N.

96. *Quique* male in quibusdam vett. — *Frondosam* volebat Scalig. sed cur non supra corrigit Carm.

XXXVI, 12, *sanctum Idalium.* — *Quæque regis Golg.* cf. supra Carm. XXXVI, 11, 13.

97. *Qualibet* MSS. Statii male!

98. *Fluctibus* sc. curarum. Cf. ad v. 62. Adde *Drackenb.* ad Sil. Ital. VIII, 32. — *In flav. sæp. hosp. suspir.* Ovid. Fast. I, 417 : « Hanc cupit, hanc optat; sola suspirat in illa. » *Suspirare* de amantibus passim obvium. Vid. *Brouckhus.* ad Tibull. I, 7, 41. — *Flavo* h. e. pulchro. *Flavos* enim crines vel maxime adamabant Veteres. Vid. *Salmas.* ad Tertull. de Pall. p. 352; *Brouckhus.* ad Tibullum I, 6, 8, et *Interpretes* ad Petron. c. CX. — Sic ξανθὸς apud Græcos. Vid. *Perizon.* ad Ælian. IX, 9.

100. *Quant. sæpe mag. fulgore expall.* infra Carm. LXXXI, 4 : « Hospes inaurata pallidior statua; » ad exemplum Græcorum, qui *auro* colorem pallidum ὠχρὸν, χλωρὸν tribuunt. — Vid. *Hemsterhus.* ad Lucian. Tom. I, p, 503, 4, et *Burmann.* ad Ovid. Met. XI, 145.

102. *Appeteret* et *expetere* in quibusdam libris Muret. — *Mortem oppet.* — *Mortem oppetere* recte ex usu loquendi dicitur, non idem *præmia;* sed, ut constat, plura sæpe verbis adduntur nomina, quamvis uni tan-

## CARMEN LXIV.

Non ingrata, tamen frustra, munuscula Divis
Promittens, tacito suspendit vota labello.
Nam velut in summo quatientem brachia Tauro       105
Quercum, aut conigeram sudanti corpore pinum,
Indomitus turbo contorquens flamine robur
Eruit : illa procul radicibus exturbata

tum accommodari possint.—Similis sed vividior motus orationis apud Virg. Æn. II, 61 : « atque in utrumque paratus, Seu versare dolos, seu certæ occumbere morti. » N.

103. *Non ingrata, tamen frustra* etc. Sensus : tacite optavit cædem Minotauri, promittens Diis munuscula, grata omnino illis et accepta. *Nam velut in summo* etc. (*frustra tamen*) ipsi tamen nihil profuerunt, immo eam reddiderunt miserrimam.

104. Turbant et variant libri veteres. Alii offerunt *succendit*, alii *succedit*, unde Stat. et Voss. fecerunt *suscepit*. Nostram lectionem, quam ut longe elegantiorem τῷ *suscepit*, quod defendit Mitscherl. præfero, tuentur ed. Venet. Gryph. Muret. Cantabrig. Vulp. — *Suspendit*, multo exquisitius et elegantius quam vulgare *suscepit;* habet enim notionem timoris et trepidationis, qua dissimulare studebat fraternæ cædis votum. — *Suspendit vota labello*, vix audet verbulum, ne quis forte audiat, de hoc voto pronunciare, ne labellum quidem hoc pronunciando voto movet. Sic *pes suspendi* dicitur, quem caute et sollicite ponimus, ne ejus strepitus audiatur. *Suspendere vota tacito labello* igitur eleganter et exquisite dicitur pro vulgari « clam et tacite optare. » — Cæterum in illustrando Ve-

terum tacite vota concipiendi more copiosus est Vulpius : adde *Brouckhus.* ad Tibull. lib. IV, eleg. 3, 11, et *Burmann.* ad Petron. cap. LXXXV. — *Racine*, Phèdre, acte I, scène 3 :

Même aux pieds des autels que je faisais fumer
J'offrais tout à ce Dieu que je n'osais nommer.

106. *Congestam sudanti corpore pinum* defendit Vossius ex libro Medionalens. ut *congesta* pinus sit, *densa*, compacta, robusta, πυκνά. Statius quoque in duobus MSS. *corpore* se invenisse affirmat, in uno tamen *cortice*, et sic est in editt. Venet. Gryph. Muret. Græv. Vulp. Bipont. — *Nutanti vertice* Heins. volebat in not. ad Catull. et idem *fluitante vertice* ad Claudian. p. 932. — Lenzius tentat *crinigero nutantem in vertice pinum*; *in vertice* sc. montis. Equidem lubenter acquiesco in lectione nostra *conigeram sudanti corpore pinum*, egregie enim τὸ *sudanti* convenit pinui, quæ stillat vel *sudat* resinam, quemadmodum *nemora thura et balsama sudare* dicuntur apud Tacit. de Morib. Germ. c. 45 : epitheta physica autem vel maxime amat Catullus.

108. *Exstirpata* in quibusdam, haud dubie ex glossa. — Verba « illa procul radicibus exturbata Prona cadit » uncis includit et in parenthesi dicta accipit *Lenzius*, ita, ut sequentia ad *turbinem* refe-

Prona cadit, lateque et cominus obvia frangens:
Sic domito saevum prostravit corpore Theseus
Nequicquam vanis jactantem cornua ventis.
Inde pedem sospes multa cum laude reflexit,
Errabunda regens tenui vestigia filo,

rantur, parum commode ex mea sententia; voluit enim inprimis Poeta hac instituta comparatione gravem casum vasti corporis Minotauri adumbrare.

109. Statius ex veteri scriptura, « lateque ejus ejus obvia, » quam ex uno L. MS. profert, reponit « late quaecunque sibi obvia; » at Vossius ex depravata lectione vett. exemplarium et duorum MSS. Statii *lateque et cum ejus* fecit *late quaecunvis obvia fr.* — Nostram dedit ex veteri libro, quem trivit, Scaliger.

110. *Prosternit* Scalig. — *Lennep.* ad Coluth. I, 7, quum *saevum* sine addito substantivo non posset concoquere, audacter corrigebat, « Sic domitum taurum prostravit robore Theseus. » Ingeniosius *Lenzius*, « Sic domito saevum prostravit corpore *taurum* Nequicquam *ventis* jactantem cornua *Theseus*. » Sed nimis saeva manu; vid. not. seq.

105 — 111. *Nam velut in summo* etc. Nam quemadmodum indomitus venti turbo vel ramosam quercum vel conigeram et resinosam pinum in alto quodam monte, vi sua ejus truncum corripiens, eruit: illa (quercus vel pinus) radicitus exstirpata, procul a loco, ubi steterat, praeceps labitur, et omnia, quaecunque latius propiusve obvia ei fiunt, confringit; ita Theseus vicit et prostravit Minotaurum, frustra in altum jactantem cornua. Sic omnia egregie cohaerere puto (vid. Var. Lect.). Praeivit in hac adumbranda imagine, quam saepe deinde sequioris aetatis poetae studiosissime exornarunt, Homerus; cf. Iliad. IV, 482, XIII, 389, XVI, 482. Cf. Virg. Aen. II, 626, et plura ibi in hanc rem collecta loca a *Cerda.* Adde inprimis Hor. Od. IV, 6, 10, ubi « cupressus Euro impulsa *late* procidere » dicitur, et quae ibi notavit Cl. *Jani.* — Pro quovis monte celso ornate ponitur *Taurus*, mons celsissimus Asiam fere totam mediam percurrens. — *Brachia* de ramis grandioribus saepe. Cf. Barth. ad Stat Theb. I, 361. — *Saevum*, Minotaurum, de quo confer. ad vers. 79. — *Saevus* absolute; ut *ferus* de leone supra Carm. LXIII, 85, ubi cf. not. — *Vanis ventis* doctius pro « *ad* vel *contra* ventos vanos. » *Venti vani* sunt inanes, vacui, quos frustra ictu invadimus. — Memento hoc vatis graeci jam in argumento laudatum: ῥίψαι πολλὰ μάτην κεράεσσι ἐς ἠέρα θυμήναντα.

112. *Victor* pro *sospes* Vossius addicentibus MSS. Sed *Statius* idem testatur de *sospes*. Eligat sibi quisque. Alterum de his duobus est glossema, et, ut mihi videtur, haud dubie *victor* ex margine irrepsit, et trusit genuinam lectionem *sospes*.

113. *Tenui filo*, cf. Hygin. Fab. LII, et ibi *Muncker.*

# CARMEN LXIV.

Ne labyrintheis e flexibus egredientem
Tecti frustraretur inobservabilis error.
   Sed quid ego, a primo digressus carmine, plura
Commemorem? ut linquens genitoris filia vultum,
Ut consanguineæ complexum, ut denique matris,
[Quæ misera in gnata flevit deperdita,] læta

115

115. *Tecti frustraret. inobserv. err.* — *Cæca tecta* labyrinthum vocat Virg. Æn. VI, 27. — Hæc canit Virgil. l. c. « hic labor ille domus et inextricabilis error... cæca regens filo vestigia. » N. — Conf. Heins. ad Val. Flacc. I, 601. — Οἴκημα, καμπαῖς πολυπλόκοις πλανῶν τὴν ἔξοδον Apollodor. III, 2, 4. Cf. *Heyne* in not. p. 538 sqq.

116. *Sed quid ego primo* omissa præpositione in Venet. — *In primo* in quibusdam. — *Sed quom primo* Mediolanens. unde Vossius *quorsum primo.* — *Sed quid ego a primo digress.* Ipse Poeta se revocat a digressione, sed frustra cohibere tentat impetum, quo semel ejus animus re præsenti inflammatus erat. — *Lenzius* in Spicileg. Observatt. comparat Apoll. Rhod. I, 1220. — Vulpius ad h. versum eos, qui musam Catulli in hoc carmine, licentius exsultantem et vagantem, atque epicæ narrationis leges parum servantem, non adprobant, tanquam stupidos et plebeiis pædagogorum præceptis obnoxios damnat. Sed non commode Pindari exemplo Catullum tueri conatur, frustraque in hoc carmine suum vatem componendi poematis magistrum præbere laborat, quem nemo summum scribendi artificem negaverit. N.

117. *Ut linquens genitoris* etc. Sensus: quomodo filia patrem, sororem, matrem (quæ summo affectu abrepta multas ob miseram filiam fudit lacrimas) relinquens, dulcem Thesei amorem his omnibus (patri, matri et sorori) (*læta*) læto et tranquillo animo præferre non dubitaverit. — *Genitoris vultum* eleganter pro *patrem;* jucundissimus enim liberis esse debet patris adspectus.

118. *Ut consanguineas, complexum ut denique matris* Heins. in not. ad Catull.—*Consanguin. amplex.* et *matris* molliter pro simplici *sororem* et *matrem.*—*Consanguinea* (ὅμαιμος) pro sorore, quæ fuit Phædra.

119. Varie hic versus in variis editt. legitur, et varia adhibita medela, ut fit, corruptus magis quam sanatus est. In plurimis libris MSS. teste Statio et aliis hic versus legitur fere sic: *misera ignara* (vel *ignata, ingrata, agnata*)* *deperdita leta* vel *læta,* quæ corruptæ lectiones proxime ad eam, quam dedimus, lectionem accedunt; nihil enim facilius et simplicius quam ex corrupta lectione *ignata* elicere *in nata,* et ejusmodi verbo lacunam explere, quod ipsa res flagitat; egregie enim quadrat *flevit,* et sensus ex nostra lectione exit commodissimus: sed plurimæ editt. Venet. Gryph. Muret. Cantabrig. Vulp. exhibent hunc versum sic: «Quæ misero gnatæ fleret deperdita luctu.» Liber Come-

Omnibus his Thesei dulcem præoptarit amorem?   120
Aut ut vecta ratis spumosa ad litora Diæ?
Aut ut eam tristi devinctam lumina somno
Liquerit immemori discedens pectore conjux?
Sæpe illam perhibent ardenti corde furentem
Clarisonas imo fudisse e pectore voces,   125
Ac tum præruptos tristem conscendere montes,
Unde aciem in pelagi vastos protenderet æstus:

lin. «Quæ fuit ingratæ misero deperdita læto.» — Meleager vult: «Quæ misera agnato fuerit deperdita letho.» — Scaliger proponit: «Quæ misera ingrata vixit deperdita tela,» h. e. quæ solata est dolorem suum tela facienda. — Vossius tentat: «Quæ misera gnati misero deperdita letho.» — Editio Græv. «Quæ misera ab gnaræ fleret deperdita luctu.» — Heins. in not. ad Catull. «Væ miseræ, ingrato fleret deperdita luctu.» — Lennep. ad Coluth. «Quæ misera in gnatæ tabebat perdita lecto». — Lenzius denique: «Quæ mœsto gnatam flevit deperdita luctu.» En varias epulas, quibus largiter se invitare possunt varietatis cupidi!— Verba *Quæ miser. in gnat. flev. deperd.* commode, puto, in parenthesi posui. *Flere in nata.* h. e. flere ob natam, ut vers. 98, *in aliquo suspirare.* — Jam conf. Var. Lect. et ipse de lectionis et interpretationis nostræ simplicitate judica.—Doeringii lectione, versus ægre procedit et claudicat. Et ipse conjecturalis medelæ periculum facio: «Quæ misera in gnati flevit deperdita leto.» Pasiphae filium, licet monstrum, flevisse dici potest, quem Ariadne sibi amissum fratrem Theseo exprobrat v. 150. N.

120. *Præferret* simpliciter in edd. plurimis. — Scande præoptarit sic præŏptārit, correpta *o* ante mutam cum liquida. N.

122. *Somno tristi: Dulci* pro *tristi* in Venet. Gryph. Muret. et aliis; sed primum ingrata est repetitio τοῦ *dulcis* ex versu præantecedenti, deinde rectius etiam vocatur *somnus* jam *tristis*, qui versu 56 *fallax* appellabatur. — Pro *devinctam* nonnulli *devictam* non male, lumina enim et somno *vincta* (μαλακῷ δεδμημένοι ὕπνῳ) et *victa* recte dicuntur. Vid. *Heyne* ad Tibull. I, 2, 2, Observ, p. 15, edit. nov. et ibidem *Brouckhus*. Peccarunt autem in his duobus permutandis verbis librarii sæpe; vid. quos laudat *Drackenborch.* ad Sil. Ital. VI, 384, et ad Liv. V, 44, tom. II, p. 194, et ad IX, 30, tom. II, p. 957.

125. *Clarificas* Scalig. reclamante Marcilio.

126. *Conscendere*: præteritum excipit præsens; quæ temporum mutatio admittitur optimis quibusque scriptoribus: vid. *Cort.* ad Sallust. Jugurth. cap. 13, § 6. Inprimis *Drackenborch.* ad Liv. III, 46, tom. I, p. 731, et Clark. ad Homer. Iliad. I, 37.

127. *Unde aciem in pel. vast. prot. æst.* omnem prospectum late pe-

## CARMEN LXIV.

Tum tremuli salis adversas procurrere in undas
Mollia nudatæ tollentem tegmina suræ:
Atque hæc extremis mœstam dixisse querelis, 130
Frigidulos udo singultus ore cientem :
 «Siccine me patriis avectam, perfide, ab oris,
Perfide, deserto liquisti in litore, Theseu?
Siccine discedens, neglecto numine Divum,
Immemor ah! devota domum perjuria portas? 135
Nullane res potuit crudelis flectere mentis
Consilium? tibi nulla fuit clementia præsto,

lago peteret ; ut loquitur Virgil. Æn. I, 181.

128. *Tum tremuli salis*, etc. Vehementissima animi dolore amentis imago, quum in undas Ariadne, tanquam perfidum velit persequi, impetu feratur. N.

129. *Tegmina suræ* recte de tunica, quæ crura tegebat, accipit *Lenzius*, et in hanc rem laudat Homer. Hymn. in Cerer. v. 176. —Reprehendit Poetam *Duschius* in libro supra laudato, quod parum decore in hoc loco agentem Ariadnen induxerit; sed si cogitamus, Ariadnen jam agere victam dolore et furoris æstu correptam, egregie potius affectum expressisse quam contra decorum peccasse videtur Poeta. — Cum Duschio equidem vehementer consentio, namque si fluentes amictus malo externata recte non curabat, v. 63-69, nunc male cavet, ne ima vestis aqua mergatur. N.

130-131. *Atque hæc extrem.* etc. Huc respexit Tibull. III, 6, 89 : « Gnosia, Theseæ quondam perjuria linguæ Flevisti ignoto sola relicta mari. Sic cecinit pro te doctus, Minoi, Catullus, Ingrati referens impia facta viri. » — *Extremis*. Sc. hæc sunt quæ, quasi morti propior, verba dicit novissima. N.

132. De hac oratione sapiens critici italiani judicium abbas Arnaldus retulit. N. —*Patriis ab aris* Vossio et aliis magis arridet, accedente quoque *Burm.* ad Ov. Met. XIV, 476. Nec insolens est librariorum error in commiscendis his duabus vocibus. Vid. *Drackenb.* ad Sil. Ital. XIII, 81. Magis tamen mihi placet *oris*.

134. *Neglecto nomine* in aliis, male! gravius enim jam est *numine*. Librariorum negligentiam in describendis his vocibus notavit *Heins.* ad Ovid. Her. II, 39, et *Drackenborch.* ad Sil. Ital. XVI, 655. — *Neglecto numine Divum*, nihil curans perfidiæ vindices Deos, contempta Deorum potestate et justitia.

135. *Devota perjur.* exsecranda, abominanda. Suaviter autem *portare domum perjuria* pro « perfido animo redire. » — Egregie dictum pro: domum reportas caput perjurio obstrictum ideoque ultioni divinæ devotum. Justin. XIV, 4 : «devota capita » Ovid. Heroid. IX, 153 : « devota domus ». N.

137. *Præsto fuit*, adfuit animo

Immite ut nostri vellet mitescere pectus?
At non hæc quondam nobis promissa dedisti
Voce : mihi non hoc miseræ sperare jubebas :
Sed connubia læta, sed optatos hymenæos;
Quæ cuncta aerii discerpunt irrita venti.
Jamjam nulla viro juranti fœmina credat,
Nulla viri speret sermones esse fideles :
Qui, dum aliquid cupiens animus prægestit apisci,

tuo, tibi succurrit. *Clementia* sensus humanitatis.

138. *Mitescere* male quidam mutarunt in *miserescere*, eleganter enim respondet voci *immite*. — Pro *nostri* finxit Scaliger *monstri*, refutante Vossio. — *Ut vellet mitescere* pro « ut mitesceret, » τὸ *velle* abundat passim. Vid. *Burmannus* ad Petron. c. LXX, et ad Phædr. I, 29, 6. — Sic Ovid. Met. X, 131 : « velle mori statuit. » N. — Sic ἐθέλειν apud Græcos, vid. *Gataker*. ad Antonin. p. 293, et Advers. Miscell. I, 3, p. 43. — Ad *nostri* supplet Vossius *ergo* vel *gratia* : malim *immite pectus nostri* h. e. erga nos. — Male. N.

139. Frigere in versu sequenti voce videbatur *Mitscherlichio*, unde hunc et sequentem versum scribendum putat : « At non hæc quondam BLANDA promissa dedisti Voce mihi; non hoc MISERAM sperare jubebas. » Et sic est in edit. Parthenii, Gryph. Muret.

140. *Voce* blandiendo, quum adhuc in amplexibus meis esses, coram. — *Sperare*, timere. Sic passim in malam partem occurrit *sperare*; vid. *Ernesti* in Clav. Cic. — Eodem modo apud Græcos usu venire solet ἐλπίζειν. Vid. inprimis *Wesseling*. ad Diodor. Sicul. XIII, 43, n. 49, tom. I, p. 574. — Cf. Virg. Æn. I, 153, IV, 292, 420. N.

141. *Sed connub. læt.* etc. Imitatus est Virg. Æn. IV, 316 : « Per connubia nostra, per incœptos hymenæos ».

142. *Quæ cunct. aerii*, etc. Theocrit. Idyll. XXII, 167 : «—τὰ δ' εἰς ὑγρὸν ᾤχετο κῦμα Πνοιῇ ἔχοισ' ἀνέμοιο. » Stat. Achill. II, 286 : « Irrita ventosæ rapiebant verba procellæ. » Multa in hanc sententiam collegit exempla Cerda ad Virg. Æn. IX, 313.

143. *Tum jam* Venet. — *Nunc jam* Muret. Gryph. — *Jamjam nulla viro*, etc. Notæ muliercularum querelæ! Terent. Andr. III, 1, 1. 2 : « Ita pol quidem res est, ut dixti, Lesbia : Fidelem haud ferme mulieri invenias virum. » Sed pariter a viris mulierum accusari solet levitas : cf. inf. Carm. LXX, 3, 4, et Tibull. III, 4, 61. — Cæterum digna est, quæ cum hoc loco comparetur, mellitissima Elegia Lotichii lib. V, 19, ubi miserationem movent mollissimæ, quas fundit puella ab amatore derelicta, querelæ.

145. *Qui dum* male in quibusdam. — *Apisci* proba et antiqua vox. Cic. Epist. ad Div. IV, 5, cf. *Gifan*.

## CARMEN LXIV.

Nil metuunt jurare, nihil promittere parcunt:
Sed simul ac cupidae mentis satiata libido est,
Dicta nihil metuere, nihil perjuria curant.
Certe ego te in medio versantem turbine leti
Eripui, et potius germanum amittere crevi, 150
Quam tibi fallaci supremo in tempore deessem.
Pro quo dilaceranda feris dabor alitibusque
Praeda, neque injecta tumulabor mortua terra.
Quaenam te genuit sola sub rupe leaena?
Quod mare conceptum spumantibus exspuit undis? 155
Quae Syrtis, quae Scylla vorax, quae vasta Charybdis,
Talia qui reddis pro dulci praemia vita?
Si tibi non cordi fuerant connubia nostra,

Collect. ad Lucr. s. v, *apisci*, et quos laudat *Cort.* ad Plin. Epist. IV, 8.

146. *Nil metuunt jur. nihil promitt. parc.* leves in obtestationibus, et faciles in promissionibus.

148. *Dicta nihil metuere* graece pro *metuere solent*, ut supra Carm. LXII, 42, *optavere*; et v. 53, *accoluere*.

149. *In medio turbine leti* exquisite pro « in summo vitae periculo, » ut v. 151, *supremo in tempore*.

150. *Germanum;* fratrem Minotaurum, *crevi*, decrevi, judicavi. — Cf. Plaut. Cist. I, 1, 1. N.

152. *Dilaceranda feris dabor*, etc. quod atrocissimum visum est Veteribus, ut vel ex primis Iliados versibus notum. Cf. Virgil. Æn. IX, 485, et ibi Interpretes.

153. *Injecta terra* (χυτῇ) ex notissima Veterum superstitione, qua manes inhumati corporis non posse quieti dari, sed centum annos circa Stygem, vel circa corpus errare putabantur. Ad justa autem inhumato corpori solvenda vel particula injectae terrae aut pulveris sufficiebat. Cf. Horat. Od. I, 28, 23, Virgil. Æn. VI, 365, adde *Rittershus.* ad Oppian. Halieut. II, 365. γῆν vel κόνιν ἐπαμήσασθαι dicebant Graeci: vid. *Dorville* ad Chariton. p. 422, 23, edit. Lips.

154-156. *Quaenam te genuit*, etc. Locus sequens in describendo duro et ferrei pectoris homine saepe a poetis iisdem fere imaginibus adumbratus est. Sic Tibull. III, 4, 85-93, ubi copia nimium tritorum phantasmatum in hac re fastidium paene creat, judicante *Heynio*. Sic Dido apud Virg. IV, 365, et apud Ovid. Heroid. VII, 37-40, conf. Metam. VIII, 120 sqq. — *Leaena*: cf. supra Carm. LX, 1, Theocrit. Idyll. XXIII, 19, κακᾶς ἀνάθρεμμα λεαίνας.—*Quod mare concept.* γλαυκή δέ σε τίκτε θάλασσα. Iliad. XVI, 34. — *Scylla rapax* Voss.

157. *Pro dulci vita*, h. e. pro cara tibi servata vita. Cf. v. 148 et 151. *Dulci* eleganter pro *tua*. *Lenzius* de Veneris gaudiis accipit.

Sæva quod horrebas prisci præcepta parentis;
Attamen in vestras potuisti ducere sedes, 160
Quæ tibi jucundo famularer serva labore,
Candida permulcens liquidis vestigia lymphis,
Purpureave tuum consternens veste cubile.
Sed quid ego ignaris nequicquam conqueror auris,
Externata malo? quæ nullis sensibus auctæ 165
Nec missas audire queunt, nec reddere voces.

159. *Sævaque abhorrebas* Venet. — *Prisci parentis*, h. e. severi, morosi; eodem sensu *priscus* Cato vocatur Horatio Od. III, 21, 11. Hinc recte defendit *prisca supercilia* (h. e. adducta, severa, tristia) *Burmannus* ad Virgil. Cop. v. 34. —Vid. omnino *Burmannum* Sec. ad Anthol. t. I, p. 717.

161. *Jucundo labore:* quippe quæ magnam ex hoc labore voluptatem perceptura erat; suaviter et molliter!

162. *Candida vestigia*, pulchros pedes. *Vestigia* pro *pedibus* passim, infr. Carm. LXVI, 69, Horat. Sat. II, 6, 102. — Vide, si tanti sit, *Virum Doctum* in Observv. Miscell. Dorvill. tom. I, p. 28. — *Permulcens* exquisite pro *abluens, perfricans*. Eodem verbo de abluendis pedibus usus est Pacuvius apud Gell. Noct. Att. II, 26. — Ritum, ex quo virorum pedes lavare solebant mulieres, tangit et illustrat Aristoph. Vesp. v. 607, cf. *Schrader*. ad Musæum c. 8, p. 185.

163. *Consternens veste cubile:* Lenzius in Spicileg. Observv. scribit ad me : « Potest Catullus videri expressisse Homerum Iliad. III, 411, Odyss. III, 403 et VII, 347, ubi πορσύνειν λέχος, quod de mancipiis æque ac uxoribus dicitur, est *lecti participem esse*, συνευνᾶσθαι, ita ut casta puella rem recte et paullo obscurius eloquatur, adeoque *cubile consternere veste* honesta ratione dictum sit pro μιχθῆναι ἐν φιλότητι, valeatque idem h. l. quod de Il. I, 31, Eustathius dicit, poetam ibi σεμνῶς locutum esse.» — Sed, quominus a proprietate significationis recedamus, primum ipsa Ariadnes oratio prohibet, qua in vers. antecedentt. lubenter servilia officia se obituram esse ait, modo in eadem cum Theseo domo versari sibi liceat; deinde, si notionem illam in nonnullis locis cum hac locutione apud Homerum conjunctam ad h. l. transferimus, omnis profecto loci nostri gravitas perit, et commiseratio, quam in animis lectorum Ariadne excitaverat, hac importuna libidinis cogitatione subjecta pæne abstergitur. — Mira, in hoc loco v. 160-163, ut teneritas affectuum, sic carminis lenitas. N.

164. *Conquerar* in duobus MSSC. Statii. — *Ignaris auris*, sensu carentibus, ut explicantur versu sequenti.

165. *Extenuata malo* Venet. Stat. eadem varietas v. 71. — longe potior lectio *externata*. — *Auctæ*,

## CARMEN LXIV.

Ille autem prope jam mediis versatur in undis,
Nec quisquam adparet vacua mortalis in alga.
Sic nimis insultans extremo tempore sæva
Fors etiam nostris invidit questibus aures.
Juppiter omnipotens, utinam ne tempore primo
Gnosia Cecropiæ tetigissent litora puppes;
Indomito nec dira ferens stipendia tauro
Perfidus in Cretam religasset navita funem :
Nec malus hic, celans dulci crudelia forma
Consilia, in nostris requiesset sedibus hospes!
Nam quo me referam? quali spe perdita nitar?
Idomeniosne petam montes? at gurgite lato

præditæ, ut infra v. 324. *Magnis virtutibus augens*, cf. D. Heins. ad Sil. Ital. XI, 393, ubi τὸ *augere* cum Græcorum ἀέξειν comparavit, et totum locum in græcos versus transtulit.

168. *In acta* Nic. Heins. in not. ad Catull. ut v. 60.

170. *Fors etiam nostr. invid.* Nihil enim tristius atque atrocius, quam neminem habere, cui animi dolorem aperias, quum unicum fere miseris in alloquio alterius restet solatium.

172. *Tetigiss. litora pupp.* Imitatus est Maro Æn. IV, 657, 658 : « Felix, heu nimium felix, si litora tantum Nunquam Dardaniæ tetigissent nostra carinæ! »

173. *Stipendia.* Stipendium sæpe notat mercedem vel certum vectigal populorum bello victorum ; quod pulchre inde translatum h. l. dicitur de *tributo* puerorum et virginum Atheniensium quotannis Cretam mittendo pro Androgeo interfecto.

175. *Dulci forma* , blanda simulatione, callide et astute.

176. *Consilium nostris quæsisset sedibus hospes* Venet. Stat. Corrad. — *In nostris requiesset sedibus hospes* pro vulgari « benigne in domo nostra acceptus fuisset hospitio. » *Requiescere* de hospitibus, ut Græcorum ἧσθαι. Hom. Odyss. XIII, 223, quem locum jam laudavit *Lenzius* in not. ad h. l.

177. *Nam quo me referam.* Vossius commode laudat Eurip. Med. 502 : « Νῦν ποῖ τράπωμαι; πότερα πρὸς πατρὸς δόμους, Οὕς σοι προδοῦσα καὶ πάτραν ἀφικόμην; » Alias ejusmodi hominum in extremis malis desperantium exclamationes collegit *Burmannus* Sec. ad Lotich. Eleg. II, 4, 535, 536.

178. *Idmoneosne* vel *Idmeneosne* vetusta lectio in libr. MSSC. Statii, Scalig. et Vossii, unde Statius *Immanesne;* Scalig. *Isthmon eosne;* Vossius *Idomeniosne,* cui quidem Vossianæ lectioni, probatæ fere omnibus qui post Vossium in interpretando Catullo versati sunt, suffragantur, ut testatur Vulpius, duo scripti codices chartacei Saibantium

Discernens ponti truculentum dividit æquor.
An patris auxilium sperem, quemne ipsa reliqui,   180
Respersum juvenem fraterna cæde sequuta?
Conjugis an fido consoler memet amore,
Quine fugit lentos incurvans gurgite remos?
Præterea litus, nullo sola insula tecto :

Veronæ, inspecti a *Paulo Galeardo.*
— Alii *Idæosne* vel *Isthmoneosne.*—
*Ah! gurgite lato Discernens ponti truculentum ubi dividit æquor.* Vulp. et alii. — *Idomeniosne pet. montes:* Vossius, qui egregie hunc locum restituit, *montes Idomenios* ab oppido *Idomene* ita vocari docet. Fuerunt autem *Idomenæ* duæ: una quidem Ambraciæ proxima, sita in duobus excelsis collibus: altera prope fines Thraciæ, posita in montibus Bottiæis, condita ab Idomeneo, Cretensium duce, quo tempore ille Macedoniam classe profectus est. —Neque tamen opus est, eodem monente Vossio, ut eam montium seu collium in hoc loco partem intelligamus, ubi sita fuit Idomene, sed quum tota ora maritima Macedoniæ una cum regione Chalcidica in ditione Idomenei et Cretensium esset, cogitare possumus de excelsis litoris Macedonici jugis, præsertim de Atho, monte adeo vasto, ut non tantum toto mari Ægæo sed etiam ex litore Asiatico conspici posset.—In pauca contuli, quæ docte et copiose ad hunc locum disputat Vossius. — Cæterum τὸ *Idomenios* leges ut tetrasyllabum.

179. *Pontum* Venet. Gryph. Stat. pro quo reposuit *ponti* Vossius ex vetusto libro Mediolanensi, recte. — *Patriam* Muret. et alii.—

Statius totum versum refingit sic :
« a gurgite vasto Discurrens penitus truculentum ubi clauditur æquor. »
— *Discernens dividit,* me discernit et intercludit, quominus illos adire queam.—*Ponti æquor* plenior dictio ut *solum terræ.* Πόντου πεδίον comparat *Valkenarius* ad Euripid. Phœniss. 216, p. 81. — *Æquor ponti* autem, ut observat Vossius, accipiendum de ea maris Ægæi parte, quæ interjacet Macedoniam et Diam insulam, ubi versabatur Ariadne.

180. *Quemne:* particula *ne* post *an* παρέλκει ut vers. 83. — Non satis attendit Doeringius, qui particulam privativam *nē* cum particula interrogativa *nĕ* confundit. At hæc in hoc versu et 183 abundat. N.

183. *Lentos incurvans gurg. rem. Lenti remi* sunt flexibiles, qui facile in aqua lentantur i. e. curvantur. Sic natanti Leandro Ovid. tribuit ( Heroid. XVIII, 58, ) *brachia lenta.* Cf. Senec. Hippolyt. v. 306.

184. Vossius legi jubet *Præterea nullo (littus solum) insula tecto.* — *Præterea nullo litus, sola insula, tecto* in plerisque. Nos dedimus jam in edit. Gotting. receptam lectionem Corradini, egregie facilitate sua se commendantem. — *Sola insula,* deserta; ut *sola rupes* v. 154, et *sola arena,* v. 57. —Multa in re nota exempla coacervarunt *Cort.* ad Sallust. Jugurth. 103, p. 885,

## CARMEN LXIV.

Nec patet egressus, pelagi cingentibus undis.  185
Nulla fugæ ratio, nulla spes : omnia muta,
Omnia sunt deserta : ostentant omnia letum.
Non tamen ante mihi languescent lumina morte,
Nec prius a fesso secedent corpore sensus,
Quam justam a Divis exposcam prodita multam,  190
Cælestumque fidem postrema comprecer hora.
Quare facta virum multantes vindice pœna,
Eumenides, quibus anguineo redimita capillo
Frons exspirantes præportat pectoris iras,

*Burmannus* ad Ov. Heroid. X, 129, *Drackenborch.* ad Sil. Ital. III, 423, et quos bene multos in hanc rem ibi laudat.

186. *Nulla est spes* unus liber MS. apud Statium, sed metrum sine *est* bene constat. vid. Vulp. —Imo vis carminis τὸ *est* non patitur. N.

187. *Ostentant omnia letum:* Virg. Æn. I, 91 : « Præsentemque viris intentant omnia mortem. » —Hoc versu imitator Catullum verborum *præsentem intentant* vehementia superavit. Sed si vv. 185-187 totam ἐνέργειαν recolligas, qua Ariadnen, quocunque oculos tulerit, nil præter vastam solitudinem, morte undique septam circumspicientem videas, neminem Catullo superiorem, ne Virgilium quidem fatearis. N.

189. *A fesso*, viribus exhausto et confecto.

190. *Prodita*, ab amatore derelicta et destituta. Conf. supra ad Carm. XXX, 3.

192. *Facta*, scelera, perfidiam; *facta* passim in pejorem partem. Ovid. Trist. II, 131.

193. *Eumenides.* Sic fere Senec. Med. v. 13 : « Adeste, adeste sceleris ultrices Deæ, Crinem solutis squallidæ serpentibus, » etc. Et Herc. Fur. v. 85 : « Adsint ab imo Tartari fundo excitæ Eumenides : ignem flammeæ spargant comæ : Viperea sævæ verbera incutiant manus. » — *Anguino* non *anguineo* secundum libros meliores legendum esse præcipit Vossius.

194. *Postportat* pro *præportat* ex libro Mediolanensi producit et defendit Vossius. « Ut enim, inquit ille, postponere, postcidere, et postputare, ita quoque postportare recte dici potest. Anguinum enim Furiarum capillitium a fronte quidem germinare incipit, sed tamen Divæ istæ credebantur capillos suos κατανωτίζειν seu postergare : » nimis docte! —*Exspirantes.* Vulgo in vett. editt. MSS. datur *exspirantis;* et inde interpretes dubitarunt utrum gignendi casu, an recto adjectum acciperent. At ex recto oratio melior procedit; nam quid esset : « Frons præportat iras pectoris exspirantis, seu intelligas *morientis*, sc. iras ejus qui vos vocat moriens, seu velis pectoris Eumenidum exspirantis iras, unde battologia nascitur ? ergo, quum vehemens ira pectus commoveat crebrumque spiritum

Huc huc adventate, meas audite querelas, 195
Quas ego, væ miseræ! extremis proferre medullis
Cogor inops, ardens, amenti cæca furore.
Quæ quoniam vere nascuntur pectore ab imo,
Vos nolite pati nostrum vanescere luctum;
Sed quali solam Theseus me mente reliquit, 200
Tali mente, Deæ, funestet seque suosque. »
　Has postquam mœsto profudit pectore voces,
Supplicium sævis exposcens anxia factis;
Annuit invicto cælestum numine rector,

faciat efflari, existimo hoc loco epitheton *exspirantes* plane esse ad effigiem, ut æstuantes iras» ; græci dicebant θυμαίνειν. N.

195. *Huc huc adventate*, etc. Conf. suprema Didus imprecatio, cujus ex Ariadne exemplum sumptum est. In illa augustum aliquid magis magisque sublime, quod luctum reginæ deceat, inest, in hac impetus doloris acrior. Cæterum notare, ut opinor, non opus est quæ Virgilio mutuata ex vss. 132, 149-157, 171-185, quisque nec monitus animadverteret. Piget referre quantum Ovidius ingenii luxuria sententias Catulli enervaverit, epist. Ariad. Thes. v. 47, 57-66, etc. N.

196. *Quas ego nunc misera* Venet. Gryph. Muret. — *Quas ego væ! misera* in quibusdam. — *Extremis* ut locutionem duriorem et insolentiorem damnat Vulpius, pro qua substituere tentat *ex imis*; sed hanc Vulpii lectionem ob ingratam ejusdem locutionis repetitionem vers. 198, majori fortasse jure damnet alius. — *Extremis medullis*, h. e. intimis. Ovid. Her. IV, 70 : « Acerin EXTREMIS ossibus hæsit amor. » Frustra igitur hanc lectionem sollicitat Vulp. Vid. Var. Lect.

197. *Inops*, consilii egens, æger animi. Cf. *Burmann.* ad Val. Flacc. III, 699. — *Ardens*, æstuans et perturbata. Conf. *Cort.* ad Sallust. Catilin. 5, § 4, p. 32.

198. *Veræ* Vulp et alii.—Adverbia non aspernatur Catullus more græcorum vid. v. 266, 268. N.

199. *Vanescere luctum*, irritum esse et impunitum manere.

201. *Tali*, immemori et obliviosa. Vid. inf. v. 248, 249. N.

204. *Invito numine* in duobus MSS. Statii et libris melioribus Vossii. Expressum autem putant illud Homericum ἑκὼν ἀέκοντίγε θυμῷ: sed nostra lectio *invicto*, quum egregie designandæ Jovis majestati, quæ in versibus sequentibus describitur, accommodata sit, longe alteri præferenda videtur. Vid. inf. Sæpius autem in scribendis vocibus *invitus* et *invictus* aberrarunt librarii, ut observant *Burmannus* ad Rutil. Itin. v. 64, et *Drackenborch.* ad Liv. tom. I, p. 330, et quos ille laudat ad Sil. Ital. IV, 679. — *Invicto* epitheton ad potestatem et summum Jovis imperium spectans. Sic Jupiter *invictus* vocatur apud

# CARMEN LXIV.

Quo tunc et tellus, atque horrida contremuerunt  205
Æquora, concussitque micantia sidera mundus.
Ipse autem cæca mentem caligine Theseus
Consitus, oblito dimisit pectore cuncta,
Quæ mandata prius constanti mente tenebat:
Dulcia nec mœsto sustollens signa parenti,  210
Sospitem, et ereptum se ostendit visere portum.

Hor. Od. III, 27, 73, ubi etiam in nonnnullis editt. perperam *invitus* legitur et Ovid. Fast. IV, 650. Dii in universum ἀνίκητοι. Vid. *Klotz.* ad Tyrtæum p. 34.

205. *Quomodo tunc* Voss. ex vett. libr. auctoritate.—*Quo tunc et tellus.* Notissimus est locus Homericus Iliad. I, 528 seqq. Ἦ, καὶ κυανέῃσιν ἐπ' ὀφρύσι νεῦσε Κρονίων — μέγαν δ' ἐλέλιξεν Ὄλυμπον. — Quam sublimiorem Jovis imaginem cupide arripuerunt sequioris ætatis poetæ Virg. Æn. IX, 106, X, 115, Ov. Metam. I, 179. — Fusius de sublimitate hujus imaginis disputat *Klotzius* in Epist. Hom. p. 87. — Mirum in modum immensam rerum commotionem pingit hoc *contremuerunt*. Proxime quoque Homero noster Fontanius accessit:

Jupiter leur parut avec ses noirs sourcils,
Qui font trembler les cieux sur leurs pôles assis.      N.

206. *Concussusque* Vossii libri veteres.—*Mundus* pro *cœlo*; exempla quædam suppeditat Vulp. sed plena manu *Drakenborch.* ad Sil. Ital. XII, 336, *Castal.* ad Rutil. Itiner. I, 117, *Interpretes* ad Val. Flacc. I, 563, *Barth.* ad Claud. p. 1190, *Gronov.* Observatt. Lib. I, c. 9. — Eodem modo κόσμος apud Græcos: vid. *Wesseling.* ad Diod. Sicul. tom. I, p. 225.

207. *Mentis* Venet. Gryph. Muret. Stat. — *Mente* in MSSC. Statii, qui recte jam *mentem* rescribendum censuit.

208. *Consitus* pro *obsitus*; ut passim *confusus*, *contectus*, pro *offusus*, *obtectus*; et multa alia. *Obsitus* autem pro « obscuratus, obumbratus; » ut apud Luc. Phars. V, 627 : « latet obsitus aer Infernæ pallore domus. » — H. I. Doering. videtur dicere quod non cogitavit, vocem *obsitus* per se solam *obscuratus* valere. Sed ut fert etymologia, idem quod *plenus* significat, nempe cui obseverunt aliquid, et eget complemento. N.—*Oblito dimisit pectore* eleganter pro vulgari *oblitus est.*—*Demisit* male in quibusdam, quod servavit edit. Bipont. Sexcenties autem *de* et *di* in verbis compositis permixta sunt, vid. inprimis *Drackenborch.* ad Liv. VII, 23, § 6. tom. II, p. 559.

210. *Dulcia signa*, candida vela (v. 235); quæ ut anxie exspectanti patri dulce statim e longinquo felicis expeditionis signum præberent, expandere in navi debuerat Theseus ex composito.

211. In libris MSS. legebatur *sospitem erectum*, unde Vossius ingeniose refinxit *Sospitem Erechtheum*; intelligit nempe per portum *Erechtheum*, quum Thesei temporibus

262  C. VALERII CATULLI

Namque ferunt, olim classi quum moenia Divae
Linquentem gnatum ventis concrederet Aegeus,
Talia complexum juveni mandata dedisse:
« Gnate, mihi longa jucundior unice vita, 215
Gnate, ego quem in dubios cogor dimittere casus,
Reddite in extremae nuper mihi fine senectae,
Quandoquidem fortuna mea, ac tua fervida virtus
Eripit invito mihi te, quoi languida nondum
Lumina sunt gnati cara saturata figura; 220
Non ego te gaudens laetanti pectore mittam,

portus Piraeus nondum hoc nomine insignitus fuerit, litus Athenarum, ab antiquissimo rege Erechtheo sic appellatum. — Heinsius in not. ad Catull. «Sospitem Erechtheos se ostendit visere portus.» Sed multo accommodatior est nostra lectio. — At non spernenda certe Vossiana. Namque *Erechtheus* pro *atticus* apud poetas sumi non insolitum. N.—*Ereptum* vitae periculo, turbine leti.

212. *Olim castae quum moenia Divae* ex libro scripto legi jubet Heins. in not. ad Catull. sed idem jam Pontano in mentem venerat: vel *Actaeae olim*. — *Classi* pro *navi* ut v. 53.—Et dativ. pro ablat. saepe usurpatur. Cf. Carm. LXVI, 46. N.

213. *Linqueret et gnatum* Gryph. Stat. male! — *Ventis concrederet*, ventorum benignitati committeret. *Ventis credere* saepe de navigatione. Cf. Tibull. I, 7, 20, Horat. Od. I, 3, 2. — Et sic passim *credere* de rebus, quarum eventus ab arbitrio et benignitate ejus, cui res credimus, pendet. Hinc *credere*, *fides*, *debere*, et alia, ad arationem transferuntur. Vid. *Heyne* ad Tibull. II, 6, 21.

215. *Unice*, dilectissime: cf. de usu hujus vocis supra ad Carm. XIX, 12. Nam praeter Theseum ex Aethra, Pitthei filia, Aegeus ex Medea Medum susceperat.

217. *Reddite in extremae* etc. quem nuper demum senex recepi, educatum nimirum apud Pittheum, et jam multis editis praeclaris facinoribus nobilem. — Alii expressum putant Homericum τηλύγετον, sed nostra explicatio confirmatur sequentibus « cui languida nondum Lumina sunt gnati cara saturata figura »: dessen mattes Auge sich an der auszeichnenden und einnehmenden Bildung seines Sohnes noch nicht hat satt sehen können.

221. *Laetanti corpore* in uno Statii ex librarii culpa; nam in multis aliis locis *corpus* pro *pectus* substituit librariorum ignorantia. Vid. Drackenborch. ad Liv. VI, 33, 7, Tom. II, p. 363. — *Gaudens laetanti animo;* eamdem notionem bis exprimit, quod egregie verbosiorem loquendi morem tam senis in universum, quam patris ultima mandata discedenti filio suo dantis pingit.

## CARMEN LXIV.

Nec te ferre sinam Fortunæ signa secundæ;
Sed primum multas expromam mente querelas,
Canitiem terra, atque infuso pulvere fœdans;
Inde infecta vago suspendam lintea malo,   225
Nostros ut luctus, nostræque incendia mentis,
Carbasus obscura dicat ferrugine Hibera.
Quod tibi si sancti concesserit incola Itoni,
(Quæ nostrum genus, ac sedes defendere fretis
Annuit,) ut tauri respergas sanguine dextram;   230

223. *Mutas querelas* lepide tentat Heins. in not. ad Catull.

224. *Canitiem terra, atque infus. pulver. fœd.* pervulgatus in luctu ritus, Homer. Iliad. XVIII, 23 sqq. XXIV, 315, Virg. Æneid. X, 844 et XII, 611. Vid. inprimis in hanc rem Nicolai Tractatus de Græcorum luctu, c. XI, p. 140.

225. *Infecta,* tincta. *Vago malo,* huc illuc ventorum impetu se vertenti: nisi quis *vagum malum* ut *navem vagam* h. e. in mari circumerrantem explicare malit.

226. *Nostræque incendia ment.* sublimius pro «gravissimis curis incensum, cruciatum et perturbatum animum nostrum.» — Vulgo dolorem igni assimilant poetæ. Sic Virgil. Æneid. « cælum, urbem clamoribus incendere» X, 895, XI, 147, «me querelis incendere» IV, 360. N.

227. *Dicet* in duobus MSS. et *decet* in uno MS. Statii, unde ille ex priori faciebat *dictet* et ex posteriori *deceat.* Sed Vossius inde procudit *obscurata dicet* pro *indicet*, ad quam significationem adstruendam laudat supra Carm. LV, 29: « Quos junctos Cameri mihi dicares;» sed ibi neutiquam hac notione *dicare* positum est. Cf. ibi notam. Vossium nec hic deserit ejus fidus Achates Vulpius. — Male interpretes *Hibera* jungunt cum *ferrugine*; junge potius *Carbasus Hibera,* h. e. Hispanica vel ex melioris notæ lino confecta. Ex Hispania enim, ubi optimus lini proventus fuit, optimi funes vel vela afferebantur. Hinc supra *Sudaria Sætaba ex Hiberis*; et apud Hor. Epod. IV, 3, *Funes Hiberici.* — Cf. Plin. Hist. Nat. XIX, 1, s. 2, T. II, p. 155, edit. Harduin. — *Obscura ferrugine,* colore nigricante. *Obscuram ferruginem* dixit quoque Virg. Georg. I, 467. — *Atram* Ovid. Metam. XV, 789. — *Piceam* Tibull. I, 4, 43. Copiose ad hunc locum *colorem ferrugineum* (Græcis κυάνεον, φαιὸν, ὔσγενον, πέλιον, πελλὸν, πελιδνὸν seu πηλιδνὸν) exsequitur Vossius. — *Dicat,* prædicet et palam faciat.

228—231. *Si tanti concesserit* in uno Stat. — *Concedens* pro *concesserit* in edit. Silvii et in margine edit. Gryph. — *Ithyni* vel *Ithoni* in MSS. Statii. — « Quæ nostrum genus *has* sedes defendere *freti*, Annuit ut tauri respergas sanguine dextram.» In duobus MSS. Statii. — Pro *freti* optime rescripserunt *fre-*

Tum vero facito, ut memori tibi condita corde
Hæc vigeant mandata, nec ulla obliteret ætas;
Ut, simul ac nostros invisent lumina colles,
Funestam antennæ deponant undique vestem,
Candidaque intorti sustollant vela rudentes,
Lucida qua splendent summi carchesia mali;
Quamprimum cernens ut læta gaudia mente
Agnoscam, quum te reducem ætas prospera sistet. »

*tis* Statius et Scaliger. Sed Vossius antiquius quid subodorans, ut vers. 211, fecit inde *Erechthea;* quod ambabus arripuit Vulpius. — In edit. Venet. Gryph. Muret. et aliis legitur, *defendere sueta* vel *sueta est;* unde Nic. Heins. in not. ad Catull. *defendere avitas.* — Pro *fretis* tentabat *Mitscherlich.* (in Epist. Critic. in Apollodor. p. 47, 48) *creti* h. e. filii; sed valde dubito, an *cretus* sine regimine significare possit *filium.* Mihi ipsi olim in mentem veniebat *defendere adorsis;* sed *fretis* doctius, gravius, et magis poeticum est; posui autem verba *Quæ* usque ad *annuit,* ut facilius orationis nexus animadvertatur, in parenthesi. — *Quod tibi si sanct.* etc. Sensus : Si sancti Itoni incola, h. e. Minerva (quæ favere et annuere solet fidenti animo gentem nostram et urbem defendere aggredientibus) hoc tibi concesserit, ut sanguine tauri dextram respergas (ornate pro vulgari, ut Minotaurum occidas) tum facito etc. — *Itonus* sive *Itone* oppidum Thessaliæ, ubi nobilissimum Minervæ templum exstructum fuit, unde Minervæ cultum ad Athenienses transiisse tradunt. Vid. Voss. — *Lenzius* in Spicileg. Observv. similem huic loco orationis formam animadvertit apud Homer. Il. V, 259 sqq.

231. *Tibi condita vigeant memor. cord.* exquisite pro *condas animo.*

233. *Simul hæc* in uno et *simul hic* in duobus MSS. Statii, quod posterius ille probat. — *Nostros tua visent lintea colles,* conjecit Heinsius in not. ad Catullum.

234. *Funest. vest.* velum ferrugineum.

236. Exsulat hic versus in omnibus libris MSS. et editt. vett. Citatur ille a Nonio; et quum Muretus in antiquis libris post antecedentem versum tantum in illis spatii superesse animadverteret, quantum satis esset uni versui scribendo, jure postliminii hunc versum revocandum et in hoc loco ponendum censuit. — Mihi videtur additamentum scioli cujusdam, qui locum, ubi candida vela suspensa fuerint, disertius describere vellet. — Aliter sentio, siquidem Catullus rerum descriptione gaudet; cf. v. 183. N. — *Carchesia mali,* pars mali extrema, sive foramina, quæ in mali extremitate funes recipiunt. (Τὰ ἄκρα τῶν ἱστῶν Hesych.) Vid. inprimis *Schefferus* de Milit. Naval. II, 5, p. 144. — Dicuntur *lucida splendere* haud dubie ferro vel metallo, quibus obducta et præmunita fuerunt.

238. *Sors prospera* Gryph. Mu-

# CARMEN LXIV.

Hæc mandata prius constanti mente tenentem
Thesea, ceu pulsæ ventorum flamine nubes            240
Aerium nivei montis liquere cacumen.
At pater, ut summa prospectum ex arce petebat,
Anxia in assiduos absumens lumina fletus,
Quum primum inflati conspexit lintea veli,
Præcipitem sese scopulorum e vertice jecit,         245
Amissum credens immiti Thesea fato.
Sic funesta domus ingressus tecta paterna
Morte ferox Theseus, qualem Minoidi luctum
Obtulerat mente immemori, talem ipse recepit.
Quæ tum prospectans cedentem moesta carinam,       250

ret. Græv. — *Quum te reducem æt. prosp. sist.* quum felix ille dies, felix illud temporis punctum te reducem dabit. — Similiter Virgil. Æneid. I, 287: «veniet lustris labentibus ætas, Quum etc.» Eodem sensu apud Horat. *hora* præbetur. Od. II, 16: «Et mihi forsan, tibi quod negarit, Porriget hora.» N.

240. *Thesea liquerunt ceu linquunt* etc. mandata patris, ceu nubes venti flatu, ex animo Thesei abacta sunt: pro simplici *effluxerunt.*

241. *Nivei montis* h. e. alti, ardui. *Idæ nive amicta loca* supra Carm. LXIII, 70.

242. *Ex arce,* Athenarum arce, ἀκροπόλει. Diodor. Sicul. IV, 61, p. 306, edit. Wessel: cf. *Valckenar.* ad Euripid. Hippolyt. 31, p. 165.

243. *Contollens* in libris quibusdam vett. unde antiquam lectionem *Mitscherl.* (in Lect. in Catull. p. 109) suspicatur fuisse hanc, «Anxia in assiduos *contollens* lumina *fluctus*»: sed sic pro *assiduos,* quod parum quadrat, mallem *adversos;* lubenter autem acquiesco in nostra lectione quæ Catulli ingenio vere dignior videtur.

244. *Infecti* placet Vulpio.

247. Junge: Sic ferox Theseus tecta domus paterna morte funesta (h. e. ubi ob patris mortem jam lugebatur) ingressus, talem ipse luctum recepit, qualem etc.

248. *Ferox* cf. v. 73. N. — Pro *Minoidi* codex Dorvillii habet *Minoida,* unde malit *quali Minoida luctu;* ad Chariton. p. 598, edit. Lips.

250. *Quæ tamen adspectans* in libris quibusdam veteribus, quod tenuere pleræque editt. recentiores, sed magis mihi placet *Quæ tum prospectans* in editt. Gryph. Muret. et aliis, quod revocandum putavi. — Pro *mœsta* Vossius ex libris vett. profert *cuncta.* Idem defendit lectionem *Quæ tamen* addita explicatione «Licet procul abesset Theseus, utpote jam ad suos reversus, illa nihilominus, in iram et rabiem verso amore, tota in eo erat, ut maria prospectaret, et diras imprecaretur Theseo.» — *Quæ tum prospect.* Ariadne igitur eo statu depicta

Multiplices animo volvebat saucia curas.
At parte ex alia florens volitabat Iacchus,
Cum Thiaso Satyrorum, et Nysigenis Silenis,

apparebat in veste stragula, quo mœsta cedentem Thesei carinam oculis persequens graviter æstuabat et curis agitabatur. — *Tum*, h. e. eo tempore, quo Theseus aufugerat. — Libenter *tamen* retineam, quæ particula transitum ad alias res, sicut apud Græcos αὐτάρ, significet, et minus tardum ab initio versum faciat. N.

251. *Saucia*, percussa dolore : nisi quis *animo* tam ad *volvebat* quam ad *saucia* referre malit. Exempla enim, ubi unum nomen ad plura trahendum est, haud rara sunt. — Observa qua solertia orationem a primo argumento deflexam ad Ariadnes effigiem reducat. N.

252. *At pater ex alia* Venett. et Statii MSS. omnes, quod defendit Vossius; sed nostram recte vindicat *Dorville* ad Charit. p. 359, ubi locutionem *ex alia parte* multis exemplis confirmat. — *At parte ex alia*, nimirum in veste stragula. *Florens*, ob sempiternam, quæ Baccho tribuitur, juventutem, ut ex fabulis et Veterum signis satis notum. Cf. Tibull. I, 4, 37, et ibi *Brouckhus*. — *Mitscherl*. *florens* explicat «quatenus hedera et pampinis cinctus,» (nec dubitamus de re; nam ejusmodi corona redimita visuntur tempora Bacchi in nummo Wildiano apud *Brouckhus*. ad Tibull. III, 6, 2.) — *Lenzio* autem *florens* «vestem purpuream et florentia serta» significare videtur; sed primum addubito, an *florens* absolute pro *floribus* vel *hedera cinctus* unquam in latina lingua dictum sit, vel bene dici queat; aliud enim est ῥόδοις ἀνθίσας apud Philostrat. Icon. II, 15, quem in hanc rem laudavit *Lenzius*; deinde multo aptius profecto est, amori vacantem et huc illuc vagantem Bacchum, animo sibi jam fingere, juvenili honore et vigore conspicuum. — *Volitare*, assidue vagari, huc illuc discurrere. Cf. Carm. LXIII, 25. — Exempla, quæ huc faciunt, e Cicerone notavit Ernesti in Clavi Cic. s. h. v. — Non prætereundum quam lepide Poeta luctui Ariadnes exsultantis Bacchi lasciviam opponat, legentisque animum quasi ex profunda mœstitia subito exsuscitet. Sic Virgilius discrepantes inter se imagines committit, unde concursu lumina sententiarum exsplendescant. Ex. g. Æn. IX, 502, 503. N.

253. *Cum Thias. Satyr.* — Thiasus proprie de choro et saltatione, quæ Baccho instituebatur. Cf. Virg. Eclog. V, 30, et ibi *Cerda*. De choro Mænadum in sacris Cybeles, supra Carm. LXIII, 28. — *Nysigen. Silen.* natis in urbe Indiæ Nysa, ubi et Bacchus natus et educatus dicitur. A Sileno, Bacchi nutritore ejusque perpetuo comite, omnes deinde Bacchi comites *Sileni* vocati sunt. Inprimis autem per *Nysigenos Silenos* intelligi volunt mythi interpretes *Nysæ optimates*, qui deleta patria Bacchum secuti sunt. — Cæterum plures in fabulis memorari montes urbesque *Nysæ* nomine insignitas, et referri

# CARMEN LXIV.

Te quærens, Ariadna, tuoque incensus amore;
Qui tum alacres passim lymphata mente furebant, 255
Evoe bacchantes, evoe, capita inflectentes.
Horum pars tecta quatiebant cuspide thyrsos;
Pars e divulso raptabant membra juvenco;
Pars sese tortis serpentibus incingebant;
Pars obscura cavis celebrabant orgia cistis, 260

modo ad montem, modo ad urbem hujus nominis, Bacchi res, satis notum est. Vid. *Heyne* ad Apollodor. in not. p. 563.

255. *Lymphata* «dicitur a nympha lympha.... In Græcia quos λυμφολήπτους appellant, ab eo lymphatos dixerunt nostri.» Varro de l. l. VI, 5, 5. «Lymphæ dictæ sunt a nymphis. Vulgo autem memoriæ proditum est, quicunque speciem quamdam e fonte, i. e. effigiem nymphæ viderint, furendi non fecisse finem, quos Græci νυμφολήπτους vocant, Latini lymphatos appellant.» Festus v. *Lymphæ*. Adi Cic. de Div. I, 37, Pacuvii versus referentem : «Flexanima tanquam lymphata, ut Bacchi sacris commota etc.» N.

256. *Capita inflectentes*, more furore correptorum. Carm. LXIII, 23 : «Ut capita Mænades vi jaciunt hederigeræ.»

257. *Thyrsos tecta cuspide*, frondibus pampineis velatos, et obductos. *Thyrsos* describit Virg. Eclog. V, 31 : «Et foliis lentas intexere frondibus hastas,» ubi cf. *Cerda*. — *Hastas pampineas* idem *thyrsos* vocat Æn. VII, 396. — Θύρσοι κισσοῖσι πλοκάμοις καταβρέμοντες apud Anacr. Od. VI, 5.

258. *Jactabant* Venet. Gryph. Muret. et plerique libri veteres, te- stante et probante Vossio. *Spargebant enim*, inquit ille, *et jactabant carnes istæ Mænades;* in quam rem laudat Euripid. Bacch. 738 : «Ἄλλαι δὲ δαμάλας διεφόρουν σπαράγμασιν. Εἶδες δ' ἂν ἢ πλεῦρ' ἢ δίχηλον ἔμβασιν, Ριπτόμεν' ἄνω τε καὶ κάτω. Sed ex mea sententia *raptabant* eodem fere redit.—*Raptabant e divulso juvenc.* Bacchantium enim turba in montibus et agris discurrens juvencos inprimis vel vitulos in furore dilaniandos et discerpendos invadebat. Notissima est fabula Penthei.

259. *Tortis serpentibus*. De usu serpentium, quibus tam corpus quam comam implicabant bacchantes, copiose ad h. l. disputat Vossius; adde Muretum.

260. Pro *celebrabant* conjiciebat Brouckhusius in anecdotis notulis *celabant*, intercedente Dorvillio ad Charit. p. 359, ubi docte de hoc loco disputat. — *Orgia* de quibusque sacris apud Græcos, sed apud Latinos præcipue de sacris Bacchi, dicta haud dubie ita, quod cum aliqua ὀργῇ, furore et animi concitatione, fierent. *Celebrare orgia* est Græcorum ὀργιάζειν. Vid. inprimis *Cerda* ad Virgil. Georg. IV, 521, *Rittershus.* ad Oppian. Cyneg. IV, 247, et *Barth.* ad Stat. Theb. II, 662. — *Obscura* mystica et oc-

Orgia, quæ frustra cupiunt audire profani;
Plangebant alii proceris tympana palmis,
Aut tereti tenues tinnitus ære ciebant.
Multis raucisonos efflabant cornua bombos,

culta, quæ in *cista* quadam vel arcula circumferebantur a *cistophoris*. (De *cistophoris*, tam nummorum, in quibus orgiorum solemnia expressa fuerunt, quam hominum cistam mysticam portantium genere, exstat erudita dissertatio *Alex. Xaver. Panelii* Lugd. 1734, 4. Adde *Ernesti* in Clav. Cic. s. h. v.). Inter alias res frivolas in cista illa mystica (de qua Clemens Alexandr. Protrept. p. 13 et 30) reconditas, nemini nisi initiatis usurpandas oculis, præcipue fuit *phallus*, cui accinebant religiosi τὸ φαλλικὸν (Aristoph. Acharnens. v. 259). Vid. *Wesseling.* ad Diodor. Sicul. cap. I, lib. 22, n. 60.

261. *Profani*, non initiati his sacris, ἀμύηται, ἀτέλεστοι, ἀνοργίαστοι, qui abigi solebant a sacris sacerdotis vel præconis acclamatione, ἑκὰς ἑκὰς ἐστὶ βέβηλοι.

262. *Plangeb. alii procer. tymp. palm.* — De tympanis vid. ad Carmen LXIII, 8, 10. — *Proceris palmis* h. e. longe extensis, ut recte Vossius. Sic *procerius projectum brachium* apud Cic. Orat. III, 59. — Et Martialis, lib. VII, Epig. 20 : « colligere longa turpe nec putat dextra Analecta quidquid et canes reliquerunt. » Vulpio teste. N. — Totus, qui sequitur locus, ut observat Scaliger, adumbratus videtur ex Æschyli Ἠδωνοῖς, cujus tragœdiæ fragmentum a Strabone L. X. servatum est.

263. *Aut teret. tenues tinnit. ære* etc. non *crotala* cum Vulpio, sed potius *cymbala* intellige, quæ semper in his sacris junguntur tympanis. Erant *concava* (Ovid. Metam. IV, 30) et *rotunda* (Propert. IV, 7, 61) atque inter se concussa *tinnitum tenuem* vel acutum edebant. Cf. Gonsala ad Petron. c. 22. Recte igitur *cymbalum* vocatur *æs teres*, h. e. rotundum et oblongum. De *cymbalis* vid. nos ad Carm. LXIII, 21.

264. *Multi raucisonos* reperit in omnibus MSS. Statius, qui recte jam *multi* in *multis* mutandum esse vidit. — *Multaque raucisonos* Gryph. Muret. — *Multi raucisonis efflabant cornua bombis* multas editt. habere testatur Scaliger, sed pro *multi* mavult *multæ*, ut Bacchæ intelligantur, vel scribendum putat *multis*. — *Efflebant cornua bombos* ex libro Mediolanensi Vossius, adjecta interpretatione *cornua*, i. e. per cornua. *Efflere* vero rectum. Utitur hoc vocabulo etiam Quintilianus. Est autem inprimis tristis aut flebilis cornuum sonus, utpote qui non homines solum male afficiat, sed et brutorum animalium ululatum provocet. » Satis ridicule! — *Multis raucison. efflab. corn. bomb. multis* est casus tertius et exquisitius dictum pro vulgari « multi cornibus efflab. raucos bombos; » quam quidem explicationem, olim jam a nobis datam, non dubitavimus repetere. — Cæterum huc pertinet Lucian. D. D. XII : «Ὁ δὲ, αὐλεῖ τῷ κέρατι, ὁ δὲ, ἐπιβομβεῖ τῷ

Barbaraque horribili stridebat tibia cantu.
Talibus amplifice vestis decorata figuris
Pulvinar complexa suo velabat amictu.
   Quæ postquam cupide spectando Thessala pubes
Expleta est, sanctis cœpit decedere Divis.
Hic qualis flatu placidum mare matutino
Horrificans Zephyrus proclivas incitat undas,

τυμπάνῳ ἢ ἐπικτυπεῖ τῷ κυμβάλῳ: » ubi, ne quis, ut vulgo fit, diversum plane a tibia instrumentum habeat *cornu*, egregie observat *Hemsterhus*. *cornu aduncum et reflexum* (κέρας ἀνανεῦον) seu *codonem tibiæ Phrygiæ* ad gravem et raucum sonum ex illa eliciendum appositum et agglutinatum fuisse. Exempla ad hanc rem confirmandam prolata lege apud ipsum. Cf. nos ad Carm. LXIII, 22. Hinc *adunco tibia cornu* apud Ovid. Met. lib. III, 533, ubi cf. *Burmannus* et *Gronovius*, Observatt. I, 17.
265. *Barbara tibia*, h. e. Phrygia, ut *aurum barbaricum* apud Virg. Æn. II, 504, ubi vid. *Cerda* et quos ibi laudat *Burmannus*. Cf. Hor. Epod. IX, 6. — Haud satis mirari possum quam vividam bacchantium imaginem aut potius ipsos Bacchantes sub oculis hic posuerit Catullus. N.
266. *Amplifice*, h. e. multa arte, magno splendore, egregie.
269. *Cœpit dein cedere divis* conjectat Statius. — Pro *divis* in vetere codice Heinsii *tectis*. — *Decedere* pro simplici *cedere*, ut passim. *Platz machen. Cœpit*, sensim sensimque.
270. *Nec qualis* vel *Æqualis* ex libris manu exaratis profert Vossius, qui inde fecit *Ac qualis*. Melior est nostra lectio. — *Hic qualis*

etc. Egregie ad describendum ex discessu spectatorum excitatum strepitum, primum quidem progredientibus paucioribus leniorem, deinde vero, succedentibus pluribus et in diversas regiones abeuntibus, graviorem, latiorem et sonantiorem; ab undis maris primum leniori, deinde vehementiori vento agitatis, petita comparatio. Fundum hujus sæpius a poetis adornatæ comparationis jam indicavit Ach. Statius, Hom. Iliad. IV, 422 sqq. Egregia inprimis arte imitatus est Virgil. Æneid. VII, 528, et Georg. III, 237. — *Lenzius* in Spicileg. Observatt. comparat Apoll. Rhod. I, 1159 sqq. et Euripid. Phœniss. 218—221, ubi vid. *Valckenar*. — *Hic*, hoc spectatorum discessu. — *Hic* adverb. de tempore dicitur. Æneid. I, 732. N.
271. *Horrificans Zephyrus*, φρὶξ Ζεφύροιο. *Horrere*, *horrescere*, (φρίσσειν) et *horror* de mari, ventorum impulsu exasperato, passim. *Zephyrus* autem ad exemplum Homeri, a quo dicitur λάβρος, Iliad. II, 148, δυσαὴς, Odyss. V, 295, de quocunque vento vehementiori. — Vox *horrificans* non vehementiori vento concitum mare significat, sed planitiem undarum primo mane aura subagitari incipientem et crispatam. Sic noster *Lafontaine*, in fa-

Aurora exoriente, vagi sub lumina solis;
Quæ tarde primum clementi flamine pulsæ
Procedunt, leni resonant plangore cachinni;
Post, vento crescente, magis magis increbescunt,   275
Purpureaque procul nantes a luce refulgent;

bula cui titulus: *le Chéne et le Roseau:*
Le moindre vent qui d'aventure
Fait rider la face de l'eau.

Haud aliter rerum progressum quem Poeta instituit, habeas, et vocis *horrificans* pereat proprietas felicissima. N. — *Undas proclivas*, delabentes: nihil amplius.

272. Pro *lumina* substituere tentat *limina* Burmannus Sec. ad Claud. in Eleg. de Phœnice p. 1041, et ad Antholog. Tom. II, p. 441. — Peccarunt omnino sæpe in confundendis his duabus vocibus librarii: vid. Heins. ad Claud. in Mallii Theod. Cons. v. 205, et quos laudat *Drackenb.* ad Sil. Ital. I, 66. Adde *Burmannum* ad Sueton. Caligul. c. XLV. Sed recte monet *Burmannus* (ad Virgil. Æneid. VI, 255) *limen solis* memorari, quum de loco ac regione agitur, unde sol oritur, de tempore vero ortus *lumen.*—*Vagi solis*, cf. sup. ad C. LXI, 117.

273. *Clementi flamine. Clemens flamen* est placidum et minus vehemens quam in procellis esse solet. Cf. *Burmann.* ad Valer. Flacc. VI, 747.

274. Pro *leni* vitiose in quibusdam *levi*, unde metri causa fecerunt *leviterque.* — Pro *plangore* mavult Jan. Dousa Fil. *clangore*, et *Lennep.* ad Coluth. præter omnem necessitatem scribi jubet *leniquæ sonant.* — *Leni reson. plangore cachin.* paullo audacius et sublimius pro vulgari « leniter perstrepunt et murmurant. » — *Cachinnus* audaci metaphora ad undarum quemdam strepitum ab aliis quoque poetis translatus est. Laudarunt jam Interpretes Theocrit. Idyll. VI, 12, κύματα ἄσυχα καχλάζοντα. Sic γέλασμα apud Æschyl. Prom. Vinct. 90, ubi vid. *Stanleius.* — Adde Oppian. Halieut. IV, 334, ubi κύματος γέλως. Et sic γελᾶν de leni undarum murmure vel molli earum agitatione passim. Huc pertinet Leonidas Alexandrin. in Anal. Vet. Poet. Græc. Brunck. Ep. XXVIII, tom. II, p. 196, ubi simul *Zephyrus horrificans* in v. 271, illustratur. Οὐδ᾽ εἴ μοι γελόωσα καταστορέσειε Γαλήνη Κύματα, καὶ μαλακὴν φρῖκα φέροι Ζέφυρος. Suave autem et jucundum cachinnantis aquæ murmur auribus. Hinc μειδιᾶν τῆς θαλάσσης γαληνιώσης χαριέστερον apud Alciphr. III, Ep. I, ubi cf. *Berglerus.* sed vide quos laudat *Abreschius* ad Hesych. t. I, p. 1167.

275. *Magis magis*, ad rem augendam sine copula. Sic supra Carm. XXXVIII, 3: « Et MAGIS MAGIS in dies et horas. » Sic μᾶλλον μᾶλλον apud Græcos; cf. *Oudendorp.* ad Apulei. Met. II, p. 170.

276. *Purpureæque* (scil. *undæ*) conjicit *Lenzius*. Pro *nantes* in aliis, ut testatur Muret. *variantes luce*, non male! — *Nantes*, undæ se agitantes et provolventes. *Refulgent a*

## CARMEN LXIV.

Sic tum vestibuli linquentes regia tecta,
Ad se quisque vago passim pede discedebant.
  Quorum post abitum, princeps e vertice Pelii
Advenit Chiron portans silvestria dona.  280
Nam quotcunque ferunt campi, quos Thessala magnis
Montibus ora creat, quos propter fluminis undas
Aura parit flores tepidi foecunda Favoni,
Hos indistinctis plexos tulit ipse corollis,
Queis permulsa domus jucundo risit odore.  285
Confestim Peneos adest, viridantia Tempe,
Tempe, quae silvae cingunt superimpendentes,

---

*luce purpurea*, repercussum purpurei solis splendorem reddunt. — Adumbrare autem et innuere videtur haec imago discedentes, et in variis viis et regionibus, unde e longinquo conspici possent, catervatim apparentes Thessaliae incolas.

277. *Vestibuli regia tecta* exquisitior forma, pro « vestibulum regiorum tectorum. »

278. *A se* Stat. — *Ad se*, h. e. domum (οἴκαδε) ut saepe apud Comicos. *Passim*, in variis et diversis viis; disertius hoc describit supra Carm. XLVI, 10 : « Longe quos simul a domo profectos Diverse variae viae reportant. »

279. *Princeps*, primus, *e vertice Pelii*, ad pedem nempe montis Pelii, ubi habitabat Chiron, celebratae fuerunt istae nuptiae, observante Vossio.

280. *Chiron*. Erat Chiron, dum in terris agebat, quippe Saturno patre prognatus, immortalis; θεὸς ὢν dicitur Luciano, Dial. Mort. XXVI, ubi eruditam de Chirone lege notam *Hemsterhusii* p. 434. — Cf. Voss. ad h. l.

281. *Quotcumque* in quibusdam, pro quo malit Lenzius *quoscunque*.

283. *Aura parit*, elegans verbum in hac re. Sic passim *creare, parturire, gignere, fundere, submittere*, etc. De nostra voce exempla collegit Heins. ad Ovid. Met. XV, 92. — *Foecunda* : Lucret. I, 11, *genitalis aura Favoni*.

284. *Hos interstinctis* Heins. in not. ad Catull. In quam rem laudat Stat. Silv. III, 5, 90.

285. *Quot permulsa domus* Statius in duobus MSSC. *quod permulsa* in uno. Faernus legendum putat *quo*, quod valde, addit Statius, probandum, nisi si quis malit *quot*, id est *quot florum*. — *Queis permulsa domus*, etc. Exquisite et ornate pro vulgari « quorum jucundo odore domus impleta fuit. » *Ridere* de rebus, quae nobis arrident, placent, suaviter nos afficiunt. *Ridet argento domus* apud Horat. Od. IV, 11, 6. Sic γελᾶν apud Graecos; vid. *Wesseling*. Dissert. Herod. p. 153.

286. *Ut inundantia Tempe* invenit Statius, unde legit *undantia Tempe*.

Mnemonidum, linquens, doctis celebranda choreis,
Non vacuus: namque ille tulit radicitus altas
Fagos, ac recto proceras stipite laurus,
Non sine nutanti platano, lentaque sorore

288. Locus corruptissimus et variarum lectionum sorde inquinatissimus. — *Minosin* (vel *Minosim* vel *Minosium* quin et *Minosinque* vel *Inosinque*) *linquens Doris celebranda choreis Nonatius namque*, etc. in libris scriptis teste Vossio, qui inde refinxit « Xyniasi et linquens Doris celebranda choreis Bœbiados Namque ille tulit, etc. » *Nessonidum linquens* Gryph. — *Nereidum linquens* Muret. Cantabrig. — *Naiadum linquens* in aliis, indicante Mureto. Pro *Doris* in uno MS. Statii *claris*; et sic est in edit. Gryph. Muret. Cantab.; in aliis *Cloris* vel *Chloris*; Scaliger ex his corruptis lectionibus extricavit « MINYASIN linquens DORIS celebranda choreis Cranona ærisonamque. » En reconditæ doctrinæ recessus! in quos qui penetrare cupit, adeat ipsum ad h. l. Scaligerum.—En Corradinum nostrum; « Vinosus linquens Doris celebranda choreis Nonacrios nam, quæ ille tulit. » — Turnebus in Advers. l. 24, c. 9. « Æmonidum linquens latis celebranda choreis Non agros, etc. ».—« Hæmonisin linquens Doris celebranda choreis, » ut jungantur duo patronymica; ut *Inachis Acrisione*, vel *Phasias Æetine*. Heins. in not. ad Cat. — Pro *non vacuus* corrupte legebatur in MSS. *Nonacrios* vel *non acies* vel *non acuos*. Unde Lennep. ad Coluth. I, 7, cudit « Dona suas namque ille, etc. » Nos excudi hunc locum curavimus, uti emendatus est a Statio, nisi quod pro *Musarum* dedimus *Mnemonidum*, quæ propius ad antiquam scripturam accedens lectio est quoque in edit. Gotting. et Bipont.—Sic certe ex hoc loco sensus exit satis commodus. Lenzius in vers. 289, admodum fluctuat, et pro *radicitus* vel *radicibus* vel *ille ruit radicibus* scribendum, vel totum versum ita retractandum putat « Æthereas namque ille tulit radicibus altis; » quam tamen conjecturam nequaquam necessariam esse ipse sub fine in not. ad h. l. fatetur. — Ingeniose jam Heinsius in not. ad Catull. tentaverat *radicitus actas*, quum fagus patula non alta sit. — Junge: *Peneos* (fluvius Thessaliæ notissimus, qui, ut pervulgatum est de fluviis, Dei personam jam induit) *adest, linquens Tempe* (describit poeta Tempe) *Tempe, quæ superimpendentes silvæ cingunt, doctis Mnemonidum* (h. e. Musarum, vid. *Heins*. ad Ovid. Met. V, 268), *choreis celebranda, non vacuus* (non sine muneribus).

289. *Radicitus*, una cum radicibus, radicitus exstirpatas. Mosch. Idyll. VII, 1 seqq. commode cum Nostro jam comparavit Statius.

291. Pro *nutanti* in libris veteribus *lutanti*, *luctanti* aut *lactanti* legitur, affirmante Vossio, qui suspicatur Catullum dedisse *lætanti*; sed *nutare*, quod de conigeris tantum arboribus dici posse autumat Vossius, recte de aliis quoque dicitur apud Virgil. Æn. II, 629, *ornus*

# CARMEN LXIV.

Flammati Phaethontis, et aeria cupressu;
Haec circum sedes late contexta locavit,
Vestibulum ut molli velatum fronde vireret.
   Post hunc consequitur solerti corde Prometheus, 295
Extenuata gerens veteris vestigia poenae;
Quam quondam silici restrictus membra catena
Persolvit, pendens e verticibus praeruptis.
   Inde pater Divum, sancta cum conjuge, natisque

*concusso vertice nutat*, et sic passim de arborum ramis. — Pro *lentaque* Scaliger fecit *fletaque* non male, si usus linguae ferret: sic πολυκλαυτοὶ αἴγειροι apud Orph. v. 951. Sed magis placet antiqua lectio *lentaque* — pro *fleta* si omnino mutandum sit τὸ *lenta*, mavult certe *flenda* vel *flebili* Gurlitt. in Observv. ad h. l. p. 122. Satis festinanter! nam prima in *flebilis* semper producitur; ejusmodi errores autem nascuntur ex nimia corrigendi et emendandi prurigine. — *Non sine nutanti platano.* Platanum in deliciis Veterum fuisse docet *Gronovius* Observatt. I, c. 5. —*Lentaq. sorore Phaethontis*: alnus vel populus; satis nota fabula sororum Phaethontis in arbores mutatarum vel ex Ovid. Metam. II, 225 sqq. cf. Lucian. D. D. XXV, 3, et ibi *Hemsterhus.* p. 208.

  293. *Late contexta*, ordine quodam circa totam domum inter se consociata; observa usum *neutrius*, nam proprie debebat esse *has contextas*.

  295. *Solerti corde Prometh.* ἀγκυλομήτης. Inter Deos apparet Prometheus, qui jam ab Aeschylo vocatur συγγενὴς θεός, ubi vid. *Stanleius;* cf. inprimis *Hemsterhusius* ad Lucian. Prometh. c. 14, tom. I, p. 197.

  296. *Vestigia poenae.* Cf. Aeschyl. Prometh. Vinct. v. 55, quocum Nostrum ibi jam comparavit *Stanleius.* — *Vestigia* notant στίγματα, quae catena impresserat Sic ἴχνη τραυμάτων, μαστίγων, πληγῶν, etc. Cf. omnino *Hemsterhus.* ad Lucian. tom. I, p. 280.—*Extenuata*, parva, levia et paene jam obducta.—*Extenuata vestigia* interpretatur *Lenzius* de corona ex viminibus salicis, quam Prometheus vinculis solutus, ut aliqua ex parte Jovi satisfaceret, poenamque pendere videretur, tanquam veteris poenae monumentum gestasse dicitur, ad quam stabiliendam sententiam laudat *Heynium* ad Apollodor. II, 5, 11, pag. 425; ita ut sint *extenuata vestigia*, vincula innoxia, levia et paene nulla.

  297. *Quam quondam silici restr. membr. cat. Persolvit;* quam petrae illigatus olim persolvit. *Lenzius* comparat in Spicileg. Observatt. Apoll. Rhod. II, 1252 seqq.

  299. *Inde pater Divum*, etc. Adveniunt denique, et praesentia sua has nuptias et nuptiale convivium condecorant ipse Jupiter, Juno et caeteri Dii superi (cf. Quint. Calab. V, 74-76, et Apollon. Rhod. IV, 807, 808), relictis Phoebo et Diana; illo quidem, quod futurum erat, ut Achillem interficeret; hac, ut

Advenit cælo, te sólum, Phœbe, relinquens, 300
Unigenamque simul cultricem montibus Idri;
Pelea nam tecum pariter soror aspernata est,
Nec Thetidis tædas voluit celebrare jugales.
 Qui postquam niveos flexerunt sedibus artus,
Large multiplici constructæ sunt dape mensæ; 305
Quum interea infirmo quatientes corpora motu,

videtur, ob perpetuum castitatis studium. Sapientius autem Noster, remotis ab his nuptiis Diana et Apolline, rationem instituisse videtur, quam cæteri, ut Homerus, Æschylus et alii, qui canentem adeo in his nuptiis Phœbum et fausta quælibet Thetidi et Peleo vaticinantem inducunt.

301. *Montis Ithyni* Parthen. — *Idæ* emendabat Palladius, quod in plerisque editt. servatum est; ut Gryph. Muret. Græv. Silv. Bipont. — Intelligunt autem montem Cariæ, ubi Diana præcipue colebatur. — *Montis Itonis* conjiciebat Victorius, reclamante Mureto. Achilles Statius, quum in libris MSS. omnibus reperisset *Idri* vel *Ydri* volebat *Hydræ*, quæ est civitas Lydiæ auctore Strabone; eo autem tractu fere toto maritimo Apollo colebatur ex ejusdem Strabonis testimonio. At Scaliger scribit *montibus hydri* h. e. serpentis Pythonis; *montes hydri* igitur interpretatur *montes Delphicos* propter Pythonem serpentem ab Apolline ibi telis confixum; sed nostram lectionem bene defendit Vossius. — *Unigenamque simul. Unigena* est Diana, quia uno eodemque partu cum Phœbo genita, συγγενής. — *Cultricem montibus Idri*, versantem et venationi operam dantem in montibus Idri.

*Montibus* pro *in montibus*, omissa præpositione *in* ut sæpe; exquisitius autem hoc pro vulgari *cultricem montis Idri*. — *Idrus*, ut Vossius docet, est mons Cariæ. In hoc monte complura erant oppida et loca Dianæ fratrique ejus consecrata, ut Hecatesia, Chrysaoria, Euromus aliaque; *Idriades* propterea dictæ, quod in monte Idro sitæ essent. — Cæterum de Diana montium cultrice (ὀρεστέρα) vid. *Spanhem.* ad Callimach. Hymn. in Dian. v. 18, conf. supra Carm. XXXIV, 9 sqq.

302. *Pallada* pro *Pelea* vitiose in edit. Parthen.

304. *Niveis* Gryph. Muret. et editt. aliæ, quam lectionem defendit Mitscherlich. sed valde dubito, an *niveus*, quod ebur candet et niveum est, pro *eburneus* recte dici queat. — *Postq. niv. flexer. sedib. art.* exquisite pro vulgari *sederunt*, *sedes occuparunt*. Heroicis enim temporibus sedebant ad mensas, non recumbebant, ut notum, vid. Vulp. — *Niveos*, divinos, divino quodam splendore vel candore conspicuos, vel simpliciter pulchros. *Sedibus* doctius in casu tertio pro *ad sedes*.

305. *Construct. s. dap. m.* similiter Cicero *exstruere* Tuscul. v. 21: « Mensæ exstruebantur epulis. »

306. *Quum interea*, etc. Locus se-

# CARMEN LXIV.

Veridicos Parcæ cœperunt edere cantus.
His corpus tremulum complectens undique quercus,

quens, quem in pulcherrimis, nobilissimis, splendidissimisque totius antiquitatis habeo, versatur in adumbranda Parcarum figura et imagine, earumque nentium et fata futura carmine amœbæo pandentium descriptione. Præcipue locus a v. 311-321, vix legi potest, quin vividissimis coloribus Parcarum fila deducentium oculis nostris obversetur imago, adeo totum nendi σχῆμα et levissimi nentium quique motus expressi et depicti sunt. — Insignis de Parcis locus est apud Homer. Hymn. in Mercur. 549 sqq. ubi, quod traditur de domicilio Parcarum v. 552: Οἰκία ναιετάουσι ὑπὸ πτυχὶ Παρνησοῖο, » egregie facit ad Catullum. Nuptiæ celebrabantur Pharsali in Thessalia. Parcæ, quæ in vicinia habitant, adsunt, epithalamium cantaturæ. Hæc pulchre inter se congruunt.
— In monumento vetere a *Beyero* edito, in quo mortem Meleagri expressam esse putant; una tantum Parca e tribus sororibus, quæ ibi visuntur, fusum sustinet, nec quidquam in illis ibi deprehenditur, quod anilem earum deformitatem et imbecillitatem referat. Vid. *Beyeri Meleagrides* p. 12. — Cum Lycophrone v. 144, bene Nostrum jam comparavit *Mitscherlichius*. — *Infirm. quat. corp. motu*: corpus motu quatere dicitur de vaticinantibus, sacro furore correptis et toto corpore trementibus, ut olim jam observavimus: *infirmo* spectat ad Parcarum anilitatem; nisi forte *motus infirmus* de effectu accipiendum sit, qui nos infirmos et trementes reddit, ejusmodi tremore membra nostra invadit et solvit, cui, ut accidit vaticinantibus, non resisti potest. Sic fere *piger sopor* qui pigros reddit, supra LXIII, 37. — Mihi videtur Catullus tremulum anilitatis motum depingere, ut C. LXI, 161-3. N.

308. Pro *quercus* in plerisque editt. Parthen. Gryph. Muret. Græv. Silv. Cantabrig. Bipont. et aliis legitur *vestis*: sed quum Statius in MSS. invenerit *questus*, antiquior omnino et melior videtur nostra lectio. *Vestis* haud dubie substitutum est ab illis, qui versui sequenti faciliorem explicationem parare vellent. — Ingeniose *Lenzius* in notis ad h. l. pro *corpus tremulum* rescribendum *tempus tremulum*, et *quercus* de *corona quernea* accipiendum putat. Idem edito jam hoc carmine in Spicileg. Observatt. ad me misso scribit: «Sin mecum *quercum* de corona capis, ecce occurrit Hecate στεφανωσαμένη δρυσὶ in Fragm. Sophocl. quod laudat Valckenar. Diatr. in Euripid. Fragment. p. 167, » et sic Plato Republ. X, p. 329. Bip. Parcas fingit λευχειμονούσας, στέμματα ἐπὶ τῶν κεφαλῶν ἐχούσας..... ὑμνεῖν. Sed, ut ego rem animo concipio, ingeniosæ hujus versus a Lenzio nostro propositæ emendationi et doctæ explicationi repugnat versus sequens. — *His corpus tremul.* etc. Multa et varia in his duobus versibus emendandis et explicandis moliti sunt interpretes, quos quidem, re et verbis diligentius examinatis, ita nunc interpretandos puto: « Harum corpus tre-

Candida purpurea quam Tyro incinxerat ora;
At roseo niveæ residebant vertice vittæ, 310

mulum complectebatur vestis undique quercu vel ramis foliisve quernis distincta, cujus oram limbo purpureo cinxerat pulchra Tyro. » Accipio igitur *quercum* de veste picta, cui species quercus intexta fuit; quercus enim, quum arbor sit fatidica, ut ex oraculo Jovis Dodonæo constat, apte jam vestem Dearum fatidicarum ornare videtur. — *Complectens* scil. *erat*, et hoc pro *complectebatur*, ut vers. 318, *exstantia erant* pro *exstabant*. Cf. supra ad Carm. LXIII, 57.

309. Mire in hoc versu tam scripti quam impressi libri turbant. *Tuos intinxerat* in duobus MSS. Statii, in uno *Tyros intinxerat*, quam lectionem agnoscunt quoque Meleagri libri papyr. Palat. et Comel. unde Statius: *Tyros intertinxerat*. — *Purpureaque Tyros* edit. R. Sed Scaliger priscam lectionem fuisse testatur *Candida purpura Tyrios extinxerat;* in margine autem emendatum fuisse *intexerat*, unde ille legit *purpurea Tyrios intexerat ora.* — *Candida purpureis ramis intinxerat ora* in edit. Parthen. — *Candida purpurea talos incinxerat ora* Gryph. Muret. Græv. Silv. Cantabrig. — *Candida purpurea Tyrios quam intinxerat ora* in Gotting. contra metri leges; fortasse operarum culpa pro *Tyrios quam*. Optima nobis visa est lectio Vossii, quam in textum recepimus. — *Tyro filia Salmonei* (Propert. III, 19, 3) quæ, ut Parcæ, apud inferos versatur. Propert. II, 28, 51. Cf. Voss. et Cl. Barth. in Clav. Propert. p. 404. — *Candida pulchra.*

310. Nimis liberalis in conjecturis est Gurlittus. Pro *roseo* primum tentat *raso* vel *tonso;* sed cui non ridicula videatur sacerdotalis illa capite rasarum Parcarum figura? vel *cano*. At, o bone, quam dissimiles plane voces sunt *cano*, *tonso*, et *roseo!* — vel *at roseæ niveo;* nec hoc opus; vid. not. inf. vel denique *ambrosio;* posterius placuit Viro Docto in Actis literariis Gottingens. (Scid. 148, 1788) sed auctorem habet hæc conjectura Vulpium. — *At ros. niv. resideb. vert. vitt.* Si Parcas cogitamus vetulas, pro *At roseo*, quod minime illis convenit, vel legendum cum Vulpio *Ambrosio*, vel dicendum est, Catullum ita ex more poetarum permutasse epitheta, ut vertendo *roseus* ad vittas et *niveus* ad *verticem* referendum sit. In proclivi quidem est corrigere *At roseæ niveo;* sed innumera poetarum exempla hanc epithetorum permutationem evincunt. Sic Ovid. Heroid. XVIII, 144: *Aurea lanigero vellere vexit ovis.* Dici enim proprie debebat *ovis lanigera* et vellus *aureum*. Ne quis vero tam humiliter de poetis sentiat, ut in iis tantum locis hanc epithetorum ab illis admissam esse arbitretur permutationem, ubi metrum illam exigeret, unum saltem ex sexcentis ponam exemplum: Horat. Od. I, 28, 18: *Exitio est avidum mare nautis:* noluit igitur Horatius, quod poterat, scribere *avidis*. Quam quidem poetarum rationem quum plerumque ferre non possent eorum interpretes, ubique fere ejusmodi locos ab iis impu-

# CARMEN LXIV.

Æternumque manus carpebant rite laborem.
Læva colum molli lana retinebat amictum;
Dextera tum leviter deducens fila supinis
Formabat digitis; tum prono in pollice torquens
Libratum tereti versabat turbine fusum;      315
Atque ita decerpens æquabat semper opus dens,
Laneaque aridulis hærebant morsa labellis,
Quæ prius in levi fuerant exstantia filo.
Ante pedes autem candentis mollia lanæ

gnatos videbis. — Jam vero si cogitaveris, in loco nostro *verticem* Parcarum *niveum* h. e. canum, nives capitis, κατὰ κράτος πεπαλαγμένας ἄλφιτα λευκὰ, ut describuntur Parcæ in laudato loco Homeri, et *roseas vittas* de pulchro colore et splendore, qualis decebat Dearum caput, acceperis, ex hac ratione defendi saltem hic locus posse videtur.

311. *Æternumque manus* etc. en quom ornate pro vulgari *nebant* Parcæ, fati ministræ, æternam fatorum seriem nendo deducentes æternum laborem vel opus tractare dicuntur.

312. *Amictam* Gryph. Muret.

314. *Prono in vertice* in nonnullis libris antiquis, teste Vossio, ut vertex idem sic quod *verticulum* aut *verticillum*, σφόνδυλος. — *Supinis digitis*, sursum flexis. *Prono pollice*, deorsum presso. — Vix pictor aliquid addere potest.

315. *Vibratum* magis placet Vulpio. — *Teret. vers. turbine fusum.* Non turbo, sed fusus proprie est *teres*. Adumbravit Nostrum Ovid. Met. VI, 22 : « Sive levi teretem versabat pollice fusum. » Conf. Tibull. II, 1, 64, et ibi *Magnum Hey-*

*nium.* — *Turbo*, fusi agitatio et rotatio, fusus in turbinem actus.

316. *Ita*, inter hunc nendi actum. — *Decerp. æquab. semp. op. dens*, inutilem lanæ partem subinde decerpentes dentibus æquabant, formabant et lævigabant filum.

317. *Lanea morsa*, lanæ villi dentium morsu decerpti.

318. *Leni* in plerisque editt. sed aptius est *levi*, quod revocavi ex edit. Parthenii, Gryph. Muret. sæpissime enim has voces turbavit librariorum negligentia, vid. Burmann. ad Ovid. Heroid. XIV, 39, et *Drackenb.* ad Liv. II, 65, Tom. I, p. 225. — *Levi filo*, æquato nunc et lævigato : *fuerant exstantia*, exstiterant superflua ; cf. ad vers. 308.

311—318. Nusquam alias solertius expressam lanificii imaginem reperias. Sed pace Catulli et eorum qui hunc locum mirantur, dicere liceat, nonne ingenio nimis indulsisse ille videtur, dum minutissima quæque operis sedulo depingit ? Nonne ibi Deas nuptiis divinis interesse nascituri herois prænuntias oblitus est, ut operarias ostenderet ? perfectissima quidem versificatio, sed non æque serva-

Vellera virgati custodibant calathisci.  
Hæ tum clarisona pellentes vellera voce,  
Talia divino fuderunt carmine fata,  
Carmine, perfidiæ quod post nulla arguet ætas:  
«O decus eximium, magnis virtutibus augens,  
Emathiæ tutamen opis, clarissime nato;  
Accipe, quod læta tibi pandunt luce sorores,  
Veridicum oraclum: sed vos, quæ fata sequuntur,  
Currite, ducentes subtemina, currite, fusi.

320.

325.

tum decorum poeticum. Hic Alexandrinorum discipulum deprehendere mihi videor. N.

320. *Virgati calathisci*, e virgis contexti. Vid. Spanhem. ad Callimach. H. in Cerer. v. 1.

321. *Pectentes* in quibusdam, improbante Vossio. *Polientes* vult Nic. Heins. in not. ad Catull. — *Pellentes* exquisitius pro *tractantes*. *Pellere*, ut Vossius docet, est Græcorum ἐπείγειν, κατάγειν, καθέλκειν.

322. Pro *divino*, indicante Vossio, perperam in quibusdam *dimisso*, in aliis *diviso*, quam posteriorem lectionem probat Vossius et exponit de alterno Parcarum carmine: sed aliud est *carmina dividere*, quod laudat in hanc rem Vossius, apud Horat. Od. I, 15, 15.

323. *Perfidiæ quod post nulla arguet ætas*, quod ob res verissime prædictas semper fidem habebit apud posteros.

324. *Magnis virtutib. augens* passive pro *aucte*, ut supra *mutat* pro *mutatur* Carm. XXII, 11, ubi vid. not. — De nostro verbo οὐδετέρως usurpato vid. inprimis Duckerus ad Liv. I, 17, § 6, Tom. I, p. 78, et Barth. ad Grat. Cyneg. v. 9. — Apud Græcos ejusmodi exempla fe-

re infinita. Vid. *Dorville* ad Chariton. p. 435, 469 et 526, edit. Lips.

325. *Emathiæ columen Peleu* in plerisque editt. vett. haud dubie ex glossa. — *Clarissime natu* conjicit Scaliger. — *Emathiæ tutam. op.* in quo salus publica terræ vel imperii Thessali nititur. — *Clarissime nato*, tu, qui olim clarissimus exstiturus es insigni filii gloria.

326. *Læta tibi pandunt voce* nimis argute, ut solet, Lennep. ad Coluth.

327-328. Pro *sed vos* in veteribus libris se invenisse testatur Vossius *servos*, unde ille refingit *serves*, minus apte. — *Sed vos, quæ fata sequunt. Currite duc.* sq. *fata currere* exquisitius pro «fata currendo deducere.» Versum intercalarem imitatus est Virg. Eclog. IV, 46. — Non recte Doering. locum explicat, dum loquendi genus ipse componit, quod si Poeta fecisset, duriusculum esset. Sic mihi videtur statuenda tota oratio: «currite, fusi, currite ducentes subtemina, quæ ordo fatorum sequitur.» In repetendo versu: «currite, etc.» vates vocem *currite* neutro sensu accepisset, quam primum agendi sensu posuisset. N.

# CARMEN LXIV.

Adveniet tibi jam portans optata maritis
Hesperus : adveniet fausto cum sidere conjux,   330
Quæ tibi flexanimo mentem perfundat amore,
Languidulosque paret tecum conjungere somnos,
Levia substernens robusto brachia collo.
Currite, ducentes subtemina, currite, fusi.

Nulla domus tales unquam contexit amores;   335
Nullus amor tali conjunxit fœdere amantes;
Qualis adest Thetidi, qualis concordia Peleo.
Currite, ducentes subtemina, currite, fusi.

Nascetur vobis expers terroris Achilles,
Hostibus haud tergo, sed forti pectore notus;   340
Qui, persæpe vago victor certamine cursus,
Flammea prævertet celeris vestigia cervæ.
Currite, ducentes subtemina, currite, fusi.

329. *Portans optata mar.* mariti enim, «Ἑσπέριον φιλέουσιν, ἀτὰρ στυγέουσιν ἑῶον,» apud Callimach. in Fragm. a Bentleio collectis Lib. II, p. 434, edit. Ernest. Cf. Carm. LXIII, 20—30.

331. *Languidulosque paret tecum conjung. somnos*: quam honeste de concubitu! *languid. somn.* ex mutuis amplexibus: nam ἔρως λυσιμελὴς Hesiod. Theog. 910.

333. *Levia brachia*, quam graphice, suaviter et ornate puellæ amplexus depictus est! *Levia*, pulchra; cf. infr. LXVI, 10. — Opportune cum Nostro Apollon. Rh. I, 1236 sqq. comparat Lenzius in Spicileg. Observatt. — Suavissima lacteoli et teneri Deæ corporis cum duro fortissimi viri robore comparatio. N.

335. Hunc versum cum proxime sequentibus, quum illi abessent in codicibus, rejicit Scaliger : eosdem in nonnullis libris antiquis exsulare testatur Vossius, quos tamen, quum Mediolanensis et alii bonæ notæ libri exhibeant, retinendos illos quidem, sed, ne servandus cantantium Parcarum ordo, ex cujus ratione versus intercalaris *Currite* etc. nonnisi duodecies occurrere debet, turbetur, uncis includendos censet.

339. *Expers terroris*, ἄφοβος, μεγαλήτωρ.

341. *Vag. victor cert. curs.* locum classicum de certaminibus cursus ab Achille susceptis apud Eurip. Iph. Aul. 303 sqq. mihi indicavit *Lenzius;* sed ne opus quidem est de propriis cursus certaminibus cogitare. Accipio in universum de insigni, qua alios currendo superavit πόδας ὠκὺς Achilles, velocitate.

342. *Flammea vestig.* cursum rapidissimum; metaphora a celeritate fulminis translata.

Non illi quisquam bello se conferet heros,
Quum Phrygii Teucro manabunt sanguine rivi;   345
Troicaque obsidens longinquo mœnia bello
Perjuri Pelopis vastabit tertius hæres.
Currite, ducentes subtemina, currite, fusi.
    Illius egregias virtutes, claraque facta
Sæpe fatebuntur gnatorum in funere matres;   350
Quum in cinerem canos solvent a vertice crines,
Putridaque infirmis variabunt pectora palmis.

345. *Quum Phrygii Teucro manabunt sanguine tenen* profert Statius ex libro Maffei, *tenen* ab eodem librario deinde mutatum in *Teucri*, quod probat Vossius. *Cum Phrygii tenero manabunt sanguine Teucri* in duobus aliis MSS. Statii, unde ille ex conjectura *quum Phrygii tenero manabunt sanguine campi* vel *quum Phrygiæ Teucro.... terræ* vel *quum Phrygii Teucro....muri.* Alii legunt *trunci*, uti est in L. MS. et Edit. R. — Nostram lectionem tuentur editt. Venet. Gryph. Muret. Græv. Silv. Vulp. — *Quum Phrygio tepidi manabunt sanguine rivi* emendat Mitscherl. in Epist. in Apollodor. p. 49.— *Quum rigui.... campi* seu *rivi* conjicit Lenzius in not. ad h. v. *Quum Phrygii Teucr. manab.* de Xantho, ubi magnam stragem ediderat Achilles, Homer. Iliad. XXI, 21: ἐρυθραίνετο δ'αἵματι ὕδωρ.

346. *Longinquo*, i. e. diutino. Plaut. Mil. Gl. III, 1, 136: « longinqua vita ». Tit. Liv. V, 5: « longinquus morbus. » Virg. Æn. III, 115: « longinqua vetustas. » N.

347. *Perjuri Pelopis hær.* Agamemnon. Commentarii instar est Hygin. Fab. 84, et Hom. Iliad. II, 102 sqq.

350. *Sæp. fateb. gnator. in fun. matr.* ipsæ matres cædem ab Achille occisorum filiorum lugentes laudabunt occisoris virtutem; quam graviter! — Horatius fere similem imaginem adumbravit, Od. III, 2, 6—12. N.

351. *Cum in civium canos* in duobus MSS. Statii. *Cum incurvum canos* in uno, unde ille *cum incurvo incanos solvent a vertice crines.* Sed Scaliger ex veteri lectione *Quum cinerem canos* fecit *Quum cinere incanos.* — In quibusdam *cum tremulo incanos;* sed nostram lectionem defendit enascens inde elegantia; vid. not. inf. —*Quum in ciner. can. sol. a vert. crin.* h. e. capillos in nodum collectos solvent, ut cinere conspergantur. Vid. *Dorville* ad Charit. p. 412, et quæ ibi contra Vossium disputat. Cf. Interpret. ad Petron. c. CXI, adde locum Senecæ Troad. v. 98 sqq. «Solvimus omnes Lacerum multo funere crinem. Coma demissa est libera nodo; Sparsitque cinis fervidus ora. »

352. *Patriaque* in quibusdam; vid. N. Heins. in not. ad Catull. — *Putridaque* i. e. plangendo macerata. Sic apud Curtium, Cœnus ostendit corpora militum « cicatri-

# CARMEN LXIV.

Currite, ducentes subtemina, currite, fusi.
    Namque, velut densas prosternens cultor aristas,
Sole sub ardenti flaventia demetit arva,          355
Trojugenum infesto prosternet corpora ferro.
Currite, ducentes subtemina, currite, fusi.
    Testis erit magnis virtutibus unda Scamandri,
Quæ passim rapido diffunditur Hellesponto;
Quojus iter cæsis angustans corporum acervis,     360
Alta tepefaciet permixta flumina cæde.

cibus putria» IX, 8. N. — *Variab. pectora palm.* variis coloribus distinguent tundendo, livida reddent. Familiaris hæc locutio Plauto. Sic in Prolog. Pœnul. 26 : « Ne et hi varientur virgis et loris », et Mil. Glor. v. 61 : *virgis varius.*

354. Pro *prosternens* in quibusdam, teste Vossio, *præcernens*, at in Maffei libro *præteriens*, unde legendum esse suspicatur Statius *præcerpens*. — *Præcernens* recepit et defendit ineptissimarum lectionum propugnator Corradinus. *Messor* pro *cultor* Venet. Gryph. Græv. Muret. — *Namque velut densas*, etc. Fundum hujus comparationis jam indicavit Vulpius Homer. Iliad. XI, 67 sqq.

355. *Sole sub ardenti*, suum fecit Virgil. Eclog. III, 13. — *Demetit*, hinc sæpe deinde *metere* et *demetere* a messe ad cædem hostium translatum est; exempla vide apud Drackenb. ad Sil. Ital. X, 147.

358. *Magni virtutibus unda Scamandri* perperam vult Heins. in not. ad Catull. gravius enim et aptius virtutes Achillis *magnæ* vocantur. — *Testis erit magn. virtutibus unda Scamandri.* Sæpe ad virtutes virorum fortium probandas fluvios in testimonium advocare solent poetæ. Vid. nos supra ad Carm. XXIX, 20. — At præcipue h. l. appellandus fluvius Scamander, quo cum Achilles concertavit. N.

359. *Quæ passu rapido* olim tentabat Mitscherl. sed recte revocavit (in Lect. in Cat. p. 151) *passim*, quod explicat ἀθρόως. — *Passim*, longe lateque.

360. *Augustans* pro *angustans* volebat Burmann. Sec. ad Lotichium I, 10, 25, sed recte nostram lectionem defendit Mitscherl. — *Quojus iter* etc. sensus : cujus decursus cæsorum corporum acervis angustatus sanguine miscebit mare et illud tepefaciet. *Iter angustans*, h. e. angustum vel angustatum. *Cæsis*, ex solemni epithetorum permutatione, proprie referendum ad *corporum*.

361. *Tepefaciet*, contra aliorum exempla secundam in hoc verbo producit Poeta, ut infra Carm. XC, 6, in *liquefaciens*. — Cæterum conferendus omnino Hom. Iliad. XXI, 218 sqq. ubi Scamander στεινόμενος νεκύεσσι de hac re queritur. — Nonne alio modo atque Doeringius exponit, hic locus explanari possit, substituto nomine *Achilles* cui referas verba *angustans* et *tepefaciet*?

Currite, ducentes subtemina, currite, fusi.

Denique testis erit morti quoque dedita præda;
Quum teres excelso coacervatum aggere bustum
Excipiet niveos perculsæ virginis artus.                365
Currite, ducentes subtemina, currite, fusi.

Nam simul ac fessis dederit fors copiam Achivis
Urbis Dardaniæ Neptunia solvere vincla;
Alta Polyxenia madefient cæde sepulcra;

---

Simplicior et minus ambitiosa interpretatio. N.

363. *Marti* pro *morti* male in quibusdam. — *Præda*, Polyxena, *morti dedita*, cæsa, mactata: nihil amplius. Senec. Med. 1005: « me dede morti, noxium macta caput. » — Et sic *neci dedere* apud Virgil. Georg. IV, 90, et passim alibi. — Haud satis vim vocis *quoque* interpres intelligit, qui *morti dedita* illo sensu curat accipiendum. Nempe Vates supra dixit testem fore fluvium virtuti Achillis viventis pugnantisque, et adjicit etiam illi mortuo prædam datum iri monumentum laudis eximiæ. « Testis erit quoque præda devota morti i. e. mortuo. » Cf. Cic. pro Mil. c. 32: « Non fuisse credo fas ullo in loco potius ejus *mortem* lacerari. » Prop. II, 10, 22: « nec sit in Attalico *mors* mea nixa toro. » N.

364. Pro *teres* in nonnullis scriptis teste N. Heins. *terræ*; unde ille ingeniose rescribendum putat: « Cum Teucro e basso coacervatum agmine bustum; » multi enim mactati Trojanorum ad Achillis tumulum. Q. Calaber III, 117. — *Quum teres excelso coacerv. aggere bust.* intellige genus tumulorum ex congesta in collis altitudinem humo antiquissimum. Loca Homeri Iliad. II, 604, VII, 86 sqq., XXIII, 245, indicavit *Heyne* ad Virg. Æn. XI, 850. — *Teres*, oblongum: nihil amplius. Vulpius innui putat cippum, aut columnam tumulo Achillis impositam, nec hoc male. Idem opportune laudat Eurip. Hecub. v. 220: « Ἔδοξ' Ἀχαιοῖς.... Πολυξένην Σφάξαι πρὸς ὀρθὸν χῶμ' (excelsum aggerem) Ἀχιλλείου τάφου. »

365. *Niveos*, pulchros, *perculsæ*, ictæ, occisæ. — Expende autem, quam egregie in hoc et superiori versu exornata sit vulgaris oratio: Quum super excelso busto pulchra virgo mactabitur.

367. In aliis *sors*, ex perpetua harum vocum confusione: vid. quos magno numero in hanc rem laudat *Drackenb.* ad Sil. Ital. V, 104, et ad Liv. I, 4, p. 30. — *Fessis Achivis* confectis et fractis belli longinquitate.

368. *Urb. Dard. Neptunia solvere vincl.* — *Solvere* est *destruere* plane ut Homericum λύειν, Iliad. XVI, 100: « Ὄφρ' οἶοι Τροίης ἱερὰ κρήδεμνα λύοιμεν. » *Neptunia vincula*, Trojæ mœnia a Neptuno et Apolline exstructa. *Neptunia mœnia* vocat Propert. III, 9, 41.

369. In MSS. testante Statio,

# CARMEN LXIV.

Quæ, velut ancipiti succumbens victima ferro, 370
Projiciet truncum submisso poplite corpus.
Currite, ducentes subtemina, currite, fusi.
  Quare agite, optatos animi conjungite amores;
Accipiat conjux felici fœdere Divam;
Dedatur cupido jamdudum nupta marito; 375
Currite, ducentes subtemina, currite, fusi.
  Non illam nutrix orienti luce revisens,
Hesterno collum poterit circumdare filo.
Currite, ducentes subtemina, currite, fusi.
  Anxia nec mater discordis mœsta puellæ 380
Secubitu, caros mittet sperare nepotes.
Currite, ducentes subtemina, currite, fusi. »
  Talia profantes quondam, felicia Pelei

omnibus, *madescent* pro *madefient*, unde ille vult *madidescent*. — *Alta Polyxen. madef.* etc. Polyxena, Priami filia, a Pyrrho ad Achillis tumulum jugulata, maximam argumenti partem efficit apud Euripid. in Hecuba.

370. Male hi duo versus hactenus interpuncti et intellecti sunt. Junge: «Quæ victima ferro ancipiti succumbens corpus submisso poplite velut truncum projiciet.» Nam quum vera esset victima Polyxena, nullo modo *velut* trahi potest ad *victima.* — Male scrupulum huc injicit Doering. nam Polyxena non victima in tumulo cæsa, sed conjugi conjux reddita dicebatur. Itaque τὸ *velut* cum *victima* junge, ut fieri solet. N. — *Ferrum anceps* est instrumentum, quo victimam popæ percutiebant, quod proprie *securis* vel *bipennis* dicitur. Vid. *Drackenb.* ad Sil. Ital. XVI, 264.

371. *Submisso poplite*, flexo et labante. Observent tirones horum versuum ornatum.

373. *Opt. anim. conjung. amor.* — *Jungere* et *conjungere* amores in re Venerea; vid. *Heyne* ad Tibull. I, 1, 69, et Heins. ad Ovid. Rem. Amor. 407.

375. *Dedatur.* Conf. supra ad Carm. LXI, 59. — *Cupido* sc. συνουσίας. Cf. Tibull. I, 8, 56, et ibi *Heyne.*

378. *Hestern. coll. poter. circumd. filo*: cervix enim virginis post primam, qua cum novo marito concubuerat, noctem tumentior signum erat διακορεύσεως. De hac atque aliis, ridiculis hercle et inficetis, amissæ virginitatis notis omnia fere collegit *Krünitz* in Encyclop. T. XXXI. p. 774, et quem ibi laudat *Lanzoni* Advers. VI, 8.

380, 381. Sensus : nec mater ob discordiam puellæ cum marito spem prolis et posteritatis abjiciet.

383. *Profantes*, vaticinantes. —

Carmina divino cecinerunt omine Parcæ.
Præsentes namque ante domos invisere castas, 385
Sæpius et sese mortali ostendere coetu
Cælicolæ, nondum spreta pietate, solebant.
Sæpe pater Divum templo in fulgente revisens
Annua quum festis venissent sacra diebus,

Pro *præfantes*, quod vitiose in omnibus editt. legitur, reposui *profantes*; nam *profari*, non *præfari*, est prædicere, vaticinari, ut egregie docuerunt J. F. Gronov. et Drackenb. ad Liv. XXII, 1, Tom. III, p. 520, et sic legit jam locum nostrum Tollius et Passeratius. *Præ* et *pro* infinitis in locis turbata sunt a librariis, ut in *præ gredi* et *pro gredi*. Vid. Drackenb. ad Liv. IX, 10, § 6, Tom. II, p. 871. — Pro *felicia* in quibusdam *fatalia*.

384. *Cecinerunt pectore* in editt. omnibus pæne vett. Venet. Gryph. Muret. — Sed Scaliger ex suo libro, ut ait, correxit *omine*. Utrumque eodem jure locum habere potest. Vossius, quum liber Vat. offerat *pectine*, tentat *diviso pectine*. Eodem modo correxit supra v. 322, *diviso carmine*, ubi vid. Var. Lect. *Carmine divino cecinerunt omina Parcæ* sine omni necessitate refingit Lennep. Sed Lenzius, quum nihil de Diis proxime præcesserit, et quomodo hæc superioribus apta et nexa sint, difficile dictu sit, hunc et antecedentem versum sic emendat in not. ad h. c. p. 187: « Talia præsentes quondam felicia Pelei Carmine apud Divos cecinerunt omina Parcæ. Præsentes namque ante », etc. — Immo sine hac emendatione egregie omnia cohærent.

385. *Præsentes*; Parcæ, quæ coram in his nuptiis futura fata cecinisse finguntur, ansam præbent Poetæ excurrendi in aureæ ætatis descriptionem; cohæret autem oratio sic : « Parcæ hæc coram in his nuptiis quondam profatæ sunt; namque tunc temporis *præsentes* adhuc *cælicolæ* » etc.

386. Pro *sæpius*, quod est in editt. vulgatt. in libr. MSS. legitur *Nereus* vel *Hereus*, quod a quibusdam mutatum est in *Heroum*. — Meleager volebat *verius*. — *Cœtu* antique pro *cœtui*, ut centies apud Virgil.

387. *Spreta pietate*, i. e. quum mortales nondum pie erga Deos se gerere dedignabantur. N.

388. Junge : « sæpe pater Divum annua sacra, quum (*illa*) festis diebus venissent, revisens in templo fulgente (*splendido*) conspexit » etc. — Per *annua sacra* autem intelliguntur ludi antiquissimi, cultui Jovis consecrati, in quibus Jupiter ipse cum Saturno lucta certavit. Primum fortasse annui fuerunt apud Cretenses, horum ludorum auctores; deinde ab Hercule in Elidem translati tertio quoque anno celebrari cœperunt, donec quinquennales fierent. Vid. Voss.

389. Pro *dum*, quod est in vulgatt. editt. rescripsi *quum*, et sic est, ut testatur editor. Cantabrig. in edit. R. et L. MSS. et margine

## CARMEN LXIV.

Conspexit terra centum procurrere currus.    390
Sæpe vagus Liber Parnassi vertice summo
Thyadas effusis evantes crinibus egit;
Quum Delphi, tota certatim ex urbe ruentes,
Acciperent læti Divum fumantibus aris.
Sæpe in letifero belli certamine Mavors,    395
Aut rapidi Tritonis hera, aut Rhamnusia virgo
Armatas hominum est præsens hortata catervas.
Sed postquam tellus scelere est imbuta nefando,
Justitiamque omnes cupida de mente fugarunt;
Perfudere manus fraterno sanguine fratres;    400
Destitit exstinctos gnatus lugere parentes;

Heinsiani libri. — Sexcenties autem voces *dum* et *cum* permutatæ sunt a librariis; vid. *Burmann.* ad Phædr. Fab. I, 10, 13, et *Drackenb.* ad Liv. I, 40, p. 167.

390. In duobus MSS. Statii *percurrere*; in Maffei libro *procumbere*, male! vitiose quoque in quibusdam pro *currus* legitur *Cretum.*

391. *Sæp. vag. Lib. Parnas. vertic.* ergo et Baccho sacer fuit Parnassus.

392. *Egit,* furore perculit, impulit: ut notum. Videsis *Heins.* ad Ovid. Art. Am. I, 496, et ad Valer. Flacc. III, 392.

394. *Lacti spumantibus* profert ex libris veteribus, quos se trivisse ait, et defendit Vossius. *Lacti,* addit, pro *lacte* more antiquo. « Notum enim Veteres dixisse non tantum *lac* et *lacte* sed et *lactis* in casu recto. » Vossio suo adhæret Vulpius. *Acciperent Lætonigenam* vel *Letoidem acciperent læti* vel *Letoum acciperent.* — *Læti* pro *Latoum* tentat Heins. in not. ad Catull. eumdem cf. in Advers. I, c. 17, nimis docte!

« Acciperent *tædis* Divum fumantibus *acres,* » ut Bacchi cultui consentaneum sit, mavult Lenz. in not. ad h. c. p. 189; *acres* ut *alacres* accipit de furibundo Bacchi comitatu. — Neque hæc emendatio mihi videtur necessaria.

396. *Tritonis hera,* Minerva, quæ ad lacum Tritonis virginali primum habitu apparuisse dicitur. De Tritone lacu vid. quibus testimonium denunciat *Wesseling.* ad Diodor. Sic. III, 53, n. 61, Tom. I, 221. — *Rhamnusia virgo,* Nemesis sive Adrastea, a cultu in pago Rhamnunte sic dicta. Vid. inprimis *Spanhem.* ad Callimach. H. in Dian. v. 232. — De Nemesis mytho eleganter et docte disputat *Herderus* in *zerstreute Blätter* Collect. II, n. 4.

398. *Imbuta,* polluta.

399. *Justitiamque omnes,* omnes fere, qui Saturni ævum descripserunt, mentionem injiciunt Astreæ, ut Hesiod. et alii. — *Cupid. de ment.* pravis cupidinibus indulgente. — Compara omnino cum his et sequentibus Ov. Met. I, 145 — 150.

Optavit genitor primævi funera gnati,
Liber ut innuptæ poteretur flore novercæ;
Ignaro mater substernens se impia gnato,
Impia non verita est divos scelerare penates;
Omnia fanda, nefanda, malo permixta furore
Justificam nobis mentem avertere Deorum.
Quare nec tales dignantur visere cœtus,
Nec se contingi patiuntur lumine claro.

402. *Captavit* pro *optavit*, ut gravius, præfert Mitscherl.

403. *Lib. ut innupt.* etc. ut sine impedimento florentem ætate puellam in matrimonium ducere posset. *Noverca* eleganter et invidiose pro *puella*, quæ noverca futura est. Invisi autem sunt privigni novercis, et eorum causa sæpe nuptias repudiant. — *Potiretur*, al. *Poteretur* scribendum est antiquo more, ut sit brevis antepenultima. Ovid. Metam. XIII, 130: « Tuque tuis armis, nos te poteremur, Achille. » At de sententia vers. 402, 403, interpretes, inquit Vulpius, recte animadverterunt a Catullo notari scelus nefarium Catilinæ, qui, ut Sallustius refert c. 15, captus amore Aureliæ Aurestillæ. . . . quod ea nubere illi dubitabat timens privignum adultum ætate, pro certo creditur, necato filio vacuam domum scelestis nuptiis fecisse. Vulpio equidem assentior, quia hoc sceleris exemplum eximium est inter cæteras quæ apud poetas in ferrea ætate describenda imagines occurrunt, et Catullus amicus Ciceroni fuit et eodem quo omnes boni Catilinam odio perhorruit. N.

404. *Se obsternens* minus bene Barth. ad Stat. Theb. II, 663. — *Se substernens*, quam graphice de lasciva muliere, quæ mari se obtrudit et libidinis fructum extorquet. — *Ignaro*, inscio, se rem cum matre habere.

405. *Divos scelerare parentes*, ut intelligantur πατρῷοι θεοί, Dii paterni, proponit ex suo libro et defendit Scaliger. Sed ego revocavi *penates*, quod est in omnibus editt. antiquioribus. Vid. not. inf. — *Penates* et *parentes* sæpe confusi sunt. Vid. *Burm.* ad Val. Flacc. VII, 50. — *Divos scelerare penates*, sanctos Lares, sancta domus jura contaminare et polluere. Cf. infra Carm. LXVIII, 23 : « Sed pater illius nati violasse cubile Dicitur, et miseram conscelerasse domum. »

406. *Permissa* male in quibusd.

407. *Avertere.* Virgil. Æn. II, 170 : « aversa Deæ mens. » N.

408. *Tales*, tam impios et nefandos.

409. *Nec se contingi patiunt. lumine claro;* nec amplius coram apparent, et claris oculis se adspici patiuntur. — *Contingere aliquem oculis* dictum est, ut *contrectare oculis* apud Tacit. Annal. III, 12, ubi vid. *Ernesti* p. 235. — Forte etiam legi possit : « Nec se contingi patiuntur lumine claros. »

# C. VALERII CATULLI
# CARMINA.

PARS ALTERA,

QUÆ ELEGIACA CONTINET.

# PRÆFATIO.

Quamvis in more positum est, ut, qui in altera libri cujusdam, quem ediderunt, Parte præfantur, animum inprimis ad ea, quæ pars prior experta est judicia, advertant, et, quæ iniquiora visa sunt, refellere atque diluere studeant; causas tamen, cur equidem ab hoc more recederem, habui idoneas. Nam quod recte ab æquo judice monetur et reprehenditur, id a quolibet, qui non sui amore obcæcatus est, grato animo agnoscitur, et tacite in usum convertitur; quod vero a censore supercili012so, nil nisi vitia rimante, ficta subinde crepante, et de iis, quæ a sensu cujuslibet pendent, magna cum fiducia pronunciante studiose et præter modum carpitur et sugillatur, id, quum nemo sine prævaricationis suspicione in causa sua judex sedeat, rectius eorum, qui ipsi in his rebus vident, relinquitur arbitrio. Nihil igitur habeo, quod in limine alterius Partis, quæ Carmina Catulli Elegiaca continet, moneam, nisi ut aperiam, quorum diligentiæ accepti referendi sunt subjecti Indices. Priorem quidem *in Contextum* confecit Joannes Fridericus Straube, *Gothanus,* at posteriores *Nominum, Rerum et in Notas* Henricus Franciscus Fridericus Laurentii, *Cahlensis;* qui duo Juvenes cum laude, quæ in optimæ notæ discipulos cadit, maxima, et cum spe, quam de studiis excitarunt, lætissima, ante annum e disciplina nostra egressi, nunc altioris doctrinæ studiis severam operam navant in Academia Ienensi, ibique in via, qua ad veram gloriam itur, strenue pergunt. Scribebam Gothæ Calendis Martiis mdccxcii.

F. G. DOERING.

# NOVI EDITORIS ANNOTATIO

IN

## VERSUS CATULLI ELEGIACOS.

Nescio, lector optime, an diligentiæ morosæ me argueris, qui te de forma pentametri Catulliani, quatenus ab elegiaco cæterorum carmine differat, monitum velim. At hoc tironibus dictum sit. Quisquis Tibulli et Ovidii libros assidua manu versavit, sententiam disticho conclusam et ipsum pentametrum dissyllaba voce rite desinentem legere consuevit. His vero legibus soluta et immunis Catulli querimonia procedit, quæ, more Græcorum Camenæ, in hoc genere canendi, liberioribus magisque variis modis fertur. Namque apud eum nunc trisyllabis, nunc tetrasyllabis vocibus cadentes pentametri occurrent; neque intra distichi unius fines coercita semper consistet quæque sententia; at in proxime sequentem sæpenumero impetu doloris abrepta exundabit et evagabitur. Illam quidem inæquabiliter effundendæ poeseos elegiacæ licentiam magis quam minorum vel elegantissimam sedulitatem probaverim. Quis enim distichi angustiis dolorem astrictum neque claustra effringere unquam audentem malit, quam felicem illam, qua carmen illaboratum neque ex composito concinnatum in flebiles sonos erumpere videtur, incuriam? Quis Græcorum, quibus ore rotundo dedit musa loqui, pentametro in varios plenioresque numeros cadenti latinum gracili vocis dissyllabæ exiguitate semper in fine subsilientem anteponat?

Catullus vere elegiaci carminis effigiem e Græcis desumpserat, cujus postea, qui illud refinxerunt, indolem, dum corrigere studerent, arte corruperunt.

Sunt qui existiment primum ante omnes Catullum versibus elegiacis canendi exemplum latinis præbuisse. Sed ab hoc errore mentem revocassent, si multos amasios poetas ante Catullum exstitisse, quorum AULUS GELLIUS[1] vel carmina refert, vel mentionem facit, meminissent.

---

1. Noct. Att. XIX, 9.

N.

# C. VALERII CATULLI
## CARMINA.

## CARMEN LXV.

#### AD HORTALUM.

Etsi me assiduo confectum cura dolore
Sevocat a doctis, Hortale, virginibus;
Nec potis est dulces Musarum expromere fœtus

Arg. Rogatu Hortali, provinciam susceperat Catullus vertendi e Callimacho *de coma Berenices* carminis; sed gravi dolore, ob mortem dulcissimi fratris suscepto, quo minus tum vacare posset huic labori, impeditus fuit. Exsolvit tamen, post aliquod temporis intervallum, hanc datam fidem Hortalo, missoque, quod subjectum est, e Callimacho de coma Berenices verso carmine, tam causam tarditatis, quam memorem promissorum animum mollissimis versibus declarat. Per Hortalum intelligit Vossius *Q. Hortensii* oratoris nepotem, quod nullo modo permittit temporum ratio: immo ipse avus *Q. Hortensius* orator intelligendus est, quem æque ac filium et nepotem dictum fuisse *Hortalum* vel e Cicerone constat; vid. ad Atticum II, 25, IV, 15, cf. *Ernesti* ad Sueton. Tiber. c. 47,

p. 220, edit. nov. et in Clav. s. v. *Hortalus*. — Vernaculæ linguæ numeris hoc carmen adstrinxit Cl. *Rodo in* carminibus e latina lingua versis, p. 77.

1. *Defectum* in quibusdam, teste Vossio; sed quis de multo graviori et aptiori nostra lectione dubitet? — *Etsi me assiduo*, etc. Graviter et oratorum more orationis exordium Poeta usque ad v. 15, producit; quem quidem orationis colorem imitatus est auctor Ciris: « Etsi me vario jactatum laudis amore, etc. Non tamen absistam cœptum detexere munus. » — *Cura* luctus, sollicitudo.

2. *Ortale* sine adspiratione in multis. — *Sevocat a d. virg.* animum meum ita turbat, ut Musis operari nequeat.

3. *Exponere* Vossius in not. De solemni utriusque apud librarios

Mens animi : tantis fluctuat ipsa malis !
Namque mei nuper Lethæo gurgite fratris
Pallidulum manans alluit unda pedem ;
Troia Rhœteo quem subter litore tellus
Ereptum nostris obterit ex oculis.
Alloquar ? audierone unquam tua facta loquentem ?
Nunquam ego te, vita frater amabilior,

confusione vid. *Nic. Heins.* ad Ov. Fast. III, 725, et *Burmann.* ad Quintil. Decl. II, 4. — *Sensus* vel *fletus* in aliis, quod posterius retinendum censet Vossius : *dulces fletus* enim Catullum vocare putat elegos, præcipue elegiam sequentem, quæ sit quasi fletus comæ Berenices, quam loquentem inducit Poeta. — MS. Bibl. reg. n° 1165, dat « expromere fœtus, » quæ genuina lectio et Catulliana mihi videtur. N.

4. *Icta malis* eleganter conjicit Heinsius in notis ad Cat.—Passim enim ad summam vim exprimendam *mens icta dolore, metu, malis,* dicitur ; vid. nos ad Carm. LXIII, 79, in not. —*Mens animi*, antiqua loquendi ratio, Lucretio et Plauto familiaris. Homerus sæpe θυμὸς ἐν φρεσί. Cf. *Schrader.* ad Musæum, c. 9, p. 192. — De hoc genere dicendi consule Plaut. Cistell. II, 1, 6, Epid. IV, 1, 4, Lucr. IV, 758. N.

5. *Lethæi gurgite* in librr. MSS. Statii. — *Namque mei*, etc. Junge : « namque unda Leth. gurgite manans pallidulum fratris mei pedem nuper alluit ; » expende ornatum, pro vulgari « nam frater meus ex vita nuper migravit ad inferos, mortuus est. » — *Manans unda gurgite Lethæo* dicitur, ut apud Ovid. Rem. Amor. 618 : « De prope currenti flumine manat aqua. » Sic Theocritus XXV, 9. «Ἀλλ' αἱ μέν ῥα νάοντος ἐπ' ὄχθαις ἀμφ' Ἐλισοῦντος.» — Aqua lento flumine decedens *manare* proprie dicitur, et h. l. optime appositum. N. —*Pallidus*, solemne rerum infernarum epithet.

7. *Troia tellus* pro *Troia* dictum, ut ( supra Carm. XXXIX, 17 ) *Terra Celtiberia*, ubi vid. not. — *Rhæteo litore*, Troadis regionis promontorio, vel Ajacis sepulcro satis noto.

8. *Obtegit* in quibusdam vett. teste Vossio. *Obruit* tentabat Statius. — *Obterit* gravius et exquisitius pro vulgari *obtegit ;* sic terra ingesta sepultus apud Lucret. III, 916 dicitur *Obtritus pondere terræ.*

9. Hunc versum, tanquam spurium, nec in ullo libro MS. apparentem, damnarunt Statius et Scaliger ; sed reducendum eum putavit Vossius : idemque in editt. Venet. Gryph. Muret. et antiquis aliis legitur. Habet certe ille nihil absoni, nec facile ob orationis nexum desiderari potest. — Pro *facta* in quibusdam *fata*, quæ sæpe confusa sunt ; vid. Drackenborch. ad Liv. III, 40, p. 705. — *Verba* in editt. Venet. Gryph. Muret. — Deest quidem hic versus in meo MS. Sed nothum hunc non facile crediderim, quo affectus animi tam vivida veraque imagine exprimitur. N.

## CARMEN LXV.

Adspiciam posthac? At certe semper amabo,
 Semper mœsta tua carmina morte canam;
Qualia sub densis ramorum concinit umbris
 Daulias, absumpti fata gemens Ityli.
Sed tamen in tantis mœroribus, Hortale, mitto
 Hæc expressa tibi carmina Battiadæ;
Ne tua dicta vagis nequicquam credita ventis

11. *Amabo* sc. te. De particula, quæ redundet, male accipit Voss.

12. *Tegam* in MSS. omnibus, indice Statio, quod defendit Theodorus Marcilius; inde factum est *legam*, quod in multis, ut Ald. Venet. et aliis excusum reperitur; sed vulgatam lectionem *canam* evincit v. sequens. — *Morte tua* h. e. *ob* vel *in* tuam mortem.

13. Nobilissimæ hujus comparationis fundus est apud Homerum in descriptione summi mœroris Penelopes Odyss. XIX, 518-522, cf. Virgil. Georg. IV, 511 sqq. et quæ ibi in hanc rem collegerunt exempla *Cerda* et *Guellius*.

14. *Assumpti* in quibusdam antiquioribus; male! nostram lectionem confirmat locus Propertii III, 10, 10; « Increpet absumptum nec sua mater Ityn. »—*Daulias*, Philomela, vel potius h. l. Progne in lusciniam mutata, sic dicta ab urbe Daulia in agro Phocensi, ubi ( teste Thucydide II, 29 ), sedem habuit rex Tereus. Fabula Terei vel ex Ovidio satis nota est, Met. VI, 412-676. Sequi autem Noster videtur eos, qui Prognen in lusciniam et Philomelam in hirundinem mutatam esse tradunt. Idem fecit Anacreon, Od. XII, Virg. Eclog. VI, 80, et multi alii; de quo hujus fabulæ dissensu vid. *Heyne* in notis ad Apoll. III, 14, 8, p. 842, et laudatus ibi *Meurs.* de Regg. Athen. II, 4, 5. —*Absumpti*, a patre devorati; vid. *Var. Lect.* — *Ityli*, sic vocatur quoque filius Terei ab Homero l. l. παῖδ᾽ ὀλοφυρομένη Ἴτυλον φίλον : sed vulgo ille audit *Itys*.

16. *Excerpta* Scaliger et alii. — *Experta* ad librorum plurimorum fidem reduxit Vossius, quod more suo probat et defendit Vulpius, adjecta explicatione : « παθητικῶς nempe quæ ipse sum expertus ; quæ vertere de Callimacho tentavi ; » sed nostra lectio accommodatissima videtur, quam tuentur omnes fere editt. antiquiores. — Item meus MS. N.—*Battiadæ*, Callimachi, vel a patria Cyrene, cujus conditor fuisse traditur Battus, vel ejus stirpis auctore Batto ita appellati; propius tamen veritati accedere videtur prior explicatio : cf. *Burmannus* ad Ovid. Amor. I, 15, 13, et *Spanhem.* ad Callimach. H. in Apoll. v. 65.

17. *Nequicquam*, nulla eorum ratione habita; vel refer *nequicquam* ad *putes*, hoc sensu, « ne frustra et temere forte putes. »—*Credita ventis*, dissipanda ventis tradita. Si quis malit jungere *nequicquam credita*, sumendum est *nequicquam* pro *temere*, ματαίως.—Neque, ut opinor, alio referenda illa vox : ut supra

Effluxisse meo forte putes animo;
Ut missum sponsi furtivo munere malum
Procurrit casto virginis e gremio,
Quod miseræ oblitæ molli sub veste locatum,
Dum adventu matris prosilit, excutitur,
Atque illud prono præceps agitur decursu;
Huic manat tristi conscius ore rubor.

Carm. LXIV, 164, « nequicquam conqueror auris » Catullus dixit; quævis alia verborum compositio sensum non idoneum facit. N.

19 sqq. Finit carmen Poeta comparatione, qua ad excusandam rei cujusdam caræ oblivionem nihil suavius, dulcius et ornatius cogitari potest. Sed parum hujus comparationis suavitatem et elegantiam cepisse videntur interpretes. Subjicit enim v. c. Muretus interpretationem hanc : « ne putes tua dicta ita ex meo animo effluxisse, ut malum e gremio virginis solet : » sic tota profecto friget comparatio. Imo Catullus exprimere voluit hoc : « Oblitus quidem sum paullulum, quod tibi promiseram, sed ita oblitus sum, ut virgo nonnunquam id quod in maximis habet deliciis, oblivisci, et hujus oblivionis causa, re subito oculis ejus subjecta, pudibundo rubore suffundi solet. » — Noli vatum excogitata disquisitoria indagine premere. N. — En egregie adumbratam levioris oblivionis cum pudore conjunctæ imaginem ! *malum :* mala enim ab amatoribus oblata grata inprimis fuerunt puellis munuscula ; vid. quæ in hanc rem congessit *Burmannus Sec.* ad Prop.

I, 3, 24. — *Missum furtivo munere* pro vulgari « clam muneri missum. » — *Sponsi,* sponsus pro amatore vel proco quolibet, ut passim. — *Miseræ,* amanti, cf. ad Carm. XXXV, 14. — Hanc Poeta *miseram* virginem vocat, quæ quod semet ipsam prodiderit, dolet. Gallice diceremus: *pauvre petite, pauvrette.* N. — *Oblitæ molli s. veste loc.* jam non cogitanti, illud sub veste sibi locatum esse.

23. *Atque illinc* in libris quibusdam Vossii. — *Atque* vulgo explicant pro *statim;* de qua quidem hujus vocis significatione non dubito; vid. *Drackenborch.* ad Liv. XXVI, 39, § 16, tom. III, pag. 1137; sed sic desidero copulam, quæ vix abesse potest in hoc loco. At si *atque* pro copula accipis, tum plane otiosum esse videtur *illud,* adest enim in versu 21, *quod,* quo referri debet *agitur.* Itaque e mea sententia vel explicandum est *atque illud* pro *illud vero*, vel locus corrigendus fortasse est sic : « Atque, illud prono præceps DUM agitur decursu; » sic egregie omnia sibi respondere videntur.

24. *Conscius*; index furtivi amoris, cujus puella sibi conscia est : exquisite !

# CARMEN LXVI.

### DE COMA BERENICES.

Omnia qui magni dispexit lumina mundi,

Arg. Quum carmen græcum Callimachi, quod precibus Hortali adductus latinis numeris exprimere studuit Catullus, ad nos non pervenerit, facultatem inde nobis et voluptatem, ex instituenda cum carmine græco comparatione tam constituendi hujus carminis integritatem, quam percipiendi omnem ejus elegantiam ereptam esse, valde dolendum est. — Loquens per totum hoc inducitur carmen Coma Berenices, quæ, « qua causa Veneri dicata, deinde inter Deos relata, et a Conone primum inter sidera animadversa sit, » fusius enarrat. Fuit autem Berenice, seu Beronice Ptolemæi Philadelphi ex Arsinoe majore filia, a fratre Ptolemæo Evergeta ex solemni more Ægyptiorum (de quo vid. Diodor. Sic. I, 23, et ibi *Wesseling*. p. 30, 31), in matrimonium ducta. Hæc, quum recens adhuc ejus conjux ad suscipiendam contra Assyrios expeditionem profectus esset, crinem suum, si sibi vir suus sospes inde victorque rediret, Veneri vovisse dicitur. Cujus voti quum, re præclare a Ptolemæo gesta, damnata esset, exsolvit se religione, et detonsum crinem in templo Veneris Arsinoes Zephyritidis appendit. Sed crinis ille postero die non amplius ibi comparuit. Quod quum regis reginæque perturbaret animum, exstitit Conon, insignis temporis astronomus, qui regis gratiam inire cupiens, crinem Deum numine sublatum et in sidus conversum esse doceret. Cf. Hyginus Poet. Astron. II, 24. — Hoc est, quod Callimacho tam ad Ptolemæi, numinis instar propter singulare bonarum artium studium a se culti, celebrandam gloriam, quam ad præclaram Cononis in rebus cælestibus collaudandam peritiam, materiem, quam carmine persequeretur, suppeditavit exoptatissimam. Lusit autem poeta, ut Poeta Alexandrinus, cui persona, quam induit in hoc carmine Comæ, mirum in modum arrisisse videtur. Vid. *de genio seculi Ptolemæorum*, *Heyne* Opusc. t. I, p. 177. — Græcæ linguæ hoc carmen reddere tentavit *Salvinius Florentinus*, quod in tironum gratiam Catulli carminibus subjiciendum curabimus; at idem numeris vernaculis incedere jussit *Rode* l. l. p. 65.

1. *Despexit* vitiose in MSS. Statii. — *Descripsit* male tentat Bentleius. — *Mœnia mundi*, quod dedit Vossius, jam explosum est a Bentleio. — *Dispexit; dispicere* non est simpliciter videre, sed videndo animadvertere, et reperire; ut passim apud Ciceronem. — *Mundi*, cæli, cf. ad Carm. LXIV, 206. — « Mundus cæli vastus constitit si-

Qui stellarum ortus comperit atque obitus;
Flammeus ut rapidi solis nitor obscuretur,
   Ut cedant certis sidera temporibus,
Ut Triviam furtim sub Latmia saxa relegans,
   Dulcis amor gyro devocet aërio;
Idem me ille Conon cælesti lumine vidit

lentio.» Ennius ed. Hess. p. 166. «Clarissima mundi lumina,» Virg. Georg. I, 5. N.

2. *Atque abitus* ex auctoritate vett. librorum defendit Meleager, qui usum loquendi, ex quo *abire* pro *obire* passim apud Veteres dicatur, exemplis confirmat. Sic supra Carm. LXI, 84, *abit dies*. Parum certe ab hac lectione abludit, quam Statius ex MSS. profert, *atque habitus*. — Melior quæ vulgo præbetur lectio; « Nec frustra signorum obitus speculamur et ortus. » Virg. Georg. I, 257. N. — *Comperit*, compertos habet, animadvertendo novit. — Conf. Virgil. Georg. II, 477-482. «Cæique vias et sidera monstrent, Defectus solis varios lunæque labores... Quid tantum Oceano properent se tingere soles Hyberni. » N.

3. *Qui comperit* (*ut*), qua ex causa sol deficiat. *Sol rapidus*, ob rapidum ejus cursum.

4. *Cedunt*, δύνωσι, occidant, evanescant; sic *cedere* simpliciter pro *abire*, *evanescere*, est apud Ciceronem, Cat. 19 : « horæ quidem cedunt et dies et menses et anni »

5-6. *Sublimia* et *sub Lamia* in libris vett. deprehendit Vossius, qui in posteriori acquiescens juga OEtæ montis intelligit, ad cujus radices urbs Lamia sita fuerit; sic sæpe Vossium nostrum impedivit doctrinæ copia. *Latmia* tuentur omnes libri vett. — Meus MS. *sublimia*. N.

— Pro *gyro* monstrosam lectionem *givodero* præ se ferunt MSS. Statii, unde fecit Vossius *clivo*. — Sensus est : « Qui comperit, quid sit, quod amor Lunam e cælo devocet, eamque ad furtivi amoris fructum in montem Latmum abire jubeat, » pro vulgari *cur luna in cælo deficiat.* Notissimus in fabulis est Lunæ amor in Endymionem, formosum illum seu pastorem, seu venatorem, quem dormientem in Latmo, monte Cariæ, Luna e cælo descendens furtim amplexa et deosculata esse fingitur, quam inde, si deficeret in cælo, delicias apud Endymionem facere dixisse videntur; quod certe ex hoc loco manifestum est. Fabulam Endymionis variis modis post Hesiodum tractatam fuisse, vel ex Scholiast. ad Apollon. Rhod. IV, 57, 58, intelligi potest. Cononem autem lunæ defectum non ex fabula, sed ex causis physicis interpretatum esse, sponte apparet. *Trivia* (Τρίοδος) Luna, ob cultum in triviis, quod fuit dea τρίμορφος. *Luna* in cælo, *Diana* in silvis, *Hecate* apud inferos. Cf. supra ad Carm. XXXIV, 15. — *Furtim* (κρυπταδίως) ad furta amoris. — *Relegans* tanquam exsulem abire jubens. — *Gyro aerio*, cælo.

7. *Cælesti munere.* Venet. divino

# CARMEN LXVI.

E Bereniceo vertice caesariem
Fulgentem clare: quam multis illa Deorum,
  Levia protendens brachia, pollicita est;
Qua rex tempestate, novo auctus Hymenaeo,
  Vastatum fines iverat Assyrios,

beneficio inter stellas fulgentem.— *Numine* Gryph. Muret. fortasse ut sit pro *majestate*. — Statius legendum suspicatur *nomine* vel *Coelesti lumine*, ut ad Cononem referatur, divina quadam oculorum acie praeditum. *Coelesti in lumine* Vossius et Vulp. adjecta interpretatione *in caelo tot sideribus relucente*. — Difficile sane est in nominibus, tam saepe librariorum negligentia confusis, veram a falsa lectione internoscere. Saepissime autem turbata et permista sunt *munus* et *numen;* vid. *Drackenborch.* ad Sil. Ital. VIII, 233, et quos ibi laudat. *Numen* et *nomen*, vid. *N. Heins.* ad Ovid. Heroid. XII, 78, et Trist. II, 40, 62; *numen* et *lumen*, vid. *Burmann.* ad Ovid. Heroid. XVIII, 155, Trist. II, 223, et Fast. II, 8, 67. Interim commoda nobis visa est, quam dedimus, lectio vulgata. — Noster MS. *numine*, quod tueri nolim, licet non absurdum. At non convenit aeque ac τὸ *lumine* cum graeco ἐν ἠέρι. Vid. inf. N. — *Ille* sc. tam clarus et excellens matheseos et astronomiae peritia; de qua hujus pronominis vi cf. supr. ad Carm. LVIII, 2, 3, et *Vulp.* ad h. l. — De *Conouis* autem celebritate, cujus magna cum laude aliquoties mentionem injicit Archimedes, cf. Virg. Ecl. III, 40, et ibi *Heyne.* — *Coelesti lumine* junge cum verbo *fulgentem* in v. 9, h. e. « vidit

me caelesti stellarum fulgore clare resplendescentem; » sic nihil difficultatis inesse video; sed in lectione mirum in modum variant editiones. Si quid mutandum sit, malim *coelesti in limite*, vel *limine;* in scribendis enim vocibus *lumen* et *limen* saepissime aberrarunt librarii. Vid. *Burmann.* ad Suet. Calig. 45, et quos laudat *Drackenborch.* ad Sil. Ital. I, 66, cf. inf. v. 59. — Et sic magis expressus videtur versus Callimachi, quem servavit nobis Scholiastes Arati p. 21 : « Ἠδὲ Κόνων μ.' ἔβλεψεν ἐν ἠέρι τὸν Βερενίκης Βόστρυχον, ὃν κείνη πᾶσεν ἔθηκε θεοῖς. »

9. *Dearum* Venet. Gryph. Muret. Noster quoque. N. — Multis *Dearum* graecanica locutio. N.

10. *Levia*, pulchra, cf. ad Carm. LXIV, 333, et si tanti est, *Casp. Barth.* Advers. p. 161. — *Protendens*, χεῖρας ἀνάσχων. — *Pollicita est*, devovit; de more Veterum comas Diis consecrandi, praeter Stat. et Vulp. ibi cf. *Junius de Coma* p. 509.

11. *Novis auctus hymenaeis* Gryph. Muret.— Pro *auctus* reponit *mactus* Anna Fabri in notis ad h. l. in Fragmm. Callimach. — *Qua tempestate* cf. supra ad Carm. LXIV, 73. *Nov. auct. Hymen.* novis nuptiis, nova conjuge *auctus; — augeri aliqua re*, est aliquid accipere, quod conditionem nostram ampliorem et feliciorem reddit. — Hiatum, quo hic versus laborat, consulto for-

Dulcia nocturnæ portans vestigia rixæ,
  Quam de virgineis gesserat exuviis.
Estne novis nuptis odio Venus? anne parentum
  Frustrantur falsis gaudia lacrimulis,
Ubertim thalami quas intra limina fundunt?
  Non, ita me Divi, vera gemunt, juerint.
Id mea me multis docuit regina querelis,
  Invisente novo prælia torva viro.
At tu non orbum luxti deserta cubile,

tasse Poeta vitare noluit; de producta ultima in voce *auctus* cf. sup. ad Carm. LXII, 4.

13. *Dulcia vestigia*, intellige livorem ex morsiunculis amatoriis. Claud. in Fescenn. v. 126: « Tum victor madido prosilias toro, Nocturni referens vulnera prælii. »

14. *De virgin. exuv.* de virginitatis spolio, de eripienda et spolianda virginitate.

15. *Atque parentum* in MSS. Statii. Male! — Ad declarandam amoris, quo novæ nuptæ maritos amplectuntur, vehementiam, lepide jam movet Coma Berenices dubium, utrum lacrimæ, quas novæ nuptæ, e domo parentum in thalamum novi mariti discedentes, ubertim fundere solent, ex animo profectæ, an potius falsæ, et vi expressæ videri debeant. Posterius probat exemplo Berenices, quæ novi mariti in bellum proficiscentis discidio tanto percussa fuit dolore, ut palam esset, quanto Veneris teneretur desiderio.

16. *Frustrantur gaudia parentum falsis lacrimulis*: parentes, qui gaudent, quum piam filiam tam invito animo a se discedere vident, falluntur falsis ejus lacrimulis. Scali-

ger comparat Fragment. Callimachi, quod vide in Fragment. a Bentleio collectis CXVIII, edit. Ernest. p. 486.

17. *Intra lumina* in duobus MSS. Statii; *inter lumina* in uno, ex solemni vocum *limen* et *lumen* confusione; cf. ad v. 7.

18. *Juverint* in vulgg. editt. contra metri rationes. Totum versum satis audacter N. Heinsius in notis ad Catull. emendat sic, « Non ita, ne Divi, ut vera gemant, sierint », a sino, sivi, sii. Nos dedimus antiquam lectionem *juerint* ex editt. Venet. Muret. Stat. Cantabr. conf. not. inf. — *Vera gemunt*, vere et ex animo. *Juerint* antique pro *juverint*. Sic Ennius apud Cic. de Senect. ab initio: « O Tite, si quid ego adjuero curamve levasso. » — *Ita me D. j.* Solemnis apud Latinos affirmandæ cujuslibet rei formula; quasi dicerent: « Ita mihi faveant Dii, ut est vere quod dico; sin minus, nolint ». Cf. Plaut. Bacch. I, 2, 3; Captiv. IV, 2, 97, et passim. N.

20. *Invisente viro prælia*: *invisere prælia* est *proficisci in bellum*.

21. *Et tu non orbum* Venet. — *Et tu vero orbum* protulit Vossius, quem secuti sunt editor Cantabrig.

## CARMEN LXVI.

Et fratris cari flebile discidium.
Quum penitus moestas exedit cura medullas;
Ut tibi nunc toto pectore sollicitæ
Sensibus ereptis mens excidit! Atqui ego certe 25

Vulp. edit. Gotting. et alii. Sed ne sic quidem procedit oratio; ut taceam, substitutam particulam *vero* nimis dissimilem esse antiquæ lectioni *non*.—Vitiosum hunc locum esse, e quo, ut nunc legitur, nec sensum commodum elicias, nec nexum facile in eo cum antecedentibus deprehendas, sponte apparet; quem quidem levissima immutatione emendari posse puto sic, si *ut* pro *at* et *nunc* pro *non* rescripseris: *Ut tu nunc orbum luxti deserta cubile.* « O quam luxisti tunc (inquit Coma), quum viro novo in bellum profecto deserta jaceres in lecto viduo! » Sic bene sibi respondent omnia. *Ut* est particula admirantis, et *nunc* ut *tunc* sæpissime de re gesta dici solet. Vid. *Burmann.* ad Ovid. Heroid. XVIII, 95. Egregie autem hanc emendationem confirmat v. 24, ubi *ut* et *nunc* eodem modo dicitur; cui eo magis locus relinquendus videtur, quod particulæ *ut* et *at*, *nunc* et *non*, in vett. scriptis sæpissime confusæ sunt librariorum negligentia; de *ut* et *at* vid. *N. Heins.* ad Ovid. Heroid. XII, 1, de *nunc* et *non Drackenb.* ad Liv. IX, 7, 5, tom. II, p. 856.

22. *Sed fratris*, peperit hanc lectionem vitiosa lectio versus majoris; recte igitur jam Vossius restituit *et*. Sæpius quoque voculæ *sed* et *et* commutatæ sunt scribarum negligentia; vid. *Drackenborch.* ad Liv. XXI, 26, 6, tom. III, pag. 402.—*Dissidium* male in nonnullis editt. in *dissidio* enim est dissensio, in *discidio* autem sejunctio. Fuse et accurate de horum verborum discrimine et permutatione disputavit *J. F. Gronovius* ad Liv. XXV, 18, et post eum *Brouckhusius* ad Prop. II, 19, 16, et ad Tibull. I, 5, 4. — *Et fratris* : cf. argum.

23. *Quam* egregie emendavit Bentleius in not. ad h. l. Confusæ sunt hæ particulæ et in aliis scriptoribus. Cf. *Drackenborch.* ad Liv. XXVII, 28, 5, tom. IV, p. 90.— *Quum*; lege potius, si vis orationi consulere, cum Bentleio *Quam.* — *Exedit cura med.* cf. supr. Carm. XXXV, 15. « Ignis interiorem edunt medullam. » Ubi conf. not. Sic Horat. *curas edaces*, Hesiodus γυιοβόρους μελεδῶνας dixit.

24. *Tunc* in aliis ex solemni confusione particularum *tunc* et *nunc*; vid. *Drackenborch.* ad Liv. III, 6, 1, tom. I, pag. 654, conf. not. ad vers. 21.

25, 26. *Sensibus e rectis* fecit Vossius ex lectione antiqua *sensibus erectis*. — *Atque ego* Venett. — *Ast ego* Gryph. Muret.—*At te ego* Voss. — Nostram lectionem proposuit Stat. quem secutus est editor Cant. Grævius. — Turbavit certe particulas *atqui* et *atque* sexcenties scribarum negligentia; vid. *Drackenborch.* ad Liv. III, 52, 8, tom. I, p. 760; sed recte monet *Cort.* ad Sallust. Jugurth. IV, 3, *atque* interdum poni pro *atqui*, et occupationi inserviens idem notare quod

Cognoram a parva virgine magnanimam.
Anne bonum oblita es facinus, quo regium adepta es
Conjugium, quod non fortior ausit alis?
Sed tum moesta virum mittens, quæ verba locuta es!
Jupiter, ut tristi lumina sæpe manu!
Quis te mutavit tantus Deus? an quod amantes
Non longe a caro corpore abesse volunt?

*et tamen*, quod hic quoque locum habere potest. — *Mens excidit*: Apollonius Rhod. III, 961: Ἐκ δ' ἄρα οἱ κραδίη στηθέων πέσεν. — *Atqui ego certe.... magnanimam;* si sic legimus, supplendum est *te*: vid. supra. — « Certe tamen ego (inquit Coma, ad novam Berenices ob mariti discessum animi mollitiem respondens), magnum et fortem animum a prima ætate in te animadverteram. » Rem illustrat locus Hygini Poet. Astronom. II, 24: «Hanc Berenicem nonnulli cum Callimacho dixerunt equos alere, et ad Olympia mittere consuetam fuisse. Alii dicunt hoc amplius, Ptolemæum, Berenices patrem, multitudine hostium perterritum, fuga salutem petiisse, filiam autem sæpe consuetam insiliisse in equum, et reliquam exercitus copiam constituisse et complures hostium interfecisse, reliquos in fugam conjecisse, pro quo etiam Callimachus eam magnanimam dixit, etc. »

27. *Quod regium* Venet. Gryph. — *Quam regium* in MSS. Statii, unde *Gabriel Faernus* fecit *quum;* melior lectio est nostra, quæ exstat in editionibus Mureti, Vossii, Cantabr. Grævii, Vulp. —*Bonum facinus :* innuitur factum quoddam egregium, quo frater, ut sororem in matrimonium duceret, impulsus fuisse videtur; intelligendum fortasse est illud ipsum, quod memorat Hyginus l. l.

28. *Quod non fortior auxit avis* Venet. Gryph. — *Quo non fortius ausit alis* Muretus, commodissime sane, nisi ingrata repetitio τοῦ *quo* offenderet.—*Quod non fortior haud sit alis* in omnibus MSS. Statii, et sic legit quoque Scaliger. Sed recte pro *aut sit* repositum est *ausit*, quod nunc in plurimis editt. apparet. At *Nic. Heinsius* in notis ad Catull. vires ingenii periclitans legi jubet vel *quo non fostior* (pro *faustior*) *audit avis :* vel *quo non fortior hausit Halyn;* neutrum, puto, lectorum plausum feret. — *Quod non fortior ausit alis*, « quale nemo alius e fortioribus suscipere audeat.» *Alis* antique pro *alius :* sic sæpius *alid* pro *aliud* dixit Lucretius.

29. *Sed cum* Voss. — *Sed tu* in quibusdam. — *Mittens virum :* conf. Tibull. I, 3, 9.

30. *Tersti* in nonnullis. — *Jupiter ut* ( *Himmel wie* ) cf. ad Carm. IV, 7. — *Tristi* pro *tvisti*.

31. *Tantus Deus*, tam potens: intellige Amorem. Laudant in hanc rem Virgil. Æn. I, 718, « Interdum gremio fovet; inscia Dido, Insidat quantus miseræ deus. »

# CARMEN LXVI.

Atque ibi me cunctis pro dulci conjuge Divis
  Non sine taurino sanguine pollicita es,
Si reditum tetulisset is haud in tempore longo, et
  Captam Asiam Ægypti finibus adjiceret?
Queis ego pro factis cælesti reddita cœtu,
  Pristina vota novo munere dissoluo.

33. *Atque ibi pro cunctis* Venet. Gryph. — *At quæ ibi, præ cunctis* Muretus, qui sine causa aliquot versus, quos excidisse putat, desiderat. — *At quæ ibi pro cunctis* Statius, qui explicat *pro cunctis* de iis, qui regem comitabantur, vel pro *palam omnibus, ante omnes;* cui lectioni et priori explicationi calculum adjecit Vossius. *At quæ ibi, proh, cunctis* Scaliger, adstipulante Vulpio. Nos secuti sumus editorem Cantabrig. qui versum, ut egregie restitutus est a Bentleio in notis ad h. l. in textum recepit. — Noster MS. *atque ibi pro cunctis pro dulci*, etc. Quæ lectio Scaligerianæ favet. N. —*Me*, comam.

35-36. Hi quoque duo versus varia et satis incompta forma in veteribus libris apparent : « Si reditum tetulisset, is aut in tempore longo Captam Asiam Ægypti finibus addiderit » Venet.— « Si reditum tetulisset is, haud....adjiceret » Gryph. Stat. — « Si reditum tetulisset, is haud in tempore longo Captam Asiam Ægypti finibus addiderat, » ex veterum librorum scriptura restituit Vossius, quam lectionem MSS. et editt. Colinæi et Aldi auctoritate confirmari testatur editor Cantabr. —Vossio, ut solet, adhæret Vulpius. Verissima nobis visa est lectio Mureti, quam, interpunctione tantum mutata, dedimus.—*Si redit.*

*tetul.* etc. Sensus est : « si brevi tempore victor ex Asia rediisset conjux; » sic satis expeditus mihi videtur hic locus. vid. *Var. lect.* — *Reditum ferre* pro *redire jam* supra Carm. LXIII, 47. — *In* redundat, ut sæpe. — *Captam Asiam* intellige Syriam, Asiæ partem. — *Adjiceret* pro *adjecisset;* sic enim plusquam perfectum et imperfectum nonnunquam jungi solent. vid. *Cort.* ad Sallust. Jugurth. LIX, 3.

37-38. *Queis ego* etc. Verba hujus distichi ita mihi inter se jungenda et explicanda videntur : « pro quibus omnibus Deorum benevolentia impetratis exsolvo nunc vota olim nuncupata (*novo munere*) novo beneficio inter cælites relata. » *reddita*, tradita; *reddere* sæpe est, simpliciter *dare, concedere:* sic infr. Carm. LXXVI, 26 : « O dii, reddite mi hoc pro pietate mea. » *Cœtu* casus tertius apud poetas, ut in vulgus notum; sic supr. Carm. LXIV, 386. — Neque h. l. neque in exemplo allato, *reddere* idem valet quod *dare;* illi enim verbo semper aliqua notio relatæ rei pro accepta ante alia subest. Hic est sensus : « ego coma quæ, debita ex voto, reddita sum munere nuper oblato, *novo munere* etc. » Si quidem quod quis debitum persolvit, hoc reddit. *Pristina novo* vid. inf. v. 64, et c. I, 1; *dissoluo* pro *dissolvo*,

Invita, o regina, tuo de vertice cessi,
　Invita: adjuro teque tuumque caput;
Digna ferat, quod si quis inaniter adjurarit.
　Sed qui se ferro postulet esse parem?
Ille quoque eversus mons est, quem maximum in oris
　Progenies Thiæ clara supervehitur;
Quum Medi peperere novum mare, quumque juventus
　Per medium classi barbara navit Athon.
Quid facient crines, quum ferro talia cedant?

diæresis ut sup. in Carm. II, 13. N.
　39. Cf. Virg. Æn. VI, 460 : « Invitus, regina, tuo de litore cessi. »
　40. *Adjuro teque tuumque caput.* Bentleius in Fr. Callimachi ed. Ernesti, p. 582, ex Etymol. Magno profert verba Callimachi sic: « Σήντε κάρην ὤμοσα, σόν τε βίον. » *Adjuro caput,* h. e. *per caput, per te;* vid. de hoc loquendi genere *Drackenborch.* ad Sil. Ital. VIII, 105.
　41. Junge: *quod* (sc. caput) *si quis* etc. h. e. « si quis per te commiserit perjurium, dignam hoc scelere luat pœnam. »
　43-46. *Maxima* in quibusdam, male. — Nihil, nedum comam mollem et teneram, tam firmum et validum esse, ut ferro resistere possit, probat exemplo montis Athonis, qui, licet altissimus vastissimusque fuerit, tamen a Xerxe, in Graios tendente, ferro transfossus transnavigatusque sit. — Montem *Athonem* (nunc *Monte Santo*) in oris Macedoniæ maximum, a planitie in mare 75 mill. passuum excurrentem, post alios descripsit Solin. Polyh. c. 11; quem vide cum multis ad Stat. Theb. II, 35; nost. edit. tom. II, p. 254. En. Cf. Plin. IV, 10, ubi plura Veterum loca et de monte, et de re,

quæ Xerxi tribuitur, exponentia excitavit *Hard.* Inter fabulas rem refert Juv. X, 173: « Creditur olim Velificatus Athos, et quidquid Græcia mendax Audet in historia. »
　44. *Phthiæ* Venet. Gryph. Muret. *Phitiæ* in MSS. Statii. *Clytiæ,* et deinde, aucto, ut ait, judicio, *Thiæ* legendum esse censet Vossius, qui longis ambagibus Medos inde oriundos esse docere studet. — *Progenies Thiæ clara* est Sol, Thiæ et Hyperionis filius, ut recte docuit Bentleius in not. ad h. l.
　45. *Irrupere* Gryph. Muretus. — *Pepulere* ingeniose conjecit Statius, qui in omnibus MSS. invenerat *propere.* Sic supra Carm. LXIV, 58, Theseus *vada pellere remis* dicitur. — *Properare* Scaliger, ut infinitivus pro tempore definito sit. — Pro *irrupere Nic. Heinsius* in notis ad Catull. mavult *rupere,* quod ipsum in Codice optimo Commelini exaratum esse testatur *Burmannus* ad Val. Flacc. I, 3. *Rumpere mare* est mare secare. — Nostram lectionem, primum a Vossio propositam, jam receperunt editor Cantabr. et Vulpius. — *Peperere,* aperuerunt, fretum fecerunt, exscisso monte, quod magis poeticum.

## CARMEN LXVI.

Jupiter, ut Chalybon omne genus pereat;
Et qui principio sub terra quaerere venas
Institit, ac ferri fingere duritiem!   50
Abjunctae paullo ante comae mea fata sorores
Lugebant, quum se Memnonis Aethiopis
Unigena impellens nutantibus aera pennis
Obtulit Arsinoes Chloridos ales equus.

48. Ex antiqua lectione *celicum* fecit Scaliger *sicelicum*, ex cujus mente *sicelices* vel *sicilices* cultra tonsoria notant. Sed Vossius inde sculpsit *celtum*, cui *celtis* est sculptorum et lapicidarum instrumentum, idem fere, quod caelum; lege, quam docte uterque pro re sua pugnet! In nonnullis expressum est *Jupiter ut telorum*, quidni *cultrorum?* Nos acquiescimus in lectione *Jupiter ut* χαλύβων, quam ex Fragmm. Callimachi jam revocavit *Angelus Politianus;* et sic est in editionibus Mureti, Graev. Vulp. — Verba Callimachi, quae Noster expressit, citantur ad Apollon. Rh. II, 375, in Scholiis sic: « Χαλύβων ὡς ἀπόλοιτο γένος Γειόθεν ἀντέλλοντα, κακὸν φυτὸν, οἵ μιν ἔφηναν. » Fuerunt autem Chalybes fortissimi Scythiae populi, ferro praecipue cudendo insignes, cf. Schol. ad Apoll. Rhod. I, 1323, et Muret. ad h. l. — *Chalybon* forma graeca, ut hiatus evitetur. *Jupiter, ut*, utinam; antiqua optantium et devoventium formula, cf. hic Vulp.

50. Alii legunt *frangere*. — *Institit*, studuit, tentavit. Sic passim hoc verbum inservit periphrasi; exempla collegit *Drackenborch* ad Liv. XXX, 12, Tom. IV, p. 428.

51. *Abruptae* Scaliger.

53. *Unigena impellente natantibus*

Muretus. — *Nictantibus* conjecit Bentleius. — *Aere* male etiam tentat Statius.

54. *Arsinoes Locridos* legi jubet Bentleius, quod nemo Veterum memoriae prodiderit, Arsinoem seu Venerem Chloridos cognomine usam esse; at *Locridem* Venerem seu Arsinoem eodem modo a Poeta dici potuisse Vir doctus autumat, quo illa versu 57 *Zephyritis* dicta est; « nam, pergit ille, ut Zephyritis a Zephyrio Africae promontorio, ita et Locris dicetur a gente Locrorum, qui regionem eam tenebant. » Testatur certe Achilles Statius, in duobus MSS. pro *Chloridos* exaratum fuisse *Locridicos*, et in uno *Locritos*. — *Ales eques* mavult Statius.

51-54. Sensus est: « Flebant et dolebant, a quibus paullo ante disjuncta sum, relictae in capite Berenices comae sortem meam, quum Zephyrus, qui me auferret, ex aere apparuit. » — Jam videamus de singulis: relictae in capite Berenices comae (nam ex vertice tantum comas sibi absciderat Berenice) dicuntur *sorores*, ex eadem quasi stirpe enatae; *abjunctae*, quia arcto ante et sororio vinculo inter se conjunctae fuerant; agnosce dictionem poetae Alexandrini, personae, quae loquens inducta est, commodatam. — *Chlo-*

Isque per aetherias me tollens advolat auras, 55
Et Veneris casto conlocat in gremio.

*ridos ales equus :* haud dubie intelligendus est Zephyrus, Chloridos vel Florae amasius ; vid. Ovid. Fast. V, 195, sqq. — *Ales*, venti enim a poetis finguntur alati; de ipso Zephyro Claudianus de Rapt. Proserp. II, 88 : « Ille novo madidantes nectare pennas Concutit. » Fusius de *alatis ventis* nos egimus in Commentatione : *de alatis imaginibus apud Veteres*, p. 23, *Gothae*, 1786, — *Equus :* nam venti, ad eorum velocitatem adumbrandam, vel cum equis comparantur, vel equitantes inducuntur. Sic *Thraces equi* venti dicuntur Valerio Flacco I, 611, et notus est Ζέφυρος ἱππεύσας ex Euripid. Phœniss. 220, et *Eurus per Siculas undas equitans* ex Horat. Od. IV, 4, 44. Nec dixerim, quam recte *ventos equitantes* de curru invectis interpretetur *Heyne* ad Virg. Æn. II, 418, licet alias bigis invecti apud poetas et sculptores venti appareant. — Ad hunc locum Vulpius Valerii Flacci versus optime ad rem facientes retulit : « fundunt se carcere laeti *Thraces equi*, Zephyrusque et nocti concolor alas, Nimborum cum prole, Notus. » Argon. I, 610. Et hic ipsius Catulli v. 28, 29, Carm. LV, memorare non absonum erit, ubi ventos quoque equos fingit. N. — Arsinoe autem, Ptolemaei Philadelphi soror et conjux, et Berenices nostrae mater adoptiva, non Veneris solum sed Chloridos quoque nomine ab Ægyptiis culta fuisse videtur, quod, nisi aliunde colligi posset, ex hoc certe loco intelligitur; vid. ad v. 57. — *Zephy-*

*rus* dicitur *unigena*, h. e. frater (συγγενής, ὁμόσπορος, conf. supra ad Carm. LXIV, 301) Memnonis Æthiopis, cujus mater aeque ac ventorum (Hesiod. Theog. v. 378) Aurora fuisse traditur. — *Impellens aera nutantibus pennis*, dimovens et secans aera pennis subinde se moventibus. — Fuerunt tamen praeter Catulli interpretes multi, qui *Chloridos alitem equum* de Pegaso interpretarentur ; sic *Rittershusius* ad Opp. Cyneg. I, 233, *Potterus* ad Lycophr. v. 17, *Rubenius* de Re Vest. p. 206, et alii; at de nostra explicatione cf. Voss. Vulp. ad h. l. *Spanhemius* de Usu et Praest. Numism. Diss. V. p. 274, et *Wernsdorf* ad Poet. minor. Tom. I, p. 271.

55. *Hisque* Venet. Gryph. — *Umbras* Statius, Scaliger, Vossius, Vulpius; ideo, quod noctu Coma e Veneris aede sublata sit. Equidem praeferendam putavi vulgatam lectionem *auras*, quam secuti sunt Aldus, Parthen. Muretus : *aurae* enim *aetheriae* ubivis apud poetas occurrunt, non *umbrae*. Sic pro *aura* male substituerunt *umbra*, apud Horat. Od. I, 22, 18, ubi vid. *Bentleius*. — *Advolat*, nimirum ad Venerem ; nisi forte legendum sit *evolat*.

56. *In gremio Veneris conlocat*, nempe ut tactu Veneris immortales fierent. Tactu enim Veneris, ut narrant poetae, omnia fiunt ἐπαφρόδιτα vel *immortalia*. Illustris in hanc rem est locus Theocriti XVII, 37, qui de hac ipsa Berenice, de cujus coma hic sermo est, agit. Con-

## CARMEN LXVI.

Ipsa suum Zephyritis eo famulum legarat,
  Grata Canopæis in loca litoribus.
Scilicet in vario ne solum limite cæli
  Ex Ariadneis aurea temporibus

feratur inprimis Idyll. XV, 108.

57. *Zephyritis*, Arsinoe, quæ pro Chloride ab Ægyptiis culta, et inde, quod illa uxor esset Zephyri, *Zephyritis* appellata videtur. Venus enim, cujus nomine eamdem Arsinoen cultam fuisse constat, aperte a Zephyritide distinguitur a Stephano de Urbibus sub voce Ζεφύριον: ἔστι καὶ ἄκρα τῆς Αἰγύπτου, ἀφ' ἧς ἡ Ἀφροδίτη καὶ Ἀρσινόη Ζεφυρίτις, ὡς Καλλίμαχος. Puto autem Deam non ab Ægypti promontorio Zephyrio, ubi templum illa habuisse dicitur, sed ab ipso Deo, vel marito, qui promontorio nomen dedit, Zephyritidem vocatam esse. Cf. de Arsinoe et diversis ejus nominibus Callimachi Epigr. V, ubi interpretes Arsinoen Chloridos quoque nomine usam esse observant. — Cæterum in Cypridem Arsinoen ἀνακοιρανέουσαν ἐπὶ Ζεφυρητίδος ἀκτῆς exstat epigramma Posidippi in Analectis Vett. Poett. Græc. Brunckii XXI, Tom. II, p. 51. — *Famulum* Zephyrum, quem famuli partes apud Chloridem agere, non est, quod mireris.

58. *Grata Canopæis incola* in plerisque vett. — *Gnata* in nonnullis. Vitium subodoratus est Vossius, qui pro *incola* reposuit *in loca*. Pro *Canopæis* Statius in MSS. invenerat *Canopieis*, unde legendum suspicatur *Canapitis* seu *Canopiticis*. — *Canopiis* scribit Vulp. — Noster MS. *Gratia Canopitis incola litoribus*. N. — *Grata Canop. in loca lit.* in gratam et jucundam regionem ad litora Canopæa. Est descriptio Ægypti, a Canopo, urbe ejus celeberrima, ad ostium Nili, quod ipsum dictum est *Canopicum* vel ut h. l. *Canopæum*, sita; Veterum loca de hac urbe et Nili ostio exponentia vid. apud Cellar. Not. Orb. Ant. IV, 1, p. 15 et 21. — *Grata*, quia ibi fuit patria et sedes, ubi regnavit Arsinoe. *Canopæis litoribus* est casus sextus.

59. Corruptissime principium hujus versiculi legitur in MSS. Statii et aliis, unde varia ejusdem pro cujuslibet ingenio forma efficta est: *Dii bene fecerunt* Theodorus Marcilius; *Ludit ubi, vario*, etc. Scaliger; *Sidere ubi vario* Voss. cum fido Achate Vulpio. Nos revocavimus vulgatam, quæ exstat in editt. Ald. Venet. Gryph. Muret. Iidem pro *lumine*, quod dedit Vossius, reposuimus lectionem omnium editt. antiquiorum *limite*; cf. not. ad v. 57. — Noster MS. *hi dii venibi vario ne solum in numine cæli* unde possit extundi « divini vario ne solum in limite cæli. » N. — *In vario limite cæli*, in cæli regione variis sideribus distincta; *limes cæli* est certa quædam cæli regio; Achilles Stat. laudat in hanc rem Gell. Noct. Attic. II, c. 22. Confirmat autem hujus loci lectio conjecturam hanc nostram, quam supra ad vers. 7 proposuimus.

60. *Aut Ariadneis* Scaliger, male!

Fixa corona foret; sed nos quoque fulgeremus
 Devotæ flavi verticis exuviæ.
Uvidulam a fletu, cedentem ad templa Deum, me
 Sidus in antiquis Diva novum posuit.
Virginis, et sævi contingens namque Leonis 65
 Lumina, Callisto juncta Lycaoniæ,
Vertor in occasum, tardum dux ante Booten,

61. *Corona*, de Ariadnes Corona, ex ejus capite a Baccho in sideribus collocata : vid. Hygin. Astron. II, 5.

62. *Verticis exuviæ*, comæ. Sic Senec. Hippolyt. v. 1181 : « Placemus umbras, *capitis exuvias* cape, Laceræque frontis accipe abscissam comam. » *Devotæ*, Diis promissæ. — *Flavi verticis;* sic *flavus vertex* de flavis crinibus supra dicebatur Carm. LXIV, 53. — De pretio flavorum crinium apud Veteres vid. nos supra ad idem Carm. v. 98.

63. *Vividulo a flatu* Scaliger. *Uvidulum a fluctu* operose defendit Vossius; innui autem a Poeta putat vulgarem hominum opinionem, ex qua animæ defunctorum, antequam ad campos Elysios aut sedes superas penetrarent, Oceanum transire creditæ sunt, et hinc *uvidulum fluctu sidus* esse maris vel aeris marini humore roscidum atque imbutum. Vossium sequitur, et reconditam ejus, qua hanc lectionem confirmarit, eruditionem magnifice collaudat Vulpius. *Uvidulum ac fletus edentem* conjecit *Nic. Heinsius* in notis ad Catull. *Dione* pro *deum me* Parth. — Noster MS. *uvidulum a fluctu.* N. — *Uvidulam a fletu:* quam invita enim Coma de vertice Berenices cesserit, testatur ipsa v. 39, 40, cf. v. 75. — *Templa Deum* antique pro *cælo;* sic *lucida templa cæli* de cæli regionibus sidereis Lucret. I, 1013, et sic idem sæpius *templa* et *domus deum vel cæli.* — *Diva,* Venus.

65. Pro *namque,* quum id a sede sua, quam in versus limine obtinere debebat, nimis remotum sit, legendum puto *nempe,* quod egregie quadrat. — Locum, quem inter sidera occupaverit Coma, enumeratione vicinorum siderum luculenter describit. Habet nimirum illa, ut Scaliger jam ad hunc locum observavit, ab ortu Bootem sive Arctophylaca, ab occasu dorsum Leonis, a septemtrionibus posteriores pedes Ursæ majoris, a meridie Virginem.

66. *Callisto justa* (pro *juxta*) *Lycaonida* Scal. Voss. Vulp. Cantabr. contra metri rationes; nuspiam enim exemplum exstat, ubi ultima *juxta* correpta sit; nostram lectionem tuentur omnes editt. antiquiores. — *Lumina,* sidus. — *Callisto,* Καλλιστοῖ casus tertius. Fabula Callistus, Lycaonis Arcadum regis filiæ, a Junone in ursam mutatæ, in vulgus nota est.

67. *Tardum Booten.* Arctophylax, quia sero occidit, et polo propior tarde procedere videtur, modo *tardus* (Ovid. Met. II, 177) modo *piger* (Fast. III, 405, Claud.

# CARMEN LXVI. 309

Qui vix sero alto mergitur Oceano.
Sed quanquam me nocte premunt vestigia Divum,
  Luce autem canæ Tethyi restituor;   70
(Pace tua fari hæc liceat, Rhamnusia virgo;
  Namque ego non ullo vera timore tegam;
Non, si me infestis discerpant sidera dictis,
  Condita quin veri pectoris evoluam;)
Non his tam lætor rebus, quam me abfore semper,   75
  Abfore me a dominæ vertice discrucior;
Quicum ego, dum virgo quondam fuit, omnibus expers

Rapt. Pros. II, 190) modo *serus* (Propert. III, 5, 35) vocatur : nisi quis in persona Bootæ de bubulcorum tarditate cogitare malit; de fabula Bootæ vid. Hygin. II, 4.

69-70. *Lux autem canæ Tethyi restituem* in omnibus MSS. Stat. — *Restituam* in uno, unde ille legendum putat, *Lux autem canæ Tethyi restituat*. — Sensus : « quanquam ea mihi contigit felicitas, ut pedibus Deorum noctu tangar, interdiu autem in Tethyos gremio delitescam,» etc.—*Vestigia Divum me premunt :* sic sidus Eridani θεῶν ὑπὸ ποσσὶ φορεῖται apud Aratum Phænom. 360. Vulpius in hanc rem laudavit Virgil. Eclog. V, 56, et Manil. Astronom. I, 799. — *Tethys, yos*, est uxor Oceani; at *Thetis, tidos*, uxor Pelei; in hac penultima corripitur, in illa producitur; quod non monuissem, nisi sæpius in re tam levi aberrare juvenes animadvertissem.

71. *Rhamnusia virgo;* Nemesis, ultrix superbiæ et insolentiæ. Vid. supra ad Carm. LXIV, 396.

72. Junge : « *non tegam*, non celabo, occultabo, *ullo timore*, ob ullius rei timorem. » Male Vulpius jungit *non ullo timore*, et *tegam* contra latinitatem explicat *in apertum proferam, retegam;* nec vidit, plane huic explicationi repugnare versum sequentem.

73. *Discerpant sidera dextris* conjecit Bentleius. — *Infestis discerpant dictis. Discerpere dictis* dictum est, ut proscindere, lacerare dictis.

74. *Vere in aliis.* — Similiter Theocritus Idyll. XXIX, 3 : « Κἠγὼν μὲν τὰ φρενῶν ἐρέω κέατ' ἐν μυχῷ.» *Quin evoluam*, immo aperiam et explicabo; *evolvi* dicitur, quod involutum et complicatum fuit. Male Vulpius *evolvere* de linguæ volubilitate, orationis copia, celeritate et loquendi libertate explicat. — *Condita pectoris veri*, quæ latent in animo sincero, intima sensa animi.

75. *Non his tam lætor rebus*, tamen his rebus non tantum lætor, quantum etc. Particula *tamen* post *quamquam, etsi*, sæpissime omittitur; si quis in re nota exempla desiderat, adeat *Cortium* ad Sallust. Jugurth. XXV, p. 577.

77-78. Vox *expers* aperte est vitiosa, et sensum totius distichi turbat : nam quod Vossius demonstra-

Unguentis, una millia multa bibi.
Nunc vos, optato quas junxit lumine tæda,
Non prius unanimis corpora conjugibus
Tradite, nudantes rejecta veste papillas,
Quam jucunda mihi munera libet onyx;

tum ivit, virgines honestiores olim unguentis abstinuisse, et simplici oleo capillum unxisse, id nec verum, nec difficultatem tollit. Hinc jam Achilles Statius ex *expers* fecit *expressa*, alii *expreta* vel *adspersa;* et N. Heinsius in notis ad Cat. *expersa;* nos qualemcunque corrigendi rationem proponimus infra. — Ex *una*, quæ est constans lectio omnium MSS. et editt. veterum, Vossius, ut labanti lectioni *expers* in versu majori bonum tibicinem supponeret, et locum simul doctrinæ suæ copias explicandi haberet, fecit *murrhæ*. — Sane ex hac Vossiana Veteres corrigendi norma quidvis pro quovis reponi licebit. Nihilominus hanc a Vossio effectam lectionem et explicationem *mirificam* et *quantivis pretii* vocat et probat Vulpius. — Ex his duobus versibus, nisi vitium, quod insidet, tollitur, sensus exit absurdissimus. Qui, quæso, enim coma in capite Virginis Berenices, omnibus unguentis abstinentis, multa millia simul unguenta bibere potuit? Vitium haud dubie latet in voce *expers*, quam varie jam tentarunt interpretes. — Pro qua mihi quidem rescribendum videtur *explens* passive, se explens, expleta. Ex infinitis exemplis, hunc verborum activorum usum probantibus, defungi liceat uno Catulli, qui supra Carm. LXIV, 324: «O decus eximium, magnis virtutibus *augens*,» pro *aucte*, ubi vid. not. Et sic sensus est, «in cujus vertice olim, quum virgo esset Berenice, et omnibus se expleret et saturaret unguentis, multa simul millia unguenta bibi.»
— Sunt qui existiment, et ego credebam verbum *expers*, quum τῷ *experiri* vere cognatum sit, eodem quoque sensu accipi quando potuisse, ita ut, nedum esset privativum, experientiam significaret. Sic multis videtur Persius, dum philosophemata ex Græciæ regionibus transmarinis Romam advecta narrat, dixisse: «nostrum sapere cum pipere venit maris expers.» At objiciet aliquis: τὸ expers infra v. 91 alio sensu adhibetur a Poeta, neque verisimile est, eum in duobus locis haud longe distantibus eidem voci ingenia duo contraria addidisse. Fateor, et nunc tanquam desperati morbi medelam dubitans affero; quando et divinatione opus est, num ea mens Catulli fuit, ut Coma diceret: «nullis licet adspersa unguentis (*expers*), quibus delicati cæsariem inungere solent, tamen quum in capite sponte fragranti residerem, per naturalem hanc suavitatem quasi omnes simul in uno odores hauriebam.» Sententia quidem paullo argutior, sed non ingenio alexandrino inficianda. N.

79 — 82. Versus sequentes Josephus Scaliger ex antiquis Codicibus

# CARMEN LXVI.

Vester onyx, casto petitis quæ jura cubili.
Sed quæ se impuro dedit adulterio,

restituit sic: « Nunc vos, optato quæ junxit lumine tæda Non post unanimis, corpora, conjugibus; Tradite nudantes rejecta veste papillas, Quæ (quod mutat Scaliger in *qua*, ut sit pro *ut*) jucunda mihi munera libet onyx : » jungi autem debent verba sic : « nunc vos, corpora, quæ tæda junxit lumine optato conjugibus non post unanimis, nudantes papillas rejecta veste, tradite mihi munera jucunda, quæ onyx mihi libet; » hoc sensu, « nunc puellæ, quæ nupsistis maritis haud in concordia permansuris, quum in eo estis, ut cum illis concumbatis, tradite mihi munera, nempe unguenta ex onyche deprompta. — Secuti autem sunt Scaligerum editores deinceps fere omnes. Equidem vero hujus loci interpretatione nil vidi ineptius et absurdius: puellæ primo statim cum novis maritis concubitu muneribus placare debent futuram eorum perfidiam!!! — De lectione et mira versuum sequentium explicatione vid. *Var. Lect.* — Cæteris lectionibus haud dubie præferenda est nostra, quam dedimus ex editt. Mureti, Gryph. Cantabr. Græv. quæ sensum satis commodum fundit hunc : « nunc vos, novæ nuptæ, ne prius nudatæ vestibus corporum vestrorum copiam unanimis maritis facite, quam ex onyche jucunda mihi munera libaveritis. » — Sed et sic de loci integritate valde dubito; nam primum editiones antiquissimæ et libri MSS. omnes, teste Achille Statio, pro *Non prius* in v. 80 offerunt *Non post*, quod a librariis cum *Non prius* commixtum esse vix credas; deinde ex norma loquendi debebat esse *Ne prius — tradite*. Denique temporum consecutio in v. 82 pro *libet* postulabat *libaverit*. — Mihi quidem omnis hujus loci corruptio manasse videtur ex mixta particula *Nunc* cum *Non* in v. 80 : quarum particularum confusione corruptus quoque est versus 81, ubi vid. not. — Locus igitur mihi rescribendus videtur sic : « Nunc vos, optato quas junxit lumine tæda, *Nunc* post (*vel vos*) unanimis corpora conjugibus Tradite, nudantes rejecta veste papillas, *Sic* jucunda mihi munera libet onyx : » *Nunc post*, dominæ meæ exemplo in posterum; vel junge *post unanimis*, in unanimitate postero tempore permansuris. Cui nimis audacter a me repositum videtur *Sic* pro *Quam* in v. 82, ille servet antiquam lectionem *Quæ*. Sed multo aptior est particula *Sic*, (h. e. *hac conditione*) cui egregie respondet v. 87. — *Onyx*, vasculum unguentarium ex onyche sive alabastrite.

83. *Colitis quæ jura* Ald. Gryph. Muret. — Ex *quæritis*, quod in libris MSS. invenerat Achilles Statius, fecit ille *quatitis*, et Vossius *quæris*; male! *petitis* exstat in edit. Parthen. defendente Scaligero. — *Casto petitis quæ jura cubili.* Per *jura casto conjugio explenda* intellige *fidem*, unanimitatem etc. — *Vester onyx, casto* etc. Hic sensus : « Onyx munera mihi libet, (*at dico*) vester onyx (*solum vestri*,) quæ castum

Illius, ah! mala dona levis bibat inrita pulvis;
Namque ego ab indignis præmia nulla peto.
Sic magis, o nuptæ, semper concordia vestras
Semper amor sedes incolat assiduus.
Tu vero, regina, tuens quum sidera Divam
Placabis festis luminibus Venerem
Sanguinis expertem, non votis esse tuam me,
Sed potius largis effice muneribus.
Sidera cur retinent? utinam coma regia fiam;
Proximus Hydrochoi fulgeret Oarion.

fore conjugium Deos obtestamini : » namque aliarum libamina indigna respuo. N.

85. *Ah* deest in quibusdam. *Illius aura levis* Venet. Gryph.

86. *Namque indignatis* Vossius.

87. *Sed magis* parum commode in aliis.

89. *Tuens sidera*, sublatis in cælum oculis; gestus ardenter precantium.

91. In libris MSS. et editt. vett. legitur hic versus sic : « Sanguinis expertem non *vestris* esse tuam me. » Ex *vestris* jam Pontanus fecit *votis*, quem secuti sunt Parthen. Gryph. Muret. Græv. et alii. Magis tamen mihi arridet conjectura Statii, τὸ *vestris* in *verbis* mutantis. — *Ne siveris esse* refinxit Scaliger ; at Vossius, fidens doctrina sua et auctoritate, hunc et sequentem versum hac forma incedere jubet : « Sanguinis expertem non *verticis* esse tuam me *Si potis es*, largis effice muneribus. » De sensu sapienter nihil monet Vossius. Bentleius denique pro *sanguinis* rescribit *unguinis*, et amplectitur emendationem Scalig. *ne siveris*. — *Sanguinis expertem*. Veneris enim aræ nihil sanguinis offundebatur : de ara Veneris Paphiæ Tacit. Hist. II, 3 : « sanguinem aræ offundere vetitum. » Cf. *Cerdanus* ad Virg. Æn. I, 407.
— *Non votis esse tuam me*, *sed potius* etc. « Non promissis tantum, sed largis potius muneribus a Venere impetrare stude, ut in caput tuum redire et tuam rursus me esse patiatur. »

92. *Affice* male in quibusdam.

93. *Sidera cur iterent?* vetus lectio, sed parum probabilis; explicant passive « cur iterentur? » h. e. cur geminentur sidera? cur augeatur siderum numerus? — *Sidera cur inter?* non male legit Theodorus Marcilius; nos acquievimus in lectione vulgata quæ potior. — *Retinent* sc. me.

94. *Proximus Arcturus fulgeat Erigonæ* contra omnem vett. librorum auctoritatem hunc versum ita exhibuerunt et defenderunt Marcilius, Muretus et alii, recte jam refutati a Scaligero et Voss. — *Fulgeat* in quibusdam. — *Proximus Hydrochoi fulgeret Oarion*. Sensus est : « Tum per me licet Orion vicinus Hydrochoo, (a quo vel maxime ille disjunctus est) fulgur et

procellas comparet. » — *Fulgeret ab antiquo fulgerare* pro *fulgurare*. — *Hydrochoi* græce pro *Hydrochoo*. Est autem Hydrochous seu Ganymedes unum e duodecim signis Zodiaci. — Hoc carmen quantumvis celeberrimi eruditione viri laudibus in cælum tollant, non possum cum eis illud admirari, licet felicissimæ venæ fœtus et scribendi generis castigatissimi igniculos passim deprehendam. Et fateor quidem regibus, quorum ventosæ magnanimitati palpabantur, talia commenta valde placere, immo in præsentia fabulæ opportunitatem ingenio Poetæ favorem publicum conciliare, in primis apud Alexandrinos illos, qui præ cæteris orationis calamistros et curiosissimas figurarum dicendi argutias in deliciis habuerunt, potuisse. Sed mirum mihi videtur Romanos, quibus alienum erat illud argumentum, neque in hoc opere quidquam præter poeticæ pulchritudinis exemplum quærebatur, illo fucati leporis lenocinio adeo delinitos fuisse, ut in suam linguam illud carmen viri sapientissimi verti cuperent, et vates doctissimi vertere studerent. Tanta apud Romanos Græcorum auctoritas! at hoc damno discipulis aliquando fuit, quum omnia, quæcunque e fonte græco defluxissent, nullo haurirent discrimine, neque quid distarent æra lupinis animadverterent satis. Inde non inaffectata jam Augusteo ævo multorum, et egregiorum quidem poetarum jucunditas. Hoc minus me tangit, quod recentiorum ætatum interpretes plausu talia exceperint; nempe antiqua et græca latinaque. N.

# CARMEN LXVII.

### AD JANUAM MŒCHÆ CUJUSDAM.

#### CATULLUS.

O DULCI jucunda viro, jucunda parenti,

ARG. Poeta infamem quamdam mulierem notaturus increpat ejus januam, et tanquam nequitiæ magistram objurgat. Hinc inter poetam et Januam exoritur colloquium, quo primum Janua omnem in se translatam culpam a se amoliri studet; deinde sceleratas incestæ mulieris libidines, partim aperte, partim obscure, indicat. — Quæ fuerit turpis illa mulier, quis Balbus, quis pater, quis filius et cæteri boni sodales, id nec facile ex historiis cognosci potest; nec, si posset, ex ejusmodi hominum cognitione magna in nos redundaret utilitas. Recte igitur stultum esse, ad h. l. judicat Muretus, si quis ea, quæ ne tum quidem, nisi a paucis, intelligi possent, conjectura se assecuturum esse autumet. Cæterum simili modo Janua loquens inducitur a Propertio lib. I, El. 16, quem cum Nostro compara.

1. *Jucunda*, obsequiosa et commoda ministra, *viro*, si Diis placet,

Salve, teque bona Jupiter auctet ope,
Janua: quam Balbo dicunt servisse benigne
  Olim, quum sedes ipse senex tenuit;
Quamque ferunt rursus voto servisse maligno,
  Postquam est porrecto facta marita sene.
Dic agedum nobis, quare mutata feraris
  In dominum veterem deseruisse fidem.

JANUA.

Non, ita Caecilio placeam, quoi tradita nunc sum,

*dulci*, qui uxorem scortari sinit, *parenti*, qui filii adeo cubile polluit. Cf. v. 20 sqq.

2. *Salve.* Εἰρωνικῶς salvere jubet Januam, flagitiosis hominibus patentem. Sic supra Carm. XLIII, 1 : «Salve, nec minimo puella naso, Nec bello pede, nec nigris ocellis, etc.» — *Teque bona Jup. auctet ope.* Imitatus est Ovid. Fast. I, 612.

3. *Benigne*, bene et honeste.

4. *Olim quum has aedes* conjecit Jani Douzae filius.

5. *Voto maligno*, cupiditatibus inhonestis et turpibus, scortationi.

6. *Projecto*, h. e. expulso vel dimisso; Venet. Gryph. Muret. — *Provecto* in marg. ed. Gryph. — *Postquam est porrecto facta marita soror* ex libro scripto Commelini profert Vossius. — *Postquam est projecto functa marita sene* tentat Stat. — *Es* et *est* promiscue in libris veteribus. — *Postquam est porrecto facta marita sene.* Sensus est : «postquam mortuo Balbo uxor in hanc domum deducta est.» *Porrecto*, a situ mortuorum. Collocabantur sc. apud Veteres mortuorum corpora domi sic, ut januam versus porrecta jacerent. Vid. *Kirchmannus de Funeribus*

*Romanorum* I, 1, c. 12. — *Facta marita est* trahunt interpretes ad *Januam*, et *marita* pro *maritalis* explicant; sed id admodum durum mihi videtur; ego intelligo mulierem, quae ex meretrice est facta marita. Pro *facta* legendum olim suspicabar *lecta* vel *ducta*, sed salsius fortasse dixit Poeta *facta est*, a patre nimirum et filio simul. — Locus vexatissimus expeditur, si unam literam deleas, *es* pro *est* rescripto, ut sic versus explicetur : postquam facta es marita, scilicet janua domus ubi conjuges commorarentur, quae antea coelibis senis eras janua. *Marita*, idem esse quod *maritalis*, ad matrimonium pertinens, testantur Liv. XXVII, 31 : « maritas domos, » Horat. Secular. Carm. V, 20 : « lex marita, » Ovid. Heroid. XI, 101 : « faces maritas. » Sunt qui mulierem de qua Vates loquitur, Clodiam fuisse, Balbi filiam, quae Caecilio Metello nupserat, autument; neque hujusmodi conjecturae hoc carmen multaque alia non consentire videntur. N.

7. *Dic age de nobis* vel *de vobis* in lib. vett. — *Dic age dic nobis* Stat.

9. *Plateam* in libro Maffei, unde

## CARMEN LXVII.

Culpa mea est, quanquam dicitur esse mea.
Nec peccatum a me quisquam pote dicere quidquam;
Verum isti populo janua quidque facit;
Qui, quacunque aliquid reperitur non bene factum,
Ad me omnes clamant : Janua, culpa tua est.

### CATULLUS.

Non istuc satis est uno te dicere verbo;
Sed facere, ut quivis sentiat et videat.

### JANUA.

Qui possum? nemo quærit, nec scire laborat.

### CATULLUS.

Nos volumus : nobis dicere ne dubita.

---

Statius legendum putat *pateam*. — Pro *tradita* exhibent Gryph. Muret. et editt. aliæ *credita;* sæpissime autem *credere* et *tradere* permutata sunt. Vid. *Burmann.* ad Ovid. Metam. II, 378, et *Drackenb.* ad Sil. Ital. XVI, 371. — De hac formula vid. Carm. LXVI, 18. N. — *Tradita.* Cæcilium Balbi hæredem fuisse, facile ex usu verbi *tradere* colligas.

11. *Nec peccat.* etc. « Nec quisquam quidquam mihi culpæ vertere potest. » *Quisquam* et *quidquam* suaviter sibi respondent.

12. Hic lacuna in antiquissimis codicibus fuisse videtur, quam pro suo quisque ingenio explere studuit; hinc alius : « Verum isthæc potius janitor ipse facit; » alius : « Verum istis me auctorem esse facit populus; » alius : « Verum isti populo di mala multa ferant; » alius : « Verum isti populo janua quid reficit. » — Statius conjiciebat : « Verum istis probri janua quidque facit. » — Scaliger : « Verum istis populi nænia, Quinte, facit. » — Vossius : « Verum isti populo Janua quid faciat ? » — En vanum VV. DD. in ejusmodi Veterum locis studium ! nos dedimus lectionem Græv. — Friget hic versus, quamcunque lectionem sequaris.

16. *Facere*, probare et declarare.

17. *Quid possum* MSS. Stat. — *Quid possit* in libro Scalig. unde ille, *Quid possis.*

18. *Nos volumus vobis dicere, ne dubita* MSS. Stat. unde ille *nec dubia* reponit; pergit nimirum ex hac lectione Janua loqui. — Correctio supervacanea, nam colloquium aliter melius procedit, et inest aliquid vafræ simplicitatis.

## JANUA.

Primum igitur, virgo quod fertur tradita nobis,
    Falsum est. Non illam vir prior attigerat,
Languidior tenera quoi pendens sicula beta,
    Nunquam se mediam sustulit ad tunicam;
Sed pater illius nati violasse cubile
    Dicitur, et miseram conscelerasse domum;
Sive quod impia mens cæco flagrabat amore,
    Seu quod iners sterili semine natus erat.
Et quærendum unde unde foret nervosius illud,
    Quod posset zonam solvere virgineam.

## CATULLUS.

Egregium narras mira pietate parentem,

20. *Namque illam — attigerat* Stat. — *Non qui illam vir prior attigerit* Vossius, accedente Vulpio. — *Nonque illam vir prior attigerat* Græv. — *Non illam.* Suspectam hanc lectionem esse, apparet ex *Var. Lect.* — Equidem legendum puto *Nunquam illam*, quod facile ex corruptis lectionibus elici potest; et sic oratio multo fit concinnior et gravior ob repetitionem particulæ *nunquam* in versu 22. — Retinenda vulgata lectio quæ fert : « non illam vir (*conjux*)... sed pater...»

21. *Sicula*, gladiolus, diminutivum a sica. Similes locutiones, quibus pars, qua viri sumus, petulanter exprimitur, non gravatus est e penu sua depromere Vulpius. Conf. Stat.

22. *Sustulit hanc tunicam* in omnibus MSS. Stat. unde ille conjectat : « Nunquam se *media* sustulit *hinc tunica.*

23. *Ipsius* in nonnullis. — *Ille sui* tentat Scaliger.

24. *Conscelerasse domum.* Cf. supra Carm. LXIV, 405. « Conscelerate aures paternas » Liv. XL, 8.

25. *Tecto....amore* in quibusdam MSS. Stat. — *Cæco amore*, quo ad explendam libidinem, nulla legum humanarum ratione habita, cæcus agitur.

26. *Seu quod iners sterili semine natus erat*, quod virum se præstare non poterat.

27-28. *Quærendumque nec unde foret* Parthen. Voss. Vulp. — *Ne quærendum aliunde foret* Gryph. Muretus. — *Et quærendum unde foret* in omnibus MSS. Stat. qui primum vidit, particulam *unde* geminandam esse. — *Et quærendum aliunde foret* editor Cantabr. Græv. — Sensus : « Et alius quispiam, undecunque tandem foret, exquiri debebat, qui ad eripiendam virginitatem nervosior, h. e. vi mascula magis instructus esset. » *Nervosius* hinc Græcis νεῦρα, τὰ αἰδοῖα. — *Zonam sol-*

## CARMEN LXVII.

Qui ipse sui gnati minxerit in gremium.

### JANUA.

Atqui non solum hoc se dicit cognitum habere
  Brixia, Cycnææ supposita speculæ,
Flavus quam molli percurrit flumine Mela,
  Brixia, Veronæ mater amata meæ;

*vere;* vid. quos laudavimus supra ad Carm. LXI, 53, et II, 13.

30. *Imminxerit* in uno Statii. — *Qui ipse*, etc. Qui cum nuru sua adeo concubuerit. — Si quis exempla rem obscenam illustrantia desiderat, adeat ad h. l. Interpretes, et conferat Pers. Sat. VI, 73.

31. *Atqui non solum hunc* ( sc. impium et libidinosum patrem ) Gryph. Muret. Græv. — Sensus : « Atqui non hujus nefandæ libidinis tantum testem se profitetur Brixia, sed eadem quoque de adulterio cum Posthumio et Cornelio facto narrat. »

32. *Chinæa specula* Venet. Gryph. Cantabrig. — *Chinææ speculæ* Muretus et alii : nostram lectionem defendit Vulpius. Vid. not. inf. — *Suppositum in specula* vel *supposita in specula* in nonnullis, haud dubie versus fulciendi causa, sed syllaba brevis, sequenti syllaba cum *sp* incipiente, producitur. Exemplorum cumulum dedit Vulpius ad Tibull. I, 5, 28. — *Brixia* (nunc *Brescia,* ut notat Cellar. Geogr. Antiq. II, c. 9) *caput gentis Cenomanorum* appellatur a Livio XXXII, 30. Describitur jam Brixia primum a situ, *Cycnææ supposita speculæ* h. e. arci vel colli; ponamus in hanc rem verba, quæ Vulpius ex libello Joannis Chrysostomi Zanchii de Origine Orobiorum sive Cenomanorum ad Petrum Bembum lib. II, protulit : « Declarare, *scribit ille* , nobis voluit poeta lepidissimus, principem illius arcis, summo in collis cacumine positæ, fundatorem ac conditorem fuisse Cydnum, illum Liguris filium, quem Græci Cycnum vocant, quæ ad Cæsaris usque tempora proprio nomine ab auctore Cycnea specula cognominaretur, non Cichonia aut Chinnea, ut in libris minus accurate scriptis reperiri solet. » — Collem ipsum Brixiæ imminentem hodie vocari *Cigneo*, ex Heliæ Capreoli Monumentis Brixianis refert laudatus a Vulpio Paullus Galeardus in Observationibus ad priscam Inscriptionem aliasque Brixianas antiquitates editis, Volumine XXX Ephemeridum Literatorum Italorum, Articulo II. Deinde, ut solent poetæ in describendis urbibus, a flumine *Mela*, qui olim Brixiam alluebat, nunc vero circiter millia passuum ab urbe abest. Vid. *Wesseling.* ad *Antonini Itiner.* p. 552.

33-34. Hos duos versus spurios et mala manu importatos esse, quod non solum historiarum veritati, sed etiam linguæ latinæ proprietati, atque omnino elegantiæ

Sed de Posthumio, et Corneli narrat amore, 35
  Cum quibus illa malum fecit adulterium.
Dixerit hic aliquis: Qui tu isthæc, janua, nosti,
  Quoi nunquam domini limine abesse licet,
Nec populum auscultare: sed huic suffixa tigillo
  Tantum operire soles, aut aperire domum? 40
Sæpe illam audivi furtiva voce loquentem
  Solam cum ancillis hæc sua flagitia,
Nomine dicentem, quos diximus: utpote quæ mi

Catulli repugnent, acriter contendit *Scipio Maffeius* in libello Italico, quem edidit « De antiqua Veronæ conditione: » sed eosdem in fidem recepit et motas a Maffeio difficultates eleganter et docte expedire studuit *Paullus Galeardus* in Opusculo inscripto *Parere intorno all' antico stato de' Cenomani ed ai loro confini*. Utriusque argumenta proposuit et diligenter examinavit ad h. l. Vulpius, qui in sententiam Galeardi discedens dignos omnino hos versus Catullo esse magno eruditionis apparatu et idoneis argumentis ostendit. — Pro *percurrit* in v. 33, male legitur in nonnullis *præcurrit*, ut docet *Wesselingius* in notis laudatus. — *Flavus*, ab arenarum flavo colore. Vid. *Schrader*. ad Musæum p. 269. — *Molli flumine*: vocatur flumen *molle*, quamvis erat torrens rapidus; sed hoc fit ex more poetarum; sic *Ladon* ab Ovid. (Metam. I, 702) *placidus* vocatur, quum esset flumen rapidissimum; et *Hebrus* a Virg. (Æneid. I, 231) *celer*, quum esset per se tardissimus; dicitur denique *Brixia* Veronæ, ubi res agitur, *mater*, vel quod esset, ut Statius observat, urbs Brixia vetustior, vel quod inde coloni multi commigrassent, vel quod esset Cenomanorum metropolis. Vulpius comparat cum nostro Epigramma Callim. XXVII: « Καλλίστη προπάροιθε, τὸ δ' ὕστερον οὔνομα Θήρη, Μήτηρ εὐίππου πατρίδος ἡμετέρης. » Et alia exempla, ubi mater (μήτηρ) de urbibus sic usurpatur, e græcis scriptoribus profert.

35. *Postumii* in nonnullis.

37. *Quid? tu isthœc* in MSS. Statii, non male.

38. *Divum limine* ex libris melioribus profert Vossius et intelligit Penates vel Lares.

39. *Hæc suffixa tigillo* in MSS. Statii.

42. *Solam consiliis* vel *conciliis* in editt. antiquis, unde Manutius legendum suspicatus est *consciolis*, adstipulantibus Mureto et Scaligero; quos secuti sunt Cantabrig. et Græv. et vere diminutivorum usu maxime delectatur Catullus. At Vossius legi jubet *Cæciliis*, h. e. agnatis Cæcilii, cujus mentio facta est versu 9, et sic legebat jam Parthenius; nec incommoda videtur nostra lectio, quam protulit Statius, et quæ imaginem præbet vero similem et lepidam.

# CARMEN LXVIII.

Speraret nec linguam esse, nec auriculam.
Præterea addebat quemdam, quem dicere nolo     45
  Nomine, ne tollat rubra supercilia.
Longus homo est, magnas quoi lites intulit olim
  Falsum mendaci ventre puerperium.

44. *Speret nec* in omnibus MSS. Statii et Codice Patavino, unde ad versum fulciendum Statius verba transponit sic, *Nec linguam speret:* sed neque Vossium, neque Vulpium hiatus post *linguam* offendit, nec adeo, puto, Catulli lectorem offendere debet; interim dedimus lectionem vulgatam.

45. *Ardebat* in quibusdam.

46. *Ne tollat rubra sup.* ne exasperetur ira, quam sublata et attracta supercilia præ se ferunt. Cf. Douza Fil. ad h. l.

47. *Longus.* Longiori corporis figura notare simul videtur animi stuporem. Cf. Carm. LXXXVI, 4. — Hic proceritas tantum significatur.

48. *Falsum mendaci ventre puerperium:* vel quod adoptare vellet prolem adulterinam et illegitimam; vel quod ipse adulterio conceptus homini locupleti suppositus esset. —Hæc janua taciturnitatis laudem, quam Praxagora suæ lucernæ tribuit (Aristophan. Concionat. scen. prim.) non feret. At exemplum dedit recentioribus poetis, quod utinam salse tantum, non impudice, imitati essent. N.

# CARMEN LXVIII.

## AD MANLIUM.

### ARGUMENTUM.

AD MANLIUM. In scribendo hoc nomine libri MSS. et editt. veteres mirum in modum discrepant; scribitur enim modo *Malius*, modo *Mallius*, modo *Manilius*, modo *Allius*; eadem hujus nominis confusio est in aliis scriptoribus. Vid. quos laudat Santenius.

Catullus Manlio (de quo vid. supra Argumentum ad Carm. LXI), respondens ad ejus literas, in quibus ille de acerbo quodam, quem expertus fuerat, casu multum et misere questus fuerat, et doloris sui leniendi gratia *munera Musarum et Veneris*, h. e. carmen quoddam consolatorium et amatorium a poeta nostro petierat, hoc carmine declarat, se, licet ex eo, quod officium amicitiæ in re tristi a se exigat, non sine magna voluptate, quam in amicitia sua ponat, cognoverit fiduciam, tamen, quum ipse gravissimo ob fratris dulcissimi mortem dolore nunc oppressus sit, qui omne Musarum studium et omnes animi delicias abstulerit et de tota mente fugaverit, nullo modo huic officio satisfacere posse. Ne vero hac excusatione ingrati animi suspicionem apud Manlium moveat, ipse prædicat, quot et quantis obstrictus illi teneatur beneficiis, et his nominibus Musis eum per omnes terras celebrandum commendat. Inprimis extollit insigne ejus studium, quo olim puellæ, quam perdite amabat, usum sibi concesserit; quam eodem amoris ardore in domo Manlii sibi apparuisse canit, quo olim Protesilao in domum ejus deducta apparuisse dicitur Laodamia, cujus fabulam fusius hac occasione sibi explicandam sumpsit; qua enarrata cum bonis votis pro salute Manlii et totius ejus domus nuncupatis carmen finit. — Quod supra Carm. LXIV, de longioribus poetæ nostri digressionibus animadversum et reprehensum fuit a VV. DD. idem valet de intextâ huic carmini fabula Laodamiæ, quæ, quo majorem carminis partem occupat, eo magis lectorum animos ab ipsa re, ad quam scribendam Poeta accesserat, avertit. Nemo certe in eo carmine, in quo Poeta ob internum animi dolorem nullum plane jam se cum Musis commercium habere fatetur, longiorem fabulæ cujusdam descriptionem exspectat; sed, si cogitamus, fabulam Laodamiæ ita esse comparatam, ut docere possit alios, quam sæpe amor ferventissimus interrumpi soleat; Catullus pro animi sui dolore in hujus fabulæ contemplatione et consideratione acquievisse et uberiore ejus expositione tam sibi, quam Manlio, interrupti amoris dolore laboranti, aliquid solatii petiisse, putari potest.—Ipsa fabula autem tam egregium in Catullo nostro nacta est interpretem, ut, sive opportuno sive importuno loco ab eo tractata fuisse censeatur, digna certe, quæ ad omnem posteritatem propagetur, habenda sit. Muretus quidem, interponens suum de hoc carmine judicium, « pulcherrima omnino, inquit, hæc Elegia est, atque haud scio, an una pulchrior in omni Latina lingua reperiri queat: nam et dictio purissima est: et mira quædam affectuum varietate permista oratio: et tot ubique aspersa verborum ac sententiarum lumina, ut ex hoc uno poemate perspicere liceat, quantum Catullus cæteris in hoc genere omnibus præstare potuerit, si vim ingenii sui ad illud excolendum contulisset. » — Separatim hoc carmen edidit et tanquam specimen futuræ editionis Catulli proposuit, « celebre apud Batavos Nomen, Santenius » (Lugd. Batavorum 1788, 4); cujus cura in nova, quam adornaturus est, editione spectare potissimum videtur eo, ut librorum MSS. et editionum principum usu et collatione spurias lectiones investiget et tollat, genuinas autem revocet et constituat; quo quidem studio quam præclare Vir tam eruditionis quam librorum copia instructus de Catullo meriturus sit, dicere nihil attinet. Non parum igitur in hujus carminis recensione juvit nos opera *Santenii*, cui, non nisi iis omissis lectionibus, ex quibus nihil sani extricari posse videbatur, omnis fere a nobis subjecta debetur lectionis varietas. Sed quum opus sit, si cum fiducia quadam de germana poetæ nostri lectione judicare et originem corruptarum lectionum exquirere volumus, ut auctoritas, vetustas et bonitas librorum tam scriptorum quam expressorum diligenter examinetur, et eorum ordo pro sua cujusque dote et virtute constituatur, non dubitamus, quin has critices in recensendo Catullo partes *Santenius* egregie expleturus sit.

## CARMEN LXVIII.

Quod mihi, fortuna casuque oppressus acerbo,
  Conscriptum hoc lacrimis mittis epistolium,
Naufragum ut ejectum spumantibus aequoris undis
  Sublevem, et a mortis limine restituam;
Quem neque sancta Venus molli requiescere somno   5
  Desertum in lecto coelibe perpetitur;
Nec veterum dulci scriptorum carmine Musae
  Oblectant, quum mens anxia pervigilat;
Id gratum est mihi, me quoniam tibi ducis amicum,
  Muneraque et Musarum hinc petis et Veneris.   10

1. *Quid* in quatuor MSS. Sant. — *Quo* ex uno profert Voss. utrumque male; evincit enim nostram lectionem vers. 9. — *Casuque opp. acerbo*: amoris, cui adhuc indulserat, fructibus privatum fuisse hoc acerbo casu Manlium, apparet ex v. 6. Multum autem suadent, ut cum Scaligero et Vulpio de inimicitia potius inter Manlium et ejus amicam orta, quam cum Parthenio de ejus uxoris Juliae morte cogitemus. Sic Manlius v. 3, dicitur *naufragus*, haud dubie, quod in amore fecerat naufragium, h. e. expulsus fuerat a puella. Nec, ut alia taceam, Manlium de morte uxoris dolentem *munera Veneris* a Catullo petiisse, facile tibi persuadeas.

2. *Conspersum* vult Schraderus; sed quis non sentit, multo gravius esse *conscriptum? — Hoc* omissum est in edit. Muret. — *Hoc*, hujus argumenti, in quo hoc postulas.

3. *Naufragi* conjecit Heinsius, ut ad *aequoris* referatur. Pro *ut* male in nonnullis *et*.

4. *Restituam*. Imitatus est Nostrum, ut monuit jam Muretus, Virgilius in *Culice* v. 223. «Quum te Restitui superis leti jam limine ab ipso.»

5. *Sancta Venus*: conf. supra ad Carm. XXXVI, 3.

6. *Thalamo* pro *lecto* in edit. Stat. haud dubie ex errore. — *Desertum in lecto coelibe*, solum et derelictum in lecto viduo et vacuo; plenius pro *in lecto deserto*. Sic *cubile desertum* v. 29.

8. *Pervigilet* male Scaliger.

9. *Dicis* in triginta codicibus et editt. quatuor prioribus offendit Santenius. Magis quidem arridet et multo convenientior videtur nostra lectio *ducis*, quam primus Calpurnius vulgavit, sed haud inepte quoque explicari potest *me dicis* pro « me declaras, me alloqueris ut tuum amicum in hac epistola; » confusa autem sunt sexcenties a librariis *dicere* et *ducere*. Conf. supra Var. Lect. ad Carm. VIII, 4. — *Gratum*. « Ista veritas etiamsi jucunda non sit, mihi tamen *grata* est. » Cic. N.

10. *Et* priori loco omissum est in Codice Hamb. et Charta Reg.— At in exemplari Bibl. Leid. totus versus legitur sic, *Munera Musarumque hinc petis hinc Veneris. — Hinc*

Sed tibi ne mea sint ignota incommoda, Manli,
  Neu me odisse putes hospitis officium;
Accipe, queis merser fortunæ fluctibus ipse,
  Ne amplius a ▮▮▮ro dona beata petas.
Tempore quo primum vestis mihi tradita pura est,   15
  Jucundum quum ætas florida ver ageret,
Multa satis lusi: non est Dea nescia nostri,
  Quæ dulcem curis miscet amaritiem.
Sed totum hoc studium luctu fraterna mihi mors

i. e. a me. Et *hic* pro *ego* usurpare latinis in more fuit. Sic Plaut. Epid. I, 2, 28: « huic homini » p. mihi; Bacch. IV, 4, 1: « hunc hominem » p. me; Terent. And. II, 1, 10: « tu si hic sis » p. si tu meo loco esses. — *Musarum et Veneris munera*, scil. munus carminis quod Veneris affectibus sit conditum. Sic Virgilius Æn. III, 223: « ipsumque vocamus In prædam partemque Jovem » p. in prædæ partem. Georg. II, 192 « pateris libamus et auro » p. pateris aureis. Figura est ἐν διὰ δυοῖν. N.

12. *Sospitis* tentabat Schraderus. Sed. cf. v. 68. — *Hospitis officium*, quod hospes ab hospite ex hospitii jure exigere potest; ergo non amicitiæ tantum, sed hospitii quoque vinculo Noster cum Manlio conjunctus fuit.

13. *Aspice* in quibusdam; sæpe enim in *adspicere* et *accipere* peccarunt librarii: vid. *Nic. Heins.* ad Claudian. in Eutrop. I, 485, et *Broukhusius* ad Propert. II, 13, ▮. — *Qui* in uno Mediolanensi. — ▮id Nanianus. — *Quam* laudat Crinitus in vita Catulli. — *Verser* in alio Mediolanensi et Bodleiano. — *Queis m. fort. fl. ipse*: nota et

elegans fortunæ adversæ imago, maris impetuosi instar corripientis et voragine sua absorbentis miseros. *Statius* comparat Horat. Epist. I, 2, 22.

14. *Dona beata*, qualia non nisi a beatis, h. e. secunda fortuna utentibus, peti debent. — Potius lætum et jucundum carmen. N.

15-16. Expende ornatum vulgaris sententiæ: « quum adhuc essem adolescens. » *Vestis pura* est toga virilis, ita vocata, quia tota alba fuit, quam, deposita prætexta, sumere fere solebant adolescentes anno ætatis decimo sexto, ut in vulgus notum est. Ad vers. minorem illustrandum varia ex græcis scriptoribus exempla congessit Statius. — Ovid. Trist. IV, 10, 28 « Liberior fratri sumpta mihique toga est. » N.

18. *Quæ d. c. m. a.* Cf. quæ in hanc sententiam notavimus supra ad Carm. LXIV, 95. — H. l. Vulpius τὸ Musæi γλυκύπικρον memorat et hoc Anacreontis, od. 45, ἀκίδας δ᾽ ἔβαπτε Κύπρις Μέλι τὸ γλυκὺ λαϐοῦσα. Ὁ δ᾽ ἔρως χολὴν ἔμισγεν. N.

19. *Luctu fraterna mors abst.* Exquisitiore forma pro « luctus fraternæ mortis. »

## CARMEN LXVIII.

Abstulit. O misero frater adempte mihi!
Tu mea, tu moriens fregisti commoda, frater;
  Tecum una tota est nostra sepulta domus;
Omnia tecum una perierunt gaudia nostra,
  Quæ tuus in vita dulcis alebat amor.
Quojus ego interitu tota de mente fugavi
  Hæc studia, atque omnes delicias animi.
Quare quod scribis: *Veronæ turpe Catullo*
  *Esse, quod hic quisquis de meliore nota*

20. *Abscidit* dedit ex vetere, ut ait, scriptura Scaliger; sed nostram lectionem auctoritate et consensu MSS. octo et viginti et editt. ante Scaligerum excusarum confirmavit Santenius.

21. Nostrum ante oculos habuit *Lotichius* Lib. III, Eleg. VI, 39, 40 : « Tu studium lususque meos, tu gaudia vitæ Omnia fregisti morte, Stibare, tua. »

22. « Tecum omne simul, quo domus nostra nitebatur, sepultum est præsidium, omnis gentis nostræ honor exstinctus, omnis a consanguinitate nobis parta felicitas sublata est; » quam graviter ad miserationem movendam!

23. *Omnia....nostra.* Hunc versum uno tantum mutato verbo suum fecit *Lotichius* Ecl. I, 32 : « Omnia tecum una fugerunt gaudia nostra. »

24. *Quæ tuus in vita,* etc. In hanc sententiam *Eldickius* comparat Euripid. Alcest. v. 345. « Σὺ γάρ μου τέρψιν ἐξεῖλου βίου. »

27. Sensus est : « Quare, quod scribis, turpitudini esse Catullo, Veronæ jam commoranti, quod Romæ (*hic*) quilibet nobilior vel beatior frigida in cubili deserto membra fovere, h. e. cum puella a Catullo deserta consuescere solet, id, Manli, non turpe magis, quam miserum est (quia causa deserti et intermissi amoris fuit gravis dolor et luctus). » — Ponit nimirum Poeta ipsa verba, quibus Manlius in missa ad eum de hac re epistola usus fuerat; unde facile intelligitur, cur in versu 28 *hic* et v. 29 *tepefecit* (h. e. tepefacere solet) scripserit. Quod quidem ut statim in lectorum oculos incurreret, alia literarum forma hunc locum excudendum curavi. — *Quæ scribis* in uno Voss. — Magis mihi arridet Vossii explicatio, cujus tamen sanationem hujus loci duram (*vix cui* p. *quisquis* et *tepefiant* p. *tepefecit*) nolim recipere. Intelligit Veronæ quisquis est meliore nota, i. e. elegans et acuti vir judicii, nullam quæ ametur dignam reperire, atque eo adigi ut tepefaciat sua membra frigida in lecto deserto, i. e. solo. *Hic* est Veronæ, non Romæ. *Tepefecit* ironice dictum; male tepefecit. *Desertus* apud Catullum, non semper *derelictum*, sed etiam *solum* quando significat. Vid. Carm. LXIV, 133, 187. N.

28. *Quisque* in Cod. Leid. n. 13. — *Quisquam* dedit Muretus. — In

*Frigida deserto tepefecit membra cubili*:
　Id, Manli, non est turpe; magis miserum est.
Ignosces igitur, si, quæ mihi luctus ademit,
　Hæc tibi non tribuo munera, quum nequeo.
Nam, quod scriptorum non magna est copia apud me,
　Hoc fit, quod Romæ vivimus : illa domus,
Illa mihi sedes, illic mea carpitur ætas;
　Huc una ex multis capsula me sequitur.

fine versus Excerpta Perrei addunt *est*. — *Quisquis*, nisi in fine versus additur *est*, jam pro *quisque*, *quilibet*, positum est. Et sic *quisquis* pro *quisque* apud ipsum Ciceronem occurrit ad Div. VI, 1 : « Nam etsi, quocunque in loco quisquis est, idem est ei sensus ». Eodem modo *quidquid* pro *quidque* in Oratione pro Cluentio c. 19, « ut quidquid ego apprehenderam » et Livius XXXVIII, 27, § 13, « generosum in sua quidquid sede gignitur. » Hinc quoque fortasse explicari potest conclamatus ille locus Virgilianus Eclog. III, 109 et 110 : « Et vitula tu dignus, et hic, et quisquis amores Aut metuet dulces, aut experietur amaros. » Dubitat quidem adhuc de hujus loci integritate summus *Heynius*, nec unquam commodum et rationibus grammaticis consentaneum sensum inde elici posse existimat; et sane, ut nunc leguntur verba, inextricabili laborant difficultate. Sed omnis difficultas tolli posse mihi videtur mutata copula *et* ante *quisquis* in *sic*, et pro *metuet* et *experietur* recepta lectione, quæ est in edit. Venet. *metuat* et *experiatur*, hoc sensu : « uterque dignus est, qui positum pretium, vitulam, accipiat; *sic* (ve-stro exemplo) *quisquis* (quisque, quilibet alius) aut metum in felici, aut amaritiem in infelici amore canendo exprimat; » utrumque autem ab utroque pastore alternis expressum est.

30. *Tepefiunt* in quibusdam. — *Tepefiant* in optimo libro Vossii, unde Schraderus faciebat *tepefiat*, nimirum quoad membra. — *Tepefactat* in Excerptis Franc. Cacciæ. Placet hæc lectio præ cæteris.

32. Ex *quom nequeo*, quod in Codice quodam et editione vetusta invenerat, fecit Heinsius *quoi nequeo*, parum commode.

33. *Scriptorum*. Scil. meorum, quæ tibi mittam rogatus, non, ut alii volunt, librorum quibus quasi ope adjutus scribam. N.

34. *Quum Romæ* in Collationibus et Excerptis quorumdam. — *Hoc fit, quod Romæ vivimus*, « causa est ea, quod proprium mihi domicilium Romæ est, ubi omnis nostra servatur supellex libraria. »

35. *Mihi*, quod pro *mea* in editionem Ald. 1502 invectum fuerat, jam ab aliis rejectum est. — *Capsula*, scrinium in quo scripta recondebantur. Cf. Horat. Sat. I, 4, 22. N.

36. *E* in nonnullis. — *Huc*,

## CARMEN LXVIII.

Quod quum ita sit, nolim statuas, nos mente maligna
  Id facere, aut animo non satis ingenuo;
Quod tibi non utriusque petiti copia facta est;
  Ultro ego deferrem, copia si qua foret.   40
Non possum reticere, Deæ, qua Manlius in re
  Juverit, aut quantis juverit officiis;
Ne fugiens seclis obliviscentibus ætas

---

Roma inde Veronam. — *Capsula*, librorum et scriptionum theca et receptaculum, unde, qui libros in capsula gestando pueros nobiliores in ludum literarium euntes sequebantur, dicti sunt *capsarii*. vid. *Turn.* ad Sueton. Ner. 36.

37. *Me* pro *nos* in edit. Ald. 1502, unde ab aliis repetitum est; sed *nos* tuentur omnes MSS. et edd. antiquissimæ, quibus usus est Santenius. — *Mente maligna* i. e. nimis parcus atque tenax. N.

38. *Ingenuo*, liberali. N.

39. *Petiti* ex conjectura Parthenii, quem plures secuti sunt, nam ejusmodi aliquid flagitat fere *utriusque*. — *Quod tibi non prius usque petenti* parum feliciter tentat Heinsius. Pro *facta est* legitur in quibusdam libris MSS. *posta est*, quod recepit Vossius. Alias corruptas lectiones recensuit Santenius, ex quibus vix extrices lectionem nostræ præferendam. — *Utriusque petiti*, « utriusque rei, quam a me petiisti. » Cf. v. 10. — *Utrumque petitum* una eademque res erat. N.

40. *Differrem* male in libris MSS. et editt. vett. — *Deferrem*, offerrem — ut sæpe apud Ciceronem. Vide exempla in *Ernesti Clave Cic.* s. v. *deferre.*

41. *Quam* pro *qua* recepit Santenius, quod in plus quam triginta Codd. et multis editt. antiquissimis invenerat; sed ex meo sensu multo aptius et verius est *qua*, quod in duobus Codd. Saibantis et aliis reperitur; nam rem ipsam, in qua expertus sit Manlii auxilium, Catullus refert. — Lectio Santenii magis latina et poetica. *Quam juverit in re* sc. opportune. N. — Commentum Scaligeri *Quam me Allius* jam ab aliis explosum est. — Eodem tempore, quo Poeta Manlii precibus se satisfacere non posse declarat, opportune ejus animo obversantur accepta ab eo beneficia. Convertit autem se ad eas Deas, h. e. Musas, quibus, ut Theocritus canit, (Idyll. XVI, 1, 2) cura est, ὑμνεῖν ἀγαθῶν κλέα ἀνδρῶν, et eorum nomina æternitati consecrare. — *Deæ* pro *Musæ*; ita Virg. Æn. IX, 529. N.

42. *Juverit* sc. me.

43. *Nec* in duabus principibus Venett. et septemdecim Codd. Santenii; sed non raro in scribendis particulis *ne* et *nec* peccarunt librarii. Vid. VV. DD. quos laudat *Drackenborch.* ad Liv. I, 10, 3, t. I, p. 53, adde *Bentlei.* ad Horat. Sat. II, 3, 262. — « Ne ulla usquam hæc ejus de me merita obliteret oblivio;» expende, quam egregie Poeta hanc sententiam exornaverit.

Illius hoc cæca nocte tegat studium.
Sed dicam vobis. Vos porro dicite multis
Millibus et facite hæc charta loquatur anus.

\* . . . . . . . . . . . . . . . . . . . . . . . . . . .

Notescatque magis mortuus, atque magis;
Ne tenuem texens sublimis aranea telam,
Deserto in Manli nomine opus faciat.
Nam, mihi quam dederit duplex Amathusia curam,

---

45. Novo exemplo Poeta jam Musis canendi materiem suggerit, quam alias Musæ poetis suggerere solent. Causam hujus novitatis repete ab ejus dolore, in quo, quas ipse sustinere nequit partes, lepide Musis delegat. — *Porro dehinc in posterum.* Vid. C. XLV, 3. N.

46. *Et facite hoc fama loquatur anus* volebat Fruterius. — Pro *charta* perperam in plurimis libris MSS. *certa* vel *curva*, unde Achilles Statius tentabat *cera*; sed *charta* est in optimo codice olim Ducis *de la Valliere*, nunc Santenii, et confirmatur imitatione Martial. XII, 4. — *Charta loquatur anus*: olim quum charta fuerit vetusta, intellige carmina ad posteritatem propaganda; sic *anus* passim adjective ponitur; exempla vide apud Vulpium. Cf. supra ad Carm. IX, 4. Expressum hoc esse ex Fragment. Æschyl. ὡς λέγει γέρον γράμμα, indicavit *Valckenarius* ad Euripid. Phœniss. v. 103, p. 38. — *Santenius* in hanc rem laudat *Toupium* ad Theocritum, t. II, p. 394.

\* In plerisque Codd. antiquis hic est lacuna, quæ in Datiano et octodecim aliis Codd. apud Santenium expleta est sic: *Omnibus et trioiis vulgetur fabula passim*: in octo aliis Codd. cæterisque editionibus omnibus: *Omnibus inque locis celebretur fama sepulti.*

49 et 50. *Nec* reposuit Santenius, multorum librorum MSS. et editt. antiquarum auctoritate commotus; mihi oratio postulare videtur *ne;* cf. ad. v. 43. — *In deserto Auli* ex conjectura Marcilii, quam amplexus est Vulp. — In nomine *Manli* mirum in modum discrepant MSS. — Vid. Santenium. — *Ne tenuem texens sublimis aranea*, etc. Nota imago de rebus neglectis et in situ et squalore jacentibus. Cf. Brouckhus. ad Propert. III, 4, 33, et supra ad Carm. XIII, 8. — *Aranea sublimis*, telam suam in sublimioribus locis suspendens. — *Des. in Manli nom. opus faciat*: neglectum Manlii nomen, ubi illud scriptum est, textura obducat.

51. *Amatutia* in Cod. Saibantis, Vallieriano et secunda Veneta. — *Amatuntia* in primo Mediceo et editt. antiquioribus. Sed formam *Amathusia* præfert *Heinsius* ad Ovid. Amor. III, 15, 15. — Et sic est in omnibus fere editt. Santenii. — *Duplex Amathusia*. Multiplicem duplex Venus ab interpretibus ad hunc locum experta est explicationem, quam ita a Catullo vocatam putant, vel, quod sit fallax et dolosa, ut

## CARMEN LXVIII.

Scitis, et in quo me corruerit genere;
Quum tantum arderem, quantum Trinacria rupes,
Lymphaque in OEtæis Malia Thermopylis;

dicitur *duplex Ulysses* apud Horat. Od. I, 6 et 7, vel quod amatoribus modo propitiam, modo iratam, se præbeat; vel quod Catullum ad duas puellas amandas pellexerit: vel quod Catullus utriusque sexus amore flagraverit, vel quod gemina sit Venus; *vulgaris*, πάνδημος, et *cælestis*, οὐρανία: vel quod Veneris tam maris quam fœminæ effigies barbata in Amathunte culta fuerit, ad quam Poeta respexisse videri possit. — Mihi quidem ideo jam Amathusia dicta a Catullo videtur *duplex*, quod Dea in puellæ, quam deperibat Noster, amore, non ipsi uni tantum, sed alii simul favebat, h. e. quod eamdem, quam amabat, cum alio conjunxerat; cf. v. 135 et 146, et sic *duplex* habet fere notionem fallaciæ. — Doctas ambages! mirum si fallaciæ epitheton Veneri attribuerit! N.

52. *In quo genere*, in quam gravi amoris genere; quale est illud, ubi ab alio simul amatur puella. — *Me corruerit. Torruerit* Palatinus membranaceus et Commelinianus apud Santenium, quam lectionem probant Statius, Vulpius et alii. Sed *corruerit* exstat in sex et viginti Codicibus Santenii et omnibus editionibus antiquis, quod sumendum est active pro « prostraverit, pessumdederit;» quod quamvis paullo insolentius a Catullo dictum videri possit, idem tamen vim amoris, cui quis succumbit, vel quo quis prosternitur, graviter describit; huc pertinet locus Horatii Od. I, 19, 9: *In me tota ruens Venus*. Quid? si ad hoc exemplum una transposita vocula versus legatur sic *Scitis et in me quo corruerit genere*. Quodsi autem ex norma Criticorum lectio difficilior præferri debet faciliori, jam ex hac ratione verior habenda est lectio *corruerit;* nec me movet quod *torruerit* magis conveniat versui sequenti, ut observat Turnebus in Advers. XVI, c. 1, quum et nostra lectione bene nexus constet. — *Corpuerit* pro *corripuerit* conjecit *Marklandus* in notis ineditis apud Santenium. — *Torruerit cinere* vult Heinsius. — *In qua me torruerit Venere* ingeniose emendat Schraderus, modo in versu majori *Amathusia* non præcederet. — Expositio sententiæ, qualem recte Doeringius enarrat, fieri, nec ulla vocula transposita, potest. Si quidem in vehementi affectu hoc est inversæ orationis exemplum, sicut *per ego te* et multa hujuscemodi alia vel apud pedestris sermonis auctores reperiuntur. N.

53. *Trinacria rupes*, Ætna in *Sicilia*, quam antiquis a tribus promontoriis, (quæ Græcis ἄκρα) Peloro, Pachyno et Lilybæo dictam esse *Trinacriam*, in vulgus notum est. *Trinacria Ætna* Virgil. Æn. III, 554. Cæterum luxurians poetarum ingenium sæpius flammam amoris cum ignibus Ætnæis comparat. Sic Ovid. Rem. Amor. v. 491: « Quamvis infelix media torreberis Ætna, Frigidior glacie fac videare tuæ.» Alia exempla dant Stat. et Vulp.

54. Pro *Lympha* in uno Vaticano

Mœsta neque assiduo tabescere lumina fletu 55
  Cessarent, tristique imbre madere genæ.
Qualis in aerii pellucens vertice montis
  Rivus muscoso prosilit e lapide;
Qui, quum de prona præceps est valle volutus,
  Per medium densi transit iter populi, 60
Dulce viatori lasso in sudore levamen,
  Quum gravis exustos æstus hiulcat agros;

*Unda* haud dubie ex interpretatione. — Pro *OEtæis* varia in variis libris offeruntur lectionum monstra; vid. Santen. Eodem modo libri variant in *Malia*, quæ lectio certe post Parthenium non impugnari debebat; vid. not. — *Lamia* tentabat Taurellus. Sed Vossius importavit *Daulia*, merito hoc nomine jam reprehensus ab Hemsterhusio ad Lucian, T. I, p. 112. — Sensus: et quantum ardent thermæ s. aquæ calidæ in Thermopylis. — Hujus aquæ calidæ fontes Herculi dicati fuerunt in ipsis Thermopylarum, inde sic dictarum, faucibus sive ingressu, quæ a superimpendente illis monte OEta vocantur *OEtææ;* ipsa aqua autem dicitur *Malia* ab adjacente regione *Maliensi*, quæ *sinum Maliacum* ad Orientem habet. Fuse et erudite hanc rem examinavit Santenius, quem vide.

55. *Nec* in tribus libris Santenii.

57 seqq. Hanc elegantissimam cum rivo comparationem male ad lacrimarum imbrem trahit Muretus, quem cum aliis secuti sunt Vulpius et Santenius, qui loca plane huc non pertinentia in hanc rem ex Homero laudant; nexus institutæ comparationis aperte est hic: « quale levamen æstatis tempore lasso et sudanti viatori est dulcis rivus, et quale solatium venti secundi afflatus nautis tempestate jactatis præbet, tale mihi in amore meo Manlii fuit auxilium. » — *Pellucens*, limpidus. Vulpius in hac voce argutatur.

58. *A lapide* in Datii codice; sed nemo non præferet *e lapide*.

59. *De prono colle* suspicabatur olim Santenius.

60. *Per medium densi transit iter pop.* per mediam viam, quam celebrat et frequentat populus.

61. *Basso viatori*, quod vitiose in Codd. legitur, non dubitavit in fidem suam recipere Vossius. — *Eldickius* bene cum nostro comparat locum *Anytæ* VII, 3, in Analectis Vett. Poet. Græc. Brunckii, tom. I, p. 198 : « Πίδακα τ' ἐκ παγᾶς ψυχρὸν πίε· δὴ ὁδίταις Ἄμπαυμ' ἐν θερμῷ καύματι τοῦτο φίλον. » Similiter quoque Oppianus Cyneg. II, 39 : « Ψυχρὸν δ' ἐξ ἄντροιο προχεύμενον ἄργυφον ὕδωρ Οἷον κεκμηκῶσι ποτόν, γλυκερόν τε λοετρόν. » Inprimis huc pertinet Epigramma Asclepiadis XX, in Analectis Vett. Poett. Græc. Brunckii, tom. I, p. 205. — Cf. similis argumento, dulcedine impar comparatio apud Virg. Ecl. V, 46. N.

# CARMEN LXVIII.

Ac veluti nigro jactatis turbine nautis
　Lenius adspirans aura secunda venit,
Jam prece Pollucis, jam Castoris implorata;
　Tale fuit nobis Manlius auxilium.
Is clausum lato patefecit limite campum,
　Isque domum nobis, isque dedit dominam;
Ad quam communes exerceremus amores,
　Quo mea se molli candida Diva pede

---

63. *Hic* in omnibus fere MSS. Santenii; in tribus *hæc;* sed res ipsa flagitat *Ac.*
64. *Leniter* in Datii Cod. m. pr. et Riccard. apud Sant. — Præivit in hac comparatione, ut Santenius monuit, Hom. Iliad. VII, 4-7: « Ὡς δὲ θεὸς ναύτῃσιν ἐελδομένοισιν ἔδωκεν Οὖρον, ἐπὴν κεκάμωσιν ἐϋξέστῃσ' ἐλάτῃσι Πόντον ἐλαύνοντες, καμάτῳ δ' ὑπὸ γυῖα λέλυνται· Ὡς ἄρα τὼ (Hector et Paris) Τρώεσσιν ἐελδομένοισι φανήτην. »
65. In hoc emendando versu valde laborarunt interpretes, sed sine necessitate. *Jam prece Polluces, jam Castoras implorante* refinxit Vossius. — *Jam face Pollucis, jam Castoris implorata* Anonymus apud Santenium. *Jamque ope* Eldickius. — *Jam prece P. jam C. implorata*: « Durch das Gebet zum Castor und Pollux endlich erfleht. » — *Implorata* sc. aura secunda, in casu primo. Turbæ, quas in hoc loco excitaverunt interpretes, natæ sunt ex male intellecta voce *implorata,* quam perperam in casu sexto ad *prece* retulerunt. Nec ḗdit hanc fraudem Santenius. — *Prece Pollucis,* h. e. ad Pollucem. Castor et Pollux navigantibus sunt dii σωτῆρες, ut notum. Cf. supra ad Carm.

IV, 27. — *Jam,* in summo periculi discrimine; quo sensu eleganter hæc particula a poetis repeti solet.
66. Similiter Euripides, quem laudat Vulpius, Orest. v. 725: — « Πιστὸς ἐν κακοῖς ἀνὴρ, Κρείσσων γαλήνης ναυτίλοισιν εἰσορᾶν. »
67. Quam turpiter librarii aberraverint in voce *clausum,* vid. apud Santenium. — Sensus: « Is viam, qua libere et sine impedimento percipere nunc possum amoris fructum hucusque mihi interceptum, patefecit. » Elegans imago ab iis translata, qui ex locis angustis et interseptis in apertam planitiem deferuntur.
69. *Ad quam*, in cujus amplexibus. Santenius *quam* ad *domum* refert, sed tum haud dubie Catullus scripsisset *in qua.* — *Communes,* mutuos. — Quocunque modo *ad quam* intelligas, neque probam syntaxin, neque dilucidam sententiam inde conficies. Hæc est una e nonnullis quas Catulli fudit incuria, maculis. *Exercere amores* ad mulierem non minus insolens quam *ad domum.* Et hoc sensum meliorem parere videtur. N.
70. *Quo* refer ad *domum.* — *Molli pede,* molliter et delicate posito.

Intulit, et trito fulgentem in limine plantam
Innixa, arguta constitit in solea;
Conjugis ut quondam flagrans advenit amore,
Protesilaëam Laodamia domum

Sic *mollia brachia* (apud Ovid. Arte Am. I, 595) in re saltatoria de iis, quæ cum arte et gratia moventur. — *Molliter ire* est apud Propert. II, 12, 24, ubi Vulpio laudatur incertus poëta ex Anthol. I, c. 67: « Λεσϐίδες, ἁϐρὰ ποδῶν βήματ᾽ ἐρεισάμεναι. » Haud exigua autem apud Veteres pulchritudinis laus in molliori incessu ponebatur. Cf. Vulp.

71. *Fulgentem*, ab externo ornatu; intelligere cum Vulpio possumus *aurea vincula*. — *Aureolos pedes*, Carm. LXI, 167. N.

72. *Constituit solea* in Codicibus fere omnibus et editt. antiquis. Sed dignior Catullo est nostra lectio, ab Aldo jam revocata et auctoritate aliquot præstantissimorum Codd. apud Santenium probata. — Pro *arguta* Lipsius in Cod. aliquo deprehendit *angusta*. — *Innixa*. Similis est, quem laudant, locus Propertii II, 22, 4 : « Prosilit in laxa nixa pedem solea. » Cf. Ovid. Amor. III, 1, 31, et ibi *Burmannum*. — *Arguta*, h. e. exigua et concinna (*nett*, *niedlich*). Commode in hanc rem laudat Vulpius (Virg. Georg. III, 80) *argutum* equi *caput*, h. e. exiguum et venustum. — Alii *argutam soleam* explicant de stridula, crepitum et stridorem inter ambulandum edente; sed displicet jam hæc subjecta notio, nec apud Veteres solearum stridor ad deliciarum genus pertinuisse videtur. *Soleæ* autem mulierum et hominum delicatorum sunt *calcei*, unde *soleæ mu-*

*liebres* apud Ciceronem Clodio et Verri objiciuntur. Har. Resp. 21. Plura de *soleis* vid. apud *Balduinum de calceo antiquo* c. XI. — Nonne hos versus optimus Rhetor Gallicus in mentem revocabat, quum hæc scriberet : « Celui qui pourra expli« quer le charme des regards, du sou« rire, de la démarche d'une femme « aimable, celui-là pourra expliquer « le charme des vers de Catulle (*Cours « de litt. de Laharp. t. II, p.* 189). » N.

73. *Amorem* male in decem MSS. Santenii.

74. *Laodamia*. « Ea uxor Protesilai fuit, quæ quum maritum suum primum ex omnibus Græcis in bello Trojano ab Hectore interfectum esse audisset, nimio illius desiderio contabuit. Sunt, qui dicant, viri umbram ei se in somnis obtulisse, inque illius complexibus ipsam emortuam. Alii, obtinuisse Protesilaum aiunt, ut ex inferis, ad visendam uxorem, reverteretur; quumque eam reperisset adjacentem imaguneulæ, qua viri mortui vultum exprimendum curaverat, petiisse, ut ne sibi amplius superstes esse vellet; tum ipsam, acta per pectus hasta, sibi mortem attulisse. Quod autem tam brevi tempore, marito suo frui ipsi licuerit, Catullus Deorum iram in causa fuisse dicit, quibus ante nuptias sacra rite perpetrata non forent. » Muret. cf. Lucian. DD. M. XXIII. Ovid. Epist. XIII, et Hygin. Fab. CIII et CIV.

Inceptam frustra, nondum quum sanguine sacro
 Hostia cælestes pacificasset heros.
Nil mihi tam valde placeat, Rhamnusia virgo,
 Quod temere invitis suscipiatur heris.
Quam jejuna pium desideret ara cruorem,
 Docta est amisso Laodamia viro;

75. Pro *Inceptam* Codd. apud Sant. offerunt vel *Inceptaet* vel *Incepta ut* vel *Accepta et*, et unus Vossii *Inceptum*. Eldickius conjiciebat *Insessam*. — *Inceptam frustra*, inchoatam frustra, h. e. *imperfectam*, ut vocat Val. Flaccus VI, 659, ubi nimirum nova nupta mox post nuptias fit vidua. Δόμον ἡμιτελῆ vocat Homerus, de hac ipsa Protesilai domo loquens, Iliad. II, v. 701. Vid. inprimis *Hemsterhus.* ad Lucian. t. I, p. 410; adde *Potteri* Archæol. Græc. t. II, l. IV, c. 11. Huc pertinet Diodori Jun. Epigr. IX, in Analectis Vett. Poett. Græc. Brunckii t. II, p. 187 : « Ἡμιτελῆ θάλαμόν τε, καὶ ἐγγύθι νυμφικὰ λέκτρα, Κοῦρε, λιπὼν, ὀλοὴν οἶμον ἔβης Ἄϊδου. » Sic *incepti* Hymenæi de primo conjugii tempore dicuntur Virg. Æn. IV, 316.

76. *Conciliasset* in nonnullis Codd. et editt. sed in plurimis *pacificasset*. — *Hostia* intellige sacra (προγάμεια, γαμήλια, προτέλεια) quæ ante nuptias rite institui solebant; vid. *Potteri* Archæol. Græc. t II, l. IV, c. 11, inprimis, quem laudat Santenius, *Ruhnkenium* ad Timæum sub voce προτέλεια. — Ad h. l. Vossius citat. Virgil. Æn. IV, 55 : « pacemque per aras exquirunt » et Sil. Ital. Bell. Pun. XV, 425 : « pacificans divos. » N. — *Heros cælestes* p. Deos, ut Horatius Od.

I, 1 : « terrarum dominos » Plaut. Merc. III, 4, 12 : « Fortuna hera hominibus est. » N.

77 et 78. *Jam* pro *tam* in Excerptis Perreii ex solemni harum particularum confusione; vid. *Heins.* ad Ovid. Heroid. III, 67, et *Brouckhus.* ad Propert. II, 7, 1 et 37. — *Valide* pro *valde* in nonnullis Codd. — *Rhamnusia virgo.* Cf. supra ad Carm. LXIV, 396, et ad Carm. L, 20. — *Invitis heris*, ἀέκητι θεῶν. — *Heri, Dii*, paullo ante plenius dicuntur *cælestes*. Sententiæ respondet notissimus ille locus Virgil. Æn. II, 402 : « Heu nihil invitis fas quemquam fidere Divis! » Ubi cf. *Cerd.* — Relativum *quod* vicem obtinet pronominis *illud* particula *ut* præcedente : sc. « absit ut quidquam placeat adeo *ut illud* etc. »

79. *Deficeret* male in multis. — *Desideret* in uno Voss. et edit. Rheg. — Sic particulæ *Quod* et *Quam* in hoc et superiori versu mirum in modum turbatæ sunt; vid. Santen. — *Quam jej. p. des. ara cruorem*, pro vulgari « quam sitiens sit ara hostiarum sanguinis. » — Huic versui haud incommode comparaveris illa Racinii :

Le ciel, le juste ciel, par le meurtre honoré
Du sang de l'innocence est-il donc altéré?
 (Iphig. act. IV, sc. 4.)
Si de sang et de morts le ciel est affamé, etc.
 (ibid. act. V, sc. 2). N.

Conjugis ante coacta novi dimittere collum,
  Quam veniens una atque altera rursus hiems
Noctibus in longis avidum saturasset amorem,
  Posset ut abrupto vivere conjugio;
Quod scibant Parcæ non longo tempore abesse,   85
  Si miles muros isset ad Iliacos.
Nam tum Helenæ raptu primores Argivorum
  Cœperat ad sese Troja ciere viros;
Troja nefas, commune sepulcrum Europæ Asiæque,
  Troja virum et virtutum omnium acerba cinis;   90
Quæ nempe et nostro letum miserabile fratri

---

81. *Novum* in tredecim Codd. apud Santenium. — *Conjugis novi collum* significanter atque ornate pro *novum conjugem*.

82. *Veniens rursus*, rediens.

84. *Posset et* in Cod. Datiano. Sic in quovis scriptore confusarum particularum *ut* et *et*, exempla exstant. Liviana collegit *Drackenborch*. ad Liv. t. III, p. 409. Cf. VV. DD. quos laudat idem ad Sil. Ital. V. 217. *Posset ab innupto* ex uno Cod. protulit, et pro ingenio suo probavit Vossius.

85 et 86. *Abisse* in sexdecim Codicibus et duabus primis Venett. apud Santenium. In aliis *abesse*, quod pleræque editt. tenent; sæpissime enim inter se confusa sunt a librariis *abesse* et *abisse*, ut multis exemplis docet *Drackenborch*. ad Liv. XXVII, 44, § 3, t. IV, p. 130. — Cf. et alios ibi laudatos poetarum interpretes. — *Adesse* pro *adfuturum* æquo pæne jure legi posse putat Santenius. — *Quod scibant Parcæ non longe tempus abesse* conjecit Schraderus. — Sensus est: « Quod quidem triste fatum novi Laodamiæ disrumpendi conjugii brevi tempore, quum Protesilaus ad bellum Trojanum profectus esset, impletum iri, Parcæ non ignorabant. »

87. *Primores Argivor.* Cf. supra ad Carm. LXIV, 4.

89. *Troja nefas.* Sustuli parenthesin, qua vox *nefas*, quæ cum *Troja* jungi debet, in plurimis editionibus exhiberi solet. *Troja nefas* est *nefaria*, *nefanda*. Plane ita *nefas Helena* pro *nefaria* dicitur a Virgilio Æn. II, 585, «Exstinxisse nefas, etc. »; et sic Cleopatra *nefas* Æn. VIII, 688. — *Europæ Asiæque* cf. Stat. — *Asiæ Europæque* prætulit Santenius, plurimorum Codd. auctoritate commotus; sed in novem MSS. apud eumdem et omnibus fere editionibus antiquis est *Europæ Asiæque*.

90. *Acerba cinis* genere feminino passim apud optimos scriptores; exempla vid. apud. *Burmannum Sec.* ad Anthol. t. II, p. 32.

91. Mira est, quibus in variis libris hic versus incedit, formarum varietas, quæ omnes ac sin-

# CARMEN LXVIII.

Attulit : hei misero frater adempte mihi!
Hei misero fratri jucundum lumen ademptum!
  Tecum una tota est nostra sepulta domus;
Omnia tecum una perierunt gaudia nostra,      95
  Quæ tuus in vita dulcis alebat amor.
Quem nunc tam longe non inter nota sepulcra,
  Nec prope cognatos compositum cineres,
Sed Troja obscena, Troja infelice sepultum

gulæ nec appingi sine molestia, nec lustrari sine tædio possunt; en harum potiores : *Quæ nuper nostro* Passeratius ; *Quæ nunc et nostro* Marcilius ; *Quæ, ve, ter nostro* Scaliger in priore recensione; *Quæ (ve te), nostro* in posteriore ; *Quæ, væ, væ, et nostro* commodissime Raphelengius ; *Quæmet et id nostro* Vossius, cui adhæret Vulpius ; *Væ mihi, quæ et,* vel *Quæne etiam id* Heinsius, cujus posteriorem emendationem recepit Santenius. Varios librariorum errores, e quibus vix elici potest sana lectio, vide apud Santenium. Ego dedi vulgatam lectionem in plurimis editt. post Aldum repetitam, et facilitate sua se commendantem.
— Fraternæ mortis recordatione, quam refricabat Trojæ cogitatio, iterum Poeta abripitur. Cf. supra ad Carm. LV, 5 sqq.

93. Dilogiam in hoc versu animadvertit Passeratius, quum *jucundum lumen ademptum* tam ad mortuum quam ad superstitem fratrem referri liceat. Nimis acute ! — Cave statuas in vehementissimo veri doloris impetu ad meras dilogiæ nugulas animum Catulli allucinatum fuisse. Nempe v. 91, se miserum clamat quod fratrem amiserit, et

v. 92, fratris miseretur, qui obiit ante diem, et quocum tota domus sepulta. N.

94. *Tecum una nostra est tota* in uno libro MS. Vossii, unde ille : *Tecum cum nostra est tota sepulta domus.*

97. Pro *Quem* in plerisque Codd. *Que,* unde in nonnullis factum est *Quæ. Nota sepulcra*, patria, avita, πατρῷα μνήματα. Vid. Santen.

98. *Non* in uno Voss. — *Compositum;* componi (συστέλλεσθαι) proprie dicuntur cineres atque ossa, quum, vasculis suis inclusa, in monumentum condebantur; deinde de toto funebri apparatu singulisque ejus partibus hoc verbum usurpatur. Vid. *Heyne* ad Tibull. III, 2, 26, et *Kirchmannus de Funeribus Romanorum* III, c. 8.

99. *Sepulcrum* male in quibusdam Codd. et editt. — *Troja obscena,* abominanda, detestabilis. Sic *fames obscena* apud Virg. Æn. III, 367. *Omnia obscena* apud Cic. Pro Domo c. 55. *Ostentum obscenum* Sueton. Galba c. 4. *Obscenæ flammæ* Ovid. Met. IX, 508. — Nimirum res dicuntur *obscenæ,* quas non sine horrore quodam cogitare possumus. Qui *Trojam obscenam* de inauspicato condita

Detinet extremo terra aliena solo.
Ad quam tum properans fertur simul undique pubes
   Græca penetrales deseruisse focos;
Ne Paris abducta gavisus libera mœcha
   Otia pacato degeret in thalamo.
Quo tibi tum casu, pulcherrima Laodamia,
   Ereptum est vita dulcius atque anima
Conjugium; tanto te absorbens vortice amoris
   Æstus in abruptum detulerat barathrum;

interpretantur, paullo altius rem repetunt. — Bene ad h. l. Vossius Accii versus recitat, in OEnom. qui τὸ *augustus* τῷ *obscenus* opponit. N.

100. *Externo* in quibusdam Santenii; sed recte idem vindicat *extremo*. De confusione vocum *externus* et *extremus* præter *Brouckhusium* ad Propert. II, 13, 40, quem laudavit Santenius, vide, quibus testimonium denunciat *Drackenborch*. ad Sil. Ital. IX, 209. — *Detinet*, κατέχει, vide de hac voce Observatt. Miscell. t. I, p. 15. — *Extremo*, longe remoto, nisi de litore, quo frater Catulli sepultus fuit, (cf. supra Carm. XLV, 7.) cum Vulpio cogitare malis.

101. *Fertur unde undique pubes* primus Raphelengius, ex Lipsii, ut putat Santenius, conjectura, quem secuti sunt alii; sed multorum Codd. auctoritate *simul undique* tuetur Santenius, quem vide, qui et alias corruptas lectiones recenset. *Fertur lecta undique pubes* non male tentat Eldickius.

102. *Deos* pro *focos* probat Vossius et *Davisius* ad Cic. Nat. Deor. II, 27. Sed plurimi Codd. stant pro *focos*. — *Penetrales*, quia foci in interiore ædium parte erant. *Eldickius* cum hoc loco comparat Bionem Idyll. XV, 9 sqq.

103. *Nec* vitiose in tredecim Codd. Santenii; *Neu* in Commeliniano et Balnziano, quod ferri potest.

107. *Conjugium* pro *conjuge*, et apud Virg. Æn. II, 579, Propert. III, 13, 20, et passim. Sic *servitium* pro *servo* et *latrocinium* pro *latrone* apud Ciceronem. — *Tanto te absorbens*, etc. Sensus et nexus totius loci est hic: « Amor enim tuus erga Protesilaum tam profundus fuit, quam profundum fuisse dicitur illud barathrum, quod ab Hercule olim in imo monte excisum agros prope urbem Pheneum aquis paludosis purgasse Græci perhibent. » — Graphice igitur describit Poeta, quem Græci dicunt βαθὺν ἔρωτα. Jam videamus de singulis. *Tanto te* refer eo, quod conjux ei vita et anima dulcior fuit.

108. *Depulerat* ingeniose Heinsius. — *Barathrum* proprie de profundo illo apud Athenas loco subterraneo, in quem præcipitabantur scelerati; deinde de qualibet immensa voragine. — Opportune cum hac amoris in altam voraginem de-

# CARMEN LXVIII.

Quale ferunt Graii Pheneum prope Cylleneum
   Siccare emulsa pingue palude solum;
Quod quondam caesis montis fodisse medullis
   Audit falsiparens Amphitryoniades;

110

trudentis miseros descriptione comparat Vulpius Fragmentum Anacreontis, quod exstat apud Hephaest. p. 40, et in edit. Fischeri p. 269, μ' Ἔρως χειμερίη ἔλουσεν ἐν χαράδρῃ.

109. In plurimis Codd. sine aspiratione *Peneium* vel *Peneum.* — Errores librariorum in voce *Cylleneum* vide apud Sant. multi tamen libri MSS. genuinam lectionem *Cylleneum* servant. *Peneum* propter *amoenum* tentabat Parthenius, quem nonnulli secuti sunt.

110. *Siccari* in omnibus Codd. et editt. pro quo olim jam *siccare* legendum esse suspicabar; barathrum enim non siccatur, sed siccat paludosa loca. Vid. not. infr. — Nunc video ex nota Santenii, idem in mentem venisse *Schradero* Emendat. p. 17. — Non dubitavi autem apertum vitium tollere et lectionem, quam ipsa res flagitat, in textum recipere. — Pro *pingue* idem Schraderus malebat *putre.* — *Quale* sc. *barathrum Graii ferunt siccare* h. e. exsiccare, purgare (non *siccari*, nam sic scribi quoque debebat *Quali*), *pingue solum* (lutosum) *emulsa palude* (exhausta et derivata palude in barathrum) *Pheneum prope Cylleneum.* Erat *Pheneum* vel *Pheneus* prisca urbs Arcadiae (Homeri Ilias, Il, 605), in monte Cyllene sita.

111. *Fudisse* perperam in Leidensi et uno Saibantis.

112. *Audet* in omnibus fere MSS. et editionibus antiquioribus,

quod explicant *audebat, ausus est.* — *Fodisse* autem in versu majori pro *fodere* sumunt; quod quam durum sit, quilibet facile sentit. — *Ausus* exhibent editt. Gryph. Muret. et aliae. Equidem juvenis adhuc, quum primum in hunc locum incidissem, jam tum pro *Audet* reponendum esse conjeceram *audit;* quamvis hic verbi usus non satis Poeta dignus mihi videbatur; sed nunc eo minus de hujus emendationis necessitate dubito, quum eamdem a tribus aliis, a Palmerio in Spicil. p. 716, ab Anonymo quodam in exemplari Gronoviano, et nuperrime a Santenio propositam videam; qua quidem in textum recepta consulere latinitati, quae illam flagitat, malui, quam superstitiose librariorum erroribus adhaerere. — *Audit,* sicut *cluet,* h. l. doctis commentandi ansam praebet. *Audet* simplicius. Et sic praesens pro praeterito saepius poetae posuerunt. Ex. g. « Tiburti Remulo ditissimus *olim* quae *mittit* dona.... ille suo moriens *dat* habere nepoti ». Virgil. Aeneid. IX, 360. N. — *Audit,* fertur (vid. *Var. Lect.*), *falsiparens* (ψευδοπάτωρ) quia falsa Amphitryonis proles habebatur Hercules, quum verus ejus pater esset Jupiter. — Omnem rem illustrat locus Pausaniae in Arcadicis VIII, c. 14, qui tradit «Herculem Tirynthe ab Eurystheo pulsum Pheneum se recepisse : quumque Olbius amnis immodica eluvione Pheneaticum agrum obsi-

Tempore quo certa Stymphalia monstra sagitta
  Perculit, imperio deterioris heri;
Pluribus ut cæli tereretur janua Divis,
  Hebe nec longa virginitate foret.
Sed tuus altus amor barathro fuit altior illo,
  Qui tunc indomitam ferre jugum docuit.

dione teneret, fossam duxisse stadiorum LX sub vicinos montes excurrentem, in quam paludes defluerent. » Vulpius.

113. *Stymphalia monstra.* De monstris illis volucribus, ab Hercule in Arcadia occisis, locus classicus est apud Pausaniam in Arcadicis lib. VIII, 22, e quo, quæ huc præcipue spectant, adscribam: Ἐπὶ δὲ τῷ ὕδατι ἐν Στυμφάλῳ κατέχει λόγος ὄρνιθάς ποτε ἀνδροφάγους ἐπ' αὐτῷ τραφῆναι. ταύτας κατατοξεῦσαι τὰς ὄρνιθας Ἡρακλῆς λέγεται, etc. cf. Santen. — *Certa*, non aberrante a scopo. Sic passim *certus* de *arcu, nervo, ictu, hasta, dextra*, etc.

114. *Pertulit* in plurimis Codd. — Sic apud Livium *perculi* et *pertuli* commutarunt librarii. Vid. Drackenborch. ad Liv. tom. IV, p. 949. — *Deterioris heri*, Eurysthei, qui ab ipso Hercule apud Homerum Odyss. XI, 620, dicitur χείρων φώς. — De fatali necessitate, ex qua Hercules Eurysthei imperio subjectus fuit, lege Homer. Iliad. XIX, 98 sqq.

115. *Pluribus ut cæli*, etc. ut ob facta præclara in numerum Deorum reciperetur, ut *interesset* (Hor. Od. IV, 8, 30,) *optatis Jovis epulis.* — *Janua cæli* ut *limen* vel *limes cæli.* Cf. supra ad Carm. LXVI, 59. — « Porta tonat cæli. » Virgil. Georg. III, 261. N.

116. *Hebe nec longa virg. foret*, et cum Hebe, ne vetula virgo fieret, iniret conjugium; quo quidem ipso recepti inter Deos herois vita designari solet. Cf. Virgil. Ecl. IV, v. ult. Homer. Odyss. XI, 601, 602: — αὐτὸς (Hercules) δὲ μετ' ἀθανάτοισι θεοῖσι Τέρπεται ἐν θαλίῃς, καὶ ἔχει καλλίσφυρον Ἥβην.

117-118. Mirum, quantum libri veteres in hoc versu variant. *Qui divum domitum* in plurimis codicibus apud Santenium. — *Qui divum dominæ* in Vatican. — *Qui tuum domitum* in septemdecim Codd. Santenii et editione Rheg. — *Qui divum dominum* in Codice Corv. et Lambin. et editt. Vicent. et Brix. — *Qui tum* in Bodleiano et Hamb. *Quinque divum* in Commeliniano et Baluz. — *Quique tuum dominum* in altera Sant. — *Quin* in Leid. — *Quod divum dominum* Ald. — *Quod divum domitum* Scalig. et Rapheleng. — Explicant nimirum interpretes *divum* de Hercule, qui, ut Vulpius ex Athenæo l. XIII, p. 603, docet, Eurysthei amore irretitus atque ita domitus sit. *Qui te non domitum* exhibent Guarinus et Excerpta Ruhnkenii. — *Quod domini dominum* in Variantibus Latini Latinii. — *Qui tunc te indomitum* in margine Cod. Dat. Hæc igitur lectionis varietas incitavit emendandi studium; Franc. Puccius quidem tentabat

## CARMEN LXVIII.

Nam neque tam carum confecto aetate parenti
 Una caput seri gnata nepotis alit;
Qui, quum divitiis vix tandem inventus avitis
 Nomen testatas intulit in tabulas,
Impia derisi gentilis gaudia tollens,

*Qui dirum :* Achilles Statius *Qui tantum indomitam :* Fruterius *Qui nondum domitam :* Vossius *Qui in vita indomitum :* Heinsius *Qui te adeo dominum :* Anonymus quidam (quem Dorvillium esse suspicatur Santenius) *Qui invitam dominam :* Schraderus *Qui tauri indomitam :* Eldickius tandem totum versum sic refingit *Qui vivam in domini te ire rogum docuit.* — Pro *docuit* in Mediolanensi est *decuit*, ex solemni librariorum in his verbis aberratione; vid. Burmann. ad Ov. Met. III, 10, 48, et Trist. I, 6, 26: in Vossiano *domuit*, in Baluziano et Palatino *potuit*. — Nos dedimus lectionem, quae videbatur accommodatissima, a Corradino propositam et in editt. Gotting. et Bip. exhibitam. — Sensus est : « Immo profundus tuus amor, qui te tum adhuc indomitam (virum nondum expertam) maritale jugum ferre docuit, barathro illo adhuc fuit profundior. » Sic, puto, egregie omnia cohaerent. Quantum pulveris in versu minori tam explicando quam emendando commotum sit, vides in *Var. Lect.* — *Indomita*, innupta, intacta, παρθένος ἀδμής Hom. Odyss. VI, 109 et 228, cujus *cervix*, ut cum Horatio loquar, *nondum subacta* et domita est. *Jugum ferunt* domitae, h. e. nuptae, virum passae. Cf. Horat. Od. II, 5, 1 sqq. et ibi Interpretes.

119, 120. Venustissima mollissimi Laodamiae erga maritum amoris comparatio! Vix quisquam enim molliori amoris sensu potest affici, quam senex capularis, cui, diu speratus divitiarum haeres, dulcissimus nepos ab unica filia natus tandem obtigit. — Statius comparat cum Nostro Pind. Olymp. X, 102 sqq. — *Caput* inservit periphrasi ut passim. *Nepotis seri* (τηλυγέτου) avo in extrema vitae aetate demum nati. — *Una gnatu*, unica filia. *Alit*, educat. Commode laudat Vulpius Homer. Il. IX, 478, 479 : « Καί με φίλησ', ὡσεί τε πατὴρ ὃν παῖδα φιλήσῃ Μοῦνον, τηλύγετον, πολλοῖσιν ἐπὶ κτεάτεσσι. »

121. *Qui cum in divitiis* male conjecit Scaliger.

122. *Ceratas* vult Schraderus. — *Detulit* edidit Parthenius. — *Testatas in tabulas*, in tabulas testamenti rite confirmati.

123. *Irrita* pro *impia* praefert Heinsius. — *Impia gaudia*, quae ex impia cupiditate alieni boni, cui quis inhiat, oriuntur. — *Derisi*, elusi, decepti. — *Gentilis*, oriundi ex gente ejusdem nominis. Sic apud Ciceronem (Brut. 28.) M. Pennus Bruti *gentilis* dicitur, quia uterque e Juniis. Disertius, qui sint *gentiles*, docet Cic. Top. 6. — *Tollens*, auferens, irrita faciens. — Quibus artibus haeredipetae senes orbos circumvenirent consule Hor. Sat. II, 5.

Suscitat a cano vulturium capite.
Nec tantum niveo gavisa est ulla columbo
Compar : quæ multo dicitur improbius
Oscula mordenti semper decerpere rostro;
Quanquam præcipue multivola est mulier.

124. *Suscitat ab* perperam Scaliger. — *Capiti* ex Codd. et editionibus princip. revocavit Santenius, ut sit antiqua ablativi forma, in quam rem laudat ille Sanctii Min. I, 2, c. 7, p. 197, et ibi Perizon. n. 4.—*Suscitat*, abigit, *verscheucht*. — *Vulturium*, rapacem hæredipetam. Sic passim *vulturius* de homine rapaci et alieni cupido apud optimos scriptores v. c. Plauto *Trinumm*. I, 2, 63 : « Turpilucricupidum te vocant cives tui. Tum autem sunt alii, qui te vulturium vocant. » Ubi conf. *Taubmann.* — *Cano capite* sc. avi sui. — Apud Latinos in imagine vulturis inerat cum notione inhiantis aviditatis conjuncta notio stuporis mentisque stolidæ, quæ facile deluderetur, teste Plaut. Mostell. III, 12, 47-152. N.

125. Pro *ulla* Vossius in libro suo scriptum invenerat *vulla*, unde fecit *pulla*, quia, ut ridicule addit, « pulla columba niveo conjuncta improbiora oscula decerpat, quam faciant ejusdem coloris columbæ. » — Lectionem Vossii amplectitur et confirmat adeo ejus interpretationem exemplo, male in hanc advocato ex Ovid. Her. XV, 37, Vulp.—*Niveo*, albo, vel, in universum, *pulchro;* est enim epitheton ornans. Vulpius cum Vossio suo argutatur. — *Gavisa est*, gaudere solet.

126. *Compar* columba, conjux, σύζυγος. — *Improbius*, ardentius, cupidius. Sic *improbius amare* dicuntur *pauperes* apud Quintilian. Decl. XV, sub fine. — *Improbus* qui nescit aut non habet modum, ut *improbus labor* apud Virg. Georg. I, 146 : et apud eumdem ibid. III, 347 : « injustus fascis » pro « nimium onus ». Itaque *improbe* h. l. idem quod *insane*. N.

127. *Oscula mordenti semper dec. rostro :* hinc *columbatim osculari* de dulcissimo osculorum genere. Martialis XII, Epigr. 65, 7 : « Amplexa collum, basioque tam longo Blandita, quam sunt nuptiæ columbarum. » Et libro XI, 104, 9 : « Basia me capiunt blandas imitata columbas. » Hinc *columbari*, columbarum more oscula decerpere, apud Senec. Epist. 114. Et sic *decerpere* pro *osculari* est apud Auctorem Copæ v. 38 : « Candida formosæ decerpens ora puellæ. »

128. *Quantum præcipue* Venet. Ald. Gryph. Muret. — *Quam quæ* Vossius ex conjectura, accedente Marklando et Schradero; sed nostram lectionem tuetur optimorum Codd. auctoritas. Vid. Sant. — *Vulgivola* pro ingenio suo offert Heinsius. — *Multivola*, uno columbo vel marito non contenta. Sed fidelis Laodamia in uno suo Protesilao faciebat delicias. Ergo nec hæc comparatio magnitudinem

# CARMEN LXVIII.

Sed tu horum magnos vicisti sola furores;
 Ut semel es flavo conciliata viro;
Aut nihil, aut paullo quoi tum concedere digna,
 Lux mea se nostrum contulit in gremium.

130

amoris Laodamiæ satis exprimit. — Si nunc vestigia relegens, sinuosum, qua te vates huc deduxit, tramitem consideres, eum non digressum fuisse, sed evagatum fatearis necesse est: namque diverticulo diverticulum semper implicans, parum cohærentia collegit, immo congessit, infelix operis summa, quanquam partibus nitidissimus; neque tamen omnibus. Quis enim prolixiorem illam locutionis βαθὺν ἔρωτα amplificationem ferat v. 107-114? quis amorem quo venusta puella flagrat, cum barathro ubi limosæ paludis colluvies absorbetur, παραλλήλως componi æquum censeat? N.

129. *Sed tu harum* Muretus, Rapheleng. — *Sed tu olim* jungens *olim magnos* (τοὺς πάλαι μεγάλους) primus ex codice suo dedit Scaliger; sed in nullo codice apud Santenium comparet hæc lectio, imo in plurimis deprehendit ille *horum*, quod dedimus, vel *tuorum*, quod aperte ex *tu* et *horum* confluxit. — *Tu eorum* in Commeliniano. — *Sed tu Chaonios* conjiciebat Eldickius.—*Sed tu horum m.* etc. «Immo tu sola horum maximum amorem superasti.» *Horum*, avi et columbæ. — *Sola*, incomparabili plane amoris genere, præ cæteris mulieribus omnibus. — Quidni *tu sola vincis utrumque amorem?* N.

130. *Flavo*, pulchro. Cf. supra ad Carm. LXIV, 98.

131. *Paulum* in quibusdam. — *Tu* pro *tum* in omnibus libris MSS.

apud Sant. — Eamdem lectionem in libris suis invenit Vossius, nec temere illam rejiciendam putat. Sed quis hanc barbaram loquendi rationem *tu contulit* admittat et Catullo obtrudat? *tum* recte jam in uno Cod. apud Stat. — *Nunc* in exemplari bibliothecæ Leid. adscriptum invenit Santenius. — Redit tandem Poeta, unde digressus fuerat. Respondere igitur debet hic versus versui 73 et 74, sed, quamvis nullum interpretem hic hæsisse video, parum ille respondet ob omissam, quæ desideratur, particulam *sic*; cohærere enim debebat oratio ita : « ut olim flagrans amore in domum Protesilai venit Laodamia, sic meis quoque amplexibus sc obtulit puella mea. » Est igitur vel anacoluthon; vel versus rescribendus est ita : «Sic nihil aut paullo quoi tum concedere digna. » « Sic puella mea, digna, quæ ei ( *Laodamiæ* ) tum nihil aut parum certe cederet, in gremium meum se contulit. » Formulam *aut nihil aut paullo* illustrat Dorville ad Charit. pag. 581 (ed. Lips.); formula græca est, ὀλίγον ἢ οὐδέν, ad quam abesse sane potest *aut* priori loco positum. Sed malo nunc post tam longam interjectam orationem agnoscere anacoluthon; nam alias versus minor corrigi quoque possit hoc modo : «Lux mea sic nostrum se tulit in gremium. »

132. *Quum tulit* emendat Corradinus, ut habeat, quo referatur *tum*.

Quam circumcursans hinc illinc sæpe Cupido
  Fulgebat crocina candidus in tunica.
Quæ tamen etsi uno non est contenta Catullo,
  Rara verecundæ furta feremus heræ;
Ne nimium simus stultorum more molesti.
  Sæpe etiam Juno, maxima Cælicolum,
Conjugis in culpa flagravit quotidiana,

133; *Qua circumcursans* in nonnullis Codd. apud Sant. — *Circumversans* in quibusdam apud eumdem. — *Huc illuc* in duodecim MSS. Santen. — *Hinc atque hinc* Vatic. — *Hic illic* Leid. — *Quam circ. hinc illinc sæpe Cup.* Sic Venus apud Quint. Calabr. V, 71 : « Κύπρις ἐϋστέφανος, τὴν δ᾽ ἵμερος ἀμφεποτᾶτο. » Sic Anacreon pictorem Gratias puellæ collum circumvolitantes exhibere jubet Od. XXVIII, 28. — *Statius* comparat Horat. Od. I, 2, 34.

134. *Crocea* in Vaticano et Gudiano, male ex sententia Santenii, quum *crocinus* forma sit rarior. — *Fulgebat candidus*, enitebat divino suo splendore. — *In crocina tunica : croceus* vel *crocinus* color imitatur aurum. — Totus versus mihi describere videtur *Cupidinem aureum*, de quo vide *Heinsium* ad Ovid. Amor. I, 2, 14.

135. *Tamenetsi*. De his particulis conjunctim scribendis vide , quos laudat Santenius.

136. *Rara verecunde furta feremus heri* profert Guarinus. — *Verecundæ* melius : dummodo sit peccando verecunda, neque, ut Plautus ait, omne vereri perdat. N.

137. *Ne nimium simus stult. more mol.* Sic sentientem Phædriam apud Terent. Eunuch. act. III, sc. 2,

27 sqq. puellæ commendat Parmeno : « Atque hæc qui misit , non sibi soli postulat Te vivere, et sua causa excludi cæteros : — Verum, ubi *molestum* non erit, ubi tu voles , Ubi tempus erit, sat habet, si tum recipitur. »

138, 139. Pro *sæpe* malebat Schraderus *Ipsa;* vel totum locum ita refingendum putabat, « *Passa etiam Juno, maxima Cælicolum, Conjux in culpa flagrantem quotidiana.* » — *Flagrabat* ex unico Corvini Codice, Vallieriani marg. et editt. Calpurn. et Parthen. recepit Santenius. — *Flagrantem* in plurimis Codd. et editt. Venett. et Rheg. — *Flagrante* Cod. Palatinus. — *Flagrantis* manus secunda Datiani. — Nostra lectio *flagravit* debetur Aldo, et Baluziani MS. auctoritate confirmatur. Aliam difficultatem movet nova metri ratio in voce *quotidiana*, quam præter Catullum nemo Veterum secutus est ; succurrere quidem plerique student scribendo *cottidiana;* sed haud scio, an hoc modo res satis expedita sit, nam Codd. Catulli, teste Santenio, servant *quotidiana*. Nisi totus hic locus corruptus sit , equidem in hujus vocis ratione metrica Catullum licentius potius quam recte versatum esse, affirmare malim; difficultatem removere studebant

## CARMEN LXVIII.

Noscens omnivoli plurima furta Jovis.
Atqui nec Divis homines componier æquum est;

fortiori remedio, quo indigere hic locus videbatur, Eldickius et Santenius, ille proposita emendatione, *Conjugis in culpa flagrante reconciliata;* hic, *Conjugis in culpa flagrantem continet iram.* — *Flagravit.* Etiam Juno quotidiana fere conjugis furta experta est, et tamen *flagravit*, h. e. ardenter eum amavit, amore ejus flagravit. — Vult nimirum Junonis exemplo ostendere, furta quoque in amore locum habere posse, nec amoris fructum ideo tolli. — Alii *flagravit* explicant « ira excanduit, graviter indignata est. » Sed sic Poeta in versu antecedenti non *Sæpe etiam*, sed *Sæpe quidem*, scripsisset. Ferre nimirum in posterum Catullus volebat modesta puellæ furta, nec amplius obtrectatione ei molestus esse, additque in suum quasi solatium, *Sæpe etiam* etc. — Sed, ut fatear, integritatem hujus loci, qui nescio quid scabri et salebrosi habet, equidem præstare nolim. Vulpius *flagravit* exponit « infamia laboravit; » sed hanc notionem sine addito nomine *infamia* vix habere potest verbum *flagrare*. — Nihil salebrosi in h. l. me offendit, qui nolim ad severiorem normam comparationem exigere. Hæc est sententia Catulli : « ego ferre debeo furta meæ, siquidem et ipsa Divum regina sui conjugis peccata tulit, indoluit quotidiana Jovis culpa. Sed aliquis dicet: non æquum est exempla Deorum hominibus accommodare. Cedo. Ergo utar exemplo humano : noli senis parentis tristitiem dominæ objicere. Præterea hæc est causa altera cur aspere cum mea non utar. Quidquid mihi favet, nulla lege coacta facit. Ergo licet haud inculpatam se præbeat, *tamen*, quum non sit mea conjux, illud satis est, si datur unus dies etc. » Handius quatuor versus 138—141 tanquam spurios censet expungendos, refragantibus libris manuscriptis omnibus. Hoc argumento nititur, quod series sententiarum perturbetur. Jam ego nunc respondisse videor. At metri etiam rationem objicit, quæ vocem *quotidiana*, cujus prima brevis, secunda longa syllaba esse solet, omnino damnat. Catullus vero nonnunquam antiquæ poeseos licentia usus quæ non certam fixamque adeo cujusque syllabæ quantitatem habebat, quin eam pro lubitu quando mutaret. Sic *Pharsuliam, Pharsalia tecta* c. LXIV, 37, et Terentium advocabo qui secundam *quotidianarum* brevem fecit (Eunuch. II, 3, 6); potuit quoque prima produci iterata litera *t*. N.

140. *Omnivoli ignoscens* conjectat Heinsius. — *Omnivoli*, appetentis, quidquid est formosarum puellarum.

141. *Atque* in nonnullis Codd. — *Atque nec o divis* in uno MS. Santenii. — *Atq.* unus Mediol. — *At quia* alter Datianus cum Gudiano et Riccard. — *At quæ* duo Saibantis. *Componere justum* vel *fas* pro *æquum* male edebatur ante Calpurnium. — *Atqui nec Divis* etc. Non raro tamen a poetis, inprimis

Ingratum tremuli tolle parentis onus.
Nec tamen illa mihi dextra deducta paterna
 Fragrantem Assyrio venit odore domum;
Sed furtiva dedit mira munuscula nocte, 145
 Ipsius ex ipso dempta viri gremio.
Quare illud satis est, si nobis is datur unus,
 Quem lapide illa diem candidiore notat.

comicis, homines cum Diis comparari solent, Sic Chaerea apud Terentium Eunuch. III, 5, 42, spectata tabula picta, « ubi inerat pictura haec, Jovem quo pacto Danaae misisse aiunt quondam in gremium imbrem aureum,» subjicit haec: «At quem Deum! qui templa caeli summa sonitu concutit. *Ego homuncio hoc non facerem?*» Cf. *Schraderum* ad *Musaeum* p. 151 — 153, et p. 358 et 359.

142. *Queruli* pro *tremuli* tentabat Schraderus. Hunc versum, quum ejus nexus cum vicinis esset obscurior, spurium putarunt Muretus et Brouckhusius, sed in Codd. apud Sant. et editt. antiquissimis nulla hic conspicitur litura.—*Ingr. tremuli tolle parentis onus*: « tollatur et absit omnis a me ingrata molestia, qualem tremuli et severi parentes puellis creare solent. » Sic noster Racinius:

Ah! quittez d'un censeur la triste diligence.

(Britann. act. I, sc. 2). N.

143, 144. Vossius, quum in Mediolanensi invenisset *veta*, exsculpsit inde et edidit *Vesta*. — *Flagrantem* male in quibusdam. — *Fragrans* in Commeliniano et Baluziano. Saepissime autem *flagrare* et *fragrare* permutata sunt. Vide nos supra in *Var. Lect.* Carm. VI, 8. — *Nec tamen illa mihi* etc. «Huc accedit, quod illa mihi non est uxor legitima.» — *Dextra deducta paterna*: Difficultatem movet haec loquendi ratio, quia non a patribus deducebantur sponsae ad mariti domum, sed a paranymphis. Hinc Vulpius *deducere* pro *abducere* sumit; at Santenius respici putat ad ritum nuptiarum maxime solemnem, quum virgo in manum viri conveniebat, sive a patre de manu in manum tradebatur: in quam rem laudat Terent. Andr. I, 5, 65: *Hanc mi in manum dat*; sed valde vereor, ut sic dicatur *deducere*. Tolles hanc difficultatem, si pro *paterna* mecum legeris *paternam*. — *Assyrio odore*, liquoribus odoratis et unguentis Syrorum (v. Brouckhus. ad Tibull. I, 3, 7), quibus die nuptiarum domus mariti permulcebatur.

145. Pro *mira* in quibusdam *nigra*, sed omnes MSS. Stat. et plurimi Codd. apud Santenium tuentur nostram lectionem. — *Prima* volebat Heinsius, *nivea* Schraderus. — *Mira nocte*, mirum in modum libidini satisfaciente.

146. *Ipsius ex ipso d. viri gremio*, surrepta ipsi viro legitimo.

147, 148. In Codice Corvini, teste Santenio, legitur hoc distichon sic: « Quare *illud* satis est, si nobis *id* datur *unis*, Quod lapide

## CARMEN LXVIII. 343

Hoc tibi, quod potui, confectum carmine munus
 Pro multis, Manli, redditur officiis;
Ne vostrum scabra tangat robigine nomen
 Hæc atque illa dies, atque alia, atque alia.
Huc addent Divi quam plurima, quæ Themis olim
 Antiquis solita est munera ferre piis.
Sitis felices, et tu simul, et tua vita,
 Et domus ipsa, in qua lusimus, et domina;
Et qui principio nobis te tradidit, a quo

*illa dies* candidiore notat. » Sed in nullo alio libro MS. apud Santenium hæc lectio exstat. — Pro *unis*, quod plurimi libri scripti et excusi offerunt, recepimus cum Santenio genuinam, ut nobis videtur, lectionem *unus*, auctoritate MSS. Datii, duorum Mediolanensium, Palatin. Commelinian. Lipsii, duorum Gudian. Riccard. Excerpt. Anonym. satis confirmatam. — Cæteras corruptas lectiones, quas enotare piget, vid. apud Sant. — *Is datur imus* edidit Scaliger in prima editione, quod placebat Lipsio. — *Quis datur unus* legit Dukerus. — *Quare illud satis est* etc. Sensus: «Itaque feliciter mecum actum esse puto, si vel unum diem, quo mecum consuevit, dignum, qui albo lapillo insigniatur, habuerit.»

149. *Quo potui* Muretus. — *Quem* male mediolanens.

151. *Nec* in quibusdam Codd. ex solemni confusione. — *Nostrum* Muretus et bona pars MSS. — *Vostrum nomen*, quia *Manlius*, notante Vulpio, nomen est gentile, et ad plures ex eadem gente pertinet. — *Scabra robigine*, Ovid. Epist. ex Ponto I, 1, 71: «Roditur ut *scabra* positum *robigine* ferrum.»

155. *Felices satis et* in uno Santenii. — *Tua virtus* Mediceus quartus. — *Sitis felices*. Vid. de hac formula Brouckhus. ad Tibull. III, 6, 30.

156. *Ipsi* in Naniano. — Tota vox abest in sexdecim MSS. apud Santenium. — *Ipse* volebat Scaliger. — *Et domus, in qua nos lusimus, et domina* correctum erat in Vallieriano. — *Ipsi in qua lusimus in domina* conjecit Schraderus. — *Ipsa* est in multis MSS. apud Santenium. — Male vexant contaminantque hunc locum Docti viri, siquidem plana et aperta sententia ultro præbetur. Namque sic vates enumerat quibus bona faustaque precatur: «Sitis felices tu *ipse*, et tua vita (i. e. tu per totam ætatam), et domus *tua*, in qua lusimus, et domina *tua*, etc.» N.

157 — 160. *Præcipue* male in quibusdam apud Santenium. — *Terram dedit* in omnibus Codd. apud eumdem, quod referunt Interpretes ad v. 67. — *Dominam dedit* primus supposuit Aldus, quem secuti sunt alii. — *Teneram dedit* conjecit Statius. — *Te tran- dedit* Scal. — Ego dedi lectionem vulgatam *te tradidit*, quæ certe ne-

Sunt primo nobis omnia nata bona;
Et longe ante omnes mihi quæ me carior ipso est,
Lux mea; qua viva vivere dulce mihi est.

xum quemdam orationi conciliat, quum *et et* aperte personas inter se distinguat. Vid. not. — *A quo Sunt primo nobis* sola auctoritate Codicis Corvini nititur. — Pro *a quo* in triginta MSS. et duabus primis Venett. et Rhegiensi apud Santenium est *aufert,* quod tenent etiam nonnullæ editt. recentiores. — *Atque* conjecit Parthenius. — Margo Codicis Leid. exhibet tres glossas *autore, augure, auspice,* quarum primam cum Vossio arripuit Vulpius. Sed Lipsius inde volebat *te trandedit auspex*. — Wetstenius denique tentabat « Et qui principio nobis terram dedit ubertim A quo sunt primo. » Versus minor in omnibus Codd. incipit « A quo sunt primo » : nisi quod duo Saibantis, Vallierianus et Mediceus primus post *primo* addunt *jam,* haud dubie ad hiatum explendum; et sic duæ Venett. et Rhegiensis; sed in Cod. Corviniano *a quo,* ut jam notavimus, trahitur ad versum majorem. *A quo primo sunt* liber Scaligeri. — Pro *nata* in Bodleiano *nota.* — Pro *bona* in duobus et viginti MSS. apud Santen. secunda Veneta cum Rhegiensi *bono.* — In uno Vossiano et Mediolanensi totus versus abest. — In v. 159 pro *Et longe* Latinus Latinius *Sed longe.* — Pro *ipso* offert Cod. Dat. et Riccardianus *ipse*, et tres Saibantis, Medic. Vall. Corvin. et editt. ante Aldum *ipsa*. — *Et qui principio nobis te tradidit :* et ille, qui primus amicitiam tuam mihi conciliavit, qui proxeneta fuit amicitiæ tuæ, cui omnem felicitatem meam acceptam refero.

160. *Est* in Codice Datii et Riccardiano deest. Nobis olim totus locus, mirum in modum impeditus, hoc modo expediri fortasse et constitui posse videbatur, si pro *et tu* in v. 155 *ut tu*, et in v. 157 *Det qui* pro *Et qui* legeretur; ultimum autem distichon antecedenti præponeretur sic « Sitis felices *ut tu* simul, et tua vita, et domus ipsa, in qua lusimus, et domina; Et longe ante omnes mihi quæ me carior ipso est, Lux mea, qua viva vivere dulce mihi est; Det, qui principio nobis terram dedit, a quo Sunt primo nobis omnia nata bona. » Sed nunc vix dubito, quin totum distichon v. 157 et 158 a sciolo quodam appictum sit. — Nodum in scirpo quærere Doeringius mihi videtur, namque per se satis expedita oratio procedit, qua veri amicitiæ et amoris sensus proferantur. Quid enim, quum pro amico vota nuncupaveris, magis ad expromendam affectuum vim valet, quam si et rebus ipsis, quarum cum illo fueris particeps, et iis quos ille diligat, et iis, qui tibi illum conciliaverint, gratum et benevolum te profitearis? denique nonne is est amantis animi motus naturalis, ut, si quid cui lætum optaverit, statim domina, ante omnes carissima menti occurrat quæ votorum veniat in partem? N.

## CARMEN LXIX.

### AD RUFUM.

Noli admirari, quare tibi fœmina nulla,
  Rufe, velit tenerum supposuisse femur;
Non ullam raræ labefactes munere vestis,
  Aut pelluciduli deliciis lapidis.
Lædit te quædam mala fabula, qua tibi fertur
  Valle sub alarum trux habitare caper.

Arg. Rufo cuipiam, ne esset nescius, cur a fœminis fugeretur, causam a tetro ejus alarum odore repetitam petulanter exponit. — Cave hoc carmen ad M. Cœlium Rufum, insignem iis temporibus oratorem, cum Achille Statio referas. Cf. Vulpius.

2. *Supposuisse femur*, a palæstra Veneris deducta loquendi ratio. Cf. Ovid. Am. III, 7, 10.

3. *Nos illa raræ* vel *Nos illa aræ* corrupte in MSS. Stat. — *Non, si illam* in editionibus vulgg. — Sed quamnam? *Non illam* Voss. — Mihi unice vera visa est lectio *Non ullam*, quam, ut magis latinitati et versui antecedenti respondentem, ex ed. Gryph. (1537) revocavi. — *Labefactas* perperam in edit. Parthen. — *Non si illam* forma loquendi vehementior, et *illam* referas ad v. 1, *fœmina nulla*. Hoc asserendæ sententiæ genus in proxime sequenti Carm. v. 2 ipse usurpavit. N. — *Non ullam raræ vestis*, intelligo vestem tenuissimam, bombycinam, nempe Coam, aut Sericam. Vid. *Heinsius* ad Ovid. Amor. I, 5, 13.

Conf. Vulpius. Pertinebant autem ejusmodi vestes inter præcipua, quæ puellis offerri solebant, munera. Sic Tibullus II, 3, 53 seqq. « Ut mea luxuria Nemesis fluat, utque per urbem Incedat donis conspicienda meis. Illa gerat *vestes tenues*, quas fœmina Coa Texuit, auratas disposuitque vias. » Ubi cf. *Heyne;* nost. edit. pag. 146. Ed.
— *Labefactes*, in amorem tuum inducas, capias; *labefactari* dicuntur, qui crebris vel precibus vel muneribus vel aliis artibus victi tandem alteri cedunt. Sic Terent. Eunuch. III, 3, 3 : « Ita me video ab ea astute labefactarier. »

4. *Lapidis*, unionis, gemmæ. — Vid. *Brouckhus.* ad Tibull. I, 9, 39, et *Dorville* ad Chariton. pag. 531, 532. (edit. Lips.)

5. *Lædit te quædam mala fabula,* «nocet tibi in hac re mala quædam fama, malus quidam et fœdus de te dispersus rumor. » — A. Statius parum ad rem comparat Euripid. Hippol. v. 1313 : Λάκνει σε μῦθος.

6. *Valle sub alarum*, ornate et eleganter pro « sub cavis alis. »

Hunc metuunt omnes: neque mirum; nam mala valde est
Bestia, nec quicum bella puella cubet.
Quare aut crudelem nasorum interfice pestem:
Aut admirari desine, cur fugiunt.                              10

*Trux hab. cap. Caper* vel *hircus*, (Carm. seq. v. 1.) (τράγος) ab hujus animalis graveolentia dicitur teter ille odor, quem alæ hominum exhalant. Ovidio obversatus Noster videtur in Arte Am. III, 193 : « Quam pæne admonui, ne *trux caper* iret in alas ;» idem Arte Am. I, 522 : « Nec male odorati sit tristis anhelitus oris, Nec lædant nares *virque paterque gregis* ». Cf. Horat. Epod. XII, 5. — Græcis vocatur iste fœtor κινάβρα Luc. DD. M. I, sub fin. κινάβρας ἀπόζων ὥσπερ ὁ τράγος, ubi vid. *Brodæus*. Conf. Pollux II, 4, Sect. 77. Huc pertinet Epigramma Luciani LXXXIX, in Analectis Vett. Poett. Græc. Brunckii Tom. II, p. 336 : « Οὐ μόνον αὐτὴ πνεῖ Δημοστρατίς, ἀλλὰ καὶ αὐτῆς τοὺς ὀσμησαμένους πνεῖν πεποίηκε τράγου. »

9. *Quare aut crudelem* etc. « tollendum cura hunc pestiferum nasorum odorem. » *Interfice*, facete, quia intolerabilis iste odor *caper* et *bestia* vocatur. —Virg. Georg. IV, 330 : « interfice messes ».

10. *Aut te admirari desine cur fugiant* conjecit Heinsius.

# CARMEN LXX.

### DE INCONSTANTIA FOEMINEI AMORIS.

Nulli se dicit mulier mea nubere malle,
Quam mihi: non si se Jupiter ipse petat.

Arg. Mulierum levitatem et perfidiam, quam vulgo illæ viris exprobrare solent (cf. supra ad Carmen LXIV, 143), Lesbiæ suæ exemplo breviter et graphice adumbrat. Cf. Tibull. III, 6, 47 sqq.

1. *Dicit. Dicere* pro « affirmare et asseverare aliquid vero vultu » passim. Sic Cicero Pro Rabirio Post. 12 : « ut, quibus creditum non sit negantibus, iisdem credatur *dicentibus?* » et sic infra Carmine LXXII : « *Dicebas* quondam, solum te nosse Catullum. » —*Nubere* h. l. amatoriæ consuetudinis, non rite nuptiarum sensu accipias, sicut apud Tibullum et Propertium cæterosque hujusmodi scriptores, *conjux, conjugium* et similia de vero matrimonio non intelliguntur. N.

2. *Petat.* — *Petere* (αἰτεῖν) proprie de procis. Exempla utriusque linguæ collegit *Cerda* ad Virg. Æn. VII, 55.

# CARMEN LXXI.

Dicit : sed mulier cupido quod dicit amanti,
In vento, et rapida scribere oportet aqua.

3. *Dicit, sed mulier* etc. Muretus expressisse Catullum putat Epigramma Callimachi XXVI, 2, 3. Sed hic locus fere est communis.
4. Pro *In vento* legendum censet *Burmannus* Sec. ad Anthol. Tom. I, p. 541, *In vino*, quam quidem lectionem, jam a Gifanio in Ind. Lucret. p. 450 propositam, confirmare studet loco ex Xenarchi πεντάθλῳ apud Athenæum l. X, p. 441 : « Ὅρκον δ᾽

ἐγὼ γυναικὸς εἰς οἶνον γράψω. » Sed *In vento* mihi rem significantius exprimere videtur. — *In vento, et rapida* etc. Ubi eodem, quo scribitur, tempore, deletur et confunditur impressa litera. Dixit hæc παροιμιακῶς. Cf. Erasmus in Chiliad. p. 149. Huc pertinet Epigramma Meleagri CIV, 5 (edit. Mans.) : « Νῦν δ᾽ ὁ μὲν ὅρκια φησιν ἐν ὕδατι κεῖνα φέρεσθαι. »

# CARMEN LXXI.

### AD VIRRONEM.

Si quoi, Virro, bono sacer alarum obstitit hircus,

Arg. Argumentum hujus carminis est paullo obscurius, nec satis, opinor, ad liquidum perduci potest. Ex mea quidem sententia, ipsum Virronem ut hominem fœdum et podagrosum Poeta notare voluit, cujus æmulum ideo fortasse alarum vitiis et podagra merito jam laborare ait, quod hominem, quem fugere debebat, æmulatus sit. Ad eumdem Virronem pertinet fortasse infamia infra memorata Carm. LXXX, 7. — Sed Vulpius Poetam cum Virrone in sinu gaudere putat, quod ejus rivalis ob duo sibi contracta mala abominandus nunc redditus sit.

1—4. *Si quoi jure bono* primus edidit Aldus; quem nonnulli, qui eamdem lectionem se reperisse testantur, secuti sunt. Scaliger veterem scripturam esse ait *Si qua, viro, bono sacrorum obstitit hircus*, et sic quoque hic versus exaratus est in libris Vossii, in librr. MSS. quos laudat editor Cantabr. et ed. Rheg. Egregie igitur hæc vetusta lectio favet lectioni, quam dedimus, vulgatæ, a Parthenio jam exhibitæ, *Si quoi, Virro, bono sacer alarum;* confluxit enim *sacer alarum* in *sacrorum*, et pro *Virro*, quia nondum geminare solebant literas, scribebatur *viro*. — Vossius quidem invenerat quoque hunc versum in Cod. Mediolanensi ita scriptum, *Si qua viro...se...obstitit hircus :* unde primum legendum fortasse suspicabatur, *Si quoi virosus :* sed deinde re diligentius pensitata lubenter in nostra lectione acquiescit. — *Si cui, virro, homini sacer*

Aut si quem merito tarda podagra secat;
Æmulus iste tuus, qui vostrum exercet amorem,
Mirifice est a te nactus utrumque malum.
Nam quoties futuit, toties ulciscitur ambos;     5
Illam affligit odore, ipse perit podagra.

*alarum* Gryph. Muretus. — *Si quoi, Virro, domos sacer alarum obsidet hircus* tentabat, et satis lepide explicabat Janus Meleager. — *Caper alarum obstitit hircus* ingeniose sed sine necessitate conjecit Heinsius in notis ad Cat. — Sensus, ut mihi videtur, est fere hic : « Si quis unquam, Virro, homo insipidus exsecrabili alarum odore merito infectus fuit, aut gravi podagræ dolore merito corripitur, sane æmulus tuus, qui eamdem puellam tecum subagitat, mirum in modum utrumque malum merito a te nactus est. » — *Bono*, insipido, stulto. Sic sæpe *bonus* ironice, inprimis a Comicis, poni solet. Vid. *Drackenborch.* ad Sil. Ital. II, 240. — Vulpius cum Vossio *bono* ridicule sumit pro adverbio, ut sit *commode*, apte. — *Sacer*, abominandus, detestabilis. Cf. supra ad Carm. XIV, 12. — *Alarum hircus :* vid. supra ad Carm. LXIX, 6. — *Obstitit*, obfuit, excitavit aliorum nauseam.

2. *Tarda*, lepide ab effectu. *Secat*, pungit, lancinat; apposite de podagra

3. *Æmulus iste tuus* tam in amore quam in corporis tui vitiis. — At si cum Vossio et Vulpio non fuisse in animo Catulli Virronem destringere senties, æmulum duntaxat in amore intelliges. De hac locutione *exercet amorem*, confer Carmen LXVIII, 69. N.

4. *Mirifice est actu* Gryph. Muret. Stat. — *Mirifico est astu* volebat Muretus. — *Mirifice est tactu* Turnebus. — *Ac tu* Vossius, cui adhæret Vulp. sed nostram lectionem tenent Parthenius, Ald. et eamdem, ut testatur editor Cantabr. offerunt Maffei liber MS. et tres editt. antiquiss. — Handius censet corrigendum *mirifice est adeo*, quod mihi haud improbum videtur. N. — *Mirifice*, mira quadam contagione, mirum in modum, vel præter modum. *A te*, in tuo contubernio.

5. *Ulciscitur* h. l. est punire. Cic. Attic. IX, 12 : « odi hominem et odero; utinam ulcisci possem! Sed ulciscentur illum mores sui. » N.

6. *Ipse perit podagra*, quia libidinis exercitio hoc malum crescit.

## CARMEN LXXII.

### AD LESBIAM.

Dicebas quondam, solum te nosse Catullum,
  Lesbia; nec præ me velle tenere Jovem.
Dilexi tum te, non tantum ut volgus amicam,
  Sed pater ut gnatos diligit et generos.
Nunc te cognovi: quare, etsi impensius uror, 5
  Multo mi tamen es vilior et levior.
Qui potis est? inquis. Quod amantem injuria talis

Arg. Accusat perfidiam Lesbiæ, quam, donec sanctis ejus promissis fidem habuerit, non libidinoso tantum, sed etiam pio benevoloque animo amplexum esse testatur; nunc autem, perspecta ejus perfidia, libidinem quidem mansisse, immo incensam magis esse obtrectandi studio, sed pristinam pietatem et benevolentiam plane ex animo suo deletam et eradicatam esse libere fatetur.

1 et 2. Compara C. LXX, 1 et 2, et observa, quam eleganter eamdem sententiam Poeta variaverit. — *Nosse.* Amatorio sensu τὸ *cognoscere* Latini dicebant. «Turpiter illa virum cognovit adultera virgo.» Ov. Heroid. VI, 133. N. — *Præ me*, me posthabito. — *Tenere;* cf. supra ad Carm. LXIV, 28.

3. *Dilexi tum te*, consulto dixit *dilexi*, h. e. « non solum te amavi, sed etiam magni feci. » *Diligere* et *amare* proprie inter se differunt ita, ut illud dicatur de eo, qui alterum ob ejus cognitas virtutes magnifacit; hoc de eo, qui alterius forma, venustate, etc. suaviter afficitur; *diligere* enim proficiscitur a judicio, *amare* a sensu; possumus igitur aliquem *amare*, nec eumdem tamen *diligere*, et vice versa; quam quidem horum verborum differentiam sæpe secutus est Cicero.

5. *Te*, tuam perfidiam et levitatem.

6. *Multo ita tu nunc me* editio Veneta (1493); antique autem *me* pro *mihi* positum esse observat ibi Parthenius. *Multo ita ne mi tu* primus impresserat Aldus. *Multo ita nec me tu vilior* in quibusdam editionibus. — MSS. Stat. offerebant, *Multo ita me nec vilior*, vel *Multo ita nec me vilior;* sed hic deest vox monosyllaba, quam exigit metri ratio. — Nostram lectionem plurimis jam probatam vulgavit Guarinus. — *Levior*, levioris pretii.

7 et 8. *Quis potis est* vel *qui potis es* in quibusdam. — Statius tentabat, *Qui pote sic* vel *qui potis hoc.* — *Quam amantem* in omnibus MSS. Statii, unde ille primum volebat, *quæ amantem*, deinde *quid amantem*,

Cogit amare magis, sed bene velle minus.

— *Cogat* Gryph. Muret. Vossius et alii. Sed nostra lectio est in omnibus MSS. apud Stat. — In edit. Gryph. (1537) cum hoc carmine conjungitur Epigramma *Odi et amo* LXXXV. At Achilles Statius putat, aut simul cum his, aut statim post hos, legendos esse versus ex Epigr. LXXV, 5, *Nunc est mens adducta* usque ad finem; et deinde illos, *Odi et amo.* — In edd. Venett. hoc cum sequenti carmine conjunctim exhibitum est. — *Quod amantem... velle minus. Injuria* (ὕϐρις) offensio, perfidia. — *Bene velle*, diligere. In hanc sententiam Phædria apud Terentium Eunuch. I, 1, 25 : « O indignum facinus, nunc ego et Illam scelestam esse, et me miserum sentio, Et tædet, et amore ardeo. » Et sic Claudianus Fescenn. v. 110: « Accenditque magis, quæ refugit, Venus. » Huc pertinet quoque Epigramma Pauli Silent. XXV, in Analectis Vett. Poett. Gr. Brunckii t. III, p. 79 : « Ὕϐρις ἔρωτας ἔλυσε. μάτην ὅδε μῦθος ἀλᾶται. Ὕϐρις ἐμὴν ἐρέθει μᾶλλον ἐρωμανίην. »

## CARMEN LXXIII.

### IN INGRATUM.

Desine de quoquam quidquam bene velle mereri,
    Aut aliquem fieri posse putare pium.
Omnia sunt ingrata : nihil fecisse benigne est;

Arg. Facta de perfidia cujusdam experientia, solemnem de ingratis hominibus querelam repetit. — Sunt, qui Alphenum Varum Jurisconsultum hoc epigrammate innui sibi persuadeant. Cf. supra Carm. XXX.

1. Pro *quidquam* in nonnullis MSS. Statii *quisquam* et *quemquam*, unde ille legendum fortasse putabat *quisquis.*

2. Pro *pium* Gryph. Muret. et alii *tuum.* — Sic passim libri in *pius* et *tuus*, *meus* et *suus* variant. vid. *Heins.* ad Ovid. Met. VII, 172. — *Pius.* Nulla sententiæ Catulli expromendæ vox magis idonea. Pius est, quisquis debito affectu amoris alterum, præcipue quem se majorem veneretur, colit. Unde erga Deos, parentes, pietas, et erga beneficio merentem. N.

3. *Est* deest in MSS. Stat. editt. Venett. Gryph. et aliis. — *Benigne est*, hoc quod aliis bene feceris, nihil valet, ut tecum benigne utantur, ut sis beatior. Conf. carm. XXXVIII, 1, « male est. » N. — *Omnia sunt ingrata*, etc. *fecisse benigne*, beneficia in aliquem contulisse, *nihil est*, nihil pensi habetur; vetus autem hæc de ingratis hominibus

Immo etiam tædet, tædet obestque magis;
Ut mihi, quem nemo gravius nec acerbius urget, 5
Quam modo qui me unum atque unicum amicum habuit.

cantilena jam apud Homer. Odyss. IV, 695 : « Οὐδέ τις ἐστὶ χάρις μετόπισθ' εὐεργέων. »

4. *Imo etiam tædet, statque magisque magis* in omnibus fere MSS. Stat. et sic hunc versum, nec sensus nec latinitatis ratione habita, multæ editt. vett. exhibent. In uno Stat. erat, *Stat magis atque magis.* Marcilius emendabat, *Imo etiam tædet, et magis atque magis.* Guietus, *Nihil fecisse benigne Prodest; imo etiam tædet obestque magis.* Ex libr. Bibl. Bodleianæ editor Cantabrig. profert, *Prodest; sed tædet jam magis atque magis.* — Nostram lectionem veterum librorum auctoritate confirmavit Guarinus, et sic est in libris MSS. apud editorem Cantabr. cui accedunt Statius, Muretus, Vossius et alii.

5. *Væ mihi* Scaliger, Vulpius et alii. — *Ut mihi*, sc. obfuit. — *Urget*, vexat et persequitur.

6. *Unum atque unicum.* Tautologia est non vitiosa, immo quæ vim orationis adaugeat; præ ceteris eximium et præstantissimum amicum habuit. Fere eumdem ad finem pertinet hoc Bolæi epigramma :

Je l'assistai dans l'indigence,
Il ne me rendit jamais rien, etc. N.

# CARMEN LXXIV.

### IN GELLIUM.

Gellius audierat, patruum objurgare solere,
 Si quis delicias diceret, aut faceret.
Hoc ne ipsi accideret, patrui perdepsuit ipsam

Arg. Infame hujus epigrammatis argumentum versatur in describendo adultero infamissimo, Gellio, quem eumdem esse putant, qui a Cicerone in Oratione Pro Sextio perstringitur. — Turpiorem quoque patrui haud gratuito, ut videtur, conniventis facilitatem vates carpit. N.

1. *Patruum objurgare*, proverbiali fere locutione nota est patruorum in fratrum liberos severitas. Horat. Sat. II, 3, 88 : *Ne sis patruus mihi*, et Od. III, 12, 3 : *Patruæ verbera linguæ.* Vid. quos laudat *Ernesti* Clav. Cic. v. *patruus.*

2. *Si quis delicias*, etc. Si quis vel dictis vel factis paullo liberius in re amatoria luderet.

3. *Perdespuit* male in libris antiquis, ut recte docuit Scaliger. — *Perdepsuit.* Qui notionem veram hu-

Uxorem, et patruum reddidit Harpocratem.
Quod voluit, fecit: nam, quamvis inrumet ipsum       5
  Nunc patruum, verbum non faciet patruus.

jus verbi eruere cupit, adeat *Manut.* ad Cic. Epist. Fam. IX, 22, p. 39, edit. Græv. et *Bochart.* Hieroz. I, p. 188. — *Perdepsere*, manibus subigere, mollire: hic *stuprare.* N.

4. *Patruum reddidit Harpocratem,* nimirum ut patruus, velut silentii Deus Harpocrates, altum in hac re jam juberet silentium, nec amplius objurgando molestus esset. — Figura Harpocratis, summa olim religione ab Ægyptiis in templis Isidis et Serapidis inprimis culti, ita fere in monumentis veteribus expressa conspicitur, ut ad silentium indicandum unus digitorum ori admotus vel insertus sit. — Exstat peculiaris in hanc rem libellus, magna eruditionis copia conscriptus, *Gisb. Cuperi Harpocrates*, ubi præter perantiquam imagunculam argenteam singulari studio a Cupero explicitam, multæ aliæ ejusdem Dei figuræ exhibitæ, et, quæ ad historiam hujus Dei spectant, diligenter collecta et proposita sunt. Adde *Burmannum Sec.* ad Anthol. III, 88, t. I, p. 629, 630.

5. *Quod voluit, fecit:* hoc modo impetravit, quod impetrare voluit. — *Quamvis* pro quantumvis. Ita Plaut. Menæchm. II, 2, 43, Bacch. II, 3, 105. *Inrumet*, ludificetur. Cf. Carm. XXXVII. N.

6. *Hunc patruum* ex uno Cod. protulit et probavit Statius.

# CARMEN LXXV.

### AD LESBIAM.

Nulla potest mulier tantum se dicere amatam
  Vere, quantum a me, Lesbia, amata, mea es.

Arg. Quod in Carmine LXXII de amore suo erga Lesbiam et de ejus perfidia expresserat, idem in hoc carmine nova dictionis varietate et ornatu exprimit.

1 — 4. Hos quatuor versiculos priores, in antiqq. Codd. post Epigramma LXXXVI, collocatos, huc revocavit Scaliger, quem, quia egregie illi cum quatuor posterioribus conspirant, plerique recentiorum secuti sunt. Inprimis Vulpius mirifice hoc nomine extollit acumen Scaligeri, et hæc quatuor disticha vel ab ipso Catullo ita conjuncta et composita fuisse, vel certe Poetam, si ab inferis excitetur, hanc industriam Scaligeri non deprecaturum existimat. — Et sane quatuor posteriores recte integri poematii ἀποσπασμάτιον haberi poterant.

2. *Vere*, ex intimo pectore.

## CARMEN LXXVI.

Nulla fides ullo fuit unquam fœdere tanta,
  Quanta in amore tuo ex parte reperta mea est.
Nunc est mens adducta tua, mea Lesbia, culpa
  Atque ita se officio perdidit ipsa pio;
Ut jam nec bene velle queam tibi, si optima fias,
  Nec desistere amare, omnia si facias.

3. Num forte post *unquam* excidit *in*?
4, *Quanta in amore suo*, ut sit pro *ipsius*, Gryph. Muret. et all. — Sed *tuo* est in omnibus MSS. Stat. — *Ex parte mea*, quod ad me attinet, τοὐμὸν μέρος.
5. *Huc est mens deducta* Venett. Gryph. Muret. — Nostram lectionem ex Cod. suo produxit Scaliger, et sic Vossius, editor Cantabr. Vulp. Gotting. Bipont. — *Mens*, pietas, benevolentia: *adducta* h. e. contracta; sed valde de lectione *adducta* dubito; mihi enim scripsisse potius Catullus videtur *abducta*, h. e. alienata, avocata. Sic *animus a corpore abductus* apud Cic. Tusc. I, 31 de eo, qui non amplius iis, quæ in sensus cadunt, turbatur et abripitur; et sic sæpius *abducere* ad animum refertur; sexcenties autem *adducere* et *abducere* a librariis confusa sunt. Vid. quos laudat *Drackenborch* ad Sil. Ital. X, 18, et ad Liv. t. IV, p. 92. — Non causa esse videtur idonea, cur quidquam mutaveris. N.
6. *Atque ita se officio perd. ipsa pio*. Atque hoc modo ipsa se privavit pietatis, quam ei probabam, officio. — Aut non recte hunc versum intelligit, aut, quid ipse sentiat, non perspicue enarrat. Hoc Catullus dicit: « Atque se pessumdedit, dum te colit officio amoris fideli » nam is est pius qui servat fidem. Cf. Car. proxime seq. N.

## CARMEN LXXVI.

#### AD SE IPSUM.

Si qua recordanti benefacta priora voluptas
  Est homini, quum se cogitat esse pium,

ARG. Perspecto Lesbiæ suæ infido et ingrato animo, reputat secum, quam ei præstiterat, pietatem, firmumque in ea reputanda paratum sibi solatium esse videt. Deinde summopere animum suum impellere studet, ut longum, quem adhuc nutriverat, amorem repente nunc deponat et ejiciat; quod quidem quum longe difficillimum esse probe intelligeret, Deorum ad hanc rem gnaviter pervincendam sibi expetit auxilium.

1—6. Vulgaris, quam exornavit

Nec sanctam violasse fidem, nec fœdere in ullo
  Divum ad fallendos numine abusum homines;
Multa parata manent in longa ætate, Catulle,
  Ex hoc ingrato gaudia amore tibi.
Nam quæcunque homines bene quoiquam aut dicere possunt,
  Aut facere, hæc a te dictaque factaque sunt;
Omnia quæ ingratæ perierunt credita menti.
  Quare jam te cur amplius excrucies?
Quin te animo obfirmas, teque istinc usque reducis,

Poeta, sententia est fere hæc: « Si verum est, homines pios, integros et bene de aliis meritos, magnam vitæ anteactæ recordatione capere voluptatem, equidem senex olim capturus sum maximam, si, qualem me erga perfidam et ingratam præbuerim, recordatus fuero. » — Ad vers. 5 commode laudatur a Statio illud Pindaricum apud. Platon. de Republ. I, p. 574 (edit. Francof.) « Ὅς ἂν δικαίως καὶ ὁσίως τὸν βίον διαγάγῃ, γλυκεῖά οἱ καρδίαν ἀτιτάλλουσα γηροτρόφος ξυναορεῖ ἐλπίς, ἃ μάλιστα θνατῶν πολύστροφον γνώμαν κυϐερνᾷ. »

6. *Ingrato;* cui non par refertur. Cf. Terent. Heaut. V, 1, 60: « ignosces tamen post, et id ingratum erit» scil. non gratia reddetur, quod ignoveris. N.

9. *Perierunt, credita* pro vulgari «frustra credita sive tributa sunt.» — Etenim quæ aliis benefacimus, quasi creditum aliquid locamus, quod nisi rependitur, perit. N.

11. *Mirum,* quantum in hoc versu libri veteres discrepent. Statius ex MSS. profert, *Qui tu animo offirmas, atque instinctoque reducis:* unde ille rescribendum putat, *Quin tu animum offirmas, atque istinc usque reducis.* — Scaliger veterem scripturam esse ait, *Quin tu animo affirmas, atque instructoque reducis:* unde legendum suspicatur, *Quin tu animu'* (antique pro *animum*) *offirmas itaque, instructoque reducis.* — Theodoro Marcilio placebat *Quin tu animum obfirmas itaque, in gyrumque reducis?* — Jano Meleagro, *Quin tu animum obfirmans instructum atque atque reducis?* h. e. celerrime retrahis. — Vossio, *Quin tu animum offirmas, atque istinc te reducis?* — Editt. Guarin. et Gryph. offerunt, *Quin te animo affirmas, teque instinctuque reducis?* — Muretus, *Quin te animo affirmas, teque astringisque reducisque.* — Sed jam hæc ad nauseam usque satis. Nostram lectionem, haud certe incommodam, exhibent editt. Rapheleng. Græv. Cantabr. Gotting. Bipont. nisi quod *offirmas* (v. not.) pro *affirmas* dedimus; et sic in Sil. Ital. XII, 668, pro *affirmans* cum N. Heinsio legendum videtur *offirmans.* — *Quin te animo obfirmas: obfirmare se,* vel plenius *obfirmare se animo,* est « in capto consilio ita se confirmare, ut ab eo exsequendo nullo modo nos avocari patiamur. » Exempla ex Plauto et Terentio allata vide

## CARMEN LXXVI.

Et, Dis invitis, desinis esse miser?
Difficile est longum subito deponere amorem;
  Difficile est: verum hoc qualubet efficias.
Una salus hæc est, hoc est tibi pervincendum.
  Hoc facies, sive id non pote, sive pote.
O Di, si vostrum est misereri, aut si quibus unquam
  Extrema jam ipsa in morte tulistis opem;
Me miserum adspicite, et si vitam puriter egi,
  Eripite hanc pestem perniciemque mihi,

apud Vulpium; addeTerent. Hecyr. III, 5, 4. Eodem modo dicitur *obdurare* supra Carm. VIII, 11. — Imitatus est Nostrum, ut notat Vulpius, Ovid. Metam. IX, 744: « Quin animum firmas, teque ipsa recolligis, Iphi, Consiliique inopes et stultos excutis ignes.?» — *Usque,* in perpetuum, ut nunquam illam revisas.

12. *Dis invitis,* licet contra Deorum voluntatem hoc a te suscipiatur consilium; nam Venus et Amor Dii sunt χαιρόκακοι. Nisi quis *Dils invitis* explicare malit : *miserum te esse nolentibus.* — Neutra, ut opinor, interpretatio vere sententiam Catulli edisserit. Hoc mihi videtur Poeta significare voluisse : « quin desinis esse miser, i. e. amare non amatus, adversantibus amori tuo Diis. » Ipse hujus loci interpretem adjuvat C. LXVIII, 78 : «nil mihi tam valde placeat..... Quod temere invitis suscipiatur heris. » N.

13. *Diffic. est... amorem :* Hanc sententiam expressit *Lotichius* sic lib. I, Eleg. 2, 64 : «Ponere difficile est, quæ placuere diu. » Magna vis repetitionis τοῦ *difficile.*

14. *Verum hoc quod lubet efficies* enett. — *Verum hoc q. eff.* Idem suadet Parmeno Phædriæ apud Terent. Eunuch. I, 1, 29 : « Quid agas ? nisi ut te redimas captum quam queas Minimo : si nequeas paullulo, at quanti queas : Et ne te afflictes. »

15. *Una salus hæc est,* in amore nimirum funditus exstirpando sita. — *Pervincendum,* gnaviter pertendendum, perdolendum, ut loquitur Terentius. — Hoc verbum, quo ponitur in loco, mira ἐνέργεια quam sit aspera et ardua illa, quam vates referre cupit, victoria, exprimit. N.

16. *Hoc facito* Vossius cum Vulpio. — *Hoc ... sive pote,* « tentabis hoc certe, sive eveniat, ut id ab animo tuo impetres, sive non eveniat. » De usu *potis* et *pote* in utroque genere vid. Muret. ad h. l.

17. *Si vestrum est misereri.* Si vos infelicium miseret. *Misereri* substantive acceptum, ut apud Plautum « ita tuum conferto *amare* » Curcul. I, 1, 28 : « hic *vereri* perdidit. » Bacch. I, 2, 50. N.

18. *Ipsam* Venet.

19. *Me miserum adsp.* Oculos, aures, vultum *advertunt* Dii propitii, *avertunt* irati, inimici. Vid. *Brouckhus.* ad Tibull. III, 3, 28.

Quæ mihi subrepens imos, ut torpor, in artus,
 Expulit ex omni pectore lætitias.
Non jam illud quæro, contra ut me diligat illa,
 Aut, quod non potis est, esse pudica velit;
Ipse valere opto, et tetrum hunc deponere morbum.   25
 O Di, reddite mi hoc pro pietate mea.

21. *Seu mihi subrepens imos ut corpore in artus* omnes libri MSS. Stat. unde ille tentat: « Hæc mihi subrepens imos in corporis artus ». — Janus Meleager volebat: « Heu mihi! subrepens imos, ut torpor, in artus.» Vossii liber vetustus suppeditabat: « Quæ mihi subrepens imos velut anguis in artus.» Sed nemo non in hac lectione manum interpolatoris agnoscet.— Nostram lectionem vett. librorum tam scriptorum quam exaratorum auctoritate niti testatur editor Cantabr. — *Quæ mihi subrepens imos, ut torpor, in artus*, amoris enim venenum, sicut torpor, tacite et sensim sensimque per interiores ossium medullas serpit et dimanat. — Ita fere Virgil. Æn. VII, 354: « prima lues udo' sublapsa veneno Pertentat sensus, atque ossibus implicat ignem. » N.

22. *Expulit ex omnes* parum feliciter conjiciebat Statius. Pro *lætitiis* offerunt libri Voss. *delicias*.

23. *Contra me ut* MSS. Stat. — *Contra*, vicissim, ἀμοιϐαίως; *contra diligere*, redamare, ἀντερᾶν.

25. *Morbum*. Vid. supra ad Carmen XXXIX, 7.

26. *Reddite mi hoc pro pietate mea*, « hoc beneficium tanquam mercedem pietati debitam mihi retribuite. » — Hoc carmen Gallicis versibus Racinius Minor vertit, in poemate inscripto: *la Grace* Ch. III, v. 221 — 235; et idem hos Ovidianos addidit: « Odi, nec possum cupiens non esse quod odi. Heu quam quod studeas ponere, ferre grave est! Amor. II, 4. N.

## CARMEN LXXVII.

#### AD RUFUM.

Rufe, mihi frustra ac nequicquam credite amice,

Arg. Fallaciam Rufi, qui speciem amici præ se ferens, puellam, ut suspicari licet, Catullo eripuerat, graviter accusat. — Num idem Rufus, cujus graveolentiam Noster Carm. LXIX, notavit, an insignis iis temporibus orator, M. Cælius vel potius Cæcilius Rufus, uno die (teste Plinio Hist. Nat. VII, 44), cum C. Licinio Calvo natus, intelligendus sit, nemo facile pro certo affirmare ausit.

1. *Cognite* pro *credite* in Gryph.

## CARMEN LXXVIII.

Frustra? immo magno cum pretio atque malo;
Siccine subrepsti mi, atque, intestina perurens,
 Mi misero eripuisti omnia nostra bona?
Eripuisti. Heu, heu, nostrae crudele venenum
 Vitae, heu, heu, nostrae pestis amicitiae!

et quibusdam veteribus. Sed MSS. Stat. constanter servant *credite*, quod recte jam vindicatum est a Mureto; nam quae *cognoscimus*, sunt fere vera; at quae *credimus*, non raro falsa. — *Cognite amico* Ald. (an. 1515.)

2. *Frustra?* Ἐπανόρθωσις seu correctio, ut appellatur a rhetoribus hoc concitatius dicendi genus. Nam ea demum, ut observat Muretus, proprie *frustra* esse dicuntur, quae neque commodum neque detrimentum afferunt. — *Magno cum pretio*, h. e. dispendio. Sic passim in malam partem *pretium* et *merces* apud Latinos, ut μισθὸς apud Graecos. Cf. Vulp. adde *Interpretes* ad Callimach. Hymn. in Dian. v. 263.

3. Hunc locum tacite Vossius ita constituit: « Siccine subrepsti; meque intestina perurens Mi misero eripuisti; omnia nostra bona Eripuisti. » — *Perurens*. Hac imagine invidiae morsus et animi aegritudinem Latini exhibent. Flor. II, de Bell. pun. sec.: « *urebat* nobilem populum ablatum mare etc. » Virgil. Æn. VII, 345: ardentem curaeque iraeque *coquebant*. » N.

4. *Sic misero* Parthen. Gryph. Muret.

6. *Pectus amicitiae* ex libris antiquis profert Vossius, ut sit vel ironice sumendum, vel *olim* s. *quondam* subintelligendum; eamdem lectionem exhibet editio Parthenii; sed quis dubitet de vera lectione *pestis*, quum *venenum* praecesserit?

## CARMEN LXXVIII.

### DE GALLO.

Gallus habet fratres, quorum est lepidissima conjux
 Alterius, lepidus filius alterius.
Gallus homo est bellus: nam dulces jungit amores,

Arg. Indignabatur Catullus Gallo, quod ille delicias apud ejus amicam facere ausus fuerat, et hac indignatione lacessitus, turpe ejus, quod in foedo jungendo amore praestiterat, profert et differt ministerium.

3. *Bellus* proprie, qui morum concinnitate, elegantia, urbanitate, comitate, blanditiis, vel quocunque

Cum puero ut bello bella puella cubet.
Gallus homo est stultus, nec se videt esse maritum,
Qui patruus patrui monstret adulterium.
Sed nunc id doleo, quod puræ impura puellæ
Suavia conjunxit spurca saliva tua.
Verum id non impune feres: nam te omnia secla
Noscent, et, qui sis, fama loquetur anus.

obsequii genere placere studet, quo pertinet *belli hominis* descriptio, quam ex Martiale dedimus supra ad Carm. XXII, 9. Sed Gallus in obsequii genere satis inhonesto nunc *bellus* dicitur. — *Jungit*, consociat, conciliat, conjungit, est proxeneta amorum. — *Dulces*, invidiose de fœdo amoris genere.

4. *Cum puero ut bello* etc. ut filius alterius fratris cum uxore patrui consuescat.

5, 6. Pro *stultus* iterum in editione Parthenii legitur *bellus*, haud dubie ex operarum errore. — Sensus: idem Gallus est homo insipiens, qui, dum fratris filio viam ad adulterium cum patrui uxore committendum aperit, non cogitat, se quoque habere conjugem, quæ a fratris filio constuprari possit.

7—10. Hos quatuor versus Scaliger, quum eos dissimilis argumenti esse existimaret, invitis libris omnibus ab hoc epigrammate luxavit et cum superiore conjunxit. De iisdem, an loco suo positi essent, jam dubitaverat Achilles Statius. Hinc facile ab ingenio suo impetrare potuit Corradinus de Allio, ut eos Carmini XCI assueret. Sed Vulpius egregie eos cum hoc carmine cohærere pulchre docuit. — *Puræ pura puellæ* ex veteri scriptura reposuit Scaliger, et sic est in edit. Parthen. — Pro *conjunxit* in vers. 8. ex conjectura refinxit Scaliger *comminxit*, sed quis verbum inhonestius præferat honestiori? quisve novam Catulli carminibus obscenitatem importare sustineat? — Nexus orationis est fere hic: Sed quamvis hæc omnia nihil morer, tamen id nunc vel maxime mihi bilem movere debet, quod impuro tuo ore puram meam puellam deosculatus es. — *Conjunxit*, h. e. commiscuit spurca saliva tua suavia impura cum puris puellæ suaviis.

10. *Fama loquetur anus*. Cf. supra ad Carm. LXVIII, 46.

# CARMEN LXXIX.

### IN LESBIUM.

LESBIUS est pulcher : quidni? quem Lesbia malit,
  Quam te cum tota gente, Catulle, tua.
Sed tamen hic pulcher vendat cum gente Catullum,
  Si tria notorum suavia reppererit.

ARG. Lesbium quemdam quum tanti faceret Lesbia, ut eum Catullo praeferendum putaret, pulchrum illum quidem inde haberi posse concedit, sed eumdem, ut hominem spurcum et impurum haud obscure describit. — Muretus, qui sub *Lesbiae* nomine *Clodiam* intelligi debere jam supra ad Carm. LVIII probare studuit, per hunc quoque *Lesbium* intelligendum esse censet *P. Clodium*, hujus *Clodiae* fratrem, qui et hanc et caeteras sorores constuprasse dicitur. In qua quidem suspicione ille eo magis confirmatur, quum additum sit nomen *pulchri*, quod ipsum Clodii cognomen fuerit, ita, ut Poeta ambiguitate vocis jocari voluisse videatur. — Multum quidem apud me valet Mureti in explicandis locis obscurioribus subtilitas et sagacitas, sed in hac re nolim cum eo in tenebris micare.

1. Sunt, qui pro *Lesbius* in nonnullis libris *Gellius* reperiri scribant; at Scaliger in uno se deprehendisse *Coelius* affirmat. Sed omnes libri Statii et Vossii tuentur nostram lectionem, et sic est in editionibus Parthen. Gryph. Muret. Cantabr.

3. Sensus : « sed tamen hic pulcher me cum tota familia mea tanquam pignus positum habeat et pro lubitu vendat, si quisquam eorum, qui eum norunt, vel tria oscula impuro ejus ori(quod innuere Poeta videtur) impresserit. » — *Vendat*, respicere Poetam putat Muretus ad veterem consuetudinem, qua interdum ob certa delicta totae familiae publice vendebantur.—Vendat per me licet, quasi addictum ex sponsione qua illum nunc provoco. N.

4. *Natorum*, quod lepide Vossius de claris et nobilibus Romanis explicat, male in libris vett. Recte igitur jam Scaliger revocavit *notorum* — In nonnullis, v. g. in edit. Gryph. Muret. legitur *amatorum*, quod haud dubie ex *natorum* confictum est. *Si tria amatorum savia surpuerit* legit Heinsius in not. ad Catull. — *Notorum*, *noti* sunt familiares, quibus aliquis notus est, nos Bekannte. Sic Livius III, 45 : « *Notos* gratia eorum, turbam indignitas rei virgini conciliat. » Alia exempla posuit Vulpius. — Hoc addam Taciti : « Flebunt Germanicum etiam ignoti. » Ann. II, 71. Sed forte h. l. *noti* sunt *nobiles* elegantia sua. N.

# CARMEN LXXX.

### AD GELLIUM.

Quid dicam, Gelli, quare rosea ista labella
 Hiberna fiant candidiora nive,
Mane domo quum exis, et quum te octava quiete
 E molli longo suscitat hora die?
Nescio quid certe est. An vere fama susurrat,
 Grandia te medii tenta vorare viri?
Sic certe clamant Virronis rupta miselli
 Ilia, et emulso labra notata sero.

Arg. Quaerit de causa mutati in Gellii labellis coloris, eamque a nefando, qua ille se contaminabat, libidinis genere repetit.

3. *Mane domo quum exis* etc. Tam mane, quam post meridiationem. — *Octava hora* sub meridiem sive post prandium, ubi molliores meridiari solebant. Cf. C. XXXII, 3.

5. *Et mollis* nimis argute corrigit Scaliger. — *Longo die*, aestivo.

5. *Nescio quid certe est*, est certe aliquid in causa, sed quid sit nescio. Cf. quem laudat de hac formula Vulpius Virg. Ecl. VIII, 107.

6. *Grandia te ... viri?* te esse fellatorem. — *Tenta medii viri*, τὰ αἰδοῖα. *Tendere* in obscenis. — Praeter Statium et Muretum adeat, cui volupe est, disertum nequitiarum interpretem Sciopp. in Lusib. V, 5.

7. *Sic certe est* Gryph. Muret. — *Si certe est* Parth. Graev. — *Sed certe clamant* in libro Scaligeri. — *Sic certe* Scal. Voss. Vulp. Gotting. Bipont. quod, sublata tantum interpunctione, dedimus. — Pro *Virronis* in multis editionibus *Victoris*, in nonnullis *Unctoris*, inepte, ut judicat Muretus. — *Varronis rupta Viselli* ex ingenio Scaligeri. — *Clamant*, aperte testantur. — *Clamare* de rebus inanimatis. Vid. supra ad Carm. VI, 7. — *Rupta ilia*, Conf. supra ad Carm. XI, 20.

8. *Ilia, demulso* Venet. Gryph. Muret. — In MS. Stat. erat, *Ille temulso* vel *Illa te mulso*, unde jam Pierius Valerianus et Gabriel Faernus recte fecerunt, *Ilia, et emulso*. — Achilles Statius suspicabatur, *Iliaque et mulso* vel *Iliaque et multo*.

## CARMEN LXXXI.

AD JUVENTIUM.

Nemone in tanto potuit populo esse, Juventi,
  Bellus homo, quem tu diligere inciperes;
Præterquam iste tuus moribunda a sede Pisauri
  Hospes, inaurata pallidior statua?
Qui tibi nunc cordi est, quem tu præponere nobis   5
  Audes. Ah! nescis, quod facinus facias.

Arg. Miratur, quid sit, quod Juventius misere pallescentem quemdam hominem Pisaurensem dignum habuerit, quem ipsi et aliis in amore præponeret. — De gente Juventia vide Vulpium supra ad Carmen XXIV.

1. *In tanto populo*, in tanta populi frequentia.

2. *Inciperes*, in animum induceres, vel, quod Scaliger animadvertit, *diligere inciperes* pro *diligeres*.

3. Janus Meleager, quum pro *a sede* membranæ Palatin. haberent *ad sede* et Commelini *ab*, legendum censet *ah!* pro *sede* vero corrigit *sepe*, explicans *sepem moribundam* de dentibus senio cariosis et cadaverosis; nimis argute! — *Moribunda a sede Pisauri*. Fuit Pisaurum oppidum Umbriæ maritimum, quod præterlabitur fluvius cognominis *Pisaurus;* vocatur *sedes moribunda* haud dubie ob aeris, quo male afficiebantur incolarum corpora, vitium.

4. *Inaurata pallidior statua.* Tribuitur auro *color pallidus*, ὠχρὸς, χλωρός. Cf. sup. ad C. LXIV, 100.

6. *At nescis* Gryph. Muret. Græv. haud minus commode, puto, quam *ah*, quod exhibent editt. recentiores Cantabr. Voss. Vulp. Gotting. Bipontin.

## CARMEN LXXXII.

### AD QUINTIUM.

Quinti, si tibi vis oculos debere Catullum,
   Aut aliud, si quid carius est oculis;
Eripere ei noli, multo quod carius illi
   Est oculis, si quid carius est oculis.

Arg. Quintium, sodalem suum, flectere studet precibus, ne, quod animo suo longe carissimum sit, (intellige puellam) sibi praeripiat. — Eleganter hoc epigramma expressit Joann. Nicol. Goetz Vermischte Gedichte tom. II, p. 215.

1, 2. Sensus: « si vis, mi Quinti, Catullum tibi aliquid acceptum referre, quod aeque ac oculos suos amet, vel plus adeo oculis suis, si quid plus oculis amari potest, noli etc. — Per Quintium intelligendum esse nobilissimum illum adolescentem Veronensem, cujus mentio fit infra Carmine C suspicatur Vulpius. — Carius est oculis, cf. C. III, 5.

3. Ei monosyllabum per synaeresin; exempla congessit Statius.

4. Seu quid in omnibus editt. vett. et plurimis recentioribus, contra sensum et orationis nexum; nam si quid jam est multo carius oculis, qui, quaeso, adjici potest seu quid carius est oculis; ut taceam, particulam seu non quid, sed quod in hoc orationis nexu postulare. Hinc recte Achilles Statius pro seu quid legendum suspicatus est si quid, quem praeter Vossium et Vulpium neminem secutum esse mireris.

## CARMEN LXXXIII.

### IN MARITUM LESBIAE.

Lesbia mi, praesente viro, mala plurima dicit;

Arg. Ridet stolidum Lesbiae maritum, qui, quum ejus uxor Catullum conviciis coram ipso proscinderet, et causam rixandi cum eo quaereret, impense de ejus fide et castitate, quam inde colligebat, laetabatur. At Catullus, mulierum indolem melius perspectam habens, longe aliter de hoc Lesbiae se gerendi more sentit ac judicat. Conferendum omnino cum hoc Epigramma XCII.

1. Mala plurima dicit, convicia in me jacit. Tibull. I, 2, 11: «Et mala

## CARMEN LXXXIII.

Hoc illi fatuo maxima lætitia est.
Mule, nihil sentis. Si nostri oblita taceret,
  Sana esset: quod nunc gannit et obloquitur,
Non solum meminit; sed, quæ multo acrior est res,    5
  Irata est : hoc est, uritur et loquitur.

si qua tibi dixit dementia nostra. »

3, 4. Pro *Mule* in Patavino exemplari apud Statium *Nulle*, quod rectius videtur Statio, *Nullum* de stupido, nihil audiente et sentiente, interpretanti. — Pro *Sana* in MSS. Statii *Samia* vel *Sannia*, unde legendum fortasse opinatur *Sanna*, h. e. irrisio, quasi dicat : « irridere me amantem ab ea putarem, planeque contemni, si de me taceret. » — *Garrit* in editt. Parthen. Gryph. Muret. Sed nemo non τὸ *gannit* præferet; et sic est in MSS. Statii: eodem modo in *garrit* et *gannit* variant libri apud Persium V, 95.— *Si nostri oblita taceret* : « Si me negligeret, nec dignum, quocum loquatur, haberet, *Sana esset*, recte illa videri posset amoris furore libera; » vel, neutiquam in illam caderet amoris insania. Infra Carmine XCII: «Lesbia mi dicit semper male, nec tacet unquam, De me : Lesbia me, disperearn, nisi amat. » *Quod nunc*, jam vero quod, νῦν δέ. — *Gannit*, canum more ringitur. — *Obloquitur*, oblatrat. Maledictis carpit. N.

5. *Non solum meminit*, hoc non solum probat, minime eam nostri oblitam esse, et nos negligere.

6. *Uritur et coquitur* conjecit N. Heinsius, et sic legit jam Justus Lipsius apud Janum Dousam filium; sed quis hoc ferat ob versum primum et quartum? — *Irata est*, nam ira apud amantes ferventissimi amoris est indicium; tritum et in vulgus notum est illud Terentianum, *Amantium iræ, amoris integratio est.* — Cf. Vulp. — Inprimis cum hoc loco comparandus est Propertius III, 8, 10 sqq. Adde Plaut. Amphitr. III, 3, 60 sqq. — Fere simili mente in idyllio *Fontenelle* canebat :

Tous deux [Dieux! que ne peut l'aveugle jalousie?]
L'un pour l'autre troublés de cette frénésie,
Abandonnaient leur âme à d'injustes soupçons,
Qu'ils faisaient même entendre en leurs douces chansons.
Écho les redisait aux nymphes du bocage,
Un vieux faune en riait dans sa grotte sauvage:
Tels sont les jeux d'amour, disait-il, et jamais
Ces guerres ne se font qu'on n'en vienne à la paix.    N.

# C. VALERII CATULLI

## CARMEN LXXXIV.

#### DE ARRIO.

Chommoda dicebat, si quando commoda vellet
   Dicere, et hinsidias Arrius insidias;
Et tum mirifice sperabat se esse locutum,
   Quum, quantum poterat, dixerat hinsidias.
Credo sic mater, sic Liber avunculus ejus,      5
   Sic maternus avus dixerit, atque avia.

Arg. Arrium quemdam, qui mirifice sibi placebat vano et ridiculo verba nonnulla cum adspiratione pronuntiandi studio, festive in hoc epigrammate depictum, aliorum risui exponit. — Quum idoneis argumentis, quis fuerit hic Arrius, evinci nequeat, alius aliam conjecturam sequitur. Achilles Statius quidem intelligit *Q. Arrium*, prætorem Siciliæ designatum, qui exorto bello servili missus est contra Crixum et Spartacum, quorum illum profligavit, ab hoc victus est. Vid. Liv. Epit. 96. Cf. Cic. Verr. II, 15, et IV, 20. — At Vulpius cogitat de *C. Arrio*, cujus mentionem injicit Cic. in Attic. I, 14 et 15. — Quidni cogitare quoque possumus de illo *Q. Arrio*, Q. Arrii prætoris Siciliæ designati, (ut videtur *Ernestio* in Clave Cic. sub. h. n.) filio, qui in honorem patris magnificum illud, ut auram populi captaret, dedit epulum, de quo Horat. Satir. II, 3, 7. Conf. Cic. Orat. in Vatin. 12. — Sed quid interest, sciatur, quis fuerit hic Arrius, nec ne?

2. Libri veteres apud Vossium non *Arrius*, sed *Aretius* habent, unde *Aetius* forte scribendum putat.

3, 4. Hoc distichon, nescio quo errore, in editione Parthenii post versum decimum, *Quum subito affertur* etc. transpositum est. — *Quantum poterat*, quanto poterat spiritu vel oris hiatu.

5. *Sic Cimber avunculus ejus* Heinsius in notis ad Cat. — *Liber* haud dubie nomen viri proprium. Nam quod Passeratius existimat, *liberum* pro adjecto sumendum esse, quo tacite Catullus innuere voluerit, Arrium non ex justis nuptiis procreatum fuisse, utpote qui nec patrem nec patruum habuerit *liberum*, sed matrem et avunculum tantum, eorumque parentes; id anxie magis quæsitum quam probabile videtur.

6. *Dixerat* in editt. Parthenii, Gryph. Muret. Sed recte Scaliger reposuit ex veteri scriptura *dixerit*, et videtur illud vel male ex versu quarto repetitum, vel hoc ob vim modi potentialis non satis intellectum esse. Vid. not. inf.—Janus Meleager male in hoc quoque disticho

# CARMEN LXXXV.

Hoc misso in Syriam, requierant omnibus aures,
  Audibant eadem hæc leniter et leviter.
Nec sibi postilla metuebant talia verba,
  Quum subito adfertur nuntius horribilis,        10
Ionios fluctus, postquam illuc Arrius isset,
  Jam non Ionios esse, sed Hionios.

quærit adspirationem, illudque sic legendum opinatur, « Credo sic Mather, sic Liber havunculus eii est, Sic mathernus havus dixerit, atque havia. » — *Dixerit* — sic, credo, dixerit, eleganter, ex vi modi potentialis, pro *sic dixisse videtur*. Exemplum de hoc modi potentialis, quem vocant, usu, ponamus ex Liv. III, 47 : « Quem decreto sermonem prætenderit, *forsan* aliquem verum auctores antiqui *tradiderint*, » pro *tradidisse videntur*.

7. *Hic misso* in MSS. Statii, qui inde tentat, *Hinc misso*. — *Hoc misso in Syriam*, haud dubie in munere quodam reipublicæ causa suscepto. *Requierant omnibus aures*, nullius jam amplius aures ingratissimo male affectatæ adspirationis sono fatigabantur.

8. *Leniter et leviter* sine adspiratione.

9. *Postilla* h. e. *postea;* exempla dabunt Statius et Vulpius.

10. *Horribilis* nimirum auribus.

# CARMEN LXXXV.

### DE AMORE SUO.

Odi et amo. Quare id faciam, fortasse requiris.
  Nescio : sed fieri sentio et excrucior.

Arg. Quærenti fortasse, cur unam eamdemque puellam tam amore quam odio persequatur, quid respondeat, se nescire, ait.— Hoc distichon in editione Guarini et Ald. II, hic prætermissum, et epigrammati LXXII annexum est. — Vid. ibi Var. Lect. — Sed plena est perfectaque sententia, et exquisita dicendi elegantia sic ornata, ut integro epigrammati, neque non conspicuo, sola sufficiat. N.

1. *Odi et amo* Terent. Eunuch. I, 1, 27 : « Et tædet, et amore ardeo. »

2. *Nescio*, formam nimirum puellæ amabat, at ejus mores detestabatur. Cf. Epigr. LXXII, 7, 8.

## CARMEN LXXXVI.

#### DE QUINTIA ET LESBIA.

Quintia formosa est multis : mihi candida, longa,
  Recta est. Hoc ego : sic singula confiteor.
Totum illud, formosa, nego : nam nulla venustas,
  Nulla in tam magno est corpore mica salis.
Lesbia formosa est : quæ quum pulcherrima tota est, 5
  Tum omnibus una omnes surripuit Veneres.

Arg. *Quintiæ*, quæ vulgo habebatur formosa, formositatis quidem partes quasdam concedit, sed quum ei deesset venustas et festivitas, absolute formosam, qualis sola Lesbia sit, eam dici posse negat.
1. *Est*, videtur, habetur. — *Quinctia* in vett. monumentis scribitur, teste Statio.
2. *Hæc ego sic* in plurimis editionibus vett. Sed Scaliger *Hoc ego* antiquam lectionem esse confirmat, et sic nunc exhibent editt. Cantabr. Voss. Vulp. Bipont. — *Recta*, apta forma et figura : cf. supra ad Carmen X, 20. — *Hoc ego* scil. sentio vel judico. — *Singula*, quod ad singulas formositatis partes attinet.
3. *Totum illud*, quod ad totum illud, in quo censetur formositas, attinet. — *Venustas*, elegantia, nativus lepor et festivitas, quæ in dictis, factis, gestu et toto corporis habitu spectatur ; Græcis, κομψότης, cui opponitur ἀγροικία.
4. *Nulla in ... mica salis*, quanta est, insulsa et plena ruris inficetiarumque est. — Ἀνὴρ τρισκαιδεκάπηχυς de stupido magni vastique corporis homine apud Theocrit. Idyll. XV, 17, ubi vide *Valckenarium*. — *Mica salis*, cf. Lucret. IV, 1158 : « Parvola pumilio, χαρίτων μία, tota merum sal. » N.
6. *Tum omnibus ... Veneres*, omnes puellarum lepores ad se unam transtulit et inter se conjunxit. — Lepidam facetamque formositatis notionem uno versu comprehendit Fontanius, elegantissimus hujus epigrammatis interpres : « *et la grace plus belle encor que la beauté.* » N.

## CARMEN LXXXVII.

Vid. Var. Lect. ad Carmen LXXV; pag. 352.

## CARMEN LXXXVIII.

### IN GELLIUM.

Quid facit is, Gelli, qui cum matre atque sorore
  Prurit, et abjectis pervigilat tunicis?
Quid facit is, patruum qui non sinit esse maritum?
  Ecquid scis, quantum suscipiat sceleris?
Suscipit, o Gelli, quantum non ultima Tethys, 5
  Non genitor Nympharum abluit Oceanus.
Nam nihil est quidquam sceleris, quo prodeat ultra;

Arg. Flagitia, quibus se suosque polluebat Gellius, tanta esse ait, ut ne mari quidem possint ablui et expiari.

1. *Quid facit is;* Quid tibi statuendum videtur de ejusmodi hominis libidine, qui, etc.

2. *Prurit*, pruriendo libidinem exercet. Cf. Lusus 25, 4.—*Abjectis*, rejectis, positis.

3. *Patruum qui...maritum.* Conf. supra Epigramma LXXIV, 3.

5. *Suscipit* scil. *tantum*, quod ante *quantum* non raro omitti solet. Cf. Liv. IX, 36, § 2, et ibi *Drackenborch*. — *Ultima Tethys*, totum mare, ad extremos usque fines: ut bene Stat.

6. *Nec genitor* in MSS. Stat. sed gravius repetitur *Non.* — Pro *abluit* in editt. Gryph. Muret. Græv. et all. *abluat*; sed illud ex veteri scriptura defendunt Scaliger et Vossius; utrumque, puto, recte dicitur. — *Non genitor Nympharum abluit Oceanus:* hic aqua marina sive fluviali scelera apud Veteres expiandi mos vel ex Cicerone notus est. Pro Roscio Amer. 26 : « ne, quum delati (parricidæ) essent in mare, ipsum polluerent, quo cætera, quæ violata sunt, expiari putantur. » Cf. ibi *Hottomannum* et *Manutium* et Interpretes ad h. l. Laudant in hanc rem illud Euripidis Iphigen. in Taur. 1193 : « Θάλασσα κλύζει πάντα τ' ἀνθρώπων κακά. » Ubi vid. *Barnes.* et *Musgrav.* — Locum Sophoclis OEdip. Tyr. v. 1351, comparavit jam Achilles Statius. — *Dorville* ad Chariton. p. 238 (ed Lips.) Catullum ante oculos habuisse putat vetus epigramma, quod legitur in Analectis Vett. Poet. Græcor. Brunckii, Ἀδέσπ. CCXL, tom. III, p. 199 : « Ἁγνῶς ἐς τέμενος καθαροῦ, ξένε, δαίμονος ἔρχου, Ψυχὴν νυμφαίου νάματος ἁψάμενος. Ὡς ἀγαθοῖς κεῖται βαιὴ λιβάς · ἄνδρα δὲ φαῦλον Οὐδ' ἂν ὁ πᾶς νίψαι νάμασιν Ὠκεανός. »

7. *Quod prodeat ultra* Voss. Bipont. sed *quo* est in editt. Parthen. Gryph. Muret. Cantabr. Græv.

Non si demisso se ipse voret capite.

Vulp. Gotting.—*Quo prodeat ultra, quo progrediatur iste ulterius, quo magis contaminetur.*

8. *Demisso*, inclinato. —*Voret*, de hoc infami obscœnitatis genere, cf. Carm. LXXX, 6.

## CARMEN LXXXIX.

### DE GELLIO.

GELLIUS est tenuis: quidni? quoi tam bona mater
    Tamque valens vivat, tamque venusta soror,
Tamque bonus patruus, tamque omnia plena puellis
    Cognatis: quare is desinat esse macer?
Qui ut nihil attingat, nisi quod fas tangere non est,
    Quantumvis quare sit macer, invenies.

ARG. Ne quis miretur, cur Gellius tenuis macerque sit, causam, unde ei contracta sit hæc corporis macies et tenuitas, ex insano ejus cum cognatis suis Veneris usu declarat.

1. *Tenuis.* Statius de amantium macie laudat Lucret. IV, 1160: « Ἰσχνὸν ἐρωμένιον tum fit, quom vivere non quit Præ macie. » *Quoi*, in cujus gratiam, ad cujus explendam libidinem. Cf. supra ad Carm. LXI, 192. — *Bona*, obsequiosa, facilis; eodem sensu patruus dicitur *bonus* v. 3.

2. *Valens*, valido robustoque corpore ad palæstram Veneris instructo. *Vivat* exquisitius pro *sit*.

4. *Quare is desinat esse macer?* cur non sit macer, qui necessario in ejusmodi cum cognatis suis consuetudine esse et manere debet?

5. *Attingit* legi jubet Scaliger; quod exhibent nunc editt. Voss. Cantabr. Gotting. Bipont.—*Ut* (quum) *nihil attingat*, etc. nullam aliam nisi cognatam; observa in hoc versu leporem facete cum sale mixtum.

6. *Quantumvis*, satis superque.

## CARMEN XC.

IN GELLIUM.

Nascatur Magus ex Gelli matrisque nefando
  Conjugio, et discat Persicum haruspicium.
Nam Magus ex matre et gnato gignatur oportet,
  Si vera est Persarum impia relligio,
Gnatus ut accepto veneretur carmine Divos, 5
  Omentum in flamma pingue liquefaciens.

Arg. Nova ratione et novo sale nefandam Gellii cum matre libidinem perfricat. Magum enim aliquem, si vera sit impia Persarum religio, ex hoc obsceno concubitu nasci oportere probat et pronunciat. — Hoc Epigramma conjunctim cum superiore exhibetur in editionibus Parthenii, Gryph. et aliis; sed sponte apparet, separatim illud a Poeta in Gellium compositum esse.

4. *Impia relligio*: ex qua nimirum non solum matris cum filio concubitus, et in universum cognatorum commistiones licitæ fuerunt, sed boni magi adeo, h. e. Persarum sacerdotes, ex matre a filio compressa progigni debebant. Veterum de his incestis Persarum moribus testimonia vid. apud Vulpium. Inprimis ex utriusque linguæ scriptoribus, quæ huc spectant studiose collegit laudatus a Mureto *Cœlius Rhodiginus Antiqu. Lect.* X, c. 17. Huc pertinet quoque Euripides Andromach. v. 173, sqq. « Τοιοῦτον πᾶν τὸ βάρβαρον γένος· Πατήρ τε θυγατρί, παῖς τε μητρὶ μίγνυται,Κόρη τ' ἀδελφῷ ... καὶ τῶνδ' οὐδὲν ἐξείργει νόμος. » Ubi recte Scholiastes hoc annotavit ταῦτα περσικὰ ἔθη.

5. *Accepto*, Diis grato : sic sæpe *accepta munera*; nimis docte alii, « a majoribus per manus quasi tradito. »

6. *Omentum in flamma pingue liquefaciens:* minutas nimirum mactatæ victimæ partes et in his omentum Diis adolebant; vid. *Casaubon.* ad Pers. II, 47, 208. — Ex ipso autem omenti statu et situ multa conjectare solebant haruspices. Vid. *Bochartum* Hieroz. III, p. 503. — Secunda syllaba in *liquefaciens* producitur. Vid. Stat.

## CARMEN XCI.

#### IN GELLIUM.

Non ideo, Gelli, sperabam te mihi fidum
In misero hoc nostro, hoc perdito amore fore;
Quod te cognossem bene, constantemve putarem,

Arg. Ut crescat et cumuletur, quam versibus suis famæ Gellii inurere studet, ignominia, usque adeo eum scelestum esse ostendit, ut iste nulla facile re, nisi in qua aliquid sceleris sit, oblectari posse videatur. Quod quidem ipse præter omnem opinionem in amore suo expertus fuerat. Nam quamvis probe noverat, eum pro indole sua ad quodvis designandum scelus paratum esse, tamen vel adeo puellam suam ab ejus libidine tutam fore putaverat, quod illa nec mater, nec soror esset, in quarum concubitu unice sibi placere videbatur homo iste nequissimus. Sed fefellerat sua in hac re Catullum opinio; nam secus, ac videbatur, satis causæ fuit Gellio, quæ ei cum Catullo intercedebat, amicitia, ut ejus puellam ad libidinem sollicitaret; adeo in perpetrandis facinoribus superare iste solebat hominum exspectationem! — Præclarum est, ut recte judicat Muretus, hoc epigramma, et mirabili quodam artificio a Poeta nostro compositum.

1, 2. *Non sperabam te mihi fidelem fore ita*, ut abstineres ab illa cujus amore depereo. N.

2. *Hoc*, quod cum vi ante *perdito* repetitur, male in nonnullis editionibus omissum, recte reposuit Statius. — *Misero* vox amatoria, cf. C. LI, 5. N. — *Perdito amore*, i. e. insano, modum nesciente. Ita dixit Terentius « perdite amare », Heautont. I, 1, 45, et Catullus ipse Carm. XLV, 3, CIV, 3. N.

3. *Quin te* Muret. *Qui te* Scaliger ex veteri scriptura. *Constanterque putarem Haud posse*, etc. in plurimis libris tam scriptis quam editis; sed multo aptior et orationi convenientior mihi visa est nostra lectio, quam Statius in nonnullis libris MSS. invenit; et sic hic versus jam in edit. Gryph. (1537) legitur. Eamdem lectionem recepit Vulpius. — *Cognossem bene*; h. l. *cognoscere*, ut græcum γινώσκειν, vim habet judicandi; itaque hæc locutio c. b. idem valet quod *bona de te opinio mihi esset*. Sin aliter, series orationis abrumpitur, neque quod in mente habet, Catullus verbis significat. « Sperabam te mihi fidum fore, non ideo quod te bene cognossem » : si verba ultima hunc sensum ferunt : « clare cognossem qui et qualis esses, i. e. pessimus omnium, » absurdam sententiam absonamque in sequentibus *constantemve putarem* proponeret, quæ nostra interpretatione cum cæteris quadrat : «non quia de te bene existima-

## CARMEN XCII.

Aut posse a turpi mentem inhibere probro;
Sed quod nec matrem, nec germanam esse videbam
Hanc tibi, quojus me magnus edebat amor.
Et quamvis tecum multo conjungerer usu;
Non satis id causæ credideram esse tibi.
Tu satis id duxti: tantum tibi gaudium in omni
Culpa est, in quacunque est aliquid sceleris.

rem constantemve putarem. » N.
4. *Aut* scil. quod te putarem.
5. *Sed neque quod* in editt. Parth. Voss. Græv. et aliis, sed multo concinniorem orationem reddit nostra lectio, a Guarino prolata, et a Statio aliisque probata.
6. *Quojus me magnus edebat amor:*

sic supra Carm. XXXV, 15: « Ignes interiorem edunt medullam. » Ubi de hoc loquendi usu exempla collegit Muretus. Vid. Stat. h. l.
8. *Non satis id causæ*, non gravem turpemque satis causam.
9. *Induxti* pro *induxisti* vitiose in edit. Parthenii et MSS. Stat.

## CARMEN XCII.

### DE LESBIA.

Lesbia mi dicit semper male, nec tacet unquam
De me: Lesbia me, dispeream, nisi amat.
Quo signo? quasi non totidem mox deprecor illi

Arg. Mutuas inter se et Lesbiam rixas mutui amoris signum censet certissimum.—Ejusdem argumenti est Epigramma LXXXIII, quod conf.
2. *Dispeream, me nisi Lesbia amat* in editt. plurimis; sed quem nos secuti sumus verborum ordinem, tam versus ultimus, quam omnes libri MSS. Stat. confirmant; mutatus ille in editionibus vett. verborum ordo haud dubie profectus est ab aliquo, qui vellet numerorum rhythmo consulere.

3, 4. *Cui ego, quasi eadem* vitiose in libris MSS. et edit. Parthenii. — *Quo signo? quasi eadem* Gryph. Muret. — *Quo signo? eadem totidem* in aliis teste Mureto. — *Quo signo qua sin totidem* reperit Statius in veteri libro Gellii, apud quem (v. not. inf.) locus noster legitur; unde ille conjiciebat *Quo signo? quasi enim*: sed rectius ex *qua sin*, ratione scripturæ compendii habita, refingas *quasi non*, et sic se reperisse in vetustis libris Gellii ait Scaliger, quem cum Vulpio et

Assidue : verum dispeream, nisi amo.

aliis recentioribus editoribus secuti sumus. Vossius ex Cod. Mediolanensi profert *Quo signo? quia sunt totidem mea* (scil. maledicta). *Deprecor illam Assidue: verum*, etc. — Passeratius *Assidue* refert ad *amo. Deprecer* Vulpius, nescio unde, sed fortasse rectius. — Sensus est : « Quærat fortasse aliquis, unde hoc colligam? quasi de ejus in me amore dubitari adhuc possit, quum semper, quot ipsa in me conjicere solet convicia, tot statim ego in illam rejiciam, et in hoc ipso rixarum genere ipse vel maxime vim amoris sentiam. » — *Deprecari* paulo insolentiore significatione cum casu tertio jam positum, Aulus Gellius (Noct. Att. VI, 6) disputans contra aliquem, qui male hoc verbum ceperat, et frigidissimos inde hos Catulli versus judicaverat, explicat *detestari*, *exsecrari*, *depellere*, *abominari*. Quæ quidem Gellii explicatio nullo modo probari potuit Mureto. Sed Scaliger docte ostendit, *deprecari* proprie esse « precari, ne quid nobis accidat, adeoque, quæ quis nobis imprecatus est, in ejusdem caput rejicere et amoliri. » Nec ego de Scaligeri interpretatione dubito; alias *deprecor* facile mutari posset in *imprecor*.

## CARMEN XCIII.

### IN CÆSAREM.

NIL nimium studeo, Cæsar, tibi velle placere,
Nec scire, utrum sis albus, an ater homo.

ARG. Quam parum Noster Cæsarem curet, haud dissimulanter hoc distieho indicat. — Carpit quidem hoc nomine Catullum Quintilianus Institut. Orat. XI, 1, ubi scribit : « Negat se magni facere aliquis poetarum, utrum Cæsar ater an albus homo sit : verte, ut idem Cæsar de illo dixerit, arrogantia est; » sed ipse bonus Quintilianus nimium placere studebat Domitiano, ejusque auram hac ipsa fortasse Poetæ nostri cavillatione captabat.

1. Pro *Nil* equidem ob vs. seq. malim *Nec*. — *Velle* abundat, ut sæpe; conf. *Heyne* ad Tibull. 1, 2, 92.

2. In editione Parthenii corruptissime hic versus legitur ita, *Nec si orem, utrum sis salvus an alter homo*. Vossius in libris antiquis deprehenderat *Nec si ore*, unde legendum fortasse alicui videri posse existimat *Nescio ore utrum sis albus an ater homo*. Sed nemo facile ad has metri rationes Poetam in ordinem redigere tentabit. Ipse Vossius legit *Nescio utrum sis albus*. — *Ne si orem* ed. Rheg. — *Nec curo utrum* in margine L. Heins. apud

editorem Cantabrig. et sic placet *Bondano* Var. Lect. p. 126. *Nec scio te*, e libro membran. Commelini probat Meleager.—Conjungitur hoc distichon cum sequenti in editt. Parthen. Gryph. probante Scaligero. Sed non video, quomodo inter se conciliari queat insignis sententiarum dissimilitudo. — *Utrum sis albus an ater homo :* proverbialis locutio in contemptum eorum, quos nec novimus, nec eos nosse curamus. Vid. Vulp. adde Cic. Philipp. II, 16, et ibi Interpretes.

## CARMEN XCIV.

### IN MENTULAM.

MENTULA mœchatur : mœchatur mentula certe.
Hoc est, quod dicunt : Ipsa olera olla legit.

1. *Mentula mœchatur.* Per *Mentulam* designari putant Mamurram, quod maxime probabile fit ex Epigramm. CXIV, ubi v. 1 : « Formiano saltu non falso Mentula dives Fertur. » Natus est nimirum Mamurra Formiis; hinc *Formiana macula* supra Carm. LVII, 4; *Formianus decoctor* XLI, 4. Indidit autem Poeta Mamurræ, ad insignem ejus libidinem insigniendam, nomen *Mentulæ*, in cujus significatione petulanter ludit.

2. *Ipsa olera olla legit* , h. e. sponte quærit mentula, quod ejus naturæ conveniens est. Dicta videtur hæc proverbialis locutio de rebus, quæ natura sua sibi conveniunt; ducta autem illa videtur Achilli Statio a fure quodam hortensi, qui manifesto in furto deprehensus culpam a se in ollam, qua olera exceperat, transtulerit. — *Ipsa olera olla facit* dedit ex aliis, ut ait, exemplaribus Vossius; sed quum nemo alius hanc lectionem commemoraverit, finxisse eam virum doctum doctrinæ ostentandæ causa, facile tibi persuadeas; nam translatum ille putat ab ollis Græcorum, quæ in Anthesteriis circumducebantur, in quas comportabantur omnis generis olera, quæ tamen nemo degustaret; ut breviter dicam, Vossius Catullum existimat Mamurram sub obscena imagine comparasse ollæ, quæ solo sacra faciat olere!!!

# CARMEN XCV.

### DE SMYRNA CINNÆ POETÆ.

SMYRNA mei Cinnæ nonam post denique messem,
Quam cœpta est, nonamque edita post hiemem;
Millia quum interea quingenta Hortensius uno
. . . . . . . . . . . . . . . . . . . . . . . . . . . . .

ARG. Smyrnam, h. e. poema *Smyrna* inscriptum, in quo perpoliendo atque exasciando Cinna, Catulli amicus, totos novem annos consumpserat, etiam atque etiam commendat, illudque ut carmen ætatem laturum lateque per ora virum volitaturum prolixis et nullo negotio conscriptis Hortensii, Volusii et Antimachi carminibus longe anteponit.

1. *Zmyrna* rectius ex mente Vossii, ad librorum vetustatem, nummos et inscriptiones provocantis, scribitur; Græci tamen scribunt Σμύρνην. Vide de scriptura hujus vocis *Verheyk* ad Ant. Lib. p. 299. — *Smyrna mei Cinnæ*. Honorificam ejusdem C. Helvii Cinnæ mentionem facit Virgil. Eclog. IX, 35, ubi Servius: « Etiam Cinna poeta optimus fuit, qui scripsit *Smyrnam*, quem libellum decem elimavit annis. » Conf. Ovid. Trist. II, 435; Quintil. Instit. Orat. X, 4. Obscurum tamen illud poema *Smyrnam* fuisse, credere nos jubet Martialis X, 21. Hinc Lucius Crassitius Grammaticus, commentario luculento in Smyrnam edito, adeo inclaruit, ut Epigramma de eo scriberetur, quod exstat apud Suetonium in libro de Illustr. Gramm. XVIII. — Quod ad argumentum hujus Cinnæ poematis attinet, Parthenius quidem illud in rebus præclare gestis Amazonis cujusdam versatum esse existimat, sed probabilior sententia videtur eorum, qui fabulam incesti amoris *Myrrhæ* (quæ aliis *Smyrna* dicitur) erga parentem suum Cinyram hoc carmine Cinnam complexum esse arbitrantur. Vid. inprimis *Burmannus* ad Ovid. Met. X, 298, *Muncker.* ad Hygin. Fab. LVIII, et *Gifanii* Collect. in Lucret. sub v. *Smyrna*.

2. *Nonamque edita post hiemem.* Sic Panegyricus Isocratis decem annis elaboratus dicitur Quintil. Institut. Orat. X, 4. — Respexit huc fortasse Horatius Arte poet. 388: « nonumque prematur in annum Membranis intus positis. »

3. *Hortensius.* Eodem nomine Lucilium sale satirico perfricat Horatius Sat. I, 4, 9 seqq. — Loca, ubi Q. Hortensii, nobilissimi illius oratoris, carminum mentio fit, notavit Vulpius.

*... Hic deest versus minor in omnibus librr. MSS. quem Parthenius pro ea, qua ducebatur adversus Catullum, popularem suum,

# CARMEN XCV.

Smyrna cavas Atacis penitus mittetur ad undas,
Smyrnam incana diu secula pervoluent.
At Volusi annales *...

caritate, ita supplere studuit : « In pede stans fixo carmina ructat hians. » Idem pro *Millia* in versu majori reposuit *Vilia*. Sed Muretus et alii recte deprecati sunt hæc Parthenii officia.

5. *Smyrna cavas Atracis* vulgo recepta lectio ; sed, ut observat Heinsius in not. ad Catull. nec fluvius est *Atrax*, nec prima syllaba in *Atracis* corripitur; optime igitur jam Livineius defendebat *Atacis*. — *Smyrna albas Atacis* in vet. Cod. Heins. apud editorem Cantabr. — *Zmyrna cavas harathri* in libris vett. Vossii, unde ille reponit : ****cavas barathri;* nam, ut addit, non tantum quartus hujus Epigrammatis versiculus deest, sed etiam initium quinti, quem, ut ei succurrerent librarii aut intempestivi correctores, e sequenti versu supplere conati sunt. — *Cavas.* Cf. supra ad Carmen XVII, 4. — *Atacis*, fluvii Galliæ Narbonensis.—Errore librariorum in hunc versum incipientem nomen Smyrnæ contra mentem Catulli irrepsit ; namque non idem laudanti faceret ; nisi fluvii penitus longinqui nomen in locum Atacis substituas. At quis e carmine ita mutilo concinnum aliquid extricare possit? N.

6. *Smyrna incana diu secula pervoluit* in plerisque MSS. Stat. unde ille primum tentat *pervoluet*; deinde vero in nostra lectione, quam ipsam in nonnullis libris invenerat, acquiescit; pro *incana* offerunt tamen ejusdem libri *cana*, quod Statio ob imitationem Martialis (Lib. VIII, Epigr. 80, 2 ). *Nec pateris, Cæsar, secula cana mori* præferendum videtur ; sed licet Martialis *Nostrum* imitatus videatur, eum tamen in loco nostro *cana* pro *incana* legisse inde non sequitur.—*Incana*, sera, remotissima.

*... Hujus quoque versus reliqua pars desideratur, ut Muretus et Statius testantur, in libris veteribus, nisi quod in MSS. Statii *Paduam* legitur, quæ vox aperte manum recentiorem prodit. *Patavi morientur ad urbem* ed. Parthenii et aliæ editiones veteres, quod placere sibi ait Muretus, modo veteris cujusdam libri testimonio niteretur. Scaliger in libro suo inveniebat *Paduam portentur ;* unde ille exsculpebat, *apuam porgentur ad ipsam ;* ut *apua* sit pisciculus, quem muria conditum chartis ineptis amicire solebant. — *Capuam morientur ad ipsam* conjiciebat Passeratius. — *Aduam morientur ad ipsum* proponit Vossius, quod probat et docte defendit *Nic.* Heinsius in notis ad Catullum : *Adua* enim, ut ibi observat, est fluvius Galliæ Cisalpinæ, qui ex Alpibus in Lacum Larium se exonerat, ubi Volusius aut natus, aut certe fundum ac secessum habuisse videtur, ita, ut extremus Galliæ fluvius cum extremo fluvio Italiæ componatur. — *Gadium portentur ad ipsam* mirifice commendat Corradinus de Allio. — *Volusi annales*. Volusius, pessimus poeta. Cf. supra ad Carm. XXXVI, 1.

Et laxas scombris saepe dabunt tunicas.
Parva mei mihi sunt cordi monumenta*...
At populus tumido gaudeat Antimacho.     10

8. *Et laxas... tunicas*, inservient, pro solito chartarum ineptarum usu, amiciendis et involvendis scombris. — *Laxas* innuit laxa et ampla carminum ineptorum volumina. — *Scomber* piscis marinus. Expressit Nostrum Martialis IV, 87, 8 : « Nec scombris tunicas dabis molestas. » — Horatius quoque Epist. II, 1, 269 et noster Bolaeus Sat. IX, 71, Epist. I, 37.

*... Ultima hujus versus vox deest in MSS. testibus Mureto, Statio et Vossio, quam vario modo supplere studuerunt; alii legunt *laboris*, alii *sodalis*, alii *poetae*, alii *tribuni*. Equidem si veteris cujusdam libri accederet auctoritas, eligerem cum Mureto *sodalis*.

10. *Tumido gaudeat Antimacho.* Scripsit Antimachus, poeta graecus, *Colophonius* (Ciceroni Brut. 51, et Ovid. Trist. I, 6, 1, *Clarius*) magno volumine Thebaida, quod quidem poema tanto applausu a nonnullis exceptum fuit, ut secundas ei ab Homero partes deferre non dubitarent. Vid. *Brouckhus*. ad Propert. I, 7, 3. Alii tamen, qui rectius et acutius in his rebus vident, riserunt eum ut poetam inflatum et tumidum, qui, ut cum Horatio loquar, projicit ampullas et sesquipedalia verba. Vid. Voss.

## CARMEN XCVI.

### AD CALVUM DE QUINTILIA.

Si quidquam mutis gratum acceptumque sepulcris
Accidere a nostro, Calve, dolore potest,

Arg. Tantum esse ait Calvi ob mortem Quintiliae suae dolorem atque desiderium, ut illa, si dolor viventium ad sensus mortuorum permanare queat, de hoc luculento, quod Calvus ediderit, amoris testimonio gavisura potius, quam de praematura sua morte dolitura sit. — De Calvo, oratore et poeta nobilissimo, qui, ut ex Propertio II, 34, 89, apparet, hujus ipsius Quintiliae mortem carmine deflevit, conf. supra ad Carm. XIII.

1, 2. *Si quidquam*, etc. Dubitatio, an sentiant, quae a vivis fiunt, mortui, saepius apud Veteres est obvia; vid. Stat. et Vulpium.— *Accidere mutis sepulcris*, h. e. pervenire ad muta sepulcra. Eleganter Nostrum imitatus est *Lotichius* lib. III, Eleg. 5, 15 : « Acceptum quodcunque potest, gratumque se-

# CARMEN XCVII.

Quo desiderio veteres renovamus amores,
   Atque olim amissas flemus amicitias;
Certe non tanto mors immatura dolori est     5
   Quintiliæ, quantum gaudet amore tuo.

pultis Accidere, exsequiis contigit omne tuis.» — *Sepulcris mutis,* elegans et audax hypallage, pro mortuis, ut *amicitias* p. amicis. N.

2. *Quom* vel *Cum desiderio* Gryph. Muret. Græv. et all. sed teste Scaligero veteres libri tam scripti quam editi servant *Quo.*— *Quo* scil. dolore. — *Desiderio* propter eorum desiderium.

4. *Atque olim missas* male, puto, in edit. Parthenii, Gryph. Muret. et aliis; *missæ* enim amicitiæ sunt, quas diutius alere nolumus. Secutus igitur sum Vossium, qui e veteribus libris reposuit *amissas*, et sic est in aliquot MSS. Stat. —*Olim amissas,* morte olim perditas. At Livineius ingeniose *olim* trahit ad amicitias, et eodem modo dictum putat ut a Virgilio *ante malorum*; a Terentio *semper lenitas*; a Propertio *semper amicitia*; a Valerio Flacco *olim anni,* et a Græcis αἱ πάλαι φιλίαι.

# CARMEN XCVII.

### IN ÆMILIUM.

Non, ita me Dii ament, quidquam referre putavi,
   Utrumne os an culum olfacerem Æmilio.
Nil immundius hoc, nihiloque immundius illud.

Arg. Os impurum et deforme Æmilii cujusdam, qui stulta, quam de corporis sui venustate fovebat, opinione ductus multas puellas sectari solebat, petulanter describit et exagitat.

1. *Quidquam referre,* aliquid discriminis interesse.

2. *Utrum os* MSS. Statii; hiatus certe, qui hac lectione oritur, offendere adeo lectores in epigrammate Catulliano non debet. Sed teste Mureto *Utrumne* vera est veterum librorum scriptura. — *Utrumne os an culum.* Scaliger jam comparavit Epigramma Nicarchi XXIV, in Analectis Vett. Poett. Gr. Brunckii tom. II, pag. 355 : « Τὸ στόμα χὠ πρωκτὸς ταὐτὸν, Θεόδωρέ, σοῦ ὄζει, Ὥστε διαγνῶναι τοῖς φυσικοῖς καλὸν ἦν. » *Æmilio* doctius pro *Æmilii.*

3. In MSS. Statii duplici modo hic versus scribitur; primum, « Nihilo mundius hoc nobisque immundius illud : » deinde, «Mundius hæc nihil est, nobisque immundius illud.» Posterius probat Statius, modo *hæc* in *hoc* mutetur; et sic est in editione Rheg. et Par-

Verum etiam culus mundior et melior;
Nam sine dentibus est. Hoc dentes sesquipedales,
  Gingivas vero ploxemi habet veteris:
Praeterea rictum, qualem diffissus in aestu
  Meientis mulae cunnus habere solet.
Hic futuit multas, et se facit esse venustum;
  Et non pistrino traditur atque asino?
Quem si qua attingit, non illam posse putemus
  Ægroti culum lingere carnificis?

thenii. — *Nihil mundius hoc, nobisque immundius illud* Cod. Palatinus papyrac. — *Illoc* pro *illud* Commelinian. membran. — *Nil immundius hoc, nihil est immundius illo* Gryph. Muret. Henricpetr. Graev. Vulp. — Nostram lectionem ex libris scriptis commendat Scaliger, quem secuti sunt Vossius, editor Cantabr. Corradinus de Allio, editt. Gotting. et Bipont. Totum distichon denique Vulpius ita constituit : « Nil immundius hoc, nihil ore immundius : illo Verum etiam culus mundior et melior. » Quam bene, viderint doctiores.

5. *Hic* in MSS. Statii.

6. *Ploxeni* vel *ploxini* rectius scribi ostendit Vossius — *Gingivas vero ploxemi*, etc. Gingivas veteri ploximo similes, h. e. cariosas, exesas. — *Ploxemus* est, Festo interprete, capsa vel capsus (h. e. pars rhedae, ubi, qui vectantur, sedent), in cisio. Secundum Quintilianum (Institut. Orat. I, 5), invenit hanc vocem Catullus circa Padum. Cf. *Salmas.* ad Capitolin. Anton. Pium c. 12. At Vossius Celticam omnino vocem esse contendit, et de *aratro* explicat.

7, 8. *Qualem defessus in aestum*, haec est lectio omnium librorum MSS. et editt. vett. quam equidem nunquam concoquere potui; *cunnus* enim desiderat adjectum, quod non mulae sed cunni formae convenit; hinc olim jam suspicatus sum, pro *defessus* legendum esse *diffissus*, et nunc video, idem jam Statio et Vossio in mentem venisse. *Cunnus diffissus* est *diductus*, qui graphice late diductum Æmilii rictum depingit. Non dubitavi igitur conjecturam in textum recipere, quae loci sensui videbatur accommodatissima. Pro *in aestum*, quod per ἀρχαϊσμὸν pro *in aestu* explicant, dedi ad exemplum editt. Gryph. Muret. Henricpetr. Graev. *in aestu*; sensus igitur est : Æmilius praeterea habet rictum, qualem rictus formam diductus cunnus mulae, in aestu solis, ubi illa sudat et interquiescit, meientis habere solet.

9. *Facit*, fingit. Conf. supra ad Carm. X, 17.

10. *Asino*, versando molae lapidi superiori, qui Graecis vocatur ὄνος, ὄνος μυλικός. Vid. Vossius.

12. Pro *aegroti* nomen proprium *Agroti* aut *Argoti* fuisse conjectat Statius. — *Ægroti*, pallidi, luridi.

## CARMEN XCVIII.

### AD VETTIUM.

In te, si in quemquam, dici pote, putide Vetti,
    Id quod verbosis dicitur et fatuis;
Ista cum lingua, si usus veniat tibi, possis
    Culos et crepidas lingere carbatinas.
Si nos omnino vis omnes perdere, Vetti,         5
    Dicas: omnino, quod cupis, efficies.

Arg. Vettii, hominis insulsi, vaniloquentiam notat. — *Lipsius* in Var. Lect. III, c. 5, proscindi in hoc epigrammate putat illum Vettium, qui a Caesare, ut diceret se interficere principes voluisse, invidiae inimicis Caesarianis faciendae causa, index in senatum inductus, deinde mendacii convictus et ipse denique de vi reus factus dicitur. Rem narrat Cicero in Ep. ad Att. II, 24, cf. Orat. Pro Sextio c. 63. — *Lipsio* adstipulatur *Torrentius* ad Sueton. Caes. c. 17.

1, 2. *Vecti* in MSS. Stat. — Et sic exhibent hoc nomen editt. Gryph. Muret. Henricpetr. Graev. Bipont. — *Victi* edit. Parthen. — Sed Statius ex antiquo marmore in hortis Rodulfi, Pii Cardinalis Carpensis, scribendum omnino esse ostendit *Vetti*. Nec dubitamus, si *Vettius* ille intelligendus sit, de quo dicimus in Argumento. Statium jam secuti sunt Vossius, editor Cantabrig. Vulp. Gotting. — *In te, si in quemquam*, etc. In neminem magis, quam in te, putide Vetti, cadit illud, quod occentari solet hominibus loquacibus et fatuis. — *Putidus*, loquacitate molestus. Vid. supra ad Carm. XLII, 11.

3. *Ista*, tua tam immodica.

4. Pro *carbatinas* in editt. Parthen. *carpotinas*. — Gryph. *carpatinas*. — Muretus totum versum ad fidem, ut ait, veterum exemplarium ita scribi jubet: « Culos et trepidas lingere cercolipas. » Per *cercolipas* intelligit obscenas partes viriles, ficto ex cauda et pinguitudine vocabulo; *trepidas* explicat versu illo Persii VI, 72 : « Quum morosa vago singultiet inguine vena. » — Sed nostrae lectionis integritatem defendit Politianus Miscell. c. 2. — *Crepidas carbatinas* genus rustici calceamenti, e crudo ac recenti corio confecti, vocati sic a Caribus populis. Vide, quem laudat Vossius, Pollucem Onomast. VII, c. 22, § 88, cf. *Mollium* et *Jungermannum* ad Longi Pastoral. p. 142, edit. Boden.

6. Pro *Dicas* Vossius ex libris suis refinxit *Hiscas*. — In editione Parthenii exhibetur *Discas*. — Noster MS. *discas*. N. — *Dicas*, loquere, linguam tuam exerce. — Handius de hujus verbi ingenuitate latina hoc sensu jure dubitat et Vossianum *hiscas* praefert.

# CARMEN XCIX.

### AD JUVENTIUM.

Surripui tibi, dum ludis, mellite Juventi,
 Suaviolum dulci dulcius ambrosia.
Verum id non impune tuli; namque amplius horam
 Suffixum in summa me memini esse cruce;
Dum tibi me purgo, nec possum fletibus ullis
 Tantillum vostrae demere saevitiae.
Nam simul id factum est, multis diluta labella
 Guttis abstersisti omnibus articulis;
Ne quidquam nostro contractum ex ore maneret,
 Tanquam comminctae spurca saliva lupae.

Arg. Suaviter exponit dolorem, qui raptum ab ore Juventii, a quo spernebatur, suaviolum secutus sit. — Ita venustum, inquit Muretus, hoc epigramma est, ut, ipsa si velit Venus, venustius eo efficere quidquam non queat.

1. *Ludis*, in campo Martio puta, ubi armis exercebantur adolescentes Romani. *Ludere* de hac juvenili armorum exercitatione passim. Sic Cicero de Oratore II, 20 : « Sed videant, quid velint; ad ludendumne, an ad pugnandum arma sint sumpturi. Aliud enim pugna et acies, aliud ludus campusque noster desiderat.» Conf. *Barth.* ad Rutil. I, 257.

2. *Suaviolum d. dulcius ambrosia.* Nota est dulcissima dulcium osculorum descriptio Horatiana Od. I, 13, 15, « quae Venus Quinta parte sui nectaris imbuit. »

4. *Suffixum in summa cruce.* Tanto adfectum dolore, quanto affici solent suspensi in cruce.—*Summa* est epitheton ornans.

6. *Vestrae*, « vobis omnibus, qui formosi estis, innatae, » ut interpretatur Muretus; nisi *vestrae* simpliciter pro *tuae* accipiendum sit.

8. *Abstersi* in libris vett. apud Statium, unde ille reposuit *abstersisti*, et sic est jam in editione prima Mureti : at Vossius dedit *abstersti*, ut hiatus post hanc vocem relinquatur ; cujus vitandi causa aliae editiones, ut Ald. Gryph. Henricpetr. *abstersti guttis*, praeeunte jam edit. Parthenii, nisi quod ibi est *Abstersi.* — *Omnibus articulis* digitorum. Muretus comparat Theocrit. Idyll. XXVII, 5 : « Τὸ στόμα μευ πλύνω, καὶ ἀποπτύω τὸ φίλαμα. »

10. *Commistae* vel *commixtae* in editt. Parthen. Gryph. Muret. — *Conjunctae* in libris quibusdam apud

Præterea infesto miserum me tradere amori
 Non cessasti, omnique excruciare modo;
Ut mi ex ambrosio mutatum jam foret illud
 Suaviolum tristi tristius helleboro.
Quam quoniam pœnam misero proponis amori, 15
 Non unquam posthac basia surripiam.

Statium. Totus versus in Cod. Mediolanensi, ut testatur Vossius, legitur sic : « Tanquam committe spurca saliva guttæ. » Unde Vossius, « Tanquam commictæ spurca saliva gulæ; » lectionem nostram *comminctæ*, quam ipsam nonnulli libri Statii offerunt, defendit Scaliger. — *Tanquam comminctæ spurca saliva lupæ*, tanquam esset saliva mea æque spurca, ac est meretricis recentis a coitu. — *Lupa*, meretrix; unde *lupanar*. Juven. VI, 121.

13. *Ambrosia* editt. Parthenii, Gryph. Henricpetr. Cantabrig. Græv. Bipont. sed multo convenientius *ambrosio*, quod est in MSS. Statii, editione Mureti et libris Vossii. — *Ambrosio* scil. suaviolo.

14. *Tristius helleboro*, ex proverbio πικρότερον ἐλλεβόρου.

16. *Nunquam jam posthac* editt. Parthen. Gryph. Muret. Græv.

## CARMEN C.

### DE COELIO ET QUINTIO.

Cœlius Aufilenum, et Quintius Aufilenam,
 Flos Veronensium depereunt juvenum;
Hic fratrem, ille sororem. Hoc est, quod dicitur, illud

Arg. Amores Cœlii et Quintii, quorum alter filium, alter filiam ejusdem familiæ Aufilenorum perdite amabat, commemorat, et Cœlio inprimis, ob spectatam sibi ejus amicitiam, amoris felicitatem apprecatur. — De Cœlio vid. supr. ad Carmen LVIII, 1.

1. *Cælius* et *Cœlius* promiscue in vetustis monumentis teste Statio, et sic promiscue quoque exhibetur hoc nomen in editionibus. — Pro *Cœlius* in libris Voss. *Gellius*. — Pro *Aufilena* legendum fortasse putat Statius *Aufidena*, reclamante Vossio, qui *Aufilenorum* familiam satis notam olim Veronæ fuisse ex duabus inscriptionibus istic repertis probat.

2. *Flos*: cf. sup. ad C. LXIII, 64. — *Veronensium*, vox tetrasyllaba, ut apud Virg. *fluviorum* h. v. « fluviorum rex Eridanus. » Georg. I, 482. Vid. *Voss.* de Analog. II, c. 14.

Fraternum vere dulce sodalitium.
Quoi faveam potius? Cœli, tibi : nam tua nobis
Perspecta exigit hoc unica amicitia,
Quum vesana meas torreret flamma medullas.
Sis felix, Cœli, sis in amore potens.

4. *Fraternum vere dulce sodalitium :* ubi nimirum, dum alter fratrem, alter sororem amat, nullum plane locum habet obtrectatio.

5, 6. *Nam tua nobis Perspecta exigitur* lectio vulgata; parum, opinor, latine. *Perfecta est igitur* vel *Perfecta atque exigitur* in MSS. Stat. *Jam tua nobis Perfecta est igitur* in libris Vossii, qui *jam igitur* pro *jam tum* explicat. Equidem jam olim pro *exigitur* legendum esse suspicabar *exigit hoc,* quam quidem lectionem, quum sponte illa se commendet facilitate sua, et, ut nunc video, a Mureto jam exhibita sit, non dubitavi in textum recipere.

7. *Quum vesana meas torreret*, etc. Ipse igitur Catulli quoque amori antea favisse videtur.

8. *Potens*, fortunatus, votorum compos. Sic supra ( Carm. VIII, 9 ), *impotens* de eo, qui a puella rejicitur.

## CARMEN CI.

### INFERIÆ AD FRATRIS TUMULUM.

Multas per gentes, et multa per æquora vectus
Adveni has miseras, frater, ad inferias,
Ut te postremo donarem munere mortis,
Et mutum nequicquam alloquerer cinerem;

Arg. Justa solvit fratris ad Rhœteum sepulti manibus. Conf. supra ad Carm. LXV, et LXVIII.

2. *Advenio* in libris MSS. et editionibus vett. sed Statius, quem cum Vulpio secuti sumus, correxit *adveni*, quia ad normam loquendi vix recte dicitur *Advenio, ut te donarem ;* nisi quis dicat, quod *Cortius* ad Sallust. Cat. c. 44, et *Ruhnkenius* ad Vellei. Paterc. I, 9, 1, pag. 32, monent, non esse omnia, præcipue apud poetas, ad leges grammaticas revocanda.

3. *Munera mortis.* Munus mortis est, quod mortuis offertur, γέρας θανόντων. Hom. Iliad. XVI, 675.

4. *Mutam* in Achillis Maffei libro alteroque Patavino exemplari et libris scriptis Vossii : et sic supra Carm. LXVIII, 90, *acerba cinis.* — *Mutum cinerem.* Antipater Sidon. in Analectis Vett. Poett. Græc. Brunckii Epigr. XC, 8,

Quandoquidem fortuna mihi tete abstulit ipsum;
    Heu miser indigne frater adempte mihi.
Nunc tamen interea prisco quæ more parentum
    Tradita sunt tristes munera ad inferias,
Accipe, fraterno multum manantia fletu;
    Atque in perpetuum, frater, have atque vale.

t. II, p. 37 : « ἀντὶ δὲ σεῖο Στάλα, καὶ κωφὰ λείπεται ἄμμι κόνις. »

5. *Te abstulit* hiante syllaba in omnibus MSS. apud Statium et libris vett. Vossii.

6. *Heu misero*, ad versum supra in Elegia ad Manl. v. 92, *Heu misero frater adempte mihi* maluerunt Vossius et alii : sed *miser* constanter tuentur libri veteres. *Hæc te interea* in Cod. Mediolanensi. *Hæc tamen* tres editt. antiquiss. apud editorem Cantabrig.

7-8. Varia, quæ per inferias inferri solebant manibus, munera recenset *Kirchmannus* de Funeribus Romanor. IV, c. 2 ; præcipua erant lac, vinum, mel, aqua, sanguis, flores.

10. *Ave* sine adspiratione in editionibus plurimis; sed antiqui libri et lapides sistunt hanc vocem in hac formula adspirantem. — *Have atque vale*. Sic ter corpus compositum affari solebant discedentes. Virg. Æn. XI, 97 : « Salve æternum mihi, maxime Palla, Æternumque vale. » Ubi vid. *Cerda*. Cf. Æn. III, 67, VI, 505, Hom. Odyss. IX, 65, adde *Kirchm.* de Funer. Rom. III, c. 9.

## CARMEN CII.

### AD CORNELIUM.

Si quidquam tacito commissum est fido ab amico,
    Quojus sit penitus nota fides animi;
Me unum esse invenies illorum jure sacratum,

Arg. Fidem de taciturnitate sua Cornelio cuidam facere studet.

1. *Tacite* in omnibus MSS. apud Statium, qui malebat *Si quidquam tacitum*, nempe ἀπόρρητον, arcanum, tacendum ; vel , *Si quidquam taciti* : quod vult quoque Heinsius in notis ad Catull. sed recte jam in editione Parthenii est *tacito*.

— *Tacito*, qui secretum reticere potest.

3. *Meque esse invenies* in MSS. Statii, membran. Scaligeri, edit. Parthen. et tribus antiquissimis editt. apud editorem Cantabrig. — *Atque esse juvenes* in aliis MSS. apud Statium; unde ille reponere tentabat vel *Me, quem ipse adjures :*

Corneli, et factum me esse puta Harpocratem.

vel *Aut, quem ipse adjures :* vel *Me, quem ipse invenias.* Vossius corrigit *Me aeque invenies*, parum, puto, ad orationem poeticam! secutus tamen eum est Vulpius. Equidem mallem *Me quoque*, ut hiatus relinquatur, vel *Me certe.* — *Illo tibi jure sacratum* MSS. Italici apud Nic. Heins. Manet tamen, quamcunque lectionem sequaris, dura et inconcinna in hoc disticho oratio; sequi enim debebat *et putabis;* interim dedimus lectionem, quam editt. Muret. Gryph. Henricpetr. et aliae exhibent. — *Unum* eximium inter illos, unice observantem illius juris, nisi tamen MSS. lectionem malueris. N.—*Illorum jure sacratum*, eorum sacris initiatum.

4. *Esse* abest in quibusdam libris vetustis apud Vossium, cui nec hiatus nec correpta ultima in *puta* displicet. —*Harpocratem*, cf. supra ad Carm. LXXIV, 4.

# CARMEN CIII.

### AD SILONEM.

AUT, sodes, mihi redde decem sestertia, Silo,
Deinde esto quamvis saevus et indomitus;
Aut, si te nummi delectant, desine, quaeso,
Leno esse, atque idem saevus et indomitus.

ARG. Silonem quemdam, qui puellae cujusdam copiam Catullo se facturum esse promisisse, nec his promissis stetisse videtur, vel reddere accepta a se decem sestertia, vel ferocientem in hac ipsa perfidia animum, si leno esse velit, deponere jubet. — Alterutrum optandum Siloni proponit, aut, reddita pecunia, quae merces lenonii officii fuerat pernumerata, sit amanti saevus, aut, accepta, desinat, quum lenonem gerat, saevus esse. N.

2. *Quamvis* h. e. *quantumvis.* Exempla collegit *Dukerus* ad Liv. I, 51, tom. II, pag. 474, edit. Drackenb.

3. *At, si te nummi* in Cod. Patavino. *Aut si te nimium* in nonnullis librr. MSS. apud Statium.

## CARMEN CIV.

#### AD QUEMDAM DE LESBIA.

CREDIS, me potuisse meæ maledicere vitæ,
  Ambobus mihi quæ carior est oculis?
Nec potui; nec, si possem, tam perdite amarem;
  Sed tu cum Tappone omnia monstra facis.

ARG. Notat levitatem mendacis cujusdam, qui falsos de rixa, quæ sit Catullo cum ejus amica, rumores sparsisse videtur.
3. *Nec potui* scil. hoc a me impetrare.
4. *Sed tu cum caupone* editt. Parthen. Gryph. Muret. Henricpetr. Græv. hoc sensu, ut, quisquis ille fuerit, sæpius in caupona versatus, cum ipso caupone perpotasse, et monstrosa cum illo mendacia finxisse et sparsisse videatur. Sed nostra lectio *cum Tappone* est in omnibus MSS. Statii et in libro Maffei, et eamdem ut veterem defendit Scaliger; mentionem *Valerii Tapponis* facit Livius XXXVII, 46 , §. 11, ubi vid. *Drachenborch.* — *Cum Tapone* in Zanchi exemplo; *in tripone* in Cod. Patavino, unde Statius legendum putabat *Sed tu cum turpi ore*. Vossius in nonnullis libris sic scriptum invenit *Sed tu cuncta pone*: in aliis, *sed tuta pone*: unde scriptum olim fuisse conjectat *Sed tua, Coponi, omina* (vel *crimina*) *nostra facis*. Vossii vestigia more suo legit Vulpius. — *Cum Tappone omnia monstra facis*, quælibet prodigiosa fingis, πάντα τερατολογεῖς, ut Scaliger explicat.

## CARMEN CV.

#### IN MENTULAM.

MENTULA conatur Pimplæum scandere montem;
  Musæ furcillis præcipitem ejiciunt.

ARG. Narrat de infelici Mentulæ ( de quo cf. supra ad Carmen XCIV,) ad poeticæ facultatis laudem contendendi conatu.
1. *Scindere montem* solus Vossius in libris suis invenit, qui nescio in qua obscena significatione hoc verbum accipiendum esse docet.
2. *Furcillis ejiciunt*. De hac proverbiali locutione vid. *Lambin.* ad Ciceronem in Ep. ad Att. XVI, 2, ubi est *furcilla extrudi*.

25

## CARMEN CVI.

#### DE PUERO ET PRÆCONE.

Cum puero bello præconem qui videt esse,
Quid credat, nisi se vendere discupere?

Arg. Formosum quemdam puerum a consuetudine cum præcone quodam revocaturus, quemlibet, qui eum cum præcone versari videat, ipsum per præconem vendi velle, existimaturum esse ait. — Præcones apud Romanos in auctionibus munere, quo apud nos proclamatores, functos esse, satis notum est.

1. Pro *bello* in omnibus MSS. apud Statium *Obelio*, forte ut nomen pueri sit.

2. *Qui videt ipse* in libro Maffei, pugnante pro hac lectione Vossio. Ingeniose Vulpius τὸ *ipse* mutat in *ipsum*, et refert ad *discupere;* qua mutatione omnis, quam sibi pepererunt interpretes, sublata est difficultas. Offerunt tamen omnes veteres libri tam scripti quam excusi *esse.* —Lectio *esse* inelegans forsitan multis videbitur, sed eo magis genuina et vera videri debet, quod refert Catulli in his fundendis incuriam. N. — *Discupere* scilicet puerum.

## CARMEN CVII.

#### AD LESBIAM.

Si quidquam cupido optantique obtigit unquam, et
Insperanti, hoc est gratum animo proprie;

Arg. Lætitiam, quam de reconciliato sibi Lesbiæ animo percipit, eo majorem esse ait, quo minus eam se percepturum esse speraverat.

1. *Si quidquid* in MSS. Statii. — *Si quicquam cupido optantique* tres editt. antiquiss. apud editorem Cantabrig., editio Parthenii, et aliæ. — Pro *cupido* Vossius vult *cupide,* male! nam versus quartus nostræ lectionis veritatem vindicat. — Pro *obtigit* in Patavino *obtulit,* et in libris melioris notæ apud Vossium *contigit.* — Post *unquam* deest *et* in plurimis editionibus. Nos dedimus cum Vulpio lectionem, quæ est in editione Gryph.

2. *Insperati* emendat *Nic. Heinsius* in notis ad Catull. et sane, nisi *et* post *unquam* ponitur, necessaria est hæc emendatio. — *Proprie,* ἰδίως, vere, vel maxime. — Imo κυρίως, eximie. Gallice *dans toute la propriété de l'expression.* N.

## CARMEN CVII.

Quare hoc est gratum, nobis quoque carius auro,
  Quod te restituis, Lesbia, mi cupido.
Restituis cupido, atque insperanti ipsa refers te
  Nobis. O lucem candidiore nota!
Quis me uno vivit felicior, aut magis hac quid

3-4. Durius, inquit Statius, τὸ *nobis quoque* quam Catullianæ elegantiæ convenit; proinde legendum forte putat *nobisque hoc carius auro.* — Vel aliqua inter hoc distichon et id, quod præcessit, desiderari, vel esse ἀνακόλουθον, perperam statuit Vulpius; est enim orationis nexus fere hic: « Si cui, quod maxime optaverat, præter omnem spem et opinionem obtigit, id sane ejus animo longe est gratissimum; quare mihi quoque id nunc longe est gratissimum, quod Lesbia mea, quam tanto ardore desideraveram, præter omnem spem et opinionem sponte mecum rediit in gratiam. » — Sed id in hoc versu me male habet, quod nulla copula adest, qua *gratum* et *carius auro* inter se nectuntur: puto igitur legendum hunc versum esse vel, « Quare hoc est gratum nobis, quin carius auro: » vel, « Quare hoc est gratum nobis quoque, carior auro, » ut *carior* referatur ad *Lesbia* in versu minori. Sic Tibullus I, 8, 31: « Carior est auro juvenis, cui lævia fulgent Ora, nec amplexus aspera barba terit. » — Hunc versum 3 Doeringius torquere infeliciter laborat. Quid est cur desideret copulam, quum τὸ *quoque* adsit, ibi par τῷ *etiam;* ut oratio procedat sic: « Hoc est mihi gratum, imo etiam carius auro ». Horat. Sat. I, 6, 84: « Non solum facto, verum opprobrio quoque (*etiam*) turpi. » Gell. Noct. Att. XVII, 12: « Non sophistæ solum, sed philosophi *quoque* ». N.

5. *Ipsa,* sponte. Cf. sup. ad C. LXIII, 56. *Refers te,* offers te reconciliatam, redis. Prop. I, 18, 11: « Sic mihi te referas levis, etc. »

6. *O mihi cara magis candidiore nota* in edit. Parthen. et aliis quibusdam vett. — Sed in MSS. Statii est *Nobis o luce* et *lucem.* Ejusdem lectionis vetustatem dicat Scaliger. — *Nobis* junge cum *insperanti* in versu majori, ex archaismo optimis scriptoribus frequentato. Sic Terentius Eunuch. IV, 3, 7: « absente nobis. » — Plaut. Amphitr. II, 2, 194: « nobis præsente. » — Vid. *Voss.* de Analog. IV, cap. 23, et *Brouckhus.* ad Tibull. III, 6, 55.

7, 8. Tam varie hoc distichon legitur, ut veram a ficta lectione vix internoscas. Parthenius exhibet: « Quis me uno vivit felicior, aut magis est me Optandus vita, dicere quis poterit? » nec repudiata est hæc lectio a Græv. Vossio, Vulpio et aliis. Sed indigna plane Catullo videtur mihi hæc latinitas. — Sensum certe commodum fundit nostra lectio ex editt. Gryph. et Muret. transcripta. Nec male emendabat Dousa P. « aut ista hac Optandam vitam dicere quis poterit? » Bene quoque ad sensum lectio editionis Cantabrigiensis, « aut mage nostra

Optandum vita, dicere quis poterit?

hac Optand*a*m vitam ducere quis poterit?» Sed omnia recensere, quæ pro suo quisque ingenio commentus est, nimis longum est. — In lectione Doeringii durissima versus clausula *hac quid.* Noster MS. « Aut magis me est Optandus dicere quis poterit? » unde non absurde, ut opinor, efficiam : «aut magis hac mi Optandum vita dicere quis poterit?» Si quid rectius est istis, candidus imperti. N.

## CARMEN CVIII.

### IN COMINIUM.

Si, Comini, populi arbitrio tua cana senectus
  Spurcata impuris moribus intereat;
Non equidem dubito, quin primum inimica bonorum
  Lingua exsecta avido sit data volturio;
Effossos oculos voret atro gutture corvus,
  Intestina canes, cætera membra lupi.

Arg. Tantum esse ait, quod senex quidam Cominius tam morum pravitate quam maledicendo apud populum sibi conflaverat, odium, ut non dubitet, quin populus, si ab ejus stet arbitrio, frustatim eum bestiis devorandum objecturus sit.

1. *Sic homini* vel *Sic horum populari arbitrio* in MSS. Statii, unde Avantius emendabat *Si, Comini, arbitrio populi;* et sic exhibent editt. Gryph. Muret. Henriepetr. — *Si, Comini, arbitrio populari cana senectus* reduxit, ut ait, vett. librorum auctoritate Vossius. — Nostra lectio debetur Statio. — Sensus est: « Si tu, o cane senex, impuris moribus inquinate,.e medio tollaris pro populi arbitrio» etc. *Senectus* pro *sene;* ut illa, *virtus Catonis, sapientia Lælí.*

3. *Inimica bonorum,* (pro vulgari *bonis*) infesta famæ bonorum, bonos quosque verborum contumeliis lacerans.

4. *Lingua exserta* in MSS. Statii et libris vett. Vossii. — *Sit data* pro *detur.* Satis autem constat, nihil visum esse Veteribus atrocius, quam si cadavera feris atque volucribus discerpenda et dilanianda darentur. — Cf. supra ad Carm. LXIV, 152, et Stat. ad h. l.

5. *Atro gurgite* Cod. Patav. in qua quidem lectione, tanquam elegantiore, præferenda argutatur Vulpius.

6. *Extera membra* veterum librorum scriptura apud Vossium.

## CARMEN CIX.

#### AD LESBIAM.

Jucundum, mea vita, mihi proponis amorem
  Hunc nostrum inter nos, perpetuumque fore.
Di magni, facite, ut vere promittere possit;
  Atque id sincere dicat et ex animo:
Ut liceat nobis tota producere vita
  Æternum hoc sanctæ fœdus amicitiæ.

Arg. Lesbia Catullo reconciliata jucundi perpetuique amoris fructum promiserat; quibus quidem promissis ut vere eventus respondeat, ex animo optat, et Deos ad hanc datam sibi confirmandam fidem implorat.

1. *Proponis*, declaras, persuadere mihi studes.

3. *Possit*, insit ei animus is, quo aliquid promitti debet.

5. *Producere*, protrahere, continuare. « Vitam producere » Virg. Æn. II, 637.

6. *Tota perducere vita Alternum* editt. Parthenii, Gryph. Muret. Henricpetr. Voss. Græv. et aliæ; sed nostram lectionem tuentur omnes MSS. Stat. De errore librariorum in *perducere* et *producere* vid. *Drackenb.* ad Liv. T. V, p. 265, et de sæpius commutatis vocibus *æternus* et *alternus* eumdem ad Sil. Ital. XV, 229.

## CARMEN CX.

#### AD AUFILENAM.

Aufilena, bonæ semper laudantur amicæ;
  Accipiunt pretium, quæ facere instituunt.

Arg. Aufilenam, quæ, accepta in noctis promissæ gratiam mercede, duxerat Catullum et eluserat, ut sordide et abjecte sentientem meretricem describit et insectatur.

1. *Bonæ*, quæ stant promissis, fidæ, honestæ.

2. *Quæ facere instituunt*, h. e. eæ, quæ vere corporis sui copiam facturæ sunt. — *Facere*, ἀφροδισιάζειν. Vid. *Burmannum* ad Petron. c. IX. — Sic ῥέζειν et ἐνεργεῖν apud Græcos. Vid. *Bergler.* ad Alciphr. III, Ep. 55, p. 413. — Misera circa hoc verbum obscenitatis indagatio versatur, neque orationis indolem

Tu quod promisti mihi, quod mentita, inimica es,
Quod nec das, et fers sæpe, facis facinus.
Aut facere ingenuæ est, aut non promisse pudicæ, 5
Aufilena, fuit. Sed data corripere
Fraudando, efficitur plus quam meretricis avaræ,
Quæ sese toto corpore prostituit.

deprehendit. Nempe latinitatis ingenium τῷ *facere* adjici τὸ *pretium* jubet, ut quadrent inter se et cohæreant ambo sententiæ commata, scil. hoc sensu : « accipiunt pretium, quæ instituunt facere *pretium suis muneribus amatoriis*. *Pretium facere* dicitur de iis qui rebus quas aut emere aut vendere volunt pretium statuunt. Plaut. Pers. IV, 4, 37 : « Indica, fac pretium, tua merx est; tua indicatio est. » Igitur ea mens esse mihi videtur distichi hujus cæterique epigrammatis : vates duas amicarum classes dividit, hanc *bonarum*, quæ satis habent *laudari* ob animi liberalitatem, alteram earum quæ venales habentur, pretium facere instituunt et accipiunt. Aufilena autem, quia mentita est quod promiserat, non amica bona est, immo inimica, et quia fert munera nec dat quidquam, scelesta est, facit facinus. Itaque nec pudica est, quæ promiserit, nec bona aut ingenua, quæ non faciat, non exsequatur quod promiserit. Quin etiam avaritiam meretricis supergressa est, quippe quum perfidiam cum turpi lucro conjungat. N.

3. *Mihi et quod* in libris vett. Passeratii : unde ille legit et interpungit *Tu quod promisti, mi et quod.* — Junge : *Tu es inimica* (haud *bona amica*) *quod mentita es* id, *quod mihi promisti*, h. e. noctem.

4. *Nec das, nec fers* vitiose in MSS. Statii. — *Das*, intellige promissa Veneris munuscula. Sic *dare* passim in re Venerea. Lus. II, 3 : « *Da* mihi, quod cupies frustra dare forsitan olim, Dum tenet obsessas invida barba genas. » Cf. *Burmann.* ad Ovid. Arte Am. I, 448. Et sic παρέχειν et χαρίζεσθαι apud Græcos. — *Fers*, aufers munera.

5. *Ingenuæ*, fidem, quam dedit, præstantis. — Idem quod *bonæ* in vers. 1. N.

6. *Data corripere*, munera eripere, corradere.— *Data* pro *donis* passim. Ov. Met. VI, 463 : « nec non ingentibus ipsam Sollicitare *datis*. »

7. *Efficit* et *effecit* in MSS. Statii. — *Effexit* in libris scriptis Vossii, unde ille reposuit *effexti;* sed recte defendit Statius *efficitur*, quod exhibuit jam Parthenius ; et sic est in editt. Gryph. Muret. Henricpetr. Cantabrig. Vulp. — *Fraudando, est facinus* ingeniose, sed præter necessitatem *Tollius* ad Auson. p. 270. — *Efficitur*, supple ex versu quarto *facinus;* nec infrequens est locutio *efficere* pro *facere facinora*. — Repetere τὸ *facinus* a v. 4 non opus. Frequentissima locutio, *est judicis, est viri.* Hoc loco *efficitur* τοῦ *est* vicem obtinet, neque τὸ *plusquam* quidquam mutaverit. « Data corripere fraudando est plusquam meretricis avaræ. » N.

## CARMEN CXI.

### AD AUFILENAM.

AUFILENA, viro contentas vivere solo,
　Nuptarum laus e laudibus eximiis.
Sed quoivis quamvis potius succumbere fas est,
　Quam matrem fratres efficere ex patruo.

ARG. Aufilenæ, cum patruo consuescenti, nihil ejusmodi illicito et incesto amore turpius et detestabilius esse, ante oculos ponit. — Expressit hoc carmen *Joann. Nic. Goetz Vermischte Gedichte* Tom. III, pag. 130.

1. *Contentam* in editt. Parthen. Gryph. Muret. Henricpetr. Græv. et aliis. Sed Scaliger, qui in libro suo inveniebat *contenta est*, uti est quoque in editione Rheg. fecit inde *contentas*, quod recte ab editoribus recentioribus receptum est.

2. *Nuptarum laus est laudibus eximiis* in MSS. Statii, editt. Parthen. Gryph. et aliis, unde Statius *Nuptarum est laus e laudibus eximiis*. Scaliger *Nuptarum laus e laud. ex.* quam lectionem omnes nunc exhibent editiones recentiores. Muretus sine indicio auctoritatis dedit *Nuptarum una est e laud. exim.*

3. Vossius, cujus libri veteres soli habent *Sed cuivis potius*, supplet versum ita; *Sed cuivis cuivis potius*: nec defuit, qui hanc lectionem Vossianam probaret, Vulpius.

1 — 4. Sensus : « Ad eximias, Aufilena, quæ nuptas mulieres ornant, virtutes pertinet inprimis ea, ut solo marito contentæ vivant; at, si omnino iis cum alio libido exercenda sit, quævis cum quovis potius concumbat licebit, quam ut mater patruelium fiat ex patruo.» — *Matrem fratres efficere ex patruo*, h. e. matrem fieri, et pueros ex patruo procreare, qui matri sint *fratres patrueles;* nam patruorum sive duorum fratrum filii vocari solent vel absolute *fratres*, vel *fratres patrueles*.

# CARMEN CXII.

### IN NASONEM.

MULTUS homo es, Naso; nam tecum multus homo est, qui
Descendit : Naso, multus es et pathicus.

ARG. Mirum, quantum hoc epigramma, quod a plurimis omnium in hoc Poeta obscurissimum habitum, et a Mureto aliisque tanquam desperatum relictum est, interpretum ingenia exercuerit; quorum commenta omnia recensere nimis longum est. — Mihi quidem Poeta lusisse videtur in *multus*, ita, ut ideo jam Nasonem *multum* vocaverit, quia *multi* homines libidinis causa cum eo versabantur; hoc fere sensu : « Multorum hominum homo es, Naso (h. e. multorum libidini inservis); nam multi homines tecum versantur, qui turpem in corpore tuo explent libidinem; iterum dico, Naso, multorum hominum homo es, et muliebria pateris. »

1. *Multus homo es, Naso, neque tecum multus homo, sed Descendis, Naso, multus es et pathicus* editt. Parthenii, Muret. Henricpetr. Cantabr. Græv. — « Multus homo (es, Naso, nam tecum multus homo) est qui Descendit? Naso, multus es et pathicus» vetus scriptura apud Scaligerum. — « Multus homo es Naso : nec tecum multus homoque Descendit Naso multus es et Pathicus » in libris veteribus se reperisse testatur Meleager, qui inde tentat « Multus homo es, Naso, nec tecum multus homo : est qui Te ascendit : Naso multus es et Pathicus; » sed sapienter addit : « Quæ sit mens epigrammatis, meam non est explicare. » «Multus homo est, Naso, neque secum multus homo qui Descendit» Vossius. — « Multus homo est, Naso, (nam tecum multus homo es) qui Descendit? » Vulpius. — Nos dedimus lectionem Scaligeri, mutata tantum cum Daciero interpunctione; et sic exhibitum jam est hoc epigramma in editionibus Gotting. et Bipont.

2. *Descendere* est verbum nequitiæ.

## CARMEN CXIII.

#### AD CINNAM.

Consule Pompeio primum duo, Cinna, solebant
　Mœchi: illo facto Consule nunc iterum
Manserunt duo; sed creverunt millia in unum
　Singula: fœcundum semen adulterio.

Arg. De insigniter aucto adulterorum numero queritur.

1, 2. *Sedebant* pro *solebant* editt. Parthen. Gryph. Muret. Henricpetr. Græv. et aliæ editt. vett. Sed MSS. Statii et Scaligeri tuentur *solebant.* — *Mœchalia, at facto* edit. Parthen. — *Mœchilia, facto* Gryph. Muret. Henricpetr. — *Mecilia, facto* MSS. Statii, unde ille reposuit *Mœchi: illo facto C. n. iterum;* quam ipsam lectionem cum Vulpio prætulimus. — *Mœchi, illi, ah facto* Scaliger, quem plures secuti sunt. — *Mœchilli, facto* edit. Græv. sed auctor hujus lectionis est Turnebus. — *Mœchulei* Passeratius. — *Cæcilio facto* ex optimo exemplari produxit Vossius. — *Solebant mœchi,* subintellige «sectari mulieres, matronarum pudicitiam expugnare,» vel aliquid hoc obscenius; — sed ejusmodi aposiopesis, qua honestatis castitatisque studio usi sunt Terentius, Virgilius et alii, parum mihi convenire videtur ingenio Catulli, qui res vel obscenissimas nomine suo insignire solet; puto igitur vel legendum esse *sedebant* (vid. *Var. Lect.*) quod apposite de hominibus libidinosis dicitur; (cf. supra Carm. XXXVII, 6) vel locum ita rescribendum esse: « C. P. p. d. C. solebant Mœchari; at facto C. n. i. Manserunt duo.» — Quidni *solebant* ἐλλειπτικῶς pro « solebant existere?» N. — *Consule primum* An. ab Urbe Condita DCLXXXIV: *iterum* DCXCIX.

3, 4. *Singulum* in Codice Patavino et libro Scaligeri, quod probat Scaliger, et allatis quibusdam exemplis docet, mediam vocalem recte in hac voce prisco more extrudi posse. — *Sed creverunt ... singula,* sed ita manserunt, ut singula millia in unum vel singulum succrescerent, h. e. ut ex duobus duo millia fierent.

# CARMEN CXIV.

### IN MENTULAM.

FORMIANO saltu non falso Mentula dives
Fertur; qui quot res in se habet egregias!
Aucupia omne genus, pisces, prata, arva ferasque.

ARG. Tantum abesse ait, ut Mentula dives sit, qui vulgo, ob pulcherrimi cujusdam saltus Formiani possessionem, habebatur, ut potius summa, ad quam nimiis factis sumptibus redactus sit, laboret inopia. De *Mentula* vid. *Var. Lect.* ad v. 1.

1. *Firmanus salius* vel *salvus* MSS. Statii. — *Firmanus salius* in editione Parthen. — *Firmani saltus* Gryph. — *Firmano saltu* Aldus, Muretus, Statius, Vossius, editor Cantabr. Græv. Sed Scaliger, quia vett. Codd. non *Firmano* sed *Firmanus* præ se ferunt, legendum omnino censet *Firmanus saltus*. — Scaligeri sententiam cupide amplexus est Vulpius, nec ipse primum de ejus probabilitate dubitabam. Sed nunc succurrunt rationes, quæ ab illa me discedere jubent. Quamvis enim facile concesserim, *saltum divitem* recte dici posse de eo, qui sit amplus et fructuosus, tamen huic explicationi aperte repugnat versus quintus; *dives*, nisi vim verbis inferre vis, ad Mentulam referri debet; additur enim *dum omnia desint*, quod de saltu laudato valere non potest. Deinde, quum hæc lectio et explicatio impulerit Scaligerum, ut *exsuperat* in versu 4, et *egeat* in versu 6, contra omnium librorum auctoritatem mutaret in *exsuperas* et *egeas*, id eo magis hanc rationem mihi suspectam reddidit, quia Poeta tam in sequenti, quam in antecedentibus epigrammatibus ad Mentulam, non nisi in tertia persona de Mentula loquitur. Dedi autem *Formiano saltu*, quod jam Muretus in nonnullis libris invenerat. Nam, quum admodum probabile sit, *Mamurram*, qui *Formiis* natus, et inde jam (supra Carm. XLI, 4) *Formianus decoctor* dictus est, sub *Mentula* intelligendum esse (cf. supra Carm. XCIV), facile inde hujus lectionis quoque probabilitas evincitur. *Formiano* per synæresin est vox trisyllaba. — *Formiano saltu*, h. e propter Formiani saltus possessionem.

2. *Tot res* omnes libri impressi ante Statium et Scaligerum, sed MSS. Stat. et librr. vett. Scaligeri suggerunt *quot*, quod melius sane admirationi inservit.

3. *Aucupia, omne genus piscis* MSS. Stat. — *Aucupium omne genus* editt. Parthen. Gryph. Muret. Henricpetr. et aliæ. — *Omne genus* pro *omnis generis*; exempla vide apud Vulpium, et plura in Thesauro Gesner.

Nequicquam: fructus sumptibus exsuperat.
Quare concedo sit dives, dum omnia desint.
Saltum laudemus, dum modo ipse egeat.

4. *Ne quidquam fructus* MSS. Stat. — *Nec quicquam fructus* Gryph. — *Exuperet* Voss. — *Nequicquam*, sed hæc omnia minime ei sufficiunt: *fructus sumptibus exsuperat*, excedit modum in faciendis sumptibus ita, ut isti longe superent reditus.

6. *Dum tamen ipse* in editt. plurimis, haud dubie hiatus vitandi causa. Sed in MSS. Statii omnibus *dum modo*, et sic est in edit. Parthenii. Minime insolens apud Catullum hæc elisionis omissio, more Græcorum, quorum habitus retulit.

# CARMEN CXV.

### IN MENTULAM.

Mentula habet instar triginta jugera prati,
  Quadraginta arvi: cætera sunt maria.
Cur non divitiis Crœsum superare potis sit?
  Uno qui in saltu tot bona possideat;

Arg. Similiter, ut in epigrammate antecedenti, Mentulæ, hominis prodigi et impuri, speciosas ridet et sugillat divitias.

Conjunctim hoc epigramma cum antecedenti exhibetur in editt. Parth. et Gryph.

1. Pro *instar*, quod in omnibus libris veteribus, teste Statio, reperitur, alius aliam vocem substituendam putavit; Statius quidem *justi*, Scal. *juxta*, Passerat. *nostra*; in ed. Mureti est *noster*. — Hic *instar* absolute sumitur. Gallice *environ*. N.

2. *Extera sunt maria*, in libro Zanchi. — *Cætera sunt maria*, h. e. infinita; nam *mare, Oceanus, flumen*, πόντος, passim de cujusdam rei magnitudine et abundantia. Vid. Scaliger ad h. l. et *Dorville* ad Charit. p. 636 (ed. Lips.), *Ernesti* ad Callimach. Hymn. in Apollin. v. 106 et *Cortius* ad Sallust. Catil. XXIII, § 3. — Nisi quis *maria* simpliciter de ingentibus *stagnis* et *paludibus* sumere malit.

4. *Tot modo* in edit. Parthenii et nonnullis MSS. Statii. — *Tot moda* in aliis MSS. apud Statium et Scaligerum, et in Cod. Patavino, quod probat Scaliger, et Vulpius tanquam compendio ab antiquis Latinis pronunciatum explicat pro *tot commoda*. Nos dedimus lectionem editt. Gryph. Muret. Henricpetr. Cantabrig. Græv.

Prata, arva, ingentes silvas, saltusque, paludesque, 5
  Usque ad Hyperboreos et mare ad Oceanum?
Omnia magna hæc sunt: tamen ipse est maximus ultor,
  Non homo, sed vere Mentula magna minax.

6. *Et mare Oceanum* recte, ex judicio Vulpii, Codex Patavinus. — *Usque ad Hyp. et mare ad Oceanum*, h. e. latissime patentes.

7, 8. *Omnia magna hæc sunt : tamen ut sint maxima, et ultra, Non homo, sed vere mentula magna nimis* Gryph. Muret. Henricpetr. et alii. — *Omnia m. h. s. t. ipsi maximus ultor N. h. s. vero m. m. minax* MSS. Statii, quam lectionem mutato τῷ *si* in *hic* probat quoque Statius; et sic fere hoc distichon in editione Parthenii legitur, nisi quod *est* pro *si* et *vere* pro *vero* ibi excusum est. Nec dubitavimus hanc ipsam lectionem cum aliis sequi. — *Maximus lustro* legi jubet Scaliger, probante Vulpio, ut *lustro* sit, « qui sectatur meretrices in lustris prostantes. » — *Maximus, ultro* Voss. — *Maximus ultor* in libidine, qua urget et punit quasi fæminas. Supra Carm. LXXI, 5 : « Nam quoties futuit, toties *ulciscitur* ambos. » — *Minax*, libidinem minans.

## CARMEN CXVI.

### AD GELLIUM.

Sæpe tibi studioso animo venanda requirens
  Carmina uti possem mittere Battiadæ,
Queis te lenirem nobis, neu conarere

Arg. Gellium, quum illatas ille sibi contumeliosis Catulli carminibus injurias remuneratum ivisset, placare Noster studuerat dono ei mittendis, quæ ex Callimacho verterat, carminibus. Sed parum hac ratione apud eum effecerat. Acquiescit igitur in eo solatio, quod tela, a Gellio in ipsum conjecta, facilius vitari et retundi queant, quam quæ ipse in illum conjecerat.

1, 2. *Venante requiris* Venet. Gryph. in libris Mureti desideratur vox extrema. — *Requires* MSS. Statii et editt. antiquissimæ apud editorem Cantabrig. — *Venanda requirens* reposuit Scaliger ex veteri scriptura *veniam dare quæres*. — *Venante* in nostro MS. quod longe τῷ *venanda* antefero, nam non satis quid sit *venanda carmina* dispicio, et duo epitheta *studioso, venante* eidem voci aggesta Catulliano Carmini non repugnant. N. — *Junge*: *Sæpe requirens* (mecum reputans), *uti possem tibi mittere carmina Battiadæ* (cf. supra ad Carm. LXV, 16) *studioso animo venanda*, h. e. diligenter investiganda et excutienda.

3. *Quæ te lenirent* Parthenius. —

# CARMEN CXVI.

Infestum telis icere, musca, caput;
Hunc video mihi nunc frustra sumptum esse laborem, 5
Gelli, nec nostras hinc valuisse preces.
Contra nos tela ista tua evitamus amictu;
At fixus nostris tu dabi' supplicium.

*Queis te lenirem nobis neu con.* Gryph. Muret. et sic omnes editt. recentiores, nisi quod recte post *lenirem* sublata est interpunctio. — *Qui te lenirem nobis* Statius.

4. Ex mira lectionum hujus versus varietate selegimus eam, quæ nobis commodissima videbatur, et in editionibus Parthen. Gryph. et all. exhibita est. — *Tela infesta meum mittere in usque caput* defendit Muretus. — *Telis infestans mi icere musca caput* legebat Statius, in cujus MSS. exaratus fuit hic versiculus sic, *Telis infesta mi tenemusque vaput*. Favere certe hæc scriptura videtur lectioni Mureti. — *Telis infesto mi icore, musca, caput*, refinxit ad veterem scripturam *Telis infestum jicere*, Scaliger, quem plurimi recentiores secuti sunt. — *Infesta in nostrum mittere tela caput* ex veteri libro laudat Vossius, et sane, nisi turbatus verborum ordo aperte correctoris manum proderet, lubenter in hac lectione acquiesceremus. *Infestum telis icere mi usque caput* ex libris scriptis legi jubet N. Heinsius in not. ad Catull. — Profecto in tanta varietate, quid verum sit, videre haud parum est difficile. — Noster MS. *talis infesta mitteremusque caput*, unde effingi possit: « Telis infestus mittere mi usque caput. » Quæ syntaxis tota græca esset, ut amat Catullus; nam Græci non discrimine ullo dicunt βάλλειν τινὰ βώλῳ et βάλλειν τινὶ βῶλον. Ergo Catullus latine tentaverit *telis caput mittere*. N. — *Musca* in contemptum, quia leviter tantum pungere potest muscarum aculeus. De proverbiali locutione μυίας δηγμὸς vid. Stat.

5. *Laborem* vertendorum nimirum e Callimacho carminum.

6. *Huc valuisse* Venet. Muret. Græv. — *Hinc* est in editionibus Gryph. et aliis, et recentioribus omnibus. — *Evaluisse* una voce legendum esse censet Bondanus Var. Lect. p. 124. — Fortasse quoque hoc vel *id valuisse*. — *Hinc*, ad impetrandum id, quod speraveram, scil. ne amplius famam meam lacerares verborum contumeliis.

7. *Quare nos* Muretus, nescio unde. — *Evitabimus amica* meliorum librorum lectionem esse testatur Vossius, unde ille tentabat *evitabimus hamis*: *At fixus nostris t. d. s.* — *Amictu*. Romanorum consuetudinem, sinistra manu, pallio obvoluta, adversarium invadentium, et hoc modo impetum ejus sustinentium, egregie illustrarunt Nic. Heinsius ad Petron. c. 63, et Burmannus ad eumdem c. 80, qui laudat Ferrarium de Re Vest. I, c. 5. Huc pertinet similis Græcorum pugnandi ratio, quam explanavit Cuperus Observ. I, c. 12.

Subjectis quibusdam Catulli carminibus, quae Viri Docti graecam in linguam transtulere, gratiam inire putavimus apud eos, qui tam utilitatem quam voluptatem ex ejusmodi instituenda comparatione capere didicerunt. Dignus quoque, quem subjiciendum curarmeus, visus nobis est Mureti Galliambus in Bacchum.

# PHASELUS CATULLI

TOTIDEM IAMBIS PURIS GRAECIS REDDITUS

A

## JOSEPHO SCALIGERO.

EX EJUS CASTIG. IN CATULLUM DESCRIPTUS.

### (CARMEN IV.)

Κέλης ἐκεῖνος, ὃν θεᾶσθ᾽ ὁδοιπόροι,
Τρέχειν νεῶν μὲν εὔχεται θοώτερος,
Σκάφους ὄπισθεν ὑστερεῖν δὲ μηδενὸς
Δρομηλατοῦντος, εἴτε μιν χρεὼν ἐλᾶν
Πλάταισιν, εἴτε λαίφεσ᾽ ἐπτερωμένοις.
Τόδ᾽ οὔτε φησὶν ἀντερεῖν ἂν Ἀδρίου
Νεώρι᾽ οὔτε Κυκλάδας περιρρύτους,
Ῥόδον κλυτὴν, δυσήμερόν τε Θρηκίαν,
Προποντίδ᾽, ἀγρίαν τε ποντίαν ἅλα,
Ἵν᾽ οὗτος, ὕστερον κέλης, πάροιθεν ἦν
Πίτυς τιναξίφυλλος, ἢ Κυτωρίῳ

## CATULLI PRIAPEUM.

Πάγῳ θαμ' ὦρσεν εὐλάλῳ θρόον φόβη.
Κύτωρε πυξόδενδρ', Ἄμαστρι ποντική,
Τάδ' εἰδέναι σ' ἅπαντα νῦν τε καὶ πάλαι
Λέγοι κέλης ἄν· εὐθὺς ἐκ γενεθλίων
Τεαῖσί φησιν ἐν νάπαις πεφυκέναι,
Τεοῖσι κλῦσ' ἐν οἴδμασιν νέαν πλάτην,
Κλύδωσι δ' ἔνθεν ἐν πολυρρόθοις ἑὸν
Πορεῦσ' ἄνακτα, λαιὸς εἴτε δεξιὸς
Ὤρωρεν οὖρος, εἴτ' ἄημα πόμπιμον
Ἔτεινε πλησιλαιφὲς ἁρμένου πόδε.
Ἐπακτίοισι δ' οὔποτ' ἐξιτήρια
Θεοῖσιν ηὔξαθ', ὡς ἀπ' ἐσχάτης ἁλὸς
Ἀφῖκτο τήνδε λιμνέαν ἐς ἠόνα.
Τὰ μὲν πάροιθε· νῦν δὲ πεμπέλου σχολῆς
Τέλος λέλογχε· σοὶ δὲ κεῖτ' ἀνειμένος,
Διός τε κοῦρε, καὶ Διοσκόρου κάσι.

## CATULLI PRIAPEUM

TOTIDEM IAMBIS PURIS GRÆCIS REDDITUM

A

### JOSEPHO SCALIGERO.

EX CATULLI EDITIONE JANI DOUSÆ LUGD. BAT. 1592, p. 263, DESCRIPTUM.

(CARMEN XX.)

Ἐγὼ τέχνημα φαυλοτέκτονος χερός,
Ἐγὼ δὲ φιτρὸς ἀζαλής, ὁδοιπόρε,
Ἰδοὺ τὸ γῄδιον τόδ' ἐξ ἀριστερᾶς,
Ἔπαυλιν ἀνδρὸς ὄρχατόν τ' ἐπισκοπῶ
Πένητος, ἐκ δὲ φωρὸς ἁρπαγὰς τρέπω.

Ἐμοὶ μὲν ἦρ' ἄρηρεν ἄνθεμος πλόκος,
Ἐμοὶ δὲ πυρσόφλοιος ἄσταχυς θέρει,
Ὀπωρινῷ τε λαρὸς ἀμπέλου βότρυς,
Κακῷ τε χείματ' ὠμὸν ὄμφακος στέφος.
Χίμαιρ' ἐμοῖσιν ἴζαλος νομεύμασι
Πόλινδ' ἀμολγὰς οὖθατ' εὐγλαγῆ φέρει.
Ἐμῶν ἀπ' ἀμνὸς εὐθαλὴς ἐπαύλεων
Δόμονδε βριθυκέρματον χέρ' εἰσάγει·
Τέρεινα πόρτις αἰνομήτορος βοὸς
Χέει πρόναος αἱματοσφαγὲς λίϐος
Θεοῖσι. Τόνδε τὸν θεὸν σέϐου, ξένε,
Χέρας δὲ χωρὶς ἴσχε · σοὶ τόδ' ἀσφαλές.
Ἕτοιμος ἀσκέπαρνον αἰκία πέος.
Λέγοις · θέλοιμ' ἄν · ἀλλ' ἰδοὺ προσέρχεται
Ἀγροῖκος οὗτος, ᾧτ' ἀποσπαδὲς τόδε
Πέος τυλωτὸν ὅπλον ἐντρέπει χερί.

---

# CATULLI EPITHALAMIUM

SEU

## CARMEN NUPTIALE

A

### Q. SEPTIMO FLORENTE CHRISTIANO
GRÆCIS VERSIBUS EXPRESSUM.

EX CATULLI EDIT. JANI DOUSÆ, P. 265.

(CARMEN LXII.)

Σοῦσθε νέοι, ὁ γὰρ ἕσπερος ἔρχεται, ἕσπερος ἤδη
Οὐρανόθεν τριπόθητα μόλις δὴν φάεα τέλλει·
Ὥρη ἀναστῆναι, λιπαρὰς λείπειν τε θαλείας.

## CATULLI EPITHALAMIUM.

Παρθένος ἑρψεῖται, ὑμεναίου δ' ἕψετ' ἀοιδή.
 Ὑμὰν ὦ Ὑμέναιε, Ὑμὰν ἔλθ' ὦ Ὑμέναιε.
Ἀθρεῖτ' ἠϊθέους, φιλοπαρθένοι, ἀντί' ἔγρεσθε,
Πανταχός' Οἰταίας φαίνει ὀρφνηφόρος αὐγάς·
Καὶ νύ τοι οὐχ ὁράᾳς ὡς ὠκέες ἐξεθόρησαν;
Οὐκ εἰκῇ, τοὺς γὰρ νικᾷν θέμις ἀεισεῦντι.
 Ὑμὰν ὦ Ὑμέναιε, Ὑμὰν ἔλθ' ὦ Ὑμέναιε.
Ἀμῖν μὲν κεῖται οὐκ εὐχερὲς, ἥλικες, ἆθλον·
Σκέπτεσθ' ὡς δίζηντ' ἄγαμοι πεπονημένα κοῦραι.
Οὐχὶ μάτην μελετῶσιν, ἔχουσί τι ἀξιόμνηστον.
Ἄμμες δ' ὦτα φρένας τ' ἐμερίσσαμεν ἄλλυδις ἄλλῃ.
Οὐχ ἁμὴ δ' οὖν νίκη, ἐπεὶ φιλεῖ ἥγε μεριμνᾷν·
Τῷ νῦν ὑμετέρου ἶνας συμβάλλετε θυμοῦ·
Ἀρξομέναις οὐδῆς ἤδη πρέπει ἄμμες ἕπεσθαι.
 Ὑμὰν ὦ Ὑμέναιε, Ὑμὰν ἔλθ' ὦ Ὑμέναιε.
Ἕσπερε, ποῖον ἔχει σέο φῶς νηλέστερον αἴθρη
Δεινοῦ ἐπωλενίην κούρην τινὰ μητρὸς ἀποσπᾷν,
Μητρὸς ἀπ' ἀγκαλίδων ἀφελεῖν κούρην ἀέκουσαν,
Παρθενίην δὲ ποθεῦντι νεηνίῃ ἐγγυαλίζειν;
Περθομένης ἐχθροὶ τί πλέον ῥέζουσι πόληος;
 Ὑμὰν ὦ Ὑμέναιε, Ὑμὰν ἔλθ' ὦ Ὑμέναιε.
Ἕσπερε, τίς σέο τερπνοτέρη φέρετ' οὐρανόθι φλόξ;
Εἰ κυρόων τελέεις μνηστὴρ τάγε γαμβρὸς ὑπέστα,
Τῶν τάμον οἱ παοὶ, τάμον ὅρκια πιστὰ τοκῆες,
Ἔμπεδα δ' οὐ θῆκαν, πρὶν σὸν σέλας ἠδὲ πεφᾶσθαι.
Εὐκτότερον τί θεοὶ δοῖεν κ' εὐδαίμονος ὥρας;
 Ὑμὰν ὦ Ὑμέναιε, Ὑμὰν ἔλθ' ὦ Ὑμέναιε.
Ἕσπερος ἐξ ἡμέων γε μίαν ἔχει αὐτὸς ἀπούρας
. . . . . . . . . . . . . . . . . .
Σεῦ γὰρ ἐπερχομένου αἰὲν φρυκτωρὸς ἄϋπνος,
Νυκτὶ δὲ φῶρες ἄϊστοι· ἀτὰρ σύγε τοῖς δ' ἐπανήκων
Ἑσπέρα εἴτ' ἄλλως ὀνομασθεὶς χεῖρας ἔβαλλες.
Ἀλλὰ φίλον πλαστοῖς σε γόοις νύμφαισιν ἐλέγχειν,
Εἰ τίδ' ἐλέγχουσιν τὸ φρεσὶν ποθέουσι λαθραίαις;

## CATULLI EPITHALAMIUM.

Ὑμὰν ὦ Ὑμέναιε, Ὑμὰν ἔλθ᾽ ὦ Ὑμέναιε.
Ἔκκριτον ὡς ἄνθος φύετ᾽ ἐν φραδμώδεϊ κήπῳ,
Θρέμμασιν ἄφραστον, πᾶσιν δ᾽ ἄφλαστον ἀρότροις,
Τὸ ζέφυρος θέλγει, θεὸς ἐμπεδοῖ, ὄμβρος ἀέξει,
Πολλαῖς παρθενικαῖς, πολλοῖς ζηλωτὸν ἐφήβοις·
Ἀλλ᾽ ὅταν ἁβρὸς ὄνυξ κάλλους ἐμόλυνεν ἀμέρσας,
Οὐδὲ νέους τούτου πόθος ἵκετο οὐδὲ κορίσκας·
Παρθένος ὡς ἄφθαρτος ἕως μένει, ἔπλετο φίλη.
Εἰ δὲ μιαινομένου σῶφρον πέσε σώματος ἄνθος,
Οὐ παισὶν τερπνὴ μένει, οὐ χαρίεσσα κόρῃσι.
Ὑμὰν ὦ Ὑμέναιε, Ὑμὰν ἔλθ᾽ ὦ Ὑμέναιε.
Ὥσπερ φυομένη ἀργῷ μόνη ἄμπελος ἀγρῷ
Οὔποτ᾽ ἀναλδαίνουσα τρέφει μελιηδέα βότρυν,
Ἀλλομένη δὲ ποσὶν βάρος ἀσθενὲς ὕπτιον ἕρπον
Ἀκροτάτων μέλλει θιγέμεν ῥίζῃσι κορύμβων,
Οὐδ᾽ ἀροτρεῖς ταύτην οὐδ᾽ ἄρ᾽ βόες ἠσκήσαντο·
Εἰ δὲ τυχὸν κείνη πτελέης φιλότητι μίγηται,
Πολλαὶ τήνδε βόες, πολλοὶ δ᾽ ἤσκησαν ἀροτρεῖς·
Ὣς κόρη ἄχρις ἄθικτος, ἔχει τότε γῆρας ἄεργον.
Ὁππῆμος δ᾽ ἄρα συζυγίης τύχεν ὥριος ἴσης,
Ἀνδρί τε τερπνοτέρη πέλε καὶ πατρὶ μεῖον ἀπεχθής.
Ὑμὰν ὦ Ὑμέναιε, Ὑμὰν ἔλθ᾽ ὦ Ὑμέναιε.
Μήποτε δ᾽ οὖν τοίῳ, γλυκερὸν θάλος, ἀνδρὶ μάχοιο.
Οὐ θέμις ἐστὶ μάχεσθαι, ὅτῳ γενέτης πόρεν αὐτός,
Αὐτὸς σὺν μητρὶ γενέτης, τοῖς χρεώ σε πιθέσθαι·
Οὐ μὲν ὅλη σεῦ παρθενίη, μέρος ἐστὶ τοκήων,
Καὶ γενέτης τὸ τρίτον καὶ τὸ τρίτον ἡ γενέτειρα,
Μοῦνος ἔχεις τὸ τρίτον· μὴ βούλευ δυσσὶ μάχεσθαι,
Τοὶ γαμβρῷ ἑὰ δισσὰ μέρη σὺν δῶκαν ἑέδνοις.
Ὑμὰν ὦ Ὑμέναιε, Ὑμὰν ἔλθ᾽ ὦ Ὑμέναιε.

# CARMEN AD ORTALUM
## GRÆCE REDDITUM
### A
### BONAVENTURA VULCANIO.
EX EDIT. JANI DOUSÆ, p. 268.

(CARMEN LXV.)

Κἄν με διηνεκέσιν μελεδήμασιν ἄλγος ἰάπτον
  Νοσφίζει πινυτῶν, Ὤρταλε, παρθενικῶν,
Κοὐ δύναται μουσῶν γλυκερὸν γάνος ἐκταμιεύειν
  Θυμὸς ἐμός, τόσσοις ἄλγεσι κυματίας,
Ὅττι κασιγνήτοιο ἐμοῦ στυγερώτατα λήθης
  Ὠχρὸν λευγαλέως νάματ' ἔκλυζε πόδα.
Ὅν ῥ' ὑπὸ Ῥηθαίῳ ψάμαθος ῥηγμῖνι καλύπτει,
  Ἄρτι μάλ' ἐκ φαέων ἄμμ' ἀφανιζόμενον
. . . . . . . . . . . . . . . . . . . . . . . . . . .
Οὐκέτ' ἀδελφέ σ' ἐγὼ φίλτερε τῷ δὲ βίῳ
Ζῶντ' αὖθις βλέψω; αἰὲν μὲν ἐγώ σε φιλήσω,
  Σόντε μόρον γοεροῖς κλαύσομ' ἀεὶ μέλεσιν·
Οἷάπερ ἐν πυκινοῖς πετάλοισιν Δαυλιὰς ᾄδει
  Οἰχομένου Ἰτύλου πότμον ὀδυρομένη.
Αὐτὰρ ὁμῶς τάδε σοι τόσσοις ἐνὶ κήδεσι πέμπω,
  Ὤρταλ', ἔπη σελίδων ἔκκριτα Βαττιάδου,
Ὡς σέο φοιταλέαις οὐκ ἂν μεταμώνιον αὔραις
  Στῆθος ἐμὸν λέξῃς μῦθον ὑπεκφυγέναι.
Ὡς ὅτε κρυπταδίως πεμφθὲν ποτὲ μῆλον ἐραστοῦ
  Ἁγνῆς ἐκ κόλπων προὔτρεχε παρθενικῆς.
Τοῦθ' ἁπαλῷ ὅτι κρύψε πέπλῳ ἀμνήμον' ἐούσῃ
  (Μητρὸς ὅτ' ἐρχομένης ἄνθορ') ὑπεξέπεσε
Δειλαίῃ· τὸ δὲ ῥίμφα κατωφερὲς εἰλινδεῖται,
  Τὴν δὲ κατηφείη κοκκοπάρῃον ἔχει.

# ELEGIA
DE
## COMA BERENICES,
REDDITA EX LATINA ET VETERE CATULLI METAPHRASI
GRÆCÆ AC SUÆ LINGUÆ
AB
ANTONIO MARIA SALVINI FLORENTINO.

EX EDIT. CALLIMACHI ED. ERNESTI, p. 610, DESCRIPTA.

(CARMEN LXVI.)

Ὃς μεγάλου διὰ πάντ' ἐθεάσσατο φάεα κόσμου
Ὅς τ' ἄστρων δυσμὰς εὗρε καὶ ἀντολίας,
Κρύπτεται ὡς φλογερὸν φάος ὀξέος ἠελίοιο,
Ὧς τε ὁριζομένοις δῆνε' ἔγεντο χρόνοις,
Ὡς ὑπὸ τοῦ Λάτμου σκοπελοὺς κατέβαλλε λαθραίως
Οὐρανόθεν Μήνην Ἵμερος ἐκκαλέσας,
Τῇδε Κόνων μ' ἔβλεψεν ἐν ἠέρι τὸν Βερενίκης
Βόστρυχον, ὃν κείνη πᾶσιν ἔθηκε θεοῖς
Τὴν σάφα λάμπουσαν, ἣν πολλαῖς ἤδε θεάων
Χερσὶν ἀειρομέναις ηὔξατ' ἀπαρξομένη
Ὁππότ' Ἄναξ γαίων ἐρατοῖς τε, νέοις θ' ὑμεναίοις
Πορθήσων γαῖαν ἵκετ' ἐς Ἀσσυρίαν,
Νυκτερινοῦ φορέων ἴχνη χαρίεντα κυδοιμοῦ,
Σκῦλ' αὐτὸς καθελὼν ἡδέα παρθενίης.
Νύμφαις ἐστὶ νέαις ἐχθρὴ Κύπρις; ἦ ῥα τοκήων
Δάκρυσιν εὐπλάστοις ἐξαπατῶσι χαράν;
Οὐδοῦ ἐντὸς θαλάμου θαλερὸν κατὰ δάκρυ χέουσιν.
Πρὸς θεῶν ἀτρεκὲς οὐ τοῦτο τὸ πένθος ἔνι.

# ELEGIA DE COMA BERENICES.

Τοῦτ' ἐδίδαξέν μ' ἡ βασιλὶς γοερὸν βοῶσα,
 Ὁππότε ἀνδρὶ νέῳ ἤρεσε θοῦρος Ἄρης.
Καίπερ φῂς, οὐκ ἀνδρὸς ἐδάκρυον ὀρφανὰ λέκτρα,
 Ἀλλὰ πᾶσι φίλον τῆλε καθεζόμενον.
Σὸν θυμὸν κατέδει φροντὶς δακέθυμος ἐς αἰεί,
 Καὶ σοὶ νῦν κραδίην πάντοτε τειρομένη
Σὺν φρεσὶν ἔκπληκτος νόος ἔπεσεν. ἦ ἄρα δήπου
 Ἔγνων ἐκ' παιδὸς παρθενικῆς βλοσυράν.
Ἦ γε ἀριστείας ἔλαθες, ἧς εἵνεκ' ἄνακτος
 Σὺ γάμον ἐκτήσω; ἤν τις ἔτ' ἄλλος ἔχοι;
Ἄνδρ' ἀφιεῖσα τεὸν ἔπεα τὺ ποῖα προσηύδας,
 Ὄμματα σοὶ λείᾳ χειρὶ ὀμοργνυμένη!
Τίς σ' ἤλλαξε βαρὺς τόσσον θεός; ἢ ὅτ' ἔρωσιν
 Οὐκ ἀπέμεν φίλου σώματός ἐστι φίλον;
Σὺ γὰρ πᾶσι θεοῖς γλυκεροῦ ὑπὲρ ἀνδρὸς ὑπέστης
 Εὐχὴν ταυρείου αἵματος οὐχὶ ἄτερ,
Εἴπερ νοστήσῃ, ταχέως Ἀσίην Αἰγύπτου
 Δουλωθεῖσαν ὅρους τρίς τε μάκαιραν ἄγῃ.
Ἀνθ' ὧν οὐράνιον ἐσέβην χῶρον ἀστερόεντα,
 Καὶ πρώτας εὐχὰς λῦσα ὀφειλομένη.
Ἄκουσ', ὦ φίλ' ἄνασσα, τεῆς κεφαλῆς ἀπέβαινον,
 Ἄκουσα, πρὸς σοῦ πρός τε τεῆς κεφαλῆς.
Εἰς κενὸν εἰ ὤρκιζέ τις, ἄξια δέξετ' ἄποινα.
 Ἀλλὰ σιδήρῳ τις φήσαιεν ἴσον ἔχειν;
Κεῖνο ὄρος σκιδνᾶθ', ᾧ τῆς Φθιωτίδος αἴης
 Παμμέγ' ἐπωχεῖτο ἀγλαὸν ὄν τε γένος.
Ὡς Μῆδοι νεαράν τ' ὀρεῖ βιάσαντο θάλασσαν,
 Καὶ δι' Ἄθω πλεῦσεν βάρβαρος ἠΐθεος.
Τί θριξὶν πλέον ἔστ', εἰ εἶχεν ταῦτα σιδήρῳ;
 Ζεῦ πάτερ, ὡς Χαλύβων πᾶν ἀπόλοιτο γένος.
Γειόθεν ἀντέλλον τε κακὸν φυτὸν ἄμμιν ἔφηνεν,
 Ἠδὲ σιδηρείην ἐξεμάλαξε βίην.
Κλαῖον ἐμοῦ μόρον οἰχομένης κόμαι αὖθις ἀδελφαί,
 Καὶ τότε μουνογενοῦς Μέμνονος Αἰθίοπος

## ELEGIA DE COMA BERENICES.

Ἀέρ' ἐλαύνοντος πρόφερ' ὀξέσιν οἷον ἐρετμοῖς
  Ἀρσινόης πτερόεις Χλωρίδος ἵππος ὁδόν·
Αὐτὸς ἀν' αἰθερίας ἀφελὼν ἐμὲ πρόσπετετ' αὔρας,
  Καὶ ἱερῷ Κύπριδος κόλπῳ ἔθηκεν ἐμέ.
Αὐτὴ ἐκεῖ Ζεφυρῖτις ἑὸν θεράποντ' ἐφίησι,
  Ἥγε Κανωβείους ναῖε φίλ' αἰγιαλούς,
Δαιδαλέα μὴ μοῦνος ἐν οὐρανιοῖο κελεύθῳ
  Τῶν Ἀριαδνείων χρύσεος ἐκ κροτάφων
Ὁ στέφανος πηγνῦτ'· ἴδε λάμπομεν ἄμμες ἔτι δὴ
  Τὰ σκῦλα ξανθῆς ἱερὰ τῆς κορυφῆς.
Ὑγρῶν ἐκ δακρύων τεμένη πρὸς θεῖα θεά με
  Ἐν τοῖς πρεσβυτέροις ἀστέρα θῆκε νέον.
Παρθένου ἢ χαλεποῖο θίγουσα τὰ φῶτα λέοντος
  Νύμφη Καλλιστοῖ σύν τε Λυκαονίᾳ
Εἰς δυσμὴν τρέπομαι, δειλοῦ προάγω τε Βοώτεω,
  Ὃς μόλις ὀψὲ βαθὺν δύετ' ἐς Ὠκεανόν.
Ἀλλά με νυκτὶ θεῶν βαρέ' ἴχνεα κακκρύπτουσιν
  Ἀοῖ τᾷ πολιᾷ νυκτὶ ὀφειλομένη.
Ταῦτ' ἐγὼ εἰ λαλέω, Ῥαμνουσιὰς ἴλαθι κούρη,
  Οὐ γὰρ ἀλάθειαν κρύψομαι οὐδὲν ἐγώ·
Οὐκ, εἰ οὐρανὸν ἐχθρὸν ἔχωμαι, ἐτήτυμα εἴπασ'
  Ἔνθετα ἐν θυμῷ μὴ λέγω ἀτρεκέως·
Οὐχ οὕτως χαίρω τούτοις, ὡς δυσχερὲς ἄμμιν
  Στῆναι ἀπὸ δεσποτικῆς ἀϊδίως κορυφῆς,
Ἧι ἅμ' ἐγὼ, ὅτε παρθένος ἦν πάντεσσιν ἄμοιρος,
  Σύν γ' αὐτᾷ μύρων χίλια πόλλ' ἔπιον.
Νῦν γ' ὑμεῖς ἐρατῷ ἃ ζεῦξεν φάεϊ πεύκη,
  Ἀνδράσι μὴ φαίνοιτ' οὔθατα γυμνὰ φίλοις,
Σώματα μὴ πρότερον ὁμοθυμαδὸν ἀνδράσι δῶτε,
  Πρίν γ' ἡμῖν ὁ ὄνυξ δῶρ' ἐρίηρα χέοι,
Ὑμέτερός γε ὄνυξ τῶν ἁγνῶν θηλυτεράων.
  Ἀλλ' ἣ ἓ μοιχείᾳ ἐξέδοσεν μιαρᾷ
Κούρη, ταῦτα κόνις πίοι εὐθὺς δῶρα ἄδωρα,
  Καίπερ ἀπὸ μιαρῶν δῶρά τιν' οὐκ ἐθέλω.

Ὑμετέρα θ' ὁμόνοια ἔρως τε ναίοιεν ἐς αἰὲν
  Ἕδρας, εὐσεβέων αἷς μέλον ἐστὶ γάμων.
Σὺ δὲ, ἄνασσα, βλέπεις ἄστρων ὅτε φάεα, ἄναψον
  Ἱροῖς ἱλάσκοις φάεσι τὴν Κύπριδα.
Οὐκ εὐχαῖς, ὦ ἄνασσα, μόνον σαῖς εἰπὲ τεάν με,
  Ἀλλὰ τεὰν δώροις ποίει ἀπειρεσίοις.
Δήνεα τί μ' ἐπέχει; δεσποίνης εἴθε γενοίμην,
  Κ' Ἀρκτοῦρος λάμποι ἔγγυον Ἠριγόνης.

# MURETI
# GALLIAMBUS IN BACCHUM.

EX EDIT. MURET. VENETIIS OPERA P. MANUTII 1554.

## IMITATIO CARM. LXIII.

HEDERA comam revinctus, Bromium patrem cano,
Bromium, Euhyum, Lyæum, puerum, femorigenam,
Ope cujus alma vitis nova munera peperit,
Nova munera, apta curas animis procul agere.
Pater o, pater bicornis, trieterice, cryphie,
Eleleu, giganticida, tibi cymbala quatimus,
Tibi spargimus capillum, tibi carmina canimus,
Tibi verticem rotamus, tibi per juga gradimur.
Nemora ipsa mota nostris tibi cantibus ululant.
Evoe, dator quietis, placidi dator animi,
Ubicunque tu moraris, bona ibi Venus habitat,
Habitant tenelli Amores, jocus, et lepor habitat;
Fidiumque, cornuumque strepitu omnia resonant,
Alacres vigent choreæ. Mala tristitia procul
Inamabilesque curæ rapido pede fugiunt.
Date pocula huc ministri, plenos date calices,
Avida ut liquore dio mihi pectora repleam.
Scelus esset ore sicco sacra mystica facere.
Vah, vah, pater lychnita, quibus ignibus agitor?
Mihi mille jam ante ocellos nova lumina radiant.
Viden', ut nemus citato procul impete rapitur?
Humus ut tremens frequenti salit acta tripudio?
Novus unde clangor aures modo cornuum ferit?
Procul, o procul profani : Deus ecce, Deus adest
Maculosa terga lyncum, et tygrium celeripedum
Tenero domans flagello, posito premens jugo.

## MURETI GALLIAMBUS IN BACCHUM.

Rubicundus hunc magister, Satyrique capripedes
Agili gradu insequuntur, thiasusque mulierum,
Evoe pater, frementum, metuende Bassareu,
Ter o et quater beatum tua qui orgia sequitur,
Thyrsum inquiete dextra quatiens hedericomum.
Simul atque pulchra Cadmi te filia peperit,
Peperit, sed ante tempus, Jovis igne saucia,
Pater ipse te alligatum, proprio in femore tulit,
Mala ne noverca caelo te praecipitem ageret.
Dedit inde te fovendum nymphis nemorivagis,
Juga quae per alta Nysae propero pede volitant.
Quae ibi cunque tu puellus loca dexter adieras,
Ubicunque sessitaras, nova germine tenero
Feriebat arbor auras redimita pampinis;
Ubicunque lusitaras, nova flumina temeti
Placido viam secabant fluitantia sonitu.
Quid jam Indiam subactam tibi maxime memorem?
Quid Penthei aut Lycurgi scelerata facinora,
Nova quidve monstra Etrusco natitantia pelago?
Tua per trophaea eunti neque enim modu' fuerit.
Tibi Tmolus, et Cythaeron, tibi Nysa subdita est;
Tua Musici, et poetae unanimes sacra celebrant;
Tuo eis liquore tactis simul ac capita calent,
Numeris repente fusis subito omnia resonant.
Sine te nihil venustum est, nihil est hilarificum.
Tu animis acerba fessis curarum onera abigis,
Adimis pudorem ineptum, secreta patefacis,
Ineunda pellis omnes ad praelia Veneris,
Obitis, quiete molli, quibus obtegis oculos.
Agedum pater, agedum rex, agedum aetheris decus,
Ades usque, nosque clemens oculo adspice placido.

# SUR
# CATULLE.[*]

Catulle, ou pour m'exprimer avec plus d'exactitude, Caïus Valérius Catullus, naquit à Vérone l'an 668 de la fondation de Rome, quand les lettres et les arts venaient enfin de s'introduire chez les Romains, qui jusqu'alors ne connaissaient d'autre vertu que la force et le courage, d'autre science que la discipline militaire, et d'autre gloire que celle de vaincre.

Huit ans s'étaient à peine écoulés depuis que les censeurs Cnæus Domitius Ænobarbus et Lucius Licinius Crassus avaient porté un édit par lequel les grammairiens et les philosophes étaient bannis de Rome, comme corrupteurs de la jeunesse; et sans doute il fut difficile d'inspirer le goût des occupations douces et des tranquilles études, qui seules peuvent orner l'esprit et polir les mœurs à des républicains féroces, accoutumés aux spectacles de sang, toujours occupés de combats, presque toujours vainqueurs, terribles et menaçans lors même qu'ils étaient vaincus, et conservant dans leurs défaites tout l'orgueil de leurs prétentions et de leurs espérances, comme si le ciel leur eût révélé le secret de leur destinée.

[*] Hanc de Catulli operibus doctissimam commentationem, quam abbas *Arnaud* ex abbate *Conti* mutuavit, etsi Gallice scriptam, at acumine et sapientia sententiarum vere dignam, quæ apud auctores *Classicos* locum haberet, editioni nostræ adjiciendam censuimus.

## SUR CATULLE.

Il n'est guère permis de douter que Catulle n'appartînt à une famille considérable et distinguée; c'était chez Valérius, son père, que descendait et logeait César toutes les fois qu'il passait par Vérone, et l'on voit encore aujourd'hui, dans la presqu'île du lac voisin de cette ville, les restes d'un ancien édifice qu'on croit avoir été sa maison de campagne, la même qu'il a chantée en vers si charmans, et dont le séjour lui fit oublier ses peines et ses travaux.

Dès ses plus jeunes années, Catulle se rendit à Rome, où, comme s'ils eussent voulu se faire pardonner la longue résistance qu'ils avaient opposée à l'instruction, les citoyens les plus distingués de la république s'empressaient à l'envi d'apprendre et d'enseigner l'art de la parole; art qu'on ne perfectionne jamais sans perfectionner en même temps celui du raisonnement et de la pensée. Il y trouva l'éloquence latine déja portée à un si haut degré de perfection, que les Grecs en avaient conçu de la jalousie, et craignaient de perdre le seul avantage qu'ils eussent conservé sur leurs vainqueurs.

Cicéron faisait souvenir de Démosthènes, car il lui fut impossible de le faire oublier; Salluste peignait les vices et les mœurs de son temps avec le pinceau de Thucydide; Cornélius-Népos esquissait l'imposant tableau de tout ce qui s'était passé jusqu'alors sur la vaste scène du monde; Varron, après avoir exercé les grandes charges de la république, consacrait tous ses momens à la culture des lettres, et traçait à ses concitoyens l'histoire de leur langue, de leur origine, de leur religion et de leur gouvernement; Lucrèce parait la philosophie des charmes d'une poésie qui réunissait à la fois le caractère de la simplicité et celui de la majesté; le même homme qui méditait la destruction de la république s'occupait de perfectionner l'art de bien parler et de bien écrire; César analysait les mots, les syllabes, et ne croyait point s'abaisser en descendant aux fonctions du grammairien le plus scrupuleux. Voilà par quels hommes s'ouvrit ce siècle à jamais mémorable, où les Romains acquirent une domination bien plus glorieuse et bien plus durable que celle où les avait conduits le succès de leurs armes et de leur politique.

Lorsqu'il s'agit de la grandeur des Romains, on n'est ordinairement frappé que de l'audace de leurs entreprises, de l'éclat de leurs succès et de l'étendue de leur puissance ; on ne remarque pas que ce fut surtout par leur attention à cultiver les arts de la paix ainsi que ceux de la guerre que les Romains se montrèrent véritablement grands. Les Scipion, les Lælius, les Lucullus, les Caton, les Jules-César furent à la fois généraux et philosophes, hommes d'état et hommes de lettres. Ainsi, de nos jours, deux héros unis par les liens de la fraternité, doués des mêmes talens et couronnés des mêmes lauriers, ont su, par le noble usage qu'ils font du repos, étendre leur gloire au-delà de leurs travaux et de leurs succès militaires.

Les talens du jeune Catulle se firent bientôt remarquer ; en très-peu de temps il vit au nombre de ses amis les personnages les plus instruits et les plus célèbres, parmi lesquels je me contenterai de nommer Cicéron, qui, de l'aveu de notre poëte, lui rendit un service important, celui peut-être de plaider en sa faveur, et Cornélius-Népos son compatriote, à qui il dédia une partie de ses ouvrages.

Cependant Catulle brûlait de connaître la patrie des arts et des lettres, et de s'abreuver aux sources mêmes du savoir, du bon goût et de la véritable politesse, celle de l'esprit et des mœurs ; jamais désir ne fut plus ardent ni plus promptement satisfait. Mummius partait pour la Bithynie en qualité de préteur, et Catulle fut nommé pour l'accompagner ; il parcourut les principales villes de l'Asie, et vraisemblablement c'est à ce voyage que la poésie latine fut redevable de ces graces naïves et piquantes, de ces tournures aimables et faciles, de cet art de traiter avec élégance et avec pureté les sujets les moins purs et les plus libres, de ce bon ton, de cet enjouement dont la Grèce avoit fourni le modèle, dont elle seule offrit jusqu'alors l'exemple, et que les Romains désespéraient de pouvoir jamais faire passer dans leur langue.

Il parait que les poésies de Sapho et celles de Callimaque eurent pour lui un attrait particulier ; et ce fut sans doute par une suite de son admiration pour la muse de Lesbos, qu'il nomma *Lesbie* une de ses maîtresses, dont le véritable nom, s'il faut en croire Apulée, était Clodia, fille de Métellus Céler.

L'étude et l'usage heureux qu'il fit de la mythologie, la connaissance qu'il acquit des beautés de la langue grecque, et le succès avec lequel il les transporta dans la sienne, lui valurent la qualification de *docte*, que ses contemporains s'accordèrent à lui donner et que lui confirmèrent les âges suivans.

Si son voyage en Bithynie fut utile à ses talens, il ne le fut pas à sa fortune ; c'est lui-même qui prend soin de nous en instruire dans deux pièces de vers, d'où le sentiment de sa pauvreté n'a exclu ni la gaité, ni la bonne plaisanterie.

Du reste, à juger de ses mœurs par le ton qui règne dans ses ouvrages, on serait tenté de croire qu'il ne connut jamais l'amour ; l'amour est un sentiment qui rarement se fait jour au travers du libertinage : il le connut cependant, et je n'en veux d'autre preuve que les vers suivans :

 O di, si vostrum est misereri, aut si quibus unquam
  Extrema jam ipsa in morte tulistis opem,

Me miserum adspicite, et si vitam puriter egi,
Eripite hanc pestem perniciemque mihi,
Quæ mihi subrepens imos, ut torpor, in artus,
Expulit ex omni pectore lætitias.

« Dieux immortels! si le sort des misérables humains
« peut vous toucher, si jamais un malheureux près d'ex-
« pirer éprouva votre secours tout-puissant; voyez l'état
« où je suis, et pour prix d'une vie innocente et pure,
« ôtez-moi ce mal redoutable qui, courant par tout mon
« corps de veine en veine, comme un frisson mortel, a
« banni de mon cœur tout sentiment de plaisir et de
« joie. »

Ce n'est point là le langage d'un poëte dont le talent est de feindre et de tout imiter; mais bien celui d'un amant malheureux et passionné, qui s'exprime en poëte.

Catulle eut un frère qu'il aima tendrement, et qui mourut en parcourant la solitude, qui fut jadis la superbe Troie. A peine en fut-il instruit, qu'il s'exposa aux dangers d'une navigation longue et pénible, pour visiter et arroser de ses pleurs la terre, qui couvrait les cendres de ce frère chéri; terre fatale et désastreuse, qui, pour me servir de ses propres expressions, avait englouti l'Asie et l'Europe. Cette perte empoisonna le reste de ses jours, et il remplit de ses regrets quelques pièces de vers que les ames sensibles s'empresseront toujours de lire, et qu'elles ne liront jamais sans attendrissement. Les sentimens qu'il exprime, la manière dont ils sont exprimés, tout y peint la tendresse gémissante et désolée; jamais la douleur n'eut des accens ni plus touchans, ni plus vrais; et c'est véritablement là que la plaintive Élégie se montre avec les cheveux épars et en longs habits de deuil.

Lorsque Catulle revit l'Italie, Rome, dont la destinée était de parcourir, au travers des plus violentes crises, toutes les formes de gouvernement, et de ne rencontrer la paix que dans l'impuissance de recouvrer la liberté ; Rome était en proie à des factions, qui devaient lui être encore plus funestes que toutes celles qui l'avaient jusqu'alors agitée. Pressée entre l'ambition de César et la jalousie de Pompée, la liberté n'avait plus qu'un reste de vie. Catulle, dont l'âme était toute républicaine, et qui, par le haut degré de puissance où le rival de Pompée était parvenu, jugeait de tout le mal qu'il pouvait faire un jour à la république, s'arma contre lui des traits qui jadis avaient si bien servi le ressentiment et l'indignation d'Archiloque ; il accabla César d'épigrammes, qui, pour me servir de l'expression de Suétone, lui firent d'éternelles blessures ; mais César, à qui la politique eût conseillé la clémence, quand même il ne l'aurait pas due à son caractère, se contenta de quelques légères excuses, et continua de le faire asseoir à sa table, où, par considération pour Valérius son père, et sans doute par estime pour son talent, il l'avait toujours admis.

Cependant le malheur dont Rome était menacée, malheur qu'avaient préparé les Gracques, et qui s'était accru par les fureurs de Marius et par celles de Sylla, fut consommé par l'ambition de Jules-César ; mais Catulle n'était déja plus. Le spectacle de la tyrannie s'élevant sur les ruines de la liberté, n'affligea point ses derniers regards ; de sorte que, pour me servir d'une des plus belles phrases de Cicéron, les dieux lui ôtèrent moins la vie, qu'ils ne lui firent présent de la mort.

Catulle est du très-petit nombre des hommes qui, en passant sur la terre, y ont laissé des traces que le temps n'a point effacées, et que vraisemblablement il n'effacera jamais.

Ce poëte occupa toujours un des premiers rangs dans la république des lettres ; Cornélius-Népos semble le placer à côté de Lucrèce, et les regarder l'un et l'autre comme les deux plus grands poëtes de son siècle. Ovide, Tibulle et Properce viennent-ils à le nommer, c'est toujours avec le respect qu'on n'accorde et qui n'est dû qu'aux hommes supérieurs. Virgile, dit Martial, n'a pas fait plus d'honneur à Mantoue que Catulle à Vérone. Pline le jeune admire l'art avec lequel, pour donner à son style plus d'effet, Catulle mêle de temps en temps à la douceur l'âpreté, et une sorte de rudesse à l'élégance; Aulu-Gelle l'appelle le plus aimable des poëtes; enfin dans la collection entière des vers lyriques des Latins, les Grecs ne voyaient que les siens qu'on pût entendre avec quelque plaisir après ceux d'Anacréon. Malheureusement nous n'avons qu'une partie de ses ouvrages; encore ne nous est-elle parvenue que corrompue et défigurée. Le plus ancien manuscrit de ce poëte ne remonte pas au delà du quinzième siècle; les exemplaires en étaient tronqués et défectueux, au temps même d'Aulu-Gelle; aussi les éditions que nous en avons renferment-elles des vers entiers, dont les uns y ont été insérés par quelques savans modernes; les autres n'offrent absolument aucun sens. Avant les corrections d'Avanzo, de Guarini et de Partenio, ce beau monument de la littérature ancienne était, avec raison, comparé à une statue mutilée dans presque toutes ses parties; mais je parlerai ailleurs de tout ce qui concerne les restaurateurs, les commentateurs et les éditeurs de Catulle, et je ne m'occuperai ici que de ses ouvrages, dont j'analyserai les principaux, en me bornant à caractériser les autres.

Je commence par son ode à *Lesbie*, traduite du grec de Sapho. Quelque admirable que soit cette traduction, on y chercherait en vain le charme de l'original. Veut-on en savoir la raison? on la trouvera dans la différence de l'organisation des deux langues. Il s'en faut bien que la langue latine ait la résonnance, la douceur et l'harmonie

## SUR CATULLE.

de la langue grecque. Sans entrer dans les détails que j'ai suffisamment exposés dans quelques uns de mes précédens mémoires, il me suffira de faire observer que dans les trois premières strophes de Catulle, presque tous les verbes sont terminés tantôt par la plus dure, et tantôt par la plus sourde des consonnes, lorsque, dans l'original, ils le sont tous par un élément vocal, ou par la consonne la plus sonore de toutes.

Longin, en citant cette ode, nous fait admirer l'art avec lequel y sont réunis tous les symptômes qui caractérisent les fureurs de l'amour. Plutarque en trouve les expressions brûlantes; il l'envisage comme l'explosion du feu qui consumait la malheureuse Sapho. C'est à quoi Despréaux n'a pas fait attention, en traduisant cette belle ode; sa version, d'ailleurs très-estimable, renferme une épithète qu'on n'y voit pas sans étonnement et sans peine.

> Et dans les doux transports où mon ame s'égare,
> Je n'entends plus; je tombe en de *douces* langueurs.

Lisez Sapho : sa voix s'éteint; sa langue est immobile; un feu brûlant roule dans ses veines; ses yeux s'obscurcissent; un frémissement involontaire et soudain bruit dans ses oreilles; son corps se couvre d'une sueur froide; elle pâlit comme l'herbe dont les feux du soleil ont dévoré les couleurs; elle tremble de tous ses membres; la respiration lui est ôtée; elle touche aux portes de la mort. Assurément ce ne sont pas là de *doux* transports, et moins encore de *douces* langueurs. Lucrèce ne s'y est point mépris : pour peindre les terreurs de la superstition, sentiment où rien de doux ne saurait entrer, il emprunte tous les traits par lesquels Sapho caractérise les redoutables effets de l'amour.

Je dois faire observer ici qu'en traduisant l'ode de Sapho, Despréaux n'avait d'autre objet que d'en révéler les beautés à ceux qui ne pouvaient les contempler dans l'original; au lieu que le poëte latin avait à exprimer un sentiment dont il était profondément pénétré. Catulle aimait éperdument Lesbie; saisi des mêmes symptômes que Sapho avait décrits avec tant de chaleur et de vérité, il ne crut pas devoir les rendre autrement dans sa langue, que Sapho n'avait fait dans la sienne; mais en même temps il ne s'appropria que les traits qui convenaient à sa situation. Ainsi de ce que la quatrième strophe de l'ode grecque ne se rencontre point dans l'ode de Catulle, il ne faut pas conclure, à l'exemple de plusieurs savans, que celle-ci soit incomplète et mutilée. Si Catulle s'était dépeint plus pâle que l'herbe desséchée par les feux de l'été, tremblant de tous ses membres, couvert d'une sueur froide, et presque privé de mouvement et de vie, il n'eût fait vraisemblablement que se rendre ridicule. L'amour se fait sentir également aux deux sexes; mais les deux sexes ne sentent ni n'expriment point l'amour de la même manière : c'est à celui que la nature a fait timide et sensible, faible et délicat, de passer des fureurs aux défaillances, et des excès de l'emportement aux excès de la faiblesse. Aucun poète chez aucune nation ne s'avisera jamais de prêter à un amant trompé, trahi, abandonné, le langage d'Ariadne ou de Didon, d'Angélique ou d'Armide.

A cette remarque j'en ajouterai encore une qui ne me paraît pas moins essentielle, et que je ne crois pas avoir été faite encore; il semble, au premier coup d'œil, que la dernière strophe de l'ode de Catulle n'a rien de commun avec les trois premières; mais pour peu qu'on y réfléchisse, on verra qu'elle s'y trouve liée par un rapport, ou plutôt par un mouvement tout à la fois très-fin et très-naturel. Pour mettre en état de juger, je citerai l'ode de Catulle en entier.

« Celui-là me paraît égaler et, s'il est possible, sur-

« passer les dieux en bonheur, qui jouit de ta présence,
« de ton entretien et de ton sourire. Quant à moi, j'en
« ai perdu l'usage de tous mes sens. Au moment même
« où je t'ai vue, ô Lesbie, je n'ai pu retrouver la parole;
« ma langue est demeurée immobile; un feu subtil a par-
« couru tout mon corps; un bruit soudain s'est formé
« dans mes oreilles, et mes yeux se sont couverts de
« ténèbres. » Quand tout-à-coup, honteux de sa situation,
qu'il devait sans doute à une vie molle et desœuvrée, il
ajoute : « Catulle, tu vois combien l'oisiveté t'est funeste,
« et tu t'y plais, et tu l'aimes! l'oisiveté cependant a perdu
« les plus grands monarques et les plus florissans em-
« pires. » Je ne sais si je me trompe, mais cette réflexion
soudaine à la suite du délire de la passion me semble admirable; c'est un rayon qui, au moment où l'on s'y attend
le moins, perce le nuage et promet de le dissiper; d'ailleurs ce mouvement me paraît tout-à-fait selon la nature
qui, en accordant à l'homme une excessive sensibilité, a
voulu le distinguer de tous les autres êtres sensibles par
l'inestimable présent de la raison et du pouvoir de la
faire régner sur les actions et sur les pensées. Ainsi le
poète de nos jours, dont le tour d'esprit et d'imagination
a le plus d'analogie avec celui de Catulle, l'abbé de Chau-
lieu, ne se montre jamais plus intéressant que lorsqu'à la
peinture de ses erreurs et de ses folies, il mêle des réflexions pleines de sagesse et de vérité. Le marquis Maffei
a donc eu tort de prétendre que la dernière strophe de
cette ode appartenait à un autre morceau de poésie, ou
peut être à quelqu'un des savans qui, lors de la renais-
sance des lettres, se permirent de mêler leurs vers à ceux
de Catulle.

Que ce rapport délicat ait échappé à la tourbe des
traducteurs et des commentateurs, je n'en suis pas éton-
né; mais j'ai peine à concevoir comment il n'a pas été saisi

par un homme qui réunissait à-la-fois une littérature immense, une excellente critique, un goût très-vif et très-éclairé pour la poésie, et un sentiment profond de la belle nature.

Passons à l'élégie sur la chevelure de Bérénice, *de coma Berenices*. Cette élégie est traduite de Callimaque : voici à quelle occasion elle fut composée.

Ptolomée - Philadelphe, le second des Ptolomées qui, depuis Alexandre, occupa le trône d'Egypte, fit bâtir un temple à sa femme Arsinoé, où il voulut qu'elle fût adorée sous le nom de *Vénus Zéphyritis*. Il eut deux enfans, Ptolomée Evergète et Bérénice ; unis par les liens du sang, le frère et la sœur s'unirent encore par ceux du mariage : on sait que ces sortes d'unions n'avaient rien de contraire aux coutumes de l'ancienne Egypte. Peu de jours après, Ptolomée se vit obligé de s'arracher aux embrassemens de Bérénice, pour combattre les Assyriens. Bérénice inconsolable promit à Vénus Zéphyritis le sacrifice de sa chevelure, si le roi retournait vainqueur. Cependant Ptolomée attaque les ennemis, les bat, les disperse, unit l'Asie et l'Egypte, et revient triomphant dans les bras de Bérénice, qui, fidèle à son serment, s'empresse de l'accomplir. Le lendemain même, la chevelure disparut du temple ; les recherches furent vaines, on ne l'y retrouva point. Pour appaiser le ressentiment de la reine, Conon, le plus célèbre des astronomes de son temps, vraisemblablement gagné par les prêtres, feignit d'avoir vu la chevelure transportée et placée dans le firmament. Il y avait alors entre les quatre astérismes de la *Vierge*, du *Lion*, de la *grande Ourse* et du *Bouvier*, sept étoiles qui n'avaient point de nom, comme il paraît qu'au temps d'Auguste on n'en avait point encore donné aux étoiles de la *Lyre*, où Virgile transporta l'image de ce prince, entre la *Vierge* et le *Scorpion*.

Callimaque, pour plaire à la reine, mit en vers l'apothéose de ses cheveux ; et si jamais l'adulation ne fut portée plus loin, jamais aussi, j'ose le dire, elle ne fut plus ingénieuse. Pour sentir la vérité de ce que j'avance, il faut se transporter au temps où Callimaque écrivit, et se bien pénétrer des mœurs et des opinions de son siècle et de son pays.

On ne sera plus surpris qu'une chevelure parle, s'afflige, désire, si l'on fait attention qu'elle est déjà changée en étoile, et que dans le système des anciens philosophes, les corps célestes étaient non-seulement animés, mais doués d'une intelligence bien supérieure à celle de l'homme. Et de quel front les Egyptiens et les Grecs auraient-ils refusé de croire à cette apothéose? ceux-ci n'avaient-ils pas mis au nombre des constellations la couronne d'Ariadne, et ceux-là le vaisseau d'Isis, le Nil et le *Delta*, c'est-à-dire, la figure de la Basse Egypte? D'ailleurs avec quelle adresse, pour ôter à la raison la liberté de s'attacher à ce que la fiction peut avoir d'invraisemblable, Callimaque, par les circonstances dont il environne son récit, prend soin de réveiller, d'occuper et d'intéresser l'amour-propre! Il rappelle à Bérénice la magnanimité qu'elle a montrée dès ses premières années : il lui parle de sa tendresse, de son courage et des preuves qu'elle a données de l'un et de l'autre. Aux louanges de la reine il mêle celles du roi, qui n'a eu besoin que de se montrer pour triompher de ses ennemis et joindre l'Asie à l'Egypte.

Il y a dans la description de cette apothéose un charme qu'il n'est donné qu'à la poésie seule de répandre sur la pensée et sur la parole. C'est au plus doux de tous les vents, c'est à Zéphyre, frère unique de Memnon et fils de l'Aurore, qu'est réservé l'honneur d'enlever et de suspendre au firmament les cheveux de Bérénice, encore humides des larmes dont cette jeune princesse les avait arrosés; il vole et perce les voiles obscurs de la nuit, et dépose la précieuse dépouille dans le sein de Vénus qui la divinise et la place au nombre des étoiles. Bacchus n'est plus la seule divinité qui ait fait un présent au ciel en y attachant la couronne d'Ariadne; non moins puissante et non moins heureuse, Arsinoé y a suspendu les cheveux de Bérénice sa fille, métamorphosés en un nouvel astre. Cependant, toute divinisée qu'elle est, la chevelure regrette son premier état; elle préférerait à l'honneur de parer les cieux, celui de parer encore la tête de Bérénice.

Tel est le sujet et la substance de ce charmant poëme, qui, environ deux siècles après, fut mis en vers latins par Catulle; la traduction est restée, mais l'original a péri; il n'en subsiste aujourd'hui que deux distiques dont l'un nous a été transmis par le scoliaste d'Apollonius, et l'autre par celui d'Aratus.

Dans l'impossibilité d'examiner jusqu'à quel point le traducteur s'est rapproché ou écarté de l'original, je ferai quelques observations sur la forme de ses vers et sur le caractère de son style.

La manière de Catulle (qu'on me permette cette expression : la poésie et la peinture, filles de l'imagination l'une et l'autre, se touchent de si près et par tant de côtés qu'il doit être permis de transporter à l'un des deux arts les termes particulièrement affectés à l'autre), la manière de Catulle tient beaucoup de l'école grecque. Catulle, dit Henri-Etienne, doit être considéré moins comme poète ancien, que comme un imitateur des anciens poètes.

Le vers pentamètre, qui, dans tous les autres poètes latins, est communément terminé par un dissyllabe, l'est presque toujours par un mot de trois, de quatre et souvent d'un plus grand nombre encore de syllabes dans Catulle, ainsi que dans Callimaque et tous les poètes grecs. Tibulle, Ovide, Properce et généralement tous leurs successeurs renferment scrupuleusement un sens complet ou presque complet dans chaque distique; mais Catulle, à l'exemple de ses modèles, ose souvent franchir cette limite pour ne se reposer qu'à la fin du premier hémistiche du troisième vers; procédé qui, en donnant plus d'espace à l'harmonie, y met aussi plus de variété, mais qui, sans doute, parut peu convenable au génie de la langue et de la versification latine, puisque, dans le plus beau siècle de cette langue, aucun poète ne crut devoir se le permettre. Pour jeter plus de rapidité dans son style, en présentant à-la-fois deux images ou deux idées, il se sert, comme les Grecs ses maîtres, de mots composés, c'est-à-dire, incorporés les uns aux autres, et sa versification est pleine de libertés qu'on ne peut justifier que par celles que prenaient les poètes grecs, et dont on ne retrouve des exemples dans aucun poète latin.

Catulle fait des élisions un très-fréquent usage, ce qui donne à son style un air de négligence, d'abandon, et quelquefois de désordre, qui éloigne toute idée d'affectation, de travail et de peine, et caractérise en même-temps très-bien ces mouvemens du cœur, ces affections de l'ame que l'art n'imite jamais plus parfaitement que lorsqu'il se cache davantage.

Ce poète affecta d'insérer dans ses poésies des expressions, des mots auxquels toute son autorité ne put assurer une longue vie, puisqu'on ne les retrouve dans aucun des poètes qui lui succédèrent.

Il est important d'observer ici que la naissance de Catulle ne précéda que de seize années celle de Virgile, et qu'il y a néanmoins, entre la versification de l'un et celle de l'autre, une différence on ne peut pas plus remarquable, lors même qu'ayant le même genre, ou plutôt le même sujet à traiter, ils emploient la même sorte de vers; comme il est aisé de s'en convaincre par le poëme de Catulle sur les noces de Thétis et Pélée, dont je ferai précéder l'analyse par quelques observations.

Je regarde encore ce poëme comme une traduction ou comme une imitation du grec ; je soupçonne même Catulle d'y avoir réuni deux poëmes absolument différens, et je fonde mon opinion sur ce qu'il n'y a aucune sorte de proportion entre l'épisode et le sujet principal, et que le tableau des aventures d'Ariadne est évidemment un hors-d'œuvre peu adroitement cousu avec la description des figures représentées sur le magnifique tapis qui parait le lit nuptial de Thétis et de Pélée. Cet épisode rappelle le bouclier d'Achille et celui d'Enée ; mais dans ces belles portions de leurs poëmes, Homère et Virgile n'ont rien fait entrer que la sculpture et la peinture n'eussent pu traiter et qu'elles ne puissent encore reproduire ; au lieu qu'il est impossible de soumettre aux arts du dessin le long discours d'Ariadne, ni même ce que ce discours a de plus intéressant. Si Catulle voulait passionner son récit par le tableau du désespoir d'une amante abandonnée et trahie, et varier ainsi sa narration pour en écarter l'ennui, pourquoi parmi les Thessaliens qu'il fait assister aux noces de Thétis, n'en choisissait-il pas quelqu'un qui, à l'aspect des figures brodées dont le lit nuptial était enrichi, en eût pris occasion de raconter l'histoire d'Ariadne et de Thésée ?

Ceux qui vouent aux ouvrages des anciens une admiration sans réserve, auraient-ils donc oublié que ce n'est ni sur l'antiquité, ni sur l'autorité qu'elle imprime que se mesure la perfection des ouvrages, mais bien sur la convenance, règle éternelle et fondamentale de la poésie et de tous les arts imitateurs ?

Du reste, l'épisode d'Ariadne, considéré en lui-même, et indépendamment du sujet auquel il est joint, doit être regardé comme une de plus sublimes productions de la poésie ancienne; rarement la nature offrit à l'art un plus beau sujet, et plus rarement encore l'art servit aussi heureusement la nature.

Etonnée de se voir seule à son réveil, Ariadne pâle, tremblante, éperdue, se précipite vers les bords de la mer, d'où elle aperçoit Thésée, fuyant sur un navire que les vents, trop favorables, avaient déja poussé à une grande distance du rivage. A cet aspect, elle ne se meurtrit point le sein, elle n'éclate point en reproches, elle ne verse point de larmes, elle demeure sans voix et sans mouvement. Le poète crayonne d'un seul trait et l'excès de la fureur et l'excès du saisissement; on l'aurait prise, dit-il, pour la statue d'une Bacchante ; comparaison sublime qu'Ovide a empruntée, mais dont, en la délayant selon sa coutume, il a détruit toute l'énergie. A cette image, vraiment digne du pinceau de Michel-Ange, succède un tableau digne du pinceau de l'Albane : le diadême dont ses blonds cheveux étaient ceints, le vêtement léger qui flottait autour de sa taille, le voile qui cachait son sein et semblait s'animer par le mouvement qu'il en recevait, tous ces ornemens tombés à ses pieds sont devenus le jouet des eaux de la mer. Le premier des soins d'une femme, celui de la parure, ne la touche plus; elle n'a qu'une pensée, elle n'a qu'un sentiment : Thésée, Thésée seul remplit toute son ame.

Ici le poète décrit en vers pleins de substance, de poésie et de majesté, le noble projet de Thésée, son voyage et son arrivée dans l'île de Crète ; ensuite, pour exprimer d'une manière sensible l'innocence d'Ariadne, il la présente élevée dans le chaste sein d'une mère dont elle partagea toujours la couche. Il la compare au myrte qui croît sur les bords écartés et solitaires de l'Eurotas, ou à la fleur dont l'haleine du printemps anime les couleurs. On sent quelle impression, quels progrès, ou plutôt quels ravages doit faire l'amour sur un jeune cœur si pur, si sensible, si délicat et si tendre! Aussi dès le moment même où la fille de Minos vit pour la première fois Thésée, ses regards demeurent suspendus comme par enchantement aux traits du jeune Athénien : elle les détourne enfin; mais le poison brûlant de l'amour a déja coulé dans son sein, et circule dans toutes ses veines. Vénus, Amour, s'écrie ici le poète, puissantes divinités, qui mêlez à tant de plaisir tant de peines, et tant d'amertume à tant de douceurs, à quels terribles orages vous vous fîtes un jeu de livrer le cœur de la jeune et tendre Ariadne! Combien elle frémit en apprenant que Thésée était venu pour combattre le Minotaure! De quelle pâleur mortelle se couvrit son beau visage au moment du combat! Son cœur envoie au ciel des vœux, des prières que sa bouche n'ose prononcer.

Cependant, comme on voit au sommet du mont Taurus un vieux chêne agitant ses longs et superbes rameaux, déraciné tout-à-coup par un ouragan qui d'un souffle impétueux a long-temps secoué ses fortes et profondes racines ; tel le Minotaure présentant sans cesse les cornes redoutables dont son large front est armé, mais ne frappant jamais que l'air, cède aux coups multipliés de son intrépide adversaire, et tombe sans vie aux pieds de Thésée. C'en est fait : Athènes est pour jamais délivrée du barbare tribut qu'elle payait tous les ans à la Crète; mais son libérateur eût acheté chèrement sa victoire, si la prévoyante Ariadne ne lui eût mis dans la main un fil qui devait lui servir à reconnaître les détours du labyrinthe, où le monstre était renfermé.

On voit bien que le poète n'affecte d'exalter le courage et la valeur de Thésée que pour jeter plus d'intérêt sur la passion d'Ariadne, et lui faire pardonner d'y avoir sacrifié la tendresse d'une mère, d'un père, d'une sœur, en un mot les sentimens dont la nature a fait, sinon toujours le plus cher, du moins le plus sacré des devoirs. Tout ce qu'une narration trop étendue aurait nécessairement affaibli, Catulle le concentre et le renferme dans une interrogation tout à la fois très-animée et très-pathétique ; puis courant au dénouement avec la plus grande rapidité, conformément au précepte qu'Horace en donna depuis, il passe des effets de l'amour et de la stupeur à ceux de l'agitation et du trouble. Inquiète, éperdue, égarée, Ariadne porte au hasard ses pas sans pouvoir les fixer nulle part, elle gravit jusqu'au sommet des plus hautes montagnes, d'où ses regards puissent embrasser un plus grand espace, et apercevoir de plus loin le vaisseau de Thésée. Elle en descend avec précipitation, et court au rivage, où, après avoir relevé son élégante chaussure, elle pénètre si avant que ses pieds nus et délicats sont couverts des eaux que la mer pousse sur ses bords; le visage inondé de larmes, et presque abandonnée de la vie, elle ne jette plus que de froids soupirs, quand tout-à-coup ramassant ce qui lui reste de force, elle éclate en reproches et en imprécations.

Toutes les différentes passions qui peuvent entrer dans le cœur d'une amante sensible et trahie, leurs successions, leurs mélanges, leurs gradations, voilà ce qu'aucun poète ne traita jamais avec plus d'art et en même temps avec plus de vérité que l'a fait Catulle. Pour mieux faire sentir ce que j'avance, je me permettrai de mêler quelques réflexions à cette analyse.

Souvent l'amour-propre nous aveugle au point de nous persuader que nous sommes infaillibles dans les choses que nous faisons; nous nous formons une si haute idée des perfections de l'objet que nous avons jugé digne de notre tendresse, que lors même qu'il nous abandonne et qu'il nous trahit, nous ne pouvons nous résoudre à nous croire trompés. Telle est la position d'Ariadne : la jeunesse, le courage et la valeur de Thésée, l'opinion qu'elle s'est faite de la tendresse et de la constance de ce jeune héros, l'ont tellement convaincue de la bonté de son choix, que, même en se voyant abandonnée, elle n'éprouve d'abord d'autre sentiment que celui de la surprise : tout ce qu'elle dit de l'infidélité de Thésée part uniquement de cette situation de son ame. Elle varie ses phrases; mais le sentiment demeure le même; elle n'ose en croire ses propres yeux; elle doute de ce qu'elle voit, et rien n'exprime mieux cet état de doute que le discours qu'elle adresse à Thésée; elle lui parle, elle l'interroge comme s'il était présent, et qu'il pût l'entendre, la plaindre et la consoler.

Eclairée enfin sur son sort, convaincue de la réalité de son abandon et de l'inutilité de ses plaintes, Ariadne a peine à se regarder comme la seule femme qui ait été ainsi délaissée; et passant de l'individu à l'espèce, elle conclut que tous les amans sont faux, parjures et infidèles. Le propre des personnes sensibles et affligées est de se répandre en maximes générales. Quelque parti qu'elles prennent, elles rencontrent partout le malheur, s'il faut les en croire, et la nature se soulève tout entière pour les accabler.

Mais si aux yeux d'Ariadne tous les hommes sont perfides, combien Thésée doit lui paraître plus perfide encore que tout le reste des hommes, lorsqu'elle pense à tous les maux qu'il lui a rendus pour tout le bien qu'elle lui a fait. Elle l'a servi contre son propre frère; elle l'a arraché d'entre les bras de la mort, elle a brisé, pour le suivre, tous les liens qui l'attachaient à une famille adorée; et pour prix de tant de bienfaits et de tant de sacrifices Thésée l'abandonne; il l'abandonne dans une plage sauvage et déserte; il la laisse exposée à la rage des bêtes féroces; il lui envie jusqu'à un tombeau. Ces idées la pénètrent d'une indignation qui s'accroît encore par l'effroi qui vient assaillir son ame, et la fait passer au sentiment du mépris et de l'aversion. Thésée n'est plus à ses yeux qu'un monstre exécrable, vomi par une mer orageuse, ou enfanté par une lionne, ou conçu dans les flancs d'un rocher sauvage.

Cependant l'amour n'est pas encore entièrement banni de son cœur; elle semble condamner son emportement, et s'en repentir; sa pensée aime encore à s'attacher à Thésée. Pourquoi ne l'a-t-il pas emmenée sur son vaisseau? Heureuse d'être admise au nombre de ses esclaves, elle se serait empressée de remplir auprès de lui les fonctions même les plus viles; ses royales mains se seraient volontiers abaissées à étendre un drap de pourpre sur le lit de son amant, et à lui verser sur les pieds une eau fraîche et pure.

Mais elle s'aperçoit que ses gémissemens et ses vœux se perdent dans les airs; ses regards, en quelque lieu qu'elle les porte, ne rencontrent aucun être sensible qui puisse entendre ses plaintes, et c'est alors que, livrée au désespoir, elle maudit le moment où, cachant sous les dehors les plus aimables les desseins les plus perfides, Thésée aborda à la Crète. En effet, que deviendra-t-elle? sur quelle espérance pourra-t-elle appuyer son cœur? retournera-t-elle dans sa patrie? Les mers, hélas! l'en séparent par des espaces immenses. Implorera-t-elle le secours d'un père? Elle l'a cruellement abandonné pour s'attacher aux pas d'un jeune homme encore tout fumant du sang du Minotaure son fils. Trouvera-t-elle quelque soulagement à sa peine dans les tendres sentimens d'un époux? Le barbare! il fuit au travers des mers, et n'a ni assez de vent, ni assez de voiles pour s'éloigner d'elle. Tout ce qui l'environne est désert, muet, et ne lui présente qu'une mort inévitable. Saisie tout à la fois de crainte, d'épouvante et d'horreur, elle passe de l'indignation aux transports de la rage ; elle ne respire plus que vengeance, elle la demande aux Furies : Venez, venez, s'écrie-t-elle, entendez mes plaintes, vous qui seules pouvez les entendre! et ne souffrez pas qu'elles soient vaines, elles partent du fond de mon cœur ; rendez à Thésée tous les maux que le barbare m'a faits. Puisse-t-il verser sur les jours de sa famille entière, sur ses propres jours, l'affreux poison qu'il a répandu sur les miens!

Pour mieux sentir avec quel art et quelle vérité les passions s'entrelacent, se succèdent et se graduent dans cet admirable poëme, on n'a qu'à comparer les discours que Catulle met dans la bouche d'Ariadne avec ceux que Virgile fait tenir à Didon, et ceux qu'Ovide prête à cette même Ariadne.

Le quatrième livre de l'*Enéide* est trop connu pour m'y arrêter. Quant à Ovide, les détails infinis et minutieux où il affecte d'entrer dans la lettre qu'il fait écrire par Ariadne à Thésée, détruisent tout ce que la passion de cette malheureuse princesse a d'intérêt et de véhémence. Elle se rappelle trop ce qui lui est arrivé pendant son sommeil ; elle s'occupe trop des monceaux de sable qui retardent ses pas, des épaisses broussailles dont le sommet de la montagne est couvert, de l'écueil menaçant et précipité qui borde les eaux de la mer. Ovide ne serait pas plus exact s'il était chargé de lever la carte du lieu solitaire où se trouve Ariadne.

Il faut avouer en même temps que, partout où le sujet ne doit avoir que le ton de l'épopée, Ovide raconte avec un naturel admirable. Elle appelle Thésée, elle l'appelle à haute voix ; et lorsque la voix lui manque, ou que, trop faible, elle se perd dans les airs, elle y supplée par les gestes ; elle élève les bras, elle agite son voile ; mais toutes ces circonstances sont bien plus propres à toucher le lecteur que Thésée. Ariadne retourne à sa tente, où elle adresse à son lit un très-long discours; elle lui demande des conseils et des remèdes, quand tout-à-coup elle est saisie de la peur des loups, des lions, des tigres, des monstres marins; il n'est presque point de bête féroce ou sauvage qu'elle ne prenne soin de nommer; elle se repent d'avoir sauvé les jours de Thésée! et revenant sur ce qu'elle a déjà dit, elle termine sa lettre, qui ne renferme rien qui puisse faire rougir et repentir Thésée de son inconstance et de sa perfidie.

S'il était possible de former une table où les pensées et les expressions les plus propres à représenter les passions d'une même espèce fussent ordonnées et disposées de manière qu'on pût en saisir les nuances, la succession, le mélange et la gradation, on verrait que chaque passion a son langage déterminé, et sa marche propre et particulière, dont on ne peut s'écarter qu'en tombant dans le raffinement et l'affectation. La grande difficulté c'est de savoir appliquer aux cas particuliers les idées générales, ainsi que l'a fait Virgile, qui, en suivant les pensées de Catulle, d'Homère et de plusieurs autres poètes, a eu le secret de se les rendre propres en les individualisant, et de leur imprimer ainsi le caractère de l'originalité.

Cependant le souverain des dieux entend l'imprécation d'Ariadne, et l'approuve par un mouvement de tête qui ébranle les fondemens de la terre, soulève les abîmes des mers, et fait trembler l'immense voûte de l'Olympe; les ombres de l'oubli enveloppent tout-à-coup la mémoire de Thésée, qui n'ayant pu se rappeler les ordres qu'il avait reçus de son père, et jusqu'alors présens à son souvenir, voit ce vieillard malheureux se précipiter du haut d'une tour dans les gouffres de la mer.

Ainsi le ciel, vengeur d'Ariadne, fait expier à Thésée le crime de sa perfidie en le condamnant aux larmes du deuil et de la douleur, au moment même où il s'attendait à ne verser que celles du bonheur et de la joie.

Cette tragédie finit par un dénouement heureux : Bacchus, épris d'amour pour Ariadne, arrive pour la consoler accompagné du cortège bruyant et tumultueux des Satyres et des Silènes ; les uns agitent leurs thyrses, et prenant des attitudes extravagantes, poussent de longs cris dans les airs ; les autres se disputent les membres sanglans d'un taureau qu'ils viennent de mettre en pièces ; ceux-ci s'entourent de serpens tous vifs ; ceux-là, les mains élevées, frappent des tambours bruyans ; aux accens aigus des bassins d'airain se mêle le son enroué des cornets, et l'air retentit au loin du chant sauvage des flûtes barbares.

On croit voir un de ces bas-reliefs où le ciseau d'un sculpteur habile a représenté le triomphe de Bacchus et d'Ariadne, avec cette différence néanmoins que la poésie a sur les arts du dessin l'avantage d'exposer les développemens et les détails successifs d'un sujet donné, de varier les attitudes, de multiplier les scènes, et d'en rendre le mouvement même.

Cet intéressant épisode est suivi de ce qui se passe de plus grand et de plus mémorable aux noces de Thétis et de Pélée ; toutes les divinités, à l'exception d'Apollon et de Latone, s'empressèrent d'y assister ; après qu'elles se furent assises autour de la table du festin, les Parques se mirent à chanter les destinées des nouveaux époux : elles leur prédirent sourtout la naissance de ce fier et superbe Achille, qui devait faire tant de mal à Troie, et tant d'honneur à la Grèce.

La propriété des mots, le talent de les mettre toujours à leur place, une précision extrême et une extrême élégance, des images très-hardies et des tableaux toujours vrais, une proportion juste entre le sujet et la pensée, entre la pensée et l'expression, voilà ce qui distingue éminemment Catulle, et ce qu'on ne retrouve plus, du moins au même degré, dans aucun poète latin, à l'exception de Virgile et d'Horace.

Indépendamment du poëme sur les noces de Thétis et de Pélée, nous avons encore de Catulle deux autres épithalames que je crois avoir été, sinon traduits littéralement, du moins imités du grec. Toujours est-il certain que Catulle, comme je l'ai déja dit, fit des poésies de Sapho sa lecture ou plutôt son étude favorite; que son ode à sa maîtresse est empruntée de celle de Sapho, ce qui serait encore un secret dans la république des lettres, si Longin ne nous eût transmis l'original; que Sapho dut à ses épithalames une grande partie de sa célébrité, et qu'enfin dans ceux de Catulle on remarque une vérité dans les images, une simplicité dans l'expression, un certain abandon dans les tournures, une facilité dans les mouvemens du vers et une sobriété d'inversions qui, au jugement des anciens rhéteurs, caractérisaient particulièrement les ouvrages de Sapho, et que n'offrirent plus les meilleurs poètes latins, lorsqu'après avoir marché longtemps sur les traces des poètes grecs, ils eurent enfin un style et une manière entièrement à eux.

Il y a dans Catulle un poëme sur la bizarre et malheureuse aventure du bel Atys, dont la versification est d'un genre particulier ou plutôt unique. Cet ouvrage est peu susceptible d'analyse; je me bornerai donc à remarquer que le rhythme sautillant, rapide, bruyant et précipité dont le poète a fait choix, a un caractère d'agitation, d'égarement et de désordre qui convient si parfaitement au sujet qu'il traite, que je n'en vois aucun autre auquel on pût l'appliquer sans blesser toutes les lois de la convenance.

J'avoue que je n'ai pu voir sans étonnement que l'abbé Souchay, dans ses *Mémoires sur l'élégie et sur les poètes élégiaques*, n'ait pas même fait mention de Catulle. Je remarquerai à ce sujet que plusieurs savans ont sérieusement demandé, si ce poète devait être rangé dans la classe des auteurs lyriques, ou des élégiaques, ou des épigrammatiques : questions oiseuses et misérables, dont je ne conçois pas comment de bons esprits se sont avisés. Catulle a fait des épigrammes, et, pour parler le langage d'aujourd'hui, des madrigaux et des pièces fugitives, des odes, des hymnes, des épithalames, des élégies; il s'est même exercé dans le genre héroïque, et partout on trouve l'esprit, le ton et les couleurs propres de chacun de ces genres. Et comment refuser une place parmi les poètes élégiaques à celui qui, le premier, fit présent à sa nation de ce genre de poésie, et qui ne fut effacé par aucun de ses successeurs? Aux tableaux imposans et vastes substituer des images tranquilles et douces; parler au cœur, l'émouvoir et l'attendrir au lieu d'y porter l'agitation et le trouble; tirer ses comparaisons non de ce que la nature a de menaçant, de sauvage et de terrible, mais de ce qu'elle a de plus calme, de plus innocent et de plus aimable; faire couler doucement les pleurs, et ne les arracher jamais; employer la métaphore à orner l'expression plutôt qu'à la relever; ne faire entendre de l'amour que ses gémissemens et ses plaintes, et laisser ses fureurs et ses emportemens aux poëmes héroïques, c'est-à-dire, à la tragédie et à l'épopée; plus d'aisance et de facilité que de noblesse et de dignité dans la diction; des mouvemens plutôt négligés que trop soignés dans le rhythme; enfin beaucoup de délicatesse dans les pensées et beaucoup de simplicité dans le style; voilà les traits caractéristiques et propres de l'élégie; mais ces traits où se montrent-ils d'une manière plus sensible, plus frappante que dans le trop petit nombre des élégies de Catulle qui sont parvenues jusqu'à nous?

Passons à ses ïambes ou hendécasyllabes, plus généralement connus sous le nom d'épigrammes.

Les épigrammes, ainsi que l'exprime le mot, n'étaient primitivement autre chose que des inscriptions gravées sur le frontispice des temples, au bas des autels, sur les piédestaux des statues, sur la pierre des tombeaux, en un mot sur les divers monumens tant publics que particuliers. Insensiblement elles s'étendirent à d'autres objets, et reçurent la force du vers; transformées en petits poëmes, elles existèrent par elles-mêmes; enfin, sans changer de nom, elles changèrent tellement de nature, qu'il y a une infinité d'inscriptions qu'on ne saurait mettre au nombre des épigrammes, et une infinité d'épigrammes qui n'ont absolument rien de commun avec les inscriptions.

L'épigramme ne fut dès-lors considérée que comme une petite pièce de vers qui n'a qu'un seul objet, et n'exprime qu'une seule pensée. C'est ainsi que les savans se sont tous accordés à la définir; ils ont ajouté qu'il y en avait deux sortes, la *simple* et la *composée*. Ils ont donné le nom d'épigramme *simple* à celle où la pensée se développant par degrés marche avec grâce et d'un pas égal jusqu'à ce qu'elle soit complètement exprimée, et telle fut celle des Grecs et de leur fidèle et constant imitateur Catulle; on l'a nommée *composée*, lorsque la pensée s'y cache pour ne s'y montrer qu'à la fin, et toujours d'une manière spirituelle, piquante et inattendue, et tel est le caractère de celles de Martial.

Il s'est élevé parmi des savans du premier ordre des disputes graves pour savoir lequel de ces deux poètes méritait la préférence. Muret prétend que Martial est à Catulle ce qu'un vil bouffon est à l'homme du meilleur ton et de la meilleure compagnie; Navagero, sénateur vénitien, l'ami de Fracastor et de Bembo, et poète presque digne du siècle d'Auguste, portait encore plus loin son mépris pour Martial et son culte pour Catulle; un certain jour de l'année, consacré par lui aux Muses, il sacrifiait aux mânes de ce dernier un volume de Martial qu'il jetait solennellement dans les flammes. Juste-Lipse et Jules-César Scaliger, au contraire, élèvent Martial bien audessus de Catulle. Mais au lieu d'insister sur des comparaisons qui, loin de rien éclairer, ne servent le plus souvent qu'à faire naître des schismes et à scandaliser la république des lettres, ne valait-il pas mieux mettre ces deux poètes à leur véritable place, en nous faisant observer que leurs épigrammes, pour avoir un même nom, n'en diffèrent pas moins essentiellement les unes des autres.

Les épigrammes de Martial, et tous les petits ouvrages de poésie qu'on désigne aujourd'hui par ce nom, ne doivent leur prix, leur caractère, je dis plus, leur essence, qu'aux mots heureux ou aux traits piquans qui les assaisonnent, et par lesquels surtout elles sont ordinairement terminées. Envisagées sous cet aspect, elles prennent différentes formes.

Souvent l'épigramme est d'autant plus maligne que son venin ne se montre qu'à la suite des douceurs et des caresses de la louange; ainsi, dans la corbeille de Cléopâtre, l'aspic était caché sous les fleurs. Quelquefois semblable à ces animaux que la nature a hérissés de dards et de pointes, elle pique et blesse par tous les bouts; tantôt, après s'être long-temps cachée, elle laisse tomber tout-à-coup son voile, dont elle ne s'était couverte que pour exciter plus d'attention et de curiosité; tantôt, sûre de ses coups, elle se montre audacieusement à découvert, et fait briller les traits aigus et perçans dont elle est armée. Mais sous quelque forme qu'elle paraisse, on voit qu'elle n'a rien de commun avec les épigrammes de Catulle, lesquelles en général doivent surtout leur effet à la pureté du style, à la délicatesse des tournures et au charme secret qui en embellit toutes les parties.

Ces dernières ressembleraient plutôt à nos madrigaux et à nos pièces de vers que nous nommons *fugitives*, si la monotonie des terminaisons, la nécessité des verbes auxiliaires et le manque de flexibilité dans les mouvemens permettaient à notre langue d'atteindre à la précision, à l'élégance et à l'harmonie des langues grecque et latine. Et qu'on n'imagine pas qu'il en coûte moins pour réussir dans celle-ci que dans les premières. Un seul mot heureux, un seul trait piquant, une seule tournure fine et neuve suffit pour faire le succès d'une de nos épigrammes; lorsque dans celles de Catulle, ainsi que dans nos madrigaux et nos poésies légères, il n'est aucune de leurs parties sur lesquelles l'art ne doive agir, sans que l'art doive se faire sentir dans aucune de leurs parties. Préférer les pensées brillantes, les traits ingénieux épars çà et là, dans quelque ouvrage que ce puisse être, à l'élégance, à la justesse et à l'accord répandus sur le tout ensemble, c'est préférer l'éblouissante et fugitive clarté des éclairs à la douce et constante lumière du jour.

J'ai dit que nous n'avions pas aujourd'hui tous les ouvrages de Catulle. En effet Pline, dans son histoire naturelle, parle d'un poëme sur les enchantemens en amour, dont il ne reste pas un mot; et Terentianus Maurus cite quelques vers tirés d'un morceau de poésie qui a également péri. Quelques savans lui ont attribué le *Pervigilium Veneris*; c'est une méprise où l'on n'a pu tomber qu'en confondant les ornemens recherchés et superflus avec la sage et vraie richesse, l'afféterie avec la grâce, et le raffinement avec la finesse.

Quant au poëme intitulé *Ciris*, dont quelques uns ont voulu que Catulle fût l'auteur, et que plus communément on donne à Virgile, il n'appartient, selon moi, ni à l'un ni à l'autre.

Je terminerai ce mémoire par une observation qui sans

doute a été faite plus d'une fois, mais dont il paraît qu'on perd trop aisément le souvenir. On a peine à concevoir comment un poète aussi aimable, d'un aussi bon ton, et surtout aussi pur, aussi élégant dans sa diction que l'était Catulle, a pu se permettre tant de mots grossiers, tant d'expressions obscènes. Un coup-d'œil jeté sur les mœurs des Romains suffit pour résoudre ce problème et faire cesser toute surprise. Les Romains n'avaient point avec les femmes ces conversations intimes et familières de tous les jours, de toutes les heures, et sur toutes les sortes d'objets, que nous avons avec elles, et qui, sans nous rendre plus réservés et plus chastes dans nos mœurs, ont dû nécessairement imprimer à notre langue le caractère de la circonspection, de la réserve et de la pudeur.

# INDEX EDITIONUM
# C. VALERII CATULLI,
## IN SEX ÆTATES DIGESTUS,

QUEM FERE TOTUM EX EDITIONE BIPONTINA DESCRIPSIMUS,

CUM ADDITAMENTIS

A. J. VALPY ET ANT. ALEX. BARBIER.

### ÆTAS I. NATALIS.

1472. *Editio princeps.* Valerii Catulli Veronensis, poetæ clarissimi, carmina. Albii Tibulli Equitis Romani poetæ elegiæ. Aurelii Propertii Umbri Mevani carmina. P. Papinii Statii Surculi Sylvarum liber ad Stellam. in 4. maj. — Hæc editio, Brouckhusio nondum visa, Vulpio primum cognita, exstat in bibliotheca Laurentiana Florentiæ; v. Montefalc. Bibl. MSS. T. I, p. 309, et in Museo Britann. e biblioth. Askew. Memoratur a Maittairio T. I, P. I, (sive T. IV) p. 320. — Nondum editionem hanc critico acumine exploratam esse ægre fert Cl. *Heyne.* Ex iis tamen, quæ Vulpius commemorat, tum aliis argumentis probabile fit, alteram anni 1481 ex ea esse descriptam, adeoque lectionem nos ejus jam enotatam habere, dum hujus varietatem Brouckhusius dederit.

1473. Catullus per Steph. *Corallum* editus Parmæ, fol.

1475. Catulli, Tibulli, Propertii Aurelii nautæ poetæ et Statii Papinii Sylvarum liber. Impressus opera et impensa Jo. *de Colonia* et Jo. Manthen *de Gherezen*, qui una vivunt feliciter. Venetiis, fol. Vid. Maittaire l. a. p.

350. Est hæc editio, quam Brouckhusius principem esse putabat, et ex qua lectionem adposuit sub lit. D.

1481. Catull. Regii, fol.

1481. Tibulli, Catulli, Propertii, cum eorum vita, opera, *Regii lepidi*, accuratissime impressa auctoribus Prospero Odoardo et Alberto Mazali Regiensibus, anno salutis 1481, 19. Kal. Octobr. fol. — Paullo frequentior hæc est editio quam superiores. Adservabatur etiam in bibliotheca Brühliana. Varietatem ex ea descriptam Nic. Heinsius habuerat, et Brouckhusius quoque in Variantium adparatu adposuit.

1481. Catulli, Tibulli, Propertii opera et Statii Sylvæ. Actum Vincentiæ per magistrum *Jo. Benensem* et *Dionysium Berthochum*. Tum in trinis foliis subjicitur Carmen Jo. *Calphurnii*, poetæ clarissimi, ad Jo. Inderbachium Pontificem Tridentinum de laudibus ejus, et de Interitu beati Simonis infantis a Judæis mactati, fol. — Contigit Cl. *Heynio* versare eam manibus, quum bibliothecæ Georgiæ Augustæ ea illata sit. Præfatur breviter Jo. Calphurnius ad Hermolaum ICtum, et memorat se, ab adolescentibus studiosis rogatum, ut Propertium et Statii Sylvas iis interpretaretur, editionem Venetam percurrere cœpisse; tot autem mendis refertam eam deprehendisse, ut longe plura essent vitiosa et depravata, quam quæ emendata; convenisse itaque se nonnullos impressores, et tradidisse iis exemplar correctum; nec tamen eos partibus suis satis omnino fecisse conqueritur. Manifestum adeo quum ex his, tum ex ipsa exemplaris tractatione fit, esse illud ex Veneta pr. descriptum, sed paullo emendatius. Quum impressionis nota non sub extremam calcem, sed Statii Sylvis subjecta sit, memoratur aliquoties hæc editio sub titulo veteris editionis sine anno : v. c. in Catal. Bibl. Reg. Paris, n. 778.

1485. Catullus, Tibullus, Propertius, cum comment.

ant. Venetiis, fol. — Memoratur a Maittario T. I, P. I, p. 469, sed perperam, quum de editione 1475 excusa agere vellet.

1485. Val. Catulli poemata cum scholiis Ant. *Parthenii Lacisii,* Brixiæ, fol. — Quæ editio anno seq. juncta videtur Tibullo et Propertio.

1486. Catullus cum commentariis Parthenii (XI Kal. Maii) Tibullus cum commentariis (XVIII. Kal. Febr.) Propertius cum brevibus elucubrationibus (XVII. Kal. April.) Brixiæ per *Boninum de Boninis de Ragusia*, fol. — Laudatur vulgo: Cat. Tib. Prop. cum elucubratt. *Domitii Calderini* et aliorum (v. Bibl. Reg. Paris. p. 287 n. 779). Sed Domitii Calderini notæ tantum sunt in Prop. — Vidit exemplaria Cl. *Heyne*, in quibus diverso ordine se exciperent particulæ; in aliis, quod et in cæteris antiquis edd. sæpe factum, Propertius deerat. Hæc editio jam excussa fuit a Brouckhusio. Convenit ejus lectio fere cum Romana, ut tantum non ex ea descripta videri possit.

1487. Tibullus, Catullus, Propertius. Impressi Venetiis, per Andream *de Palthaschichis* Catanensem, fol. — De hac editione, quæ ex superiori Brixiensi repetita est, repetitis quoque iisdem commentariis, Editor Cantabr. *Tibullus*, inquit, *anno 1487, in quo autem anno Catullus sit impressus, nulla fit mentio.* Sed Maittarius id definivit l. c. p. 484, et ipsa res docere poterat: *Ex signaturis (f. g.) quarum hæc illam sequitur, constat, Catullum ab eodem typographo et anno eodem expressum fuisse; quamvis typographi et anni indicium ad Tibulli solius calcem adponatur.* In aliis exemplaribus Propertium deesse, ex eodem Maittario patet, ubi omisso Propertio, tantum Tibullum et Catullum memorat hunc in modum: *Tibullus cum commentariis per Andr. de Paraschiscis* (ita vitiose appellat, in indice vero *de Paltaschiscis*) *XVIII. Kal. Jan. Et Catullus cum comm. Ant.*

*Parthenii Lacisii Veronensis*. Minus accurate in Append. Catal. Bibl. Lugd. p. 513, *Catullus, Tibullus, Propertius Beroaldi* hujus anni memoratur : nam is ad an. 1491 spectat, ut statim videbimus.

1491. Tibullus, Catullus, Propertius cum commentt. (*Bernardini Veronensis* in Tibullum, Antonii *Parthenii* in Catullum, et Phil. *Beroaldi* in Propertium) Venetiis, fol. Mera est repetitio editionis Venetæ.

1493. Tibullus, Catullus, Propertius cum commentt. Bernardini Veronensis, Ant. Parthenii, Phil. Beroaldi. Impressum per Symonem Bevilaqua Papiensem. Venet. fol. — Nova est repetitio Venetæ. Sed et inter incunabula artis typogr. in Bibl. Uffenbach. univ. T. II, app. p. 135, separatim refertur.

1494. Catull. cum comm. *Palladii Fasci*, Venet. fol.
1497. Cat. Tib. Prop. repet. ed. 1491.
1500. Tib. cum comment. Cyllænii Veronensis. Catullus cum Parthenii Veron. et Palladii Patavini. Emendationes Catullianæ per Hieron. Avantium Veronensem, et ejusdem in Priapeias Castigationes. Prop. cum comment. Phil. Beroaldi. Annott. in Prop. tum per Domitium Calderinum, tum per Jo. Cottam Veronensem. Hæc omnia sunt ex exemplaribus emendatis Hier. Avantii. (Hæc in ipsa libri fronte præscripta sunt.) Sub finem : « Impressum Venetiis per Jo. de Tridino de Cereto alias Tacuinum, cIɔIɔ. die vero XIX. Maii. Regnante inclyto principe Augustino Barbadico. » fol. — Non infrequens est hæc editio. Etiam ex superioribus Venetis repetita est, exemplar tamen ab Avantio mendis typographicis purgatum esse debuit, antequam operis librariis excudendum traderetur.

## ÆTAS II. ALDINA.

1502. *Aldina I.* Catull. Tibull. Prop. in ædibus Aldi, Venetiis, 8. — Hæc eadem editio, ut in aliis Aldinis factum, sine anni et loci nota prostat. Est autem hæc inter classicas editiones habenda, quandoquidem illa multarum seqq. quasi parens, atque earum quoque, quæ emendatiores prodiere, fundus fuit. Expressam eam esse ex superiore Veneta 1500 liquido constat, pluribus lectionibus comparatis; correctiones tamen viri docti seu Avantii seu Aldi experta est, in Catullo utique Avantii, id quod in præfatione ipse Aldus testatur. Idem ait nonnulla asterisco notata *in fine operis aliter atque aliter legi excudenda curasse:* quod tamen præstitum ab Aldo non videtur. Nam quæ sub Catulli calcem subjectæ sunt emendationes Avantii, Lucretium respiciunt. Exierant prelo Aldi ad tria millia exemplaria hujus libri, ut mirandum sit, eum non frequentius reperiri.

1503. Cat. Tib. Prop. impressi opera et impensa Philippi bibliopolæ Giuntæ T. Florentini anno MDIII. Nonis August. Petro Sotenno Vexilifero felicissimo, 8. Etiam hæc Aldinæ repetitio est, ut tot alia exempla Aldina a Junta repetita sunt.

1515. *Aldina II.* Cat. Tib. Prop. in ædibus Aldi et Andreæ soceri, Venet. 8. Primo intuitu nihil habet hæc editio, quo a priore magnopere discrepet. Sed pro nova prorsus recensione habenda est; adeo correcta et emendata illa est (in Tibullo utique) a viro docto, etsi ejus nomen non proditum est. Secutus ille videtur inprimis rationem criticam, tum vero editiones veteres alterius sectæ passim inspexisse, Italicos quoque codices aut excerpta ex iis ante oculos habuisse. Merito itaque illa facta est plerarumque, quæ secutæ sunt, editionum fons et fundus, inprimis autem Muretinæ 1558.

1518. Cat. Tib. Prop. Lugd. sumtu Barthol. *Trot*. an. millesimo quingentesimo XVIII. die XXII. Sept. 8.

1520. Alb. Tib. elegg. libri IV, una cum Val. Catull. epigramm. nec non Sext. Prop. libri IV elegiaci cum suis comm. videlicet Cyllænii Veron. in Tib. Parthenii et Palladii in Cat. Beroaldi in Prop. Habes insuper emendatt. in ipsum Catull. per Hier. Avantium Veron. Nec non et castigatissimam tabulam omnium rerum, quæ in margine sunt positæ, nuper additam et nunquam alias impressam. Venet. in ædibus Guilielmi *de Fondaneto* Montisferati, an. Domini MDXX die XII. Julii. Inclyto Leonardi Lauretano Principe, fol.

1529. Cat. Tib. Prop. apud Sim. Colinæum, Paris. 8. — Novo characteris literarum genere, quod ad calligraphiæ elegantiam propius accedit, exarata est hæc editio, ex I. Aldina expressa.

1530. C. Val. Cat. Ver. lib. I. Alb. Tib. Equitis Rom. libri IV. Sex. Aur. Prop. Umbri lib. IV. Cn. Corn. Galli fragmenta. *Basil.* excudebat *Henr. Petrus* mense Martio, 8. Repetita est ex Aldina I, ad II passim correcta, sed parum diligenter.

1531. Cat. Tib. Prop. per Melch. *Sessam*, MDXXXI, XX. Sept. Venet. 8.

1533. Repet. ed. Paris. 1529, 8. emendatis nonnullis gravioribus vitiis. Alii hanc ed. ad an. 1534 referunt.

1534. *Gryphiana I*. Cat. Tib. Prop. cum Gallo, ap. Seb. Gryphium, Lugd. 8. — Editionum genus Gryphianum non contemnendum, totum ex Aldina I, seu ex Basileensi, quæ inde descripta erat, ductum est, etsi passim ex secunda, in sequioribus etiam ex Muretina interpolatum.

1537. *Gryphiana*. Cat. Tib. Prop. Accedentt. Corn. Galli fragmm. *quam editionem a nemine indicatam ipse possideo.*

1539. 8. repet. ed. Basil. 1530.

1542. *Gryph.* II, 8.

1543. Paris. 8. repet. ed. 1529, in qua graviora quædam vitia emendata sunt.

1544. *Gryph.* III, 8.

1546. *Gryph.* IV, 8.

1549. Cat. Tib. Prop. His accesserunt Corn. Galli fragmm. Post omnes omnium editiones summa denuo vigilantia recogniti. Venet. ap. Hier. Scotum, 8. — Splendida sed vana professio. Ex Gryph. repetita est, ad Ald. II correcta.

1551. *Gryph.* V, 8.

1554. Cat. Tib. Prop. multis in locis restituti, Paris. 8.

## ÆTAS III. MURETINA.

1554. Catullus et in eum commentarius M. Ant. *Mureti.* Venet. Paulus Manutius Aldi fil. 8. (Isque solus, sine cæteris duobus, Tibullo et Propertio, nam hos poetas jam tum conjunctos exiisse verum non est). Hæc recensio Mureti doctissime facta est, sed Aldina II pro fundo substrata. Multa a viro hoc sagaciter partim e critica ratione, partim ex veteribus scriptis et editis emendata.

1558. Catullus et in eum comm. M. Ant. *Mureti.* Ab eodem correcti et scholiis illustrati Tibullus et Prop. Ven. ap. Paul. Manutium, 8.

1559. Repet. ed. Venet. 1558. Lugd. ap. Guil. Rouillium, 8.

1560. E recensione G. *Canteri,* Antuerp. 8.

1561. *Gryph.* VI, Lugd. 12.

1562. Venet. cum comm. Mureti sub signo Aldi, 8. repet. ed. 1558.

1566. Cat. cum commentariis Achillis Statii Lusitani, Venet. in ædibus Manut. 1566, 8. — Memorabilis sed valde infrequens est hæc editio. Aldinam II secutus est Statius, Muretina correctione posthabita, scriptorum autem librorum varietate adposita et erudita adnotatione magnam laudem meruit. Recusus est ejus Comm. in edit. Morell. 1604.

1569. Repet. ed. Basil. 1530, 8. — Sed vitiosissima, cum Horat. *Tuscanella*, qui eam curavit, ineptus homo, ad rhetorices præcepta poetas hos exegit, et indice singulorum verborum ad Erythræi exemplum in Virgilio stulte instruxit.

1569. Cat. Tib. Prop. Antverpiæ, ex offic. Christoph. *Plant.* 12. — Non ex infimo censu hæc est editio, immo vero inter præstantiores superiorum temporum referenda. E Canteri recensione eam esse profectam narrat Fabricius, quod verum non est; nam Prop. tantum *Canteri* scholiis est illustratus. At Cat. et Tib. a Victore *Gisselio* et Theod. *Pulmanno* varia lectione instructi sunt, quæ potissimum e Statio descripta est, ex quo etiam, adeoque ex Aldina II, quam Statianæ lectionis fundum esse ignorabant viri docti, sæpe correxerunt, saltem mutarunt lectionem Mureti, quam in cæteris sequuntur. Subjecta Tibullo sunt Galli fragmm. cum præf. Pulmanni.

1569. Cat. Tib. Prop. et Corn. Galli opp. c. indice Horatii Tuscanellæ, Basil. ex offic. Henricopetrina, anno Salutis MDLXIX, mense Martio, 8.

1571. *Gryph.* VII, 8.
1573. *Gryph.* VIII, 12.

## ÆTAS IV. SCALIGERIANA.

1577. Cat. Tib. Prop. ex recensione *Scaligeri*. Accedit ejusdem castigationum liber. Lutetiæ, ap. Mam. Patisson, 8. — Spreverat ille, Mureti obtrectatione abductus, lectionem ab hoc emendatam, et una cum illa Aldinam II,

## ÆTAS IV. SCALIGERIANA.

rediitque ad Aldinam I, ex qua reduxit magnum numerum vitiosarum et inportunarum lectionum, quas partim suo more correxit, partim in contextu reliquit, quum dudum sublatæ essent in Ald. II et Muretina. Sequutus tamen eum est cum aliis Brouckhusius. Habuit etiam præter Aldinam I, vel Gryphianam inde expressam, edd. Statii, et Plantin.

1579. Catulli Phaselos c. adnotatt. doctorum virorum et parodiis per Sixtum *Octavianum*, Eboraci, 8,

1582. Cat. Tib. Prop. nova editio. Jos. *Scaliger* recensuit. Accedit ejusdem in eosdem castigationum lib. Antv. ap. Ægidium Radæum, 8. — Mera est librarii repetitio, nisi quod ad calcem adjectus est Mureti commentarius in Catull. c. ejusdem scholiis in Tib. et Prop.

1587. Catull. Epithalamium græca metaphrasi poetica donatum a *Q. Septimio Florente Christiano*, Paris. 4. ap. Morell.

1587. Cat. Tib. Prop. serio castigati. Antv. ex offic. Chph. Plantini, 12.

1588. Cat. Tib. Prop. Lugd. Bat. 12, ed. Jano *Dousa* fil. cum pervigilio Veneris et suis in Cat. Tib. Prop. conjectaneis.

1592. Repet. Basil. 1530, 8. Quamvis ex Scaligerianis hinc illinc correcta, tamen vel sic nullo loco habenda.

1592. Cat. Tib. Prop. denuo recogniti ac variis lectionibus et notis illustrati a Jano *Dousa* filio. Accessere Pervigilium Veneris et carmina græca, quæ aut e latino Catulli expressa sunt, aut a Catullo ipso latine translata. Item Jos. *Scaligeri* et Henr. *Stephani* e Tib. et Prop. versiones græcæ. Jani *Dousæ* filii in Cat. Tib. Prop. conjectanea et notæ, Lugd. Bat. ex offic. Plant. Fr. Raphelengius, 12. — Hanc omnium emendatissimam editionem adpellat Nic. Heinsius ad Virg. Æn. VII. 110. Fundus est edit. 1569.

1592. Cat. Tib. Prop. et Corn. Galli opera, Horat. *Tuscanellæ* scholiis et indice illustrata per Seb. *Henricopetrum*, Basil. 8.

1593. Cat. Phaselos, Lugd. 12.

1594. Cat. Tib. Prop. Lugd. 12. Non videtur aliud, quam Gryphianarum repetitio.

1600. Repet. auctior ed. Antv. 1582, 8.

1600 Cat. Tib. Prop. nova editio. Jos. *Scaliger* Jul. Cæs. fil. recensuit. ejusdem in eosd. castigationum liber auctus et recognitus ab ipso auctore, Heidelbergæ, in bibliopolio Commeliniano, 8.

1603. Repet. ed. 1592.

1603. Cat. Tib. Prop. Lugd. 8.

1603. Cat. Tib. Prop. serio castigati. Antv. Raphelengius, 24.

1604. Cat. Tib. Prop. c. variorum doctorum commentt. notis et observatt. in unum congestis per Cl. *Morellum*, Lutet. 3. Vol. fol. — Singulis elegiis præmisso contextu subjiciuntur notæ Cyllenii, Ach. Statii, Mureti, Jani Dousæ, Scaligeri.

1606. Catulli casta carmina selecta a Raph. *Eglino* Iconio, c. ejusdem vindiciis *Ciris* Catullianæ adversus Jos. Scaligerum. Accesserunt Casp. *Scioppii* epitheta et synonyma poetica, c. n. ejusdem in Claudii Verderii censionem, Francof. 12. — Numerus castorum Catull. carminum valde augeri potuit: nam editor vix viginti carmm. adposuit.

1607. Cat. Tib. Prop. nova edit. Jos. *Scaliger* recensuit: ejusdem in eosdem castigationum lib. auctus et recognitus ab ipso auctore. Excudebat Jac. Stoer. Lugd. 24. — Mera est repetitio edit. 1600.

1607. Cat. Tib. Prop. Opp. quæ exstant omnia, ad vetustiss. cod. Biblioth. Jac. *Grasseri* fideliter edita. Quibus accedunt C. Galli fragmm. Lugd. 12.

## ÆTAS IV. SCALIGERIANA.

1608. Jo. *Passeratii* Commentt. in Cat. Tib. Prop. Paris, ap. Cl. Morellum, fol. — Præmittuntur ipsa poetarum verba ex Scalig. recens. Sequuntur Passeratii prælectiones seu notæ.

1608. Opp. Cat. Tib. Prop. et Corn. Galli, sive Maximiani potius. Cum indice Horat. Tuscanellæ. Editio auctior insuper poematiis aliquot, quæ vere Corn. Galli. Hanoviæ, typis Wechel. ap. Cl. Marnium et her. Jo. Aubrii, 8. — Est repetitio pessimæ Basil. 1530, c. Hor. Tuscanellæ indice.

1610. Ex Tib. et Prop. Elegiæ, ex Catullo, Martiale, Ausonio aliisque scriptoribus tum antiquis tum recentibus Epigrammata selecta et commentario brevissime illustrata. Cadomi, 16. — Non magis in censum venit, quam quæ sequitur, impressionis tantum loco notabilis:

1611. Cat. Tib. et Prop. nova edit. ad Jos. *Scaligeri* emendationem accurate conformata: nisi quod qui in Scaligeriana ed. desiderabantur Epigrammatum et elegiarum tituli, hic aliunde diligenter sunt suppleti. Add. Elegiarum libellus, qui Corn. Gallo vulgo adscribitur. Brageraci, 8.

1618. Jani *Gebhardi* in Cat. Tib. et Prop. animadverss. c. J. *Meleagri* in Val. Cat. Spicilegio, Hanov. 8.

1619. Cat. Tib. Prop. cum Galli fragmm. Amstel. Janson. 24.

1621. Cat. Tib. Prop. cum J. *Livineii* notis antehac ineditis — nec non uberioribus Jani *Gebhardi* animadverss. cum J. *Meleagri* Spicilegio. It. poemata Galli et index Hor. Tuscanellæ. Francof. ex offic. Wechel. 8. — Librarii industriæ debetur hæc ed. non viri docti curæ, etsi Gebhardus præfatus est. Poetarum verba ex pessima Basil. 1530, aut ex Wechell. superiore 1608, expressa sunt. — Jo. Livineii notas eod. anno, et Jani Gebhardi animadverss. quarto ante anno seorsum editas, nunc in unum volumen redegit librarius redemptor.

1622. Typis Jacobi Stoer. 12. Basis est Scaligeriana recensio.

1630. Cat. Tib. Prop. cum Galli fragmentis, Amstel. 24.

1640. Cat. Tib. Prop. Aureliæ Allobr. 4. in Corp. poet. lat. ed. II, ap. Sam. Crispinum.

1642. Cat. Phaselos cum Andr. *Senftlebii* comm. et parodiis amplius quinquaginta, et græca Jos. Scaligeri metaphrasi, e bibl. Nic. Henelii, Lips. 8.

1648. Antv. 12. omissis obscœnis.

1651. Cat. Tib. Prop. cum Galli fragmm. Amstel. 12.

1659. Cat. Tib. Prop. et quæ sub Galli nomine circumferuntur, cum selectis variorum commentariis, accurante Simone *Abbes Gabbema*, Traj. ad Rhen. 8. — Vitiis typographicis scatet, et farraginem notarum adponit, quibus verba et phrases illustrantur, non sententiæ.

1664. Cat. Tib. Prop. cum Galli fragmm. Amst. 24.

1670. Eadem repetita.

1675. Poemata selecta e Cat. Tib. et Prop. c. notis *Vorstii*, Lips. 8.

1680. Cat. Tib. Prop. e recens. J. G. *Grævii*, c. notis integris Jos. Scaligeri, M. Ant. Mureti, Ach. Statii, Rob. Titii, Hier. Avantii, Jani Dousæ patris et filii, Theodor. Marcilii, necnon selectis aliorum. Traj. ad Rh. ex offic. Rudolphi a Zyll, 8. Adjectum est pervigilium Veneris. Grævii nomen mutuasse tantum videtur astutus librarius ad fraudem faciendam, quanquam ejus præfatio in capite legitur. Omnia indiligenter disposita et parum concinne; nec cum cura expressa.

## ÆTAS V. VOSSIO-BROUCKHUSIANA.

1684. Cat. cum eruditissimo Is. *Vossii* commentario, Lond. 4. quæ editio reliquis hactenus quidem præstat. Usus est præter alios codices omnium vetustissimo Mediolanensi,

## ÆTAS V. VOSSIO-BROUCKHUSIANA.

quem laudat passim, et reliquis uti antiquiorem ita emendatiorem quoque esse prædicat p. 215. — Utinam vero politissimi vir ingenii, Janus Brouckhusius, cui Propertium debemus et Tibullum, similiter etiam Catullum potuisset absolvere, quem expoliendum, ingenioque et doctrina sua illustrandum sibi sumpserat: ita nihil esset amplius, quod ad vetustissimi poetæ lucem studiosi possent desiderare.

1685. Cat. Tib. Prop. opera, interpretatione et notis illustrata a Phil. *Silvio* in usum Delphini, Paris. 4. — In hac edit. ut in aliis ad usum Delphini editis scriptoribus omnibus, obscœna et lasciva rescissa et omissa locis sunt, consilio non improbando, nisi hac ratione, quod loca eadem congesta et ad calcem voluminis deinde junctim exhibent: plures igitur ad ea legenda allicerentur, quorum forte oculos eadem scriptoris corpori suo loco inserta citius latuissent. Nam πλεῖστοι κακοὶ, πλεῖστοι ἀργοὶ, pauci solidam eruditionem consectati integros legunt auctores: multi contra, qui eos obiter evolvunt, missis utilibus, ut κάνθαροι irruunt εἰς τὴν κοπρίαν, cujus gustu tenentur, quamque gaudent et gratulantur sibi ab editoribus congestam veluti in cumulum. Angli quidem, quoties edd. in us. Delph. curarunt recudi, loca illa suis quæque locis restituerunt, etsi vicissim indices omnium vocabulorum minus plenos passim ab illis exhiberi dolet Thom. Crenius part. III, animadvers. p. 6.

1686. Cat. Tib. Prop. c. Galli fragmm. Amst. 24.

1691. Catull. e rec. Is. Vossii, Ultraj. sumptibus Societatis, 4. et mutato tantum primo folio, Lugd. ap. Pet. vander Aa.

1697. Catull. ex edit. Vossii, per Hadr. *Beverlandum* curatus, Lugd. Bat. 4.

1707. Cat. Tib. et Prop. opera ad optimorum exemplarium fidem recensita. Acc. variantes lectiones e MSS.

Cantabrigiæ, 4. — Splendida et inter cæteras conspicua editio ipsos poetas emendatissimos exhibet. Editor varr. lectt. adjecit quum ex aliorum annotatt. excerptas, tum ex Cod. Laudensi, collationibus in margine Aldinæ adscriptis, aliis collationibus Octav. Ferrarii, item ex antiquis editt. Reg. Lep. Brix. Venet. Ald. Colin.

1710. Cat. Tib. Prop. ex recens. Jo. Ant. *Vulpii* Bergomensis, cum ejusdem observatt. Patavii ap. Jos. Corona, 4. — Et adolescens, et nondum visa Brouckhusiana, hanc emiserat vir doctissimus. Multa retractavit in edit. posteriore.

1713. In corpore poetarum, Lond. fol. (cura *Maittarii.*)

1715. Cat. Tib. Prop. opera. Accedunt quædam eorumdem Poetarum carmina græce versa, cum oda Sapphus a Cat. latine reddita, et cum indice copioso. Lond. Jac. Tonson, 12. Mich. Maittarii cura prodiit. Ex Cantabrigiensi repetita est, una cum Var. Lect. Adjecta tabula, qua Scaligerianæ transpositiones comparatæ sunt, item græca versio nonnullorum carminum a Scaligero et Florente Christiano facta.

1723. Cat. Tib. Prop. ad fidem optimorum exemplarium recensiti, cum MSS. Varr. Lect. margini adpositis, ad celsissimum Aurelianensium Ducem. (Studio et opera Mich. *Brochard*) Paris. Coustelier, 4. — Nil aliud egit editor, quam ut edit. Scaligerianam recudendam traderet.

1733. Cat. interpretatio odæ Sapphicæ ad Lesbiam, in Wolffii edit. Sapphus fragmentorum, Hamb.

## ÆTAS VI. VULPIANA.

1737. Cat. cum copioso *Vulpii* commentario, Pat. 4. Notæ non tam in emendando et interpretando versantur, quanquam in hoc quoque, quam in conferendis locis veterum et recentiorum poetarum, in quibus eadem senten-

# ÆTAS VI. VULPIANA.

tia simili aliove modo expressa est, etiam per imitationem, ut lectores haberent exercitationem ingenii aptam ad imitationem, itemque ut copia verborum et sententiarum comparari possit.

1738. C. Val. Catullus in integrum restitutus. Ex MS. nuper Romæ reperto et ex Gallicano, Patavino, Mediol. Rom. Zanchi, Maffei, Scaligeri, Achillis, Vossii et aliorum. Critice Jo. Franc. *Corradini de Allio* in interpretes veteres recentioresque, grammaticos, chronologos, etymologos, lexicographos, cum vita poetæ nondum edita. Venet. fol. — De Corradini impudentia vid. Cl. Harles. introd. in not. lit. Rom. Vol. I, p. 326 sqq.

1738. C. Val. Cat. Opp. ex castigationibus observationibusque Grævii, Vossii et Vulpii emendata. S. a. et l. 12, accedit pervigilium Veneris ex castigatt. obssque Sanadoni emendatum.

1742. Cat. Tib. Prop. ad fidem optimorum librorum accurate recensiti, quibus adjectum est Pervigilium Veneris, Goettingæ, ex offic. Acad. A. van den Hoeck, 12.

1743. Cat. Tib. Prop. pristino nitori restituti et ad optima exemplaria emendati (curante Lenglet du Fresnoy), Acc. fragmm. C. Gallo inscripta. Lugd. Batav. (Paris. Coustelier) 12. Ad Scaligerianam rec. excusa est.

1754. Paris. ap. *Barbou;* novus titulus præced. edit. adfixus.

1762. Cat. Tib. Prop. Goettingæ, 12. quibus adjectum est pervig. Vener. Repet. ed. 1742.

1772. Cat. Tib. Prop. Birmingham. typis elegantissimis Jo. Baskerville, 4. et 12.

1773. Cat. Tib. Prop. Lond. per Harwood, 12.

1778. C. Val. Cat. Epithal. de nuptiis Pelei et Thetidos, varietate lectionis et perpetua adnotatione illustratum a Frid. Guil. *Doeringio,* Numburgi, 8.

1783. *Editio Bipontina.* Cat. Tib. Prop. cum C. Galli

fragmm. et Pervigilio Veneris; praemittitur notitia literaria, maj. 8.

1787. C. Val. Catulli carmen de nuptiis Pelei et Thetidis cum versione Germanica Christiani Friderici Eisenschmid, in usum tironum illustravit Carl. Gotthold *Lenz*. Altenburgi.

Nic. *Heinsii* notulae in Catullum editae sunt a Pet. *Burmanno* ad calcem Advers. Heinsianorum.

In Catulli *Attin* emendationes sunt in Miscell. Obs. Dorvill. Vol. II, p. 323 sqq. item in Carmen X, *Varus me meus*, Vol. V, p. 1 sqq.

Codex carminum Catulli eleganter scriptus in membrana, qui olim fuit Marquardi Gudii, una cum aliis ejusdem MSS. optimae notae pervenit in Bibliothecam Guelferbytanam Serenissimi Ducis Brunsvicensis. Aldina editio Catulli, Tibulli et Propertii vulgata anno 1582, 8. exstabat castigata passim et emendata manu viri docti in bibl. Ernest. — Codicem Cat. Tib. et Prop. silvarumque Statii ab Ant. Sinibaldo Florentiae anno 1484 descriptum Neapoli in Bibl. Olivetanorum vidit Bernhardus de Montfaucon, ut refert ipse in Diario Italico. p. 305. — Exemplar Catulli MS. quod Mediolani servat Bibl. Ambrosiana, mirifice praedicat Jos. Ripamontius in Card. Borromaei vita. Lucas Holstenius in Epist. Tom. V. Sylloges Burmannianae, p. 435. Jani *Broukhusii* schedas MStas in Catullum nactus David *Hoogstratanus* novam ejus poetae editionem notis illustratam meditabatur, sed morte praereptus est 21 Nov. a. 1724.

Bernardini *Realini* Carpensis, S. J. commentarius a juvene vix viginti annorum, antequam societatem ingrederetur, *in nuptias Pelei et Thetidis*: cum adnotationibus ejus in varia scriptorum loca, recusis in Tomo secundo Facis Criticae Gruterianae, p. 335—371. Vidit lucem Bononiae 1551, 4.

## ÆTAS VI. VULPIANA. 455

Rob. *Titii* prælectiones ad Catulli Galliambum sive carmen LXIV, Bonon. 1599, 4. cum aliis quibusdam ejus viri scriptis prodierunt, et in Grævii editione Catulli leguntur, atque in Parisiana an. 1604, fol. p. 216. Illa Parisiana in quibusdam exemplis præfert etiam annum 1608, vel 1615.

F. A. C. *Werthes* über den Atys des Catull, München, 1774, 8. Interpretationem excipiunt observationes.

Emendationes in Catulli Epithal. auctore Ch. Guil. *Mitscherlichio*: sunt adjectæ ejusdem epistolæ criticæ in Apollodorum, p. 43 — 51, Goettingæ, 1786.

## VERSIONES ET METAPHRASES.

Catulli Epithalamium græca metaphrasi donatum a Q. *Septimo Florente Christiano*, Paris. 4. 1587, apud Morell. Hæc metaphrasis recusa est in edit. Lond. 1715.

Carmina quædam e latino Catulli græce expressa leguntur in edit. Jani *Dousæ*, Lugd. 1592.

Poematia quædam Cat. Tib. et Prop. selecta græce reddita per Jos. *Scaligerum*, 1615, 8. — Repetita et hæc metaphrasis in edit. Lond. 1715, et illa phaseli in editione *Senftlebiana*, Lips. 8. 1642.

Amores Catulli ex poematiis ipsius petito argumento Gallica prosa ingeniose descripsit conjecturisque suis explicuit Joannes *Capellanus* (de la Chapelle, qui et an. 1712, amores Tibulli descripsit), Paris. 1680, et Amst. 1699, 12, duobus voluminibus, atque inter ejus opera, Paris. 1700, 12. Gallum sequutus Germanus est in libro, cui titulus «Joachim *Meyers* von Perlenberg Durchlauchtigste Römerin Lesbia,» etc. Lips. 1690, 8.

Catulli casta carmina, selecta a Raph. *Eglino* Iconio cum ejusdem vindiciis *Ciris* Catullianæ, adversus Jos. Scaligerum, Francof. 1606, 12. additis Scioppii epithetis et synonymis poeticis et notis ejusdem ad Claudii Verdierii censionem. Qui sub *Imperialis* nomine complures fabulas Romanenses sermone vernaculo Germanico (ut Jo. *Capellanus* sive *de la Chapelle* Gallico) edidit, testatur, etiam prælo se paratam habere Deliam, Cynthiam et Lycoridem, sive Catulli, Tibulli ac Propertii poemata versibus Germanicis expressa sic, ut fabulæ eroticæ illa intexuerit, et rerum Augusti Imperio Romæ gestarum non inamœnam narrationem fuerit persequutus.

*Epithalamium Thetidos et Pelei* redditum carmine Italico a Ludovico *Alamanno*,[1] qui primus in heroicis usus fuit genere versuum liberiori, quod Italis *versi sciolti*[2] appellatur: uti post Alamannum deinde fecere Ludovicus *Martelli* in Metaphrasi libri quarti Æneidos, Hippolytus de Medicis in Metaphrasi libri secundi, Trissinus in Claudiano de raptu Proserpinæ, et alii deinde in aliis.

Petrus *Taisand* Quæstor Burgundiæ a. 1715, æt. 72, defunctus, inter alia, quæ in ejus vita memorantur, reliquit versionem Gallicam Officiorum Ciceronis et Metaphrasin Catulli. Vide *Journal des Savans* 1716, Sept. p. 300.

Epitalamio nelle nozze di Peleo e Teti di C. Val. Catullo tradotto in versi Toscani (ab Octav. *Nerucci*) Siena, 1751, 8.

Traduction en Prose de Catulle, Tib. et Gallus. Par l'Auteur des Soirées Helvetiennes (Mr. de *Pezay*) Tom. 2, Amst. 1771, 8. avec un discours préliminaire. Tom. I complectitur Catulli textum cum versione et notis. Nonnullorum carminum obscœnorum solus textus exhibetur. Sed versio levior habetur.

Poemetto di Catullo intorno alle nozze di Peleo e di

---

1. Giornale de' letterati d'Italia, T. XXXIII, p. 324.
2. Quasi *versus solutos* dixeris et homœoteleutorum lege liberos.

Teti, ed un epitalamio dello stesso, tradotti in versi Italiani (a Joseph. *Torelli*), Verona, 1781, maj. 8.

Catull's epischer Gesang von der Vermählung des Peleus, metrisch übersetzt und mit einigen Anmerkungen begleitet von J. *Gurlitt*. Leipz. 1787, 8.

Versio *Eisenschmidiana* Germanica excusa est in edit. Lenzii, Altenb. 1787.

# ADDENDA

### EX EDITIONE LONDINENSI ANNI 1822,

#### CURANTE A. J. VALPY, DESUMPTA.

Catulli carmina minora (cum notulis), curavit T. S. Forbiger. Lips. 12. 1794.

C. G. Lenzii Epistola in loca quædam carminis Catulli de nuptiis Pelei et Thetidos. Gothæ, 1808, 4 maj.

Observationum criticarum in Catulli carmina specimen scripsit Ferd. Handius. Lips. 1809, 8 maj.

Omnia Catulli casta carmina, notis Doeringianis comitata, complectitur libellus, in usum Scholarum editus, cui titulus est, « Excerpta ex variis Romanis poetis, » etc. Lond. Rivington. 12. 1817, editio secunda.

Catulli carmina ad membranarum meliorum et editionum principum fidem recensuit, suasque animadvv. adjecit J. G. H. Klindworth. Pars prima, prolegom. carminumque textum; pars 2da. commentar. crit. indicesque continens. 8 maj. Lips. 1818 (adhuc sub prælo).

*Nouvelles additions à la notice des éditions et traductions de Catulle*, par M. BARBIER.

C. Valerii Catulli elegia ad Manlium ; lectionem constituit Laur. *Santenius.* Lugd. Batav. 1788, in-4. p. 67.

C. Valerii Catulli carmina, varietate lectionis et perpetua adnotatione illustrata a F. W. *Doering*, accedit index uberrimus. Lipsiæ, 1788—1792, 2 vol. in-8.

C. Val. Catullus; recensuit Joh. *Wilkes*, Anglus. Londini, 1788, in-4.

Catulli, Tibulli et Propertii opera. Parmæ, *in Ædibus Palatinis (Bodoni)*, 1794, in-fol.

Catullus, Tibullus, Propertius cum Galli fragmentis et Pervigilio Veneris. Præmittitur notitia literaria studiis Societ. Bipontinæ. edit. secunda. Biponti, 1794, in-8.

Catulli fragmentum. Parisiis, 1806, in-8.

Ce fragment est supposé ; il est de la composition de l'espagnol Marchena qui avait attribué à Pétrone en 1800, un fragment du même genre.

Catulli, Tibulli et Propertii opera cum interpretatione ac notis in usum Delphini nec non aliis variorum commentariis, curante et imprimente A. J. Valpy. Londini, 1822, in-8.

Caii Valerii Catulli Carmina, e recensione Fried. Guil. *Doeringii*, edidit *Amar*. Paris. Lefevre, 1821. gr. in-32.

Ce volume fait partie de la Collection publiée par M. Lefevre, sous le titre de *Scriptores latini principes*.

### TRADUCTIONS FRANÇAISES.

Les poésies de Catulle et Tibulle, en latin et en français, avec des remarques par l'abbé de *Marolles*. Paris, 1653, in-8.

Les poésies de Catulle en vers français, par l'abbé de Marolles, traduction revue et corrigée. Paris, 1676, in-4.

L'auteur donna en 1678 la traduction de Tibulle et de Properce : il avait publié en 1673 les traductions en vers de l'épithalame de Junie et de Manlius, le chant nuptial et les noces de Thétis et de Pélée. On les trouve dans le tom. I*er* de sa traduction de Virgile en vers.

Les noces de Thétis et de Pélée, poëme de Catulle, traduction en vers avec des remarques, par *Le Gendre*. Lyon, 1701, in-12.

Traduction complète des poésies de Catulle, suivie des poésies de Gallus et de la Veillée des fêtes de Vénus, avec des notes grammaticales, critiques, littéraires, etc. par M. *Noël*, inspecteur-général de l'université. Paris, 1805, 2 vol. in-8.

Les noces de Thétis et de Pélée, poëme de Catulle, trad. en vers français, par *Ginguené*. Paris, 1812, in-18. avec le texte latin.

Elégies de Catulle, de Tibulle et de Properce, trad. en vers, par C. L. *Mollevaut*. Paris, 1816, 3 vol. in-18.

Les noces de Thétis et de Pélée, suivie d'Atys, traduction de Catulle, par C. *Boutereau*. Paris, Rignoux, 1824, in-32.

### TRADUCTIONS ITALIENNES.

M. Noël, dans le discours préliminaire de sa traduction, avoue ne connaître de traduction complète de Catulle en italien, que celle qui est insérée dans l'ouvrage intitulé : *Raccolta di tutti gli antichi Poeti latini, colla loro versione nell' italiana favella*, Milano 1731, sous le nom *di Parmindo Ibichense, Pastore Arcade*, c'est-à-dire, D. Francesco Maria Biacca, Parmigiano. Cette version est en général assez fidèle, mais quelquefois un peu diffuse.

Catullo, Tibullo e Properzio d'espurgata lezione, tradotti dall' abate Raffaele Pastore; in Vinegia, 1776, in-12.

Libro di Catullo tradotto in versi ital. a rincontro del testo lat. da L. *Subleyras* nell' anno 1770, ediz. II, Rom. 1812, in-8.

Le nozze di Teti e di Peleo, poema di Catullo, in italiani versi recato dal conte Saverio Broglio d'Ajano. Parma, 1784, in-8. Réimpr. en 1801 à Paris chez Renouard, avec d'autres traductions en vers ital. des poëmes de divers auteurs.

## TRADUCTIONS ANGLAISES.

Traductions de Catulle, Tibulle et Properce, par Fr. Willis dans les *miscellany poems and translations by Oxford Hands*, Londres, 1685, in-8.

The poems of Caius Valerius Catullus in english verse; with the latin test revised and classical notes. London, 1795, 2 vol. in-8.

The elegies of Tibullus translated into english, by M. Dart. London, 1720, in-8.

A poetical translation of the elegies of Tibullus, and the poems of Sulpitia. With the original text and notes critical and explanatory, by James Grainger. London, 1759, 2 vol. in-12.

Propertii Monobiblos; or that Book of the elegies of Propertius, intitled Cynthia, translated into english verses, with classical notes. Londres, 1782, in-8.

# INDICES TRES

AD

C. VALERIUM CATULLUM.

# INDEX PRIMUS
## IN
# CATULLI CONTEXTUM.

### A.

*A*, *ab*, ustore tunderetur, LIX, 5, ita passim. — *A* luce refulgent undæ, LXIV, 276. — fletu uvidulam, LXVI, 63. — dolore accidere potest, XCVI, 2.— ab oris patriis avectam, LXIV, 132. — gremio se movebat, III, 8. — limine mortis restituit, LXVIII, 4. — cano capite succitat, LXVIII, 124. — caro corpore abesse volunt, LXVI, 32. — a populo pudice conserves mihi puerum, XV, 6.— glabris abstinere, LXI, 141. — a sede Pisauri hospes, LXXXI, 3. — a virgine parva, LXVI, 26.

*Abduco*, abducta mœcha, LXVIII, 103.

*Abeo*, abit dies, LXI, 79, passim. — abiit sonitus labellis, LXIII, 74. — abite, XIV, 21.— hinc, XXVII, 5. — abire foras, XXXII, 6. — hoc non tibi sic abibit, XIV, 16.— abit furor in quiete, LXIII, 38.

*Abhorreo*, abhorret tantum, XXII, 11.

*Abiegnis* palmis verrentes æquora, LXIV, 7.

*Abjicio*, abjice elevaque, XXIV, 9.—abjectis tunicis, LXXXVIII, 2.

*Abitum* post horum, LXIV, 279.

*Abjungo*, abjunctæ comæ, LXVI, 51.

*Abluo*, abluit Oceanus scelera, LXXXVIII, 6.

*Abrumpo*, abruptum barathrum, LXVIII, 108. — abrupto conjugio, *ibid.* 84.

*Abscondo*, abscondis non amorem, LXI, 205.

*Absorbeo*, absorbens te æstus amoris, LXVIII, 107.

*Abstergo*, abstersti labella, XCIX, 8.

*Abstineo*, abstine, LXI, 143. — abstinete hinc rapinas, XIX, 9.

*Absum*, abero foro, patria, LXIII, 59. — abesse non longo tempore, LXVIII, 85. — abfore me discrucior, LXVI, 76.—abest a te saliva, XXIII, 16.

*Absumo*, absumens lumina in fletus, LXIV, 243. — *Absumpti* Ityli, LXV, 14.

*Abutor*, abusum se esse numine divum, LXXVI, 4.

*Ac*, non minus ac tibi, LXI, 176.

*Accido*, accideret ne hoc ipsi, LXXIV, 3. — *Accidere* potest gratum a nostro dolore, XCVI, 2.

*Accipio*, accipiunt pretium, CX, 2. — *Accipe* munera, CI, 9. — oraculum, LXIV, 326. — queis merser fluctibus, LXVIII, 13. — *Accipiat* cogitationes, XXXV, 6. — conjux divam, LXIV, 374. — *Accipcrent* quum læti divum aris spumantibus, LXIV, 394. — *Acceptum* sepulcris, XCVI, 1. — *Acceptum* redditumque votum, XXXVI, 16. — *Accepto* carmine, XC, 5.

*Accolo*, accoluere vitem nulli agricolæ et juvenci, LXII, 53.

*Accuba*, accubans in toro, LXI, 171.

*Acer*, acres morsus, II, 4. — acrior ignis, XLV, 15. — multo res, LXXXIII, 5.

*Acerbus*, acerba cinis virum et virtutum omnium Troja, LXVIII, 90. — *Acerbo* casu oppressus, *ibid.* 1. — *Acerbius*, LXXIII, 5.

*Acervus*, acervis corporum cæsis, LXIV, 360.

*Acies*, aciem (*oculi*) dirigere, LXIII, 56. — protenderet, LXIV, 127.

*Acina* ebriosa ebriosioris « Posthumiæ », XXVII, 4.

*Acquiesco*, acquiescimus lecto, XXXI, 10. — *Acquiescat* ardor, II, 8.

*Acutus*, acuta silice, LXIII, 5. *Acutis* ululationibus, *ibid.* 24.

*Ad* Austri flatus opposita villula, XXVI, 1. — cælum vocare, VI, 17. — dominam pipilabat passer, III, 10. — latus hæres, XXI, 6. — lecticam, X, 16. — quam exerceremus amores, LXVIII, 69. — usque, IV, 24, passim.

*Addo*, addebat quemdam, LXVII, 45. — *Addiderat* captam Asiam Ægypti finibus, LXVI, 36. Videantur Variæ Lectiones. — *Addent* huc divi quam plurima munera, LXVIII, 153. — *Adde* huc, LV, 27.

*Adduco*, adducta mens mea est, LXXV, 5.

*Adeo*, adiit ultima loca litoris, LXIII, 87. — opaca loca, LXIII, 3. — Idam chorus, LXIII, 30. — *Adibit* te, VIII, 16. — *Adeat* cubile, LXI, 183. — *Adirem* omnia latibula, LXIII, 54.

*Adeo* adverb. LXIII, 25, passim.

*Adf.* vid. *Aff.*

*Adg.* vid. *Agg.*

*Adhortor*, adhortans sese, LXIII, 85.

*Adimo*, ademit luctus munera, LXVIII, 31. — ademptum fratri lumen, LXVIII, 93. — adempte mihi frater, *ibid.* 20 et 92.

*Adipiscor*, adepta es connubium regium, LXVI, 27. — est par connubium, LXII, 57.

*Aditus*, aditum ferat huc, LXI, 43. — ferens, *ibid.* 26.

*Adjuro*, teque tuumque caput, LXVI, 40. — *Adjurarit* inaniter caput tuum, *ibid.* 41.

*Adjuvo*, adjuvato, ne quis, etc. XXXII, 4.

*Admiror*, admirans aithæc, LIII, 4. — *Admirantes* Nereides monstrum, LXIV, 15. — *Admirari* desine cur, LXIX, 10. — quare, *ibid.* 1.

*Admoveo*, admovere manus; *ad* calcem carminis XIV, 26.

*Adn.* vid. *Ann.*

*Adolesco*, adolescens, LXIII, 63. — adulta lacte ubera, XX, 11.

*Adorior*, adorta est canere, LXIII, 11.

*Adspecto*, adspectans carinam, LXIV, 249.
*Adspicio*, adspexi, LI, 7. — *Adspiciam* posthac te nunquam, LXV, 11. — *Adspice*, ut vir tibi accubans immineat, LXI, 171. — *Adspicite* ut innuptæ requirunt, LXII, 12. — Di miserum, LXXVI, 19.
*Adspiro*, adspirans levius aura, LXVIII, 64.
*Adsulitantis* ponticuli crura, XVII, 3.
*Adsum*, ades, LXII, 5, passim. — *Adest*, LXI, 77; LXII, 1; LXIV, 286. — Thetidi et Peleo concordia, LXIV, 337. — *Adeste*, XLII, 1.
*Adulter* vorax, LVII, 8.
*Adultera* in mala vir deditus est, LXI, 102.
*Adulterium*, adulterio impuro, LXVI, 84. — *Adulterium* malum, LXVII, 36. — patrui, LXXVIII, 6. — *Adulterio* fœcundum semen, CXIII, 4.
*Advenio* ad inferias, CI, 2. — *Advenit* Chiron, LXIV, 280. — pater Divum, *ibid*. 300. — dies, LXI, 37. — domum Laodamia, LXVIII, 73. — *Adveniet* fausto cum sidere, LXIV, 329. — tibi Hesperus, *ibid*. 329.
*Advento*, adventate huc, LXIV, 195.
*Adventus*, adventu matris, LXV, 22. — tuo, LXII, 33.
*Adversus* te sedens, LI, 3.
*Adversas* currere in undas, LXIV, 128.
*Advocatus* tibi non bene Deus, XL, 3.
*Advolo*, advolat equus ales, LXVI, 55.
*Ægroti* carnificis culum lingere, XCVII, 12.
*Æmulus* iste tuus, LXXI, 3.

*Æqualis*, æquales, LXII, 11 et 32.
*Æque* ac, XXII, 16.
*Æquinoctialis* cæli furor, XLVI, 2.
*Æquo*, æquabat opus dens, LXIV, 316. — *Æquata* omnia pumice, XXII, 8.
*Æquor* ponti truculentum, LXIV, 179. — ventosum, *ibid*. 12. — *Æquora* multa, CI, 1.
*Æquoreæ* Nereides, LXIV, 15.
*Æquus*, æquum est, LXII, 60; LXVIII, 141.
*Aër*, aera impellens nutantibus pennis, LXVI, 53.
*Aerius*, aerii montis, LXVIII, 57. — montis cacumen, LXIV, 241. — *Aerio* gyro, LXVI, 6. — *Aeria* cupressu, LXIV, 292. — *Aerii* venti, LXIV, 142. — *Aerias* nebulas, XXX, 10.
*Æstimatione* me movet linteum, XII, 12.
*Æstimo*, æstimemus unius assis, V, 3.
*Æstuo*, æstues insolenter, XXV, 12. — *Æstuante* animo, LXIII, 47.
*Æstuosus*, æstuosi Jovis oraculum, VII, 5. — *Æstuosæ* Nicææ, XLVI, 5.
*Æstus* amoris, LXVIII, 108. — gravis, *ibid*. 62. — pelagi vastos, LXIV, 127.
*Ætas* fugiens sæclis obliviscentibus, LXVIII, 43. — florida, *ibid*. 16. — mea carpitur, *ibid*. 35. — nulla, LXIV, 322. — prospera, *ibid*. 238. — nec ulla obliteret, *ibid*. 232. — *Ætate* confecto parenti, LXVIII, 119. — longa, LXXVI, 5.
*Æternus*, æternum laborem, LXIV, 311. — *Æternum* fœdus amicitiæ, CIX, 6.

*Æther*, æthera lustravit album, **LXIII**, 40.
*Ætherius*, ætherias per auras me tollens, **LXVI**, 55.
*Ævum* omne, **I**, 6.
*Affero*, attulit letum fratri, **LXVIII**, 92. — *Attuleris* si tecum bonam cœnam, **XIII**, 3 et 6. — *Affertur* nuntius, **LXXXIV**, 10.
*Affligo*, affligit illam odore, **LXXI**, 6.
*Agellulum* hunc, quem vides, etc. **XX**, 3.
*Ager* uber, **XLVI**, 5. — *Agros* exustos, **LXVIII**, 62.
*Aggere* excelso, **LXIV**, 364.
*Agito*, agitant sacra ululatibus, **LXIII**, 24.
*Agnosco*, agnoscam gaudia, **LXIV**, 238.
*Agnus* pinguis, **XX**, 12.
*Ago* maximas grates, **XLIV**, 17. — *Agit* gratias maximas, **XLIX**, 5. — te præcipitem in iambos, **XL**, 2. — quod *egi* jamjam dolet, **LXIII**, 73. — vitam, **LXXVI**, 19. — *Egit* Liber Thyadas, **LXIV**, 392. — *Age*, **LXI**, 26, etc. — *Agedum*, **LXIII**, 78. — *Age* incitatos et rabidos, **LXIII**, 93. — *Agite*, **LXI**, 38, etc. — si quid *ages*, **XXXII**, 9. — *Ageret* quum ætas ver jucundum, **LXVIII**, 16. — *Agitur* præceps malum prono decursu, **LXV**, 23.
*Agricola*, agricolæ tecta, **XXXIV**, 19. — multi, **LXII**, 55. — nulli, *ibid.* 53.
*Ah*, **XXI**, 11; **LXI**, 46. — misera! **LXIV**, 71. — te miserum, **XV**, 17. — magis ah magis, **LXI**, 46.
*Aio*, ait fuisse celerrimus, **IV**, 2. — *Ait* hæc, **LIII**, 4, etc.
*Ala* p. axilla, valle alarum, **LXX**, 6. — hircus, **LXXI**, 1.

*Alacer*, alacres furebant mente lymphata, **LXIV**, 255.
*Albicantis* litoris loca, **LXIII**, 87.
*Albulus* columbus, **XXIX**, 9.
*Albus* an ater homo, **XCIII**, 2.
— *Alba* parthenice, **LXI**, 194.
— *Album* æthera, **LXIII**, 40.
*Aleo*, **XXIX**, 2, passim.
*Ales* equus, **LXVI**, 54. —
*Alite* cum bona, **LXI**, 20. —
*Alites* oscitantes, **V. L. XXV**, 5. —
*Alitibus* præda dabor, **LXIV**, 152.
*Alga*, ex alga, **LXIV**, 60. — vacua, *ibid.* 168.
*Algida* loca, **LXIII**, 70.
*Alienus*, aliena terra, **LXVIII**, 100. — *Aliena* loca, **LXIII**, 14.
*Alio* adverb. **LXII**, 15.
*Aliquis*, **LXVII**, 37. — *Aliquem*, **LXXIII**, 2. — *Aliquid* non bene factum, **LXVII**, 13. — *Aliquid* esse solebas putare meas nugas, **I**, 4. — sceleris, **XCI**, 10. — *Aliqua* re, **XXII**, 19.
*Aliunde* ne petitum eat, **LXI**, 153.
*Alius*, alia atque alia dies, **LXVIII**, 152. — *Alia* ex parte, **LXIV**, 252. — luce, **LXIV**, 16. — *Alio* mentes alio divisimus aures, **LXII**, 15. — *Alios* periculorum casus, **XXIII**, 11. — *Aliis* in annis, **XXI**, 3; **XXIV**, 3; **XLIX**, 3. — pro multis officiis redditur tibi hoc munus. *Alis* (pro *alius*), **LXVI**, 28. — *Alid* (pro *aliud*), **XXIX**, 16. Vid. **V. L.**
*Alloquor*, alloquar? **LXV**, 9. —
*Alloquerer* mutum cinerem, **CI**, 4. — *Allocuta* est patriam, **LXIII**, 49.
*Allocutio*, allocutionis parum quid lubet, **XXXVIII**, 7. — *Allocutione* solatus es, *ibid.* 5.
*Alludo*, alludebant fluctus salis

omnia delapsa e corpore, LXIV, 67.
*Alluo*, alluit unda pedem, LXV, 6.
*Alnus* supernata securi, XVII, 18.
*Alo*, alit nata caput nepotis, LXVIII, 120.—*Alebat* amor tuus nostra gaudia, LXVIII, 24 et 96. — lectulus virginem in complexu matris, LXIV, 88.
*Alter*, XIX, 7 et 9. — *Altera* urbana, LVII, 4. — hiems, LXVIII, 82.—*Alterius*, LXXVIII, 2.— *Altera* mille basia, V, 8 et 9.
*Alternus*, forte : alternum fœdus amicitiæ, CIX, 6. Vid. V. L.
*Altus* amor, LXVIII, 117. — *Alto* Oceano, LXVI, 68. — *Altis* Phrygiæ columnibus, LXIII, 71. —*Altior* amor barathro, LXVIII, 117. — *Altiore* voce, XLII, 18, et al.
*Amabilis*, vita frater amabilior, LXV, 10.
*Amaraci* suaveolentis floribus, LXI, 7.
*Amaritiem* dulcem quæ miscet curis, LXVIII, 18.
*Amarus*, amariores calices, XXVII, 2.
*Ambo* erudituli, LVII, 7. — *Ambos* ulciscitur, LXXI, 5. — *Ambas* manus, XXXV, 10.—*Ambobus* oculis, CIII, 2.
*Ambrosia* dulci, XCIX, 2. — *Ambrosio* vertice, LXIV, 310. — *Ambrosium* osculum, XCIX, 13.
*Ambulatione* Magni, LV, 6.
*Amens*, amenti cæca furore, LXIV, 197.
*Amicio*, amictum lana colum, LXIV, 312. — *Amicta* nive loca, LXIII, 70.
*Amicitia* unica, C, 6. — *Amicitiæ* nostræ pestis, LXXVII, 6. — sanctæ, CVIII, 6. — *Amicitias*

olim amissas flemus, XCIII, 4.
*Amictus* fluitantis, LXIV, 68. — *Amictu* levi, ibid. 64. — suo, ibid. 267.
*Amiculus*, amiculi dulcis nil miseret, XXX, 2.
*Amicus*, amica decoctoris Formiani, XLI, 4; XLIII, 5.—*Amicæ* bonæ laudantur, CX, 1. — *Amici* sui meique, XXXV, 6. — *Amicum* tibi me ducis, LXVIII, 9.—unum atque unicum, LXXIII, 6. — *Amicam* dilexi, LXXII, 3. — *Amice*, credite mihi! LXXVII, 1. — *Amico* fido, CI, 1. — *Amicos* convocate, XLI, 6. — nobiles, XXVIII, 13. — *Amicis* e meis omnibus, IX, 1.— *Amicis* abero, LXIII, 59.
*Amitto*, amisit castum florem, LXII, 46. — *Amittere*, LXIV, 150. —*Amisso* viro, LXVIII, 80. — *Amissum* Thesea, LXIV, 246. — *Amissas* amicitias, XCVI, 4.
*Amnis* aurifer, XXIX, 20. — *Amnium* sonantum, XXXIV, 12.
*Amo* te perdite, XLV, 3. — *Amant* mutuis animis et amantur, ibid. 20. — *Amabat* plus oculis suis, III, 5, — *Amare* meos amores voluisti, XL, 8.—magis, sed bene velle minus, LXXII, 8. — *Amans* nullum vere, XI, 19. — *Amarem* ni te plus oculis, XIV, 1. — perdite, CIV, 3. — *Amari* te sineres ab illo, XXIV, 6.—*Amata* nobis, VIII, 5.—*Amata* tantum, quantum amabitur nulla, XXXVII, 12.—*Amatam* se vere, LXXV, 1. — *Ament* me Dii, XCVII, 1. — *Amabo* (interject.) XXXII, 1.
*Amor*, XLV, 8 et 17.—*Cupido*. amor altus, LXVIII, 117. — assiduus, LXVI, 88. — dulcis, LXVI, 6. — magnus, XCI, 6. — nullus, LXIV, 335. — *Amoris*

æstus, LXVIII, 107. — fructus, LV, 19.— *Amori* infesto, XCVIII, 11. — misero, *ibid.* 15.—*Amorem* avidum, LXVIII, 83. — bonum, LXI, 205. — desertum, LXI, 130. — dulcem, LXIV, 120. — jucundum, CIX, 1. — longum, LXXVI, 13. — perpetuum, CIX, 1. — *Amore* conjugis, LXVIII, 73. — incensus, LXIV, 254. — cæco, LXVII, 25. — fido, LXIV, 182. — flexanimo, *ibid.* 330. — impotente, XXXV, 12. — ingrato, LXXVI, 6. — miserò, XCI, 2. — perdito, *ibid.* — *Amores*, VI, 16; meos, XV, 1. — communes, LXVIII, 69. — furtivos, VII, 8. — meros, XIII, 9. — tales, LXIV, 335. Vid. Not. — veteres, XCVI, 3.— animi optatos, LXIV, 373.

*Amplector*, amplectitur mari orbem Oceanus, LXIV, 30.

*Amplifice* vestis decorata figuris, LXIV, 265.

*Amplius*, si quid amplius potestis, XLII, 23. — ( de tempore ) ne *amplius* petas, LXVIII, 14. — horam, XCIX, 3. — *Amplius* loti, XXXIX, 21.

*An*, LXXX, 5. — utrum-*an*, XVII, 22; XCIII, 2. — ne - *an*, X, 31.

*Anceps*, ancipiti ferro, LXIV, 370.

*Ancilla*, LXVII, 42.

*Angiportis* et quadriviis, LVIII, 4.

*Anguineus*, anguineo redimita capillo, LXIV, 193.

*Angusto*, iter angustans, LXIV, 360.

*Angustus*, angusta quum mœnia malis vexarentur, LXIV, 80.

*Anhelans* Atys, LXIII, 31.

*Anilitas* cana, LXI, 162.

*Anima* dulcius conjugium, LXVIII, 106. —*Animam* tradere, XXX, 7.

*Animus* cupiens, LXIV, 145. — rabie carens, LXIII, 57. — *Animi* amores, LXIV, 373.—curas, II, 10. — delicias, LXVIII, 26. —fides, CII, 2. — furor, LXIII, 38. — mens, LXV, 4. — egens Atys, LXIII, 31. — vagus Atys, *ibid.* 4. — *Animum* rapidum, LXIII, 85. — supinum, XVII, 25. — *Animo* æstuante, LXIII, 47. — effluxisse dicta, LXIV, 18. — non satis ingenuo, LXVIII, 38. — studioso, CXVI, 1. — toto, LXIV, 70. —*Animis* mutuis, XLV, 20.

*Annales* Volusi, XXXVI, 1 et 20; XCIII, 7.

*Anne*, XL, 5 et al.

*Annuo*, annuit defendere, LXIV, 230. — omnia omnibus, LXI, 163. — numine, LXIV, 204.

*Annus*, anno toto, XXIII, 20. —*Annos* omnes te amare paratus, XLV, 4. — *Annis* in aliis, XXI, 3 et al.

*Annuus*, annuum iter, XXXIV, 18. — *Annua* sacra, LXIV, 389.

*Anser*, anseris medullula mollior, XXV, 2.

*Ante* omnes mihi me carior ipso, LXVIII, 159. — adv. LXVI, 51 et al.

*Antea*, IV, 10, et al. sæp.

*Antennæ* deponant vestem funestam, LXIV, 234.

*Antiquus*, antiquis piis munera ferre, LXVIII, 154; LXVI, 64.

*Antistans* ex omnibus amicis, IX, 2.

*Anus* mater, IX, 4. — *Anus* charta, LXVIII, 46. - *Anus* fama, LXXVIII, 10.

IN CONTEXTUM. 469

*Anxius*, anxia Ariadne, LXIV, 203. — mater, *ibid.* 380. — mens, LXVIII, 8. — lumina, LXIV, 243.
*Aper* nemorivagus, LXIII, 72.
*Aperio*, aperire domum, LXVII, 40.— *Apertos* Syros, XXXVI, 12.
*Apisci* praegestit animus, LXIV, 145.
*Appareo*, apparet, LXIV, 168 et al.
*Appeto*, coenas sumptuosas, XLIV, 9. — *Appetenti* dare digitum, II, 3.
*Applico*, applicans collum, IX, 8.
*Approbationem* dextram sternuit, XLV, 9 et 18.
*Approbo*, approbet laus genus, LXI, 227.
*Aptus*, apta clava dextrae, XX, 21.— *Aptis* sarcinulis, XXVIII, 2.
*Apud* me, XIII, 1; LXVIII, 33. —nivem ut forem, LXIII, 53.
*Aqua* rabida, LXX, 4.
*Ara*, aram sanguine linit hirculus, XIX, 15. — *Aris* laeti spumantibus, LXIV, 394. Vid. V. L.
*Aranea* sublimis, LXVIII, 49.
— *Aranearum* plenus est sacculus, XIII, 8.
*Araneoso* situ mollior, XXV, 3.
*Araneus*, XXIII, 2.
*Aratrum*, aratro nullo, LXII, 40. — praetereunte, XI, 24. — *Aratris* desertis, LXIV, 42.
*Arbitrium*, arbitrio populari, CVIII, 1.
*Arbitror*, XXXIX, 8.
*Arbor*, arboris umbram, LXIV, 41. — *Arborem* implicat hedera, LXI, 35. — *Arbores* assitas, LXI, 107.
*Arca*, XXIII, 1. *Arcam*, XXIV, 10, passim.
*Arceo* furis malas manus, XX, 5.
*Ardeo*, ardet acrior ignis mollibus in medullis, XLV, 16.
*Ardens*, ardenti juveni, LXII, 23.— *Ardente* corde, LXIV, 124.
— sub sole, LXIV, 355.
*Ardor*, LXII, 29.— *de Hespero*, gravis, II, 8.
*Arena*, arena sola, LXIV, 57.
— *Arenae* Libyssae, VII, 3.
*Argentum*, argento fulgente splendent sedes, LXIV, 44.
*Arguo*, arguet perfidiae nulla aetas, LXIV, 323.
*Argutus*, arguta in solea constitit, LXVIII, 72.
*Argutatio* lecti, VI, 11.
*Aridulis* labellis haerebant lanea morsa, LXIV, 317.
*Aridus*, arida populus, XX, 2.
— quercus, XIX, 3. — *Aridum* si quid magis est, XXIII, 13. — *Arida* pumice, I, 2. — *Aridis* aristis, XLVIII, 5.
*Arista*, mollis, XIX, 11. — rubens, XX, 7.— aridae, XLVIII, 5. — densae, LXIV, 353.
*Armatus*, armatas hominum catervas, LXIV, 397.
*Ars*, arte mira, LXIV, 51. — rustica, XX, 1.
*Articulis* omnibus, XCIX, 8.
*Artus*, artus niveos, LXIV, 304 et 365. — sub *artus* flamma dimanat, LI, 9.— imos, LXXVI, 21.
*Arundinosam* Cnidum quae colis, XXXVI, 13.
*Arvum*, arva, CXIV, 3. —*Arvo* nudo, LXII, 49. — *Arva* flaventia, LXIV, 354.
*Arx*, arce summa, LXIV, 242.
—*Arcis* in summis urbibus, *ibid.* 8.
*As*, assis non facis, XLII, 13.
— unius aestimemus, V, 3.—*Asse* venditare, XXXIII, 8.
*Asinus*, asino pistrino traditur, XCVII, 10.

*Aspera* herba, XIX, 8.

*Aspernor*, aspernata est Pelea Diana, LXIV, 302.

*Aspicio* vid. *Adspicio*.

*Asservo*, asservanda puella diligentius, XVII, 16.

*Assiduus* amor, LXVI, 88 — *Assidua* diligentia, XIX, 7. — *Assiduo* dolore, LXV, 1. — fletu, LXVIII, 55. — munere, LXI, 234. — *Assiduos* fletus, LXIV, 243. — *Assiduis* luctibus, LXIV, 71. — *Assidue*, XLV, 4; XCII, 4 et al.

*Assitus*, arbores assitæ, LXI, 106.

*At*, VIII, 14; X, 21. — certe, LXV, 11. — Dii meminerunt, XXX, 11 et al.

*Ater* an albus homo, XCIII, 2. — Lanuvinus, XXXIX, 12.

*Atque* alia *atque* alia dies, LXVIII, 152. — *Atque* illud præceps agitur, LXV, 23.

*Attenuo*, attenuat falx arboris umbram, LXIV, 41.

*Attero*, attritus pulvinus, VI, 10.

*Attingo*, quem si qua attingit, XCVII, 11. — simul ac *attigit* poemata, XXII, 15. — *Attingam*, XXXIX, 13. — *Attigerit* prior, LXVII, 20.

*Attraho*, attractis pedibus, XV, 81.

*Attribuo*, attributus est error suus cuique, XXII, 20.

*Aucto*, auctet te Jupiter bona ope, LXVII, 2,

*Auctor*, auctore a quo sunt nata omnia bona, LXVIII, 157.

*Aucupia* omne genus, CXV, 3.

*Audacter* committe, LV, 16 et al.

*Audax*, cave sis, L, 18 et al.

*Audeo*, audes illum præponere nobis, LXXXI, 6. — *Audet*, LXVIII, 112. — *Ausit* comparaier, LXI, passim. — *Ausurum* me non putas inrumare, XXXVII, 7. — *Ausus* es explicare, I, 3. — *Ausi sunt* decurrere vada salsa, LXIV, 6.

*Audio*, audibant eadem hæc leniter et leviter, LXXXIV, 8. — *Audivi* illam sæpe loquentem, LXVII, 41. — *Audierat* Gellius patruum objurgare solere, LXXIV, 1. — *Audite* meas querelas, LXIV, 195. — *Audiens* se citarier, LXI, 41. — desertum domini amorem, ibid. 129. — *Audierone* unquam tua facta loquentem? LXV, 9. — *Audiam* te narrantem loca, facta, etc. IX, 6. — *Audias* nostra verba, LXI, 98. — magis *audiens* nupta, ibid. 82.

*Aufero*, abstulit hoc studium fraterna mors, LXVIII, 19. — fortuna te mihi, CI, 5. — Hesperus unam e nobis, LXII, 32. — *Abstulistis* tam bellum passerem, III, 15.

*Augeo*, augens decus virtutibus, LXIV, 323. — *Auctus* rex novo hymenæo, LXVI, 11. — *Aucte* tædis felicibus, LXIV, 25. — *Auctæ* auræ nullis sensibus, LXIV, 165.

*Aura*, fœcunda Favoni, LXIV, 283. — secunda, LXVIII, 64. — verna, LXIV, 90. — sive dextra vocaret, IV, 20. — *Auræ* auctæ nullis sensibus, LXIV, 165. — mulcent florem, LXII, 41. — *Auris* ignaris, LXIV, 164. — lenibus, ibid. 84. — Zephyri jucundis, XLVI, 3.

*Auratam* pellem avertere, LXIV, 5.

*Aureolus*, aureolum quam ferunt fuisse puellæ malum, II, 12. — *Aureolos* pedes, LXI, 167.

*Aureus*, aurea corona, LXVI, 60. — *Aurei* oris sol, LXIII, 39.

## IN CONTEXTUM.

— *Aureas* comas quatiunt faces, LXI, 99.

*Auriculam* quæ mihi non esse speraret, LXVII, 44.

*Aurifer* amnis Tagus, XXIX, 20.

*Auris*, aure captat cupida maritos, LXI, 55. — *Aures* fors invidit quæstibus nostris, LXIV, 170. — ad geminas referens nova nuntia, LXIII, 75. — omnibus requierant, LXXXIV, 7. — tintinant sonitu, LI, 11. — *Auribus* digna res, LVI, 2.

*Aurora*, aurora exoriente, LXIV, 272, passim.

*Aurum*, auri fulgore expalluit, LXIV, 100.— *Auro* carius, CVII, 3. — fulgente splendent sedes, LXIV, 87.

*Ausculto*, auscultare populum, LXVII, 39.

*Auspicatus*, auspicatiorem Venerem quis vidit? XLV, 26.

*Auspicium*, auspicio bono, XLV, 19, et al.

*Auster*, Austri ad flatus opposita villula, XXVI, 1.

*Aut*, V, 12; VII, 7. — *Aut* nihil aut paullo, LXVIII, 131.—

*Autem*, LXIV, 319; LXVI, 70.

*Autumo*, autumant te Funde esse Tiburtem, XLIV, 2.

*Auxilium*, LXIV, 180. — tale, LXVIII, 66.

*Avarus*, avaræ meretricis, CX, 7.

*Avectam* me ab oris patriis liquisti, LXIV, 132.

*Avello*, avellere natam complexu matris, LXII, 21, 22.

*Averto*, avertere mentem Deorum, LXIV, 407. — *Avertere* Colchis pellem auratam, *ibid*. 5.

*Avet* mens vagari, XLVI, 7.

*Avia* materna dixerit atque avus, LXXXIV, 6.

*Avidus*, avido volturio, CVIII, 4. — *Avidum* amorem saturasset una atque altera hiems, LXVIII, 83.

*Avitus*, avita, XXV, 8. —*Avitis* divitiis, LXVIII, 121.

*Avunculus* ejus Liber, LXXXIV, 5.

*Avus* maternus, LXXXIV, 6.

## B.

*Bacchor*, bacchantis Evoe effigies, LXIV, 61. — *Bacchantes* Evoe, *ibid.* 256.

*Balneariorum* furum optime XXXIII, 1.

*Barathrum*, barathri ad undas, XCV, 5. V. L.— abruptum in *barathrum*, LXVIII, 108. — *Barathro* altior amor, LXVIII, 117.

*Barba* opaca, XXXVII, 19.

*Barbarus*, barbara juventus, LXVI, 46. — tibia, LXIV, 265.

*Barbatus* hirculus, XIX, 16.

*Basium*, basia mille, V, 7. — multa, VII, 9. — surripiam, XCIX, 16. — *Basiorum* multa millia, XVI, 12. — tantum, V, 13.

*Basiationes* quot satis sint? VII, 1.

*Basio*, basiare basia, VII, 9.— oculos, XLVIII, 2. — *Basiabis* quem? VIII, 18. — *Basiem* usque ad millia trecenta, XLVIII, 3.

*Beatus* est quum poema scribit, XXII, 16. — sat es! XXIII, 27. — *Beata* villula, XIX, 4. — domus, LXI, 157. — *Beati* bonique hanc amatis omnes! XXXVII, 14. — nuntii, IX, 5. — *Beatas* urbes, LI, 15.—*Beata* commoda, XXIII, 24. — dona, LXVIII, 14. — *Beatiores* homines quis ullos vidit? XLV, 25. — *Beatiorum* hominum, IX, 10. — *Beatius* quid me est, IX, 11. — curis solutis quid est, XXXI, 7.

*Beate*, sit tibi, XXIII, 15.

*Bellum*, belli in certamine, LXIV, 395. — *Bello* longinquo, LXIV, 346. — *Bello* nullus se illi conferet heros, *ibid.* 344. — *Bella* magna pugnata, XXXVII, 13.

*Bellus* Suffenus, XXII, 9. — homo, XXIV, 7; LXXVIII, 3; LXXXI, 2. — *Bella* cui videberis, VIII, 16. — puella, LXIX, 8; LXXVIII, 4. — *Bello* huic nec servus est nec arca, XXIV, 8. — *Bellum* passerem, III, 15. — *Bellam* te esse narrat provincia, XLIII, 6. — *Bello* pede, XLIII, 2. — puero, LXVIII, 4; CVI, 1. — *Bella* omnia, III, 14.

*Belle* uteris manu sinistra, XII, 2.

*Bene* suam norat, III, 7. — me inrumasti, XXVIII, 9. — ac beate sit tibi, XXIII, 15. — coenabis, XIII, 1 et 7. — dicere quoiquam, LXXVI, 7. — facere quoiquam, *ibid.* 8. — valetis, XXIII, 7. — velle, LXXII, 8; LXXV, 7. — vivite, LXI, 233. — utor, X, 32.

*Benefacta* priora recordanti si qua est voluptas, LXXVI, 1.

*Benigne* fecisse, LXXIII, 3. — servisse, LXVII, 3.

*Bestia* mala, LXIX, 8.

*Beta* tenera languidior sicula, LXVII, 21.

*Bibo*, bibi multa millia unguentorum, LXVI, 78. — *Bibat* pulvis irrita mala dona, LXVI, 85. — *Bibisse*, XXXIX, 21.

*Bigæ* niveæ citæque, LV, 26.

*Bimuli* pueri instar, XVII, 13.

*Blandus*, blanda voce, LXIV, 139. Vid. V. L.

*Bombos* raucisonos efflabant cornua, LXIV, 264.

*Bonum* (subst.) omnia bona eripuisti, LXXVII, 4. — paterna *bona*, XXIX, 17. — *bonis* abero, LXIII, 59.

*Bonus* pons, XVII, 5. — *Bonæ* amicæ, CX, 1. — *Bonum* quem facit barba, XXXVII, 19. — *Bonum* facinus, LXVI, 27. — *Bone* Egnati, XXXIX, 9. — *Bono* auspicio, XLV, 19. — cum omine, LXI, 166. — *Bono* (adverbialiter), LXXI, 1. — *Bona* alite, LXI, 19. — non *bona* dicta, XI, 16, et al. sæpissime. — *Melior* et mundior culus, XCVII, 4. — *Meliore* de nota, LXVIII, 28. — *Optimus* omnium patronus, XLIX, 7. — *Optima* si fias, LXXV, 7. — *Optime* furum, XXXII, 1. — Veranni, XXVIII, 3. — *Optimo* dierum, XIV, 15. — *Optima* matre, LXI, 228.

*Brachiolum* teres, LXI, 181.

*Brachium*, brachio valente, XX, 20. — *Brachia* lævia, LXIV, 332; LXVI, 10. — *Brachia* quatientem quercum, LXIV, 105.

*Brevis* lux, V, 5. — *Breve* tempus, LXIII, 57. — *Brevi* liberos date, LXI, 211.

*Bustum* teres, coacervatum aggere excelso, LXIV, 364.

*Buxifer* Cytore, IV, 13.

## C.

*Cachinnus*, cachinno tuo, LVI, 2. — *Cachinni* plangore resonant leni, LXIV, 274. — *Cachinnorum* quidquid est domi, XXXI, 14. — *Cachinnis* omnibus, XIII, 5.

*Caco*, cacas decies in anno, XXIII, 20. — *Cacata* charta, XXXVI, 1 et 20.

*Cacumen* aerium montis, LXIV, 241. — *Cacumine* tuo, IV, 16.

# IN CONTEXTUM 473

*Cado*, cadit pinus, LXIV, 109.
— *Cecidit* amor velut flos, XI, 22.

*Cæcus*, cæca furore amenti, LXIV, 197. — *Cæco* amore, LXVII, 25. — *Cæca* caligine, LXIV, 207. — nocte, LXVIII, 44.

*Cædes*, cædis Androgeoneæ pœnas persolvere, LXIV, 77. — *Cæde* fraterna, *ibid*. 181. — permista tepefaciet flumina, *ibid*. 361. — Polyxenia madefient sepulcra, *ibid*. 369.

*Cædo*, cæde terga cauda, LXIII, 81. — *Cecidi*, LVI, 7. — *Cæsis* corporum acervis, LXIV, 360. — montis medullis, LXVIII, 111.

*Cælum* vid. *Cœlum*.

*Cærulus*, cærula æquora verrentes palmis abiegnis, LXIV, 7.

*Cæruleus*, cæruleo ponto creata, XXXVI, 11.

*Cæsariem* e vertice Bereniceo vidit Conon, LXVI, 8.

*Cæsio* leoni obvius, XLV, 7.

*Cæteri* vid. *Ceteri*.

*Calamus*, calamo curvo canit tibicen Phryx, LXIII, 22.

*Calathisci* virgati custodibant vellera lanæ, LXIV, 320.

*Caligo*, caligine cæca mentem consitus Theseus, LXIV, 207.

*Calix*, calices amariores ingermi, XXVII, 2.

*Campus*, campum clausum, LXVIII, 67. — *Campo* minore, LV, 3. — *Campi* Phrygii, XLVI, 4. — *Cumpos* Bithynos, XXXI, 6.

*Candeo*, candet ebur soliis, LXIV, 45. — *Candentis* lanæ vellera, *ibid*. 319. — *Candenti* gurgite, *ibid*. 14.

*Candidus* Cupido, LXVIII, 133. — *Candida* diva mea, LXVIII, 70. — puella, XXXV, 8. — mihi est Quintia, LXXXVI, 1. — *Candida* Tyro, LXIV, 309. — *Candido* pede lecti, LXI, 115. — *Candidi* soles, VIII, 3 et 8. — *Candidos* dentes, XXXIX, 1. — *Candida* vela, LXIV, 235. — vestigia, *ibid*. 162. — *Candidiore* lapide, LXVIII, 148. — nota, CVII, 6. — *Candidiora* nive labella, LXXX, 2.

*Canis*, canis ferreo ore exprimamus ruborem, XLII, 17. — *Canes* vorent intestina, CVIII, 6.

*Canitiem* terra atque infuso pulvere fœdans, LXIV, 224.

*Cano*, canit tibicen calamo, LXIII, 22. — *Canent* quod visere par est, LXII, 9. — *Canam* carmina, LXV, 12. — *Canamus* Dianam, XXXIV, 4.

*Cantus*, cantu horribili stridebat tibia, LXIV, 265. — *Cantus* veridicos, *ibid*. 307.

*Canus*, cana anilitas, LXI, 162. — senectus, CVIII, 1. — *Canæ* Tethyi, LXVI, 70. — *Cano* gurgite, LXIV, 18. — capite, LXVIII, 124. — *Canos* crines, LXIV, 351.

*Capella* cornipes, XIX, 16; XX, 10.

*Caper* trux, LXIX, 6.

*Capillatis* Celtiberiæ cuniculosæ, XXXVII, 17.

*Capillus*, capillo anguineo redimita frons, LXIV, 193. — cuniculi mollior, XXV, 1.

*Capio*, capis quod cupis, LXI, 204. — *Capiunt* somnum, LXIII, 36. — *Cepit* manibus tympanum, LXIII, 8. — *Capere* commodi nil potest, LXI, 63. — *Cape* flammeum, *ibid*. 8. — *Captum* Asiam, LXVI, 36. — *Capta* urbe, LXII, 24.

*Caprimulgus* rursus videtur, XXII, 10.

*Capsula* una ex multis me sequitur, LXVIII, 36.

*Capto*, captat aure cupida maritos, LXI, 55.

*Caput* carum nepotis, LXVIII, 120. — pusillum, LIV, 1. — unctius, X, 11. — tuum adjuro, LXVI, 40. — ire per *caput* pedesque, XVII, 9. — cano *capite*, LXVIII, 124. — demisso, LXXXVIII, 8. — *Capita*, LXIV, 256. — vi jaciunt, LXIII, 23.

*Carbasus*, LXIV, 227.

*Carbatinas* lingere crepidas, XCVIII, 4.

*Carchesia* lucida splendent, LXIV, 236. passim.

*Careo*, careat terra sacris tuis, LXI, 71. — *Carens* est animus rabie, LXIII, 57.

*Carex*, caricis maniplis tectam villulam, XIX, 2.

*Carina*, carinæ inflexæ texta pinea, LXIV, 10. — *Carinam* cedentem, *ibid.* 250.

*Carmen*, carmine accepto, LXXXIX, 5. — confectum munus, LXVIII, 149. — divino, LXIV, 322. — dulci, LXVIII, 7. — primo, LXIV, 116. — *Carmina* Battiadæ expressa, LXV, 16. — venanda studioso animo, CXVI, 2. — mœsta, LXV, 12. — nuptialia, LXI, 13.

*Carnifex* ægrotus, XCVII, 12.

*Carpo*, carpunt, LXII, 37. — *Carpebant* manus laborem, LXIV, 311. — *Carpere* te lubet ficto questu, LXII, 36. — *Carpitur* ætas, LXVIII, 35. — *Carptus* ungui flos, LXII, 43.

*Carus*, cara suis virgo, LXII, 45. — *Carum* caput nepotis, LXVIII, 120. — nescio quid, II, 6. — *Cari* fratris, LXVI, 22. — *Caro* corpore, LXVI, 32. — *Cara* gnati figura, LXIV, 220. — *Caros* nepotes, *ibid.* 381. — *Caris* Athenis, *ibid.* 81. — *Carior* mihi me ipso lux mea, LXVIII, 159. — *Carior* oculis, CIV, 2. — *Carius* auro, CVII, 3. — oculis, LXXXII, 2.

*Castus* lectulus, LXIV, 87. — *Casto* cubili, LXVI, 84. — *Castum* esse decet pium poetam, XVI, 5. — florem, LXII, 46. — *Castam* puellam, *ibid.* 23. — *Castum* et integellum, XV, 4. — *Casto* e gremio, LXV, 20. — in gremio, LXVI, 56. — *Castas* domos, LXIV, 385.

*Casus*, casu acerbo oppressus, LXVIII, 1. — novissimo, LX, 4. pari, XXVIII, 12. — *Casus* alios periculorum, XXIII, 11. — dubios, LXIV, 216.

*Catagraphos* Thynos mihi remitte, XXV, 7.

*Catena* membra restrictus, LXIV, 297.

*Caterva*, catervas hominum armatas hortata est, LXIV, 397.

*Catulus*, catuli Gallicani ore ridentem, XLII, 9.

*Cauda*, cauda cæde terga, LXIII, 81.

*Causa*, causæ id satis credideram, XCI, 8.

*Caveo*, cave despuas, L, 19. — ne neges, LXI, 152. — sis audax, L, 18. — *Caveto* lædere, L, 21.

*Cavus*, cava in palude, XVII, 4. — *Cava* cymbala recrepant, LXIII, 29. — *Cava* quatiens terga tauri, LXIII, 10. — *Cavas* barathri ad undas, XCV, 5. — *Cavis* cistis, LXIV, 260.

*Cedo*, cessi de tuo vertice, LXVI, 39. — *Cedat* mente mora, LXIII, 19. — *Cedant* quum ferro talia, LXVI, 47. — sidera, *ibid.* 4. — *Cedentem* carinam, LXIV, 250. — me ad templa Deum, LXVI, 63. — Thesea, LXIV, 53.

*Celebro*, celebrabant orgia, LXIV, 260. — *Celebrare* tædas jugales Thetidis, *ibid*. 303. — *Celebranda* Tempe choreis, *ibid*. 288.

*Celer*, celeris vestigia cervæ, LXIV, 342. — *Celeri* cum classe, *ibid*. 53. — rate, LXIII, 1. — *Celerrimus* (phaselus) navium, IV, 2.

*Celero*, celerare citatis tripudiis, LXIII, 26.

*Celo*, celans crudelia consilia dulci forma, LXIV, 175.

*Centum* basia, V, 7. — *Centum* secunda, *ibid*. 8. — currus, LXIV, 390. — sestertia, XXIII, 26.

*Cerno*, cernit se desertam in sola arena, LXIV, 57. — *Cernitis*, LXII, 6. — *Crevi* amittere, LXIV, 150.

*Certamen*, certamine letifero belli, LXIV, 395. — vago cursus, *ibid*. 341.

*Certatim* ex urbe ruentes, LXIV, 393.

*Certe*, X, 14; XXX, 7; LXII, 8 et al. sæp.

*Certus*, certa sagitta, LXVIII, 113. — *Certis* temporibus, LXVI, 4.

*Cerva* silvicultrix, LXIII, 62. — *Cervæ* celeris vestigia, LXIV, 342.

*Cervix*, cervice torosa quate jubam rutilam, LXIII, 83.

*Cesso*, non cessasti me tradere amori, XCIX, 12. — *Cessarent* tabescere lumina, LXVIII, 56.

*Ceteri*, cetera sunt maria, CXV, 2. — membra, CVIII, 6. — *Ceteros* hircos, XXXVII, 5. — *Ceteris* ostreosior oris, XVIII, 4.

*Ceu*, LXIV, 240. passim.

*Charta* anus, LXVIII, 46. — cacata, XXXVI, 1 et 20. — *Chartæ* regiæ, XXII, 6. — *Chartis* tribus, I, 6.

*Chommoda*, LXXXIV, 1. *vitiosa pronuntiatio*.

*Chorea*, choreis celebranda doctis, LXIV, 288.

*Chorus* citus, LXIII, 30. passim.

*Cibus*, L, 9.

*Cieo*, ciebant tinnitus ære, LXIV, 263. — *Ciere* ad sese viros, LXVIII, 88. — *Cientem* singultus ore, LXIV, 131.

*Cimex*, XXIII, 2.

*Cinædus*, cinæde Thalle, XXV, 1. — fili Vibennii, XXXIII, 2. — Furi, XVI, 2. — Romule, XXIX, 5 et 10. — *Cinædis* improbis, LVII, 1 et 10. *Cinædiorem* ut decuit, X, 24.

*Cingo*, cingunt silvæ, LXIV, 287. — *Cinge* tempora floribus, LXI, 6. — *Cingentibus* undis, LXIV, 185.

*Cinis* acerba virum et virtutum omnium Troja, LXVIII, 90. — in *cinerem* quum solvent a vertice crines, LXIV, 351. — *Cinerem* mutum, CI, 4. — *Cineres* cognatos, LXVIII, 98.

*Circum*, LXIV, 293.

*Circumcursans* eam Cupido, LXVIII, 133.

*Circumdo*, circumdare collum hesterno filo, LXIV, 378.

*Circumsilio*, circumsiliens modo huc modo illuc, III, 9.

*Circumsisto*, circumsistite eam, XLII, 20.

*Circus*, in circo, LV, 4.

*Cista*, cistis cavis, LXIV, 260.

*Cito*, citarier se audiens, LXI, 42. — *Citata* Atys, LXIII, 8. — *Citato* pede, *ibid*. 2. — *Citatis* erroribus, *ibid*. 18. — tripudiis, *ibid*. 26.

*Citus* chorus, LXIII, 30. — somnus, *ibid*. 42. — *Cita* puppi, LXIV, 6. — *Citæ* bigæ, LV, 26.

*Clam*, nec clam, nam, etc. XXI, 5.

*Clamo*, clamat cubile nequidquam tacitum, VI, 7. — *Clamant* ad me omnes, LXVII, 14. — ilia Virronis, LXXX, 7.

*Clare* fulgentem, LXVI, 9.

*Clarisonus*, clarisona voce pellentes vellera, LXIV, 321.

*Clarus*, clara progenies Thiæ, LXVI, 44. — *Clarum* diem, LXI, 89. — *Claro* lumine, LXIV, 409. — *Claras* Asiæ urbes, XLVI, 6. — *Clara* facta, LXIV, 349.

*Classis*, classe cum celeri, LXIV, 53. — *Classi* pro *classe*, LXIV, 212.

*Claudo*, claudite ostia, LXI, 231. — *Clausum* campum, LXVIII, 67. — *Clauso* ore, LV, 18.

*Claustra* januæ pandite, LXI, 76.

*Clava* dexteræ apta, XX, 21.

*Clemens*, clementi flamine pulsæ undæ, LXIV, 273.

*Clementia* nulla tibi fuit præsto, LXIV, 137.

*Clienti* isti Dii dent mala multa, XIV, 6.

*Coacervatum* bustum excelso aggere, LXIV, 364.

*Codicillus*, codicillos redde, XLII, 11 et 12.

*Cœlebs*, cœlibe in lecto desertum, LXVIII, 6.

*Cœlestis*, cœlesti reddita cœtui, LXVI, 37. — *Cœlesti* in lumine, *ibid.* 7. — *Cœlestum* fidem, LXIV, 191. — rector, *ibid.* 204. — *Cœlestes* heros, LXVIII, 76.

*Cœlicolæ* præsentes, LXIV, 387. — *Cœlicolum* maxima Juno, LXVIII, 138. — *Cœlicolis* non placent facta impia, XXX, 4.

*Cœlites* ita me juvent, LXI, 197. — *Cœlitum* quæcumque feret voluntas, XI, 13. — quem magis colent homines, LXI, 49.

*Cœlum*, cœli janua, LXVIII, 115. — lumine, LXVI, 59. — *Cœlo* advenit, LXIV, 300. — ad *cœlum* vocare lepido versu, VI, 17.

*Cœna*, cœnam bonam atque magnam, XIII, 4. — rapere de rogo, LIX, 3. — *Cœnas* sumptuosas dum appeto, XLIV, 9.

*Cœno*, cœnabis bene, XIII, 1 et 7.

*Cœnum*, cœno gravi, XVII, 25.

*Coëo*, coëunt Pharsaliam, LXIV, 37.

*Cœpi*, cœpit pubes decedere, LXIV, 269. — *Cœperunt* Parcæ edere cantus, *ibid.* 307. — *Cœperat* Troja ciere ad se viros, LXVIII, 88. — *Cœpta* est Smyrna Cinnæ, XCV, 2.

*Cœtus*, cœtui cœlesti reddita, LXVI, 37. — mortali se ostendere, LXIV, 386. — lætanti, *ibid.* 33. — *Cœtus* dulces, XLVI, 9.

*Cogitationes* accipiat, XXXV, 5.

*Cogito*, cogitat se esse pium, LXXVI, 2.

*Cognatus*, cognati cineres, LXVIII, 98. — *Cognatæ* puellæ, LXXXIX, 4.

*Cognosco*, cognoram te magnanimam, LXVI, 26. — *Cognossem* te bene, XCI, 3. — *Cognitum* habere, LXVII, 31. — *Cognitæ* bene fœminæ viris, LXI, 187. — *Cognitissima* hæc tibi esse ait Phaselus, IV, 14.

*Cogo*, cogit injuria amantem magis amare, LXXII, 8. — *Cogor* proferre querelas, LXIV, 197. — dimittere hunc, *ibid.* 216. — *Coacta* Laodamia, LXVIII, 81. — *Coactam* Cecropiam dapem Minotauro dare juvenes, LXIV, 76.

*Cohors* inanis, XXVIII, 1. — vaga, LXIII, 25. — *Cohorti*, X,

10. — *Cohortem* pili faceret, X, 13.
*Colligo*, colligo omnia venena, XIV, 19.
*Collis*, collis Heliconei, LXI, 1.
— *Colles* nostros simul ac invisent lumina, LXIV, 233.
*Colloco*, collocat me ales equus in gremio Veneris, LXVI, 56. — *Collocate* puellulam, LXI, 188. — *Collocare* in collo, X, 23.
*Colluceo*, collucent pocula mensis, LXIV, 45.
*Collum* applicans, IX, 8. — circumdare hesterno filo, LXIV, 378. — dimittere, LXVIII, 81. — *Collo* robusto, LXIV, 333. — in *collo* sibi collocare, X, 23. — *Collo* injicere manus, XXXV, 9. — *Colla* mollescunt juvencis, LXIV, 38.
*Colo*, colis Ancona, etc. XXXVI, 14. — *Colit* nemo rura, LXIV, 38. — *Colunt* me domini hujus tugurii, XIX, 5. — *Colent* quem magis cælitum, LXI, 48. — *Colens* Idalium Venus, ibid. 17. — *Colam* loca Idæ? LXIII, 70.
*Color*, colores distinctos educit verna aura, LXIV, 90.
*Coloro*, colorat æquora Nilus, XI, 7.
*Columbulus*, XXIX, 9. V. L.
*Columbus* albulus, XXIX, 9. — *Columbo* niveo, LXVIII, 125.
*Columen* Thessaliæ, LXIV, 26. — *Columinibus* altis Phrygiæ, ibid. 71.
*Colus*, colum lana amictum retinebat læva, LXIV, 312.
*Coma* regia, LXVI, 93. — *Coma* loquente, IV, 12. — *Comæ* sorores abjunctæ, LXVI, 51. — *Comas* aureas, LXI, 99. — splendidas, ibid. 78.
*Comatus*, comata Gallia, XXIX, 3. — silva, IV, 11.

*Comedo*, comesse possunt vel silicem, XXIII, 4. — *Comesset* ducenties aut trecenties, XXIX, 15.
*Comes*, comites Catulli, XI, 1. — Pisonis, XXVIII, 1. — mihi, LXIII, 15. — *Comitum* cœtus, XLVI, 9. — *Comitibus* cecinit mulier, LXIII, 11 et 27.
*Cominus* et late obvia frangens, LXIV, 109.
*Comitata* tympano Atys, LXIII, 32.
*Commemoro*, commemorem plura? LXIV, 117.
*Commendo* tibi me, XV, 1.
*Comminctæ* lupæ spurca saliva, XCIX, 10.
*Committo*, committe audacter, LV, 16. — *Committite* animos vestros, LXII, 17. — *Commissum* si quidquam est ab amico, CII, 1.
*Commodo*, commoda, X, 26. (*ultima correpta.*)
*Commodum*, commodi nil potest capere Venus, LXI, 63. — *Commoda* si vellet dicere, chommoda dicebat, LXXXIV, 1. — beata, XXIII, 24. — mea, LXVIII, 21.
*Communis*, commune sepulcrum Troja, LXVIII, 89. — *Communes* amores, ibid. 69.
*Compar* nulla tantum gavisa est niveo columbo, LXVIII, 125.
*Comparo*, comparasti ad lecticam homines, X, 15. — *Comparatur* tecum Lesbia, XLIII, 7. — *Comparier* quis ausit huic Deo, LXI, 65. passim.
*Compello*, compellabo vos carmine, LXIV, 24.
*Comperio*, comperit ortus atque abitus stellarum, LXVI, 2.
*Complector*, complectens corpus quercus, LXIV, 308. — *Complexa* tenet trecentos, XI, 18. — *Complexa* tenebat pulvinar vestis, LXIV,

267. — *Complexum*, LXIV, 214.

*Complexus*, complexum consanguineæ et matris, LXIV, 118. — in tuum implicabitur, LXI, 109. —*Complexu* matris avellere natam, LXII, 21. — molli matris, LXIV, 88.

*Compono*, componier homines divis non æquum est, LXVIII, 141. — *Compositum* prope cineres cognatos, *ibid.* 98.

*Comprecor*, comprecer cælestum fidem, LXIV, 191.

*Comprendo*, comprendis, Hespere, eosdem, LXII, 35.

*Comprobo*, comprobet fama bona, LXI, 62.

*Concedo*, sit dives, CXIV, 5. — *Concessit* amores ipse Divum genitor, LXIV, 27. — ducere neptem, *ibid.* 29. — *Concedere* illi nihil digna lux mea, LXVIII, 131.

*Conchyli* roseo fuco tincta purpura, LXIV, 49.

*Concilio*, conciliata es viro, LXVIII, 130.

*Concino*, concinit Daulias carmina, LXV, 13. — *Concinite* in modum, LXI, 123. — *Concinens* carmina nuptialia, *ibid.* 12.

*Concipio*, concepit pectore flammam, LXIV, 92. — *Conceptum ibid.* 155.

*Concitatis* erroribus, LXIII, 18. Vid. Var. Lect.

*Conclamo*, conclamate altiore voce, XLII, 18.

*Concoquo*, concoquitis pulcre, XXIII, 8.

*Concordia* incolat sedes vestras, LXVI, 87. — qualis adest Peleo, LXIV, 337.

*Concredo*, concrederet gnatum ventis, LXIV, 213.

*Concubinus*, LXI, 130. — *Concubine* iners, *ibid.* 132 et 137. passim.

*Concutio*, concussit sidera mundus, LXIV, 206.

*Condo*, condita corde memori mandata, LXIV, 231. — *Condita* pectoris, LXVI, 74.

*Confero*, contulit se in nostrum gremium lux mea, LXVIII, 132. — *Conferet* nemo se illi bello, LXIV, 344.

*Confestim* adest Peneos, LXIV, 286.

*Conficio*, confecto ætate parenti, LXVIII, 119. — *Confectum* dolore, LXV, 1. — *Confectum* carmine munus, LXVIII, 149.

*Confiteor* singula, LXXXVI, 2.

*Conformo*, conformata securi quercus, XIX, 3.

*Confutuo*, confutuere quidquid est puellarum, XXXVII, 5.

*Conigeram* sudanti corpore pinum eruit Eurus, LXIV, 106.

*Conjugator* boni amoris, LXI, 45.

*Conjugium* dulcius vita atque anima, LXVIII, 107. — regium adepta es, LXVI, 28. — *Conjugio* abrupto, LXVIII, 84.

*Conjungo*, conjunxit amor amantes, LXIV, 336. — suavia impura puellæ puræ saliva tua, LXXVIII, 8. — *Conjungite* amores animi, LXIV, 373. — *Conjungere* tecum somnos, *ibid.* 332. — *Conjungens* pinea carinæ texta, *ibid.* 10. — *Conjuncta* ulmo vitis, LXII, 54. — *Conjungerer* tecum multo usu, XCI, 7.

*Conjux* adveniet, LXIV, 330. — accipiat Divam, *ibid.* 374. — discedens, *ibid.* 123. — lepidissima, LXXVIII, 1. — *Conjugis* amore, LXIV, 182; LXVIII, 73. — in culpa, *ibid.* 139. — novi, LXI, 32; LXVIII, 81. — *Conjuge* dulci, LXVI, 33. — lignea parentis, XXIII, 6. — sancta, LXIV, 299.

# IN CONTEXTUM. 479

— tali, LXII, 59. — *Conjuges* boni, LXI, 233. — *Conjugibus* unanimis, LXVI, 80.

*Connubium*, connubium par adepta est, LXII, 57. — *Connubia* nostra, LXIV, 158. — desponsa, LXII, 27. — læta, LXIV, 141.

*Conor*, conatur scandere montem, CV, 1. — neu *conarere* icere caput, CXVI, 3.

*Conqueror* auris ignaris, LXIV, 164.

*Consanguineæ* complexum linquens, LXIV, 118.

*Conscelero*, conscelerasse domum dicitur, LXVII, 24.

*Conscendo*, conscendere montes præruptos, LXIV, 126.

*Conscius* rubor manat ore tristi, LXV, 24.

*Conscribillent* flagella inusta nates mollicellas, XXV, 11.

*Conscribo*, conscriptum lacrimis epistolium, LXVIII, 2.

*Consecro* tibi hunc lucum, Priape, XVIII, 1.

*Consideo*, consedit istic, XXXVII, 14.

*Consequor*, consequitur post hunc Prometheus, LXIV, 295.

*Conservo*, conserves puerum pudice, XV, 5.

*Consilium*, consilium mentis flectere, LXIV, 137. — *Consilia* crudelia, *ibid.* 176.

*Consitus* mentem caligine, LXIV, 208.

*Consolor*, consoler memet, LXIV, 182.

*Conspicio*, conspexit hunc virgo, LXIV, 86. — lintea, *ibid.* 243. — procurrere centum currus, *ibid.* 390.

*Constans*, constantem, XCI, 3. — *Constanti* mente, LXIV, 209 et 239.

*Consterno*, consternens veste cubile, LXIV, 163.

*Consto*, constitit se diva mea in solea arguta, LXVIII, 72.

*Construo*, constructæ sunt mensæ multiplici dape, LXIV, 305.

*Consul*, consule facto iterum Pompeio, CXIII, 1.

*Consulatus*, per consulatum pejerat Vatinius, LII, 3.

*Consurgo*, consurgite, juvenes, LXII, 1. — contra, *ibid.* 6.

*Contego*, contecta pectus amictu, LXIV, 64.

*Contemno*, contemptam haberes, LX, 5.

*Contendo*, contendunt quovis pignore, XLIV, 4. — *Contendere* contra, LXIV, 101.

*Contentus*, contenta non est uno Catullo, LXVIII, 135. — *Contentas* viro solo nuptas, CXI, 1.

*Contexo*, contexit amores tales nulla domus, LXIV, 335. — *Contexta* late laxavit circum sedes, *ibid.* 293.

*Continenter* sedetis, XXXVII, 6.

*Contingo*, contingit radice summum flagellum, LXII, 52. — *Contingens* lumina Virginis et Leonis, LXVI, 65. — *Contingi* se patiuntur lumine, LXIV, 409.

*Continuus*, continuo ut die periret, XIV, 14. — *Continuas* novem fututiones nobis pares, XXXII, 8.

*Contorqueo*, contorquens flamina turbo, LXIV, 107.

*Contra*, XIII, 9; LXIV, 101; CXVI, 7. — ut me diligat illa, LXXVI, 23. — consurgite, juvenes, LXII, 6.

*Contraho*, contractum quidquam ex ore nostro, XCIX, 9.

*Contremo*, contremuerunt horrida æquora, LXIV, 205.

*Contubernales*, XXXVII, 1.

*Contundo*, contusus nullo aratro flos, LXII, 40.

*Conturbo*, conturbabimus basia, V, 11.

*Convello*, convellit glebam vomere taurus, LXIV, 40.

*Convenio*, convenit pulchre cinædis, LVII, 1 et 10. — *Convenerat* esse otiosos, L, 3.

*Conventus*, conventu domum frequentat tota Thessalia, LXIV, 32.

*Conviva* Sestianus, XLIV, 10.

*Convivium*, convivia lauta facitis, XLVII, 5.

*Convoco*, convocate amicos, XLI, 6. Vid. Var. Lect.

*Copia* magna scriptorum non est apud me, LXVIII, 33. — si qua foret, *ibid.* 40. — non utriusque petiti facta est, *ibid.* 39. — *Copiam* dederit solvere vincla Neptunia, LXIV, 367.

*Coquo*, oliva frigore cocta, XX, 9. Vid. Var. Lect.

*Cor* inde saturum est, XLVIII, 4. — in *corde* gerens furores, LXIV, 54. — ardenti *corde* furentem, *ibid.* 124. — fero, LX, 5. — immiti, LXIV, 94. — languenti, *ibid.* 99. — memori, *ibid.* 231. — solerti, *ibid.* 295. — *Cordi* est, non est, XLIV, 3. — tibi hospes, LXXXI, 5. — *Cordi* sunt mihi parva monumenta, XCV, 9. — non fuerant nostra connubia, LXIV, 158.

*Cornipes* capella, XIX, 16.

*Cornu*, cornu sicciora corpora, XXIII, 12. — *Cornua* jactantem, LXIV, 111. — efflabant, *ibid.* 264.

*Corolla* picta, XIX, 10; XX, 6. — *Corollis* indistinctis, LXIV, 284. — floridis redimita erat domus, LXIII, 66.

*Corona* aurea temporibus fixa, LXVI, 61. — in *corona* (populi oratorem circumstantis), LIII, 1.

*Corpus*, LXIV, 81. — tenerum, LXII, 51. — tremulum, LXIV, 308. — truncum, *ibid.* 371. — evirastis, LXIII, 17. — *Corpore* caro, LXVI, 32. — domito, LXIV, 110. — fesso, *ibid.* 189. — nudato, *ibid.* 17. — polluto, LXII, 46. — toto, LXIV, 68; CX, 8. — sudanti, LXIV, 106. — *Corporum* acervis, *ibid.* 360. — *Corpora* sicciora cornu, XXIII, 12. — tradite conjugibus, LXVI, 80.

*Corripio*, corripere data fraudando, CX, 6.

*Corruo*, corruerit me quo in genere, LXVIII, 52.

*Corvus* voret gutture oculos, CVIII, 5.

*Creatrix* mea, patria, LXIII, 50.

*Credo*, sic mater ejus dixerit, LXXXIV, 5. — *Crede* luci, LV, 16. — *Credideram* non satis id esse causæ, XCI, 8. — *Credat* nulla fœmina viro, LXIV, 143. — *Credite* amice mihi, LXXVII, 1. — *Credita* ventis dicta, LXV, 17. — omnia quæ ingratæ menti perierunt, LXXVI, 9.

*Creo*, creat ora flores, LXIV, 282. — *Creata* ponto Venus, XXXVI, 11.

*Crepida*, crepidas lingere carbatinas, XCVIII, 4.

*Cresco*, creverunt millia in unum singula, CXIII, 3. — *Crescente* vento, LXIV, 275.

*Crimen*, crimina Vatiniana quum explicasset Calvus, LIII, 3.

*Crinis*, crines quid facient, LXVI, 47. — canos, LXIV, 351. — *Crinibus* effusis, *ibid.* 392.

*Crocinus*, crocina tunica fulgebat, LXVIII, 134.

*Crudelis*, crudelis mentis consilium, LXIV, 136. — *Crudelem* nasorum pestem interfice, LXIX, 9. — *Crudele* venenum vitæ nostræ, LXXVII, 5. — *Crudeli* peste, LXIV, 76. — *Crudelia* consilia, *ibid.* 175. — *Crudelior* ignis, LXII, 20. — *Crudelius*, *ibid.* 24.

*Cruor*, cruorem pium desiderat ara, LXVIII, 79.

*Crus*, crura ponticuli veteris, XVII, 3. — semilauta, LIV, 2.

*Crux* parata, XX, 18. — *Cruce* in summa suffixum me esse memini, XCIX, 4.

*Cubiculum* ubi mihi esset linquendum, LXIII, 67.

*Cubile*, LXI, 114. — adeant viri, *ibid.* 183. — tuum, LXIV, 163. — nati violasse dicitur pater, LXVII, 23. — orbum, LVI, 21. — tacitum, VI, 7. — *Cubili* casto, LXVI, 83. — deserto, LXVIII, 29. — *Cubilia* omnium perambulabit, XXIX, 8.

*Cubo*, bella puella cubat, LXIX, 8; LXXVIII, 4.

*Cucurbita*, cucurbitæ pallentes, XIX, 13.

*Culus* purior salillo, XXIII, 19. — mundior et purior ore, XCVII, 4. — *Culum* lingere, XCVII, 12. — olfacerem, *ibid.* 2. — *Culo* voraciore, XXXIII, 4. — *Culos* lingere, XCVIII, 4.

*Culpa* mea non est, LXVII, 10. tua est, *ibid.* 14. — *Culpam* in tantum impulerit, XV, 15. — *Culpa* quotidiana, LXVIII, 139. — illius, XI, 22. — omni, XCI, 10. — tua, LXXV, 5.

*Cultor* collis Heliconii, LXI, 1.

*Cultrix*, cultricem montibus Idri relinquens, LXIV, 301.

*Cum* bona alite, LXI, 19. — lingua ista, XCVIII, 3. — longa pœna, XL, 8. — quibus ille fecit adulterium, LXVII, 36. — suis mœchis vivat valeatque, XI, 17. passim al.

*Cum* (al. quum) tum, LXXXVI, 5 et 6.

*Cunctus*, cuncto pectore, LXIV, 92. — *Cunctis* divis, LXVI, 33. — *Cuncta*, LXIV, 142. — loca, LXIII, 82. — mandata, LXIV, 208.

*Cuniculi* capillo mollior, Thalle, XXV, 1.

*Cuniculosæ* Celtiberiæ fili, XXXVII, 18.

*Cunnus* mulæ diffissus in æstu, XCVII, 8.

*Cupidus*, cupidæ mentis, LXIV, 147. — *Cupido* amanti, LXX, 3. — marito, LXIV, 375. — mi, CVI, 4 et 5. — lumine, LXIV, 86. — *Cupidoque* optantique, CVII, 1. — *Cupida* aure, LXI, 54. — de mente, LXIV, 399. — *Cupidam* dominam conjugis, LXI, 32.

*Cupide*, LXIII, 2; LXIV, 268.

*Cupio*, cupis, XVII, 1; XXI, 4; LXI, 204; XCVIII, 6. — *Cupit*, LXIII, 56, 80. — *Cupiunt*, LXIV, 261. — *Cupisti* animo tuo, XV, 3. — *Cupiens* videre lucem, L, 12.

*Cupressus*, LXIV, 291.

*Cur*, XIV, 5. — *Cur* fugiunt, desine admirari, LXIX, 10. — *Cur* non, XXXIII, 5. — nihil esse cur, X, 11. passim.

*Cura* exedit medullas, LXVI, 23. — sevocat me a doctis virginibus, LXV, 1. — *Curæ* est, XLI, 5. — *Curam* quam dederit mihi Amathusia, LXVIII, 51. — *Curarum* magnis undis, LXIV, 62. — *Curas* multiplices, LXIV, 251. — tristes, II, 10. — *Curis* miscet amaritiem dulcem, LXVIII, 18. — solutis quid beatius? XXXI, 7.

*Curiosi* quæ pernumerare non possint, VII, 11.

*Curo*, curant nihil perjuria, LXIV, 148. — *Curans* vicem mitræ, *ibid.* 69.

*Curro*, curram ad scrinia, XIV, 18. — *Currite* fusi, LXIV, 327 et infr. passim.

*Currus*, currum fecit volitantem flamine, LXIV, 9. — *Currus* centum, LXIV, 390.

*Cursus*, cursus certamine, LXIV, 34. — *Cursum* ventorum require, LV, 28. — *Cursu* menstruo, XXXIV, 17.

*Curulis*, curuli sella Struma Nonius sedet, LII, 2.

*Curvus*, curvo calamo, LXIII, 22. — *Curvis* rastris, LXIV, 39. — litoribus, *ibid.* 74.

*Cuspis*, cuspide tecta quatiebant thyrsos, LXIV, 257.

*Custodia* vigilat, LXII, 33.

*Custodio*, custodibant calathisci vellera, LXIV, 320.

*Custos* ille Cretum, LV, 23.

*Cymbalum*, cymbala cava recrepant, LXIII, 29. — *Cymbalum* vox sonat, *ibid.* 21.

## D.

*Dape* multiplici exstructæ mensæ, LXIV, 305. — *Dapem* dare Minotauro; *ibid.* 79.

*De* die, XLVII, 6. — *De* me non tacet, XCII, 2. — *De* meliore nota, LXVIII, 28. — *De* quiete molli, LXIII, 44. — tota *de* mente, LXVI, 25.

*Dea* quæ dulcem curis miscet amaritiem, LXVIII, 18. — vehemens Nemesis, L, 21. — *Deæ* loca opaca, LXIII, 3. — *Deæ* Diique dent mala, XXVIII, 14. — *Deæ* Hamadryades, LXI, 23 et al.

*Debeo*, debere oculos si vis tibi Catullum, LXXXII, 1.

*Decedo*, decedere Divis cœpit, LXIV, 269.

*Decem* millia sestertium, XLI, 2. — versuum, XXII, 4. — sestertia, CIII, 1.

*Decerpo*, decerpere oscula mordenti rostro, LXVIII, 127. — *Decerpens* dens, LXIV, 316.

*Decet* esse castum, XVI, 5. — non *decet* sine libris esse, LXI, 212. — celerare citatis tripudiis, LXIII, 26. — *Decebit* respondere, LXII, 18.

*Decies* cacas in anno, XXIII, 20.

*Declaro*, declarant præ se gaudia vultu, LXIV, 34.

*Declino*, declinavit lumina ex illo, LXIV, 91.

*Decoctoris* Formiani amica, XLI, 4; XLIII, 5.

*Decoro*, decorata figuris vestis, LXIV, 266.

*Decurro*, decurrere vada salsa ausi sunt, LXIV, 6.

*Decursus*, decursu prono præceps agitur, LXV, 23.

*Decus* eximium, LXIV, 324. — innuptarum, *ibid.* 78. — olei, LXIII, 64.

*Dedico* consecroque tibi lucum, XVIII, 1. — *Dedicat* se tibi, IV, 26.

*Dedo*, dedis in manus puellulam juveni, LXI, 59. — *Dedit* se adulterio, LXVI, 84. — *Dedatur* jamdudum nupta marito, LXIV, 375. — *Deditus* vis in mala adultera, LXI, 102.

*Deduco*, deducens fila dextra, LXIV, 313. — *Deducta* puella dextra paterna, LXVIII, 143.

*Defendo*, defendere nostras sedes, LXIV, 229.

*Defero*, detulerat te æstus amo-

ris in barathrum, LXVIII, 108. — *Deferrem* ultro, *ibid.* 40. — *Deferri* ad Serapin, X, 27.
*Defessus* omnibus medullis, LV, 30. — *Defessa* labore membra, L, 14.
*Deflecto*, deflectens corpus prono pondere, LXII, 51.
*Defloruit* flos carptus tenui ungui, LXII, 43.
*Defrico*, defricare dentem, XXXIX, 19. — *Defricatus* urina dens, XXXVII, 20.
*Defututa* tota puella anne sana est? XLI, 1.
*Dego*, degeret Paris otia libera, LXVIII, 104.
*Dehinc* quid faciant homines, XXX, 6.
*Dein*, V, 8, 10, etc. —*Deinde*, V, 7, 9; XIX, 21; CIII, 2.
*Delabor*, delapsa omnia e corpore toto, LXIV, 66.
*Delecto*, delectant si te nummi, CIII, 3.
*Delicatus*, delicata capella, XX, 10.—*Delicatos* scribens versiculos, L, 3. — *Delicatior* tenellulo hædo puella, XVII, 15.
*Deliciæ* inelegantes, illepidæ, VI, 2. — meæ, XXXII, 2. — meæ puellæ, II, 1; III, 4. — *Delicias* animi fugavi, LXVIII, 26. — dicere, VI, 1. — si quis diceret aut faceret, LXXIV, 2. — *Deliciis* lapidis pelluciduli, LXIX, 4.
*Demens* fugit in nemora fera, LXIII, 89.
*Demo*, demere tantillum sævitiæ, XCIX, 6. — *Dempta* ex ipsius viri gremio puella, LXVIII, 146.
*Demetio*, demetit arva flaventia cultor, LXIV, 355.
*Demitto*, demisso capite se voret, LXXXVIII, 8.

*Demonstro*, demonstres, ubi sint tenebræ tuæ, LV, 2.
*Denique*, complexum denique matris, LXIV, 118. — *Denique* testis erit, LXIV, 362. — (pro *demum*) tum *denique*, XVI, 7. — nonam post *denique* messem, XCV, 1.
*Dens* decerpens, LXIV, 316.— defricatus urina, XXXVII, 20. — expolitior, XXXIX, 20. — *Dentem* defricare, XXXIX, 19.— *Dente* Indo politum pulvinar, LXIV, 48. —*Dentes* comesse possunt silicem, XXIII, 4. — lavit pariter, XXXIX, 14. — candidos habet, *ibid.* 1. — sesquipedales, XCVII, 5.
*Densus*, densi populi iter, LXVIII, 60. — *Densis* ramorum umbris, LXV, 13. — *Densas* aristas prosternens cultor, LXIV, 354. — *Densior* seges aristis aridis, XLVIII, 5.
*Dentatus* Lanuvinus, XXXIX, 12.
*Deperdita* flevit in gnata, LXIV, 119.
*Depereo*, deperit illum amore impotente, XXXV, 12. — *Depereunt* Cœlius Aufilenum et Quintius Aufilenam, C, 2.
*Depono*, deposivit mater Latoniam, XXXIV, 8.—*Deponere* longum amorem difficile est, LXXVI, 13. — morbum, *ibid.* 25. — *Deponant* antennæ vestem, LXIV, 234.
*Deprecor*, XLIV, 18.— totidem illi, XCII, 3.
*Deprendo*, deprendi pupulum puellæ trusantem, LVI, 5. — *Deprensa* navis in mari, XXV, 13.
*Derelinquo*, derelinquere animum in gravi cœno, XVII, 25.

*Derisi* gentilis gaudia impia tollens, LXVIII, 123.

*Descendo*, descendit qui homo, CXII, 2.

*Desero*, deseris me miserum in malis, XXX, 5. — *Deseruisse* focos penetrales, LXVIII, 102. — fidem in dominum veterem, LXVII, 8. — *Deserta Berenice*, LXVI, 21. — desertum amorem, LXI, 129. — *Desertum* in lecto cœlibe, LXVIII, 6. — *Desertam* in sola arena, LXIV, 57. — *Deserto* cubili, LXVIII, 29. — litore, LXIV, 133. — nomine, LXVIII, 50. — *Deserta* sunt omnia, LXIV, 187. — *Desertis* aratris, *ibid.* 42.

*Desiderium*, desiderio renovamus veteres amores, XCVI, 3. — meo nitenti, II, 5.

*Desidero*, desideret ara cruorem pium, LXVIII, 79. — *Desiderato* lecto, XXXI, 10.

*Desino*, desinis esse miser, LXXVI, 12. — *Desine* admirari, LXIX, 10. — bene velle mereri, LXXIII, 1. — dum licet pudico, XXI, 12. — esse leno, CIII, 3. — flere, LXI, 86. — precari, XXIII, 27. — *Desinas* ineptire, VIII, 1. — *Desinat* esse macer, LXXXIX, 40. — *Desissem* vibrare iambos, XXXVI, 5.

*Desisto*, destitit lugere parentes, LXIV, 401. — *Desistere* amare, LXXV, 8.

*Despicio*, despexit Thetis hymenæos, LXIV, 20.

*Desponsa* tua flamma connubia firmes, LXII, 27.

*Despuo*; despuas preces cave, L, 19.

*Destinatus*, VIII, 9.

*Desum*, desint dum omnia, CXIV, 5. — *Deessem* in tempore supremo, LXIV, 151.

*Deterioris* heri imperio, LXVIII, 114.

*Detineo*, detinet terra aliena sepultum Troja, LXVIII, 100.

*Deus* quis est magis petendus, LXI, 46. — tibi non bene advocatus, XL, 3. — tantus, LXVI, 31. — *Deo*, LXI, 64. — *Deo* par, LI, 1. — tardipedi, XXXVI, 7. — *Deum* me salutant, XIX, 5. — hunc *deum* vereberis viator, XX, 16. — *Dii* magni, XIV, 12; LIII, 5; CIX, 3. — deæque, XXVIII, 14. — favent, XIII, 2. — *Deorum* mentem avertere, LXIV, 407. — ad aures referens nuntia nova, LXIII, 75. — multis, LXVI, 9. — *Deum* genus, LXIV, 23. — ministra, LXIII, 68. — templa, LXVI, 63. — *Di*, XCVI, 1. — Diis invitis, LXXVI, 12. — littoralibus, IV, 22.

*Devincio*, devinctam lumina somno, LXIV, 122.

*Devoco*, devocet ut amor Triviam gyro aerio, LXVI, 6.

*Devolvo*, devolvit sibi pondera, LXIII, 5. — *Devolutum* ex igne panem, LIX, 4.

*Devoro*, devoratis omnia bella, III, 14. — *Devorare* patrimonia, XXIX, 23.

*Devoveo*, devotæ flavi verticis exuviæ, LXVI, 62. (in bonam partem dictum). — *Devota* perjuria, LXIV, 135.

*Dexter*, dextera aura, IV, 19. — *Dextera* fila, LXIV, 313. — (translative) *Dextram* approbationem, XLV, 9 et 18. — *Dextera* et *dextra* (manus), dexteræ apta clava, XX, 21. — *Dextram* gravem ære, XX, 13. — *Dextra* inquinatior, XXXIII, 3. — *Dextra* paterna, LXVIII, 143.

*Dicax* homo, XXII, 2.

## IN CONTEXTUM.

*Dico* (are) quos mihi dicares, LV, 29.

*Dico,* XV, 6; XVI, 10. — *Dicit* stetisse in cacumine, IV, 16. — se cognitum hoc habere, LXVII, 31. — mi mala plurima, LXXXIII, 1. — mi male, XCII, 1. — mulier mea, se nulli nubere malle quam mihi, LXX, 1. — *Dicunt* servisse Balbo, LXVII, 3. — quod, XCIV, 2. — *Dicebas* quondam, LXXII, 1. — *Dicebat,* LXXXIV, 1. — *Dixit* ut hoc, XLV, 8, 17. — *Diximus* quos, LXVII, 43. — *Dixeram* me hoc habere, X, 28. — *Dixerat* hinsidias, LXXXIV, 4. — *Dic* nobis, VI, 16; LV, 15. — agedum nobis, LXVII, 7. — *Dicite* in modum, LXI, 39. — multis millibus, LXVIII, 45. — *Dicam* vobis, LXVIII, 45. — quid, LXXX, 1. — *Dicas* velim Caecilio, XXXV, 2. — *Dicat* ex animo, CIX, 4. — *Diceret* si quis delicias, LXXIV, 2. — *Dixerit* maternus avus, LXXXIV, 6. — hic aliquis, LXVII, 37. — *Dicere* bene quoiquam, LXXVI, 7. — delicias, VI, 3. — aliquem nomine, LXVII, 45. — se amatam vere, LXXV, 1. — uno verbo, LXVII, 15. — *Dixisse* moestam querelis, LXIV, 130. — *Dicentem* nomine, LXVII, 43. — *Diceris,* LXI, 141. — quoius esse? VIII, 17. — *Dicitur* illic natum esse? X, 15. — *Dicuntur* nasse per undas, LXIV, 2. — *Dicta es* Luna, XXXIV, 16. — puerperis Juno Lucina, *ibid.* 14. — *Dicta* nihil metuere, LXIV, 148. — credita ventis, LXV, 17. — non bona, XI, 16. — factaque, XXX, 9.

*Dictum* (subst.) omnia dicta factaque, XXX, 9. — *Dicta* nihil metuere, LXIV, 148. — tua *dicta;* LXV, 17. — non bona *dicta,* XI, 16. — infestis *dictis,* LXVI, 73.

*Dies* haec atque illa, atque alia atque alia, LXVIII, 152. — par, LXI, 38. — abit, LXI, 79, 84, 94, 109, 119, 199. — *Diem* quem notat lapide, LXVIII, 148. — clarum, LXI, 89. — de *die* facite convivia, XLVII, 6. — *Die* hesterno, L, 1. — hilari, LXI, 11. — longo, LXXX, 4. — media, LXI, 118. — optimo dierum, Saturnalibus, XIV, 15. — in *dies* et horas, XXXVIII, 3. — *Diebus* festis, LXIV, 389. — paucis, XIII, 2.

*Difficilis,* difficile est longum deponere amorem, LXXVI, 13.

*Diffissus* in aestu mulae cunnus, XCVII, 7.

*Diffundo,* diffunditur unda Hellesponto rapido, LXIV, 359.

*Diffututa* vostra mentula, XXIX, 14.

*Digitus,* digitum primum dare adpetenti passeri, II, 3. — inquinare, XXIII, 23. — *Digitis* longis, XLIII, 3. — supinis, LXIV, 314. — teneris, LXIII, 10.

*Dignor,* dignantur visere tales coetus, LXIV, 408.

*Dignus,* digna concedere illi nihil lux mea, LXVIII, 131. — *Digna* ferat, LXVI, 41. — *Dignam* auribus et tuo cachinno rem, LVI, 2.

*Digredior,* digressus a primo carmine quid plura commemorem? LXIV, 116.

*Dilacero,* dilaceranda feris dabor, LXIV, 152.

*Diligentia,* diligentia colens assidua, XIX, 7.

*Diligentius* asservanda nigerrimis uvis, XVII, 16.

*Diligo*, diligis quid scorti, VI, 5. — *Diligit* gnatos, LXXII, 4. — *Dilexi* te, *ibid.* 3. — *Diligat* me contra, LXXVI, 23. — *Diligere*, LXXXI, 2.

*Diluta* labella multis guttis, XCIX, 7.

*Dimano*, dimanat tenuis flamma sub artus, LI, 10.

*Dimitto*, dimittere collum conjugis, LXVIII, 81. — quem cogor in dubios casus, LXIV, 216.

*Dirigo*, dirigere aciem oculorum, LXIII, 56. — *Directa* plumbo membrana, XXII, 8.

*Dirus*, dira ferens stipendia, LXIV, 173.

*Discedo*, dicedebant ad se quisque, LXIV, 278. — *Discedens*, *ibid.* 134. — *Discedens* conjux, *ibid.* 123.

*Discerno*, discernens æquor ponti dividit, LXIV, 179.

*Discerpo*, discerpunt irrita venti aerii, LXIV, 142. — *Discerpant* si me sidera, LXVI, 73.

*Discidium* flebile fratris cari luxti, LXVI, 22.

*Disco*, discet puer sitire, XXI, 11.

*Discors*, discordis puellæ secubitu mœsta mater, LXIV, 380.

*Discrucior* me abfore a dominæ vertice, LXVI, 76.

*Discupio*, nisi discupere se vendere, quid credat, CVI, 2.

*Disertus* leporum puer ac facetiarum, XII, 9. — *Disertum* salaputium, LIII, 5. — *Disertissime* Romuli nepotum, XLIX, 1.

*Dispereo*, dispereunt labores tui, XIV, 11. — *Disperam* nisi amo, XCII, 4. — nisi Lesbia me amat, *ibid.* 2.

*Dispicio*, dispexit lumina mundi, LXVI, 1.

*Displiceo*, displicere omnia tibi et Fuffitio seni vellem, LIV, 4.

*Dissolvo* pristina vota novo munere, LXVI, 38.

*Distinguo*, distinctos colores aura verna educit, LXIV, 90.

*Diu* ligatam solvat zonam, II, 13. — satis lusisti nucibus, LXI, 132, et al.

*Divello*, divulso e juvenco raptabant membra, LXIV, 258.

*Diverse* variæ viæ reportant, XLVI, 11.

*Dives* negligensque Priapus, XIX, 20. — saltus, CXIV, 1 et 5. — *Divitis* domini, LXI, 92.

*Divido*, dividit æquor ponti truculentum, LXIV, 179. — *Divisimus* alio mentes, alio aures, LXII, 15.

*Divinus*, divino carmine fuderunt fata, LXIV, 322. — omine carmina cecinere Parcæ, *ibid.* 384.

*Divitiæ*, divitias, mallem, dedisses isti, XXIV, 5. — *Divitiis* Crœsum superare, CXV, 3. — avitis, LXVIII, 121.

*Divus*, Diva mea candida, LXVIII, 70. — retinens arces, LXIV, 8. — *Divæ* cohors vaga, LXIII, 25. — mœnia, LXIV, 212. pulvinar, *ibid.* 47. — *Divum* acciperent aris, *ibid.* 394. — *Divam* accipiat conjux, *ibid.* 374. — Venerem, LXVI, 89. — *Divi* addent plurima, LXVIII, 53. — me juverint, LXVI, 18. — *Divum* genitor, LXIV, 27. — pater, *ibid.* 299, 388. — vestigia, LXVI, 69. — numine neglecto, LXIV, 134. — numine abusum ad fallendos homines, LXXVI, 4. — *Divis* vovere, XXXVI, 10. — promittens munuscula, LXIV, 103. — componier homines non æquum, LXVIII, 141. — cunctis, LXVI, 33. — pluribus, LXVIII, 115. — *Divos* superare, si fas est, LI, 2. — veneretur carmine, XC, 5. — penates, LXIV, 405.

*Do*, nec das, CX, 4. — *Dat* tibi munus, XIV, 9. — *Dedisti* promissa, LXIV, 139. — *Dedit* cœnas, LIV, 9. — dominam, LXVIII, 68, etc. — *Dederunt* parentes jura sua, LXII, 65. — *Dabo* unguentum, XIII, 11. — *Dabis* supplicium, CXIV, 8. — *Dabunt* scombris tunicas, CV, 8. — *Da* mi basia, V, 7. — munus, XVII, 7. — *Date* liberos, LXI, 12. — *Dent* Dii mala multa, XIV, 6. — *Dii* Deæque mala multa, XXVIII, 15. — *Dederit* fors copiam Achivis, LXIV, 367. — mihi curam Amathusia, LXVIII, 51. — *Dedisses* delicias, XXIV, 4. — *Dare* finibus præsides terra non queat, LXI, 72. — dapem, LXIV, 79. — digitum, II, 3. — liberos, LXI, 67. — *Dedisse* mandata, LXIV, 214. — *Daturam* scripta Deo, XXXVI, 7. — *Datur* quid, LXII, 30. — si dies nobis unus, LXVIII, 147. — *Data* est pars patri, LXII, 63. — sit lingua volturio, CVI, 4. — *Dabor* præda dilaceranda feris alitibusque, LXIV, 152.

*Doceo*, docuit me regina, LXVI, 19. — ferre jugum, LXVIII, 118. — *Docta* est Laodamia, LXVIII, 80. — *Doctis* chartis, I, 7. — Sapphica musa *doctior*, XXXV, 18. — virginibus, LXV, 2.

*Doleo* id, quod, LXXVIII, 7; XXI, 10. — *Dolebis*, VIII, 14. — *Dolentibus* puerperis, XXXIV, 13.

*Dolor*, doloris solatiolum, II, 7. — *Dolori* tanto est mors, XCVI, 5. — *Dolorem* meum, L, 17. — *Dolore* a nostro, XCVI, 2. — assiduo, LXV, 1.

*Dolus*, dolos veneni, XXIII, 10.

*Domina* montium, XXXIV, 9. — Didymi, LXIII, 91. — *Dominæ* Dindymenæ, *ibid.* 13. — a vertice, LXVI, 76. — *Dominam* ad solam pipilabat, III, 10. — cupidam novi conjugis, LXI, 31. — Dindymi quo tempore legit inchoatam, XXXV, 14.

*Dominus*, domini, XIX, 5. — amorem desertum, LXI, 129. — hortulum, XIX, 18. — divitis hortulo, LXI, 92. — limine, LXVII, 38. — *Domino* huic uno serviamus, XLV, 14. — *Dominum* veterem, LXVII, 8. — *Dominos*, LXIII, 51.

*Domo*, domito corpore sævum prostratum Theseus, LXIV, 110.

*Domus* tua, XVIII, 2. — nulla, LXI, 66; LXIV, 335. — ipsa, LXVIII, 156. — et Roma sedes mihi est, *ibid.* 34. — permulsa odore, LXIV, 285. — potens et beata, LXI, 156. — redimita corollis, LXIII, 66. — splendida, LXIV, 46. — tota, *ibid.* — *Domus* tecta paterna, *ibid.* 247. — *Domi* maneas, XXXII, 7. — quidquid est cachinnorum, XXXI, 14. — *Domum* dominam voca, LXI, 31. — Cybelles tetigere, LXIII, 35. — frequentat conventu Thessalia, LXIV, 32. — aperire, LXVII, 40. — dedit nobis, LXVIII, 68. — miseram conscelerasse, LXVII, 24. — ad Phrygiam Cybelles, LXIII, 20. — Protesileam inceptam frustra, LXVIII, 74. — remittit dexteram ære gravem, XX, 13. — venistine IX, 3. — *Domo* profectos, XLVI, 10. — a mea remota nemora, LXIII, 58. — procul a mea sit furor, *ibid.* 92 etc. — *Domos* Cranonis linquunt, LXIV, 36. — castas invisere solebant, *ibid.* 385.

*Dono* quoi libellum, I, 1. — *Donarunt* quod Veneres puellæ meæ, XIII, 12. — *Donare* puellam juveni, LXII, 23. — *Donarem* te munere postremo, CI, 3.

*Donum*, dona ferunt, LXIV, 34. — beata LXVIII, 14. — mala, LXVI, 85. — silvestria, LXIV, 280.

*Dormio*, dormienda est nox perpetua, V, 6. — *Dormientis* pueri in patris ulna, XVII, 13.

*Dos*, qui cum dote sua jura simul genero dederunt, LXII, 65.

*Dubito* quin, CVI, 3. — non *dubitas* me fallere, XXX, 3. — ne *dubita* nobis dicere, LXVII, 18.

*Dubius*, dubios in casus quem dimittere cogor, LXIV, 216.

*Ducenti*, XXXVII, 7. — *Ducentos* inrumare sessores, *ibid.* 8; XXVI, 4.

*Ducenties* ut mentula diffututa vostra commesset, XXIX, 15.

*Duco*, ducis me tibi amicum, LXVIII, 9. — *Ducebat* quo puella, VIII, 4. — *Duxti* satis id, XCI, 9. — *Duxerat* me visum ad suos amores, X, 2. — *Ducas* perditum quod vides perisse, VIII, 2. — *Ducere* potuisti in sedes, LXIV, 160. — neptem suam concessit Tethys, *ibid.* 29. — *Ducentes* subtemina fusi, LXIV, 328, et infra sæpius.

*Dulcis* amor, LXVI, 6; LXVIII, 24. — amor tuus, LXVIII, 96. — Ipsithilla, XXXII, 1. — uva, XX, 8. — *Dulcis* amiculi nil miseret, XXX, 2. — pueri ocellos ebrios, XLV, 11. — *Dulcem* amaritiem miscet curis, LXVIII, 18. — amorem præoptarit, LXIV, 120. — *Dulce* rideat ad patrem, LXI, 219. — ridentem, LI, 5. — *Dulce* levamen, LXVIII, 61.

— sodalitium fraternum, C, 4. — *Dulci* ambrosia, XCIX, 2. — carmine, LXVIII, 7. — conjuge, LXVI, 33. — forma, LXIV, 175. — viro, LXVII, 1. — vita, LXIV, 157. — *Dulces* amores, LXXVIII, 3. — comitum coetus, XLVI, 9. — Musarum fœtus, LXV, 3. — *Dulcia* signa, LXIV, 210. — vestigia rixæ nocturnæ, LXVI, 13. — *Dulcius* ambrosia suaviolum, XCIX, 2. — vita atque anima conjugium, LXVIII, 106.

*Dum*, dum ludis, XCIX, 1. — (pro *quamdiu*) *dum* licet pudico, XXI, 12. — forte *dum* cara suis est, LXII, 45. — (pro *dummodo*) *dum* omnia desint, CXIV, 5.

*Dummodo* ipse egeat, CXIV, 6.

*Dumosus*, dumosa herba, XIX, 8.

*Duo* mœchi, CXIII, 1 et 3. — *Duæ* sinistræ Pisonis, XLVII, 1. — *Duobus* pugnare noli, LXII, 64.

*Duplex* Amathusia, LXVIII, 51.

*Durities*, duritiem ferri, LXVI, 50.

*Durus*, duro frigore, XX, 9. — *Dura* mente, LX, 3. — *Dura* sola lustravit, LXIII, 40. — *Duros* lumbos movere, XVI, 11. — *Durius* faba et lapillis, XXIII, 21.

*Dux* per opaca nemora, LXIII, 32. — ante Booten, LXVI, 67. — bonæ Veneris, LXI, 44. — *Ducem* sequuntur pede propero, LXIII, 34. — *Duce* me, *ibid.* 15.

E.

*E* laudibus eximiis laus, CXI, 2. — nimio labore, LXIII, 36. — nobis unam, LXII, 32 et al.

*Ebriosus*, ebriosa acina, XXVII, 4. — *Ebriosioris* Posthumiæ, *ibid.*

*Ebrius*, ebrios oculos, XLV, 11.
*Ebur* candet soliis, LXIV, 45.
*Ecce* ego populus tuor agellulum hunc, XX, 2. — at pol *ecce*, ibid. 19.
*Ecquis*, ecquid scis? LXXXVIII, 4. — *Ecquid*nam lucelli, XXVIII, 6.
*Edo*, edunt medullam ignes, XXXV, 15. — *Edebat* me amor magnus, XCI, 6.
*Edo*, edidit sibilum silva, IV, 12. — *Ede*, LV, 15. i. e. dic. — *Edere* cantus cœperunt Parcæ, LXIV, 307. — *Edita* Smyrna Cinnæ, XCV, 2.
*Educo*, educat imber florem, LXII, 41. — mitem uvam vitis. LXII, 50. — *Educata* uva sub umbra pampinea, XIX, 14.
*Educo*, educit aura verna colores, LXIV, 90.
*Effero*, extulit se ardor, LXII, 29.
*Efficio*, efficitur plusquam meretricis avaræ, CX, 7. — *Efficies* quod cupis, XCVIII, 6. — *Effice* me tuam esse largis muneribus, LXVI, 92. — *Efficias* hoc qualubet, LXXVI, 14. — *Efficere* fratres ex patruo, CXI, 4.
*Effigies* saxea, LXIV, 61.
*Efflo*, efflabant cornua bombos, LXIV, 264.
*Effluo*, effluxisse ex animo dicta ne putes, LXV, 18.
*Effodio*, effossos oculos voret gutture corvus, CVIII, 5.
*Effundo*, effusis crinibus, LXIV, 391.
*Egelidus*, egelidos tepores refert ver, XLVI, 1.
*Egeo*, egeat ipse, CXIV, 6. — *Egens* animi Atys, LXIII, 31.
*Ego* quid feci, XIV, 4. — hæc populus, XX, 1. — *Egone* hæc ferar, LXIII, 58, 68, et alias sæpissime.
*Egredior*, egredientem e flexibus labyrintheis, LXIV, 114. — *Egressus* e litoribus Piræi, ibid. 74.
*Egregius*, egregium parentem narras, LXVII, 29. — *Egregias* res in se habet, CXIV, 2. — virtutes, LXIV, 349.
*Egressus* patet, LXIV, 185.
*Eheu!* quid faciant, XXX, 6.
*Ejicio*, ejiciunt præcipitem furcillis Musæ, CV, 2.
*Electus*, electos juvenes, LXIV, 78. — *Electissima* pessimi poetæ scripta, XXXVI, 6.
*Elegans*, elegante lingua, XLIII, 4. — *Elegantem* morbum non habet, XXXIX, 8. — quid *elegantius* et suavius est, XIII, 10.
*Elevo*, eleva hæc et abjice, XXIV, 9.
*Eluo*, eluentur maculæ, LVII, 5.
*Emergo*, emersere e gurgite feri vultus, LXIV, 14.
*Emorior*, emori quid moraris? LII, 1 et 4.
*Emulgeo*, emulsa palude, LXVIII, 110. — *Emulso* sero, LXXX, 8.
*En* tibi domus ut potens, LXI, 156 et al.
*Enim*, est enim puer disertus leporum, XII, 8 et al.
*Eniteo*, enitens myrtus, LXI, 21.
*Eo*, it per iter tenebricosum, III, 11. — *Itis* in exsilium, XXXIII, 6. — *Iverat* vastatum fines Assyrios, LXVI, 12. — agedum, *i!* LXIII, 78. — *Ite*, concinite in modum, LXI, 123 et al. — simul, LXIII, 13, 19. — *Eat* petitum aliunde, LXI, 153. — *Eat* supinus pons, XVII, 4. — *Isset* postquam illuc, LXXXIV, 11. — mi-

les ad muros Iliacos Protesilaus, LXVIII, 86. — *Ire*, LXI, 83. — præcipitem, XVII, 9. — *Euntem* revocet puella, XXXV, 9.

*Ephebus*, LXIII, 63.

*Epistolium* conscriptum lacrimis, LXVIII, 2.

*Equidem* non dubito quin primum, CVIII, 3.

*Equus* ales Arsinoës Chloridos, LXVI, 54.

*Eripio*, eripit virtus tua te mihi, LXIV, 219. — hoc mihi sensus omnes, LI, 6. — *Eripui* te versantem in medio leti gurgite, LXIV, 150. — *Eripuisti* omnia nostra bona, LXXVII, 4 et 5. — *Eripite* mihi hanc pestem, LXXVI, 20. — *Eripere* noli quod carius est oculis, LXXXII, 3. — *Ereptum* est conjugium, LXVIII, 106. — *Ereptum* nostris ex oculis, LXV, 8. — *Ereptis* sensibus mens excidit, LXVI, 25.

*Erro*, errans hedera implicat arborem, LXI, 35. — *Errabunda* vestigia regens filo, LXIV, 113.

*Error* attributus suus cuique, XXII, 20. — tecti inobservabilis, LXIV, 115. — *Erroribus* citatis, LXIII, 18.

*Erudituli* ambo, LVII, 7.

*Eruo*, eruit turbo indomitus pinum conigeram, LXIV, 108.

*Esurio*, esurire discet puer meus, XXI, 10.

*Esuritio*, esuritione sicciora corpora cornu, XXIII, 14. — *Esuritionum* pater, XXI, 1.

*Etiam*, hanc etiam aram linit hircus, XIX, 15 et al. — *Etiam* atque *etiam*, LXIII, 61.

*Etsi* me cura sevocat a doctis virginibus, LXV, 1 et al.

*Everto*, eversus mons est, LXVI, 43.

*Eviro*, evirastis corpus, LXIII, 17.

*Evito*, evitamus amictu tela tua, CXVI, 7.

*Evo*, evantes Thyadas egit Liber, LXIV, 392.

*Evoe*, bacchantis effigies, LXIV, 61. — *Evoe* bacchantes *evoe*, ibid. 256.

*Evolvo*, evoluam (*tetrasyllab.*) condita veri pectoris, LXVI, 74.

*Ex* ambrosio mutatum suaviolum, XCIX, 13. — animo dicat, CIX, 4. — Ariadnæis temporibus corona, LXVI, 60. — eo tempore, XXXV, 14. — viri gremio dempta, LXVIII, 146. — multis una capsula, *ibid.* 36. — oculis ereptum, LXV, 8. — parte, LXII, 62. — te pendebat, LXIV, 69. — tua libidine, XVII, 5. — versiculis meis putatis me parum pudicum, XVI, 3.

*Exagito*, exagitans corde furores, LXIV, 94.

*Exardeo*, exarsit tota imis medullis, LXIV, 93.

*Excelsus*, excelso aggere coacervatum bustum, LXIV, 364.

*Excerpo*, excerpta Battiadæ carmina, LXV, 16.

*Excido*, excidit mens sensibus ereptis, LXVI, 25.

*Excieo*, excita somno, LXIV, 56. — *Excitum* Atyn somnus fugit, LXIII, 42. — *Excitus* hilari die, LXI, 11.

*Excipio*, hunc unum, XV, 13. — *Excepit* eum sinu Dea, LXIII, 43. — *Excipiet* bustum niveos artus, LXIV, 365.

*Excito*, excitat fletum orator, XXXIX, 3. — *Excitare* rixam, XL, 4. — veternum, XVII, 24.

*Excrucio*, cur amplius te excrucies, LXXVI, 10. — *Excruciare* me omni modo non cessasti, XCIX, 12. — *Excrucior*, LXXXV, 2.

# IN CONTEXTUM. 491

*Excutio*, excutitur malum sub veste locatum, LXV, 22.

*Exedo*, exedit cura medullas, LXVI, 23.

*Exeo*, exis quum mane domo, LXXX, 3.

*Exerceo*, exercet amorem, LXXI, 3. — *Exercete* juventam, LXI, 225. — *Exerceremus* amores, LXVIII, 69.

*Exfutuo*, exfututa latera cur pandas? VI, 13.

*Exigo*, exigit hoc amicitia perfecta nobis, C, 6.

*Eximius*, eximium decus, LXIV, 324. — *Eximiis* laudibus, CXI, 2. — *Eximie* (*adv.*) aucte tædis felicibus, LXIV, 25.

*Exorior*, exoriente Aurora, LXIV, 272.

*Expalleo*, expalluit magis fulgore auri, LXIV, 100.

*Expatro*, expatravit parum, XXIX, 17.

*Expedio*, expedit hoc tibi, XX, 17. — *Expeditis* sarcinulis, XXVIII, 2.

*Expello*, expuli pectore malam tussim, XLIV, 7. — *Expulit* ex omni pectore lætitias, LXXVI, 22.

*Expensum* ecquidnam lucelli patet in tabulis? XXVIII, 7.

*Experior*, experiris omnia, XXI, 6.

*Expers* terroris Achilles, LXIV, 339. — unguentis omnibus coma, LXVI, 77. — *Expertem* sanguinis Venerem, LXVI, 91.

*Expeto*, expeteres quod castum, XV, 4.

*Expleo*, exples tecta frugibus, XXXIV, 20. — *Expleta* est pubes Thessala spectando, LXIV, 269.

*Explico*, explicasset quum Calvus Vatiniana crimina, LIII, 3. — *Explicare* omne ævum, I, 6.

*Expolitus*, expolitum pumice libellum, I, 2. — *Expolitior* dens, XXXIX, 20.

*Exposco*, exposcam a divis justam multam, LXIV, 190. — *Exposcens* supplicium, *ibid.* 203.

*Exprimo*, exprimamus ruborem, XLII, 17.

*Expromo*, expromam querelas mente, LXIV, 223. — *Expromere* fœtus Musarum, LXV, 3.

*Exseco*, exsecta lingua sit data avido vulturio, CVIII, 4.

*Exsequor*, exsequutæ sectam meam, LXIII, 15.

*Exsilium* malasque in oras itis, XXXIII, 5.

*Exsilio*, perniciter exsiluere, non temere exsiluere, LXII, 8 et 9.

*Exsolvo*, exsolvere pœnas cædis, LXIV, 77.

*Exspecto*, exspecta hendecasyllabos trecentos, XII, 11. — *Exspecta* lumina, LXII, 2.

*Exspiro*, exspirans suaves odores lectulus, LXIV, 87. — *Exspirantis* pectoris iras frons præportat, *ibid.* 194.

*Exspuo*, exspuit conceptum mare, LXIV, 155.

*Exstinguo*, exstinctos parentes destitit lugere, LXIV, 401.

*Exsto*, exstantes e cano gurgite Nymphas viderunt mortales oculi, LXIV, 18. — *Exstantia* in filo morsa lanea, LXIV, 318.

*Exsul*, exsules velut, LXIII, 14.

*Exsulto*, exsultas otio, LI, 14.

*Exsupero*, exsuperat fructus sumptibus, CXIV, 4.

*Extenuo*, extenuata gerens vestigia pœnæ, LXIV, 296.

*Externo*, externavit eam assiduis luctibus, LXIV, 71. — *Externata* malo, *ibid.* 165.

*Extollo*, extollit se vitis, LXII, 50.
*Extremus*, extremæ in fine senectæ, LXIV, 217. — *Extrema* in morte, LXXVI, 18. — *Extremo* solo, LXVIII, 100. — tempore, LXIV, 169. — *Extremos* in Indos penetrabit, XI, 2. — *Extremis* medullis proferre querelas, LXIV, 196. — querelis mœstam dixisse, *ibid.* 130.
*Exturbo*, exturbata radicitus quercus aut pinus, LXIV, 108.
*Exuro*, exustos agros gravis æstus hiulcat, LXVIII, 62.
*Exuviæ* flavi verticis devotæ, LXVI, 62. — *Exutiis* de virgineis gesserat rixam, *ibid.* 14.

### F.

*Faba* durius est id, quod cacas, XXIII, 21.
*Fabrico*, fabricata populus arte rustica, XX, 1.
*Fabula* mala te lædit, LXIX, 5.
*Facetiæ*, facetiarum disertus puer, XII, 9. — *Facetiis* tuis incensus, L, 8.
*Face* pro *fac*, LXIII, 78. —
*Facilis* palma, LXII, 11. — *Facile* noscitetur ab omnibus, LXI, 222. — *Facillimum* et minimum quod est, XXXVIII, 4.
*Facinus* bonum oblita es, LXVI, 27. — facis, CX, 4. — quod facias, nescis, LXXXI, 6.
*Facio*, facis assis, XLII, 13. — facinus, CX, 4. — cum Tappone omnia monstra, CIV, 4. — *Facit*, LXXXVIII, 1, 3. — bonum barha opaca, XXXVII, 19. — delicias libidinesque, XLV, 24. — impetum, LXIII, 89. — pili uni, XVII, 17. — se esse venustum, XCVII, 9. — versus plurimos, XXII, 3. — *Facitis* convivia, XLVII, 6. —
*Feci* quid ego, XIV, 4. — poema, L, 16. — *Fecit*, LXIV, 9. — quod voluit, LXXIV, 5. — adulterium, LXVII, 36. — *Faciet* ut te pœniteat, XXX, 12. — *Facient* quid crines? LXVI, 47. — *Face* (p. *fac.*) loca retonent, LXIII, 82. — votum acceptum, XXXVI, 16. — ut LXIII, 78 et 79. — *Facito*, ut LXIV, 231. — *Facite*, hæc charta loquatur, LXVIII, 46 — ut vere promittere possit, CIX, 3. — *Faciam* quare id, LXXXV, 1. — ni facias, VI, 14. — facinus, LXXXI, 6. — finem, XXI, 13. — si omnia, LXXV, 8. — *Faciat* opus aranea, LXVIII, 50. — quid janua isto populo? LXVII, 12. — *Faciant*, XIII, 14; XXX, 6; LXII, 24. — *Facerem* me unum beatiorem, X, 17. — *Faceres*, XXI, 9. — *Faceret* pili, X, 13. — si quis delicias, LXXIV, 2. — *Fecerimus* multa millia, V, 10. — *Facere*, LXVIII, 38; CX, 5. — bene quoiquam, LXXVI, 8. — ut quivis sentiat, LXVII, 16. — quæ instituunt, CX, 2. — *Fecisse* benigne, LXXIII, 3. — *Fit* mentula clava apta dexteræ, XX, 21. — ut XXII, 5. — hoc, quod, LXVIII, 34. — *Fiebant* ibi tam multa jocosa, VIII, 6. — *Fiam* coma regia, LXVI, 93. — *Fias* si optima, LXXV, 7. — *Fiat* tibi pons ex libidine tua, XVII, 5. — *Fiant* labella candidiora nive, LXXX, 2. — *Facta* es marita, o janua, LXVII, 6. — *Facta* copia non est, LXVIII, 39. — *Fieri* posse aliquem pium, LXXIII, 2. — sentio, LXXXV, 2. — *Factum* me puta Harpocratem, CII, 4. — *Facto* iterum consule Pompeio, CXIII, 2. — *Facta* vota, IV, 23.
*Factum* (ἔργον) male, III, 16. — non bene, LXVII, 13. — *Facti* pœniteat, XXX, 12. — *Facta* narrantem, IX, 7. — clara, LXIV,

349. — impia, XXIII, 10. — sua, LXIII, 45. — tua, LXV, 9. — virum, LXIV, 192. — *Facta*que dictaque, XXX, 9. — *Factis*, LXVI, 37. — sævis, LXIV, 203.

*Fagus*, fagos altas tulit radicitus, LXIV, 290.

*Fallax*, fallaci excita somno, LXIV, 56. — tibi, *ibid.* 151. — *Fallacum* hominum impia facta, XXX, 4.

*Fallo*, fallere me non dubitas, XXX, 3. — *Fallimur* idem omnes, XXII, 18. — ad *fallendos* homines abusum numine Divum, LXXVI, 4.

*Falsiparens* Amphitryoniades, LXVIII, 112.

*Falsus*, falsum est, LXVII, 20. — puerperium, LXVII, 48. — *False* sodalibus, XXX, 1. — *Falsis* lacrimulis, LXVI, 16. — *Falso* (adverb.) CXIV, 1.

*Falx* frondatorum, LXIV, 41.

*Fama* anus, LXXVIII, 10. — bona, LXI, 62. — unica, *ibid.* 230. — susurrat, LXXX, 5.

*Fames* et scabies Memmi, XLVII, 2. — *Famem* tulistis, XXVIII, 5.

*Famula* fuit semper, LXIII, 90. — Cybeles, *ibid.* 68.

*Famulor*, famularer tibi jucundo labore, LXIV, 161.

*Famulus*, famulum suum eo legarat, LXVI, 57.

*Farcio*, farti estis verpa, XXVIII, 13.

*Fas* est, LI, 2. — succumbere quoivis, CXI, 3. — non est tangere, LXXXVIII, 5.

*Fascino*, fascinare basia, VII, 12.

*Fastus*, fastu in tanto te negas, LV, 14.

*Fateor*, fatebuntur matres, LXIV, 350. — *Fateri* hoc pudet, VI, 5.

*Fatum*, miserum fatique mali, XV, 17. — *Fato* immiti, LXIV, 246. — *Fata* Ityli gemens, LXV, 14. — mea, LXVI, 51. — talia, LXIV, 322. — sequuntur, *ibid.* 327.

*Fatuus*, fatuo illi hoc maxima lætitia est, LXXXIII, 2. — *Fatuis* et verbosis, XCVIII, 2.

*Faustus*, fausto cum sidere adveniet conjux, LXIV, 330.

*Faveo*, favent si tibi dii, XIII, 2. — *Faveam* quoi potius? C, 5.

*Fax*, faces quatiunt comas, LXI, 77.

*Febriculosus*, febriculosi scorti quid diligis, VI, 4.

*Felix* in amore sis, C, 8. — *Felici* fœdere accipiat conjux Divam, LXIV, 374. — hora, LXII, 30. — *Felices* sitis, LXVIII, 155. — *Felicia* carmina Pelei, LXIV, 383. — *Felicibus* tædis aucte, *ibid.* 25. — *Felicior* quis me vivit, CVII, 7.

*Fello*, fellat Rufa Bononiensis Rufulum, LIX, 1.

*Femella*, femellas omnes prendi, LV, 7.

*Femina* nulla credat viro, LXIV, 143; LXIX, 1. — pulchrior, LXI, 88. — *Feminæ* bonæ, LXI, 187.

*Femur* tenerum supposuisse viro, LXIX, 2.

*Fera*, ferarum gelida stabula, LXIII, 53. — *Feras* in se habet saltus, CXIV, 3. — *Feris* alitibusque præda dabor, LXIV, 152.

*Fero*, fers quod promisti, CX, 4. — *Fert* insulas Neptunus, XXXI, 3. — *Ferunt* dona, LXIV, 34. — campi flores, LXIV, 281. — Graii, LXVIII, 109. — *Tuli* id non impune, XCIX, 3. — *Tulit* Chiron flores, LXIV, 284. — fagos altas Peneus, *ibid.* 289. — timores, *ibid.* 99. — *Tulistis* frigora et famem,

XXVIII, 5. — salum rapidum, LXIII, 16. — opem, LXXVI, 18. — pedem, XIV, 22. — *Feres* hæc? XXIX, 5, 10. — non impune, LXXVIII, 9. — *Foret* quæcunque voluntas cælitum, XI, 13. — vos semita ipsa, XIX, 21. — *Feremus* furta heræ, LXVIII, 136. — *Ferat* frigus Sextio, XLIV, 20. — aditum, LXI, 43. — digna, LXVI, 41. — reditum, LXIII, 79. — *Ferre* ventos dicta irrita sinis, XXX, 10. — te, Herculei labos est, LV, 13. — signa Fortunæ secundæ, LXIV, 222. — jugum, LXVIII, 118. — munera piis, *ibid.* 154. — *Tulissse* herum, IV, 19. — *Ferens* munera, XIX, 9. — stipendia tauro, LXIV, 173. — aditum, LXI, 26. — *Fertur*, LXII, 20. — dives saltus, CXIV, 2. — incensus amore, LXIV, 19. — pubes Græca deseruisse focos, LXVIII, 101. — habitare tibi caper sub valle alarum, LXIX, 5. — tradita nobis virgo, LXVII, 19. — *Ferar* Pegaseo volatu, LV, 24. — in nemora, LXIII, 58. — esse famula Cybeles, *ibid.* 68. — *Feraris* deseruisse fidem, LXVII, 7.

*Ferox* Theseus, LXIV, 73. — age *ferox*, LXIII, 78 et 83.

*Ferreus*, ferream soleam derelinquit mula in voragine tenaci, XVII, 26. — *Ferreo* canis ore, XLII, 17.

*Ferrugo*, ferrugine Hibera obscura carbasus, LXIV, 227.

*Ferrum*, ferri venas et duritiem fingere, LXVI, 50. — *Ferro* qui postulet se esse parem? *ibid.* 42. quum talia cedant, *ibid.* 47. — ancipiti, LXIV, 370. — infesto, *ibid.* 356.

*Ferus* leo incitat rapidum animum, LXIII, 85. — *Fero* juveni dedis puellulam, LXI, 56. — *Ferum* mare lustravit, LXIII, 40. — *Fera* rabie carens animus, LXIII, 57. — *Fera* in nemora fugit, LXIII, 89. — *Feri* vultus, LXIV, 14.

*Fervidus*, fervida virtus, LXIV, 218. — *Fervido* sole XX, 7.

*Fessus*, fesso a corpore secedent sensus, LXIV, 189. — *Fessi* labore, XXXI, 9. — *Fessis* Achivis, LXIV, 367.

*Festus*, festis diebus, LXIV, 389. — luminibus, LXVI, 90.

*Fidelis* Acme, XLV, 23. — *Fideles* sermones viri esse nulla speret femina, LXIV, 144.

*Fides* Dea, XXX, 11. — nota, CII, 2. — nulla, LXXV, 3. — *Fidem* cælestum comprecer, LXIV, 191. — sanctam violasse, LXXVI, 3. — habeant quoi homines? XXX, 6. — *Fide* in Dianæ sumus, XXXIV, 1.

*Fidus*, fidum te mihi sperabam, XCI, 1. — *Fido* amico, CII, 1. — amore, LXIV, 182.

*Figo*, fixus telis, CXVI, 8. — *Fixa* corona foret, LXVI, 61.

*Figura*, figuræ genus, LXIII, 62. — *Figura* cara gnati saturata lumina, LXIV, 220. — *Figuris* priscis hominum variata vestis, LXIV, 50. — talibus, *ibid.* 266.

*Filia* linquens genitoris voltum, LXIV, 117.

*Filius*, XIX, 6; XXXIII, 4. — lepidus, LXXVIII, 2. — *Filii* pii ad rogum lugetur, XXXIX, 4. — *Fili* et pater cinæde, XXXIII, 2, 8. — Celtiberiæ, XXXVII, 18.

*Filum*, filo hesterno collum circumdare, LXIV, 378. — tenui regens vestigia, *ibid.* 113. — levi, *ibid.* 318. — *Fila* deducens dextera, *ibid.* 313.

*Fingo*, finger duritiem ferri,

LXVI, 50. — *Ficto* questu, LXII, 36. — si *fingar* custos Cretum, LV, 23.

*Finio*, finito tempore, LXIV, 31.

*Finis*, finem facias, XXI, 13. — *Fine* extremæ senectæ, LXIV, 217. — *Fines* ad Æetæos nasse, *ibid.* 3. — Assyrios vastatum iverat, LXVI, 12. — *Finibus* dare præsides, LXI, 73. — Ægypti Asiam adjiceret, LXVI, 36.

*Fio* vid. *Facio.*

*Firmo*, firmat sol florem, LXII, 41. — *Firmes* desponsa connubia flamma tua, *ibid.* 27.

*Flagellum* summum in vite, LXII, 52. — *Flagella* inusta conscribillent nates, XXV, 11.

*Flagitium*, flagitia sua loquentem sæpe audivi, LXVII, 42.

*Flagito*, flagitabam te, LV, 9.

*Flagro*, flagrabat mens amore, LXVII, 25. — *Flagravit* Juno in culpa quotidiana conjugis, LXVIII, 139. — *Flagrans* amore conjugis Laodamia, LXVIII, 73. — *Flagrantia* lumina, LXIV, 91.

*Flamen*, flamine contorquens robur turbo, LXIV, 107. — clementi pulsæ undæ, *ibid.* 273. — levi, *ibid.* 9. — ventorum pulsæ nubes, *ibid.* 240.

*Flamma* tenuis dimanat sub artus, LI, 10. — vesana, C, 7. — uritur, LXI, 178. — *Flammam* concepit pectore, LXIV, 92. — *Flamma*, Hespere, tua firmes connubia, LXII, 27. — in *flamma* liquefaciens omentum, XC, 6.

*Flammatus*, flammati Phaethontis sorore, LXIV, 292.

*Flammeum* cape, LXI, 8. — videor venire, *ibid.* 122.

*Flammeus*, nitor Solis, LXVI, 3. — *Flammea* vestigia celeris cervæ prævertet, LXIV, 342.

*Flatus*, flatu matutino Zephyrus incitat undas, LXIV, 270. — ad *flatus* Austri aut Favoni opposita villula, XXVI, 2.

*Flaveo*, flaventia arva, LXIV, 355.

*Flavus* Mela, LXVII, 33. — *Flavi* verticis exuviæ, LXVI, 62. — *Flavo* hospite, LXIV, 98. — vertice, *ibid.* 63. — viro, LXVIII, 130.

*Flebilis*, flebile discidium fratris luxti, LXVI, 22.

*Flecto*, flexerunt sedibus artus, LXIV, 304. — *Flectere* consilium mentis, *ibid.* 136.

*Fleo*, flet quod ire necesse sit, LXI, 83. — mater orba unicum filium, XXXIX, 5. — *Flemus* amicitias amissas, XCVI, 4. — *Flere* desine, LXI, 86. — *Flendo* rubent ocelli, III, 18.

*Fletus*, fletum orator excitat, XXXIX, 3. — *Fletu* assiduo lumina tabescere, LXVIII, 55. — *Fletus* in assiduos absumens lumina, LXIV, 243. — *Fletibus* ullis, XCVII, 5.

*Flexanimus*, flexanimo amore perfundat conjux mentem, LXIV, 331.

*Flexus*, flexibus labyrintheis egredientem, LXIV, 114.

*Floreo*, florens Iacchus, LXIV, 252.

*Floridulus*, floridulo ore nitens uxor, LXI, 193.

*Floridus*, florida ætas, LXVIII, 16. — *Floridam* puellulam dedis juveni, LXI, 57. — *Florido* vere picta corolla, XIX, 10. — *Floridis* corollis redimita domus, LXIII, 66. — ramulis myrtus, LXI, 21.

*Flos* hyacinthinus, LXI, 93. — ignotus pecori, LXII, 40. — secretus in hortis, *ibid.* 39. — *gymnasii*, LXIII, 64. — *prati*, XI, 23. — Veronensium juvenum, C, 2. — *Florem* castum amisit, LXII, 46. — *Flore* novercæ innuptæ, LXIV, 403. — viridissimo, XVII, 14. — *Flores* quotcunque ferunt campi, LXIV, 283. — *Floribus* amaraci cinge tempora, LXI, 6.

*Flosculus* Juventiorum, XXIV, 1.

*Fluctuo*, fluctuat mens malis, LXV, 4. — magnis undis curarum, LXIV, 62.

*Fluctus*, fluctus salis alludebant, LXIV, 67. — ad Phasidos nasse dicuntur, *ibidem*, 3. — Ionios, LXXXIV, 11. — *Fluctibus* fortunæ queis merser, LXVIII, 13. — qualibus jactastis puellam, LXIV, 98.

*Fluentisonus*, fluentisono litore prospectans, LXIV, 52.

*Fluito*, fluitantis amictus vicem non curans, LXIV, 68.

*Flumen*, fluminis propter undas, LXIV, 282. — *Flumine* molli, LXVII, 33. — *Flumina* alta permixta cæde, LXIV, 361. — Eurotæ, *ibid.* 89.

*Focus*, focos penetrales pubes græca deseruisse fertur, LXVIII, 102.

*Fodio*, fodisse solum audet Amphitryoniades, LXVIII, 111.

*Fœcundus*, fœcunda Favoni aura parit flores, LXIV, 283. — *Fœcundum* adulterio semen, CXIII, 4.

*Fœdo*, fœdans canitiem pulvere infuso, LXIV, 224.

*Fœdus* æternum amicitiæ, CIX, 6. — *Fœdere* felici accipiat conjux Divam, LXIV, 374. — tali, *ibid.* 336. — ullo, LXXV, 3; LXXVI, 3.

*Fœtus* nec potis est Musarum dulces expromere mens animi, LXV, 3.

*For*, fari hæc liceat, LXVI, 71. — *Fanda* omnia, permixta malo furore, LXIV, 406.

*Foras* abire liceat, XXXII, 6.

*Forem*, *fores*, etc. IV, 5; XXX, 8; XXXIV, 9; et alib.

*Foris*, ubi paratum erit foris, XV, 12.

*Forma*, forma dulci celans crudelia consilia, LXIV, 175.

*Formo*, formabat fila dextera digitis supinis, LXIV, 314.

*Formosus*, formosa est multis Quintia, LXXXVI, 1. — Lesbia, *ibid.* 5. — FORMOSA totum illud, *ibid.* 3.

*Fors* dederit copiam, LXIV, 367. — sæva, *ibid.* 170. — *Forte* (adv.) si non molestum est, LV, 1.

*Fortasse* requiris, quare, etc. LXXXV, 1.

*Fortis*, forti pectore notus, LXIV, 340. — *Fortior* alius non ausit, LXVI, 28.

*Fortuna* te mihi abstulit, CI, 5. — mea te mihi eripit, LXIV, 218. — *Fortunæ* secundæ signa ferre, LXIV, 222. — fluctibus merser, LXVIII, 13. — *Fortuna* casuque oppressus iniquo, LXVIII, 1.

*Forum*, e foro Varrus me otiosum duxerat, X, 2. — a foro abero? LXIII, 60.

*Fossa*, in fossa Liguri velut alnus jacet, XVII, 19.

*Fossor* aut caprimulgus, XXII, 10.

*Foveo*, fovetis hunc, XXIX, 22.

*Fragro*, fragrans sertis cubile, VI, 8. — *Fragrantem* odore domum venit, LXVIII, 144.

*Frango*, fregisti moriens commoda mea, LXVIII, 21. — *Frangens* obvia late et cominus pinus, LXIV, 109. — *Fractum* pedem grabati veteris collocare, X, 22.

*Frater* amabilior vita, LXV, 10. — adempte mihi, LXVIII, 20, 92. — ad tuas inferias venio, CI, 2. — miser, *ibid.* 6. — moriens fregisti commoda nostra, LXVIII, 21. — *Fratris* cari discidium luxti, LXVI, 22. — *Fratri* crede, XII, 7. — misero lumen ademptum, LXVIII, 93. — nostro Troja letum attulit, *ibid.* 91. — *Fratrem* hic deperit, C, 3. — *Fratres* perfudere manus fraterno sanguine, LXIV, 400. — habet Gallus, LXXVIII, 1. — efficere ex patruo matrem, CXI, 4. — ad unanimos venistine, IX, 4. — *Fratribus* a pileatis nona pila, XXXVII, 2.

*Fraternus*, fraterna mors abstulit mihi totum studium, LXVIII, 19. — *Fraternum* vere dulce sodalitium, C, 4. — *Fraterno* fletu manantia munera, CI, 9. — sanguine fratres perfudere manus, LXIV, 400. — *Fraterna* cæde respersum juvenem secuta, *ibid.* 181.

*Fraudo*, fraudando corripere data, CX, 7.

*Fremo*, fremit Atys, LXIII, 86.

*Fremitus*, fremitu mugiente fac cuncta loca retonent, LXIII, 82.

*Frequens* tussis me quassavit, XLIV, 13. — *Frequentes* januæ mihi erant, LXIII, 65.

*Frequento*, frequentat domum tota Thessalia, LXIV, 32. — *Frequentant* Pharsalia tecta, *ibid.* 37.

*Fretum*, freta per impotentia herum tulisse dicit Phaselus, IV, 18.

*Frico*, frices si manibus, quod cacas, XXIII, 22.

*Frigero*, frigerans lympha, LXI, 30.

*Frigidulus*, frigidulos singultus ore udo cientem, LXIV, 131.

*Frigidus*, frigida gravedo me quassavit, XLIV, 13. — membra tepefecit deserto cubili, LXVIII, 29.

*Frigus* ferat Sextio tussim, XLIV, 20. — *Frigore* sicca corpora, XXIII, 14. — *Frigora* tulistis, XXVIII, 5.

*Frondator*, frondatorum falx, LXIV, 41.

*Frondosus*, frondosum Idalium quæ regis, LXIV, 96.

*Frons*, fronde molli velatum vestibulum, LXIV, 294.

*Frons* redimita capillo anguineo, LXIV, 194. — *Frontem* tabernæ scribam scipionibus, XXXVII, 10.

*Fructus*, fructus exsuperat sumptibus, CXIV, 4. — omnes amoris projicies, LV, 19.

*Fruges*, frugibus bonis tecta exples, XXXIV, 20.

*Frustra* ac nequicquam credite amice! LXXVII, 1, et al. sæpp.

*Frustror*, frustrantur gaudia falsis lacrimulis, LXVI, 16. — *Frustraretur* egredientem error, LXIV, 115.

*Fucus*, fuco roseo conchyli tincta purpura, LXIV, 49.

*Fuga*, fugæ ratio nulla, LXIV, 186.

*Fugio*, fugit puella sinu meo, XXXVII, 11. — me ratio, X, 29. — te XII, 4. — quæ *fugit*, ne sectare, VIII, 10. — ille in nemora fera, LXIII, 89; LXIV, 183. — *Fugiunt* feminæ, LXIX, 10. — *Fugi* in tuum sinum, XLIV, 14. — *Fugere* imperia, LXIII, 80. — *Fugiens* ætas, LXVIII, 43. — juvenis, LXIV, 58. — somnus, LXIII, 42.

*Fugo*, fugavi studia de mente, LXVIII, 25. — *Fugarunt* justitiam omnes cupida mente, LXIV, 399.

*Fulgeo*, fulgebat Cupido in crocina tunica, LXVIII, 134. — *Fulsere* tibi candidi dies, VIII, 3 et 8. — *Fulgeremus* nos quoque, LXVI, 61. — *Fulgentem* clare cæsariem, *ibid.* 9. — plantam innixa in limine, LXVIII, 71. — *Fulgenti* in templo, LXIV, 388. — auro atque argento splendent sedes, *ibid.* 44.

*Fulgero*, fulgeret Oarion, LXVI, 94.

*Fulgor*, fulgore auri quantum expalluit, LXIV, 100.

*Funditus* concepit flammam, LXIV, 93.

*Fundo*, fundunt lacrimulas, LXVI, 17. — *Fuderunt* fata carmine, LXIV, 322. — *Fudisse* voces ex imo pectore, *ibid.* 125.

*Fundus*, o funde noster, XLIV, 1.

*Funesto*, funestat tali mente seque suosque Theseus, LXIV, 201.

*Funestus*, funesta domus, LXIV, 247. — *Funestam* vestem deponant antennæ, *ibid.* 134.

*Funis*, funem ne religasset in Cretam, LXIV, 174.

*Funus*, funere gnatorum sæpe fatebuntur matres, LXIV, 350. — *Funera* gnati optavit genitor, LXIV, 402. — *Funera* ne-funera, *ibid.* 83.

*Fur*, furis arceo manus, XX, 5. — *Fures* latent nocte, LXII, 34. — *Furum* balneariorum optime, XXXIII, 1.

*Furcilla*, furcillis Musæ ejiciunt præcipitem, CV, 2.

*Furibundus*, furibunda Atys, LXIII, 31. — latibula ferarum, *ibid.* 54.

*Furo*, alacres furebant, LXIV, 254. — *Furens* rabies, LXIII, 4. — *Furens* corde amenti, LXIV, 124.

*Furor* cæli æquinoctialis, XLVI, 2. — omnis tuus procul sit a me, LXIII, 92. — rabidus animi, *ibid.* 38. — vecors, XV, 14. — *Furoris* ictu, LXIII, 79. — *Furore* amenti cæca, LXIV, 197. — malo permixta omnia, *ibid.* 406. — *Furores* corde exagitans, LXIV, 94. — indomitos corde gerens, *ibid.* 54. — magnos vicisti, LXVIII, 129. — *Furoribus*, LXIII, 78.

*Furtim* amor Triviam relegans sub Latmia saxa, LXVI, 5.

*Furtivus*, furtiva voce illam audivi loquentem, LXVII, 41. — *Furtivo* munere missum malum, LXV, 19. — *Furtivos* amores vident, VII, 8.

*Furtum*, furta tua talento mutari velit, XII, 7. — plurima Jovis noscens, LXVIII, 140. — rara heræ feremus, *ibid.* 136.

*Fusus*, fusum libratum versabat tereti turbine, LXIV, 315. — *Fusi*, ducentes subtemina, currite, *ibid.* 327, et infr.

*Futuo*, futuit hic multas, XCVII, 9.

*Fututiones* novem continuas nobis pares, XXXII, 8.

## G.

*Gannio*, gannit et obloquitur Lesbia, LXXXIII, 4.

*Gaudeo*, gaudet Venus loquela verbosa, LV, 20. — domus, LXIV, 46. — Quintilia amore tuo, XCVI, 6. — in se, XXII, 17. — *Gaude* hero, XXXI, 12. — *Gaudete*, *ibid.* 13. — *Gaudeat* populus Antimacho, XCV, 10. — gaudia, LXI, 119. — *Gavisus* Paris abducta mœcha, LXVIII, 103. — *Gavisa* est compar niveo columbo, LXVIII, 125. — *Gaudens* lætanti pectore, LXIV, 221.

*Gaudium* tantum in culpa tibi est, XCI, 9. — *Gaudia* impia tollens, LXVIII, 123. — multa tibi manent, LXXVI, 6. — parentum frustrantur lacrimulis, LXVI, 16. — perierunt, LXVIII, 23. — quanta veniunt hero! LXI, 117. misces curis, LXIV, 95. — læta mente agnoscam, *ibid.* 237.

*Gaza*, gaza regali splendida domus, LXIV, 46.

*Gelidus*, gelida ferarum stabula, LXIII, 53.

*Gemellus*, gemelle Castor et gemelle Castoris, IV, 27. — *Gemelli* utrique, LVII, 6.

*Geminus*, gemina nocte teguntur lumina, LI, 11. — *Geminas* ad Deorum aures nuntia referens, LXIII, 75.

*Gemo*, gemuit non vera, LXVI, 18. — *Gemens* Daulias fata Ityli, LXV, 14.

*Gena*, tristi imbre madent genæ, LXVIII, 56.

*Gener* et socer, XXIX, 25. — *Genero* parentes dederunt jura, LXII, 65. — *Generos* pater diligit, LXXII, 4.

*Genetrix* mea patria, LXIII, 50.

*Genialis*, geniale pulvinar, LXIV, 47.

*Genitor* Divum, LXIV, 27. — Nympharum Oceanus, LXXXVIII, 6. — optavit funera gnati, LXIV, 402. — *Genitoris* vultum linquens filia, LXIV, 117. — *Genitoribus* abero? LXIII, 59.

*Gens*, gentem Romuli Ancique ope sospites, XXXIV, 24. — *Gente* tua tota, LXXIX, 2 et 3. — *Gentes* per multas vectus, CI, 1.

*Gentilis* derisi impia gaudia tollens, LXVIII, 123.

*Genus* omne Chalybon pereat, LXVI, 48. — figuræ quod est? LXIII, 62. — *Genus* approbat laus a bona matre, LXI, 227. — nostrum defendere annuit, LXIV, 229. — omne aucupia saltus in se habet, CXIV, 3. — deum, LXIV, 23. — Uraniæ, LXI, 2. — *Genere* quo me corruerit, LXVIII, 52.

*Gero*, geritis quid rerum, XXVIII 4. — *Gesserat* rixam, LXVI, 14. — *Gerens* in corde furores, LXIV, 54. — soccum pede, LXI, 9. — vestigia extenuata veteris pœnæ, LXIV, 296.

*Germanus*, germanum amittere crevi, LXIV, 150. — *Germanam* tibi esse videbam, XCI, 5.

*Gestio*, gestis nimium otio, LI, 14.

*Gigno*, quænam leæna te genuit? LXIV, 154. — *Gignatur* oportet Magus, XC, 3.

*Gingiva*, gingivam russam defricare, XXXIX, 19. — *Gingivas* ploxemi veteris habet, XCVII, 6.

*Glaber*, glabris a tuis male abstinere diceris, LXI, 142.

*Glaucus*, glauca oliva duro frigore, XX, 9.

*Gleba*, glebam convellit taurus, LXIV, 40.

*Glubo*, glubit Lesbia nepotes Remi, LVIII, 5.

*Gnata*, gnatam avellere complexu matris, LXII, 21. — in *gnata* flevit, LXIV, 119.

*Gnatus* ut veneretur carmine Divos, XC, 5. — *Gnati* figura saturata lumina patris, LXIV, 220. — in gremium minxerit pater, LXVII, 30. — *Gnatum* ventis concrederet Ægeus, *ibid.* 213. — *Gnate*, *ibid.* 216. — unice, jucundior longa vita, *ibid.* 215. — ex *gnato* et matre gignatur Magus, XC, 3. — *Gnatorum* in funere sæpe fatebuntur matres, *ibid.* 350. — *Gnatos* ut pater diligit, LXXII, 4, et al. saep.

*Grabatus*, grabati veteris pedem in collo sibi collocare, X, 22.

*Gradior*, gradietur trans Alpes, XI, 9.

*Grandis*, grandia tenta viri medii, LXXX, 6.

*Grates* maximas ago, XLIV, 16.

*Gratia*, gratias maximas agit Catullus, XLIX, 4.

*Gratus*, gratum acceptumve, XCVI, 1. — hoc est animo proprie, CVII, 2. — est mihi, II, 11; LXVIII, 9; CVII, 3. — *Grata* loca, LXVI, 58.

*Gravedo* frigida me quassavit, XLIV, 13. — *Gravedinem* et tussim ferat Sextio frigus, ibid. 19.

*Gravis* aestus hiulcat agros, LXVIII, 62. — ardor acquiescat, II, 8. — *Gravem* aere dextram remittit domum, XX, 13. — *Grave* canit Phryx tibicen, LXIII, 23. — *Gravi* in coeno animum derelinquere, XVII, 25. — *Graves* ruinas non timetis, XXIII, 9.

*Gremium*, in gremium gnati minxerit pater, LXVII, 30. — in nostrum lux mea se contulit, LXVIII 132. — a *gremio* illius nunquam se movebat passer, III, 8. — in *gremio* tenens Acmen, XLV, 2, et al. saep.

*Gurges*, e gurgite candenti emersere vultus, LXIV, 14. — cano, *ibid.* 18. — lato, *ibid.* 178. — Lethaeo, LXV, 5.

*Gutta*, guttis multis diluta labella, XCIX, 8.

*Guttur*, gutture atro corvus voret oculos, CVIII, 5.

*Gymnasium*, gymnasii flos, LXIII, 64. — *Gymnasiis* abero? *ibid.* 60.

*Gyrus*, gyro aerio Triviam amor devocet, LXVI, 6.

## H.

*Habeo*, habes quidquid boni malique, VI, 15. — salire paratum, XVII, 2. — *Habet* nec servum nec arcam, XXIV, 10. — dentes candidos Egnatius, XXXIX, 1. — morbum, *ibid.* 7. — jugera prati Mentula, CXV, 1. — fratres Gallus, LXXVIII, 1. — in se res egregias saltus, CXIV, 2. — *Habetis* corpora sicciora cornu, XXIII, 13. — *Habent* salem ac leporem, XVI, 7. — memorabile quod sit, LXII, 13. — *Habebat* quod uncti Gallia, XXIX, 4. — *Habuit* me unum atque unicum amicum, LXXIII, 6. — *Habebis* manum sorsum, XX, 17. — *Habe* tibi quidquid libelli est, I, 8. — *Habeant* fidem quoi? XXX, 6. — *Haberes* vocem supplicis contemptam, LX, 5. — quomodo se *haberet*, X, 7. — *Habuerim* quod genus figurae? LXIII, 62. — *Habere* quod dixeram, X, 28; XXIX, 3; XCVII, 8. — cognitum dicit, LXVII, 31. — palam, XXV, 8.

*Habito*, habitare fertur caper valle sub alarum, LXIX, 6.

*Haedus*, haedo tenellulo pulchrior puella, XVII, 15.

*Haereo*, haeres ad latus, XXI, 6. — *Haerebant* lanea morsa labellis, LXIV, 317.

*Haruspicium* Persicum discat, XC, 2.

*Haud* tergo, sed forti pectore hostibus notus, LXIV, 340, et al.

*Have* atque vale, CI, 10.

*Hedera* tenax implicat arborem, LXI, 34.

*Hederigerae* Maenades vi jaciunt capita, LXIII, 23.

*Hei* misero frater adempte mihi, LXVIII, 92 et 93.

## IN CONTEXTUM.

*Helleborum*, helleboro tristi tristius saviolum, XCIX, 14.

*Helluor*, helluatus est an parum, XXIX, 17.

*Hendecasyllabi* adeste, XLII, 1. — *Hendecasyllabos* exspecta recentos, XII, 10.

*Hera*, LXIII, 92. — Tritonis rapidi, LXIV, 396. — *Heræ* verecundæ feramus furta, LXVIII, 136.

*Herba* dumosa asperaque, XIX, 7.

*Heres* (vel hæres) tertius Pelopis, LXIV, 347.

*Heri* atque hodie, LXI, 137.

*Herifugæ* famuli relinquere dominos solent, LXIII, 51.

*Heros* quisquam, LXIV, 344. — *Heroes*, Deum genus, *ibid.* 23. — *Heroum* virtutes indicat mira arte, *ibid.* 51.

*Herus*, heri deterioris imperio, LXVIII, 114. — pauperis hortulum tueor, XX, 4. — *Herum* tulisse per freta impotentia, IV, 19. — *Heros* cælestes hostia pacificasset, LXVIII, 76. *Heris* invitis, *ibid.* 78.

*Hesternus*, hesterno die, L, 1. — filo collum circumdare, LXIV, 378.

*Heu!* miser adempte mihi frater, CI, 6. — *Heu heu*, LXXVII, 5.

*Hibernus*, hiberna nive candidiora labella, LXXX, 2.

*Hic* et illic, VI, 9. — *Hic* (pro *nunc*), LXVII, 37. — pro *tum*, X, 24.

*Hiems* una atque altera rursus veniens, LXVIII, 82. — *Hiemem* post nonam edita Smyrna, XCV, 2.

*Hilaris*, hilari die excitus, LXI, 11.

*Hilaro*, hilarate heræ animum, LXIII, 18.

*Hinc* illinc circumcursans Cupido, LXVIII, 133. — valuisse preces, CXVI, 6. — *Hinc* pro *a me*, LXVIII, 10.

*Hinsidias* p. *Insidias*, LXXXIV, 2 et 4 (corrupta pronuntiatio).

*Hirculus* barbatus, XIX, 16.

*Hircus* sacer alarum, LXXI, 1. — *Hircos* putare cæteros, XXXVII, 5.

*Hiulco*, hiulcat æstus agros, LXVIII, 62.

*Hodie* atque heri, LXI, 137.

*Homo* albus an ater, XCIII, 2. — bellus, XXIV, 7; LXXVIII, 3; LXXXI, 2. — dicax, XXII, 2. — insulsissimus, XVII, 12. — longus, LXVII, 47. — multus, CXII, 1. — stultus, LXXVIII, 5. — venustus, urbanus, XXII, 2. — *Homini* recordanti si qua est voluptas, LXXVI, 2. — *Homines* quid dehinc faciant, XXX, 6, et al. — *Hominum* beatiorum quantum est, IX, 10. — fallacum facta impia, XXX, 4. — venustiorum quantum est, III, 2. — amores, VII, 8. — catervas hortata est, LXIV, 397. — gaudia qui misces curis, LXIV, 95. — priscis figuris variata vestis, *ibid.* 50. — *Homines* ad lecticam comparasti, X, 16. — ad fallendos Divum numine abusum, LXXVI, 4. — octo rectos parare non possem, X, 20. — ullos quis vidit? XLV, 25.

*Honor*, honoribus pro queis hæc Priapo præstare necesse est, XIX, 17.

*Hora* octava te suscitat e molli quiete, LXXX, 4. — *Hora* felici a Divis optatius quid datur? LXII, 30. — postrema, LXIV, 191. — *Horam* amplius, XCIX, 3. — in *horas* et dies magis male est, XXXVIII, 3.

*Horreo*, horrebas præcepta parentis, LXIV, 159. — non *horrebitis* admovere nobis manus vostras, XIV, 26.
*Horribilis* nuntius, LXXXIV, 10. — *Horribilem* libellum misti, XIV, 12. — ventum, XXVI, 5. — *Horribili* cantu stridebat tibia, LXIV, 265. — *Horribiles* Britannos visens, XI, 11.
*Horridus*, horridam Thraciam negare negat Phaselus, IV, 8. — *Horrida* æquora contremuerunt, LXIV, 205.
*Horrifico*, horrificans mare Zephyrus, LXIV, 271.
*Hortor*, hortata est catervas armatas Rhamnusia virgo, LXIV, 397.
*Hortulus*, hortulo in vario stare solet flos hyacinthinus, LXI, 92. — *Hortulum* tuor, XX, 4. — tueri, XIX, 18.
*Hortus*, hortis in septis ut flos nascitur, LXII, 39.
*Hospes* hic malus, LXIV, 176. — iste tuus a sede Pisauri, LXXXI, 4. — *Hospitis* officium me odisse neu putes, LXVIII, 12. — *Hospite* in flavo suspirantem, LXIV, 98. — *Hospites*, IV, 1.
*Hostia* pacificasset cælestes heros, LXVIII, 76.
*Hostis*, hostem lævum pecoris stimulans, LXIII, 77. — *Hostes* quid faciant crudelius, LXII, 24. — *Hostibus* haud tergo notus, LXIV, 340.
*Huc* adde, LV, 27. — addent Divi quam plurima, LXVIII, 153. — *Huc* et *huc* errans hedera, LXI, 34. — *Huc huc* adventate, LXIV, 195, et al. sæp.
*Humanus*, humanos hymenæos non despexit Thetis, LXIV, 20.
*Humilis* vinea purgatur rastris curvis, LXIV, 39. Vide notata.
*Humor*, humore roscido nutriunt Hamadryades ramulos, LXI, 25.
*Humus*, humum pelle pedibus, LXI, 14.
*Hyacinthinus* flos, LXI, 93.
*Hymenæus*, hymenæo novo auctus, LXVI, 11. — *Hymenæos* optatos sperare, LXIV, 141. — humanos non despexit Thetis, *ibid.* 20.

I.

*Iambus*, iambis immerentibus irascere, LIV, 6. — in meos *iambos* quæ mens te agit præcipitem? XL, 2. — truces vibrare, XXXVI, 5.
*Ibi* (pro tunc) somnus fugit Atyn excitum, LXIII, 42, et al.
*Ico*, icere caput telis, CXVI, 4.
*Ictus*, ictu furoris, LXIII, 79.
*Idem*, comprendis eosdem, LXII 34. — omnes fallimur, XXII, 18, et al.
*Identidem* omnium ilia rumpens, XI, 19. — te spectat et audit, LI, 3.
*Ideo* non sperabam, XCI, 1.
*Igitur* jure vincemur, LXII, 16, et al.
*Ignarus*, ignaro nato se substernens mater, LXIV, 404. — *Ignaris* auris nequicquam conqueror, *ibid.* 164.
*Ignis*, XXIII, 2. — ardet in medullis, XLV, 16. — crudelior, LXII, 20. — jucundior, *ibid.* 26. — venite in *ignem*, XXXVI, 18. — ex *igne* devolutum panem prosequens Rufa, LIX, 4. — *Ignes* edunt medullam, XXXV, 15. — OEtæos ostendit Noctifer, LXII, 7.
*Ignosco* tibi, XXXV, 16. — *Ignosces* igitur, LXVIII, 31.

*Ignotus* flos pecori, LXII, 40. — *Ignota* ne sint incommoda, LXVIII, 11.

*Ile*, ilia omnium rumpens puella, XI, 20. — rupta Virronis, LXXX, 8.

*Ille* bellus et urbanus Suffenus, XXII, 9. — *Illa* pondera, LXIII, 5. — (pronom.) affligit *illam* odore, LXXI, 6. — conturbabimus *illa*, V, 11, et al.

*Illepidus*, illepidum scortillum, X, 4. — votum, XXXVI, 17. — *Illepidæ* deliciæ, VI, 2.

*Illic* carpitur ætas mea, LXVIII, 35, et al.

*Illinc* abii, L, 7.

*Illoc*, L, 5.

*Illuc* modo huc modo circumsiliens passer, III, 9, et al.

*Imaginosus*, non rogare solet qualis sit hæc imaginosum, XLI, 8 (locus corruptus).

*Imber* educat florem, LXII, 41. — *Imbre* tristi madent genæ, LXVIII 56.

*Imbuo*, imbuit rudem Amphitriten cursu, LXIV, 11. — *Imbuisse* palmulas in æquore, IV, 17. — *Imbuta* est tellus scelere, LXIV, 398.

*Immaturus*, immatura mors dolori est, XCVI, 5.

*Immemor* Alphene, XXX, 1. — juvenis, LXIV, 58. — *Immemori* mente, ibid. 249. — pectore discedens conjux, ibid. 123.

*Immerens*, immerenti mihi venter dedit tussim, XLIV, 8. — *Immerentibus* iambis irascere, LIV, 7.

*Immineo*, immineat tibi totus vir, LXI, 173.

*Immitis*, immite pectus, LXIV, 138. — *Immiti* corde exagitans furores, ibidem, 94. — fato credens amissum Thesea, LXIV, 246.

*Immo* magno cum pretio mihi credite amice, LXXVII, 2, et al.

*Immundus*, immundius nil hoc est, XCVII, 3.

*Impello*, impulerit te furor in tantam culpam, XV, 15. — *Impellens* aera pennis ales equus, LXVI, 53.

*Impensius* utor, LXXII, 5.

*Imperator* unice, XXIX, 12 et 24; LIV, 7.

*Imperium*, imperio deterioris heri, LXVIII, 114. — *Imperia* mea qui fugere cupit, LXIII, 80.

*Impetus*, impetum facit, LXIII, 89. — trabis natantis præterire, IV, 3.

*Impius*, impia mater, LXIV, 404 seqq. — mens, LXVII, 25. — relligio Persarum, XC, 4. — *Impia* facta, XXIII, 10; XXX, 4. — gaudia, LXVIII, 123. — tantum impiorum, XIV, 7.

*Implico*, implicat vitis arbores, LXI, 107. — hedera arborem, ibid. 35. — *Implicabitur* in complexum, ibid. 108.

*Imploro*, implorata prece Pollucis et Castoris, LXVIII, 65.

*Impotens*, VIII, 9. — *Impotente* amore deperit illum, XXXV, 12. — *Impotentia* freta, IV, 18.

*Imprimo*, impressæ resident maculæ, LVII, 5.

*Improbus*, improbis cinædis pulchre convenit, LVII, 1 et 10. — *Improbius* multo, LXVIII, 126.

*Impudicus*, XXIX, 2, 6, 11.

*Impune* id non feres, LXXVIII, 9. — id non tuli, XCIX, 3.

*Impurus*, impuro adulterio se dedit, LXVI, 84. — *Impura* suavia, LXXVIII, 7. — *Impuris* moribus, CVIII, 2.

*Imula* oricilla mollior, XXV, 2.

*Imus*, imo pectore fudisse voces, LXIV, 125 et 198. — *Imos* in artus subrepens pestis, LXXVI, 21. — *Imis* medullis exarsit flamma, LXIV, 93.

*In* (cum casu ablat.) adultera deditus, LXI, 101. — æstu diffissus cunnus, XCVII, 7. — amore, C, 8. — cælesti lumine, LXVI, 7. — collo collocare, X, 23. — corde gerens furores, LXIV, 54. — corona, LIII, 1. — crocina tunica fulgebat Cupido, LXVIII, 134. — culpa quotidiana conjugis flagravit Juno, LXVIII, 139. — flamma, XC, 6. — funere gnatorum, LXIV, 350. — hospite suspirantem, LXIV, 98. — joco atque vino, XII, 2. — longa ætate, LXXVI, 5. — limine cæli, LXVI, 59. — matris complexu, LXIV, 88. — nomine Manli opus faciat aranea, LXVIII, 50. — novissimo casu, LX, 4. — prono pollice torquens fila, LXIV, 314. — qua re Manlius juverit, LXVIII, 41. — quibus sermonibus, X, 6. — quo genere me corruerit, LXVIII, 52. — se habet res egregias, CXIV, 2. — Septimio facit delicias, XLV, 23. — sinu tenere, II, 2. — sudore levamen, LXVIII, 61. — tantis mœroribus, LXV, 15. — tanto populo, LXXXI, 1. — tempore longo, LXVI, 35. — tergo est, XXII, 21. — thalamo tibi uxor est, LXI, 192. — tuto, XXXI, 6. — vento et aqua scribere, LXX, 4. — vita, LXVIII, 24, 96. — ullo fœdere, LXXVI, 3.

*In* (cum casu accus.) Cretam religasset funem, LXIV, 174. — dies et horas, XXXVIII, 3. — dominum veterem deseruisse fidem, LXVII, 8. — fletus absumens lumina, LXIV, 243. — Indos extremos penetrarit, XI, 2. — manus dedis, LXI, 56. — modum dicite, *ibid.* 38. — concinite, *ibid.* 123. — pedem utrumque, IV, 21. — perpetuum, CI, 10. — te dici pote, XCVIII, 1. — testatas tabulas nomen intulit, LXVIII, 122. — unum millia singula creverunt, CXIII, 3.

*Inambulatio* lecti, VI, 11.

*Inanis* cohors, XXVIII, 1.

*Inaniter* si quis adjurarit, LXVI, 41.

*Inauratus*, inaurata pallidior statua, LXXXI, 4.

*Incandesco*, incanduit spumis unda, LXIV, 13.

*Incanus*, incana secula, XCV, 6.

*Incedo*, incedere turpe, mimice ac moleste, XLII, 8.

*Incendium*, incendia non timetis, XXIII, 9. — mentis, LXIV, 226.

*Incendo*, incensus amore, LXIV, 19 et 254. — tuo lepore facetiisque, L, 8. — *Incensam* mente puellam, LXIV, 97.

*Inchoo*, inchoata magna mater Cæcilio, XXXV, 18. — *Inchoatam* Dindymi dominam, XXXV, 13.

*Incido*, incidisset in utrumque pedem Jupiter, IV, 21. — mala provincia, X, 19. — *Incidere* nobis sermones varii, X, 5.

*Incingo*, incingebant sese serpentibus, LXIV, 259. — *Incinxerat* purpurea ora, *ibid.* 309.

*Incipio*, incipient dicere, LXII, 18. — *Inciperes* diligere, LXXXI, 2. — *Inceptam* frustra domum, LXVIII, 75.

*Incito*, incitat animum, LXIII, 85. — Zephyrus undas, LXIV, 271. — *Incitare* morsus solet, II, 4. — quod pruriat, XVI, 9. — *Incitatos* age alios, LXIII, 93.

*Incola* Itoni, LXIV, 228.

*Incelo*, incolat vestras sedes amor, LXVI, 88.
*Incolumis*, incolumem te visam, IX, 6.
*Incommodum*, incommoda mea ne tibi sint ignota, LXVIII, 11. — secli, XIV, 23.
*Increbresco*, increbrescunt undae magis, LXIV, 275.
*Incultus*, inculta senescit virgo, LXII, 56.
*Incurvo*, incurvans remos gurgite, LXIV, 183.
*Inde* suspendam lintea, LXIV, 225, et al.
*Indico*, indicat vestis virtutes, LXIV, 51. — *Indicet* pudicitiam matris, LXI, 225.
*Indidem*, LXI, 214.
*Indignus*, indignum est, XXXVII, 15. — ab *indignis* nulla praemia peto, LXVI, 86.
*Indigne* frater adempte mihi, CI, 6.
*Indistinctis* corollis plexos flores tulit, LXIV, 284.
*Indomitus* furore, L, 11. — et saevus, CIII, 2 et 4. — turbo, LXIV, 107. — *Indomita* juvenca, LXIII, 33. — *Indomito* tauro, LXIV, 173. — *Indomitam* docuit ferre jugum, LXVIII, 118. — *Indomitos* furores, LXIV, 54.
*Induco*, inducens in amorem, XXX, 8.
*Inelegantes* deliciae, VI, 2.
*Ineptiae*, ineptiarum quid facias, VI, 14. — mearum lectores eritis, XIV, 24.
*Ineptio*, ineptire desinas, miser Catulle, VIII, 1.
*Ineptus*, inepte, XII, 4; XXV, 8. — *Inepto* risu nulla res *ineptior*, XXXIX, 16. — *Inepta* crura ponticuli, XVII, 2.
*Iners* concubine da nuces pueris,

LXI, 131. — natus, LXVII, 26.
*Infectus*, infecta lintea, LXIV, 225.
*Infelix*, infelice Troja sepultum, LXVIII, 99. — *Infelicibus* lignis ustulanda scripta, XXXVI, 8.
*Inferiae*, inferias miseras, CI, 2. — tristes, *ibid.* 8.
*Infero*, intulit homini lites puerperium falsum, LXXVII, 47. — nomen in tabulas, LXVIII, 122. — quo se diva mea, *ibid.* 71. — *Infertur* robigo aratris, LXIV, 42.
*Infestus*, infesto amori, XCIX, 11. — mi, CXVI, 4. — ferro, LXIV, 356. — pene, XV, 10. — *Infestis* dictis, LXVI, 73.
*Inficetiae*, inficetiarum pleni annales, XXXVI, 19.
*Inficetus*, inficetum seculum, XLIII, 8. — *Inficeto* rure *inficetior*, XXII, 14.
*Infimus*, infima inguinum parte, LX, 2.
*Infirmus*, infirmo motu, LXIV, 306. — *Infirmis* palmis, *ibid.* 352.
*Inflecto*, inflectentes capita, LXIV, 256. — *Inflexae* tecta carinae, *ibid.* 10.
*Inflo*, inflati veli lintea, LXIV, 244.
*Infundo*, infuso pulvere foedans canitiem, LXIV, 224.
*Ingenero*, ingenerari indidem decet, LXI, 215.
*Ingens*, ingentes silvas in saltu possidet, CXV, 5, et al.
*Ingenuus* pudor, LXI, 81. — *Ingenuae* est facere, CX, 5. — *Ingenuo* non satis animo, LXVIII, 38.
*Ingero*, inger calices, XXVII, 2.
*Ingratus*, ingratae credita menti, LXXVI, 9. — *Ingratum* onus tolle, LXVIII, 142. — *Ingrato* amore, *ibid.* 6. — non *ingrata* munus-

cula Divis promittens, LXIV, 103. sunt omnia, LXXIII, 3.

*Ingredior*, ingressus tecta paterna, LXIV, 247.

*Inguen*, inguinum infima parte, LX, 2.

*Inhibeo*, inhibere mentem a probro, XCI, 4.

*Injicio*, injiciens collo manus ambas, XXXV, 10. — *Injecta* terra, LXIV, 153.

*Inimicus*, inimica bonorum lingua, CVIII, 3. — es, CX, 3.

*Iniquus*, inique! XXX, 7.

*Initium*, initia matris Cybelles, LXIII, 9.

*Injuria* talis cogit amare magis, LXXII, 7.

*Injustus*, injusti regis tecta, LXIV, 75.

*Innitor*, innixa plantam in limine, LXVIII, 72.

*Innuptus*, innuptæ flore novercæ, LXIV, 403. — *Innuptæ!* LXII, 6, 12. — *Innuptarum* decus, LXIV, 78.

*Inobservabilis* tecti error, LXIV, 115.

*Inops* cogor proferre querelas, LXIV, 197.

*Inquam*, X, 18. — *Inquii*, X, 27. — *Inquies*, XXIV, 7. — *Inquiunt*, X, 14. — *Inquis*, XX, 19, etc.

*Inquinatus*, inquinatiore dextra, XXXIII, 3.

*Inquino*, inquinare digitum, XXIII, 23.

*Inr.* vid. *Irr.*

*Inscius*, insciis noscitetur, LXI, 222.

*Insidiæ*, insidias, LXXXIV, 2. — instruentem te tangam, XXI, 7. — *Insidiis* lacessas caput, XV, 16.

*Insipio*, insipiens seculum, XLIII, 8.

*Insisto*, institit quærere venas ferri, LXVI, 50.

*Insolenter* æstues, XXV, 12.

*Insperans*, insperanti nobis te restituis, CVII, 5. — obtigit, *ibid.* 2.

*Instar* prati jugera, CXV, 1. — pueri bimuli, XVII, 12.

*Instituo*, instituunt quæ facere, CX, 2.

*Insto*, institit quærere venas ferri, LXVI, 50.

*Instruo*, instruentem insidias, XXI, 7.

*Insula* nullo tecto, LXIV, 184. — *Insula* ultima Occidentis fuisti, XXIX, 13. — *Insularum* ocelle, XXXI, 1. — *Insulas* Cycladas, IV, 7.

*Insulsus*, insulsa male vivis, X, 33. — *Insulsi*, XXXVII, 6. — *Insulsissimus* homo, XVII, 12.

*Insulto*, insultans nimis fortuna, LXIV, 169.

*Intactus*, intacta virgo, LXII, 45 et 56.

*Integellus*, integellum conserves puerum, XV, 4.

*Integer*, integri pueri, XXXIV, 2. — *Integræ* virgines, LXI, 36.

*Inter* oraculum Jovis æstuosi, II, 5. — sepulcra nota, LXVIII, 97. — nos amorem, CIX, 2, et al. sæp.

*Interea* valete, XIV, 21, et al.

*Intereo*, intereat senectus, CVIII, 2.

*Interficio*, interfice nasorum pestem, LXIX, 9.

*Interior*, interiorem medullam ignes edunt, XXXV, 15.

*Interitus*, interitu cujus, LXVIII, 25.

*Intestinum*, intestina perurens LXXVII, 3. — vorent canes, CVIII, 6.

*Intimus*, intimo pectore uritur flamma, LXI, 177.
*Intorqueo*, intorti rudentes, LXIV, 235.
*Inuro*, inusta flagella, XXV, 11.
*Invenio*, invenies me illorum jure sacratum, CII, 3. — quare sit macer, LXXXIX, 6. — *Inventus* nepos divitiis avitis, LXVIII, 121.
*Invenustus*, invenusta res, XII, 5. — *Invenustum* scortillum, X, 4. — votum, XXXVI, 17.
*Invictus*, invicto numine, LXIV, 204.
*Invideo*, invidit fors aures nostris questibus, LXIV, 170.
*Inviso* te lætus, XXXI, 4. — *Invisent* lumina colles, LXIV, 233. — *Invisere* domos, ibid. 385. — *Invisente* viro prælia, LXVI, 20.
*Invisus*, invisa est parenti puella, LXII, 58.
*Invitus*, invita cessi de tuo vertice, LXVI, 39 et 40. — *Invito* mihi, LXIV, 219. — *Invitam* nec rogabit, VIII, 13. — *Invitis* Diis, LXXVI, 12. — heris, LXVIII, 78.
*Invoco*, invocat te suis, LXI, 52.
*Involo*, involasti pallium meum, XXV, 6.
*Io* Hymen Hymenææ io, LXI, 124, sæp.
*Ipse* qui sit nescit, XVII, 22, etc.
*Ira*, iras pectoris frons præportat, LXIV, 194.
*Irascor* tibi, XXXVIII, 6. — *Irata* est Lesbia, LXXXIII, 6. — *Irascere* iambis meis, LIV, 6.
*Irredivivus* pons, XVII, 3.
*Irrigo*, irrigat Aganippe specus Aonios, LXI, 29.
*Irritus*, irrita cuncta discerpunt venti, LXIV, 142. — dictaque factaque ventos ferre, XXX, 10.

— dona, LXVI, 85. — promissa, LXIV, 59.
*Irrumatio*, irrumatione te tangam, XXI, 8.
*Irrumator* prætor, X, 12.
*Irrumo*, irrumasti me, XXVIII, 10. — *Irrumabo* vos, XIV, 27; vid. XVI, 1, 14. — *Irrumet* patruum, LXXIV, 5. — *Irrumare* sessores ducentos, XXXVII, 8. (hic vid. verum τοῦ *irrumare* sensum). — *Irrumatus* XXI, 13.
*Is* sibi paravit, X, 30, etc.
*Iste* æmulus tuus, LXXI, 3, etc.
*Isthæc* janua nosti, LXVII, 37.
*Istic* consedit, XXXVII, 14.
*Istinc* te reducis, LXXVI, 11.
*Ita* me juvent Cælites, LXI, 196, et al.
*Itaque* ut sensit membra esse relicta, LXIII, 6, 35.
*Item* vos, virgines, dicite in modum, LXI, 36.
*Iter* annuum metiens Diana, XXXIV, 18. — per medium populi transit, LXVIII, 60. — tenebricosum, III, 11. — Scamandri, LXIV, 360.
*Iterum* conclamate, XLII, 18, et al.

## J.

*Jaceo* pransus, XXXII, 10. — *Jacet* alnus, XVII, 19. — numerus arenæ, VII, 4. — *Jacebant* lectulo membra, L, 15. — *Jacere* noctes non viduas, VI, 6.
*Jacio*, jaciunt capita vi Mænades, LXIII, 23. — *Jecit* sese præcipitem e vertice scopulorum, LXIV, 245.
*Jacto*, jactatis fluctibus incensam puellam, LXIV, 97. — *Jactantem* cornua ventis, LXIV, 111 — *Jactatis* in turbine nautis, LXVIII, 63.

*Jam* te nil miseret amiculi tui, XXX, 2.
*Jam* (dissyll.) LXIII, 73. — *Jam-jam*, LXVIII, 65.
*Janua* jucunda viro, LXVII, 3. — cæli, LXVIII, 115. — *Januæ* claustra pandite, LXI, 76. — *Januæ* frequentes mihi erant, LXIII, 65.
*Jejunus*, jejuna ara desideret cruorem pium, LXVIII, 79.
*Jocor*, jocaris una, XXI, 5. — *Jocari* nescio quid carum, II, 6.
*Jocosus*, jocosa res, LVI, 4. — *Jocosam* rem, *ibid.* 1. — *Jocose*, XXXVI, 10. — *Jocosa* illa fiebant, VIII, 6.
*Jocus*, jocum me esse putat, XLII, 3. — per *jocum* atque vinum, L, 6. — in *joco* atque vino, XII, 2.
*Juba*, jubam rutilam quate, LXIII, 83.
*Jubeo*, jubet lex, XXVII, 3. — *Jubebas* tradere animum, XXX, 7. — sperare, LXIV, 140. — *Jusseris* si hoc, XXXII, 4. — *Jube* veniam ad te, XXII, 3. — *Jubeto*, *ibid.* 9.
*Jucundus*, jucunda puella, LXII, 47. — viro et parenti janua, LXVII, 1. — *jucundum* amorem proponis! CIX, 1. — fratri lumen ademptum, LXVIII, 93. — os suaviabor, IX, 9. — ver, LXVIII, 16. — *Jucunde!* L, 16. — *Jucundo* labore, LXIV, 161. — odore, *ibid.* 285. — *Jucunda* munera, LXVI, 82. — *Jucundis* Zephyri auris, XLVI, 3. — *Jucundior* gnate vita, LXIV, 215. — ignis, LXII, 26. — *Jucundissime* Calve, XIV, 2.
*Judex*, judicem ad Phrygium venit Venus, LXI, 19.
*Jugalis*, jugales tædas celebrare, LXIV, 303.

*Jugerum*, jugera triginta habet, CXV, 1.
*Jugo*, jugandum Pelea Thetidi sensit pater, LXIV, 21.
*Jugum*, jugi onus vitans juvenca, LXIII, 33. — *Jugum* ferre, LXVIII, 118. — *Jugo* in Cytorio, IV, 11. — *Juga* juncta, LXIII, 76.
*Junceus*, junceo vimine tectam villulam, XIX, 2.
*Jungo*, jungit amores Gallus, LXXVIII, 3. — *Junxit* tæda conjuges, LXVI, 79. — *Junxere*, LXII, 29. — *Jungier* parens stirpe nequit, LXI, 68. — *Junctos* ventos, LV, 29. — *Juncta* juga, LXIII, 76. — lumina, LXVI, 66.
*Juro*, jurare nil metuunt, LXIV, 146. — *Juranti* viro nulla femina credat, *ibid.* 143.
*Jus*, jure vincemur, LXII, 16. — illorum sacratum me invenies, CII, 3. — *Jura* petitis, LXVI, 83. — sua dederunt genero parentes, LXII, 65.
*Justificus*, justificam mentem Deorum avertere, LXIV, 407.
*Justitia*, justitiam omnes fugarunt de mente, LXIV, 399.
*Justus*, justam multam exposcam a Divis, LXIV, 190.
*Juvenca* indomita vitans jugi onus, LXIII, 33.
*Juvencus*, juvenco divulso membra raptabant, LXIV, 258. — *Juvenci* multi accoluere, LXII, 55. — nulli, *ibid.* 53. — *Juvencis* colla mollescunt, LXIV, 38.
*Juvenis* immemor, LXIV, 58. — *Juveni* mandata dedisse, *ibid.* 214. — ardenti donare puellam, LXII, 23. — fero tradis puellam, LXI, 56. — *Juvenem* fraterna cæde respersum, LXIV, 181. — *Juvenes*, XIX, 1; LXII, 1, 6. — lecti, LXIV, 4. — electos dare

Minotauro, *ibid.* 78. — *Juvenum* Veronensium flos, C, 2.

*Juventa*, juventam valentem exercete, LXI, 235.

*Juventus* barbara, LXVI, 45.

*Juvo*, juvent me Dii, LXI, 196. — *Juvaret* cibus, L, 9. — *Juverit* te bona Venus, LXI, 203. — in qua re, LXVIII, 42. — *Juverint* me Dii, LXVI, 18.

## L.

*Labellum*, labello semihiante, LXI, 220. — tacito, LXIV, 104. — *Labella* diluta multis guttis, XCIX, 7. — rosea, LXXX, 1. — *Labellis* aridulis, LXIV, 317. — roseis, LXIII, 74.

*Labefacto*, labefactes illam munere, LXIX, 3.

*Labo*, labantes oculos, LXIII, 37.

*Laboriosus*, laboriosis chartis, I, 7.

*Laboriose* est, XXXVIII, 3.

*Laboro*, laborat scire, LXVII, 17. — *Laborent* tota mente, LXII, 14.

*Labos*, Herculei, LV, 13. — *Laborem* æternum, LXIV, 311. — frustra sumptum esse, CXVI, 5. — *Labore* defessa membra, L, 14. — e nimio, LXIII, 36. — jucundo, LXIV, 161. — peregrino, XXXI, 9. — *Laboribus* tantis, XXXI, 11.

*Labrum*, labra notata emulso sero, LXXX, 8.

*Labyrintheus*, labyrintheis flexibus, LXIV, 114.

*Lac*, lacte adultera ubera, XX, 11.

*Lacesso*, lacessas insidiis, XV, 16.

*Lacrimæ*, lacrimis Simonideis, XXXVIII, 8.

*Lacrimo*, lacrimantibus oculis, LXIII, 48.

*Lacrimula*, lacrimulis falsis, LXVI, 16.

*Lacteolus*, lacteolæ puellæ, LV, 17.

*Lacus*, lacus totius, XVII, 10. — *Lacum* limpidum, IV, 24. — *Lacus* undæ Lydiæ, XXXI, 13.

*Lædo*, lædit te mala fabula, LXIX, 5.

*Lætitia* maxima hoc est illi, LXXXIII, 2.

*Lætor*, lætanti cœtu, LXIV, 33. — pectore, LXIV, 221.

*Lætus*, læta luce, LXIV, 326. — mente, *ibid.* 237. — *Læta* connubia, *ibid.* 141.

*Lævis*, lævia brachia, LIV, 333, LXVI, 10.

*Lævus*, læva sive dextera vocaret aura, IV, 19 et 20. — *Lævum* pecoris hostem, LXIII, 77.

*Lana*, lanæ candentis, LXIV, 319. — *Lana* molli, *ibid.* 312.

*Lancinatus*, lancinata paterna sunt bona, XXIX, 18.

*Laneus*, laneum latusculum, XXV, 10. — *Lanea* morsa, LXIV, 317.

*Langueo*, languenti corde, LXIV, 99.

*Languesco*, languescent lumina morte, *ibid.* 188.

*Languidulus*, languidulos somnos, LXIV, 332.

*Languidus*, languido pene, XXV, 3. — *Languida* lumina, LXIV, 219. — *Languidior* sicula beta, LXVII, 21.

*Languor*, languore labantes oculos, LXIII, 37. — *Languoribus* multis, LV, 31.

*Lapillus*, lapillis durius, XXIII, 21.

*Lapis*, lapidis pelluciduli,

LXVIII, 4. — *Lapide* candidiore, *ibid.* 148. — muscoso, *ibid.* 58.

*Lar*, larem nostrum, XXXI, 9.

*Largus*, larga manu, XIX, 9. — *Largis* muneribus, LXVI, 92.

*Laserpicifer*, laserpiciferis Cyrenis, VII, 4.

*Lassulus*, labore lassulæ, LXIII, 35.

*Lassus*, lasso viatori, LXVIII, 61.

*Late* contexta locavit, LXIV, 293.

*Lateo*, latet in roseis papillis, LV, 12. — *Latent* fures, LXII, 34.

*Latibulum*, latibula omnia, LXIII, 54.

*Latro*, latrans Scylla, LX, 2.

*Latus*, latera exfututa, VI, 13.

*Latusculum*, latuscula lanea, XXV, 10.

*Laudo*, CX, 1; CXIV, 6.

*Laurus*, laurus proceras, LXIV, 290.

*Laus* approbet genus, LXI, 227. — nuptarum e laudibus eximiis, CXI, 2. — *Laudis* præmia, LXIV, 102. — *Laude* multa, LXIV, 112. — *Laudibus* eximiis, CXI, 2.

*Lavo*, lavit dentes puriter, XXXIX, 14.

*Lautus*, lauta convivia, XLVII, 5.

*Laxus*, laxas tunicas, XCV, 8.

*Leæna*, LX, 1; LXIV, 154.

*Lector*, lectores ineptiarum mearum, XIV, 25.

*Lectulus* castus, LXIV, 88. — *Lectulo* in uno, X, 7.

*Lectus*, lecti pede candido, LXI, 115. — tremuli, VI, 10. — *Lecto* cœlibe, LXVIII, 6. — desiderato, XXXI, 10. — toto, L, 11.

*Lectus*, lecti juvenes, LXIV, 4.

*Lego*, legarat eo famulum, LXVI, 57.

*Lego*, legit olera ipsa olla, XCIV, 2. — millia basiorum legere, XVI, 13.

*Lenio*, lenirem te nobis, CXVI, 3.

*Lenis*, leni plangore, LXIV, 274. — *Lenibus* auris, LXIV, 84. — *Lenius* aspirans aura, LXVIII, 64.

*Leniter* hæc audibant, LXXXIV, 8.

*Leno*, CIII, 4.

*Lentus*, lenta vitis, LXI, 106. — *Lentos* remos, LXIV, 183.

*Leo*, leoni cæsio, XLV, 7.

*Lepide* et jocose, XXXVI, 10.

*Lepidus* filius, LXXVIII, 2. — *Lepidum* novum libellum, I, 1. — *Lepido* versu, VI, 17. — *Lepidissima* conjux, LXXVIII, 2.

*Lepor*, lepore tuo incensus, L, 7. — *Lepores* mei Ipsithilla, XXXII, 2.

*Letifer*, letifero certamine, LXIV, 395.

*Letum*, leti turbine medio, LXIV, 149. — *Letum* miserabile, LXVIII, 91.

*Levamen* dulce, LXVIII, 61.

*Levis* pulvis, LXVI, 85. — vir, LXI, 101. — *Leve* tympanum, LXIII, 29. — *Levi* amictu, LXIV, 64. — filo, LXIV, 318. — flamine, LXIV, 9. — *Leve* peditum, LIV, 3. — tympanum, LXIII, 8. — *Levi* nave, LXIV, 84.

*Leviter* hæc audibant, LXXXIV, 8.

*Levo*, levare curas, II, 10.

*Lex* Posthumiæ magistræ, XXVII, 3.

*Libellus*, libelli quidquid hoc, I, 8. — *Libellum* horribilem, XIV, 12. — lepidum novum, I, 1. —

sacrum, XIV, 12. — *Libellis* omnibus, LV, 4.
*Liber*, librum malum, XLIV, 21. — *Libri* novi, XXII, 6.
*Liber* avunculus, LXXXIV, 5. — ut potiretur, LXIV, 403. — *Libera* otia, LXVIII, 103.
*Liberalitas* sinistra, XXIX, 16.
*Libere* imperia mea fugere cupit, LXIII, 80.
*Liberi*, liberos date, LXI, 212. — dare, LXI, 67.
*Libido* cupidæ mentis, LXIV, 147. — *Libidine* ex tua, XVII, 5. — *Libidines* facit, XLV, 24.
*Libo*, libet onyx mihi munera, LXVI, 82.
*Librarius*, librariorum scrinia, XIV, 17.
*Libro*, libratum fusum, LXIV, 315.
*Licet* obseres palatum, LV, 21. — venias, LXI, 191.
*Ligneus*, lignea conjuge parentis, XXIII, 6.
*Lignum*, lignis infelicibus ustulanda, XXXVI, 8.
*Ligo*, ligatam zonam, II, 13.
*Limen*, liminis tabellam, XXXII, 5. — *Limine* domini, LXVII, 38. — mortis, LXVIII, 4. — trito, LXVIII, 71. — *Limina* tepida, LXIII, 65. — thalami, LXVI, 17.
*Limes*, limite lato, LXVIII, 67.
*Limpidus*, limpidum lacum, IV, 24.
*Lingo*, lingere culos et crepidas carbatinas, XCVIII, 4. culum, XCVII, 12.
*Lingua* bonorum inimica, CVIII, 4. — mala, VII, 12. — torpet, LI, 9. — *Lingua* cum ista, XCVIII, 3. — nec nimis elegante, XLIII, 4. — *Linguis* trepidantibus, LXVIII, 28.

*Linio*, linit aram sanguine, XIX, 16.
*Linquo*, linquens promissa irrita procellæ, LXIV, 59. — Tempe, LXIV, 288. — vultum genitoris, LXIV, 117. — *Linquentem* mœnia, ibid. 213. — *Linquendum* est cubiculum, LXIII, 67.
*Linteum*, linteo volare, IV, 5. — *Lintea* infecta, LXIV, 225. — vela, ibid. 244.
*Liquefacio*, liquefaciens omentum in flamma, XC, 6.
*Liqueo*, liquentibus stagnis, XXXI, 2.
*Liquidus*, liquida mente, LXIII, 46. — *Liquidas* undas, LXIV, 2. — *Liquidis* lymphis, ibid. 162.
*Lis*, lites magnas, LXVII, 47.
*Literator* Sulla, XIV, 9.
*Litoralis*, litoralibus Diis, IV, 22.
*Litus* Adriatici, IV, 7. — Larium, XXXV, 4. — *Litoris* albicantis, LXIII, 87. — *Litore* deserto, LXIV, 133. — fluentisono, ibid. 52. — Rhœteo, LXV, 7. — *Litora* Gnosia, LXIV, 172. — spumosa, ibid. 121. — *Litoribus* Canopæis, LXVI, 58. — curvis, LXIV, 74.
*Lividus*, lividissima vorago, XVII, 11.
*Locus*, loca algida nive amicta, LXIII, 70. — aliena, 14. — cuncta retonent, LXIII, 82. — Hiberum, IX, 7. — litoris ultima, LXIII, 87. — opaca silvis redimita, LXIII, 3.
*Loco*, locavit late contexta, LXIV, 293. — *Locatum* sub veste malum, LXV, 21.
*Locutio* Fescennina procax, LXI, 127.
*Longe* a domo profectos, XLVI, 10. — ante omnes, LXVIII, 159. — plurimos versus, XXII, 3. — resonante unda, XI, 3.

*Longinquus*, longinquo bello, LXIV, 346.

*Longus* homo, LXVII, 47. — *Longa* est mihi Quintia, LXXXVI, 1. — *Longum* amorem, LXXVI, 13. — *Longo* die, LXXX, 4. — tempore, LXVI, 35; LXVIII, 85. — *Longa* ætate, LXXVI, 5. — pœna, XL, 8. — virginitate, LXVIII, 116. — vita, LXIV, 215. — *Longis* digitis, XLIII, 3. — noctibus, LXVIII, 83.

*Loquela* verbosa, LV, 20.

*Loquor*, loquetur fama, LXXXVIII, 10. — *Loquatur* hæc charta, LXVIII, 40. — *Loquerer* tecum, L, 13. — *Loquentem* sua flagitia, LXVII, 41. — tua facta, LXV, 9. — *Loquente* coma, IV, 12. — *Locutum* se esse mirifice sperabat, LXXXIV, 3.

*Lorum*, lora rubra, XXII, 7.

*Lotium*, loti amplius bibisse, XXXIX, 21.

*Lubenter*, XXXI, 4; XLIV, 6; LXI, 41.

*Lubet* jocari, II, 6, et al. sæpp.

*Lucellum*, lucelli ecquidnam patet, XXVIII, 6. — *Lucello* refero datum, XXVIII, 8.

*Luceo*, lucet qui jucundior ignis cœlo? LXII, 26.

*Luctor*, luctantes papillas, LXIV, 65.

*Luctus* ademit munera, LXVIII, 31. — *Luctu* fraterna mors abstulit studium, LXVIII, 19. — *Luctum* vanescere ne patimini, LXIV, 199, 247. — *Luctibus* assiduis, LXIV, 71.

*Lucus*, lucum dedico consecroque, XVIII, 1.

*Ludicrum* sibi nutriunt, LXI, 24.

*Ludo*, dum ludis, XCIX, 1. — *Ludebat* numero, L, 5. — *Lusi* multa, LXXXVI, 17. — *Lusisti* nucibus, LXI, 133. — *Lusimus* satis, ibid. 232. — multum, L, 2. — *Ludite*, LXI, 211. — *Ludere*, II, 9, 2; XVII, 1, 17.

*Ludus*, ludi multa millia, LXI, 210.

*Lugeo*, lugebant comæ mea facta, LXVI, 52. — *Luxti* cubile orbum, LXVI, 21. — *Lugete*, Veneres, Cupidinesque, III, 1. — *Lugere* exstinctos parentes, LXIV, 401. — *Lugetur*, XXXIX, 5.

*Lumbus*, lumbos duros, XVI, 11.

*Lumen* jucundum, LXVIII, 93. — *Lumine* cæli, LXVI, 59. — claro, LXIV, 409. — cupido, ibid. 86. — in cælesti, LXVI, 7. — notho, XXXIV, 16. — optato, LXVI, 79. — *Lumina* exspectata, LXII, 2. — omnia mundi, LXVI, 1. — Solis, LXIV, 272. — Virginis et Leonis, LXVI, 66. — *Lumina* anxia, LXIV, 243. — flagrantia, LXIV, 92. — languida, ibid. 220. — mœsta, LXVIII, 55. — *Luminibus* festis, LXVI, 90.

*Lupa*, lupæ comminctæ spurca saliva, XCIX, 10.

*Lupanar*, XLII, 13.

*Lupus*, lupi vorent membra, CVIII, 6.

*Lustravit* sol æthera, LXIII, 40.

*Luteus*, luteum papaver, XIX, 12; LXI, 195. — soccum, LXI, 10. — *Luteæ* violæ, XIX, 12.

*Lutum*, in lutum præcipitem ire, XVII, 9. — o lutum! XLII, 13.

*Lux* brevis, V, 5. — mea, LXVIII, 132, 160. — *Luci* committe, crede, LV, 16. — *Lucem* candidiore nota, CVII, 6. — *Luce* alia, LXIV, 16. — læta, ibid. 326. — orienti, ibid. 377. — purpurea, ibid. 274. — *Luces* optatæ, ibid. 31.

*Lympha* frigerans, LXI, 29. —

Malia, LXVIII, 54. — *Lymphæ* vini pernicies, XXVII, 5. — *Lymphis* liquidis, LXIV, 162.

*Lymphatus*, lymphata mente, LXIV, 255.

## M.

*Macer* Gellius, LXXXIX, 4, 6.

*Macula*, maculæ pares resident, LVII, 3.

*Maculo*, maculans sanguine sola terræ, LXIII, 7.

*Madefio*, madefient cæde sepulcra, LXIV, 369.

*Madeo*, madere imbre tristi genæ non cessant, LXVIII, 56.

*Magis* atque magis notescat, LXVIII, 48, et al.

*Magistræ* Posthumiæ lex, XXVII, 3.

*Magnanimus*, magnanimum Minoa, LXIV, 85. — *Magnanimam* te cognoram, LXVI, 26. — *Magnanimos* Remi nepotes, LVIII, 5.

*Magnus* amor, XCI, 6. — numerus arenæ, VII, 3. — *Magna* scriptorum copia, LXVIII, 33. — Dea Cybelle, LXIII, 91. — mater, XXXV, 18. — Mentula, CXV, 8. — progenies Jovis, XXXIV, 6. — *Magni* Cæsaris, XI, 10. — mundi, LXVI, 1. — *Magnam* cœnam, XIII, 3. — *Magno* cum pretio, LXXVII, 2. — in mari, XXV, 12. — *Magni* Dii, XIV, 12. passim. — *Magna* bella, XXXVII, 13. — omnia, CXV, 7. — *Magnos* furores, LXVIII, 129. — *Magnas* lites, LXVII, 47. — *Magnis* curarum undis, LXIV, 62. montibus, *ibid.* 281. — virtutibus, *ibid.* 324, 358. — *Major* ignis, XLV, 15. — *Maximus* ultor, CXV, 7. — *Maxima* cælicolum Juno, LXVIII, 138. — lætitia, LXXXIII, 2. — *Maximi* Jovis, XXXIV, 5.

— risus, XVII, 7. — *Maximum* montem, LXVI, 43. — *Maximas* grates, XLIV, 16. — gratias, XLIX, 4. — *Maxime* profunda vorago, XVII, 11.

*Male* est, XIV, 10; XXXVIII, 1 et 2. — mi dicit Lesbia, XCII, 1, et al.

*Maledico*, maledicere me meæ vitæ credis? CIV, 1.

*Malignus*, maligna mente, LXVIII, 37. — *Maligno* voto, LXVII, 5. — *Maligne* fuit, X, 18.

*Malo*, unam Acmen mavult, XLV, 22. — *Malit*, LXXIX, 1. — *Malle*, LXX, 1. — *Mallem*, XXIV, 4.

*Malum* utrumque nactus est, LXXI, 4. — *Malum* (interject.) XXIX, 22. — *Malo* externata LXIV, 165. — *Mala* multa Dii dent, XIV, 6; XXVIII, 14. — plurima dicit, LXXXIII, 1. — *Malis* me deseris, XXX, 5. — mœnia vexarentur, LXIV, 80. — tantis fluctat meus, LXV, 4.

*Malum* aureolum, II, 12. — missum, LXV, 19. — *Mala* suaveolentia, XIX, 13.

*Malus* aliquis, V, 12. — hic hospes, LXIV, 175. — *Mala* bestia, LXIX, 7. — fabula, *ibid.* 5. — lingua, VII, 12. — mens, XV, 14; XL, 1. — provincia, X, 19. pituita nasi, XXIII, 17. — *Mali* fati, XV, 17. — et boni quidquid habes, VI, 15. — *Malum* librum, XLIV, 21. — pedem, XIV, 22. — *Malam* tussim pectore expuli, XLIV, 7. — *Malum* adulterium, LXVII, 36. — *Malo* cum pretio, LXXVII, 2. — furore, LXIV, 406. — *Malæ* tenebræ, III, 13. — *Malas* furis manus, XX, 5. — oras, XXXIII, 5. — rapinas, XIX, 19. — *Mala* dona, LXVI, 85. —

*Malis* bonisque pueris, XV, 10.

*Malus*, malo vago suspendam lintea, LXIV, 225.

*Mandatum*, mandata cordi memori condita, LXIV, 232. — cuncta, *ibid.* 209. — talia, *ibid.* 214.

*Mane* quum domo exis, LXXX, 3, et al.

*Maneo*, manet tibi, VIII, 15. — *Manet* fama Telemacho, LXI, 229. — intacta virgo, LXII, 45, 56. — jucunda, *ibid.* 47. — tibi vita, VIII, 15. — *Manent* gaudia parata, LXXVI, 5. — *Manserunt* duo, CXIII, 3. — *Mane*, X, 27. — *Maneas* domi, XXXII, 7. — *Maneat* perenne, I, 10. — *Maneret* XCIX, 9.

*Maniplus* (s. *manipulus*), maniplis caricis tectam villulam, XIX, 2.

*Mano*, manat rubor ore, LXV, 24. — *Manabunt* rivi sanguine, LXIV, 345. — *Manans* unda, LXV, 6. — *Manantia* fletu munera, CI, 9.

*Mantica*, manticae quod in tergo est, XXII, 21.

*Manus*, manum sorsum habebis, XX, 17. — *Manu* quate taedam, LXI, 14. — juga religat, LXIII, 84. — tristi, LXVI, 30. — larga, XIX, 9. — sinistra, XII, 1. — *Manus* carpebant laborem, LXIV, 311. — admovere vostras XIV, 25. — ambas, XXXV, 9. — *Malas* furis, XX, 5. — teneras, LXI, 218. — tollens, LIII, 4. — *Manibus* niveis, LXIII, 8. — teras fricesque, XXIII, 22.

*Mare* exspuit conceptum, LXIV, 155 — ferum, LXIII, 40. — novum, LXVI, 45. — Oceanum, CXV, 6. — placidum, LXIV, 270. — *Mari* novissimo, IV, 25. — amplectitur orbem Oceanus, LXIV, 30. — in magno, XXV, 13. — vasto, XXXI, 3. — *Maria* sunt caetera, CXV, 2. — alta, LXIII, 1. — vasta, *ibid.* 48.

*Marinus*, marinas Nymphas viderunt oculi mortales, LXIV, 16.

*Maritus*, marita facta es, o Janua, LXVII, 6. — *Marito* ista non licent, LXI, 147. — cupido, LXIV, 375. — ulmo, LXII, 54. — *Maritum*, LXXVIII, 5. — esse non sinit patruum, LXXXVIII, 3. — *Marite*, LXI, 191, 196. — unguentate, *ibid.* 142. — *Maritis*, LXIV, 329. — *Maritos* novos, LXI, 55.

*Marmor*, marmora pelagi, LXIII, 88.

*Mas*, marem male me putatis, XVI, 13.

*Mater* deposivit Latoniam, XXXIV, 7. — anxia, LXIV, 380. — bona, *ibid.* 23; LXXXIX, 1. — impia, LXIV, 404. — moesta, *ibid.* 380. — orba, XXXIX, 5. — *Matris* adventu, LXV, 22. — complexu, LXIV, 88. — complexum, *ibid.* 118, et al. — *Matri* tertia pars data, LXII, 63. — *Matrem* norat puella, III, 7, et al. — *Matre* mugiente, XX, 14. — bona, LXI, 226. — optima, *ibid.* 229. — *Matres*, LXIV, 350, et al. saep.

*Maternus* avus, LXXXIV, 6.

*Maturus*, maturo tempore, LXII, 57.

*Matutinus*, matutino flatu, LXIV, 270.

*Medicus*, medicos convocate, XLI, 6.

*Meditor*, meditantur non frustra, LXII, 13. — *Meditata* requirunt innuptae, *ibid.* 12.

*Medius*, medii viri tenta, LXXX, 6. — *Mediam* tunicam, LXVII, 22. — *Medium* Athon, LXVI, 46. — iter, LXVIII, 60. — *Medio* turbine leti, LXIV, 149. — *Media*

IN CONTEXTUM.

die, LXI, 118. — *Mediis* sedibus, LXIV, 48. — *undis, ibid.* 167.

*Medulla*, medullam interiorem edunt ignes, XXXV, 15. — *Medullas* moestas exedit cura, LXVI, 23. — torreret flamma, C, 7. — *Medullis* extremis, LXIV, 196. — mollibus, XLV, 16. — omnibus, LV, 30. — totis, LXIV, 93. — *Montis* caesis, LXVIII, 111.

*Medullula* anseris mollior cuniculi capillo, XXV, 2.

*Mehercule*, XXXVIII, 2, et al.

*Meio*, minxit quod quisque, XXXIX, 18. — *Minxerit* in gremium gnati parens, LXVII, 30. — *Meientis* mulae cunnus, XCVII, 8.

*Mellitus* passer, III, 6. — *Mellite* Juventi, XCIX, 1. — *Mellitos* oculos basiem, XLVIII, 1.

*Membrana* directa plumbo, XXII, 7.

*Membrum*, membra labore defessa, L, 14. — frigida tepefecit, LXVIII, 29. — semimortua jacebant, L, 15. — sine viro relicta sensit, LXIII, 6. — *Membra* e juvenco raptabant, LXIV, 257.

*Memini* me suffixum esse in cruce, XCIX, 4. — *Meminit*, LXXXIII, 5. — Fides, XXX, 11. — *Meminerunt, ibid.*

*Memor*, memori corde condita mandata, LXIV, 231.

*Memorabilis*, memorabile quod sit, habent, LXII, 13.

*Mendax*, mendaci ventre falsum puerperium, LXVII, 48.

*Mens* excidit sensibus ereptis, LXVI, 25. — anxia, LXVIII, 8. — impia, LXVII, 25. — *Mala*, XV, 14; XL, 1. — praetrepidans, XLVI, 7. — *Mens* animi, LXV, 4. — onus reponit, XXXI, 8. — *Mentis* cupidae libido, LXIV, 147. — crudelis consilium, *ibid.* 136.

— incendia, *ibid.* 226. — *Menti* ingratae credita, LXXVI, 9. — *Mentem* amore revinciens, LXI, 33. — justificam Deorum avertere, LXIV, 406 passim. — *Mente* cedat mora, LXIII, 19. — constanti, LXIV, 209, 239. — de cupida, *ibid.* 399. — dura, LX, 3. — immemori, LXIV, 249. — laeta, *ibid.* 237. — liquida, LXIII, 37. — lymphata, LXIV, 255. — maligna, LXVIII, 37. — obstinata, VIII, 11. — tacita, LXII, 37. — tetra, LX, 3. — tota, LXII, 14, et al. — *Mentes* alio, aures alio divisimus, LXII, 15.

*Mensa*, mensae constructae dape, LXIV, 305. — *Mensas* pingues linquere, LXII, 3. — *Mensis* collucent pocula, LXIV, 45.

*Menstruus*, menstruo cursu metiens iter annuum, XXXIV, 17.

*Mentior*, mentita es, quod promisti, CX, 3.

*Mentula* fit apta clava dexterae, XX, 21. — crux, XX, 18. — diffututa, XXIX, 14. — magna minax, CXV, 8. — *Mentulas* solis vobis esse putatis? XXXVII, 3.

*Mereor*, mereri bene velle de quoquam desine, LXXIII, 1.

*Meretrix*, meretricis avarae, CX, 7.

*Mergo*, mergitur Oceano Bootes, LXVI, 68.

*Meridior*, meridiatum ad te veniam, XXXII, 3.

*Merito* si quem podagra secat, LXXI, 2.

*Merso*, merser fluctibus fortunae, LXVIII, 13.

*Merus* Thyonianus, XXVII, 7. *Meros* amores accipies, XIII, 9.

*Messis*, messem post nonam Smyrna edita, XCV, 1.

*Metior*, metiens cursu menstruo

iter annuum rustica tecta frugibus exples, XXXIV, 18.

*Metuo* a te, XV, 9. — *Metuunt* nunc omnes, LXIX, 7. — nil jurare, LXIV, 146. — *Metuebant* talia verba, LXXXIV, 9. — *Metuere* nihil dicta, LXIV, 148.

*Mi* pro mihi, V, 7; XIV, 10; XXX, 8; XXXI, 5; XLIV, 5. — vocativ. in *meus*, X, 25; XIII, 1.

*Mica* salis nulla in tam magno corpore, LXXXVI, 4.

*Mico*, micantia sidera, LXIV, 206. — *Micantium* siderum numerum, LXI, 207.

*Migro*, migrate ad severos, XXVII, 7.

*Mihi*, pleonastice, IX, 2; XXIV, 4. Vid. not.

*Miles* Protesilaus, LXVIII, 86.

*Mille* basia da, V, 7, et al. — *Millia* decem me puella poposcit, XLI, 2. — ludi, LXI, 210, et al.

*Millies* eum puella revocat, XXXV, 8.

*Mimice* et moleste ridentem videtis, XLII, 8.

*Minax* Cybelle, LXIII, 84. — magna mentula, CXV, 8. — *Minacis* Adriatici litus, IV, 6.

*Minimum* et facillimum est, XXXVIII, 4.

*Minister*, XXVII, 1. — *Ministra* Deum, LXIII, 68.

*Minutus*, minuta navis deprensa in magno mari, XXV, 12.

*Mirifice* explicasset Calvus crimina, LIII, 2. — a te nactus est utrumque malum, LXXI, 4. — et tum locutum se esse sperabat, LXXXIV, 3.

*Miror*, miratur se, XXII, 17.

*Mirus*, non mirum, XXIII, 7, et al. — *Mira* arte, LXIV, 51. — nocte, LXVIII, 145. — pietate parentem narras, LXVII, 29.

*Misceo*, misces gaudia curis, LXIV, 95. — *Miscet* Dea curis dulcem amaritiem, LXVIII, 18.

*Misellus* Septimius, XLV, 21. — *Miselli* Victoris ilia rupta, LXXX, 7. — *Misellae* illi edunt medullam ignes, XXXV, 14. — *Miselle* passer, III, 16. — Ravide, XL, 1.

*Miser* ego, LXIII, 51. — esse desinis, LXXVI, 12. — anime, LXIII, 61. — Catulle, VIII, 1. — frater, CI, 6. — *Misera* mater, LXIV, 119. — *Miserum* est, LXVIII, 30. — *Misero* amori hanc proponis poenam, XCIX, 15. — fratri, LXVIII, 93, et al. saepp.

*Miserabilis*, miserabile letum, LXVIII, 91.

*Misere* exagitans immiti corde furores, LXIV, 94.

*Misereor*, misereri si vostrum est, LXXVI, 17.

*Miseret* te nil dulcis tui amiculi, XXX, 2.

*Miseriter* allocuta est patriam, LXIII, 49.

*Mitesco*, mitescere immite pectus, LXIV, 138.

*Mitis*, mitem uvam educat vitis, LXII, 50.

*Mitra*, mitrae vicem curans, LXIV, 68. — *Mitram* subtilem retinens vertice, *ibid.* 63.

*Muto* tibi carmina, LXV, 15. — *Mittis* epistolium, LXVIII, 2, — *Misti* libellum, XIV, 14. — *Misit* qui tibi tantum impiorum, *ibid.* 7. — *Miserunt* muneri, XII, 15. — *Mittam* te laetanti pectore, LXIV, 221. — *Mittet* sperare nepotes, *ibid.* 381. — *Mitte* brachiolum teres, LXI, 181. — *Mittere* carmina, CXVI, 2. — pronum de ponte, XVII, 23. — *Mittens* virum, LXVI, 29. — *Mittetur* Smyrna ad undas Atacis. — XCV,

# IN CONTEXTUM.

5. — *Missum* malum, LXV, 19.
— *Misso* hoc in Syriam, LXXXIV, 7. — *Missas* voces audire, LXIV, 166.

*Mnemosynon*, XII, 13.

* *Modo* huc modo illuc circumsiliens passer, III, 9, etc.

*Modus* vobis mutandus est, XLII, 22. — in *modum* dicite, LXI, 38. — concinite, *ibid.* 123. — *Modo* omni excruciare, XCIX, 12.

*Mœcha* putida, XLII, 11; XIX, 20. — turpis, *ibid.* 3. — *Mœcha* abducta, LXVIII, 103.

*Mœchor*, mœchatur mentula, XCIV, 1.

*Mœchus*, mœchi duo, CXIII, 2. — semitarii, XXXVII, 16. — *Mœchis* cum suis vivat valeatque, XI, 17.

*Mœnia* Novi Comi, XXXV, 4. — angusta, LXIV, 80. — Divæ, *ibid.* 212. — Larissæa, *ibid.* 36. — Troica, *ibid.* 346.

*Mœror*, mœroribus in tantis, LXV, 15.

*Mœstus*, mœsta, LXIV, 249; LXVI, 29. — mater, *ibid.* 380. — *Mœsto* parenti, *ibid.* 210. — pectore profudit voces, *ibid.* 202. — *Mœsta* voce, LXIII, 49. — *Mœstam* extremis querelis, LXIV, 130. — *Mœstas* medullas exedit cura, LXVI, 23. — *Mœstis* ocellis, LXIV, 60. — *Mœsta* carmina, LXV, 12. — lumina, LXVIII, 55. — *Mœstius* lacrimis Simonideis, XXXVIII, 8.

*Molestus*, molesta vivis, X, 33. — *Molestum* est, LV, 1. — otium, tibi est, LI, 13. — *Molesti* ne nimium simus, LXVIII, 137. — *Moleste* incedere, XLII, 8.

*Mollesco*, mollescunt colla juvencis, LXIV, 38.

*Mollicellus*, mollicellas nates flagella conscribillent, XXV, 10.

*Molliculus*, molliculi versiculi, XVI, 4, 8.

*Mollis* spica, XIX, 11. — *Molli* complexu, LXIV, 88. — flumine, LXVII, 33. — fronde, LXIV, 294. — lana, *ibid.* 312. — pede, LXVIII, 70. — quiete, LXIII, 38, 44; LXXX, 4. — somno, LXVIII, 5. — veste, LXV, 21. — *Mollia* lanæ vellera, LXIV, 319. — tegmina suræ, *ibid.* 129. — *Mollibus* medullis ardet ignis, XLV, 16. — *Mollior* cuniculi capillo, XXV, 1.

*Moneo*, monendus es mihi, XXXIX, 9.

*Mons* eversus, LXVI, 43. — *Montis* aerii vertice, LXVIII, 57. — nivei cacumen, LXIV, 241. — medullis, LXVIII, 111. — *Montem* Pimpleum, CV, 1. — *Montium* domina, XXXIV, 9. — *Montes* Idomenios, LXIV, 178. — præruptos, *ibid.* 126. — *Montibus* Idri, *ibid.* 301. — Libyssinis, LX, 1. — magnis, LXIV, 282.

*Monstro*, monstret qui adulterium patrui, LXXVIII, 6.

*Monstrum*, LXIV, 15. — sævum, *ibid.* 101. — *Monstra* stymphalia, LXVIII, 113.

*Monumentum*, monumenta parva, XCV, 9. — Cæsaris magni, XI, 10.

*Mora* tarda mente cedat, LXIII, 19.

*Morbosus*, morbosi pariter, LVII, 6.

*Morbus*, morbum tetrum, LXXVI 25. — neque elegantem neque urbanum, XXXIX, 7.

*Mordeo*, mordebis labella, VIII, 18. — *Mordenti* rostro, LXVIII, 127.

*Moribundus*, moribunda a sede

tuus Pisauri hospes, LXXXI, 3.

Morior, mortuus est passer, III, 3. — notescat, LXVIII, 48. — Mortua non tumulabor, LXIV, 153. — Moriens frater, LXVIII, 21.

Moror, moraris, LXI, 79; LXXXIV, 94. — emori, LII, 1, 4. — Morari euntem rogat, XXXV, 10.

Mors fraterna, LXVIII, 19. — immatura, XCVI, 5. — Mortis limine, LXVIII, 4. — Morti dedita præda, LXIV, 363. — Mortem oppeteret, ibid. 102. — Morte, ibid. 188. — extrema, LXXVI, 18. — paterna, LXIV, 248. — tua, LXV, 12.

Morsa lanea hærebant labellis, LXIV, 317.

Morsus acres incitare solet passer, II, 4.

Mortalis quisquam, LXIV, 168. — Mortali cœtu, ibid. 386. — Mortales oculi, ibid. 17.

Mos ut est tuus, IX, 8. — More prisco, CI, 7. — stultorum, LXVIII, 137. — Moribus impuris, CVIII, 2.

Motus, motu infirmo quatientes corpora, LXIV, 305.

Moveo, movet æstimatione, XII, 12. — Movebat ses ea gremio, III, 8. — Moveto eum, XV, 11. — Movere lumbos, XVI, 11. — Movens tremulum tempus anilitas, LXI, 161. — Movetur nihil, XLII, 21.

Mox, XCII, 3.

Mucus a te abest, XXIII, 17.

Mugilis, mugiles eum percurrent, XV, 19.

Mugio, mugienti fremitu, LXIII, 82. — Mugiente matre, XX, 14.

Mula derelinquit soleam ferream in voragine, XVII, 26. — Mulæ meientis cunnus, XCVII, 8.

Mulceo, mulcent auræ florem, LXII, 41.

Mulier de via, XXV, 5. — mea, LXX, 1. — multivola, LXVIII, 128. — notha, LXIII, 27. — nulla, LXXV, 1.

Multa, multam justam exposcam, LXIV, 190.

Multiplex, multiplici dape constructæ mensæ, LXIV, 305. — Multiplices curas, ibid. 251.

Multivola mulier, LXVIII, 128.

Multo, multantes facta virum pœna, LXIV, 192.

Multo acrior res, LXXXIII, 5, et al.

Multum lusimus, L, 2, et al.

Multus es et pathicus, CXII, 2. homo, ibid. 1. — Multo usu, XCI, 7. — Multa laude, LXIV, 112. — Multi agricolæ, LXII, 55. — juvenci, ibid. — pueri, ibid. 42. — Multæ puellæ, ibid. — Multas futuit, XCVII, 9. — per gentes vectus, CI, 1. — querelas, LXIV, 223. — Multa æquora, CI, 1. — basia, VII, 9. — gaudia, LXXVI, 5. — mala, XIV, 6; XXVIII, 14. — millia basiorum, XVI, 12. — ludi, LXI, 210. — myrrhæ, LXVI, 78. — sidera, VII, 7. — jocosa fiebant, VIII, 6. — satis lusi, LXVIII, 17. — Multis pro officiis, LXVIII, 150. — Deorum, LXVI, 9. — guttis, XCIX, 7. — languoribus, LV, 31. — millibus, LXVIII, 45. — querelis, LXVI, 19. — Plus oculis meis, XIV, 1. — suis, III, 5. — uno sæclo, I, 10. — Plura quid commemorem? LXIV, 116. — millia, XXII, 4. — Pluribus divis, LXVIII, 115. — Plurimus, plurimum, XLV, 5. — Plurimos versus facit, XXII, 3. — Plurima mala, LXXXIII, 1. — furta Jovis, LXVIII, 140.

*Mulus*, mule, nihil sentis, LXXXIII, 3.

*Mundities*, munditiem ad mundiorem adde, quod, etc. XXIII, 18.

*Mundus* concussit sidera, LXIV, 206. — *Mundi* magni lumina, LXVI, 1.

*Mundus*, mundior et melior culus, XCVII, 4. — *Mundiorem* munditiem, XXIII, 18.

*Municeps*, municipem ire in lutum volo, XVII, 18.

*Munus* confectum carmine, LXVIII, 149. — maximi risus, XVII, 7. — novum ac repertum, XIV, 9. — suum, LXI, 43. — *Muneri* miserunt, XII, 15. — *Munere* assiduo, LXI, 234. — furtivo, LXV, 19. — isto, XIV, 2. — novo, LXVI, 38. — postremo mortis, CI, 3. — vestis, LXIX, 3. — *Munera* tibi non tribuo, LXVIII, 32. — jucunda, LXVI, 82. — lusarum et Veneris, LXVIII, 10. — parva, XIX, 9. — quæ tradita sunt ad inferias, CI, 8. — quam plurima, LXVIII, 154. — *Muneribus* largis, LXVI, 92.

*Munusculum*, munuscula furtiva, LXVIII, 145. — non ingrata, LXIV, 103.

*Murus*, muros ad iliacos isset miles, LXVIII, 86.

*Murrha*, murrhæ multa millia, LXVI, 78.

*Musca*, CXVI, 4.

*Muscosus*, muscoso lapide, LXVIII, 58.

*Muto*, mutat (pr. *mutatur*) Suffenus, XXII, 11. — *Mutavit* te quis Deus? LXVI, 31. — *Mutari* talento furta velit, XII, 8. — *Mutata* janua, LXVII, 7. — *Mutatum* suaviolum ex ambrosio, XCIX, 13. — *Mutato* nomine, LXII, 35.

— *Mutanda* est ratio modusque, XLII, 22.

*Mutus*, mutum cinerem alloquerer, CI, 4. — *Muta* omnia, LXIV, 186. — *Mutis* sepulcris si quidquam a dolore accidere potest, XCVI, 1.

*Mutuus*, mutua reddens, L, 6. — *Mutuis* animis, XLV, 20.

*Myrtus* Asia enitens floridis ramulis, LXI, 22. — *Myrtos* quales progignunt Eurotæ flumina, LXIV, 89.

## N.

*Nam* mellitus erat passer, III, 6. — *Namque* solebas putare aliquid esse nugas meas, I, 3, et al. sæpp.

*Nanciscor*, nactus est utrumque malum, LXXI, 4.

*Narro*, narras egregium parentem, LXVII, 29. — *Narrat* Brixia de Postumio, ibid. 35. — provincia ten' esse bellam? XLIII, 6. — *Narrantem* loca, facta, nationes, IX, 7.

*Nascor*, nascitur flos secretus, LXII, 39. — vitis vidua, ibid. 49. — *Nascuntur* querelæ ab imo pectore, LXIV, 198. — *Nata* sunt omnia bona, LXVIII, 158. — *Nascetur* vobis Achilles, ibid. 339. — *Nascatur* Magus, XC, 1. — *Natus* erat sterili semine, LXVII, 26. — *Nati* optato tempore heroes, LXIV, 22. — quod illic *natum* i. e. proprium, X, 15.

*Nasus*, nasi mala pituita, XXIII, 17. — *Naso* nec minimo puella, XLIII, 1. — turpiculo, XLI, 3. — *Nasorum* pestem interfice, LXIX, 9. — *Nasum* totum ut te Dii faciant, XIII, 14.

*Nates* mollicellas flagella conscribillent, XXV, 10. — pilosas non potes venditare, XXXIII, 7.

*Natio*, nationes Hiberum, IX, 7.
*Nato*, natantis trabis impetum praeterire, IV, 3.
*Natus* destitit lugere parentes, LXIV, 401. — *Nati* cubile, LXVII, 23. — *Nato*, LXIV, 325. — *Natam* avellere complexu matris, LXII, 21.
*Naufragus*, naufragum aequoris undis ejectum sublevem, LXVIII, 3.
*Navis* minuta, XXV, 13. — *Nave* levi nitens, LXIV, 84. — *Navium* celerrimus (phaselus), IV, 2.
*Navita* perfidus, LXIV, 174.
*Nauta*, nautis turbine jactatis, LXVIII, 63.
*Ne* (enclit.) qui*ne* fugit, LXIV, 183. — venisti*ne*, IX, 3.
*Ne* dubita dicere, LXVII, 18. — pugna, LXII, 59. — remorare, LXI, 200. — *Ne* sciamus, V, 11. — *Ne-funera*, LXIV, 83.
*Nebula*, nebulas aerias dicta irrita ferre sinis, XXX, 10.
*Nec* a gremio illius se movebat passer, III, 8, et al. saepp.
*Necesse* est parere parentibus, LXII, 61. — amem, XII, 16. — haec praestare, XIX, 17. — nihil est, XVI, 6. — sit ire, LXI, 83.
*Nefandus*, nefando scelere, LXIV, 398. — *Nefanda* omnia avertere, *ibid.* 406.
*Nefarius*, nefaria scripta, XLIV, 18.
*Nefas* Troja, LXVIII, 89.
*Ne-funera* funera, LXIV, 83. Vid. not. ad h. l.
*Negligo*, negligis haec, XXX, 5. — *Negligit* nec te Venus, LXI, 199. — *Negligens* Priapus, XIX, 20. — *Negligentem* esse licet, X, 34. — *Negligentiorum* lintea tollis, XII, 3. — *Neglecto* numine Divum, LXIV, 134.

*Nego* illud totum, LXXXVI, 3. — *Negas* te, LV, 14. — *Negat* negare, IV, 6. — se redditurum pugillaria, XLII, 4. — *Negant* redire, III, 12. — *Neges* quae vir petet, LXI, 152. — *Neget* nuces pueris, *ibid.* 128.
*Nemo* rura colit, LXIV, 38, et al. — *Nemone* homo bellus, LXXXI, 1.
*Nemorivagus* aper, LXIII, 72.
*Nemus* Phrygium, LXIII, 2. — in *nemora* ferar, *ibid.* 58. — demens fugit, *ibid.* 89. — ad Idae tetuli pedem, *ibid.* 52. — opaca, *ibid.* 32. — Phrygia, *ibid.* 20.
*Nepos*, nepotis seri caput, LXVIII, 120. — *Nepotes* caros sperare, LXIV, 381. — Remi, LVIII, 5. — *Nepotum* Romuli disertissime, XLIX, 1.
*Neptis*, neptem suam ducere, LXIV, 29.
*Neque* mirum, LXIX, 7, et al. saep.
*Nequeo* tribuere munera, LXVIII, 32. — *Nequeunt* movere lumbos, XVI, 11. — *Nequisse* praeterire impetum trabis, IV, 4.
*Nequidquam* tacitum cubile, VI, 7, et al.
*Nervosius* illud unde foret, LXVII, 27.
*Nescio* quare id faciam, LXXXV, 2. — quem risi, LIII, 1. — quid carum, II, 6. — quid certe est, LXXX, 5. — scorti, VI, 4. — *Nescis* quod facinus facias, LXXXI, 6. — *Nescit* id, XVII, 22.
*Nescius*, LXVIII, 17.
*Neu* lubeat abire, XXXII, 6, et al. saep.
*Ni* pro *Nisi*, ni sint, VI, 2, et al. saep.
*Niger*, nigro turbine jactatis nautis, LXVIII, 63. — *Nigris*

ocellis, XLIII, 2. — *Nigerrimis* uvis, XVII, 16.

*Nihil* audit, XVII, 21, et al. sæpp.

*Nihilominus* pulcher es, LXI, 197.

*Nimirum* idem omnes fallimur, XXII, 18, et al.

*Nimis* elegante lingua, XLIII, 4, et al. sæp.

*Nimius*, nimio e labore, LXIII, 36. — odio, *ibid.* 17. — *Nimium* gestis otio, LI, 14. — simus molesti, LXVIII, 137. — nil *nimium* studes, XCIII, 1.

*Nisi* impudicus, XXIX, 2, et al.

*Niteo*, nitens ore floridulo, LXI, 193. — *Nitenti* desiderio meo, II, 5.

*Nitor* Solis flammeus, LXVI, 3. *Nitor*, nitar quali spe? LXIV, 177. — *Nitens* nave levi, *ibid.* 84.

*Niveus*, nivei montis cacumen, LXIV, 241. — *Niveo* columbo, LXVIII, 125. — pede gerens soccum, LXI, 9. — *Niveæ* bigæ Rhesi, LV, 26. — vittæ, LXIV, 310. — *Niveos* artus flexerunt sedibus, *ibid.* 304. — virginis excipiet bustum, *ibid.* 365. — *Niveis* manibus cepit tympanum, LXIII, 8.

*Nix*, apud nivem et stabula ferarum forem, LXIII, 53. — *Nive* amicta loca, LXIII, 70. — hiberna candidiora labella, LXXX, 2.

*No*, navit juventus barbara per medium Athon, LXVI, 46. — *Nasse* per undas, LXIV, 2. — *Nantes* undæ a luce refulgent, *ibid.* 276.

*Nobilis*, nobilem Rhodum, IV, 8. — *Nobiles* amicos, XXVIII, 13.

*Noctifer*, LXII, 7.

*Nocturnus*, nocturnæ rixæ vestigia, LXVI, 13.

*Nolo* dicere nomine, LXVII, 45. — *Nolebat* puella, VIII, 7. — *Noli* admirari, LXIX, 1, et al. — *Nolite* pati, LXIV, 199. — *Nolim* statuas, LXVIII, 37. — *Nollem* te renidere, XXXIX, 15.

*Nomen* vetus, LXI, 214. — vostrum tangat dies robigine, LXVIII, 151. — intulit nepos in tabulas, *ibid.* 122. — *Nomine* deserto, *ibid.* 50. — eo, XXIX, 12 et 24. — quocunque placet, XXXIV, 22. — dicere nolo, LXVII, 46. — dicentem, *ibid.* 43.

*Nondum* spreta pietate, LXIV, 387.

*Nonus*, nona pila a pileatis fratribus, XXXVII, 2. — *Nonum* post messem, XCV, 1. — post hiemem, *ibid.* 1.

*Noscito*, noscitetur facile ab omnibus, LXI, 233.

*Nosco*, nosti isthæc, LXVII, 37. — probe, XXII, 1. — *Norat* dominam passer, III, 6. — *Noscent* te omnia sæcla, LXXVIII, 10. — *Nosse* te solum Catullum dicebas, LXXII, 1. — *Noscens* Juno furta Jovis, LXVIII, 140.

*Noster* venuste, XIII, 6. — *Nostri* miserescere vellet pectus? LXIV, 138. — *Nostrum* caput insidiis lacessas, XV, 16, et al.

*Nota*, nota candidiore lucem! CVII, 6. — de meliore quisque, LXVIII, 28.

*Notesco*, notescat mortuus, LXVIII, 48.

*Nothus*, notha mulier, LXIII, 27. — *Notho* lumine dicta es Luna, XXXIV, 15.

*Noto*, notat diem lapide candidiore, LXVIII, 148. — *Notata* labra sero emulso, LXXX, 8.

*Notus* hostibus forti pectore, LXIV, 340. — *Nota* fides animi, CII, 2. — *Notæ* sunt rapinæ,

XXXIII, 7. — *Nota* sepulcra, LXVIII, 97. — *Notorum* tria suavia, LXXIX, 4.

*Novem* fututiones continuas pares, XXXII, 8.

*Noverca*, XXIII, 3. — *Novercæ* innuptæ flore, LXIV, 403.

*Novi* conjugis, LXI, 32. — dimittere collum, LXVIII, 81. — *Nova* nupta prodeas, LXI, 80, et sqq. sæp. — *Novum* libellum quoi dono? I, 1. — mare, LXVI, 45. — munus, XIV, 8. — sidus, LXVI, 64. — *Novo* hymenæo auctus, LXVI, 11. — munere vota dissolvo, *ibid.* 38. — viro invisente, *ibid.* 20. — *Novi* libri, XXII, 6. — umbilici, *ibid.* 7. — *Novis* nuptis, LXVI, 15. — *Novos* maritos, LXI, 54. — *Novissimo* in casu, LX, 4. — a mare, IV, 24.

*Nox* tacet, VII, 7. — perpetua dormienda est, V, 6. — *Noctis* umbras pepulit Sol, LXIII, 41. — *Nocte* nulla rogaberis, VIII, 15. — latent fures, LXII, 34. — cæca, LXVIII, 44. — mira, *ibid.* 145. — gemina teguntur lumina, LI, 12. — vaga, LXI, 118. — *Noctes* non viduas, VI, 6. — *Noctibus* in longis, LXVIII, 83.

*Nubes* pulsæ ventorum flamine, LXIV, 240.

*Nubo*, nubit virgo bona cum alite, LXI, 20. — nulli *nubere* malle quam mihi dicit, LXX, 1.

*Nudo*, nudantes papillas, LXVI, 81.

*Nudatus*, nudatæ suræ tegmina, LXIV, 129. — *Nudato* corpore, *ibid.* 17.

*Nudus*, nudum sinum reducens, LV, 11. — *Nudo* arvo nascitur vitis, LXII, 49.

*Nugæ*, nugas meas aliquid esse putare solebas, I, 4.

*Nullus* mi erat, X, 21. — amor, LXIV, 336. — *Nulla* ætas, LXIV, 323, et al. sæp. — *Nulli* nubere malle dixit mulier, LXX, 1. — *Nullum* amans vere, XI, 19. — *Nullo* aratro contusus flos, LXII, 40. — *Nulli* pueri, *ibid.* 44, et al. — *Nullæ* puellæ, *ibid.* — *Nullis* sensibus auctæ, LXIV, 165. Vide not. ad hunc loc.

*Num* te lacteolæ tenent puellæ, LV, 17. — te leæna procreavit, LX, 1.

*Numen*, numine divum neglecto, LXIV, 134; LXXVI, 4. — invicto rector annuit, LXIV, 204.

*Numero*, numerare multa millia ludi, LXI, 209.

*Numerus* magnus arenæ, VII, 3. — *Numerum* siderum subducat, LXI, 208. — *Numero* modo hoc modo illoc ludebat, L, 5.

*Nummus*, nummi si te delectant, CIII, 3.

*Nunc* passer it per iter tenebricosum, III, 11, et al. sæp. — *Nunc* pro at, XXXIX, 17.

*Nunquam* vitis mitem educat uvam, LXII, 50.

*Nuntio*, nuntiate dicta puellæ, XI, 25. — *Nuntiantur* si mihi vera, XXXV, 11.

*Nuntium*, nuntia nova ad aures Deorum referens, LXIII, 74.

*Nuntius* horribilis adfertur subito, LXXXIV, 10. — *Nuntii* beati, IX, 5.

*Nuper*, LXIV, 217.

*Nupta* cave ne neges quæ vir petet, LXI, 151. — nova prodeas, *ibid.* 80, sqq. sæpp. — puella, XVII, 14. — o *nuptæ*, LXVI, 87. — *Nuptarum* laus, CXI, 2. — estne *nuptis* novis odio Venus? LXVI, 15.

*Nuptialis*, nuptialia carmina

concinens voce tinulla, LXI, 12.

*Nuto*, nutantibus pennis aera impellens, LXVI, 53.

*Nutrio*, nutriunt myrtum Deæ roscido humore, LXI, 25. — *Nutrivi* locum villulamque palustrem, XIX, 4.

*Nutrix* illam orienti luce non revisens, LXIV, 377. — *Nutricum* tenus exstantes e gurgite cano, ibid. 18.

*Nux*, neu nuces pueris neget, LXI, 128, et sqq. sæp. — *Nucibus* satis diu lusisti, ibid. 133.

## O.

*O* Veneres Cupidinesque lugete, III, 1, et al. sæpp.

*Obduro*, obdurat jam Catullus, VIII, 12. — *Obdura* destinatus, ibid. 11, 19.

*Obesus* Etruscus, XXXIX, 11.

*Obitus* stellarum comperit, LXVI, 2.

*Objurgo*, objurgare patruum, LXXIV, 1.

*Oblecto*, oblectant Musæ dulci carmine, LXVIII, 8.

*Oblitero*, obliteret nulla ætas mandata, LXIV, 232.

*Obliviscor*, si tu oblitus es, XXX, 11. — *Oblita* es bonum facinus, LXVI, 27. — *Obliviscentibus* sæclis, LXVIII, 43. — *Oblita* nostri Lesbia, LXXXIII, 3. — *Oblitæ* miseræ sub veste, LXV, 21. — *Oblito* pectore cuncta dimisit, LXIV, 208.

*Obloquor*, obloquitur et gannit, LXXXIII, 4.

*Obscœnus*, obscœna Troja terra aliena sepultum detinet, LXVIII, 99.

*Obscuro*, obscuretur nitor Solis, LXVI, 3.

*Obscurus*, obscura ferrugine carbasus, LXIV, 227. — *Obscura* orgia celebrabant, ibid. 260.

*Obsero*, obseres palatum, LV, 21. — *Obseret* liminis tabellam, XXXII, 5.

*Obsideo*, obsidens Troica mœnia, LXIV, 346.

*Obsisto*, obstitit si bono cuidam hircus alarum, LXXI, 1.

*Obstinatus*, obstinata mente perfer, VIII, 11.

*Obtero*, obterit tellus ereptum ex oculis, LXV, 8.

*Obtingo*, obtigit si unquam cupido optantique quidquam, CVII, 1.

*Obvius* veniam leoni, XLV, 7. — *Obvia* cominus lateque frangens robur, LXIV, 109.

*Occasus*, in occasum vertor, LXVI, 67.

*Occido*, occidit lux brevis, V, 5. — *Occidere* soles et redire solent, V, 4. — *Occidentis* in ultima insula fuisti, XXIX, 13.

*Occupatus*, occupati in re sua, XV, 8.

*Ocellus*, ocelle cave despuas, L, 19. — peninsularum, insularumque Sirmio, XXXI, 2. — *Ocelli* turgiduli, III, 18. — *Ocellis* mœstis, LXIV, 60. — nigris, XLIII, 2. — *Ocellos* tegeret somnus quiete, L, 10. — ebrios pueri, XLV, 11.

*Octavus*, octava hora te suscitat e molli quiete, LXXX, 3.

*Octo* homines rectos parare, X, 20.

*Oculus*, oculi mortales videre Nymphas, LXIV, 17. — *Oculos* suaviabor, IX, 9. — effossos voret corvus, CVIII, 5. — labantes, LXIII, 37. — mellitos, XLVIII, 1. — si tibi vis debere Catullum, LXXXII, 1. — *Oculis* plus amabat, III, 5, et al. — lacrimantibus visens maria vasta, LXIII, 48. — radiantibus Sol lustravit æthera, *ibid.* 39. — ambobus quæ mihi carior est, CIV, 2. — si quid carius est, LXXXII, 2, 4.

*Odi* et amo, LXXXV, 1. — *Odissem* te odio Vatiniano, XIV, 3. — *Odisse* hospitis officium, LXVIII, 12.

*Odium*, odio estne Venus novis nuptis? LXVI, 15. — nimio Veneris evirastis corpus, LXIII, 17. — Vatiniano te odissem, XIV, 3.

*Odor*, odore illam affligit, LXXI, 6. — Assyrio fragrantem domum, LXVIII, 144. — jucundo permulsa domus, LXIV, 285. — *Odores* suaves exspirans, *ibid.* 87.

*Offero*, obtulit se ales equus, LXVI, 54. — *Obtulerat* luctum Minoidi, LXIV, 249.

*Officium* hospitis odisse, LXVIII, 12. — *Officio* pio se perdidit, LXXV, 6. — *Officiis* pro multis munus redditur, LXVIII, 150. — quantis juverit, *ibid.* 42.

*Offirmo*, offirmas te animo, LXXVI, 11

*Oleum*, olei decus eram, LXIII, 64.

*Olfacio*, olfacies unguentum, XIII, 13. — *Olfacerem* os, XCVII, 2.

*Olim*, LXIV, 76, et alias sæpissime.

*Oliva* glauca, XX, 9. — *Olivam* Deliam, XXXIV, 8.

*Olivum*, olivo Syrio fragrans, VI, 8.

*Olla* ipsa legit olera, XCIV, 2.

*Olus*, olera legit olla ipsa, XCIV, 2.

*Omen*, omine cum bono, LXI, 66. — divino Parcæ cecinere carmina, LXIV, 384.

*Omentum* pingue in flamma liquefaciens, XC, 6.

*Omnino* si nos vis perdere, XCVIII, 5. — quod cupis, efficies, *ibid.* 6.

*Omnipotens* Juppiter, LXIV, 171.

*Omnis* furor sit procul a domo, LXIII, 92. — *Omne* ævum explicare, I, 6, et al. — in *omni* culpa est gaudium, XCI, 10, et al. — *Omnes* unius æstimemus assis, V, 3, et al. sæp. — *Omnia* gaudia perierunt, LXVII, 23, et al. — *Omnium* ilia rumpens, XI, 19, et al. — *Omnes* annos amare paratus sum, XLV, 4, et al. — *Omnia* bella devoratis, III, 14. — *Omnibus* e meis amicis antistans, IX, 1.

*Omnivolus*, omnivoli Jovis furta noscens Juno, LXVIII, 140.

*Onus* mens reponit, XXXI, 8. — ingratum parentis tolle, LXVIII, 142. — jugi vitans juvenca, LXIII, 33.

*Onyx* munera mihi libet, LXVI, 82. — vester, *ibid.* 83.

*Opacus*, opaca barba hunc facit bonum, XXXVII, 19. — *Opaca* loca redimita silva, LXIII, 3. — per nemora dux, *ibid.* 32.

*Opera*, opera tua ocelli meæ puellæ rubent, III, 17.

*Operio*, operit sopor oculos, LXIII, 37. — *Operire* domum, LXVII, 40.

*Oportet* scribere in vento, LXX, 4. — gignatur Magus ex matre et gnato, XC, 3.

*Oppeto*, oppeteret mortem aut præmia laudis, LXIV, 102.

*Oppido* pusillum caput, LIV, 1.

*Oppleo*, oppletur regia cœtu, LXIV, 33.

*Oppono*, opposita villula ad Austri flatus, XXVI, 2.

*Opprimo*, oppressus fortuna casuque acerbo, LXVIII, 1.
*Opprobrium*, opprobria Romuli Remique, XXVIII, 15.
*Ops*, opis Emathiæ tutamen, LXIV, 325. — *Opem* tulistis, LXXVI, 18. — *Ope* bona sospites gentem, XXXIV, 24,
*Optimus* vid. *bonus*.
*Opto* ipse valere, LXXVI, 25. — *Optas* notus esse, XL, 6. — *Optavit* genitor funera gnati, LXIV, 402. — corpus projicere Theseus, *ibid*. 82. — *Optavere* illum nullæ puellæ, LXII, 44. — *Optanti* si quidquam obtigit, CVII, 1. — *Optantes* pellem avertere, LXIV, 5. — *Optato* lumine, LXVI, 79. — tempore nati heroes, LXIV, 22. — *Optatæ* luces advenere, *ibid*. 31. — *Optatos* amores animi conjungite, *ibid*. 373. — hymenæos, *ibid*. 141. — *Optata* maritis portans Hesperus, *ibid*. 329. — *Optandum* quid magis hac vita? CVII, 8. — *Optatius* quid datur? LXII, 30.
*Opulentus*, opulenta regia, LXIV, 43.
*Opus* æquabat dens, LXIV, 316. — faciat aranea, LXVIII, 50. — foret volare, IV, 5.
*Ora* Hellespontia te colit, XVIII, 3. — Thessala creat flores, LXIV, 282. — *Ora* purpurea incinxerat vestem, *ibid*. 309. — *Oras* in malas cur non itis? XXXIII, 5. — in *oris* maximum montem, LXVI, 43. — cæteris ostreosior Hellespontia, XVIII, 4. — patriis avectam liquisti, LXIV, 132.
*Oraclum* Jovis æstuosi, VII, 5. — veridicum accipe, LXIV, 327.
*Oratio*, orationem plenam veneni legit, XLIV, 11.
*Orator* quum excitat fletum, XXXIX, 3.

*Orbis*, orbem totum Oceanus amplectitur, LXIV, 30.
*Orbus*, orba mater flet filium unicum, XXXIX, 5. — *Orbum* cubile, LXVI, 21.
*Orcus*, III, 14.
*Orgia* obscura celebrabant, LXIV 260. — frustra cupiunt audire profani, *ibid*. 261.
*Oricilla* imula mollior, XXV, 2.
*Origo*, origine ex ultima, IV, 15.
*Orior*, orienti luce, LXIV, 377. — *Orto* sole linquendum cubiculum, LXIII, 67.
*Oro*, oramus, cave despuas, ocelle, L, 19. — demonstres ubi sint tenebræ, LV, 1.
*Ortus* obitusque stellarum comperit, LXVI, 2.
*Os* utrumne an culum olfacerem, XCVII, 2. — jucundum suaviabor, IX, 9. — *Oris* aurei Sol, LXIII, 39. — *Ore* pudicitiam matris indicet, LXI, 225. — catuli Gallicani, XLII, 9. — clauso, LV, 18. — ferreo canis, XLII, 17. — floridulo, LXI, 193. — purpureo, XLV, 12. — sicco, XLIII, 3. — tristi, LXV, 24. — udo, LXIV, 131. — in *ora* vulgi pervenias, XL, 5.
*Oscito*, oscitantes aves mulier ostendit, XXV, 5.
*Osculatio*, osculationis seges, XLVIII, 6.
*Osculum*, oscula decerpere rostro mordenti, LXVIII, 127.
*Ostendo*, ostendit mulier aves oscitantes, XXV, 5. — se sospitem visere portum, LXIV, 211. — *Ostendere* se mortali cœtu, *ibid*. 386.
*Ostento*, ostentant omnia letum, LXIV, 187.
*Ostium*, ostia claudite virgines, LXI, 231.

*Ostreosus*, ostreosior cæteris oris Hellespontia ora, XVIII, 14.

*Otiosus*, otiosum me Varrus duxerat, X, 2. — *Otiosi* multum lusimus, L, 1.

*Otium* perdidit reges, LI, 15. — tibi molestum est, *ibid.* 13. — *Otio* exsultas, *ibid.* 14. — me recuravi, XLIV, 15.

*Ovile*, ex ovilibus pinguis agnus, XX, 12.

## P.

*Pacifico*, pacificasset hostia cælestes heros, LXVIII, 76.

*Paco*, pacato in thalamo, LXVIII, 104.

*Pædico*, pædicabo ego vos, XIV, 27; XVI, 1, 14. — *Pædicare* cupis amores meos, XXI, 4.

*Palæstra* abero? LXIII, 60.

*Palam* capis, quod cupis, LXI, 103. — habere, XXV, 8.

*Palatum* obseres, LV, 21.

*Palimpsestus*, in palimpsesto relata scripta, XXII, 5.

*Palleo*, pallentes cucurbitæ, XIX, 13.

*Pallidulus*, pallidulum pedem alluit unda, LXV, 6.

*Pallidus*, pallidior inaurata statua, LXXXI, 4.

*Pallium* remitte meum, XXV, 6. — pertundo, XXXII, 11.

*Palma* (præmium) non facilis, LXII, 11. — (remus) *Palmis* abiegnis verrentes æquora, LXIV, 7. — (manus) infirmis variabunt pectora, *ibid.* 352. — proceris plangebant tympana, *ibid.* 262.

*Palmula*, palmulas imbuisse in æquore, IV, 17. — *Palmulis* volare, *ibid.* 4.

*Palor*, palans sonitus, LXIII, 74.

*Palus*, paludis putidæ vorago, XVII, 10. — *Palude* emulsa, LXVIII, 110. — in cava, XVII, 4. — *Paludes* possideat, CXV, 5.

*Paluster*, palustrem villulam nutrivi, XIX, 1.

*Pampineus*, pampinea sub umbra educata uva, XIX, 14.

*Pampinus*, pampino virente, XX, 8.

*Pando*, pandunt oraclum veridicum, LXIV, 326. — *Pandite* claustra januæ, LXI, 76. — *Pandas* cur latera exfututa? VI, 13 (nisi malis a *pandare*, vid. not. ad h. l.)

*Pango*, quod pepigere viri, pepigerunt ante parentes, LXII, 28.

*Panis*, panem devolutum ex igne prosequens, LIX, 4.

*Papaver* luteum, XIX, 12; LXI, 195.

*Papilla*, papillas tradite, LXVI, 81. — luctantes, LXIV, 65. — *Papillis* roseis, LV, 12. — teneris, LXI, 105.

*Papyrus*, papyre, dicas velim Cæcilio, XXV, 2.

*Par* dies, LXI, 38. — Deo, LI, 1. — connubium, LXII, 57. — est visere, *ibid.* 9.

*Parco*, parcunt nihil promittere, LXIV, 146.

*Parens*, LXI, 57. — tremulus, *ibid.* 51. — *Parentis* prisci præcepta, LXIV, 159. — tremuli tolle onus, LXVIII, 142. — *Parenti* ætate confecto, *ibid.* 119. — mœsto, LXIV, 210. — *Parentem* egregium narras, LXVII, 29. — *Parente* cum tuo pulchre tibi est, XXIII, 5. — *Parentum* est ex parte virginitas, LXII, 62. — gaudia, LXVI, 15. — prisco more, CI, 7. — *Parentes* exstinctos, LXIV, 401, et al.

## IN CONTEXTUM.   527

*Pareo*, parere parentibus necesse est, LXII, 61.

*Pario*, parit flores aura Favoni, LXIV, 283.

*Pariter* tecum soror aspernata Pelea, LXIV, 302. — morbosi, LVII, 6.

*Paro*, parat Deus excitare rixam, XL, 4. — *Paravit* is sibi, X, 30. — *Pares* nobis novem fututiones, XXXII, 7. — *Paret* conjungere somnos, LXIV, 332. — *Paratus* sum amare, XLV, 4. — *Parata* est palma, LXII, 11.— *Parata* crux, XX, 18. — *Paratum* foris erit, XV, 12. — habes salire, XVII, 2. — *Parati* tentare omnia, XI, 14. — *Parata* manent gaudia, LXXVI, 5.

*Pars* virginitatis patri data, LXII, 63. — horum, LXIV, 257, et al. — mei ego, LXIII, 69. — *Parte* ex sua, XVII, 18. — ex alia, LXIV, 252. — infima inguinum, LX, 2, et al.

*Parthenice* alba, LXI, 149.

*Particeps* vestri amoris, LV, 22.

*Parum* pudicum me putatis, XVI, 4, et al.

*Parvulus* Torquatus, LXI, 216.

*Parvus*, parvi putare, XXIII, 25.— *Parva* a virgine, LXVI, 26. *Parva* monumenta, XCV, 9. — munera, XIX, 9.

*Pascor*, pastus Umber, XXXIX, 11.

*Pascuum* seu *Pascua*, in pascuis delicata capella, XX, 10.

*Passer* deliciæ puellæ meæ, II, 1; III, 4. — miselle, *ibid.* 16.— *Passerem* bellum abstulistis tenebræ, *ibid.* 15, et al.

*Passim* furebant alacres, LXIV, 255, et al.

*Patefacio*, patefacit clausum campum Manlius, LXVIII, 67.

*Pateo*, patet egressus, LXIV, 185. — expensum in tabulis, XXVIII, 6. — *Patente* porta, XV, 18.

*Pater* Divum, LXIV, 299. — esuritionum, XXI, 1.— tugurii, XIX, 6. — *Patris* in ulna, XVII, 13. — rapinæ, XXXIII, 6.— *Patri* sit similis Torquatus, LXI, 221.— ad *patrem* dulce rideat filiolus, *ibid.* 219, et al. sæp.

*Paternus*, paterna dextra, LXVIII 143.— morte funesta domus, LXIV 247. — *Paterna* bona lancinata sunt, XXIX, 18.

*Pathicus* Naso, CXII, 2. — *Pathico* Mamurræ et Cæsari pulchre convenit, LVII, 2.

*Patior*, patiuntur nec contingi lumine, LXIV, 409. — *Patere* tua verbera, LXIII, 81. — *Pati* quis potest, XXIX, 1. — si potestis, XXIV, 5. — nolite, LXIV, 198.

*Patria* ubi te positam rear, LXIII, 55. — creatrix et genetrix mea, *ibid.* 50. — *Patriam* adlocuta est, *ibid.* 49. — *Patria* abero? *ibid.* 59.

*Patrimonium*, patrimonia uncta devorare, XXIX, 23.

*Patrius*, patriis ab oris avectam me liquisti, LXIV, 132.

*Patronus* optimus omnium, XLIX, 7. — *Patrona* Virgo, I, 9.

*Patruus* bonus, LXXXIX, 3.— monstret patrui, LXXVIII, 2. — non verbum facit, LXXIV, 6. — *Patrui* uxorem perdepsuit Gellius, LXXIV, 3.-adulterium, LXXVIII, 6.— *Patruum* non sinit esse maritum, LXXXVIII, 3. — ex *Patruo* matrem efficere fratres, CXI, 4, et al.

*Paucus*, pauca dicta nuntiate puellæ, XI, 15. — *Paucis* diebus, XIII, 2.

*Paulla* ante, LXVI, 51, et al.

*Paullum* istos mihi commoda, X, 25. — adlocutionis, XXXVIII, 7.
*Pauper*, pauperis heri hortulum tuor, XX, 4. — tugurii pater, XIX, 6.
*Pax*, pace tua, LXVI, 71.
*Peccatum* meum non ulta es, XLIV, 17.
*Pecco*, peccatum a me quidquam nemo dicere potest, LXVII, 11.
*Pectus* immite, LXIV, 138. — velatum amictu, *ibid.* 64. — *Pectoris* condita, LXVI, 74. — iras præportat frons, LXIV, 194. — *Pectore* expuli tussim, XLIV, 7. — recoluit facta, LXIII, 45. — cuncto, LXIV, 92. — ex omni expulit lætitias, LXXVI, 22. — forti, LXIV, 340. — immemori, *ibid.* 123. — imo, *ibid.* 125, 198. — intimo, LXI, 177? — lætanti, LXIV, 221. — moesto, *ibid.* 202. — oblito, *ibid.* 208. — toto, *ibid.* 69; LXVI, 24. — *Pectora* putrida, LXIV, 352.
*Pecus*, pecoris hostem stimulans Cybele, LXIII, 77. — *Pecori* ignotus flos, LXII, 40. — *Pecora* vaga, LXIII, 13.
*Peditum* leve et subtile, LIV, 3.
*Pejero*, pejerat Vatinius per consulatum, LII, 3.
*Pelagus*, pelagi æstus, LXIV, 127. — marmora, LXIII, 88. — truculenta, *ibid.* 16. — undis cingentibus, LXIV, 185.
*Pellis*, pellem auratam Colchis avertere, LXIV, 5.
*Pello*, pellit vada remis, LXIV, 58. — *Pelle* humum pedibus, LXI, 14. — *Pellentes* vellera Parcæ, LXIV, 328. — *Pepulit* Sol noctis umbras, LXIII, 41. — pulsæ ventorum flamine nubes, LXIV, 240. — clementi flamine undæ, *ibid.* 273.

*Pelluceo*, pellucens rivus, LXVIII 57.
*Pellucidulus*, pelluciduli lapidis deliciis, LXIX, 4.
*Penates*, IX, 3; LXIV, 404.
*Pendeo*, pendebat ex te tota mente, LXIV, 70. — *Pendens* e verticibus præruptis Prometheus, *ibid.* 298. — sicula, LXVII, 21.
*Penetralis*, penetrales focos deseruisse, LXVIII, 102.
*Penetro*, penetrabit in Indos, XI, 2.
*Peninsula*, XXXI, 1.
*Penis*, pene senis languido mollior, XXV, 3. — infesto pueris, XV, 9.
*Penite* magis uritur flamma, LXI, 178.
*Penitus* tota mente laborent, LXII, 14. — exedit cura medullas, LXVI, 23, et al.
*Penna*, pennis nutantibus impellens aera equus ales, LXVI, 53.
*Pennipes* Perseus, LV, 25.
*Per* freta impotentia herum tulisse dicit, IV, 18, etc.
*Peræque* hic et hic attritus pulvinus, VI, 9.
*Perambulo*, perambulabit omnium cubilia, XLIX, 8.
*Percello*, perculit Amphitryoniades monstra Stymphalia, LXVIII, 114. — *Perculsæ* virginis artus, LXIV, 365.
*Percurro*, percurrit Mela flumine Brixiam, LXVII, 33. — *Percurrent* eum raphani, XV, 19.
*Perdepso*, perdepsuit Gellius patrui uxorem, LXXIV, 3.
*Perdite* amarem, CIV, 3. — amo, XLV, 3.
*Perditus*, perdita tota mente ex te pendebat, LXIV, 70, 177. — *Perditum* ducas quod perisse vides, VIII, 2. — *Perdito* amore, XCI,

*Perditius* quid esse potest, XLII, 14.
*Perdo*, perdidit se ipsa mens, LXXV, 6. — urbes otium, LI, 16. — *Perdidistis* omnia, XXIX, 25. — *Perderes* cur me male, XIV, 5. — *Perdere* si nos vis, XCVIII, 5.
*Peredo*, peresus essem languoribus, LV, 31.
*Peregrinus*, peregrino labore fessi, XXXI, 8.
*Perennis*, perenne maneat plus uno seclo, I, 10.
*Pereo*, perit podagra, LXXI, 6. — *Perierunt* gaudia nostra, LXVIII, 23, 95. — omnia, LXXVI, 9. — *Pereat* omne genus Chalybum, LXVI, 48. — *Periret* Saturnalibus, optimo dierum, XIV, 14. — *Perire* plurimum, XLV, 5. — *Perisse* quod vides perditum ducas, VIII, 2.
*Perfero*, perfer obstinata mente, VIII, 11.
*Perfidia*, perfidiœ nulla œtas carmen, LXIV, 323.
*Perfidus* navita, LXIV, 174. — *Perfide* XXX, 3. — Theseu, LXIV, 132.
*Perfundo*, perfundat mentem amore, LXIV, 331. — *Perfudere* munus sanguine, *ibid.* 400.
*Pergo*, perge, ne remorare, LXI, 200. — linquere, *ibid.* 27.
*Perhibeo*, perhibent, etc. LXIV, 76, 124.
*Periculum* tibi non est, LXI, 87. — *Periculorum* casus, XXIII, 11.
*Perjurium*, perjuria nihil curant, LXIV, 148.
*Perjurus*, perjuri Pelopis hæres tertius, LXIV, 347.
*Permisceo*, permixta cæde tepefaciet flumina, LXIV, 361. — malo furore omnia fanda, *ibid.* 406.
*Permulceo*, permulcens vestigia lymphis, LXIV, 162. — *Permulsa* domus floribus, *ibid.* 285.
*Pernicies* vini lymphæ, XXVII, 6. — *Perniciem* eripite mihi, LXXVI, 20.
*Perniciter* exsiluere ignes, LXII, 8.
*Pernix*, pernici puellæ gratum malum, II, 12.
*Pernumerare* basia nequeant curiosi, VII, 11.
*Perpetior*, non perpetitur Venus eum requiescere somno, LXVIII, 6.
*Perpetuus*, perpetua nox est dormienda, V, 6. — *Perpetuum* amorem fore proponis, CIX, 2. — in *perpetuum* vale, CI, 10.
*Persæpe* victor certamine cursus, LXIV, 341.
*Perscriptum*, perscripta millia illi esse puta, XXII, 5.
*Persequor*, persequamur eam, XLII, 6. — *Persequens* probra turpia vir, LXI, 103.
*Persolvo*, persolvit pœnam Prometheus, LXIV, 298.
*Perspicio*, perspiceres dolorem meum, L, 17. — *Perspecta* tua amicitia exigit, C, 6.
*Pertundo* tunicam palliumque, XXXII, 11.
*Pervenio*, pervenias in ora vulgi, XL, 5.
*Pervigilo*, pervigilat abjectis tunicis, LXXXVIII, 2. — *Pervigilet* mens anxia, LXVIII, 8.
*Pervinco*, LXXVI, 15.
*Pervolvo*, pervoluent Smyrnam incana secula, XCV, 6.
*Peruro*, perurens intestina misero, LXXVII, 3.
*Pes*, pedem malum inde tulistis, XIV, 22. — pallidulum alluit unda, LXV, 6. — inde reflexit, LXIV, 112. — tetuli, LXIII, 52.

— grabati in collo collocare, X, 22. — in utrumque incidisset Jupiter, IV, 21. — *Pede* bello, XLIII, 2. — citato, LXIII, 2. — candido lecti, LXI, 115. — molli, LXVIII, 70. — niveo, LXI, 10. — properante, LXIII, 30. — vago, *ibid.* 86; LXIV, 278. — *Pedes* aureolos transfer limen, LXI, 167, et al. — *Pedibus* pelle humum, LXI, 14. — attractis, XV, 18.

*Pestilens*, o pestilentem ventum! XXVI, 5.

*Pestilentia*, pestilentiæ plenam orationem legit, XLIV, 12.

*Pestis* amicitiæ, LXXVII, 6. — *Pestem* crudelem nasorum interfice, LXIX, 9. — perniciemque eripite mihi, LXXVI, 20. — *Peste* crudeli, LXIV, 76.

*Petitor*, in petitorem Antium legit orationem, XLIV, 11.

*Peto* nulla præmia, LXVI, 86. — veniam, XV, 2. — *Petebat* prospectum ex arce, LXIV, 242. — *Petet* quæ vir, ne neges, LXI, 152. — *Petam* montes Idomenios? LXIV, 178. — *Petas* dona, LXVIII, 14. — *Petat* si ipse Jupiter, LXX, 2. — *Pete* nobiles amicos, XXVIII, 13. — *Petentes* loca aliena, LXIII, 14. — *Petiti* copia facta est, LXVIII, 39. — *Petendus* quis Deus magis amantibus? LXI, 47.

*Phaselus*, IV, 1; X, 15.

*Pietas*, pro pietate reddite hoc, LXXVI, 26. — mira parentem narras, LXVII, 19. — spreta, LXIV, 387.

*Piger* sopor operit languore oculos, LXIII, 37.

*Pignus*, pignore quovis contendunt, XLIV, 4.

*Pila* noua a pileatis fratibus, XXXVII, 2.

*Pileatus*, a pileatis fratribus pila nona, XXXVII, 2. Vidend. notat.

*Pilosus*, pilosis his dico, XVI, 10. — *Pilosas* nates venditare, XXXIII, 7.

*Pilus*, pili non faceret cohortem, X, 13. — *Pili* uni (antiq. pour unius) facit, XVII, 17.

*Pineus*, pineam tædam manu quate, LXI, 15. — *Pinea* texta, LXIV, 10.

*Pingo*, picta corolla, XIX, 10; XX, 6.

*Pinguis* agnus, XX, 12. — *Pingue* omentum, XC, 6. — solum, LXVIII, 110. — *Pingues* mensas linquere, LXII, 3.

*Pinus*, pinum conigeram eruit turbo, LXIV, 106. — *Pinus* Peliaco vertice prognatæ, *ibid.* 1.

*Pipilo*, pipilabat passer ad solam dominam, III, 10.

*Piscis*, pisces saltus Formianus in se habet, CXIV, 3.

*Pistrinum*, pistrino et asino traditur, XCVII, 10.

*Pituita* mala nasi, XXIII, 17.

*Pius*, pii filii ad rogum lugetur, XXXIX, 4. — *Pium* cruorem desideret ara, LXVIII, 79. — poetam decet esse castum, XVI, 5. — *Pium* fieri, LXXIII, 2. — se esse cogitat, LXXVI, 2. — *Pio* officio mens se perdidit, LXXV, 6. — *Piis* antiquis munera ferre, LXVIII, 154.

*Placeo*, placet quocunque nomine, sis sancta, XXXIV, 21. — non *placent* facta impia Cælicolis, XXX, 4. — *Placeam* ita Cæcilio, LXVII, 9. — *Placeat* nil tam valde, LXVIII, 77. — *Placere* tibi velle non studeo, XCIII, 1.

*Placidus*, placidum mare, LXIV, 270.

*Placo*, placabis Venerem festis luminibus, LXVI, 90.

*Plango*, plangebant tympana palmis, LXIV, 262.

*Plangor*, plangore leni resonant cachinni undarum, LXIV, 274.

*Planta*, plantam fulgentem in in limine innixa, LXVIII, 71.

*Platanus*, platano nutanti, LXIV, 291.

*Platea*, in platea modo huc modo illuc praetereunt, XV, 7.

*Plecto*, plexos coronis flores tulit, LXIV, 284.

*Plenus* aranearum sacculus, XIII, 8. —*Plini* ruris annales, XXXVI, 19. — *Plenam* veneni orationem legit, XLIV, 12. — *Plena* omnia puellis cognatis, LXXXIX, 3.

*Ploxemum*, ploxemi veteris gingivas habet os, XCVII, 6.

*Plumbum*, plumbo directa membrana, XXII, 8.

*Plumipes*, plumipedes volatilesque, LV, 27.

*Plusquam*, CX, 7.

*Poculum*, pocula collucent mensis, LXIV, 45.

*Podagra* tarda secat, LXXI, 2. —*Podagra* perit, *ibid.* 6.

*Poema* feci, L, 16. — scribit, XXII, 16. — *Poemata* attigit, *ibid.* 15.

*Poena*, poenae veteris vestigia, LXIV, 296. — *Poenam* proponis, XCIX, 15.—*Poena* longa, XL, 8. — vindice, LXIV, 192. —*Poenas* exsolvere, *ibid.* 77. — reposcat, L, 20.

*Poenitet* quod egi, LXIII, 73. —*Poenitet* te facti, XXX, 12.

*Poeta* omnium pessimus, XLIX, 5, 6. — *Poetae* pessimi scripta, XXXVI, 6. — *Poetae* tenero dicas, XXXV, 1. — *Poetam* pium decet esse castum, XVI, 5. —*Poetae* pessimi, XIV, 23. — *Poetis* tot cur me perderes, *ibid.* 5.

*Pol*, at pol ecce! XX, 19.

*Polio*, politum pulvinar dente Indo, LXIV, 48.

*Pollex*, pollice in prono torquens fusum, LXIV, 314.

*Polliceor*, pollicita es non sine sanguine taurino, LXVI, 34. — est Berenice, *ibid.* 10.

*Polluo*, polluto corpore amisit puella florem castum, LXII, 46.

*Pondus*, pondere prono deflectens corpus vitis, LXII, 51. — *Pondera* illa devolvit silice acuta, LXIII, 5.

*Pono*, posuit me Diva novum sidus in antiquis, LXVI, 64. — *Ponitur* mihi corolla, XIX, 10; XX, 6. — *Positam* ubi te rear, patria? LXIII, 55.

*Pons* bonus, XVII, 5.—*Ponte* longo ludere, *ibid.* 1. — de tuo, *ibid.* 8. — mittere pronum volo, *ibid.* 23.

*Ponticulus*, ponticuli adsulitantis crura, XVII, 3.

*Pontus*, ponto caeruleo creata, XXXVI, 11.

*Poples*, poplite submisso projiciet victima corpus, LXIV, 371.

*Populus* arida, XX, 2.

*Populus* gaudeat Antimacho, XCV, 10.—*Populi* arbitrio, CVIII, 1. — densi per medium iter transit, LXVIII, 60. — *Populo* notae sunt rapinae, XXXIII, 7. — isti, LXVII, 12. — *Populum* auscultare, *ibid.* 39. — *Populo* in tanto, LXXXI, 1.

*Porrigo*, porrigens manus Torquatus, LXI, 218. — *Porrecto* sene, LXVII, 6.

*Porro* amare, XLV, 3.—dicite, LXVIII, 45.

*Porta* patente, XV, 18.

*Porto*, portas domum perjuria, LXIV, 135.—*Portat* capella ubera

lacte adulta in urbem, XX, 11. —
*Portans* dona Chiron, LXIV, 280.
— optata maritis Hesperus, *ibid.*
329. — rex vestigia rixæ nocturnæ, LXVI, 13. — *Portarentur* funera Cretam, LXIV, 83.

*Portus*, portum visere, LXIV, 211.

*Posco*, poposcit puella me decem millia, XLI, 2.

*Possideo*, possideat tot in uno saltu, CXV, 4.

*Possum* non reticere, LXVIII, 41. — *Potes* venditare, XXXIII, 8. — *Potest* quis hoc videre? XXIX, 1. — *Potestis* si pati, XLII, 5. — *Possunt* soles occidere et redire, V, 4. — *Poterat* quantum, LXXXIV, 4. — *Potui* conficere carmen, LXVIII, 149. — *Potuisti* me ducere, LXIV, 160. — *Potuit* res flectere consilium mentis, *ibid.* 136. — *Poterit* nutrix collum circumdare filo, *ibid.* 378. — *Possis* videre, XXII, 20. — *Possit* malus invidere, V, 12. — *Possint* pernumerare basia, VII, 12. — *Possem* parare homines, X, 20. — *Posses* tacere, VI, 3. — *Posset* collocare, X, 23. — *Posse* fieri aliquem pium ne putes, LXXIII, 2. — *Potuisse* me maledicere meæ vitæ credis? CIV, 1, etc.

*Post* (adv.) nulla ætas arguet carmen perfidiæ, LXIV, 323, et al.

*Post* (præpos.) nonam hiemem edita Smyrna, XCV, 2, et al.

*Posthac* qui juvenes erunt, XXIV, 3.

*Postilla*, LXXXIV, 9.

*Postmodo* te pœniteat facti, XXX, 12.

*Postquam* tactus est flos aratro, XI, 23, et al.

*Postremus*, postrema hora comprecer fidem cælestum, LXIV, 191.
— *Postremo* mortis munere te donarem, CI, 3.

*Postulo*, postulet se esse parem ferro, LXVI, 42.

*Potens* domus, LXI, 156. — Trivia, XXXIV, 15. — in amore, C, 8.

*Potior*, poteretur flore novercæ, LXIV, 403.

*Potis* mens expromere fœtus Musarum, LXV, 3, et al. — *Pote* quisquam dicere, LXVII, 11. — est, XLII, 16. — qui *pote*, XLV, 5. — non *pote* sive *pote*, LXXVI, 16.

*Potius* quoi faveam? C, 5. — *Potius* quam, LXIV, 82.

*Præ* me Jovem tenere velle negabas, LXXII, 2. — *Præ* se declarant gaudia vultu, LXIV, 34.

*Præceps* volutus rivus, LXVIII, 95. — agitur malum, LXV, 23. — *Præcipitem* quæ mens te agit in iambos meos? XL, 2. — ejiciunt Musæ, CV, 2. — ire in lutum, XVII, 9. — se jecit e vertice, LXIV, 245.

*Præceptum*, præcepta sacra, LXIV, 159.

*Præcipue* te colit, Priape, Hellespontus, XVIII, 3. — multivola mulier, LXVIII, 128.

*Præco*, præconem qui videt esse cum bello puero, CVI, 1.

*Præda* alitibus dabor, LXIV, 153. — Pontica, XXIX, 19. — dedita morti, LXIV, 363.

*Prædico*, prædicet dens, te amplius loti bibisse, XXXIX, 21.

*Prægestio*, prægestit animus aliquid apisci, LXIV, 145.

*Prælium*, prælia torva, LXVI, 20.

*Præmium*, præmia laudis oppeteret, LXIV, 102. — nulla peto ab indignis, LXVI, 86. — talia reddis, LXIV, 157.

*Præopto*, præoptarit amorem Theseus, LXIV, 120.

*Præpono*, præponere eum nobis audes, LXXXII, 5. — *Præposuit* vos Priapus Fabullo, XLVII, 3.

*Præporto*, præportat frons iras pectoris, LXIV, 194.

*Prærumpo*, præruptos montes conscendere, LXIV, 126. — *Præruptis* verticibus pendens Prometheus, *ibid.* 298.

*Præsens* Rhamnusia virgo, LXIV, 397. — *Præsente* viro, LXXXIII, 1. — *Præsentes* cælicolæ, LXIV, 385.

*Præsertim* quibus esset inrumator Prætor, X, 12.

*Præses*, præsides dare finibus, LXI, 72.

*Præsto* fuit clementia, LIV, 137.

*Præsto*, præstare omnia Priapo necesse est, XIX, 18.

*Præter* omnes, XXXVII, 17.

*Præterea* litus et insula nullo tecto sola, LXIV, 184, et al.

*Prætereo*, prætereunt modo huc modo illuc, XV, 8. — *Præterire* impetum trabis, IV, 4. — *Prætereunte* aratro tactus flos, XI, 23.

*Præterquam*, LXXXI, 3.

*Prætextatus*, prætextate, LXI, 182.

*Prætor* inrumator, X, 13. — *Prætorem* meum secutus, XXVIII, 8. — *Prætoribus* nihil esse cur, etc. X, 10.

*Prætrepido*, prætrepidans mens, XLVI, 7.

*Prævaleo*, prævalet nil ista tacere, VI, 12.

*Præverto*, prævertet vestigia cervæ, LXIV, 342.

*Pransus* jaceo, XXXII, 10.

*Pratum*, prati jugera, CXV, 1. — ultimi flos, XI, 22. — *Prata* in se habet saltus, CXIV, 3.

*Precor*, precari sestertia centum desine, XXIII, 26.

*Premo*, premunt me vestigia Divum, LXVI, 69.

*Prendo*, prendi femellas omnes, LV, 7.

*Pretium* accipiunt, CX, 2. — *Pretio* cum magno et malo credite amice, LXXVII, 2.

*Prex*, *Preces*; prece Pollucis implorata, LXVIII, 65. — *Preces* cave despuas, L, 18. — nostras valuisse video, CXVI, 6.

*Primævus*, primævi nati funera, LXIV, 402.

*Primitus. Primitu* vere ponitur mihi corolla, XIX, 11.

*Primores* Argivorum viros ad se ciebat Troja, LXVIII, 87.

*Primum* tum se cernit desertam Ariadne, LXIV, 56, et al.

*Primus*, prima Argo imbuit Amphitriten cursu, LXIV, 11. — *Primum* digitum adpetenti passeri dare? II, 3. — *Primo* ab illo omnia bona nata, LXVIII, 158. — a carmine digressus, LXIV, 116. — tempore, *ibid.* 171. — *Prima* bona paterna lancinata sunt, XXIX, 18.

*Princeps* Chiron advenit, LXIV, 279.

*Principium*, principio, LXVI, 47; LXVIII, 157.

*Prior* illam non attigerat, LXVII, 20. — *Priora* benefacta, LXXVI, 1.

*Priscus*, prisci parentis præcepta, LXIV, 159. — *Prisco* more, CI, 7. — *Priscis* hominum figuris variata vestis, LXIV, 50.

*Pristinus*, pristina vota, LXVI, 38.

*Prius* hæc fuere, IV, 25, et al.

*Pro* dulci vita reddis præmia, LXIV, 157. — laboribus, XXXI, 11. — pietate mea, LXXVI, 26.

— puella solvite votum, XXXVI, 2, et al.
*Probus*, proba et pudica, XLII, 24. — *Probe* nosti, XXII, 1.
*Probrum*, probro turpi, XCI, 4. — *Probra* turpia, LXI, 103.
*Procax* locutio Fescennina, LXI, 126.
*Procedo*, procedunt undæ, LXIV, 274.
*Procella* turbida rapacior, XXV, 4. — *Procellæ* ventosæ irrita promissa linquens, LXIV, 59.
*Procerus*, procerus laurus tulit, LXIV, 290. — *Proceris* palmis plangebant tympana, *ibid.* 262.
*Proclivus*, proclivas undas incitat Zephyrus, LXIV, 271.
*Procreo*, procreavit num te leæna? LX, 3.
*Procul* prospicit, LXIV, 61. — refulgent, *ibid.* 276, et al.
*Procurro*, procurrit malum e gremio virginis, LXV, 20. — *Procurrere* in undas, LXIV, 128. — currus conspexit, *ibid.* 390.
*Prodeo*, prodeat ultra, LXXXVIII, 7. — *Prodeas*, nova nupta, LXI, 80, etc.
*Prodo*, prodere me non dubitas, XXX, 3. — *Prodita*, LXIV, 190.
*Produco*, producere fœdus tota vita, CIX, 5.
*Profanus*, profani frustra cupiunt audire orgia, LXIV, 261.
*Profero*, proferre querelas extremis medullis, LXIV, 196.
*Proficio*, proficimus nil, XLII, 21. — *Proficere* si quid potestis, *ibid.* 23.
*Proficiscor*, profecti ab auspicio bono, XLV, 19. — *Profectos* a domo viæ variæ reportant, XLVI, 10.
*Profor*, profantes Parcæ, LXIV, 383.

*Profundo*, profundit sanguinem, XX, 15. — *Profudit* voces pectore, LXIV, 202.
*Profundus*, profunda vorago, XVII, 11.
*Progenies* clara Phthiæ, LXVI, 44. — magna Jovis, XXXIV, 6.
*Progigno*, progignunt myrtos Eurotæ flumina, LXIV, 89.
*Prognatus*, prognatæ pinus, LXIV, 1.
*Proh!* LXVI, 33.
*Projicio*, projicies fructus amoris, LV, 19. — *Projiciet* corpus, LXIV, 371. — *Projicere* corpus, *ibid.* 82.
*Proin* viator vereberis hunc Deum, XX, 16.
*Promitto*, promisti mihi, CX, 3. — *Promittere* nihil parcunt, LXIV, 146. — possit, CIX, 3. — *Promisse*, CX, 5. — *Promittens* munuscula Divis, LIV, 104.
*Promissum*, promissa irrita, LXIV, 59. — dedisti, *ibid.* 139.
*Pronus*, prona cadit pinus, LXIV, 109. — *Pronum* mittere, XVII, 23. — *Prona* de valle volutus rivus, LXVIII, 59. — *Prono* decursu agitur malum, LXV, 23. — pollice, LXIV, 314. — pondere, LXII, 51. — vomere, LXIV, 40.
*Prope* (præp.) Deliam olivam, XXXIV, 7; LXIII, 88.
*Prope* (adv.) vicinus, XIX, 20; LXIV, 167.
*Propero*, properare novum mare, LXVI, 45. — *Properans* pubes Græca, LXVIII, 101. — *Properante* pede, LXIII, 30.
*Properus*, propero pede sequuntur, LXIII, 34.
*Propinquus*, propinqui, XLI, 5.
*Propono*, proponis amorem perpetuum fore, CIX, 1. — poenam, XCIX, 15.

# IN CONTEXTUM.

*Proprie* gratum hoc est animo, CVII, 2.
*Propter* fluminis undas, LXIV, 282.
*Proscindo*, proscidit aequor carina, LXIV, 12.
*Prosequor*, prosequens panem, LIX, 4.
*Prosilio*, prosilit rivus e lapide, LXVIII, 58. — virgo, LXV, 22.
*Prospecto*, prospectans Ariadne litore, LXIV, 52.
*Prospectus*, prospectum petebat ex arce, LXIV, 242.
*Prosper* s. *Prosperus*, prospera aetas, LXIV, 238.
*Prospicio*, prospicit procul, LXIV, 61.
*Prosterno*, prostravit saevum Theseus, LXIV, 110. — *Prosternet* corpora ferro, *ibid.* 356. — *Prosteruens* cultor aristas, *ibid.* 354.
*Prostituo*, protituit se toto corpore meretrix, CX, 8.
*Prosum*, profuisset aere Bithynia, X, 8.
*Protendo*, protenderet aciem oculorum, LXIV, 127. — *Protendens* brachia, LXVI, 10.
*Provincia* mala, X, 19. — narrat te esse bellam, XLIII, 6.
*Proximus* Hydrochoi fulgeret Oarion, LXVI, 94.
*Prurio*, prurit cum matre et sorore, LXXXVIII, 2. — *Pruriat*, XVI, 9.
*Pubes* Graeca, LXVIII, 101. — Thessala, LXIV, 268. — *Pubis* Argivae robora, *ibid.* 4.
*Pudenter* excipio, XV, 13.
*Pudet*, pudet fateri, VI, 5. — *Pudentem* veniam peto, XV, 2.
*Pudice* conserves puerum, XV, 5.
*Pudicitia*, pudicitiam indicet ore, LXI, 224.

*Pudicus*, pudica et proba, XLII, 24; LXXVI, 24. — *Pudico* dum licet, XXI, 12. — *Pudicae* est non promisse, CX, 5. — *Pudicum* parum me putatis, XVI, 4. — *Pudici* parum versiculi, *ibid.* 8.
*Pudor* ingenuus, LXI, 81.
*Puella* bella, LXIX, 8; LXXVIII, 4. — candida, XXXV, 8. — delicatior haedo, XVII, 15. — doctior Sapphica Musa, XXXV, 16. — pessima, XXXVI, 9. — viridissimo flore, XVII, 14, et al. — *Puellae* discordis secubitu, LXIV, 380. — meae ocelli, III, 17. — passer, II, 1; III, 3, 4. — *Puellae* purae impura conjunxit suavia, LXXVIII, 7. — pernici gratum malum, II, 11, et al. — *Puellam* castam donare juveni, LXII, 23. mente incensam jactastis, LXIV, 97. — *Puella* candida, XIII, 4. — *Puellae* lacteolae, LV, 17. — multae, LXII, 42. — nullae, *ibid.* 44. — pessimae, LV, 10. — *Puellarum* quidquid est, XXXVII, 4. — *Puellis* cara virgo, LXII, 47. — cognatis, LXXXIX, 3.
*Puellula*, puellulae mitte brachiolum, LXI, 182. — *Puellulam* collocate, *ibid.* 188. — floridam dedis juveni, *ibid.* 57. — *Puellularum* socii rivales, LVII, 9.
*Puer* disertus leporum, XII, 9. — minister Falerni, XXVII, 1. — sancte, LXIV, 95, et al. — *Pueri* bimuli instar, XVII, 12. — dulcis, XLV, 11. — *Puerum* conserves pudice, XV, 5. — *Puero* bello, LXXVIII, 4; CVI, 1. — *Pueri* integri, XXXIV, 2, 3. — multi, LXII, 42. — nulli, *ibid.* 44, et al. — *Pueris* non dico, XVI, 10. — non neget nuces, LXI, 128. — bonis malisque, XV, 10, et al.

*Puerpera*, puerperis dolentibus dicta Lucina Juno, XXXIV, 14.
*Puerperium* falsum, LXII, 48.
*Pugillare* et *Pugillar*, pugillaria vestra, XLII, 5.
*Pugno*, ne pugna, virgo, cum conjuge, LXII, 59.—*Pugnare* non æquum est, *ibid.* 60. — duobus, *ibid.* 64.—*Pugnata* bella, XXXVII, 13.
*Pulcher* es, LXI, 198. — est Lesbius, LXXIX, 1. — hic, *ibid.* 3. — *Pulchrior* femina, LXI, 88. —*Pulcherrima* Laodamia, LXVIII, 105. — Neptunine, LXIV, 28.— tota est Lesbia, LXXXVI, 5.
*Pulchre* concoquitis, XXVIII, 8. — convenit, LVII, 1, 10. — tibi est, XXIII, 5.
*Pulvinar* geniale, LXIV, 47. — complexa vestis velabat amictu, *ibid.* 167.
*Pulvinus* attritus, VI, 9.
*Pulvis* levis bibat dona, LXVI, 85. — *Pulvis* pr. *Pulveris* numerum subducat, LXI, 206. — (Vid. Var. Lect.) *Pulvere* infuso fœdare canitiem, LXIV, 224.
*Pumex*, pumice arida expolitum libellum, I, 2. — omnia æquata, XXII, 8.
*Puppis*, puppi cita decurrere vada salsa, LXIV, 6. — *Puppes* Cecropiæ, *ibid.* 172.
*Pupula* ipsa cupit, LXIII, 56.
*Pupulus*, pupulum trusantem puellæ deprendi, LVI, 5.
*Purga* me tibi, XCIX, 5. —
*Purgatur* vinea rastris, LXIV, 39.
*Puriter* egi vitam, LXXVI, 19. — lavit dentes, XXXIX, 14.
*Purpura* tincta fuco Conchyli, LXIV, 49.
*Purpureus*, purpurea luce, LXIV, 276. — ora vestem incinxerat, *ibid.* 309. — veste consternens cubile, *ibid.* 163. — *Purpureo* ore, XLV, 12.
*Purus*, pura vestis, LXVIII, 15. — *Puræ* puellæ conjunxit suavia impura, LXXVIII, 7. — *Purior* salillo culus, XXIII, 19.
*Pusillus*, pusillum caput, LIV, 1. —*Pusilli* mœchi, XXXVII, 16.
*Putidus*, putida mœcha, XLII, 11, 12, etc. — *Putidæ* paludis vorago, XVII, 10. — *Putide* Vetti, XCVIII, 1.
*Puto*, XV, 13; XXII, 4. —
*Putas* hoc salsum esse, XII, 4. —
*Putat* jocum me esse, XLII, 3. —
*Putatis* me male marem, XVI, 13. — parum pudicum, *ibid.* 3. —
*Putavi* quidquam referre, XCVII, 1. — ne *Putes* dicta ex animo effluxisse, LXV, 18. — me odisse hospitis officium, LXVIII, 12. —
*Putemus* quid hoc esse? XXII, 12; XCVII, 11. — *Putarem* te constantem, XCI, 3. — *Puta* me factum Harpocratem, CII, 4. — *Putare* solebas, I, 4; XXXVII, 5; LXXIII, 2.—parvi, XXIII, 25.—*Putandum* non satis hoc est, XLII, 15.
*Putridus*, putrida pectora, LXIV, 352.

## Q.

*Qua* Nilus colorat æquora, XI, 17, et al.
*Quacunque* aliquid reperitur, LXVII, 13, et al.
*Quadraginta* arvi jugera, CXV, 2.
*Quadrivium*, in quadriviis glubit Lesbia Remi nepotes, LVIII, 4.
*Quærito*, quæritando te peresus essem, LV, 32.
*Quæro* non illud, LXXVI, 23. — *Quæris* quot basia sint satis? VII, 1. — *Quærit* nemo, LXVII, 17. — *Quæritis* quæ sit? XLII, 7. — *Quærunt* vocationes, XLVII,

7. — *Quæsivimus* te in campo minore, LV, 3.—*Quærens* te Ariadne, Iacchus, LXIV, 254. — *Quærere* ferri venas, LXVI, 49. — *Quærendum* unde, etc. LXVII, 27.

*Quæso*, commoda mihi istos, X, 25.— desine, CIII, 3.

*Qualis* concordia, LXIV, 337. — fama, LXI, 228. — sit, XLI, 8. — rivus prosilit, LXVIII, 57; LXVIII, 57. — Venus, LXI, 17. — *Qualem* rictum mulæ cunnus habet, XCVII, 7. — luctum, LXIV, 248. — *Quale* ferunt Graii solum siccari, LXVIII, 109. — *Quali* flatu, LXIV, 270.— mente, *ibid.* 200. — spe nitar, *ibid.* 177. — *Quales* myrtos progignit Eurotas, *ibid.* 89. — *Qualia* carmina, LXV, 13. — *Qualibus* fluctibus, LXIV, 97.

*Qualiscunque*, qualecunque hoc libelli est, I, 9.

*Quam* magnus numerus arenæ? VII, 3, et al.

*Quamprimum*, LXIV, 237.

*Quamquam* me premunt vestigia Divum, LXVI, 69.

*Quamvis* puella euntem millies revocet, XXXV, 8. — sordida res (pr. *valde, admodum*), XII, 5, et al.

*Quando*, si quando dicere vellet, LXXXIV, 1.

*Quandoquidem* patris rapinæ sunt notæ populo, XXXIII, 6, et al.

*Quanto* optimus omnium patronus, XLIX, 7.

*Quantum*—tantum, XXXVII, 12, et al.

*Quantumvis* invenies, quare sit macer, LXXXIX, 6.

*Quantus*, quantum est hominum beatiorum, IX, 10.—venustiorum, III, 2. — poterat, LXXXIV, 4. — sceleris suscipiat, LXXXVIII, 4. — video, XXVIII, 11. — *Quanta* gaudia veniunt hero, LXI, 117.—*Quantos* timores tulit corde, LXIV, 99. — *Quantis* officiis juverit, LXVIII, 42.

*Quare* habe tibi, quicquid hoc libelli est, I, 8, et al.

*Quasi* omnia tuta forent, XXX, 8, et al.

*Quasso*, quassavit me tussis, XLIV, 14.

*Quatio*, quatiunt faces comas, LXI, 78, 99. — *Quatiebant* thyrsos, LXIV, 257. — *Quate* jubam, LXIII, 83. — tædam, LXI, 15. —*Quatiens* terga tauri, LXIII, 10. — *Quatientem* brachia quercum eruit turbo, LXIV, 105. — *Quatientes* corpora Parcæ, *ibid.* 306.

*Queo*, quit nulla domus liberos dare sine te, LXI, 66. — *Queunt* nec audire nec reddere voces, LXIV, 166. — *Queam* nec bene velle tibi, LXXV, 7.— *Queat* terra præsides dare finibus, LXI, 72, 73.

*Quercus* arida, XIX, 3 —complectens corpus, LXIV, 308. — *Quercum* quatientem brachia eruit turbo, *ibid.* 106.

*Querela*, querelas audite, LXIV, 195. — multas expromam, *ibid.* 223. — *Querelis* extremis, *ibid.* 130. — multis, LXVI, 19.

*Queror*, querendum est etiam atque etiam, LXIII, 61.

*Questus*, questu ficto carpere, LXII, 36.—*Questibus* invidit Fors aures, LXIV, 170.

*Qui* sis, fama loquetur, LXXVIII, 10, etc.

*Quicunque*, quocunque nomine placet, XXXIV, 21.

*Quidam*, quemdam præterea addebat, LXVII, 45, et al.

*Quidem*, et quidem, quod indignum est, omnes pusilli et semitarii, XXXVII, 15.

*Quidni*, LXXIX, 1; confer LXXXIX, 1.

*Quidquid* amas p. quatenus, LVI, 3. — *Quidquid* puellarum est, XXXVII, 4. — cachinnorum, XXXI, 14.

*Quies*, quiete in molli abit furor animi, LXIII, 38; LXXX, 3. — recondita senet phaselus, IV, 26. — ocellos tegeret somnus, L, 10.

*Quilibet*, qui puriter lavit dentes, XXXIX, 14, etc.

*Quin* animum offirmas, LXXVI, 11, et al.

*Quindecim* millia, XXVI, 4.

*Quingenta* millia, XCV, 3.

*Quis* tantus Deus? LXVI, 31, et al. — *Quid* ad me? X, 31, et al.

*Quisquam* caput unctius referret, X, 11; LXXII, 1; LXXVII, 7.

*Quisque*, quod quisque minxit, XXXIX, 18, et al.

*Quisquis* de meliore nota, LXVIII, 28.

*Quivis* sentiat et videat, LXVII, 16.

*Quo* me referam, LXIV, 177, et al.

*Quo* politior, XXXIX, 20.

*Quod* ( conj. ) LXI, 83; LXXXIII, 4; XCI, 3, CX, 3.

*Quojus* p. cujus, VIII, 17.

*Quomodo* se haberet, X, 7.

*Quondam* tibi fulsere soles candidi, VIII, 3, et al.

*Quoniam* capis quod cupis, LXI, 203, et al.

*Quoque*, tu quoque noli, VIII, 9.

*Quot* estis, XLII, 1, et al.

*Quotannis* magis beata esset, XIX, 4.

*Quotidiana* culpa, LXVIII, 139.

*Quoties* futuit, toties, LXXI, 5.

*Quotquot*, XLII, 2.

*Quum* p. quoniam, tantum sciat esse basiorum, V, 13. — *Quumtum*, LXXXVI, 5.

R.

*Rabidus* furor, LXIII, 38. — *Rabidos* alios age, ibid. 93.

*Rabies*, rabie fera carens animus, LXIII, 57. — furenti, ibid. 4. — rapida, ibid. 44.

*Radicibus* exturbata pinus, LXIV, 108. — fagos tulit, ibid. 289.

*Radio*, radiantibus oculis sol lustravit æthera, LXIII, 39.

*Radix*, radice contingit vitis flagellum, LXII, 52.

*Ramulus*, ramulis floridis enitens myrtus, LXI, 22.

*Ramus*, ramorum sub umbris concinit Daulias, LXV, 13.

*Rapax*, rapacior procella turbida, XXV, 4.

*Raphanus*, XV, 19.

*Rapidus*, rapidi solis nitor, LXVI, 3. — Tritonis hera, LXIV, 396. — *Rapidum* animum incitat, LXIII, 85. — salum tulistis, ibid. 16. — *Rapido* Hellesponto, LXIV, 359. — *Rapida* aqua scribere, LXX, 4. — rabie, LXIII, 44. — *Rapidæ* Gallæ, ibid. 34.

*Rapina*, rapinæ patris notæ sunt populo, XXXIII, 6. — *Rapinas* malas abstinete, XIX, 19.

*Rapio*, rapis ad virum virginem, LXI, 3. — *Rapere* cœnam de rogo, LIX, 3.

*Rapto*, raptabant membra e juvenco, LXIV, 258.

*Raptus*, raptu Helenæ, LXVIII, 87.

*Rarus*, raræ vestis munere labefactes illam, LXIX, 3. — *Rara* furta feremus heræ, LXVIII, 136.

*Rasilis*, rasilem forem, LXI, 168.

## IN CONTEXTUM.    539

*Rastrum*, rastris curvis purgatur vinea, LXIV, 39.

*Ratio* mutanda est, XLII, 22. —fugæ nulla, LXIV, 186. — me fugit, X, 29.

*Ratis* vecta ad litora, LXIV, 121. — *Rate* celeri vectus Atys, LXIII, 1.

*Raucisonus*, raucisonos bombos efflabant cornua, LXIV, 264.

*Reboo*, reboant tympana, LXIII, 21.

*Recedo*, recessit regia opulenta, LXIV, 43.

*Recens*, recente sanguine terram maculans, LXIII, 7.

*Recipio*, recepit Theseus luctum, LXIV, 249. — *Recepso* (antiq. pr. *recepero*) nefaria Sexti scripta, XLIV, 19.

*Recolo*, recoluit pectore facta Atys, LXIII, 45.

*Reconditus*, recondita quiete senet phaselus, IV, 25.—*Reconditorum* saltuum domina, XXXIV, 11.

*Recoquo*, recocto seni omnia displicere vellem, XLIV, 5.

*Recordor*, recordanti homini priora benefacta, LXXVI, 1.

*Recrepo*, recrepant cymbala, LXIII, 29.

*Rector* cælestum annuit, LXIV, 204.

*Rectus*, recta est mihi Quintia, LXXXVI, 2. — *Recto* stipite proceras laurus tulit, LXIV, 290. — *Rectos* homines parare, X, 20.

*Recumbo*, recumbat pons in palude, XVII, 4.

*Recuro*, recuravi me, XLIV, 15.

*Reddo*, reddis præmia, LXIV, 157. — *Reddidit* Gellius patruum Harpocratem, LXXIV, 4.—*Redde*, mœcha, codicillos, XLII, 11, et al.—*Reddite* mi hoc, Dii, LXXVI, 26. — *Reddere* voces, LXIV, 166.

— *Reddens* mutua, L, 6. — *Redditur* munus, LXVIII, 150. — *Reddita* cœtu cælesti, LXVI, 37. — præda morti, LXIV, 363. — *Redditum* votum, XXXVI, 16. — *Reddite* mi gnate, LXIV, 217.

*Redeo*, redire quemquam negant, III, 12. — soles possunt, V, 4.

*Redimio*, redimita capillo frons, LXIV, 193. — corollis domus, LXIII, 66.—*Redimita* silvis loca, *ibid*. 3.

*Reditus*, reditum ferat in nemora, LXIII, 79. — tetulit ad vada, *ibid*. 47. — tetulisset, LXVI, 35.

*Reduco*, reducis te istinc usque, LXXVI, 11. — *Reducens* sinum nudum, LV, 11.

*Redux*, reducem te sistet ætas, LXIV, 238.

*Refero* datum lucello, XXVIII, 8. — *Refers* te nobis, CVII, 5.— *Refert* ver tepores, XLVI, 1. — *Referam* quo me? LXIV, 177. — *Referret* quisquam caput unctius, X, 11. — *Referre* quidquam non putavi, XCVII, 1.—*Referens* nova nuntia, LXIII, 75.— *Relata* in palimpsesto scripta, XXII, 6.

*Reficio*, refectus ago tibi grates, XLIV, 16.

*Reflagito*, reflagitemus eam, XLII, 6. — *Reflagitate* eam, *ibid*. 10.

*Reflecto*, reflexit pedem, LXIV, 112. — *Reflectens* caput Acme, XLV, 10.

*Refringo*, refringit virgulta pede, LXIII, 86.

*Refulgeo*, refulgent procul undæ, LXIV, 276.

*Regalis*, regali gaza gaudet domus, LXIV, 46.

*Regia* oppletur cœtu, LXIV, 33. — opulenta, *ibid*. 44.

*Regina*, LXVI, 39, 89. — mea me docuit, *ibid.* 19.

*Regius*, regia coma, LXVI, 93. —virgo, LXIV, 87.—*Regiæ* chartæ, XXII, 6. — *Regia* tecta vestibuli, LXIV, 277.

*Reglutino*, reglutina ab unguibus, XXV, 9.

*Rego*, regis quæ Golgos, LXIV, 96. — *Regens* vestigia filo, LXIV, 113.

*Rejicio*, rejecta veste tradite papillas, LXVI, 81.

*Relego*, relegans Triviam sub saxa, LXVI, 5.

*Religio* (seu Relligio) impia Persarum, XC, 4.

*Religo*, religat juga Cybele, LXIII, 84. — *Religasset* funem navita, LXIV, 174.

*Relinquo*, reliqui patrem, LXIV, 180.—*Reliquit* me solam Theseus, *ibid.* 200. —*Relinquens* mœnia Novi Comi, XXXV, 3. — patriam, LXIII, 51; LXIV, 300.

*Remigium*, remigio torta unda, LXIV, 13.

*Remitto*, remittit agnus gravem ære dextram, XX, 13. — *Remitte* pallium mihi, XXV, 6, 9. — linteum, XII, 11.

*Remoror*, remoratus es non diu, LXI, 201. — ne *remorare*, *ibid.* 200.

*Removeo*, remota sit herba a sacello, XIX, 8. — *Remota* a mea domo, LXIII, 58.

*Remugio*, remugit tympanum, LXIII, 29.

*Remuneror*, remunerabor te suppliciis, XIV, 20.

*Remus*, remos lentos gurgite incurvans, LXIV, 183. — *Remis* pellit vada, *ibid.* 58.

*Renideo*, renidet Egnatius, XXXIX, 2, 4, 6, 7. — *Reni-*

*dere* tamen te nollem, *ibidem* 15.

*Renovo*, renovamus veteres amores, XCVI, 3.

*Reor*, rear ubi te, patria, positam? LXIII, 55.

*Repente* ut mihi visum est, X, 3, et al.

*Reperio*, repererit si suavia, LXXIX, 4.— *Reperitur* quacunque aliquid, LXVII, 13. —*Reperta* est fides, LXXV, 4. — *Repertum* munus, XIV, 8.

*Repono*, reponit mens onus, XXXI, 8.

*Reporto*, reportant diverse profectos variæ viæ, XLVI, 10.

*Reposco*, reposcat Nemesis pœnas, L, 20.

*Requiesco*, requierant omnibus aures, LXXXIV, 7. — *Requiesset* hospes in ædibus nostris, LXIV, 176. — *Requiescere* molli somno, LXVIII, 5.

*Requiro*, requiris, quare id faciam, LXXXV, 1. — *Requirunt* tacita mente, LXII, 37. — *Requiret* nec te, VIII, 13. — *Require* ventorum cursum, LV, 28. — *Requirant* secum meditata, LXII, 12. *Requirens*, uti possem mittere carmina, CXVI, 1.

*Res* nulla ineptior inepto risu, XXXIX, 16. — multo acrior, LXXXIII, 5.—ridicula et jocosa, LVI, 4. — nullane potuit flectere consilium, LXIV, 136. — *Re* in sua occupati, XV, 8. — aliqua, XXII, 19. — hac, *ibid.* 13. — in qua, LXVIII, 41. — *Rerum* quid geritis? XXVIII, 4.—*Res* egregias saltus habet, CXIV, 2. — *Rebus* his lætor, LXVI, 25.

*Resideo*, resident maculæ, LVII, 5. — *Residebant* vertice vittæ, LXIV, 310.

*Resolvo*, resolvens juga Cybele,

juncta leonibus, LXIII, 76.

*Resono*, resonant undæ, LXIV, 274. — *Resonante* unda, XI, 3.

*Respecto*, respectet amorem meum, XI, 21.

*Respergo*, respergas dextram sanguine, LXIV, 230. — *Respersum* cæde fraterna juvenem, ibid. 181.

*Respondeo*, respondi id quod erat, X, 9. — *Respondere* decebit, LXII, 18.

*Restituo*, restituis te mihi, CVII, 4. — *Restituam* naufragum a mortis limine, LXVIII, 4. — *Restitutus* si essem, XXXVI, 4.

*Restituor* Tethyi canæ, LXVI, 70.

*Restringo*, restrictus membra silici, LXIV, 297.

*Reticeo*, reticere non possum, LXVIII, 41.

*Retineo*, retinebat læva colum, LXIV, 312. — *Retinens* arces Diva, LXIV, 8. — vertice mitram Ariadne, ibid. 63. — *Retinentem* natam avellere matris complexu, LXII, 22.

*Retono*, retonent loca fremitu, LXIII, 82.

*Retraho*, retrahis te, XXX, 9.

*Revello*, revulsa brachio mentula, XX, 20.

*Revertor*, revertens sæpe Hesperus, LXII, 34.

*Revincio*, revinciens mentem amore, LXI, 33.

*Reviso*, revisens in templo pater Divum, LXIV, 388.

*Revoco*, revocet euntem puella, XXXV, 9.

*Reus*, rei ad subsellium ventum est, XXXIX, 2.

*Rex* novo auctus hymenæo, LXVI, 11. — *Regis* injusti tecta, LXIV, 75. — *Reges* perdidit otium, LI, 15.

*Rhaphanus* vid. supra *raphanus*.

*Rictus*, rictum habet talem, qualem, etc. XCVII, 7.

*Rideo*, risi nescio quem, LIII, 1. — *Risit* domus odore, LXIV, 285. — *Ride* Cato, LVI, 3. — *Ridete* quidquid est cachinnorum, XXXI, 14. — *Rideat* Torquatus ad patrem, LXI, 219. — *Ridentem* ore catuli Gallicani, XLII, 9. — dulce *ridentem*, LI, 5.

*Ridiculus*, ridicula res, L, 4. — o *ridiculam* rem, ibid. 1.

*Rigidus*, rigida mea hunc cecidi, LVI, 7.

*Risus* maximi munus, XVII, 7. — *Risu* inepto nulla res ineptior, XXXIX, 16.

*Rite* carpebant manus laborem, LXIV, 311.

*Rivalis*, rivales socii puellularum, LVII, 9.

*Rivus* pellucens, LXVIII, 57. — *Rivi* Phrygii manabunt sanguine, LXIV, 345.

*Rixa*, rixæ nocturnæ vestigia, LXVI, 13. — *Rixam* vecordem excitare, XL, 4.

*Robigo* squalida, LXIV, 42. — *Robigine* scabra tangat ætas nomen, LXVIII, 151.

*Robur* eruit turbo indomitus, LXIV, 107. — *Robora* pubis Argivæ, ibid. 4.

*Robustus*, robusto collo substernens brachia, LXIV, 333.

*Rogo*, rogabis Deos, XIII, 13. — *Rogabit* invitam, VIII, 13. — *Roget* morari, XXXV, 10. — *Rogare* solet puella, XLI, 7. — *Rogaberis* nulla nocte, VIII, 14.

*Rogus*, ad rogum filii lugetur, XXXIX, 4. — de *rogo* cœnam rapere, LIX, 3.

*Roscidus*, roscido humore nutriunt Deæ myrtum, LXI, 24.

*Roseus*, roseo conchyli fuco tincta purpura, LXIV, 49. — *Rosea* labella, LXXX, 1. — *Roseis* labellis abiit sonitus, LXIII, 74. — papillis, LV, 12.

*Rostrum*, rostro mordenti oscula decerpere, LXVIII, 127. — proscidit aequor navis, LXIV, 12.

*Rubeo*, rubent ocelli flendo, III, 18. — *Rubens* arista, XX, 7. — uva, XIX, 14.

*Ruber*, rubra lora, XXII, 7. — supercilia, LXVII, 46.

*Rubor* conscius, LXV, 24. — *Ruborem* exprimamus ore canis ferreo, XLII, 16.

*Rudens*, rudentes intorti sustollant vela, LXIV, 235.

*Rudis*, rudem Amphitriten imbuit cursu Argo, LXIV, 11.

*Ruina*, ruinas graves non timetis, XXIII, 9.

*Rumor*, rumores senum severiorum, V, 2.

*Rumpo*, rumpens ilia omnium, XI, 20. — *Rupta* ilia, LXXX, 7.

*Ruo*, ruentes Delphi ex urbe, LXIV, 393.

*Rupes* Trinacria, LXVIII, 53. — *Rupis* Thespiae specus, LXI, 28. — sub *rupe* sola, LXIV, 154.

*Rursum* reditum tetulit, LXIII, 47.

*Rursus* altera hiems, LXVIII, 82, et al.

*Rus*, ruris pleni annales, XXXVI, 19. — *Rure* inficeto, XXII, 14. — *Rura* colit nemo, LXIV, 38.

*Russus*, russam gingivam defricare, XXIX, 19.

*Rusticus*, rustice Vetti, LIV, 2. — *Rustica* arte, XX, 1. — securi conformata quercus, XIX, 3. — tecta, XXXIV, 19.

*Rutilus*, rutilam quate jubam, LXIII, 83.

## S.

*Sacculus* plenus aranearum, XIII, 8.

*Sacellum*, sacello a meo sit remota herba, XIX, 8.

*Sacer* alarum hircus, LXXI, 1. — *Sacrum* libellum, XIV, 12. — sepulcrum, VII, 6. — *Sacro* sanguine, LXVIII, 75.

*Sacro*, sacratum illorum jure me invenies, CII, 3. — *Sacrato* Jovis templo, LV, 5.

*Sacrum*, sacra annua, LXIV, 389. — sancta agitant, LXIII, 24. — suscipiantur, XVII, 6. — *Sacris* tuis quae careat, LXI, 71.

*Saepe* vidistis eam rapere coenam, LIX, 2, etc.

*Saevitia*, saevitiae vostrae tantillum demere nequeo, XCIX, 6.

*Saevus* esto et indomitus, CIII, 2. — *Saeva* Fors, LXIV, 169. — *Saevi* Boreae flatus, XXVI, 3. — Leonis lumina, LXVI, 66. — *Saevum* prostravit Theseus, LXIV, 110. — monstrum, *ibid.* 101. — *Saeva* praecepta, *ibid.* 159. — *Saevis* factis, *ibid.* 203.

*Sagitta* certa perculit monstra Stymphalia, LXVIII, 113.

*Sagittifer*, sagittiferos in Parthos penetrabit, XI, 6.

*Sal*, salis mica, LXXXVI, 4. — fluctus, LXIV, 67. — tremuli undas, *ibid.* 128. — *Salem* ac leporem habent, XVI, 7. — non sine *sale* coenam attuleris, XIII, 5.

*Salaputium* disertum, LIII, 5.

*Salax* taberna, XXXVII, 1.

*Salillum*, salillo purior culus, XXIII, 19.

*Salio*, salire paratum habes, XVII, 2.

*Saliva* a te abest, XXIII, 16. — spurca, LXXVIII, 8; XCIX, 10.

## IN CONTEXTUM.

*Salsus*, salsum hoc esse putas? XII, 4. — *Salse*, XIV, 16. — *Salsa* vada, LXIV, 6.

*Saltem* nunc committite animos, LXII, 17.

*Saltus*, saltum laudemus, CXIV, 6. — *Saltu* Formiano dives, *ibid.* 1. — *Saltu* in uno, CXV, 4. — *Saltuum* reconditorum domina, XXXVI, 11. — *Saltus* possideat, CXV, 5.

*Salum* rapidum tulistis, LXIII, 16.

*Salus* una hæc est, LXXVI, 15.

*Saluto*, salutant me deum, XIX, 5.

*Salveo*, salve janua, LXVII, 2. — Sirmio, XXXI, 12. — *Salvete*, heroes! LXIV, 23.

*Sanctus*, sancta sis nomine quocunque placet, XXXIV, 22. — Venus, LXVIII, 5. — *Sancti* Itoni incola, LXIV, 228. — *Sanctæ* amicitiæ fœdus, CIX, 6. — Veneri, XXXVI, 3. — *Sanctam* fidem violasse, LXXVI, 3. — *Sanctum* Idalium quæ colis, XXXVI, 12. — *Sancte* puer, LXIV, 95. — *Sancta* conjuge, *ibid.* 299. — *Sancta* sacra, LXIII, 24. — *Sanctis* Divis decedere, LXIV, 269.

*Sane* non illepidum scortillum, X, 4; XLIII, 4.

*Sanguis*, sanguinem profundit, XX, 15. — *Sanguine* linit hirculus aram, XIX, 15. — fraterno perfudere manus, LXIV, 400. — recente maculans terram, LXIII, 7. — sacro, LXVIII, 75. — tauri respergas dextram, LXIV, 230. — taurino, LXVI, 34. — Teucro, LXIV, 345.

*Sanus*, sana non est puella, XLI, 7. — esset, LXXXIII, 4.

*Sapio*, nec sapit instar pueri, XVII, 12. — si *sapiet*, XXXV, 7.

*Sarcinula*, sarcinulis aptis et expeditis, XXVIII, 2.

*Sat* es beatus, XXIII, 27.

*Satio*, satiata est libido, LXIV, 147.

*Satis* lusimus, LXI, 232, *et al. sæp.*

*Satur* si id faceres, XXI, 9. — pertundo tunicam, XXXII, 10. — *Saturum* cor, XLVIII, 4.

*Saturo*, saturasset hiems amorem, LXVIII, 83. — *Saturata* lumina figura gnati, LXIV, 220.

*Saucius*, saucia volvebat animo curas, LXIV, 251.

*Saxeus*, saxea effigies, LXIV, 61.

*Saxum*, saxa Latmia, LXVI, 5.

*Scaber*, scabra robigine tangat ætas nomen, LXVIII, 151.

*Scabies* famesque Memmi, XLVII, 2.

*Scando*, scandere montem Pimplæum, CV, 1.

*Scelero*, scelerare divos penates, LXIV, 405.

*Scelestus*, scelesta puella, VIII, 15. — *Sceleste*, XV, 15.

*Scelus*, sceleris aliquid, XCI, 10. — quantum suscipiat, LXXXVIII, 4. — quidquam, *ibid.* 7. — *Scelere* nefando imbuta tellus, LXIV, 398.

*Scilicet* ad Catullum misti libellum, XIV, 13.

*Scio*, scis ecquid? LXXXVIII, 4. — *Scit* prædam Tagus, XXIX, 20. — *Scimus* hæc tibi cognita, LXI, 146. — *Scitis* quam curam mi dederit, LXVIII, 52. — *Scibant* Parcæ, *ibid.* 85. — *Sciat* tantum esse basiorum, V, 13. — ne *sciamus*, *ibid.* 11. — non *scire* studeo, XCIII, 2. — nec laborat, LXVII, 17.

*Scipio*, scipionibus frontem tabernæ scribam, XXXVII, 10.

*Scomber*, scombris laxas dabunt

tunicas Volusi annales, XCV, 8.

*Scopulus*, scopulorum e vertice, LXIV, 245.

*Scortillum* non illepidum, X, 3.

*Scortum*, scorti febriculosi nescio quid, VI, 5.

*Scribo*, scribis turpe esse Catullo, LXVIII, 27. — *Scribit* poema, XXII, 16. — *Scribam* scipionibus frontem tabernæ, XXXVII, 10. — *Scribere* in vento et aqua, LXX, 4. — *Scribens* versiculos, L, 4.

*Scrinium*, scrinia librariorum, XIV, 18.

*Scriptum*, scripta pessimi poetæ, XXXVI, 7. — nefaria, XLIV, 18. — *Scriptorum* copia, LXVIII, 33. — veterum, *ibid.* 7.

*Scurra* qui modo videbatur, XXII, 12.

*Secedo*, secedent sensus a corpore, LXIV, 189.

*Secerno*, secretus flos, LXII, 39.

*Seclum* insipiens et inficetum, XLIII, 8. — *Secli* incommoda, XIV, 23. — *Seclo* plus uno maneat, I, 10. — *Secula* incana, XCV, 6. — omnia te noscent, LXXVIII, 9. — *Seclorum* tempore nimis optato, LXIV, 22. — *Seclis* obliviscentibus, LXVIII, 43.

*Seco*, secat si quem merito podagra, LXXI, 2.

*Secta*, sectam meam exsecutæ, LXIII, 15.

*Sector*, nec sectare quæ fugit, VIII, 10.

*Secubitus*, secubitu puellæ mœsta mater, LXIV, 381.

*Secubo*, secubare a papillis, LXI, 105.

*Secundus* Jupiter, IV, 21. — *Secunda* aura, LXVIII, 64. — *Secundæ* fortunæ signa ferre, LXIV, 222.

*Secundus*, secunda præda Pontica, XXIX, 19. — *Secunda* centum basia, V, 8.

*Securis*, securi supernata alnus, XVII, 19. — rustica fabricata quercus, XIX, 3.

*Sed* tamen, LXV, 15, *et al.*

*Sedeo*, sedet in sella curuli Nonius, LII, 2. — *Sedetis* continenter, XXXVII, 6. — *Sedens* adversus, LI, 3.

*Sedes* Roma mihi est, LXVIII, 35. — *Sede* Pisauri moribunda, LXXXI, 3. — *Sedes* splendent auro, LXIV, 43. — *Sedes* ad superbas venit, *ibid.* 85. — vestras incolat amor, LXVI, 88, *et al.* — *Sedibus* in mediis, LXIV, 48. — flexerunt artus, *ibid.* 304. — requiesset hospes, *ibid.* 176.

*Seges* osculationis, XLVIII, 6.

*Sella* curuli sedet Nonius, LII, 2.

*Semel* quum occidit lux, V, 5.

*Semen* adulterio fœcundum, CXIII, 4. — *Semine* sterili natus, LXVII, 26.

*Semihians*, semihiante labello rideat puer, LXI, 220.

*Semilautus*, semilauta crura, LIV, 2.

*Semimortuus*, semimortua membra, L, 15.

*Semirasus*, semiraso ab ustore tunderetur, LIX, 5.

*Semita* vos feret, XIX, 21.

*Semitarius*, semitarii mœchi, XXXVII, 16.

*Semper* ferens munera, XIX, 9.

*Senecta*, senectæ extremæ fine, LXIV, 217.

*Senectus* cana Comini, CVIII, 1.

*Seneo*, senet quiete phaselus, IV, 26.

*Senesco*, senescit virgo inculta, LXII, 56.

# IN CONTEXTUM. 545

*Senex* tenuit sedes, LXVII, 4.
— *Senis* pene languido, XXV, 3.
— *Seni* recocto, LIV, 5. — *Sene* porrecto, LXVII, 6. — *Senum* severiorum rumores, V, 2. — *Senibus* bene cognitæ feminæ, LXI, 186.

*Sensus* secedent a corpore, LXIV, 189. — omnes mihi eripit, LI, 6. — *Sensibus* nullis auctæ auræ, LXIV, 165. — ereptis mens excidit, LXVI, 25.

*Sentio* fieri, LXXXV, 2. — *Sentis* nihil, LXXXIII, 3. — *Sensit* membra sine viro relicta, LXIII, 6. — Pelea Thetidi jugandum, LXIV, 21. — *Sentiat* et videat, LXVII, 16. — *Sentiens* omnia, XVII, 20.

*Sepelio*, sepulta tota domus tecum est, LXVIII, 22, 94. — *Sepultum* Troja detinet aliena terra, *ibid.* 99.

*Septemgeminus* Nilus colorat æquora, XI, 7.

*Septus*, septis hortis nascitur flos, LXII, 39.

*Sepulcretum*, in sepulcretis eam vidistis, LIX, 2.

*Sepulcrum* commune Asiæ Europæque Troja, LXVIII, 89. — sacrum Batti, VII, 6. — *Sepulcra* alta, LXIV, 369. — nota, LXVIII, 97. — *Sepulcris* mutis, XCVI, 1.

*Sequor*, sequitur me capsula, LXVIII, 36. — *Sequuntur* Gallæ pede propero, LXIII, 34. — *Sequimini* ad domum Cybelles, *ibid.* 19. — *Secutus* prætorem meum, XXVIII, 7. — *Secuta* juvenem, LXIV, 181.

*Serenus*, sereno voltu quas vidi, LV, 8.

*Sermo*, sermones varii incidere, X, 6. — fideles viri esse non speret fœmina, LXIV, 144.

*Sero* (adverb.) vix mergitur Oceano Bootes, LXVI, 68.

*Sero*, serens in pectore curas, LXIV, 72.

*Serpens*, serpentibus tortis se incingebant, LXIV, 259.

*Sertum*, sertis fragrans cubile, VI, 8.

*Serum*, sero emulso notata labra, LXXX, 8.

*Serus*, seri nepotis caput, LXVIII, 120.

*Serva* famularer labore jucundo, LXIV, 161.

*Servio*, serviat quo tibicine domus, LXI, 153. — *Serviamus* huic uno domino, XLV, 14. — *Servire* Thalassio lubet, LXI, 134. — *Servisse* benigne, LXVII, 3. — voto maligno, *ibid.* 5.

*Servus* non ei est, XXIII, 1; XXIV, 5, 8. — *Servum* non habet, *ibid.* 10.

*Sesquipedales* dentes habet, XCVII, 5.

*Sessor*, sessores ducentos inrumare, XXXVII, 8.

*Sestertia* decem redde, CIII, 1.
— centum precari desine, XXIII, 26.

*Seu* vid. *Sive*.

*Severus*, ad severos migrate, XXVII, 6. — *Severiorum* senum rumores, V, 2.

*Sevoco*, sevocat me cura a doctis virginibus, LXV, 2.

*Sibilus*, sibilum edidit silva, IV, 12.

*Sic* tibi pons fiat ex libidine, XVII, 5, etc. — *Siccine* me liquisti? LXIV, 132.

*Sicco*, siccari solum pingue, LXVIII, 110.

*Siccus*, non sicco ore puella, XLIII, 3. — *Sicciora* cornu corpora, XXIII, 12.

*Sicula* pendens, LXVII, 21.
*Sicut* ipsa, tecum ludere possem, II, 9.
*Sidus* novum, LXVI, 64. — *Sidere* cum fausto adveniet, LXIV, 330. — *Sidera* cedunt certis temporibus, LXVI, 4, etc. — micantia, LXIV, 206. — multa, VII, 7. — *Siderum* micantium numerum, LXI, 207.
*Signum*, signo quo? XCII, 3. — *Signa* fortunæ secundæ, LXIV, 222. — dulcia, *ibid.* 210.
*Silesco*, silescit furor cæli æquinoctialis, XLVI, 3.
*Silex*, silici restrictus membra, LXIV, 297. — *Silices* comesse dentes possunt, XXIII, 4. — *Silice* acuta devolvit pondera, LXIII, 5.
*Silva* comata, IV, 11. — qua tua est, XVIII, 2. — *Silvæ* superimpendentes, LXIV, 287. — *Silvarum* virentium domina, XXXIV, 10. — *Silvas* ingentes possideat, CXV, 5. — *Silvis* redimita loca, LXIII, 3.
*Silvestris*, silvestria dona portans Chiron, LXIV, 280.
*Silvicultrix* cerva, LXIII, 72.
*Similis* sit patri Torquatus, LXI, 221.
*Simul* parati omnia tentare, XI, 14. — *Simul* ac, LXIV, 12.
*Sincere* id dicat, CIX, 4.
*Sine* arte, XX, 18. — Cerere, LXIII, 36. — viro membra relicta, LXIII, 6, et al.
*Singultus* frigidulos ore ciere, LXIV, 131.
*Singulus*, singula confiteor, LXXXVI, 2. — millia in unum creverunt, CXIII, 4.
*Sinister*, sinistra liberalitas, XXIX, 16. — populus, XX, 3. — *Sinistram* sternuit approbationem, XLV, 9, 17. — *Sinistra* manu, XII, 1. — *Sinistræ* duæ Pisonis, XLVII, 1.
*Sino*, sinis ventos ferre irrita dicta, XXX, 10. — *Sinit* non esse patruum maritum, LXXXVIII, 3. — ludere puellam, XVII, 17. — *Sinam* nec te ferre signa fortunæ, LXIV, 222. — *Sinat* si quis me basiare, XLVIII, 2.
*Sinus*, in sinum tuum fugi, XLIV, 14. — nudum reducens, LV, 11. — Ponticum negare hoc negat, IV, 9. — *Sinu* tenere passerem, II, 2. — meo fugit puella, XXXVII, 11. — excepit, LXIII, 43. — *Sinus* solvunt virgines, LXI, 53.
*Sisto*, sistet te reducem ætas, LXIV, 238.
*Sitio*, sitire puer discet, XXI, 11.
*Situs*, situ araneoso mollior, XXV, 3.
*Sive, seu*, seu quid, XIII, 9. — *Seu-Seu*, XXXIX, 2, 4. — *Sive-Seu*, LXVII, 25. — *Seu-Sive*, XLIV, 5.
*Soccus*, soccum luteum gerens pede, LXI, 10.
*Socer* generque, XXIX, 25.
*Socius*, socii rivales puellularum, LVII, 9.
*Sodalis* meus Cinna, X, 29. — *Sodalis* mei mnemosynon, XII, 13. — *Sodali* meo dicas, XXXV, 1. — *Sodales* mei, XLVII, 6.
*Sodalitium* fraternum vere dulce, C, 4.
*Sodes* redde mihi decem sestertia, CIII, 1.
*Sol* firmat florem, LXII, 41. — oris aurei, LXIII, 39. — *Solis* nitor, LXVI, 3. — vagi lumina, LXIV, 272. — *Sole* magis aridum, XXIII, 14. — fervido rubens arista, XX, 7. — orto linquendum cubiculum, LXIII, 67. — sub ar-

denti, LXIV, 355. — *Soles* occidere et redire possunt, V, 4. — candidi, VIII, 3, 8.

*Solatiolum* doloris, II, 7.

*Solea*, soleam ferream derelinquit mula, XVII, 26.

*Soleo*, soles sestertia precari, XXIII, 26. — palam habere XXV, 8. — operire domum, LXVII, 40. — *Solet* passer incitare morsus, II, 4. — habere cunnus rictum, XCVII, 8. — *Solent* famuli relinquere dominos, LXIII, 52. — *Solebas* putare, I, 3. — *Solebant* cælicolæ se ostendere, LXIV, 387. — duo mœchi, CXIII, 1. — *Solita* es, XXXIV, 23. — est Themis, LXVIII, 154. — *Solere* objurgare patruum, LXXIV, 1. — *Solitum* esse Cecropiam, LXIV, 79.

*Solers*, solerti corde, LXIV, 295.

*Solium*, soliis candet ebur, LXIV, 45.

*Sollicitus*, sollicitæ toto pectore, LXVI, 24.

*Solor*, solatus es allocutione, XXXVIII, 5.

*Solum* (adverb.) non solum hoc cognitum habere dicit, LXVII, 31, etc.

*Solum* pingue, LXVIII, 110. — *Solo* extremo detinet eum terra aliena, *ibid.* 100. — *Sola* dura, LXIII, 40. — terræ maculans sanguine, *ibid.* 7.

*Solus* obvius veniam leoni, XLV, 6. — *Sola* tertia pars tua est, LXII, 64. — vicisti furores, LXVIII, 129. — nullo tecto insula, LXIV, 184. — *Solum* te, Phœbe, relinquens, *ibid.* 300, — Catullum te nosse dicebas, LXXII, 1. — *Solam* ad dominam pipilabat passer, III, 10. — me reliquit Theseus, LXIV, 200. — cum ancillis loquentem, LXVII, 42. — *Solo* viro contentas vivere, CXI, 1. — *Sola* arena desertam se cernit, LXIV, 57. — sub rupe, *ibid.* 154. — *Sola* hæc tibi cognita scimus, LXI, 147. — *Solis* vobis mentulas esse putatis? XXXVII, 3.

*Solvo*, soluit zonam ligatam malum, II, 13. — *Soluunt* sinus zonula, LXI, 53. — *Solvent* crines in cinerem, LXIV, 351. — *Solvite* votum, XXXVI, 2. — *Solvere* vincla, LXIV, 368. — zonam virgineam, LXVII, 28. — *Solutis* curis quid beatis? XXXI, 7.

*Somnus* tegeret quiete ocellos, L, 10. — *Somnum* capiunt, LXIII, 36. — *Somno* fallaci excita, LXIV, 56. — molli, LXVIII, 5. — tristi, LXIV, 122.

*Sonipes*, sonipedibus vegetis pepulit Sol umbras, LXIII, 41.

*Sonitus*, palans, LXIII, 74. — *Sonitu* tintinant aures, LI, 10.

*Sono*, sonat vox cymbalum, LXIII, 21. — *Sonantum* amnium domina, XXXIV, 12.

*Sopor* piger operit oculos, LXIII, 37.

*Sordeo*, sordebant tibi villuli, LXI, 136.

*Sordidus*, sordida res, XII, 5.

*Soror* aspernata est Pelea, LXIV, 302. — valens et venusta, LXXXIX, 2. — *Sororem* deperit Quintius, C, 8. — cum *sorore* prurit, LXXXVIII, 1. — Phaethontis, LXIV, 291. — *Sorores* comæ, LXVI, 51. — pandunt oraclum, LXIV, 326.

*Sorsum* manum habebis, XX, 17.

*Sospes*, sospitem ostendit se visere portum, LXIV, 211.

*Sospito*, sospites gentem bona ope, XXXIV, 24.

*Spatium* vitæ omne, LXIII, 90.
*Specto*, spectat te dulce ridentem, LI, 4. — *Spectando* expleta est pubes, LXIV, 2, 8.
*Speculæ* Cycneæ supposita Brixia, LXVII, 32.
*Specus* Aonios linquere, LXI, 28.
*Sperno*, spernere noli commoda hæc, XXIII, 25. — *Spreta* pietate, LXIV, 387.
*Spero*, sperabam te mihi fidum, XCI, 1. — *Sperabat* mirifice se locutum, LXXXIV, 3. — *Sperem* patris auxilium, LXIV, 180. — *Speret* nulla fœmina, ibid. 144. — *Speraret* nec linguam mi esse, LXVII, 44. — *Sperare* jubebas, LXIV, 140. — nepotes, ibid. 381.
*Spes* nulla, LXIV, 186. — *Spe* quali nitar? ibid. 177.
*Spica* mollis virens, XIX, 11.
*Spinosas* curas serens in pectore, LXIV, 72.
*Splendeo*, splendent auro sedes, LXIV, 44.
*Splendidus*, splendida domus, LXIV, 46. — *Splendidas* comas quatiunt faces, LXI, 78.
*Sponsus*, sponsi furtivo munere, LXV, 19.
*Spuma*, spumis incanduit unda, LXIV, 13.
*Spumo*, spumantibus undis exspuit mare, LXIV, 155. — æquoris undis ejectum, LXVIII, 3.
*Spumosus*, spumosa ad litora vecta ratis, LXIV, 121.
*Spurcata* impuris moribus senectus, CVIII, 2.
*Spurcus*, spurca saliva, LXXVIII, 8. — lupæ comminctæ, XCIX, 10.
*Squalida* robigo infertur aratris, LXIV, 42.
*Stabula* ferarum, LXIII, 53.

*Stadium*, stadio abero? LXIII, 60.
*Stagnis* liquentibus, XXXI, 2.
*Statim* jubeto, si quid agis, XXXII, 9.
*Statua* inaurata pallidior, LXXXI, 4.
*Statuo*, statuas nolim, LXVIII, 37.
*Stellarum* ortus atque obitus comperit, LXVI, 2.
*Sterilis* vir, LXIII, 69. — *Sterili* semine natus, LXVII, 26.
*Sternuo*, sternuit dextram approbationem, XLV, 9, 18.
*Stimulo*, stimulans leonem Cybelle, LXIII, 77. — *Stimulatus* rabie Atys, ibid. 4.
*Stipendia* dira ferens tauro, LXIV, 173.
*Stipes*, stipite recto laurus, LXIV, 290.
*Stirps*, stirpe jungier non potest parens, LXI, 68.
*Sto*, stare solet flos in divitis hortulo, LXI, 93. — *Stetisse* in cacumine dicit, IV, 16.
*Stolidus*, stolidum veternum excitare, XVII, 24.
*Strideo*, stridebat tibia horribili cantu, LXIV, 265.
*Strophium*, strophio tereti vincta papillas, LXIV, 65.
*Studeo* nil nimium Cæsar, tibi velle placere, XCIII, 1.
*Studiosus*, studioso animo requirens, CXVI, 1.
*Studium* hoc totum abscidit mors, LXVIII, 19. — illius tegat nocte ætas, ibid. 44. — *Studia* hæc de mente fugavi, ibid. 26.
*Stultus* homo, LXXVIII, 5. — *Stultorum* more molesti, LXVIII, 137.
*Stupor* iste meus nil videt, XVII, 21.

## IN CONTEXTUM. 549

*Suaveolens*, suaveolentis amaraci floribus, LXI, 7. — *Suaveolentia* mala, XIX, 13.

*Suaviolum* dulcius ambrosia, XCIX, 2. — tristius helleboro, ibid. 14.

*Suavior*, suaviabor oculos, IX, 9. — *Suaviata* ocellos pueri Acme, XLV, 12.

*Suavis*, suaves odores exspirans lectulus, LXIV, 87. — *Suavius* elegantiusve, XIII, 10.

*Suavium*, suavia impura conjunxit, LXXVIII, 8. — tria notorum, LXXIX, 4.

*Sub* artus flamma dimanat, LI, 9. — lumina Solis, LXIV, 272. — Sole ardenti, ibid. 355. — valle alarum, LXIX, 6. — umbris ramorum, LXV, 13, etc.

*Subduco*, subducat numerum siderum, LXI, 8.

*Subeo*, subi forem rasilem, LXI, 168.

*Subito* deponere amorem difficile, LXXVI, 13, etc.

*Sublevo*, sublevat se ex parte sua, XVII, 18. — *Sublevem* naufragum, LXVIII, 4.

*Sublimis* aranea, LXVIII, 49.

*Submitto*, submisso poplite projiciet corpus, LXIV, 371.

*Subpernata* vide *supernata*.

*Subrepo*, subrepsti mi, LXXVII, 3. — *Subrepens* in artus pestis, LXXVI, 21.

*Subsellium* rei, XXXIX, 3.

*Substerno*, substernens brachia collo, LXIV, 333. — se mater gnato, ibid. 404.

*Subtemen*, subtemina ducentes fusi, LXIV, 328, etc.

*Subter* litore Rhœteo, LXV, 7.

*Subtilis*, subtile et leve peditum, LIV, 3. — *Subtilem* mitram retinens vertice, LXIV, 63.

*Suburbanus*, suburbana villa libenter fui, XLIV, 6.

*Succumbo*, succumbens victima ferro, LXIV, 370. — *Succumbere* cuivis potius fas est, CXI, 3.

*Sudarium* Sætabum, XXV, 7. — *Sudaria* Sætaba, XII, 14.

*Sudo*, sudanti corpore pinum eruit turbo, LXIV, 106.

*Sudor* a te abest, XXIII, 16. — in *sudore* lasso viatori levamen rivus, LXVIII, 61.

*Suesco*, suevit ibi volitare cohors Divæ, LXIII, 25.

*Suffigo*, suffixa tigillo janua, LXVII, 39. — *Suffixum* in cruce, XCIX, 4.

*Sum*, fuisti in insula, XXIX, 13.

*Summus*, summum flagellum, LXII, 52. — *Summo* in Tauro, LXIV, 105. — vertice Parnassi, ibid. 391. — *Summa* ex arce, ibid. 242. — in cruce suffixum, XCIX, 4. — *Summis* urbibus, LXIV, 8.

*Sumo*, sumite inde, XIX, 21. — *Sumptum* frustra esse laborem video, CXVI, 5.

*Sumptuose* convivia facitis, XLVII, 5.

*Sumptuosus*, sumptuosas cœnas appeto, XLIV, 9.

*Sumptus*, sumptibus fructus exsuperat, CXIV, 4.

*Suopte*, LI, 10.

*Super* alta maria vectus Atys, LXIII, 1, et al.

*Super* (adverb.) est nil mi, LI, 7. — satis *super*que, VII, 2.

*Superbus* ille et superfluens, XXIX, 7. — *Superbus* ad sedes venit, LXIV, 85.

*Supercilia* rubra tollat, LXVII, 46.

*Superfluens* ille et superbus, XXIX, 7.

*Superimpendentes* silvæ cingunt

viridantia Tempe, LXIV, 287.
*Supernata* securi alnus, XVII, 19.
*Supero*, superare Crœsum divitiis, CXV, 3. — Divos, LI, 2.
*Superus*, superi Jovis templo, LV, 5.
*Superveho*, supervehitur montem progenies Phthiæ, LXVI, 44.
*Supinus* eat ponticulus, XVII, 4. — pertundo tunicam, XXXII, 10. — *Supinum* animum derelinquere, XVII, 25. — me inrumasti, XXVIII, 9. — *Supinis* digitis formabat fila, LXIV, 313.
*Supplex*, supplicis vocem contemptam haberes? LX, 4.
*Supplicium* exposcens, LXIV, 203. — dabis, CXVI, 8. — *Suppliciis* te remunerabor, XIV, 20.
*Suppono*, supposuisse femur, LXIX, 2. — *Supposita* Cycneæ speculæ Brixia, LXVII, 32.
*Supremus*, supremo in tempore, LXIV, 151.
*Sura*, suræ nudatæ tegmina, LXIV, 129.
*Surgo*, surgere jam tempus est LXII, 3.
*Surripio*, surripui tibi suaviolum, XCIX, 1. — *Surripuit* Lesbia omnes Veneres, LXXXVI, 6. — *Surripiam* basia, XCIX, 16.
*Suscipio*, suscipit tantum sceleris, LXXXVIII, 5. — *Suscipiat* quantum sceleris? LXXXVIII, 4. — *Suscipiatur* temere, LXVIII, 78. — *Suscipiantur* sacra, XVII, 6.
*Suscito*, suscitat vulturium a cano capite, LXVIII, 124. — te e quiete hora octava, LXXX, 4.
*Suspendo*, suspendit vota tacito labello, LXIV, 104. — *Suspendam* lintea malo, *ibid.* 225.
*Suspicor* nt, Sulla tibi dat hoc munus, XIV, 8.

*Suspiro*, suspirantem in hospite virginem, LXIV, 98.
*Sustollo*, sustulit se sicula, LXVII, 22. — *Sustollant* rudentes vela, LXIV, 235. — *Sustollens* signa dulcia, *ibid.* 210.
*Susurro*, susurrat fama, LXXX, 5.
*Suus* cuique attributus est error, XXII, 20, etc.

### T.

*Tabella*, tabellam liminis ne quis obseret, XXXII, 5. — *Tabellis* in meis multum lusimus, L, 2.
*Taberna* salax, XXXVII, 1. — *Tabernæ* totius frontem scribam scipionibus, *ibid.* 10. — *Tabernam* Hadriæ, Dyrrachium, XXXVI, 15.
*Tabesco*, tabescere lumina fletu assiduo, LXVIII, 55.
*Tabula*, tabulas in testatas nomen intulit, LXVIII, 122. — *Tabulis* ecquidnam lucelli expensum patet? XXVIII, 6.
*Taceo*, tacet nox, VII, 7. — Lesbia de me, XCII, 1. — *Tacebitis*, XIX, 15. — *Taceat* locutio Fescennina, LXI, 126. — *Tacerem*, si id faceres, XXI, 9. — *Taceret* si nostri oblita, LXXXIII, 3. — *Tacere* non posses, VI, 3. — nihil valet, *ibid.* 12.
*Tacitus*, tacitum cubile, VI, 7. — *Tacito* si quidquam commissum est, CII, 1. — *Tacita* mente requirunt, LXII, 37. — *Facito* labello suspendit vota, LXIV, 104.
*Tæda* vos junxit, LXVI, 79. — *Tædam* pineam quate, LXI, 15. — *Tædas* jugales celebrare, LXIV, 303. — *Tædis* felicibus aucte, *ibid.* 25.
*Tædet* obestque, LXXIII, 4.

## IN CONTEXTUM.

*Talentum*, talento mutari velit furta, XII, 7.
*Talis* iste meus stupor, XVII, 21. — flos hyacinthinus, LXI, 91. — injuria, LXXII, 7. — *Tale* auxilium, LXVIII, 66. — *Talem* luctum recepit Theseus, LXIV, 249. — *Tali* conjuge, LXII, 59. — fœdere, LXIV, 336. — *Tales* amores, *ibid.* 335. — cœtus, *ibid.* 408. *Talia* cedant ferro, LXVI, 47. — carmina, LXIV, 383. — fata, *ibid.* 322. — funera, *ibid.* 82. — mandata, *ibid.* 214. — præmia, *ibid.* 157. — verba, LXXXIV, 9. — *Talibus* figuris decorata vestis, LXIV, 266.
*Tam* bene norat puellam passer, III, 7, etc. — *Tam*-quam pro *tantum* quantum si, X, 32.
*Tamen* nec servum habet XXIV, 10, etc.
*Tamenetsi*, LXVIII, 135.
*Tandem* vix tollit lumina Vesper, LXII, 2, etc.
*Tango*, tetigit pede nemus, LXIII, 2. — *Tetigere* domum Cybelles Gallæ, *ibid.* 35. — *Tangam* te inrumatione, XXI, 8. — *Tangat* dies nomen robigine, LXVIII, 151. — *Tetigissent* litora puppes, LXIV, 172. — *Tangere* quod fas est, LXXXIX, 5. — *Tactus* aratro flos, XI, 24.
*Tanquam* avita, XXV, 8. — comminctæ spurca saliva lupæ, XCIX, 10.
*Tantillum* sævitiæ demere, XCIX, 6.
*Tantum* abhorret ac mutat, XXII, 11, et al.
*Tantumdem* omnia sentiens quam, XVII, 20.
*Tantus* Deus, LXVI, 31. — *Tanta* fuit nulla fides quanta, LXXV, 3. — *Tantum* — quantum, XXXVII, 12, et al. — gaudium, XCI, 9. — basiorum, V, 13. — impiorum, XIV, 7. — *Tanto* pessimus poeta, XLIX, 6. — dolori non est mors, XCVI, 5. — *Tantam* in culpam impulerit, XV, 15. — *Tanto* in fastu, LV, 14. — populo, LXXXI, 1. — vortice, LXVIII, 107. — *Tantis* laboribus, XXXI, 11. — malis fluctuat mens, LXV, 4. — mœroribus, *ibid.* 15.
*Tarde* pulsæ undæ, LXIV, 273.
*Tardipes*, tardipedi Deo scripta daturam, XXXVI, 7.
*Tardo*, tardat ingenuus pudor puellam, LXI, 81.
*Tardus*, tarda mora, LXIII, 19. — podagra, LXXI, 2. — *Tardum* ante Booten, LXVI, 67.
*Taurinus*, taurino cum sanguine pollicita es, LXVI, 34.
*Taurus* convellit vomere glebam, LXIV, 40. — *Tauri* sanguine, *ibid.* 230. — terga cava, LXIII, 10. — *Tauro* indomito, LXIV, 173.
*Tectum*, tecti inobservabilis error, LXIV, 115. — *Tecto* nullo sola insula, *ibid.* 184. — *Tecta* Gortynia, *ibid.* 75. — *Tecta* domus funesta, *ibid.* 247. — Pharsalia, *ibid.* 37. — regia vestibuli, *ibid.* 277. — rustica, XXXIV, 20.
*Tegmen*, tegmina mollia suræ, LXIV, 129.
*Tego*, tegit pulvinar purpura, LXIV, 49. — *Tegam* non vera ullo timore, LXVI, 72. — *Tegat* ætas illius studium nocte, LI, 11. — *Tegeret* somnus ocellos quiete, L, 10. — *Teguntur* lumina nocte, LI, 11. — *Tectam* vimine villulam, XIX, 2. — *Tecta* cuspide thyrsos quatiebant, LXIV, 257.
*Tela*, telam tenuem texens aranea, LXVIII, 49.
*Tellus* contremuit, LXIV, 205.

— imbuta est scelere, *ibid.* 398.
— Troica, LXV, 7.
*Telum*, tela ista tua evitamus, CXVI, 7. — *Telis* icere caput, *ibid.* 4.
*Temere* non exsiluere ignes, LXII, 9. — suscipiatur, LXVIII, 78.
*Tempestas*, tempestate illa, LXIV, 73. — qua, LXVI, 11.
*Templum*, templo fulgente, LXIV, 388. — Jovis sacrato, LV, 5. — *Templa* Deum, XX, 15; LXVI, 63.
*Tempus* breve, LXIII, 57. — est surgere, LXII, 3. — *Tempore* extremo, LXIV, 169. — finito, *ibid.* 31. — longo, LXVI, 35; LXVIII, 85. — maturo, LXII, 57. — optato, LXIV, 22. — primo, *ibid.* 171. — quo, XXXV, 13, et al. — supremo, LXIV, 151. — *Temporibus* certis cedant sidera, LXVI, 4.
*Tempus* (pars capitis) tremulum, LXI, 162. — *Tempora* cinge floribus, LXI, 6. — *Temporibus* Ariadnæis, LXVI, 60.
*Tenax* hedera implicat arborem, LXI, 34. — *Tenaci* voragine, XVII, 26.
*Tenebræ* malæ, III, 13. — tuæ ubi sint, demonstres, LV, 2.
*Tenebricosum* per iter it passer, III, 11.
*Tenellulus*, tenellulo hædo delicatior puella, XVII, 15.
*Teneo*, tenes linguam clauso ore, LV, 18. — *Tenet* complexa mœchos, XI, 18. — *Tenent* te puellæ, LV, 17. — *Tenebat* mandata mente, LXIV, 209. — *Tenuit* te Thetis, LXIV, 28. — senex ipse sedes, LXVII, 4. — *Tenere* in sinu, II, 2. — Jovem, LXXII, 2. — *Tenens* in gremio puellam, XLV, 2. — *Tenentem* mandata mente, LXIV, 239.

*Tener* vaccula, XX, 14. — *Tenero* poetæ dicas, XXXV, 1. — *Tenerum* Atyn vidit, LXIII, 88. — *Tenerum* virginem rapis ad virum, LXI, 3. — *Tenerum* corpus deflectens vitis, LXII, 51. — femur supposuisse, LXIX, 2. — *Tenera* arista virens spica, XIX, 11. — beta languidior sicula, LXVII, 21. — *Teneras* manus porrigens, LXI, 218. — *Teneris* digitis quatiens, LXIII, 10. — papillis a tuis secubare volet, LXI, 105.
*Tenta* grandia te vocare medii viri, LXXX, 6.
*Tento*, tentare omnia parati, XI, 14.
*Tenuis* flamma, LI, 9. — est Gellius, LXXXIX, 1. — *Tenuem* telam texens aranea, LXVIII, 49. — *Tenui* filo regens vestigia, LXIV, 113. — ungui carptus flos, LXII, 43. — *Tenues* tinnitus ære ciebant, LXIV, 263.
*Tenus* nutricum exstantes e gurgite Nymphæ, LXIV, 18.
*Tepefacio*, tepefecit membra frigida, LXVIII, 29. — *Tepefaciet* flumina cæde, LXIV, 361.
*Tepidus*, tepidi Favoni aura, LXIV, 283. — *Tepida* limina, LXIII, 65.
*Tepores* egelidos refert ver, XLVI, 1.
*Teres* brachiolum, LXI, 181. — bustum, LXIV, 364. — *Tereti* ære ciebant tinnitus, *ib.* 263. — strophio vincta papillas, *ib.* 65. — turbine versabat fusum, *ib.* 315.
*Tergum*, in tergo quod manticæ est, XXII, 21. — haud *tergo* hostibus notus, LXIV, 340. — *Terga* cæde cauda, LXIII, 81. — tauri cava, *ibid.* 10.
*Tero*, tristi lumina manu, LXVI,

30. — *Teras* quod si manibus, XXIII, 22. — *Tereretur* cæli janua divis, LXVIII, 115. — *Trito* limine plantam innixa, LXVIII, 71. — *Tritius* si quid hac re, XXII, 13,

*Terra* queat dare finibus præsides, LXI, 73. — aliena, LXVIII, 100. — *Terræ* sola maculans sanguine, LXIII, 7. — *Terram* qui nobis dedit, LXVIII, 157. — *Terra* canitiem fœdans, LXIV, 224. — procurrere, *ibid* 390. — sub *terra* quærere venas, LXVI, 49. — Celtiberia, XXXIX, 17. — injecta tumulabor, LXIV, 153.

*Terror*, terroris expers Achilles, LXIV, 339.

*Tertius* hæres Pelopis, LXIV, 347. — *Tertia* pars virginitatis, LXII, 63. — præda, XXIX, 19.

*Testis* erit præda, LXIV, 363. — unda Scamandri, *ibid.* 358.

*Testor*, testatas in tabulas nomen intulit, LXVIII, 122.

*Teter*, tetrum hunc morbum deponere, LXXVI, 25. — *Tetra* mente te procreavit Scylla, LX, 3.

*Texo*, texens telam aranea, LXVIII, 49.

*Textum*, texta pinea conjugens carinæ, LXIV, 10.

*Thalamus*, thalami intra limina, LXVI, 17. — in *thalamo* uxor est, LXI, 192. — pacato otia degeret, LXVIII, 104.

*Thiasus* ululat linguis trepidantibus, LXIII, 28. — *Thiaso* cum Satyrorum, LXIV, 253.

*Thyrsus*, thyrsos tecta cuspide, LXIV, 257.

*Tibia* barbara stridebat horribili cantu, LXIV, 265.

*Tibīcen* Phryx grave canit calamo, LXIII, 22. — *Tibicine* quo serviat domus, LXI, 158.

*Tigillum*, tigillo suffixa janua, LXVII, 39.

*Timeo*, timetis nihil, XXIII, 8. — hunc Galli et Britanni, XXIX, 21.

*Timor*, timore non ullo vera tegam, LXVI, 72. — *Timores* quantos corde tulit, LXIV, 99.

*Tingo*, tincta conchyli fuco purpura, LXIV, 69.

*Tinnitus* tenues ære ciebant, LXIV, 263.

*Tinnulus*, tinnula voce concinens carmina, LXI, 13.

*Tintino*, tintinant aures sonitu, LI, 11.

*Tollo*, tollis lintea negligentiorum, XII, 3. — *Tollit* lumina Vesper, LXII, 2. — *Tolle* onus ingratum parentis, LXVIII, 142. — *Tollite* faces, LXI, 121. — *Tollat* supercilia, LXVII, 46. — *Tollens* manus, LIII, 4. — me ales equus LXVI, 55. — nepos gaudia impia, LXVIII, 123.

*Tondeo*, tondet os tuum cinerarius, LXI, 139.

*Torosus*, torosa cervice quate jubam, LXIII, 83.

*Torpeo*, torpet lingua, LI, 9.

*Torpor* subrepens in artus imos, LXXVI, 21.

*Torqueo*, torquens fila dextera, LXIV, 314. — *Torta* remigio unda, *ibid.* 13. — *Tortis* serpentibus se incingebant, *ibid.* 259.

*Torreo*, torreret flamma medullas, C, 7. — *Tosta* in India, XLV, 6.

*Torus*, toro in Tyrio accubans vir, LXI, 172.

*Torvus*, torva prælia invisente viro, LXVI, 20.

*Tot* freta impotentia, IV, 18, etc.

*Totidem* deprecor illi, XCII, 3.

*Toties* ulciscitur ambos, quoties etc. LXXI, 5.

*Totus* immineat tibi vir, LXI, 173. — *Tota* defututa puella, XLI, 1. — domus, LXIV, 46. — Thessalia, *ibid.* 32. — virginitas, LXII, 62. — *Tota* pulcherrima Lesbia, LXXXVI, 5. — *Totum* hoc studium, LXVIII, 19. — *Totius* lacus vorago, XVII, 10. — tabernæ frontem scribam scipionibus, XXXVII, 9. — *Totum* nasum te faciant Dii, XIII, 14. — orbem amplectitur Oceanus, LXIV, 30. — *Toto* animo, *ibid.* 70. — in anno, XXIII, 20. — corpore, LXIV, 66. — lecto, L, 11. — pectore ex te pendebat, LXIV, 69. — *Tota* cum gente, LXXIX, 2. — de mente fugavi delicias, LXVIII, 25. — ex urbe ruentes, LXIV, 393. — ista trabe inrumasti, XXVIII, 10. — vita producere fœdus amicitiæ, CIX, 5.

*Trabs*, trabis natantis impetum præterire, IV, 3. — *Trabe* ista tua inrumasti, XXVIII, 10.

*Trado*, tradidit quoi pater puellam, LXII, 60. — *Tradite* munera, LXVI, 81. — *Tradere* amori infesto, XCIX, 11. — animam, XXX, 7. — *Traditur* pistrino et asino, XCVII, 10. — *Tradita* quoi nunc sum, LXVII, 9. — nobis virgo, *ibid.* 19. — est mihi vestis pura, LXVIII, 15. — sunt munera ad inferias, CI, 8.

*Transeo*, transit rivus per medium iter, LXVIII, 60.

*Transgradior*, trans gradietur Alpes, XI, 9.

*Transfero*, transfer limen pedes, LXI, 166.

*Trecenti*, trecentos hendecasyllabos exspecta, XII, 10. — mœchos tenet, XI, 18. — *Trecentis* millibus antistans, IX, 2. — *Trecenta* usque ad millia basiem, XLVIII, 3.

*Trecenties* comesset, XXIX, 15.

*Tremebundus*, tremebunda adorta est canere, LXIII, 11.

*Tremulus* parens, LXI, 51. — *Tremuli* lecti argutatio, VI, 10. — salis in undas procurrere, LXIV, 128. — parentis onus tolle, LXVIII, 142. — *Tremulum* corpus, LXIV, 308. — tempus, LXI, 161. — *Tremula* patris ulna, XVII, 13.

*Trepido*, trepidantem Somnum recepit Pasithea, LXIII, 43. — *Trepidantibus* linguis ululat thiasus, *ibid.* 28.

*Tres*, tria notorum suavia repererit, LXXIX, 4. — *Tribus* chartis explicare ævum, I, 6.

*Tribuo* tibi hæc munera, LXVIII, 32.

*Triginta* jugera prati, CXV, 1.

*Tripudium*, tripudiis citatis celerare decet, LXIII, 26.

*Tristis*, tristem conscendere montes, LXIV, 126. — *Tristi* helleboro *tristius* suaviolum, XCIX, 14. — imbre madere genæ, LXVIII, 56. — ore manat rubor, LXV, 24. — somno devinctam lumina, LXIV, 122. — *Tristes* animi curas levare, II, 10. — ad inferias tradita munera, CI, 8. — *Tristius* helleboro suaviolum, XCIX, 14.

*Trivium*, in triviis quærunt vocationes, XLVII, 7.

*Truculentus*, truculentum æquor ponti, LXIV, 179. — *Truculenta* pelagi, LXIII, 16.

*Truncus*, truncum corpus projiciet, LXIV, 371.

*Truso*, trusantem puellæ pupulum deprendi, LVI, 6.

*Trux* caper, LXIX, 6. — *Trucem* Ponticum sinum negare negat, IV, 9. — *Truces* iambos vibrare, XXXVI, 5.

*Tuba*, tubam cepit manibus niveis, LXIII, 9.

*Tueor*, tuetur cedentem Thesea Ariadna, LXIV, 53, *Tueri* hortulum necesse est, XIX, 18. — *Tuens* quum sidera, regina, placabis Venerem, LXVI, 89.

*Tugurium*, tuguri pauperis pater, XIX, 6.

*Tum*, ut mihi tum visum est, X, 3 etc.

*Tumidus*, tumido Antimacho gaudeat populus, XCV, 10.

*Tumulo*, tumulabor terra injecta, LXIV, 153.

*Tunc* qui me vocat, XLIV, 21, etc.

*Tundo*, tunditur litus unda, XI, 4. — *Tunderetur* ab ustore semiraso, LIX, 5.

*Tunica*, tunicam pertundo, XXXII, 11. — ad mediam se sustulit siculu, LXVII, 22. — *Tunica* crocina candidus fulgebat, LXVIII, 134. — *Tunicas* laxas dabunt scombris Volusi annales, XCV, 8. — *Tunicis* abjectis pervigilat, LXXXVIII, 2.

*Tuor* (i. q. *tueor*) villulam hortulumque, XX, 5.

*Turbidus*, turbida procella rapacior, XXV, 4.

*Turbo* indomitus, LXIV, 107. — *Turbine* nigro, LXVIII, 63. — tereti versabat fusum, LXIV, 315. — medio leti versantem, *ibid.* 149.

*Turgidulus*, turgiduli ocelli rubent flendo, III, 18.

*Turpiculus*, turpiculo naso puella, XLI, 3.

*Turpis* moecha, XLII, 3. — *Turpe* esse Catullo, LXVIII, 27. — non est, *ibid.* 30. — incedere, XLII, 8. — *Turpi* a probro mentem inhibere, XCI, 4. — *Turpia* probra, LXI, 103.

*Turpiter* inusta flagella, XXV, 11.

*Tussis* frequens quassavit me, XLIV, 13. — *Tussim* non mihi ferat, *ibid.* 19. — malam pectore expuli, *ibid.* 7.

*Tutamen* opis Emathiæ, LXIV, 325.

*Tute*, XXX, 7.

*Tutus*, in tuto te videre, XXXI, 6. — *Tuta* omnia forent, XXX, 8.

*Tympanum* leve cepit manibus, LXIII, 8, 9. — *Tympano* comitata Atys, *ibid.* 32. — *Tympana* plangebant palmis, LXIV, 262. — reboant, LXIII, 21.

## U.

*Uber*, (subst.) ubera lacte adulta, XX, 11.

*Uber*, (adj.) ager, XLVI, 5.

*Ubertim* lacrimulas fundunt, LXVI, 17.

*Ubi* sis futurus, LV, 15. — pro postquam, LXIII, 39, 67.

*Ubicunque* est, renidet Egnatius, XXXIX, 6.

*Ubique* foret Atys, LXIII, 46.

*Udus*, udo ore singultus cientem, LXIV, 131.

*Ulciscor*, ulciscitur ambos, LXXI, 5. — *Ulta* non es peccatum, XLIV, 17.

*Ullus*, ulla ætas obliteret mandata, LXIV, 232. — compar gavisa est columbo, LXVIII, 125. — *Ullius* trabis impetum præterire, IV, 3. — *Ullo* fœdere, LXXV, 3; LXXVI, 3. — timore non vera tegam, LXVI, 72. —

*Ullos* homines beatiores vidit, XLV, 25. — *Ullis* fletibus, XCIX, 5.

*Ulmus*, ulmo marito conjuncta vitis, LXII, 54.

*Ulna* patris tremula dormientis pueri, XVII, 3.

*Ultimus*, ultima Britannia, XXIX, 4. — Tethys, LXXXVIII, 5. — *Ultimi* prati flos, XI, 23. — *Ultima* ex origine, IV, 15. — in Occidentis insula, XXIX, 13. — *Ultimos* Britannos visens, XI, 11.

*Ultor*, maximus, CXV, 7.

*Ultra* prodeat scelus, LXXXVIII, 7.

*Ultro* ego deferrem, LXVIII, 40.

*Ululatus*, ululatibus acutis agitant sacra, LXIII, 24.

*Ululo*, ululat thiasus trepidantibus linguis, LXIII, 28.

*Umbilicus*, umbilici novi, XXII, 7.

*Umbra*, umbram arboris attenuat falx, LXIV, 21. — *Umbra* sub pampinea educata uva, XIX, 14. — *Umbras* per aetherias advolat, LXVI, 55. — noctis pepulit, LXIII, 41. — *Umbris* sub densis concinit Daulias, LXV, 13.

*Una* jocaris, XXI, 5; LXVI, 78; LXVIII, 22.

*Unanimus*, unanimos ad fratres venisti, IX, 4. — *Unanimis* non post conjugibus, LXVI, 80. — sodalibus false, XXX, 1.

*Unctus*, caput unctius referre, X, 11. — quod Gallia habebat *uncti*, XXIX, 4. — *Uncta* patrimonia, *ibid.* 23.

*Unda* alluit pedem, LXV, 6. — Scamandri, LXIV, 358. — torta remigio, *ibid.* 13. — *Unda* Eoa tunditur litus, XI, 4. — *Undae* Lydiae lacus, XXXI, 13. — *Undas* in adversas salis procurrere, LXIV, 128. — propter fluminis, *ibid.* 282. — per liquidas Neptuni nasse, *ibid.* 2. — proclivas incitat Zephyrus, *ibid.* 271. — *Undis* in mediis versatur, LXIV, 167. — magnis curarum fluctuat, *ibid.* 62. — pelagi cingentibus, *ibid.* 185. — spumantibus, *ibid.* 155; LXVIII, 3.

*Unde* negant redire quemquam, III, 12 etc.

*Undique* quot omnes estis, XLII, 2 et al.

*Unguento*, unguentate marite, LXI, 142.

*Unguentum* dabo, XIII, 11. — *Unguentis* expers coma, LXVI, 78.

*Unguis*, ungui tenui carptus flos, LXII, 43. — *Unguibus* a tuis reglutina, XXIII, 9.

*Unicus*, unica amicitia, C, 6. — fama, LXI, 228. — *Unicum* amicum me habuit, LXXIII, 6. — flet filium mater, XXXIX, 5. — *Unice* gnate, LXIV, 215. — imperator, XXIX, 12, etc.

*Unigena* Memnonis ales equus, LXVI, 53. — *Unigenam* Phoebi relinquens, LXIV, 301.

*Unquam* nec idem est beatus, XXII, 15. — quibus tulistis opem, LXXVI, 17.

*Unus* caprimulgus, XXII, 10. Italorum, I, 5. — *Una* atque altera hiems, LXVIII, 82. — ex multis capsula, *ibid.* 36. — nox perpetua dormienda est, V. 6. — salus haec est, LXXVI, 15. — *Unius* asssis aestimemus, V, 3. — *Uni* (pr. *unius*) pili facit, XVII, 17. — *Uno* huic domino serviamus, XLV, 14. — *Unum* hunc excipio, XV, 13. — atque unicum amicum habuit, LXXIII, 6. — beatiorem me facerem, X, 17. — *Unum* quod est pro tantis laboribus, XXXI, 11. — in *unum* millia creverunt, CXIII, 3. — *Unam* Acmen mavult Septimius, XLIV, 21. — e nobis abstulit, LXII, 32. — amavit, LVIII, 2. — *Uno* plus seclo maneat, I, 10. — Catullo non contenta est, LXVIII, 135. — in lectulo, LVII, 7. — me quis felicior vivit? CVII, 7. — saltu tot bona possideat, CXV, 4. — Septimio facit delicias, XLV, 23. — verbo dicere, LXVII, 15.

*Urbanus* ille Suffenus, XXII, 9. — homo, *ibid.* 2. — si esses, XXXIX, 10. — *Urbana* Cæsaris macula, LVII, 4. — *Urbanum* morbum habet, XXXIX, 8.

*Urbs*, urbis Dardaniæ vincla solvere, LXIV, 368. — in *urbem* portat capella ubera, XX, 11. — *Urbe* capta, LXII, 24. — ex tota ruentes, LXIV, 393. — *Urbes* beatas perdidit otium, LI, 16. — ad claras Asiæ volemus, XLVI, 6. — *Urbibus* in suis, XVIII, 3. — in summis, LXIV, 8.

*Urgeo*, urget nemo gravius et acerbius quam etc. — LXXIII, 5.

*Urina* Hibera defricatus dens, XXXVII, 20.

*Uro*, uror impensius, LXXII, 5. — *Uritur* et loquitur, LXXXIII, 6. — flamma pectore intimo, LXI, 177.

*Urtica* me recuravi, XLIV, 15.

*Usquam* quasi sit nulla, XVII, 20.

*Usque* pipilabat passer ad dominam, III, 10 et al.

*Usquedum* in sinum tuum fugi, XLIV, 14 etc.

*Usquequaque* renidet Egnatius, XXXIX, 2 et 15.

*Ustor*, ustore ab semiraso tunderetur quum devolutum ex igne prosequens panem, LIX, 5.

*Ustulo*, ustulanda scripta lignis infelicibus, XXXVI, 8.

*Usus* si veniat, XCVIII, 3.

*Ut* pro *sicut*, IX, 8; X, 3; XXIV, 11. — pro *postquam*, X, 5; XLV, 8 etc. — pro *ubi*, XI, 3; XVII, 10. — pro *utinam*, LXVI, 84. — pro *etsi*, LXXXIX, 5.

*Uterque* Neptunus, XXXI, 3. — nostrum, L, 4. — *Utriusque* petiti copia facta est, LXVIII, 39. — *Utrumque* in pedem incidisset Jupiter, IV, 20. — malum nactus est, LXXI, 4. — *Utrique* gemelli, LVII, 6. — *Utrisque* maculæ pares, *ibid.* 3.

*Uti* pro *ut*, CXVI, 2.

*Utinam* ne puppes tetigissent litora, LXIV, 171 etc.

*Utor* bene, X, 32. — *Uteris* non belle manu sinistra, XII, 2.

*Utpote* quæ fallaci excita somno, LXIV, 56 etc.

*Utrum* sit, an non sit, nescit, XVII, 22.

*Uva* dulcis, XX, 8. — rubens, XIX, 14. — *Uvam* mitem educat vitis, LXII, 50. — *Uvis* nigerrimis diligentius asservanda, XVII, 16.

*Uvidulus*, uvidulam a fletu me posuit, LXVI, 64.

*Uxor* Meneni, LIX, 2. — in thalamo est tibi, LXI, 192. — *Uxorem* patrui perdepsuit Gellius, LXXIV, 4.

## V.

*Vaccula* tener profundit sanguinem, XX, 14.

*Vacuus*, vacua in alga non quisquam apparet, LXIV, 168.

*Vado*, vadit, fremit Atys, LXIII,

86. — vaga, animi egens, *ibid.* 31.
*Vadum*, ad vada reditum tetulit, LXIII, 47. — *Vada* pellit remis, LXIV, 58. — salsa puppi decurrere, *ibid.* 6.
*Væ* miseræ, LXIV, 196.
*Vagor*, vagari mens avet, XLVI, 7.
*Vagus* animi Atys, LXIII, 4. — Liber, LXIV, 391. — *Vaga* cohors, LXIII, 25. — vadit Atys, *ibid.* 31. — *Vagi* solis lumina, LXIV, 272. — *Vago* certamine cursus victor, *ibid.* 341. — malo suspendam lintea, *ibid.* 225. — pede refringit virgulta, LXIII, 86. — discedebant, LXIV, 278. — *Vaga* nocte, LXI, 117. — *Vaga* pectora, LXIII, 13. — *Vagis* ventis credita dicta, LXV, 17.
*Valde*, nil mihi tamvalde placeat, LXVIII, 77 etc.
*Valeo*, valetis bene, XXIII, 7. — *Vale* puella, VIII, 12. — in perpetuum, CI, 10. — *Valete* hinc interea, XIV, 21. — dulces comitum cœtus, XLVI, 9. — *Valeat* cum mœchis puella, XI, 17. — *Valere* ipse opto, LXXVI, 25. — *Valens* soror, LXXXIX, 2. — *Valentem* juventam exercete, LXI, 234. — *Valente* brachio, XX, 20.
*Vallis*, valle de prona volutus rivus, LXVIII, 59. — sub alarum habitat caper, LXIX, 6.
*Vanesco*, vanescere luctum nolite pati, LXIV, 199.
*Vanus*, vanis ventis jactantem cornua prostravit, LXIV, 111.
*Vappa* cum isto satis famem tulistis? XXVIII, 5.
*Vario*, variabunt pectora palmis, LXIV, 352. — *Variata* figuris vestis, *ibid.* 50.
*Varius*, vario in divitis hortulo, LXI, 91. — cæli lumine, LXVI, 59. — *Varii* sermones incidere nobis, X, 6. — *Variæ* viæ reportant profectos, XLVI, 10.
*Vasto*, vastabat mœnia Troica, LXIV, 347. — *Vastatum* fines Assyrios iverat, LXVI, 12.
*Vastus*, vasta Charybdis, LXIV, 156. — *Vasto* mari, XXXI, 3. — *Vasta* maria, LXIII, 48. — *Vastos* in pelagi æstus aciem protenderet, LXIV, 127.
*Vecors* furor, XV, 14. — *Vecordem* rixam excitare, XL, 4.
*Vegetus*, vegetis sonipedibus pepulit Sol umbras, LXIII, 41.
*Vehemens* est Dea, L, 21.
*Veho*, vectus per æquora, CI, 1. — rate super maria, LXIII, 1. — *Vecta* ratis ad litora, LXIV, 121.
*Vel* pro adeo, XII, 7; XVII, 6.
*Vellus*, vellera mollia lanæ custodibant calathisci, LXIV, 320.
*Velo*, velabat pulvinar amictu vestis, LXIV, 267. — *Velatum* fronde vestibulum, *ibid.* 294. — amictu pectus, *ibid.* 64.
*Velum*, veli inflati lintea, LXIV, 244. — *Vela* candida, *ibid.* 235.
*Velut* prati ultimi flos, XI, 22 et alias.
*Vena*, venas ferri sub terra quærere, LXVI, 49.
*Vendito*, venditare asse nates, XXXIII, 8.
*Vendo*, vendat cum gente Catullum, LXXIX, 3. — *Vendere se*, CVI, 2.
*Venenum* vitæ crudele, LXXVII, 5. — *Veneni* dolos, XXIII, 10. — plenam orationem legit, XLIV, 12. — *Venena* omnia colligam, XIV, 19.
*Veneror*, veneretur Divos carmine, XC, 5.

*Venia*, veniam pudentem peto, XV, 2.
*Venio*, venis jam, LXI, 202.
— *Venit* aura secunda, LXVIII, 64. — domum puella, *ibid*. 144.
— villicus, XX, 20. — *Venimus* ut huc, X, 5. — fessi ad larem, XXXI, 9. — *Veniunt* hero gaudia, LXI, 116. — *Venisti* domum, XIX, 3, 5. — *Venere* optatæ luces, LXIV, 32. — *Veniam* obvius leoni, XLV, 7. — *Veniet* jam virgo, LXII, 4. — *Veni* huc lætus, LXI, 9. — *Venite* in ignem, XXXVI, 18. — *Veniam*, jube, ad te meridiatum, XXXII, 3. — *Venias*, licet, marite, LXI, 191. — *Veniat* Veronam, XXXV, 3. — si usus, XCVIII, 3. — *Veniret* ad hunc lacum, IV, 23. — *Venissent* annua sacra, LXIV, 389. — *Venire* flammeum video, LXI, 122. — *Veniens* rursus hiems, LXVIII, 82. — *Venientem* ab Oceano diem viderit, LXI, 90. — *Ventum* est ad rei subselllum, XXXIX, 2.

*Venor*, venanda carmina studioso animo, CXVI, 1.

*Venter* dedit tussim, XLIV, 8.
— *Ventre* mendaci falsum puerperium, LXVII, 48.

*Ventito*, ventitabas, quo puella ducebat, VIII, 4.

*Ventosus*, ventosum æquor, LXIV, 12. — *Ventosæ* procellæ linquens promissa, *ibid*. 59. —

*Ventus*, ventum horribilem! XXVI, 5. — in *vento* scribere, LXX, 4. — crescente, LXIV, 275. — vesaniente, XXV, 13. — *Venti* aerii, LXIV, 142. — *Ventorum* cursum require, LV, 28. — flamine pulsæ nubes, LXIV, 240. — *Ventis* concrederet gnatum, *ib*. 213. — vagis credita dicta, LXV, 17. — vanis jactantem cornua, LXIV, 111. — *Ventos* dicta irrita ferre sinis, XXX, 10.

*Venustas* nulla in tam magno corpore est, LXXXVI, 3.

*Venuste* est inchoata magna Cæcilio mater, XXXV, 17.

*Venustus* homo, XXII, 2. — *Venusta* Sirmio, XXXI, 12. — soror, LXXXIX, 2. — *Venustum* se esse facit, XCVII, 9. — *Venuste* noster, XIII, 6. — *Venustiorum* hominum quantum est, III, 2.

*Ver* refert tepores, XLVI, 1.
— jucundum ageret florida ætas, LXVIII, 16. — *Vere* ponitur mihi corolla, XX, 6. — florido ponitur mihi corolla, XIX, 10.

*Verber*, verbera tua patere, LXIII, 81.

*Verbosus*, verbosa loquela gaudet Venus, LV, 20. — *Verbosis* quod dicitur, XCVIII, 2.

*Verbum* non faciet, LXXIV, 6.
— *Verbo* uno dicere, LXVII, 15.
— *Verba* nostra audias, LXI, 98.
— quæ locuta es! LXVI, 29. — talia metuebant, LXXXIV, 9.

*Vere* candidi tibi fulsere dies, VIII, 8 et al.

*Verecundus*, verecundæ heræ rara feremus furta, LXVIII, 136.

*Vereor*, vereris crura ponticuli, XVII, 2. — *Veremur* nihil istos, XV, 6. — *Verita* non est scelerare penates, LXIV, 405. — *Vereberis* hunc Deum, XX, 16.

*Veridicus*, veridicum oraclum pandunt sorores, LXIV, 327. — *Veridicos* cantus edebant Parcæ, *ibid*. 307.

*Vernus*, verna aura educit colores distinctos, LXIV, 90.

*Vero*, tum vero facito, LXIV, 231 et al.

*Verpa* nihilo minore farti estis, XXVIII, 12.

*Verpus* ille Priapus, XLVII, 4.
*Verro*, verrentes æquora palmis abiegnis, LXIV, 7.
*Versiculus*, versiculos nihil necesse est, XVI, 6. — delicatos scribens, L, 4. — *Versiculis* ex meis me parum pudicum putatis, XVI, 3.
*Verso*, versabat turbine fusum, LXIV, 315.
*Versor*, versatur in undis mediis, LXIV, 167. — *Versarer* indomitus furore toto lecto, L, 12. — *Versantem* medio in leti turbine eripui, LXIV, 149.
*Versus*, versu lepido ad cælum vocare, VI, 17. — *Versus* longe plurimos facit, XXII, 3.
*Vertex*, verticis flavi exuviæ, LXVI, 62. — a *vertice* solvent crines, LXIV, 351. — de tuo cessi, LXVI, 39. — e Bereniceo cæsariem vidit, *ibid.* 8. — dominæ abfore, *ibid.* 76. — flavo retinens mitram, LXIV, 63. — montis pellucens rivus, LXVIII, 57. — e Pelii, advenit Chiron, LXIV, 279. — Peliaco prognatæ pinus, LXIV, 1. — scopulorum se præcipitem jecit, *ibid.* 245. — summo Parnassi, *ibid.* 391. — *Verticibus* præruptis, *ibid.* 298.
*Verto*, vertor in occasum, LXVI, 67.
*Verum* nescio, quid scorti diligis, VI, 4 et al.
*Verus*, vera si est relligio Persarum, XC, 4. — vera si nuntiantur, XXXV, 11. — non gemunt, LXVI, 18. — non tegam, *ibid.* 72. — sive *verius* Tiburs sis, XLIV, 5.
*Vesanio*, vesaniente vento deprensa navis, XXV, 13.
*Vesanus*, vesana flamma torreret medullas meas, C, 7. — *Vesano* Ca-

tullo satis superque est, VII, 10.
*Vestibulum* velatum fronde, LXIV, 294. — *Vestibuli* regia tecta, *ibid.* 277.
*Vestigium*, vestigia candida permulcens lymphis, LXIV, 162. — Divum me premunt, LXVI, 69. — dulcia rixæ nocturnæ, *ibid.* 13. — errabunda regens filo, LXIV, 113. — flammea cervæ prævertet cursu, *ibid.* 342. — veteris pœnæ extenuata, *ibid.* 296.
*Vestis* decorata figuris, LXIV, 266. — pura, LXVIII, 15. — variata figuris, LXIV, 50. — *Vestis* raræ munere labefactes illam, LXIX, 3. — *Vestem* funestam deponant antennæ, LXIV, 234. — *Veste* sub molli locatum malum, LXV, 21. — purpurea consternens cubile, LXIV, 163. — rejecta tradite papillas, LXVI, 81.
*Vestræ* sævitiæ p. tuæ, XCIX, 6. Vid. Not.
*Veternum* stolidum excitare, XVII, 24.
*Vetulus*, vetuli Falerni minister, XXVII, 1.
*Vetus* nomen, LXI, 213. — *Veteris* Batti sepulcrum, VII, 6. — grabati pedem in collo collocare, X, 22. — ploxemi gingivas habet, XCVII, 6. — pœnæ vestigia, LXIV, 296. — *Veterem* in dominum fidem deseruisse, LXVII, 8. — *Veteres* quo desiderio amores renovamus, XCVI, 3. — *Veterum* scriptorum carmine Musæ oblectant, LXVIII, 7.
*Vexo*, vexarentur malis mœnia, LXIV, 8.
*Via*, viam vorabit, XXXV, 7. — de *via* mulier, XXV, 5. — *Viæ* variæ reportant diverse profectos, XLVI, 10.
*Viator* hunc Deum vereberis,

XX, 16. — *Viatori* lasso dulce levamen rivus, LXVIII, 61.

*Vibro*, vibrare iambos truces, XXXVI, 5.

*Vicinus* Priapus dives est, XIX, 20.

*Vicis*, vicem mitræ non curans, LXIV, 69.

*Victima* succumbens ferro, LXIV, 370.

*Victor* certamine cursus, LXIV, 341.

*Victoria* amat curam, LXII, 17.

*Video*, quantum video, XXVIII, 11. — laborem frustra sumptum, CXVI, 5. — *Vides* quem tute, XX, 3. — quod perisse, VIII, 2. — *Viden'* ut faces quatiunt comas, LXI, 77, 98. — *Videt* nil stupor meus, XVII, 21. — non se esse maritum, LXXVIII, 5. — qui præconem cum bello puero, CVI, 1. — non *videmus* manticam in tergo, XXII, 21. — *Videtis* quem hospites, IV, 1. — quam turpe incedere, XLII, 7. — *Vident* sidera furtivos amores, VII, 8. — *Videbam* non hanc tibi esse matrem, XCI, 5. — *Vidi* eas voltu sereno, LV, 8. — *Vidit* quis beatiores? XLV, 26. — liquida mente Atys, LXIII, 46. — puella se vovere Divis, XXXVI, 9. — *Vidistis* rapere cœnam de rogo, LIX, 3. — *Viderunt* Nymphas mortales, LXIV, 16. — *Videbis* hæc? XXIX, 5. — *Videat* quivis, LXVII, 16. — *Viderit* venientem ab Oceano diem, LXI, 90. — *Videre* lucem, L, 12. — quemcunque in re quadam Suffenum, XXII, 19. — quis hoc potest, XXIX, 1. — te in tuto, XXXI, 6. — *Videor* venire flammeum, LXI, 122. — *Videtur* Suffenus rursus fossor, XXII, 11. — ille par Deo, LI, 1. — *Videbatur*

modo scurra, XXII, 13. — *Videberis* quoi bella? VIII, 16. — *Visum* ut tum repente mihi est, X, 3.

*Viduus*, vidua vitis, LXII, 49. — *Viduas* noctes jacere, VI, 6.

*Vigeo*, vigeant mandata memori corde condita, LXIV, 232.

*Vigesco* læti, pedes vigescunt, XLVI, 8.

*Vigilo*, vigilat custodia, LXII, 33.

*Vilis*, vilior es mihi et levior, XXVII, 6.

*Villa* suburbana tua libenter fui, XLIV, 7.

*Villicus* venit, XX, 19.

*Villula* ad Austri flatus opposita, XXVI, 1. — *Villulam* pauperis heri tuor, XX, 4. — palustrem nutrivi, XIX, 1.

*Vimen*, vimine junceo tectam villulam tuor, XIX, 2. Var. Lect.

*Vincio*, vincta strophio papillas, LXIV, 65.

*Vinco*, vicisti sola magnos furores, LXVIII, 129. — *Vincemur* igitur jure, LXII, 16.

*Vinculum*, vincla urbis Dardaniæ, LXIV, 368.

*Vindex*, vindice pœna multantes facta, LXIV, 192.

*Vinea* humilis purgatur rastris, LXIV, 39. — *Vineam* tueri, XIX, 18.

*Vinum*, vini pernicies lymphæ, XXVII, 6. — per *vinum* reddens mutua, L, 6. — in *vino* non belle uteris sinistra, XII, 2. — non sine *vino* cœna, XIII, 5.

*Violæ* luteæ mihi sunt, XIX, 12.

*Violo*, violasse cubile nati, LXVII, 63. — fidem sanctam, LXXVI, 3.

*Vir* levis, LXI, 102. — sterilis, LXIII, 69. — tuus quæ petet, ne neges, LXI, 152. — toro tibi accubans, ibid. 172. — prior illam attigerat, LXVII, 20. — *Viri* beata domus, LXI, 157. — cubile adeant, ibid. 183. — sermones fideles esse nulla speret, LXIV, 144. — ipsius ex gremio dempta, LXVIII, 146. — *Viro* cara puella, LXII, 58. — dulci jucunda janua, LXVII, 1. — flavo conciliata, LXVIII, 130. — juranti nulla femina credat, LXIV, 143. — ad *virum* rapis virginem, LXI, 3. — mittens, LXVI, 29. — sine *viro* relicta membra, LXIII, 6. — amisso, LXVIII, 80. — novo invisente praelia, LXVI, 20. — praesente, LXXXIII, 1. — solo contentas vivere, CXI, 1. — *Viri* quod pepigere, LXII, 28. — *Virum* facta, LXIV, 192. — et virtutum cinis Troja, LXVIII, 90. — *Viros* primores Argivorum ad se ciebat Troja, ibid. 88.

*Vireo*, vireret vestibulum fronde velatum, LXIV, 294. — *Virens* spica, XIX, 11. — *Virente* pampino dulcis uva, XX, 8. — *Virentium* silvarum domina, XXXIV, 10.

*Virgatus*, virgati calathisci, LXIV, 320.

*Virgineus*, virgineam zonam solvere, LXVII, 28. — *Virgineis* de exuviis gesserat rixam, LXVI, 14.

*Virginitas* non tota tua est, LXII, 62. — *Virginitate* longa foret Hebe, LXVIII, 116.

*Virgo* bona, LXI, 20. — patrona, I, 9. — regia, LXIV, 86. — Rhamnusia, ibid. 396; LXVI, 71; LXVIII, 77. — jam veniet, LXII, 2. — dum intacta, cara suis est, ibid. 45, et al. — *Virginis* e gremio procurrit malum, LXV, 20. — perculsae artus, LXIV, 365. — *Virginem* teneram rapis ad viros,

LXI, 4. — *Virgine* a parva cognoram, LXVI, 26. — *Virgines* solvunt sinus, LXI, 53. — claudite ostia, ibid. 231. — integrae, ibid. 37. — *Virginibus* a doctis sevocat me cura, LXV, 2.

*Virgultum*, virgulta refringit pede, LXIII, 86.

*Viridantia* Tempe linquens Peneus, LXIV, 286.

*Viridis* Idae loca colam? LXIII, 70. — *Viridem* Idam citus adit chorus, ibid. 30. — *Viridissimo* flore puella, XVII, 14.

*Virtus* fervida, LXIV, 218. — *Virtutum* omnium cinis Troja, LXVIII, 90. — *Virtutes* egregias fatebuntur matres, LXIV, 349. — heroum indicat vestis, ibid. 51. — *Virtutibus* magnis augens, LXIV, 324. — testis erit Scamander, ibid. 358.

*Vis*, vi jaciunt capita Maenades, LXIII, 23.

*Viso*, visit quae, LXIV, 55. — *Visam* te incolumem, IX, 6. — *Visere* coetus tales, LXIV, 408. — non se credit, ibid. 55. — portum, ibid. 211. — quod par est, LXII, 9. — *Visens* monumenta Caesaris, XI, 10. — maria vasta, LXIII, 48. — *Visum* ad suos amores me duxerat, X, 2.

*Vita* quae tibi manet? VIII, 15. — mea, LXV, 13; CIX, 1. — tua et tu sitis felices, LXVIII, 155. — *Vitae* spatium, LXIII, 90. — venenum crudele, LXXVII, 6. — *Vitae* meae maledicere, CIV, 1. — *Vitam* agam, LXIII, 71. — egi puriter, LXXVI, 19. — *Vita* hac quid magis optandum, CVII, 8. — pro dulci talia reddis praemia? LXIV, 157. — longa jucundior gnate, ibid. 215. — tota producere foedus, CIX, 5. — *Vita* dulcius conjugium, LXVIII, 106. — frater amabilior, LXV, 10.

*Vitis* lenta, LXI, 107. — vidua nascitur in nudo arvo, LXII, 49.

*Vito*, vitans onus jugi juvenca, LXIII, 33.

*Vitta*, vittæ niveæ residebant vertice, LXIV, 310.

*Vivo*, vivis molesta, X, 33. — *Vivit* quis me felicior? CVII, 7. — *Vivimus* Romæ, LXVIII, 34. — *Vive* nec miser, VIII, 10. — *Vivite* bene, LXI, 233. — *Vivat* cui soror tam valens, LXXXIX, 2. — valeatque, XI, 17. — *Vivamus* atque amemus, V, 1. — *Vivere* abrupto conjugio, LXVIII, 84. — hac viva dulce est, ibid. 160. — contentas viro solo, CXI, 1.

*Vivus*, viva qua vivere dulce est, LXVIII, 160.

*Vix* tandem tollit lumina Vesper, LXII, 2, et al.

*Vocationes* quærunt sodales mei? XLVII, 7.

*Voco*, vocat me Sextius, XLIV, 21. — *Voca* dominam domum, LXI, 31. — *Vocaret* aura læva sive dextera, IV, 20. — *Vocare* ad cælum versu, VI, 17.

*Volatilis*, volatiles huc adde, LV, 27.

*Volatus*, volatu Pegaseo ferar, LV, 24.

*Volito*, volitabat Iacchus, LXIV, 252. — *Volitare* suevit vaga cohors, LXIII, 25. — *Volitantem* flamine currum fecit, LXIV, 9.

*Volo*, volemus ad Asiæ claras urbes, XLVI, 6. — *Volare* sive palmulis sive linteo, IV, 5.

*Volo* te ad cælum vocare, VI, 16. — accipiat cogitationes, XXXV, 5. — rideat, LXI, 216. — si *vis*, LV, 21. — nos perdere, XCVIII, 5. — *Vult* non jam illa, VIII, 9. — numerare millia ludi, LXI, 209. — *Volumus* scire, LXVII, 18. — *Volunt* non longe abesse, LXVI, 32. — *Volebas* quæ tu, VIII, 7. — *Voluisti* amare, XL, 8. — quod *voluit*, fecit, LXXIV, 5. — *Volet* non secubare vir a te, LXI, 104. — *Velim* pol, XX, 19. — dicas Cæcilio, XXXV, 2. — *Velit* supposuisse femur, LXIX, 2. — esse pudica, LXXVI, 24. — *Vellem* omnia tibi displicere, LIV, 4. — *Velles* dicere, VI, 3. — *Vellet* mitescere pectus, LXIV, 138. — *Velle* nec Jovem præ me tenere, LXXII, 2. — bene mereri desine, LXXIII, 1. — placere nil studeo, XCIII, 1. — bene queam tibi, LXXV, 7. — *Volente* te, LXI, 64, 69, 74.

*Volt*, vid. *vult*.

*Voluntas* cælitum feret, XI, 13.

*Voluptas* si qua est recordanti, LXXVI, 1.

*Volvo*, volvebat animo curas, LXIV, 251. — *Volutus* rivus de prona valle, LXVIII, 59.

*Vomer*, vomere prono convellit taurus glebam, LXIV, 40.

*Vorago* lacus limpidissima, XVII, 11. — *Voragine* tenaci mula derelinquit soleam, ibid. 26.

*Vorax* et aleo, XXIX, 2, 6. — es, ibid. 11. — *Voraciore* culo est filius, XXXIII, 4.

*Voro*, vorabit viam, XXXV, 7. — *Vorare* tenta viri, LXXX, 6.

*Vortex*, vortice amoris tanto te absorbens æstus, LXVIII, 107.

*Votum* redditum et acceptum, XXXVI, 10. — solvite, ibid. 2. — *Voto* maligno servisse ferunt, LXVII, 5. — *Vota* suspendit tacito labello, LXIV, 104. — facta, IV, 22. — pristina, LXVI, 38.

*Voveo*, vovit daturam scripta

Vulcano, XXXVI, 4. — *Vovere* jocose Divis, *ibid.* 10.

*Vox* cymbalum sonat, LXIII, 21. — *Vocem* supplicis contemptam haberes, LX, 4. — *Voce* promissa dedisti, LXIV, 139. — altiore conclamate, XLII, 18. — clarisona pellentes vellera, LXIV, 321. — furtiva loquentem audivi, LXVII, 41. — mœsta adlocuta patriam, LXIII, 49. — tinnula concinens carmina, LXI, 13. — *Voces* profudit pectore, LXIV, 102. — clarisonas fudisse e pectore, *ibid.* 125. — missas audire, *ibid.* 166.

*Vulgus*, non, ut vulgus, te dilexi, LXXII, 3. — *Vulgi* in ora pervenias, XL, 5.

*Vulturium* suscitat nepos a cano capite, LXVIII, 124. — *Vulturio* avido sit data lingua exsecta, CVIII, 4.

*Vultus*, vultus feri Nereides, LXIV, 14. — *Vultum* genitoris linquens filia, LXIV, 117. — *Vultu* declarant gaudia, *ibid.* 34. — sereno eas vidi, LV, 8.

## Z.

Zona, zonam diu ligatam soluit malum, II, 13. — virgineam solvere, LXVII, 28.

*Zonula* solvunt virgines sinus, LXI, 53.

# INDEX SECUNDUS
## ONOMASTICUS ET GEOGRAPHICUS.

### A.

*Acme* (puella Septimio amata) de ea, XLV.
*Achilles*, expers terroris, LXIV, 339.
*Achivi*, fessi, LXIV, 367.
*Adria* (pro mari Adriatico) XXXVI, 15.
*Adriaticum*, Adriatici minacis litūs, IV, 6.
*Æetæus*, ætæi fines, LXIV, 3.
*Ægeus* (Thesei pater) LXIV, 213.
*Ægyptus*, LXVI, 36.
*Æmilius* (homo impurus) ad quem XCVII.
*Æthiops*, Memnon, LXVI, 52.
*Aganippe* (fons Musis sacer) frigerans, LXI, 30.
*Alpes* altæ, XI, 9.
*Alphenus*, vid. *Varus*.
*Amastris* (urbs Paphlagoniæ) Pontica, IV, 13.
*Amathus* (urbs Cypri) XXXVI, 14.
*Amathusia* (Venus) duplex, LXVIII, 51.
*Amor*, XLV, 8.
*Amphitrite*, rudis, LXIV, 11.
*Amphitryoniades* (Hercules) falsiparens, LXVIII, 112.
*Ancon* (urbs in agro Piceno), XXXVI, 13.

*Androgeoneus* (Androgeus, Minois filius) Androgeonea cædes, LXIV, 77.
*Antimachus* (poeta græcus) tumidus, XCV, 10.
*Antius* (C. Restio actor) XLIV, 11.
*Aonius* specus, LXI, 28.
*Apeliota* (ventus) XXVI, 3.
*Aquinius* (malus poeta) XIV, 18.
*Arabes* molles, XI, 5.
*Argivi*, LXVIII, 87.
*Argivus*, argiva pubes, LXIV, 4.
*Ariadna*, LXIV, 54.
*Ariadneus*, Ariadnea tempora, LXVI, 60.
*Arrius* (homo insulsus) de quo LXXXIV.
*Arsinoe* (Ptolomæi uxor, sub nomine Chloridis ab Ægyptiis culta) LXVI, 54.
*Asia* capta, LXVI, 36.
*Asius* (Asia palus Lydiæ) Asia myrtus, LXI, 22.
*Asinius* (homo furax ironice Marrucinus dictus, XII, 1, ad eum, XII.)
*Assyrius* odor, LXVIII, 144.
— Assyrii fines, LXVI, 12.
*Atax* (fluvius Galliæ Narbonensis) XCV, 5.
*Athenæ* caræ, LXIV, 81.

*Athos* (mons Macedoniæ) LXVI, 46

*Atys*, de quo LXIII.

*Aufilena* (meretrix) ad quam CX, CXI.

*Aufilena* (puella formosa) C, 1.

*Aufilenus* (ejus frater) C, 1.

*Aurelius*, XI, XV, XVI, XXI.

*Aurunculeia*, LXI, 87, vide *Julia*.

*Auster*, XXVI, 3.

### B.

*Balbus*, LXVII, 3.

*Battiades* (Callimachus) LXV, 16; LXVI, 2.

*Battus* (heros Cyrenensis) vetus, VII, 6.

*Berenice* (Ptolomæi uxor) de ejus coma, LXVI.

*Bereniceus* vertex, LVI, 8.

*Bithyni*, XXXI, 5.

*Bithynia*, X, 7.

*Bononiensis* Rufa, 59.

*Bootes* tardus, LXVI, 67.

*Boreas* sævus, XXVI, 3.

*Britanni*, ultimi et horribiles, XI, 12.

*Britannia* ultima, XXIX, 4. — *Britanniæ*, XXIX, 21.

*Brixia* mater amata Veronæ, LXVII, 34.

### C.

*Cæcilius* (amicus Catulli) ad quem XXXV.

*Cæsar* (C. Julius) magnus, XI, 10. — ad eum, XXIX, LIV, XCIII.

*Cæsius* (malus poeta) XIV, 18.

*Callisto*, virgo Lycaoniæ, LXVI, 66.

*Calvus* (C. Licinius, amicus Catulli) jucundissimus, XIV, 2. — salaputium disertum, LIII, 5. — ad eum, XIV et L et XCVI.

*Camerius* (amicus Catulli) ad quem LV.

*Canopæus* (Canopus urbs Ægypti), Canopæa littora, LXVI, 58.

*Castor* gemellus, IV, 27.

*Cato* (amicus Catulli) ad quem LVI.

*Catullus* miser, VIII, 1. — vesanus, VII, 10.

*Cecropius* (Cecrops rex Athenarum) Cecropiæ dapes, LXIV, 79. — puppes, LXIV, 172.

*Celtiber*, XXXIX, 17.

*Celtiberia* (regio Hispaniæ) cuniculosa, XXXVII, 18.

*Celtiberius*, celtiberia terra, XXXIX, 17.

*Ceres*, LXIII, 36.

*Chalybes*, LXVI, 48.

*Charybdis* vasta, LXIV, 156.

*Chiron*, LXVI, 280.

*Cicero* (M. Tullius) disertissimus, XLIX, 2.

*Cinna* (C. Helvius, amicus Catulli) de quo XLV, ad quem CXIII.

*Cnidus* (urbs Cariæ) arundinosa, XXXVI, 13.

*Cœlius* (M. Rufus, amicus Catulli), ad quem LVIII, et C.

*Colchi*, LXIV, 5.

*Colonia* (urbs incerti situs) de qua XVII.

*Cominius* (homo pravus) ad eum CVIII.

*Conon* (astronomus clarus) LXVI, 7.

*Cornelius* (Nepos), cui Catullus librum suum dicat, I, et forsan CII.

*Cornificius* (amicus Catulli) ad quem XXXVIII.

*Cranon* (oppidum Thessaliæ) LXIV, 36.

*Creta*, LXIV, 82. — Cretum custos (Talus Gigas) LV, 23.

*Crœsus*, CXV, 3.

*Cupido*, LXVIII, 133.

## ONOMASTICUS ET GEOGRAPHICUS.

*Cupidines*, III, 1 ; XIII, 12.
*Cybelle*, LXIII, 9.
*Cyclades*, IV, 7.
*Cycnæus*, cycnæa specula, LXVII, 32, ubi videsis annotationes.
*Cylleneus* (Cyllene, mons Arcadiæ) Cylleneum Pheneum, LXVIII, 109.
*Cyrenæ* (urbs Africæ nobilis) laserpiciferæ, VII, 4.
*Cytorius*, cytorium jugum, IV, 11.
*Cytorus* (mons Paphlagoniæ) buxifer, IV, 13.

### D.

*Dardanius* (Dardanus Trojæ conditor) Dardania urbs, LXIV, 368.
*Daulias* (Philomela, apud nostrum Progne) LXV, 14.
*Delius* (Delus insularum Cycladum media) Delia oliva, XXXIV, 14.
*Delphi*, LXIV, 393.
*Dia* (alias Naxos) LXIV, 52.
*Diana*, ad quam XXXIV.
*Dindymenus*, Dindymena domina (Cybelle) LXIII, 13.
*Dindymus*, XXXV, 14; LXIII, 91.
*Dione* (pro Venere Noster usurpat) LVI, 6.
*Durrhachium* (urbs Macedoniæ) Adriæ taberna, XXXVI, 15.

### E.

*Egnatius* (homo ineptus) in quem XXXIX.
*Emathius* (Emathia vetus Thessaliæ nomen) Emathia ops, LXIV, 325.
*Eous*, Eoa unda (oceanus orientalis) XI, 3.

*Erycina* (Venus, a monte Eryce) ferens curas, LXIV, 72.
*Erythræus* (Erythros regio Africæ) Erythreus pulvis, LXI, 206.
*Etruscus* obesus, XXXIX, 11.
*Eumenides*, LXIV, 193.
*Europa*, LXVIII, 89.
*Eurotas* (Laconiæ fluvius) LXIV, 89.

### F.

*Fabullus* (amicus Catulli) ad quem XIII, et XXVIII.
*Falernum* (nobile vinum) vetulum, XXVII, 1.
*Favonius* (ventus) XXVI, 2.
— tepidus, LXIV, 283.
*Fescennina*, LXI, 127.
*Fides*, XXX, 11.
*Flavius* (amicus Catulli) ad quem VI.
*Formianus* (Mamurra Formiis oriundus) decoctor, XLI, 4; XLIII, 5.
*Formianus* (Formiæ urbs Latii) Formiana macula, LVII, 4. — Formianus saltus, CXIV, 1.
*Fortuna* secunda, LXIV, 222.
*Furius*, XI, XVI, XXIII, XXVI.

### G.

*Gallæ*, LXIII, 12.
*Gallia* Comata, XXIX, 3 — *Galliæ*, XXIX, 21.
*Gallicanus* canis, XLII, 9.
*Gallicus* Rhenus, XI, 11.
*Gallus* (homo libidinosus) de quo LXXVIII.
*Gellius* (fœdus homo) in quem LXXIV, LXXX, XC, XCI, et CXVI.
*Gnosius* (Gnossus urbs Cretæ) Gnosia litora, LXIV, 172.
*Golgus* (urbs Cypri) XXXVI, 14.

*Gortynius* (Gortynia metropolis Cretæ) Gortynia tecta, LXIV, 75.
*Græcus*, Græca pubes, LXVIII, 102.
*Graii*, LXVIII, 109.

### H.

*Hamadryades* Deæ, LXI, 23.
*Harpocrates* (silentii Deus) LXXIV, 4; CII, 4.
*Hebe*, LXVIII, 116.
*Helena*, LXVIII, 87.
*Heliconeus* collis, LXI, 1.
*Hellespontius*, Hellespontia ora, XVIII, 4.
*Hellespontus* rapidus, LXIV, 359.
*Hercules*, LV, 13.
*Heroes*, Deum genus, LXIV, 23.
*Hesperus*, LXII, 20.
*Hiberi* (gens Hispaniæ) IX, 6.
*Hiberus*, Hibera carbasus, LXIV, 227. — præda, XXIX, 20.
*Hibera* urina, XXXVII, 20.
*Hyrcani* (Asiæ populi) XI, 5.
*Hortalus* (amicus Catulli) ad quem LXV.
*Hortensius*, XCV, 3.
*Hydrochoos* (signum Zodiaci) LXVI, 94.
*Hymen et Hymenæus*, LXI, 4 sq. — novus, LXVI, 11.
*Hyperborei*, CXV, 3.

### I.

*Iacchus* florens, LXIV, 252.
*Ida* (mons Phrygiæ) viridis, LXIII, 30.
*Idalium* (nemus in Cypro) sanctum, XXXVI, 12.
*Idomenii* montes, LXIV, 178.
*Idrus* (mons Cariæ) LXIV, 301.
*Iliacus*, Iliaci muri, LXVIII, 86.
*Indi* extremi, XI, 2.
*India* tosta, XLV, 6.
*Indus* dens, LXIV, 48.
*Ionius*, Ionii fluctus, LXXXIV, 11.
*Ipsithilla* (amica Catulli) ad quam XXXII. — dulcis, *ibid.* 1.
*Ituli*, I, 5.
*Itone* (opp. Thessal.) sanctum, LXIV, 228.
*Itylus* (filius Terei) absumptus, LXV, 14.

### J.

*Julia* (nupta Manlio) in cujus nuptias LXI.
*Juno* maxima cælicolum, LXVIII, 138. — Lucina (Diana) XXXIV, 13.
*Jupiter* æstuosus, VII, 5. — maximus, XXXIV, 6. — omnipotens, LXIV, 171. — omnivolus, LXVIII, 140. — secundus, IV, 20. — superus, LV, 5.
*Juventius* (juvenis pulcher) ad quem XXIV, XLVIII, LXXXI et XCIX. — mellitus, XCIX, 1.

### L.

*Ladas* (cursor in Olympiis) LV, 25.
*Lampsacum* (urbs ad Hellespontum) XVIII, 2.
*Lanuvinus* (Lanuvium urbs Latii), ater atque dentatus, XXXIX, 12.
*Laodamia*, amore flagrans conjugis, LXVIII, 74. — pulcherrima, *ibid.* 105.
*Larisseus* (Larissa urbs Thessaliæ) Larissea mœnia, LXIV, 36.
*Larius* (Lar lacus in Orobiis) Larium litus, XXXV, 4.
*Latmius* (Latmus mons Cariæ) Latmia saxa, LXVI, 5.

## ONOMASTICUS ET GEOGRAPHICUS. 569

*Latonia* (Diana) XXXIV, 5.
*Leo* (sidus) sævus, LXVI, 65.
*Lesbia* (amica Catulli) ad eam, V, VII, LI, LXXII, LXXV, XCII, CVII, CIX.
*Lesbius* (forsan Clodius, homo certe impurus) de quo LXXIX.
*Lethæus* gurges, LXV, 5.
*Liber* (avunculus Arrii) LXXXIV, 5.
*Libo* (homo fœdus) LIV, 3.
*Libya*, XLV, 6.
*Libyssinus*, Libyssini montes, LX, 1.
*Libyssus*, Libyssa arena, VII, 3.
*Licinius* vide *Calvus*.
*Ligurius*, XVII, 19.
*Lucina Juno* (Diana) XXXIV, 13.
*Luna*, XXXIV, 16.
*Lycaonius* (Lycaon rex Arcadiæ) Lycaonia virgo (Callisto) LXVI, 66.
*Lydius*, Lydia unda (Lacus Benacus) XXXI, 13.

### M.

*Mænades* hederigeræ, LXIII, 23.
*Mænas*, LXIII, 69.
*Magnus* (Cn. Pompeius) LV, 6.
*Magus*, XC, 1.
*Malius*, Malia lympha (fons in Thermopylis) LXVIII, 54.
*Mamurra* (amicus Cæsaris, homo impurus) XXIX, 3. — pathicus, LVII, 2.
*Manlius* (Aulus Torquatus) in cujus nuptias LXI confectum.
*Marrucini* (populi Italiæ) XII, 1.
*Mavors*, LXIV, 395.
*Medi*, LXVI 45.
*Mela* (fluvius prope Brixiam) flavus, LXVII, 33.

*Memmius* (C. Gemellus, homo nequam) XXIX, 9.
*Memnon*, Æthiops, LXVI, 52.
*Menenius*, LIX, 2.
*Mentula* (nomen fictum, sub quo Mamurram exagitat Catullus) de eo, XCIV, XCV, CXIV, CXV.
*Minois* (Ariadne) LXIV, 60 et 248.
*Minos* (rex Cretæ) magnanimus LXIV, 85.
*Minotaurus* (monstrum a Pasiphae genitum) LXIV, 79.
*Mnemonides* (Musæ) LXIV, 288.
*Musa* Sapphica, XXXV, 17.
*Musæ*, LXV, 3.

### N.

*Naso* (homo impurus) ad quem CXII.
*Nemesis*, L, 20.
*Neptunine* (Thetis) pulcherrima, LXIV, 28.
*Neptunius*, Neptunia vincla (muri Trojæ a Neptuno exstructi), LXIV, 368.
*Neptunus* uterque, XXXI, 3.
*Nereides* æquoreæ, LXIV, 15.
*Nicæa* (urbs Bithyniæ) æstuosa, XLVI, 5.
*Nilus* septemgeminus, XI, 8.
*Nonius* Struma (homo pravus) LII, 2.
*Novum Comum* (urbs in Insubria) XXXV, 3.
*Nymphæ* marinæ, LXIV, 17.
*Nysigena* (Nysa urbs Indiæ), Nysigenæ Sileni, LXIV, 253.

### O.

*Ourion* (Orion sidus), LXVI, 94.
*Occidens*, XXIX, 12.

*Oceanus* altus, LXVI, 68. — Nympharum genitor, LXXXVIII, 6.

*OEtæus* (OEta mons Thessaliæ) OEtæi ignes, LXII, 7. — *OEtææ* Thermopylæ, LXVIII, 54.

*Olympus* ( Mons Thessaliæ, pro cælo usurpat Catullus) LXII, 1.

*Otho* (homo illepidus) LIV, 1.

## P.

*Parcæ*, LXIV, 307,

*Paris*, LXVIII, 103.

*Parnassus* (Mons in Phocide), LXIV, 391.

*Parthi* sagittiferi, XI, 6.

*Pasithea* (Gratiarum una), LXIII, 43.

*Pegaseus* volatus, LV, 24.

*Peleus* Thessaliæ columen, LXIV, 26.

*Peliacus* (Pelion mons Thessaliæ) vertex, LXIV, 1.

*Pelion*, LXIV, 279.

*Pelops* perjurus, LXIV, 347.

*Penelopeus* (Penelope uxor Ulixei) Telemachus, LXI, 229.

*Peneos* ( Thessaliæ fluvius ) LXIV, 286.

*Persa*, XC, 4.

*Perseus* pennipes, LV, 25.

*Persicus*, Persicum haruspicium, XC, 2.

*Phaethon* flammatus, LXIV, 292.

*Pharsalia* ( regio Thessaliæ ) LXIV, 37.

*Pharsalius*, Pharsalia tecta, LXIV, 37.

*Phasis* (fluvius Colchidis) LXIV, 3.

*Pheneum* (urbs Arcadiæ) Cylleneum, LXVIII, 109.

*Phœbus*, LXIV, 300.

*Phrygius* judex (Paris) LXI, 18.

— Phrygia domus, LXIII, 20. — *Phrygium* nemus, LXIII, 2. — *Phrygii* campi, XLVI, 4. — rivi, LXIV, 345.

*Phryx* tibicen, LXIII, 22.

*Phthioticus* (Phthiotis regio Thessaliæ) Phthiotica Tempe, LXIV, 35.

*Pimplæus* (Pimpla fons Bœotiæ) mons, CV, 1.

*Piræus* ( Athenarum portus ) LXIV, 74.

*Pisaurum* ( oppidum Umbriæ) LXXXI, 3.

*Piso* (L. Calpurnius) XXVIII, 1.

*Pollio* (Asinius) XII, 6.

*Pollux*, LXVIII, 65.

*Polyxenius* (Polyxena Priami filia) Polyxenia cædes, LXIV, 369.

*Ponticus* (Pontus regio Asiæ) sinus trux, IV, 9. — *Pontica* præda, XXIX, 19.

*Porcius* (homo pravus) ad quem XLVII.

*Posthumia* (mulier vinolenta) XXVII, 3.

*Posthumius*, LXVII, 35.

*Priapus* XVIII. — Verpus (Piso) XLVII, 4.

*Prometheus* sollerti corde, LXIV, 295.

*Propontis*, IV, 9.

*Protesilaeus* ( Protesilaus dux Græcus Trojano bello ) Protesilæa domus, LXVIII, 74.

## Q.

*Quintia* (puella formosa, sed insulsa) de qua LXXXVI.

*Quintilia* (Calvi amica) XCVI, 6.

*Quintius* (sodalis Catulli) ad quem LXXXII.

# ONOMASTICUS ET GEOGRAPHICUS.

## R.

*Ravidus* (Catulli rivalis) ad quem XL). — misellus, *ibid.* 1.
*Remus*, XXVIII, 15.
*Rhamnusia* virgo (Nemesis a Rhamnunte pago), LXIV, 396; LXVI, 71; LVIII, 77.
*Rhenum* gallicum, XI, 11.
*Rhesus* (rex Thraciæ), LV, 26.
*Rhodus* nobilis, IV, 8.
*Rhœteus* (Rhœteum promontorium in Troade), Rhœtea litora, LXV, 7.
*Roma*, LXVIII, 34.
*Romulus*, XXVIII, 15. — cinædus (Cæsar), XXIX, 5, 10; XXXIV, 23; XLIX, 1.
*Rufa* (fœmina infimi pretii) Bononiensis, LIX, 1.
*Rufulus*, LIX, 1.
*Rufus* (homo fœdus) ad quem LXIX.
*Rufus* (falsus amicus) ad quem LXXVII.

## S.

*Sabinus* (Italiæ populus) XXXIX, 10.
*Sabinus*, Sabinum fundum, XLIV, 1.
*Sacæ* (populi Scythiæ proximi) XI, 6.
*Sætabus* (Sætabum urbs Hispaniæ) Sætaba sudaria, XII, 14; XXV, 7.
*Salisubsuli* (Salii Martis sacerdotes) XVII, 6.
*Sapphicus* (Sappho poetria), Sapphica Musa, XXXV, 16.
*Saturnalia* optimus dierum, XIV, 15.
*Satyri* Nysigenæ, LXIV, 253.
*Scamandrus* (fluvius in Troade) LXIV, 358.
*Scylla* latrans, LX, 2. — vorax, LXIV, 156.
*Scyros* (insula in Ægæo mari) LXIV, 35.
*Septimius*, XLV, 1.
*Serapis*, X, 26.
*Sextianus* conviva, XLIV, 10.
*Sextius* (homo insulsus) XLIV, 20.
*Sileni* Nysigenæ, LXIV, 253.
*Silo* (leno) ad eum CIII.
*Simonideus* (Simonides, philosophus) Simonideæ lacrimæ, XXXVIII, 8.
*Sirmio* (peninsula in lacu Benaco) venusta, XXXI, 12.
*Smyrna* (Cinnæ poema) XCV, 5.
*Socration*, ad quem XLVII.
*Sol*, LXIII, 39.
*Somnus*, LXIII, 42.
*Struma* Nonius, LII, 2.
*Stymphalius* (Symphalus palus Arcadiæ) Stymphalia monstra, LXVIII, 113.
*Suffenus* (malus poeta) XIV, 19.
*Sulla* (Corn. Epicadus, libertus) XIV, 9.
*Syriæ*, XLV, 22.
*Syrius*, Syrium olivum, VI, 8.
*Syri* aperti, XXXVI, 12.
*Syrtis*, LXIV, 156.

## T.

*Tagus* (Lusitaniæ fluvius) aurifer, XXIX, 20.
*Tappo* (homo pathicus) CIV, 4.
*Taurus* mons, LXIV, 105.
*Telemachus* (filius Ulyssis) Penelopeus, LXI, 229.
*Tempe* (regio Pelasgidis) Phthiotica, LXIV, 35. — viridantia, *ibid.* 286.

*Tethys*, LXIV, 29. — cana, LXVI, 70. — ultima, LXXXVIII, 5.

*Teucrus* sanguis, LXIV, 345.
*Thalassius* (Hymen), LXI, 134.
*Thallus* (homo libidinosus) ad quem XXV. — cinædus, *ibid*.
*Themis*, LXVIII, 153.
*Thermopylæ* OEtææ, LXVIII, 54.

*Theseus*, LXIV, 53.
*Thespius* (Thespiæ urbs Bœotiæ) Thespia rupes Helicon, LXI, 27.
*Thessalia*, LXIV, 26.
*Thessalus*, Thessala pubes, LXIV, 268.
*Thetis* Neptunine, LXIV, 28.
*Thia* (Solis mater), LXVI, 44.
*Thracia* horrida, IV, 8.
*Thyades* evantes, LXIV, 392.
*Thynia* (Asiæ regio) XXXI, 5.
*Thynus*, Thyni catagraphi, XXV, 7.

*Thyonianus* (Thyone Bacchi mater) merus, XXVII, 7.
*Tibur* (Italiæ populus) XXXIX, 10.

*Tiburs* fundus, XLIV, 1.
*Torquatus* v. Manlius.
*Transpadanus*, XXXIX, 13.
*Trivia* (Diana) LXVI, 5. — potens, XXXIV, 15.
*Trinacrius*, Trinacria Sicilia, Trinacria rupes (Ætna) LXVIII, 53.
*Triton* (lacus Thraciæ) rapidus, LXIV, 396.
*Trivia*, XXXIV, 15; LXVI, 5.
*Troja* infelix, LXVIII, 99. — nefas, LXVIII, 89. — obscena, LXVIII, 99.
*Trojugenæ*, LXIV, 356.
*Trojus*, Troja tellus, LXV, 7.
*Tyrius* torus, LXI, 172.

*Tyro* (filia Salmonei) LXIV, 309.

## U.

*Umber* (populus Italiæ) pastus, XXXIX, 11.
*Urania* (Musa) LXI, 2.

## V.

*Varus* (Alphenus Varus) X, 1 ad quem, XXII et XXX.
*Vatinianus*, Vatinianum odium, XIV, 3. — *Vatiniana* crimina, LIII, 2.
*Vatinius* (homo fatuus) LII, 3.
*Veneres*, III, 1.
*Venus* bona, LXI, 44. — ponto creata, XXXVI, 11. — sanguinis expers, LXVI, 90. — sancta, LXVIII, 5.
*Verannius* (amicus Catulli) ad quem XI et XXVIII. — optimus, XXVIII, 3.
*Verona* (urbs Galliæ Togatæ) XXXV, 3.
*Veronensis*, C, 2.
*Veranniolus*, XLVII, 3. Vid. *Verannius*.
*Vesper*, LXII, 1.
*Vettius* (L. homo putidus) LIV, 2; ad eum XCVIII.
*Vibennii* (homines nequam) ad eos XXXIII.
*Virro* (libidinosus homuncio) ad quem LXXI. — misellus, LXXX, 7.
*Volusius* (malus poeta) de quo XXXVI.

## Z.

*Zephyritis* (Arsinoe, a marito Zephyro) LXVI, 57.
*Zephyrus*, XLVI, 3.

# INDEX TERTIUS
## IN
## ANNOTATIONES
### ET
## VARIETATEM LECTIONIS.

### A.

A pro *Ah* a librariis scriptum, LXI, 46.

*Abducere* et *adducere* permutantur, LXXV, 5.

*Abesse* et *abisse* perm. LXVIII, 85.

*Abire* pro *obire* dicunt Romani, LXVI, 2.

*Ac* et *ad* perm. LXI, 31.

*Adspicere* et *accipere* permut. LXVIII, 13.

*Adulterii* pœna, XV, 18.

*Ædes* et *sedes* perm. LXIV, 48.

*Æternus* et *alternus* perm. CIX, 6.

*Alis* pro *alius*, *alid* pro *aliud*, LXVI, 28.

*Alter — ille* pro *alter — alter*, LVII, 4.

*Amaracus*, LXI, 7.

*Amastris*, IV, 13.

*Amathusia* (Venus), cur duplex? LXVIII, 51.

*Amor* impotens quid? XXXV, 12.

*Amoris* declarandi formulæ ab oculis petitæ, III, 5.

*Amphitryoniades* cur falsiparens, LXVIII, 112. — Pheneum paludibus liberat, *ibid*.

*Ancon*, XXXVI, 13.

*Androgeus*, ej. fabula, LXIV, 77.

*Angustus* et *augustus* permut. LXIV, 80.

*Animæ* defunctorum Oceanum tranaturæ creditæ, LXVI, 63.

*Antimachus* Thebaida scripsit, XCV, 10.

*Antius* (C. Restio) XLIV, 11.

*Anus* adjective, IX, 4; LXVIII, 46.

*Aqua* marina scelera expiantur, LXXXVIII, 6.

*Arabes* cur molles? XI, 5.

*Arbores* ducunt familiam, IV, 15. — genus jactant, LXIV, 1. — infelices, XXXVI, 8. — iis tribuitur vox, IV, 12.

*Arsinoe* sub Chloridis nomine ab Ægyptiis culta, LXVI, 54. — unde zephyritis dicta sit? LXVI, 57.

*Asia* palus, LXI, 22.

*Asinius* Pollio, XII, 6.

*Atalanta*, duæ fuerunt ejusdem

nominis quæ sæpe confunduntur, II, 11.

Athos mons, LXVI, 44.
Atqui et atque perm. LXVI, 25.
Atys, ejus fabula, LXIII, Arg.
Aurelius, XI, 1.
Aut abest in formula aut nihil aut paullo, LXVIII, 131.
Avertere in malam partem, LXIV, 5.
Aves in deliciis habitæ, II, Argument.

## B.

Bacchantes vitulos et juvencos discerpere soliti, LXIV, 258.
Barathrum quid? LXVIII, 108.
Batti sepulcrum, VII, 6.
Battiades Callimachus unde sic dictus? LXV, 16.
Bellus quis dicatur? LXXVIII, 3.
Benacus, ejus undæ cur Lydiæ dicantur, XXXI, 13.
Berenice, ejus fabula, LVI, Argum. — ejus coma in sidus versa, ibid. — quem in cælo locum teneat, ibid. 65.
Bootes cur tardus? LXVI, 67.
Brixia mater Veronæ, LXVII, 34.

## C.

Cachinnus ad undarum strepitum translatus, LXIV, 274.
Cadavera, eorum dilaniatio nefas habita, CVIII, 4.
Cæcilius, XXXV, 1.
Cæsaris monumenta, XI, 10.
Calvus (C. Lic.) XIV, Argum.
Campus minor, LV, 3.
Canis impudentiæ imago, XLII, 16.
Capillus de omni pilorum genere dicitur, XXV, 1.
Capsula quid? LXVIII, 36.

Carbonibus fores inimicorum notatæ, XXXVII, 10.
Carchesia mali quid? LXIV, 236.
Castor et Pollux, eorum templum, XXXVII, 2.
Catagraphi Thyni, XXV, 7.
Catullus emendatur:

| | |
|---|---|
| X, 26. | II, 7. |
| XVII, 15. | VI, 12. |
| XIX, 5. | VIII, 19. |
| — 20. | XIV, 17. |
| XX, 3. | XV, 2. |
| XXXIX, 17. | XVIII, 2. |
| LVII, 8. | XIX, 7. |
| LXI, 158. | XXV, 5. |
| LXI, 206. | XLI, 7. |
| LXII, 14. | LXIII, 9. |
| LXIV, 229. | LXIV, 94. |
| — 243. | — 310. |
| LXVIII, 52. | — 409. |
| — 110. | LXV, 23. |
| — 112. | LXVI, 7. |
| — 155. | LXVI, 21. |
| — 157. | — 55. |
| LXXVI, 11. | — 65. |
| XCVII, 7. | — 77. |
| CII, 3. | — 79. |
| | LXVII, 6. |
| | — 20. |
| | LXVIII, 131. |
| | — 132. |
| | — 143. |
| | LXXVI, 5. |
| | CVII, 3. |
| | CXIII, 1 et 2. |

Celtiberi et Hispani capillum alere soliti, XXXVII, 17.
Cinerarii qui? LXI, 138.
Cinis fœminino genere usurpatur, LXVIII, 89.
Cinna, XCV, 1.
Circus maximus, LV, 4.
Cistæ in Orgiis portatæ, LXIV, 260.
Chiron immortalis, LXIV, 280.
Chloridos ales equus, LXVI, 54.

*Cælius* (M. Rufus) LVIII, 1.
*Cœna* rogo imposita a pauperioribus diripi solita, LIX, 3.
*Colonia*, XVII.
*Commodus* quid? X, 26.
*Comparatio* amoris conjugalis cum vite arbori inhærente, LXI, 106. — frigescentis cum flore succiso, XI, 21. — flammæ rutilantis cum crinibus, LXI, 76. — magni numeri cum aristis, XLVIII, 5. — puellæ cum hœdis, XVII, 15. — myrto, LXI, 21. — Venere, LXI, 98. — cum uvis, XVII, 16.
*Componi*, verbum in re funebri usitatum, LXVIII, 98.
*Concubinus* nuptæ jusso tondetur, LXI, 138.
*Consecutio* temporum neglecta, LXIV, 126.
*Conturbare* de decoctoribus dicitur, V, 11.
*Cornu* aduncum Phrygiæ tibiæ junctum, LXIV, 264.
*Corpus* pro *pectus* a librariis substitutum, LXIV, 221.
*Corruere* active pro prosternere dicitur, LXVIII, 52.
*Credere* et *tradere* sæpe perm. LXVII, 9.
*Crepidæ* carbatinæ, XCVIII, 4.
*Cybelle*, LXIII, Argum.
*Cycnea* arx, LXVII, 32.
*Cyrene*, VII, 4.
*Cytorus*, IV, 13.

## D.

*Daulias* Progne unde sic dicta, LXV, 14. — dissensus in ejus fabula, *ibid.*
*De* die pro multa adhuc die, XLVII, 6.
*De* et *Di* in verbis compositis sæpissime perm. LXIV, 208.
*Dedere*, LXI, 59.

*Deprecor* casui tertio jungitur, CIII, 3.
*Deprendi*, LVI, 5.
*Desiderium* puella dicitur, II, 5.
*Despuendi* omen malum mos, L, 19.
*Destinatus*, VIII, 19.
*Diana* cur οὐρανία et ὀρεσκόμος dicta? XXXIV, 9. — Trivia, XXXIV, 13. — ei tribuitur cura frugum, XXXIV, 17. — Sancta mater Σώτειρα et πολιοῦχος dicta, XXXIV, 21.
*Dii* litorales qui, IV, 22.
*Diligere* et amare quomodo differant, LXXII, 4.
*Dindymus*, LXIII, 2.
*Dixerit* pro *dixisse* videtur, LXXXIV, 6.
*Dispicere*, LXVI, 1.
*Dissidium* et *discidium* quomodo differant, LXVI, 22.
*Dominæ* vocantur puellæ et uxores, LXI, 31.
*Ducere* et *dicere* perm. LXVIII, 8. — *Ducebat* et *dicebat*, VIII, 4.
*Dum* et *cum* perm. LXIV, 389.
*Durrachium*, XXXVI, 15.

## E.

*Eoa* unda, XI, 3.
*Epithalamium* quid? LXI, pag. 178.
*Es* et *est* perm. LXVII, 6.
*Etrusci* unde obesi, XXXIX, 11.
*Expromere* et *exponere* perm. LXV, 3.
*Externus* et *extremus* permut. LXVIII, 100.

## F.

*Faces* in pompa nuptiali prælatæ, LXI, 15.
*Facta* et *fata* permut. LXV, 9.

*Fescennina* locutio, LXI, 127.
*Fides* Dea, XXX, 11.
*Flagitare* cum duobus casibus quartis, LV, 8.
*Flagrare* et *fragrare* permut. LXVIII, 144.
*Flammeum*, LXI, 8.
*Flos* de juvenili ætate, XVII, 14; XXIV, 1.
*Fors* et *sors* perm. LXIV, 367.
*Fucus* et *succus* perm. LXIV, 49.
*Furiosorum* cura a propinquis suscipienda, XLI, 5.
*Furius*, XI, 1.

## G.

*Galli* fœminino genere inducuntur, LXIII, 12.
*Gallia* comata, XXIX, 3.
*Galliambicum* metrum, LXIII, pag. 209.
*Genæ* fletu tumidæ, III, 18.
*Gentiles* qui? LXVIII, 123.
*Genus* pro *filius*, LXII, 2.
*Golgus*, XXXVI, 14.

## H.

*H* positionem efficit, LXII, 4; LXIV, 20.
*Harpocrates*, ejus fabula, LXXIV, 4.
*Hecates* cœna in triviis ad diripiendum proposita, XLVII, 7.
*Hellespontus* ostreis abundans, XIII, 4.
*Hiberi*, IX, 6.
*Hippomenes*, ei nupsit Atalanta, II, 11.
*Hircani*, XI, 5.
*Horatii* lectio vetus defensa, XIX, 4.
*Horatio* vetus lectio adserta, LXVI, 55.
*Hostia* προσγάμεια, LXVIII, 76.

*Hostias* majoribus tantum Diis immolare licebat, XIX, 15.
*Hymni* in Apollinem et Dianam a pueris et puellis decantati, XXXIV, Argum.

## I.

*Idalium*, XXXVI, 16.
*Idomenæ* duæ, LXIV, 178.
*Idrus*, LXIV, 301.
*In* superfluum, LV, 14.
*Incessus* meretricum turpis, XLII, 8.
*Inchoare*, XXXV, 13.
*Indomitus* dicitur de fœminis intactis, LVIII, 118.
*Infinitivus* gerundii loco substantivo jungitur, LXII, 3.
*Insto* inservit paraphrasi, LXVI, 50.
*Invictus* et *invitus* perm. LXIV, 204.
*Ipsulæ*, XVII, 6.
*Ira* ad mare translata, IV, 9.
*Irredivivus* pro *irreparabilis*, XVII, 3.
*Itone*, LXIV, 228.
*Itylus*, LXV, 14.

## J.

*Jam* et *tam* perm. LXIII, 77.
*Junctus* et *vinctus* perm. LXI, 68.
*Jupiter* unde ούριος, IV, 20.
*Labans* et *labens* perm. LXIII, 37.

## L.

*Labor*, XXXI, 11.
*Ladas*, LV, 25.
*Lampsacum*, XVIII, 2.
*Languor* labans quid? LXIII, 37.

# ET VARIETATEM LECTIONIS. 577

*Lanuvium*, XXXIX, 12.
*Laodamia*, ejus fabula, LXVIII, 74.
*Larissa*, LXIV, 36.
*Laserpicium*, VII, 4.
*Latera* usu Veneris exhausta, VI, 13.
*Levis* et *lenis* perm. LXIV, 318.
*Libelli* pro tabernis librariis, LV, 4.
*Libido* in bonam partem, XVII, 5.
*Librorum* partes et ornamenta, XXII, 5.
*Librorum* praelectio ante editionem, XLIV, 21.
*Liguri* fossa, XVIII, 19.
*Limen* tangere malum omen, LXI, 166.
*Livius* explicatus, XXX, 2; XXXI, 7.
*Lucina*, XXXIV, 13.
*Ludi* in Jovis honorem, LXIV, 388.
*Lumen* et *limen* perm. LXIV, 272; LXVI, 7.
*Lunae* amor in Endymionem, LXVI, 5.
*Luteum* et *lacteum* perm. XIX, 11.
*Luteus* quid? LXI, 194. — color laetitiae index, LXI, 10.
*Lympha* et *Nympha* perm. LXI, 29.

## M.

*Maculae* animi in vita contractae post mortem quoque conspiciendae, LVII, 3.
*Maenades* pro *Gallis*, LXIII, 23.
*Magi* ex concubitu matris cum filio procreandi, XC, 4.
*Magistri* convivii, XXVII, 3.
*Malia* lympha, LXVIII, 54.

*Malum* gratum puellis ab amatoribus munusculum, LXV, 19.
*Mane*, imper. ultima correpta, X, 24.
*Manere* cum casu tertio, VIII, 15.
*Manlius* (Aulus Torquatus), LXI, 177.
*Mare* pro abundantia rei cujusdam, CXV, 2.
*Marrucinorum* fides, XII, 1.
*Membranae* publicandorum librorum laevigantur, I, 2.
*Memmius* (C. Gemellus) ejus nequitia, X, 12.
*Mihi* superfluum, XXIV, 4.
*Millia* facere, V, 10.
*Minerva* cur γλαυκῶπις? XLV, 7. — cur patrona virgo? L, 8. — πολιοῦχος, LXIV, 8.
*Minos* cur injustus? LXIV, 75.
*Minotaurus*, in eo depingendo et describendo variant nummi et auctores, LXIV, 79.
*Modus* adversarium invadendi, CXVI, 7.
*Morbus* pro *vitio*, XXXIX, 7.
*Mos* mortuos januam versus collocandi, LXVII, 6.
*Mucus* et pituita quomodo differant, XXIII, 17.
*Mugiles*, XV, 19.
*Munera* Saturnalibus oblata, XIV, 4.
*Musae* omnes fere sobolem produxere, LXI, 2.
*Mutare* et *mulctare* perm. XII, 8.

*Myrtus* Asia, LXI, 22.

## N.

*Nam* et *enim*, non verisimile ea verba permutata esse, X, 26.
*Natorum* cum patre similitudo

maternæ castitatis specimen, LXI, 121.

*Ne* et *nec* perm. LXIV, 83; LXVIII, 43.

*Nefas* adjective dicitur, LVIII, 88.

*Nemesis*, L, 20.
*Neptunus* duplex, XXXI, 3.
*Nilus*, XI, 4.
*Nomina* Deorum pro eorum templis, X, 26.
*Non — sed* pro *non modo — sed etiam*, XLIV, 20.
*Novum Comum*, XXXV, 3.
*Nox* et *vox* perm. LXIII, 21.
*Nuces* jactandi mos, LXI, 128.
*Numen* et *nomen* perm. LXIV, 134; LXVI, 7. — *numen* et *lumen*, ibid., *numen* et *munus*, ibid.
*Nunc* et *non* perm. LXVI, 21.
*Nuptæ* corollis cinctæ, LXI, 6.
*Nutare* de arboribus cunctis, non tantum conigeris, LXIV, 289.

## O.

*Obscenus* pro detestabilis, LXVIII, 99.
*Oculi* nigri pars pulchritudinis, XLIII, 2. — ebrii, XLV, 11. — tumidi fletu, III, 18. — eorum osculatio intimi amoris signum, IX, 7.
*Offirmare* se, LXXVI, 11.
*Olim* adjectivo arcte jungitur, XCVI, 4.
*Omentum* Diis adoletum, XC, 6.
*Onyx* vasculum interdum significat, LXVI, 83.
*Oraculum* Jovis Hammonis, VII, 5.
*Orcus* omnia bella devorat, III, 14.

*Orgia* unde sic dicta, LXIV, 260.
*Oris* et *aris* perm. LXIV, 132.

## P.

*Pallii* usus in cœnis, XXV, 6.
*Parthi*, XI, 6.
*Pedes* lavare mulieres viris solebant, LXIV, 162.
*Pegasus*, LV, 24.
*Peliacus* vertex, LXIV, 1.
*Perculi* et *pertuli* perm. LXVIII, 114.
*Perducere* et *producere* perm. CIX, 6.
*Persei* alata talaria, LV, 25.
*Pes* exiguus pars pulchritudinis, XLIII, 2.
*Pes* in navigiis quid? IV, 21.
*Petitor*, XLIV, 11.
*Phædri* locus explic. LIV, 5.
*Phaselus*, IV, 1.
*Philoxenus* Dionysii carminibus excruciatur, XLIV, argum.
*Pila* cuilibet tabernæ apposita, XXXVII, 2.
*Pisaura* sedes moribunda cur? LXXXI, 3.
*Piso* (Cn. vel L. Calpurn.), XXVIII, 1.
*Platanus* in deliciis habita, LXIV, 291.
*Plauti* locus explic. LV, 6.
*Ploxemus*, XCVII, 6.
*Plusquamperfectum* et Imperfectum junguntur, LXVI, 35.
*Poetæ* impii, XIV, 7.
*Polyxena*, LXIV, 369.
*Pompeius* simpliciter Magnus vocatur, LV, 6. — ejus theatrum, ibid.
*Pontica* Cæsaris præda, XXIX, 19.
*Ponticus* sinus, IV, 9.

*Pontus* ob materiam navibus aedificandis aptam celebrata, IV, 10.

*Posthumia*, XXVII, 3.

*Potens* et impotens in amore, VIII, 9.

*Praepositiones* neglectae, XXXVII, 10.

*Praetextati* nuptam domum deducentes, LXI, 81.

*Prendere* quid? LV, 7.

*Pretium* pro dispendio, LXXVII, 2.

*Priapus* navigationis praeses, XVII, 2.

*Pro* et *prae* perm. LXIII, 383.

*Propontis*, IV, 9.

*Pueri*, ita viri juvenesque vocantur, XII, 9.

*Pugillares*, XLII, 5.

## Q.

*Quamvis* pro valde, admodum; XII, 5. — pro quantumvis, CIII, 2.

*Que* — *que* pro *tam* — *quam*, LVII, 2.

*Qui* pro *quo*, LXII, 20.

*Quid* et *quod* perm.

*Quisquis* pro *quisque*, LVIII, 28.

*Quotidianus* prim. producitur, LXVIII, 39.

*Quum* et *quam* perm. LXVI, 23.

## R.

*Recoctus* senis, LIV, 5.
*Reddere* pro *dare*, LXVI, 37.
*Rhamnusia* virgo, LXVI, 71.
*Rhesi* equi.
*Rhodus*, IV, 8.
*Romulus*, vocatur Julius Caesar, XXIX, 5.

## S.

*Sacae*, XI, 6.
*Saetabis*, XII, 14.
*Salaputium*, LIII, 5.
*Salinum* a veteribus purissime conservatum, XXXIII, 19.
*Salisubsuli*, XVII, 6.
*Sallustius* emendatus, XXIX, 2
*Saltatio* pompa nuptiali instituta, LXI, 14.
*Saturnalia*, XIV, 15.
*Scelerati* a feris potissimum pet creduntur, XLV, 7.
*Scyllae* duae fuere, quarum μῦθοι confunduntur, LX, 2.
*Scyros*, LIV, 35.
*Sed* et perm. LXVI, 22.
*Sedere* in malam partem, LXVI, 22.
*Sensit* et sanxit perm. LXIV, 21.
*Serapidis* templum, X, 25.
*Sestiana* dicta, LXIV, 10.
*Sidera* supra montes orientia et occidentia, LXII, 7.
*Sileni* Nysigenae, LXIV, 253.
*Sinistrae* usus in furando, XII, 1.
*Sirmio*, XXXI, 1.
*Smyrna* poema Cinnae, ejus argumentum, XCV, 1.
*Solea* mulierum, LXVIII, 72.
— *Soleae* equorum ungulis non clavis adfixae, sed tantum alligatae, XVII, 26.
*Sperare* pro timere, LXIV, 140.
*Sponsae* invitae raptae, LXI, 3.
*Sternutamenta* omnia fausta et infausta, XLV, 8.
*Struma* Nonius, LII, 2.
*Stymphalia* monstra, LXVIII, 113.
*Suetonii* locus expl. XXIX, argument.

*Sulla* (Corn. Epicadus), XIV, 9.
*Syri*, XXXVI, 12.

## T.

*Tacitus* et *clamare* de rebus inanimatis, VI, 7.
*Tamen* post voces *etsi* vel *quanquam* omitti solet, LXVI, 75.
*Tempe* unde Phthiotica, LXIV, 35.
*Tempus* (pars capitis) singulari mero, LXI, 162.
*Tener* feminino genere, XX, 14.
*Terentius* explic. XXIII, 5.
*Terra* corporibus defunctorum injicienda, LXIV, 153.
*Texere* de navibus, LXIV, 10.
*Thallus*, XXV, argum.
*Theocriti* locus expl. XI, 21.
*Thetis* num lubens nupta sit Peleo, LXIV, 20. — *Thetis* et *Tethys* quomodo differant, LXVI, 20.
*Thracia*, IV, 8.
*Thyonianus* cur Bacchus dictus, XXVII, 6.
*Tibullus* emend. et expl. LIX, 3.
*Tiburtinus* ager, XLIV, 1.
*Tortus* et *totus* perm. LXIV, 13.
*Trinacria* unde Sicilia, LXVIII, 53.
*Tuba* pro *tibia*, LXIII, 9.
*Tum* et *cum* perm. LXIV, 19, 20.
*Tunc* et *nunc* perm. LXVI, 24.

## U.

*Ululare* de querentibus pariter ac de gaudentibus dicitur, LXIII, 24.
*Unanimus* et *unanimis*, *exanimis* et *exanimis*, *inermus* et *inermis* saepe perm. X, 4.
*Unguentis* lectuli inungi soliti, VI, 8. — eorum usus in conviviis, XIII, 10.
*Unus* et *imus* perm. LXI, 171. — *Unus* pro *totus* plane is qui esse debet, LXI, 171; XXII, 10. — Cf. Cicero de Leg I, 2.
*Uria*, XXXVI, 12.
*Urina* dentes defricant Celtiberi, XXXIX, argum. et 18.
*Ustor*, LIX, 5.
*Ut* et *ad* perm. LXVI, 21; LXVIII, 84.

## V.

*Varrus*, X, 1.
*Vatinius*, LII, 3. — omnium bonorum in eum odium, XIV, 3.
*Velle* abundat, LXIV, 138.
*Veneres* Cupidinesque cur ad exsequias citentur? III, 2.
*Venti* comparantur cum equis, equitantes et alati finguntur, LXVI, 54.
*Venus* Appia, XXXVI, 12. — ποντογενὴς et ἀπόσπορος θαλάσσης, XXXVI, 11. — ad ejus aram sanguinem fundere nefas habitum, LXVI, 91. — ejus tactu omnia fiunt immortalia, LXVI, 56.
*Venustas*, LXXXVII, 3.
*Versiculi* a librariis ob repetitionem verbi omissi, XLIX, 6.
*Vestes* rarae muneri puellis datae, LXIX, 3.
*Vexare* et *versari* perm. LXIV, 80.
*Vibennii*, XXIII, argum.
*Victus* et *vinctus* perm. LXIV, 125.
*Vinciendi* notio ad amorem translata, LXI, 33.

# ET VARIETATEM LECTIONIS.

*Virgilius* expl. et emend. LXVI, 54. — ejusd. locus expl. L, 6; LXVI, 54. — *Virgilio* vetus lectio adseritur, XXXVII, 1.

*Visere* ad aliquem, X, 1.

*Volusii* annales, XXXVI, 1.

## Z.

*Zonam* quam ob causam virgines gerant, II, 13. — soluta, LXI, 53.

# DISSERTATIO
## DE
# MANLII ET JULIÆ
## EPITHALAMIO
### ET
## VERSIO GALLICA EJUSDEM CARMINIS.

Quum hujus Bibliothecæ Classicorum Latinorum edendæ præses diligentissimus me dissertatiunculam de Manlii et Juliæ epithalamio Gallice habuisse, et idem carmen versibus vernaculis transtulisse audisset, vehementer a me efflagitare cœpit, ut vellem utrumque huic Catulli editioni addere. Quod magnopere vereor ne onerare magis, quam, ut ille autumat, ornare librum videatur; sed utcumque casura res est, munus amice petenti negare non valui.

J. N.

# DISSERTATION
## SUR
# L'ÉPITHALAME.

Je crois qu'on peut désigner le poème fait à l'occasion du mariage de Manlius avec Julie, par le titre d'*épithalame*, nonobstant la réclamation de Muret, qui soutient qu'on ne doit qualifier ainsi, que l'hymne chanté par un chœur de jeunes filles à la porte de la chambre nuptiale (ἐπὶ, θάλαμος). Ce docte commentateur veut, ce me semble, trop presser le sens de l'étymologie. Il est vrai que les modernes érudits se sont évertués quelquefois à multiplier les subdivisions et les noms, sans rien ajouter aux idées, ni à la poésie; ils distinguent un épithalame proprement dit, qu'ils partagent en deux espèces, celui du soir ou du coucher (κατακοιμητικὸν), celui du matin ou du lever (διεγερτικὸν); puis un autre, appelé *scholion* (amusement), chanson des convives à la fin du repas; puis un autre intitulé *hymenæum*, contenant des préceptes sur le mariage; puis un autre sans nom, dans lequel on décrivait la pompe nuptiale; puis un cinquième, espèce d'hymne en l'honneur des époux. Nous ne finirions pas, si nous voulions parcourir ce savant dédale; il nous suffira qu'un poème soit spécialement consacré à célébrer un mariage, pour que nous l'appelions en général épithalame, comme celui de Catulle.

Deux grandes familles associaient leur puissance et leur gloire par ce lien conjugal; le mari avait les Torquatus pour ancêtres (v. 216); Julie, son épouse, sortait de la maison Aurunculeïa (v. 87). Mais d'autres idées devaient encore mieux inspirer le poète; Manlius était son bienfaiteur et son ami; Julie était jeune et belle ; ou bien il faudrait croire que Catulle eût étrangement abusé de la licence des fictions poétiques dans l'éloge qu'il faisait de ses charmes; et, en ce cas, une telle exagération aurait été maladroite, et aurait pu passer pour une dérision. Il vaut donc mieux penser, pour l'honneur de l'héroïne et surtout de Catulle, qu'il a dit la vérité.

Plusieurs critiques, tout en rendant hommage aux perfections du style de ce poème, sont disposés à contester à l'auteur le mérite de l'invention, et même celui de la composition. Catulle, disent-ils, s'appliqua toujours à imiter et même à copier les Grecs; Sapho était son modèle de prédilection; Sapho s'est rendue célèbre par ses épithalames, comme par ses odes; justement Catulle a pris ici un mode lyrique; de plus, il substitue l'acclamation grecque d'hyménée aux acclamations de Thalassius; on conclut de tout cela, qu'il a traduit un ouvrage de Sapho.

Il me semble que c'est se décider par des argumens un peu légers, pour enlever à un auteur sa propriété. Les épithalames de Sapho n'existent plus; on n'a donc nulle pièce de conviction, et l'on ne peut que hasarder des conjectures. Je ferai aussi les miennes.

Que Catulle, imbu des poésies grecques, ait trouvé les chants nuptiaux des latins trop secs et trop grossiers, en comparaison de ceux qu'avaient fait entendre la muse Lesbienne, et Stésichore, et Théocrite; que leur exemple lui ait suggéré l'heureux dessein d'introduire le Dieu d'hymen, si gracieux et si aimable, dans un mariage romain; qu'il leur doive plusieurs images agréables, plusieurs traits brillans; nous n'osons pas le nier; quoique, à l'exception du cri : o hymen! o hyménée, on ne puisse dire positivement, avec la moindre certitude, quelle strophe, quelle phrase, quelle expression il a empruntée. Mais comment soutenir, que ce n'est pas lui qui a conçu l'idée générale de son poème? On a plutôt des motifs d'adopter l'opinion contraire. Beaucoup de cérémonies du mariage romain sont dépeintes, ou indiquées par des allusions, et cet épithalame se recommanderait déja comme un monument précieux d'antiquité par l'instruction qu'il fournit sur une partie importante des mœurs privées des Romains, quand il ne serait pas un des tableaux les plus charmans et les plus achevés, que présente la poésie latine.

L'usage voulait que la mariée parût sortir malgré elle, et être arrachée de la maison de ses parens, soit qu'on retraçât un simulacre de l'enlèvement des Sabines, soit qu'on voulût signifier par là les craintes et les combats de la pudeur virginale; Catulle consacre cette pratique dès le commencement : *virginem rapis ad virum*. Il n'oublie ni la couronne de fleurs, ni le voile rose (*flammeum*), symbole de modestie, dont on ornait la tête de la mariée, *flammeum cape, flammeum video venire*. La ceinture de laine que l'époux devait dénouer dans la chambre nuptiale est rappelée aussi : *zonula soluunt sinus*. On conduisait l'épouse future dans la maison conjugale, le soir, à la lueur des flambeaux; Catulle fait briller aussi des flambeaux parmi l'escorte de Julie : *tollite, o pueri, faces*. Les jeunes garçons qui servaient de paranymphes, les matrones qui menaient l'épouse dans la chambre conjugale, paraissent dans la description de Catulle (181—190). Seulement il n'a point expliqué que les jeunes garçons devaient avoir encore leur père et leur mère, *patrimi et matrimi*, et que les dames qui faisaient l'office de *pronubæ* n'étaient ni veuves, ni mariées pour la seconde fois. Mais on ne peut pas demander tant de détails à un poète. La mariée ne se mettait point en route sans avoir pris les auspices : *transfer omine cum bono* : il fallait qu'en entrant elle passât sur le seuil de la porte, sans le toucher du pied; peut-être parce que le seuil était consacré à Vesta, Déesse de la chasteté, et qu'on prenait garde plus que jamais de l'offenser dans cette inauguration ; on allègue beaucoup d'autres raisons qu'il serait trop long de rapporter. La mariée venait prendre possession de la maison conjugale, en sa qualité de future matrone; Catulle a consacré dans ses vers toutes ces particularités : *transfer limen aureolos pedes.... ac domum dominam voca*. Thalassius était le Dieu d'hymen des Romains. Ils l'invoquaient dans les chansons et dans le festin des noces. On dit que, lors de l'enlèvement des Sabines, quelques soldats en prirent une d'une beauté rare, et la conduisirent à un jeune Romain, appelé Thalassius, aussi renommé par sa figure que par son courage. De peur qu'on ne la leur disputât dans le chemin, ces soldats criaient: « elle est destinée à Thalassius. » L'union de ce Romain avec la belle Sabine fut très-heureuse; et depuis ce temps, on proférait le nom de Thalassius dans les cérémonies nuptiales. On pourrait demander, s'il y eut un enlèvement des Sabines, un Thalassius, et des soldats si officieux et si zélés pour lui. C'est une affaire à débattre avec Tite Live. D'autres préfèrent l'autorité de Varron, qui tire l'origine du cri Thalassius de *Talassio*, nom d'une corbeille à ouvrage pour les femmes, et dans laquelle la mariée avait soin d'apporter des aiguilles et de la laine, emblême de ses occupations futures. Catulle ne servira point à résoudre cette question d'histoire, qui embarrassait, je crois, les savans de son temps. Mais il ne néglige pas cette circonstance, une des plus essentielles du mariage latin; *nunc servire Thalassio*. Il parle aussi des noix que le marié jetait ou faisait jeter aux enfans, pour déclarer qu'il renonçait aux jeux puérils : *neu nuces pueris neget*. Enfin la partie la plus caractéristique de la noce romaine, la chanson Fescennine, remplit une assez grande place dans le poème. Il est bien remarquable, que ce peuple si grave, si terrible dans l'histoire, mêlait toujours à des rits vénérables des bouffonneries et des obscénités. On ne célébra point, pendant plusieurs siècles, de solennités religieuses, qui ne fussent accompagnées de farces ridicules, dont la pudeur avait beaucoup à souffrir. Dans les triomphes, les soldats chantaient, autour du char de leur général, des impromptus de leur façon remplis de sarcasmes et de paroles indécentes. Au milieu de la pompe nuptiale, une troupe d'enfans et d'adolescens harcelaient, de propos malins et plus lascifs encore, les deux époux, sans égard pour la timidité virginale de la jeune mariée. On appelait ce badinage le chant Fescennin. Partout le peuple roi portait les vestiges de son ancienne rusticité, et lorsqu'il se parait d'or et de pourpre, il gardait encore quelque chose des manières d'une soldatesque grossière. Catulle sut se conformer à la coutume, sans offenser la délicatesse des gens de goût de son siècle : *ne taceat Fescennina locutio.*

Certainement on n'imaginera pas, qu'il ait tiré d'un épithalame grec ces détails de mœurs romaines, et c'est bien lui seul qui eut le talent de les distribuer convenablement dans une suite de figures poétiques. L'art d'allier et de fondre ensemble les formes de la mythologie grecque et les coutumes latines, lui appartient encore dans cet ouvrage. Pourquoi ne supposerait-on pas, qu'il en a lui même construit tout l'ensemble et réglé la disposition, puisqu'il en a su manier si habilement la matière?

Le plan est aussi simple qu'ingénieux. C'est un drame lyrique, qui se développe et s'accomplit dans un seul monologue toujours varié, toujours soutenu. Le poète se transporte sur le lieu de la scène; il s'entoure de tous les personnages et de toutes les décorations de la fête; sa voix seule anime le spectacle, dont sa poésie est le miroir. Il chante l'hymen aux portes de la jeune mariée; il appelle la troupe des vierges, qui doivent répéter en chœur l'hymne d'hyménée, et invoquer le Dieu qui préside aux plaisirs légitimes, et qui ne se rend qu'aux prières d'une bouche innocente et pure.

L'hymne sacré commence par un mouvement d'enthousiasme et d'amour, et il est rempli de l'éloge magnifique des bienfaits, qui signalent en tous lieux la puissance du Dieu d'hymen. Un refrain animé prête à la mélodie de nouveaux charmes, et au chant plus de vivacité.

Quand les vœux des jeunes vierges ont attiré la divinité, dont la présence garantit la sainteté du mystère de l'amour, l'épouse doit paraître : on l'appelle, la pudeur la retient; les instances se renouvellent de moment en moment, et sont interrompues par les louanges qu'elle mérite, et par les promesses du bonheur qu'elle a lieu d'espérer.

Enfin elle cède aux invitations pressantes de la troupe. La joie éclate à son aspect; les flambeaux s'élèvent et s'agitent, les cris d'hymen retentissent, et l'on se livre aux saillies de la gaîté dans les chants Fescennins.

C'est ici que se pratiquent les usages particuliers et les figures symboliques des noces latines.

On jette les noix aux enfans.

On annonce la relégation des jeunes esclaves destinés à des plaisirs infâmes.

Il faut louer ici la sage réserve du poète.

Il avait à donner une représentation des scènes, qui se passaient autour du couple amoureux, pendant qu'on allait de la maison des parens dans celle du mari.

Le libertinage des discours n'avait point de bornes.

Qu'on imagine quels propos pouvaient se tenir en cette occasion, parmi une foule de jeunes étourdis, qui faisaient assaut de mauvaises plaisanteries, et s'amusaient de l'embarras des deux époux. Le charivari qu'on donne aux mariés dans plusieurs pays, a quelque analogie avec cette coutume des Romains.

On appelait ces railleries les chants Fescennins, parce qu'elles étaient exprimées en vers improvisés, dont la ville *Fescennia* avait, dit-on, donné le premier modèle, et dans lesquels on n'avait pas plus de respect pour le rhythme et pour la mesure, que pour la pudeur. Toutefois le peu de nombre et de cadence qu'on mettait dans cette ébauche de versification, rendait les idées plus piquantes. Pendant long temps les Romains n'eurent point d'autre poésie. Son origine se perdait dans la nuit de l'antiquité; et ils y tenaient beaucoup comme à une tradition de leurs ancêtres. Elle se reproduisait dans leurs fêtes publiques et particulières. Catulle ne pouvait l'omettre, sans négliger une circonstance importante. Il était obligé d'en retracer la licence. Mais son goût l'avertit, que l'art devait représenter la nature en beau.

Quoiqu'il épargnât la modestie de l'épouse, ses ménagements nous semblent encore bien effrontés et bien révoltants. Mais il ne faut pas oublier, qu'il écrivait pour des Romains, chez qui un hideux amour entrait dans les divertissemens permis à la jeunesse, comme on pardonnerait quelques aventures galantes à des jeunes gens chez les modernes.

On se tromperait, si l'on jugeait le chant Fescennin

de Catulle avec nos idées de bienséance et de morale.

Comment, en présence d'une future épouse, d'une vierge pudique, oserait-on parler d'un être tel que le *concubinus iners*, qui doit être abandonné désormais? Cette espèce de galanterie, si elle n'avait rien d'offensant pour la mariée, laisserait, dans notre opinion, son époux marqué d'une flétrissure dégoûtante. Il n'en était pas ainsi chez les Romains; Catulle nous l'explique :

*Scimus hæc tibi, quæ licent,*
*Sola cognita.*

Cette différence de mœurs une fois admise, on ne trouve dans ce chant Fescennin qu'une liberté décente, telle qu'elle devait régner dans la fête d'un Patricien, d'un Torquatus. Il y aurait eu bien d'autres gaîtés dans la noce d'un prolétaire.

Le Poète s'amuse aux dépens d'un être dégradé; il donne en riant de sages conseils au mari et à la femme, et leur indique leurs devoirs au milieu des acclamations d'hyménée.

On arrive à la maison de l'époux; ici s'exécutent les formalités prescrites pour l'entrée de l'épouse.

On l'invite à prendre possession du séjour conjugal.

On lui montre la chambre nuptiale, et l'époux amoureux qui l'attend.

Les paranymphes, ou *pronubi*, la quittent. La matrone *pronuba* la conduit à la couche sacrée.

Alors on entrevoit le tableau de leurs amours chastes et brûlants. Catulle y exprime tous les transports d'une passion satisfaite, sans offenser la pudeur.

Le concert se termine, quand la félicité des époux commence. La porte de la chambre nuptiale étant fermée, le Poète se retire avec la troupe des jeunes vierges : ses dernières paroles sont un adieu de bon augure.

Que de mouvement, que de vie, que d'énergie imitative dans tout ce poème! Mais combien on doit surtout admirer la simplicité des moyens par lesquels l'auteur produit tant d'effets pittoresques!

Il prend sa lyre, comme un des chantres homériques, dont les concerts charmaient les fêtes et les banquets des héros. Il chante, et toutes les scènes de la cérémonie nuptiale se présentent successivement à nos yeux.

La grace, la force, la majesté, la magnificence, la joie, la passion, les sentiments religieux, varient tour-à-tour ses images. Telle est l'illusion magique de sa poésie, que nous croyons éntendre les acclamations d'hymen, que nous croyons voir les acteurs de la fête. C'est plus qu'un tableau mouvant, c'est un spectacle animé. Puisse ma foible copie n'en pas trop altérer l'élégante vivacité!

# ÉPITHALAME

SUR

## LES NOCES DE MANLIUS ET DE JULIE.

Fils de la sublime Uranie,
Hymen, qui sur le Pinde as fixé ton séjour,
Toi par qui la vierge, ravie
Des bras d'une mère chérie,
Suit un époux qui palpite d'amour,
Salut, hymen, puissance fortunée!
Hymen! hymen! salut, doux hyménée!

Couronné de nouvelles fleurs
Répands sur ton chemin leurs suaves odeurs;
Prends ton voile éclatant, que la pudeur colore;
Du brodequin doré que ton pied se décore;
Arrive, et que la joie enivre tous les cœurs.
Dieu de la fête nuptiale,
Garant de la foi conjugale,
Viens avec ton flambeau sacré,
Et frappant la terre en cadence,
Des chants d'amour et de la danse
Donne le signal désiré.

En ce jour l'aimable Julie,
A Manlius, honneur de la cité,
Sous un heureux auspice heureuse se marie,
Régnant déja sur un cœur enchanté;

Telle qu'au Pasteur de Phrygie
Parut la reine d'Idalie,
Dans le combat de la beauté ;
Ou tel qu'aux champs de l'Idumée,
Un lys éclatant de fraîcheur
Lève sa tête parfumée,
Croît et fleurit sous l'ombre aimée
Du cèdre, amoureux protecteur.

Accours vers nous d'un pas rapide :
Des monts Aoniens déserte les hauteurs,
Où la fontaine Aganippide
Épanche son trésor limpide
Parmi les verts bosquets qu'habitent les neuf sœurs.
Conduis dans son nouveau domaine
A l'époux qui l'attend sa jeune souveraine ;
Unis leurs cœurs par les plus tendres nœuds,
Comme une douce étreinte enchaîne
Le lierre dans les bras de l'ormeau généreux.

Vous, à qui l'avenir amène
Même fête et même bonheur,
Jeunes vierges, chantez en chœur :
Salut, hymen, puissance fortunée !
Hymen ! hymen ! salut, doux hyménée !

Chantez ; le Dieu bientôt va se rendre à vos vœux :
Ce Dieu d'un noble amour sait allumer les feux ;
Et de pudeur par lui Vénus paraît ornée.
Quel Dieu bienfaiteur des mortels
Réclame avant lui leur hommage ?
Quel Dieu plus riant et plus sage
Voit un plus pur encens fumer sur ses autels ?
Salut, hymen, puissance fortunée !
Hymen ! hymen ! salut, doux hyménée !

La mère pour sa fille invoque ta faveur.
La vierge, à ton approche, inquiète et timide,
  Écoute d'une oreille avide
 Le nom d'époux qui fait battre son cœur.
Tu viens en souriant détacher sa ceinture ;
  Sans voile, sans autre parure
  Que sa modeste nudité,
  Tu livres la victime pure,
  Sortant des mains de la nature,
A l'époux frémissant d'amour, de volupté.
 Salut, hymen, puissance fortunée !
 Hymen ! hymen ! salut, doux hyménée !

  Si tu ne te joins à Cypris,
  Quels plaisirs Cypris offre-t-elle
  Que la honte n'ait point flétris ?
 Viens ; et l'honneur marche auprès d'elle.
  Hymen, tout fléchit sous ta loi.
Quel Dieu dans l'univers peut s'égaler à toi ?

  Tu fuis ; les maisons solitaires
  S'écroulent sans postérité.
  Tu parais ; ta fécondité
  Signale le bonheur des pères.
  Hymen, tout fléchit sous ta loi.
Quel Dieu dans l'univers peut s'égaler à toi ?

  Un peuple, s'il ne t'est fidèle,
  Tombe privé de défenseurs ;
  Mais à tes dons réparateurs
  Il doit sa jeunesse immortelle.
  Hymen, tout fléchit sous ta loi.
Quel Dieu dans l'univers peut s'égaler à toi ?

Portiques, ouvrez-vous ; l'épouse se présente.
  Elle vient combler nos souhaits.

Voyez-les, couronnés de flamme étincelante,
Ces flambeaux, secouer leur chevelure ardente.
Sors enfin; le temps fuit : jeune épouse, parais.

   Ah! ce départ n'est pas exempt d'alarmes.
  Le séjour maternel excite tes regrets;
    La pudeur fait couler tes larmes;
  Et ton effroi te prête encor des charmes.
Sors enfin; le temps fuit : jeune épouse, parais.
Sèche tes pleurs. Crains-tu que la splendeur nouvelle
Du soleil qui viendra redorer nos palais,
   N'éclaire une vierge plus belle?
Sors enfin; le temps fuit : jeune épouse, parais.

   Tu triomphes des plus jolies,
   Comme la rose efface les attraits
Des plus brillantes fleurs qui peuplent les prairies.
Sors enfin, jeune épouse, et comble nos souhaits.
Les vois-tu, couronnés de flamme étincelante,
Ces flambeaux, secouer leur chevelure ardente?
Sors enfin; le temps fuit : jeune épouse, parais.

Tu n'appréhendes pas que ton époux volage,
Pour chercher le plaisir, aille flétrir son nom
   Dans un adultère esclavage,
Condamnant ta jeunesse à déplorer l'outrage
    D'un indigne abandon.
Comme la tendre vigne étroitement s'enlace
A l'arbre marital que son feuillage embrasse,
   Ainsi ton époux désormais,
Dans tes embrassements se captive et se lie;
Et son ame à ton ame est pour toujours unie.
Sors enfin; le temps fuit : jeune épouse, parais.

   Lit nuptial, mystérieux théâtre
De volupté permise et de chastes amours,

Que d'agréables nuits, que d'agréables jours
Tu prépares bientôt à l'époux idolâtre!
Sors enfin; le temps fuit: jeune épouse parais,
 Parais enfin, et comble nos souhaits.

Enfants, que des flambeaux dans l'air la flamme vole;
Du voile virginal j'aperçois l'auréole;
Autour d'elle élevez leur cercle radieux.
  Que vos concerts harmonieux
  Chantent l'hymen, puissance fortunée.
  Hymen! hymen! salut, doux hyménée!

  Courage! voici le moment,
  Où la licence fescennine
Lance les traits légers d'un malin enjoûment.
Esclave aimé jadis, aujourd'hui sans amant,
Cède aux enfants joyeux les fruits qu'on leur destine.
De plaisirs délaissés inutile instrument,
Va, cède-leur ces noix, folâtre amusement,
  Bon pour l'innocence enfantine;
Thalassius réclame un auguste serment.
Hier encor le duvet florissait sur ta joue;
Il tombe sous le fer. A l'enfance qui joue,
Va, cède, malheureux, un vain amusement.

Époux, on gémira bientôt de ton absence
  Dans ce troupeau voluptueux.
 Mais ne crois pas que leur plainte t'offense.
La sagesse est pour toi; le mépris est pour eux.
  Salut, hymen, puissance fortunée!
  Hymen! hymen! salut, doux hymenée!

Sans crime tu pouvais jouir de leurs appas;
Mais l'hymen à présent ne te le permet pas.
  Salut, hymen, puissance fortunée.
  Hymen! hymen! salut, doux hyménée!

Toi, jeune épouse, crains le danger d'un refus.
Un époux rebuté se retire infidèle.
   Crains qu'à ton tour ta voix ne le rappelle,
Quand déja près d'une autre il ne t'entendrait plus.
   Salut, hymen, puissance fortunée !
   Hymen ! hymen ! salut, doux hyménée !

   Viens posséder ces palais opulents,
Le séjour des héros, que dans Rome on admire.
Ils seront ta demeure, ils seront ton empire.
   Quand la vieillesse en cheveux blancs
Sur ton col jaunissant ébranlera ta tête,
   Les droits chéris de ta conquête
Ne seront pas encore abolis par le temps.
   Salut, hymen ! puissance fortunée !
   Hymen ! hymen ! salut, doux hyménée !

L'augure à tes destins promet des jours sans deuil.
De la porte franchis la barrière sacrée.
Mais de ton pied léger la chaussure dorée
Ne doit point au passage en effleurer le seuil.
   Salut, hymen, puissance fortunée !
   Hymen ! hymen ! salut, doux hyménée !

Vois, au lit du festin, sur la pourpre de Tyr,
Ton époux, dont le cœur bondit, vers toi s'élance ;
   Et qui tremblant d'impatience
Dévore tes appas qu'appelle son désir.
   Salut, hymen, puissance fortunée !
   Hymen ! hymen ! salut, doux hyménée !

Couple heureux et charmant, vous brûlez tous les deux
D'un mutuel amour et d'une même flamme ;
Mais l'époux indompté laisse hors de son ame
   Éclater l'ardeur de ses feux.
   Salut, hymen, puissance fortunée !
   Hymen ! hymen ! salut, doux hyménée !

## DE L'ÉPITHALAME.

Jeune guide, il suffit; là finit ton devoir;
Et le bras virginal te quitte à cette entrée.
Que la matrone sage et d'honneur décorée,
    Conduise la vierge adorée
Dans le lit nuptial qui doit la recevoir.
    Salut, hymen, puissance fortunée!
    Hymen! hymen! salut, doux hyménée!

Époux, tu peux venir; et ton triomphe est prêt;
Ton épouse t'attend. Regarde sa figure.
    La fleur nouvelle au printemps se revêt
D'un moins frais incarnat, d'une blancheur moins pure.
Toi, noble époux, aussi, Vénus de sa faveur
Ne t'a point envié le céleste avantage;
Une mâle beauté brille sur ton visage.

Mais le temps fuit; accours, viens hâter ton bonheur.
Te voici! Sois heureux; tu mérites de l'être,
Tu mérites les dons du monarque divin,
    Toi, dont tous les plaisirs vont naître
D'un amour légitime, et non pas du larcin.

Ah! qui pourrait compter vos caresses brûlantes,
    Et vos baisers délicieux?
On compterait plutôt, sur la voûte des cieux,
Les flambeaux de la nuit et leurs clartés errantes;
On compterait plutôt tout le sable des mers,
Et les feuilles d'été dans les bocages verts.

Livrez-vous à ces jeux par qui tout se féconde,
Et propagez ainsi vos illustres maisons.
Une si noble race, ornement de ce monde,
Ne doit manquer jamais de nobles rejetons.

Puisse en l'autre printemps ta maison réjouie
S'accroître, ô Manlius, d'un Manlius naissant!

Et que ce tendre enfant, espérance chérie,
Décore la beauté de ta chère Julie;
Qu'il te tende les bras, en jouant te sourie,
  Et bégaye un nom caressant.
Qu'on reconnaisse en lui le portrait de son père
Vivant dans tous ses traits, montrant à tous les yeux
  Un témoignage glorieux
  De la chasteté de sa mère.
Qu'il puise sans mélange en ce flanc vertueux
Du sang des Manlius l'héroïque héritage;
  Comme à son fils aimé des Dieux
Pénélope transmit l'honneur et le courage
  Avec le sang de ses aïeux.

De la chambre d'hymen on va fermer la porte.
Vierges, retirons-nous; terminons nos concerts;
Venez, laissons en paix ces portiques déserts.
Époux, adieu! L'amour par ma voix vous exhorte
A savoir profiter, toujours heureux amants,
De la faveur des Dieux et de vos jeunes ans.

# DE COMA BERENICES

## DISSERTATIO ITALICA,

AUCTORE *UGO FOSCOLO*.

# DE COMA BERENICES DISSERTATIO ITALICA.

Quum in eo essemus, ut finis huic libro imponeretur, egregio bibliothecæ Classicorum Latinorum edendæ præsidi, qui unde unde conradit omnia, quibus Collectio sua fiat auctior, et omnium cujuscumque auctoris editionum vices ac locum adimpleat, succurrit secundo et vicesimo abhinc anno prodiisse doctissimam de carmine, cui ab coma Berenices titulus ducitur, lucubrationem, italice scriptam, autore *Ugo Foscolo;* quæ adeo rara, ut vel in bibliothecis publicis desideretur, nec tantum inde pretium habet. Itaque lectori haud ingratum fore existimavit, si a me impetraret, ut selecta ex eximio hoc opere quædam, quippe quod longius sit, quam ut integrum ad calcem hujus libri asseratur, nunc quasi epimetrum apponenda curarem: quod ego non recusavi.

### DI BERENICE.

Chi delle regine di Egitto fosse questa di Callimaco, è da desumersi da' versi del poeta, applicandovi i documenti delle storie.

> — Atque ego certe
> Cognoram a parva virgine magnanimam:
> Anne bonum oblita es facinus quo regium adepta es
> Conjugium, quod non fortior ausit alis?

A questi versi tutti i commentatori applicano concordemente questo passo d'Igino [1]: «Hanc Berenicem nonnulli

---

[1] Astronom. poet. Lib. II, cap. 24, in Leone.

cum Callimacho dixerunt equos alere, et ad Olympiam mittere consuetam fuisse. Alii dicunt hoc amplius : Ptolomæum Berenices patrem multitudine hostium perterritum, fuga salutem petiisse; filiam autem sæpe consuetam insiliisse in equum, et reliquam exercitus copiam constituisse, et complures hostium interfecisse, reliquos in fugam conjecisse; pro quo etiam Callimachus eam MAGNANIMAM dixit. Eratosthenes autem dicit et virginibus dotem, quam cuique relictam a parente nemo solveret, jussisse reddi, et inter eas constituisse petitionem.» Che molti principi e privati mandassero cavalli in Olimpia ogn' uomo sel vede negli storici e ne' poeti antichi, ma non era merito questo che s'acquistasse il titolo di *magnanimo*, e men ancora che si dicesse *bonum facinus* premiato di *nozze regali*. La terza opinione intorno alle doti fatte restituire alle giovani Lesbie cade sotto la stessa opposizione. La seconda peserebbe, se negli annali de' Tolomei si trovassero Berenici guerriere, il che dubito ricavato da Igino più dalla fama, che da scrittori assennati : se non che dalle varie opinioni da lui recate si manifesta ch' ei pur sospettava di tutte. Quindi gl' interpreti o tacciono, o senz' altri testimoni ascrivono il poemetto alla moglie di Tolomeo Lago, o a quella di Filadelfo. Soli il Doering ed il Valckenario la dicono moglie di Evergete, senza però che nè l'uno nè l'altro appaghino della loro interpretazione rispetto al *bonum facinus quo regium adepta est conjugium*. Gioseffo Maria Pagnini, quel dottissimo, benemerito più ch'altri mai della poesia greca, reputa il poemetto [1] consecrato a Berenice madre di Filadelfo, ed il Baylli [2] alla moglie di Tolomeo Sotere. Per chiarire questi abbagli toccherò quanto più brevemente le storie de' Tolomei.

---

[1]. Annot. a Teocrito Idil. xv, vers. 107.

[2]. Histoire de l'astronomie moderne, tom. I, chap. 23.

# DISSERTATIO ITALICA.

Primo re d'Egitto dopo la morte d'Alessandro Magno fu Tolomeo Lago creduto bastardo del re Filippo [1], o come altri scrive adulando, principe reale di Macedonia, e discendente al pari di Alessandro da Alcide [2], o, più veracemente, d'umile schiatta ma fortunato soldato, e sapiente politico [3]. Serbò il nome paterno, anzi istituì un ordine militare in onore di Lago [4]; il che forse guiderebbe a rintracciare l'origine degli ordini da noi chiamati cavallereschi, ed a paragonare i governi ne' quali vennero stabiliti. Scrisse la vita di Alessandro suo capitano [5], e come letterato ch'egli era fondò la biblioteca ed il museo, ospizio di tutti i dotti [6]. Ebbe quattro mogli: Artonide, e Taide, privato; Euridice, e Berenice sul trono. Di Berenice, vedova di un guerriero, nacquero Arsinoe, e Filadelfo [7], e tanto poteva sul re, che lo strinse ad associarsi al trono Filadelfo per troncare le speranze e i diritti a' primogeniti nati d'Euridice [8]. D'onde ebbe questi ironicamente il cognome di Filadelfo, poichè si sgombrò il trono con l'ingiustizia, ed assicurò le sue ragioni allo stato col sangue de' fratelli. Ed anzichè per riconoscenza e carità figliale, fece deificare la madre per prudenza politica. Morto Tolomeo primo, lasciando specchio di sè a' pastori de' popoli, tacciato solamente come Aurelio di aver troppo compiaciuto all'amore della consorte, Filadelfo sposò

---

1. Pausania in Atticis. — Q. Curzio lib. IV.

2. Teofilo Antiocheno lib. II. — Teocrito Idil. XVII, vers. 18 e seg.

3. Giustino lib. XIII, cap. 4. — Plutarco *de ira cohibenda*.

4. Epiphanius *de mensur. et ponder.*

5. Plut. in Alex. — Arriano in praef. exped. Alex. — Plin. lib. XII et XIII.

6. Gioseffo antich. giud. lib. XII, cap. 2. — Ateneo lib. I. — Emendisi il Montucla *Histoire des Mathématiques*, part. I, lib. V, cap. I, che senza autorità ascrive la fondazione della biblioteca a Filadelfo.

7. Ateneo lib. XIII, cap. 13. — Teocrito Idil. XVII, vers. 57.

8. Laerzio *in Demetrio Falereo* num. 8. — Eliano storia varia lib. III, cap. 7. — Cicer. *de finibus* l. V.

Arsinoe di Lisimaco, da cui nacque Evergete [1]. Ma ripudiatala per congiura, raccolse la sorella Arsinoe male avventurata nelle sue nozze in Siria, e menatala moglie, l'amò si caldamente [2] che la tristezza per la morte di lei gli affrettò il fine della vecchiaia. Fu principe di alti vizj comandati dalla necessità del trono, ma compensati da somme virtù; ospite delle scienze e delle arti, felice in guerra, e primo de' re lontani che si alleasse co' Romani già illustri per la ritirata di Pirro [3].

Ma Berenice che preoccupò il soglio d'Alessandria per Filadelfo, ottenne, con quella medesima persuasione che le schiudeva l'animo del marito Tolomeo Lago, il regno di Cirene ad Aga [4] suo figliuolo dal primo marito. Temendo poi Aga il diritto degli Egizj al suo regno mosse guerra con gli ajuti del suocero Antioco Sotere [5] contro Filadelfo suo fratello uterino. Ma forzato dalla fortuna delle armi a domandar pace, l'ebbe con questi patti: che s'ei non avesse successione maschile tornasse il regno di Cirene alla casa de' Tolomei come dote di Berenice unica figlia di Aga, la quale andrebbe in Egitto sposa all'erede di Filadelfo. Morto Filadelfo, ed alcun tempo dopo Aga senza figliuolo [6], la madre di Berenice ambiziosa del regno, chiamò dalla Macedonia Demetrio d'Antioco, anch'egli della stirpe de' Tolomei, promettendogli le nozze e la dote della figliuola. Ma innamorata del genero,

---

1. Pausania in Atticis.—Scoliaste greco di Teocrito Idil. xvii, v. 130.
2. Teocrito Idil. xvii, vers. 128 e seg. — Ateneo lib. xii, cap. 10. —Plinio lib. xxxiv, cap. 14.
3. Eutropio l. ii, c. 15 ed altri.
4. Così Giustino. Altri leggono *Maga*.
5. Pausania in Atticis, descrittore esattissimo di questa guerra.
6. Giustino lib. xxvi, c. 3. Ecco il passo inosservato da tutti i commentatori, ed accennato a me da Luigi Lamberti prefetto della biblioteca Braidense in Milano come scoperta d'Ennio Quirino Visconti. Dicono che quest'uomo illustre n'abbia scritto una dissertazione, ma o non l'ha stampata, o non mi è toccato di vederla.

ch'era giovine altero della propria avvenenza, si concitò contro l'ira del popolo e la congiura de' militari guidati dalla donzella Berenice. Fu ammazzato Demetrio fra gli abbracciamenti della suocera, che senza la figlia, a cui piangendo gridava pietà, sarebbe stata trafitta sul medesimo letto. Per questi fatti Berenice riebbe in isposo Evergete successore di Filadelfo recandogli in dote il regno di Cirene.

— Rex novo auctus hymenæo.
Cognoram a parva virgine magnanimam.
— Bonum facinus quo regium adepta es
Conjugium, quod non fortior ausit alis.

Resta ad applicare i documenti storici alla guerra cagione del voto di Berenice.

Qua rex tempestate. . . . . . .
Vastatum fines iverat Assyrios.

Queste guerre Siriache furono per gli Egizj perpetue, e quasi dote di quella monarchia, causate dalla vicinanza e dal potere reciproco; onde le vediamo sin dalla età di Sesostre [1]. Ma più incitamento di guerra erano a' Tolomei le parentele fonte d'odj a' mortali, e pretesto a' principi di diritti, e la preparava lo stato agguerrito di quegl'imperi nati dagli eserciti e da' capitani d'Alessandro. Fra tutte le guerre, quella mossa da Tolomeo Evergete ci venne serbata da Giustino [2]. Seleuco che ereditò da Antioco il trono della Siria, uccise la matrigna sorella di Tolomeo Evergete, ed il figlioletto di lei. Per la fraterna vendetta e per isperanza di conquiste volò Tolomeo. Ribellarono le città avverse a Seleuco, e con quelle città si univa all'Egizio tutta la Siria, se da domestica sedizione non fosse

---

1. Bianchini storia universale, Deca III, secolo XXX, cap. 30, num. 28.
2. Lib. XVII, cap. 1 e seg.

stato richiamato a' suoi regni. Rinforzatosi Seleuco assalì l'Egitto, ma vinto, rifuggì in Antiochia al fratello Antioco giovinetto di anni XIV. Assumendo costui virile ardimento ed astuzia principesca, mosse l'esercito sotto sembianza d'ajuto ma per arricchirsi delle spoglie fraterne, abusando della fede ospitale e della sventura del re consanguineo. Tolomeo per rompere le forze collegate, o che si avvedesse che la guerra occulta fra questi due, ove fossero senza timore d'altro nemico, li distruggerebbe alla scoperta, si pacificò con Seleuco. Ed i fratelli d'alleati tornarono nemici implacabili, commettendosi alle armi de' Galli mercenarj che si pasceano dell'oro del vinto e del sangue del vincitore.

Di queste tre guerre la prima e la seconda distano di pochi mesi [1]. Pongo le nozze di Berenice dopo la prima, perchè fu interrotta da sedizioni domestiche delle quali Callimaco non fa motto, nè il ritorno sarebbe stato sì fausto alla regina. Anzi non mentovandosi dagli storici sedizioni sotto Evergete, credo che le parole di Giustino alludano alle insidie tramategli dalla regina di Cirene che per li patti della pace con Aga era sotto la dipendenza dell'Egitto. Nè poteano avvenir molto prima. Aga ebbe lunghissimo regno di anni LI. Le quali congetture mi persuadono a porre le nozze pochi dì innanzi la seconda guerra, giacchè il re *partì nel tempo del nuovo imeneo,*

   Dulcia nocturnæ portans vestigia rixæ
   Quam de virgineis gesserat exuviis:

dopo avere colto il fiore della giovinetta, e ritornò trionfando di vittoria presta ed intera:

   — Is haud tempore longo
   Captam Asiam Ægypti finibus addiderat.

La terza guerra non fu guerreggiata.

1. Giustino lib. XXVII, cap. 2.

## DISSERTATIO ITALICA. 611

Per liberare d' ogni opposizione le autorità delle quali abbiamo formata la storia, recheremo questi documenti. La guerra Siriaca del terzo re di cui nè lo Scaligero, nè il Mureto, nè il Vossio, e meno i loro seguaci vollero far parola, è celebrata nel *monumentum Adulitanum* edito in Roma da Leone Allacci, or son anni CLXXII. Nondimeno quantunque molti compilatori di storie lo attestino come irrefragabile, non dissimulo che per molte congetture mi riesce sospetto. Ma nè quel monumento ci è necessario: assai più provano queste memorie di Gioseffo Ebreo [1].: « Ὁ τρίτος Πτολεμαῖος ὁ λεγόμενος Εὐεργέτης, κατασχὼν ὅλην Συρίαν κατὰ κράτος, οὐ τοῖς ἐν Αἰγύπτῳ θεοῖς χαριστήρια τῆς νίκης ἔθυσεν, ἀλλὰ παραγενόμενος εἰς Ἱεροσόλυμα, πολλὰς, ὡς ἡμῖν νόμιμόν ἐστιν, ἐπετέλεσε θυσίας τῷ θεῷ, καὶ ἀνέθηκεν ἀναθήματα τῆς νίκης ἄξια. Le parole *il terzo Tolomeo appellato Evergete*, e le altre, *e doni degni di tanta vittoria andando a Gerosolima dalla Siria tutta conquistata*, unite a queste di Eratostene [2] coetaneo e concittadino [3] di Callimaco: « Ὁρῶνθ' ὑπὲρ αὐτὸν (Leonem) ἐν τριγώνῳ κατὰ τὴν κέρκον ἀμαυροὶ ἑπτὰ (stellæ) οἳ καλοῦνται πλόκαμοι Βερενίκης Εὐεργέτιδος: [4] dove chiamasi l' asterismo *trecce di Berenice Evergetide*, convincono, 1°. che le cose scritte da Igino [5] ereditate di commentatore in commentatore non sono, come asserisce il Volpi, *unicè illustrantia Callimachum*; 2°. che questa Berenice non è quella di Teocrito come vorrebbe il Pagnini, la quale mostreremo moglie del primo Tolomeo,

---

1. Contr. Appione lib. II, c. 5.
2. Edidit Joannes Fellus, Oxonii 1632.
3. Strabo in Libyæ descriptione lib. XVII.
4. In catasterismo Leonis, c. 12.
5. Oltre le citate al num. 1 di questo discorso, Igino nel medesimo capo 24 del lib. II parla dell' argomento del poema nominando Berenici e Tolomei, ma senza i loro cognomi, nè l' anno del loro regno. Cagione degli errori di tutti gli interpreti.

poichè fu la Berenice deificata, nè la moglie di Sotere come narra, senza mai citar autori, il Baylli. Nè ignoro che anche Tolomeo primo fu detto Sotere SALVATORE da' Rodiani [1] soccorsi contro Demetrio e mantenuti da lui in libertà, e che prevalendo questa adulazione fu poi eredità di tutti i successori; ma il Tolomeo cognominato propriamente Sotere fu re in Alessandria ottavo, quando Conone e Callimaco non viveano più se non nella memoria degli uomini; 3.° che se il Conti, il Doering, il Volpi e gli altri i quali la chiamano Evergetide ma figlia anch'ella di Filadelfo, interpretando col costume recato da Diodoro di sposar le sorelle il verso

   Et fratris cari flebile discidium,

avessero opposto al loro autore tutti quelli citati da noi, avrebber dato lume al passo di Diodoro, ed anzichè ritorcere a proprio soccorso la voce *fratello* avrebbono confermato l'antico uso di chiamare fratelli anche i cugini. Testimonio il poeta forse più dotto de' latini [2] che parlando di antichissime famiglie e di greci costumi chiama Oreste fratello d'Ermione, figlj l'uno di Agamennone, l'altra di Menelao.

  Quid? quod avus nobis idem Pelopeius Atreus?
  Et si non esses vir mihi, frater eras.

Cosi parimenti chiamavansi *fratelli* Berenice di Aga ed Evergete di Filadelfo, quantunque nati da due fratelli uterini.

V. 4. CEDANT CERTIS, etc. L'orto e l'occaso eliaco delle stelle. CONTI. — Tutti i commentatori alla parola *cedant*, espongono *decedant*, *abeant*, *occidant*; senza

---

1. Diodoro Siculo lib. xx.—Plutarco in Demetrio.—Pausania in Atticis.
2. Ovidio in Ermione vers. 27.

notare quanto sia poetica questa espressione che personifica le stelle le quali restano immerse nella luce solare, e mentre il Sole passa *cedono* per riverenza al suo lume prepotente. Vedi il *cedere* nello stesso significato al verso 47.

V. 10. POLLICITA EST etc.
Taluni credono che Catullo di questi due versi, parafrasando, n' abbia fatto quattro. Ma chi proverà che nel greco non vi succedesse il *Lævia protendens brachia*, lode fine non solo delle belle braccia di Berenice, ma pittura di una mossa calda di passione? Aggiungi ch' era rito de' supplicanti. *Cælo supinas si tuleris manus nascente luna*; Oraz. od. 23, lib. III. — *Brachia tendens*; Tibullo, lib. III, 4 vers. 64 ed altrove. — *Tendens ad sidera palmas*; Virgilio, eneid. I : altrove, *dextramque precantem protendens*. — Quando i lottatori alzavano le mani si davano per supplichevoli e vinti; Teocrito, inno in Castore e Polluce vers. 129, ed Ovidio più chiaramente :

> Confessasque manus obliquaque brachia tendens
> Vincis, ait, Perseu.

Onde era vietato a' giovinetti Spartani di alzare le mani ne' ludi gimnici quando anche fossero caduti vinti. (Plut. in Licurg. Senec. de benefic. lib. v, cap. 5.) Al costume de' vinti supplichevoli mirò il Petrarca in que' versi trascurati da' chiosatori,

> Or, lasso, alzo la mano; e l'armi rendo
> All' empia e violenta mia fortuna.

Frattanto il Valckenario non reputa genuino distico Catulliano questo. Per tre ragioni : 1. perchè il *multis Dearum* escludendo alcuna Dea, non era da presumere che Berenice volesse attirarsi la vendetta de' numi trascurati. 2. Perchè il *fulgentem clare* non può appartenere alla costellazione Berenicea che è più oscura di tutte le sue vicine: quasichè i poeti non abbelliscano sempre il loro soggetto e questo componimento debba essere un diario astronomico. 3. Perchè gl' interpreti devono sempre dire alcuna cosa di strano, e questa ragione, benchè implicita, non ha risposta.

V. 18. NON ITA, etc. Qualunque sia la lezione fra le tante e sì strane, suonerebbe come la nostra antica e vulgata. *Così mi ajutino gli Dei come le spose si dolgono a torto di non vere sciagure.* Male gl' interpreti chiosano *si dolgono fingendo.* Callimaco avrebbe tacciato di simulata verecondia la regina. Non amava lo sposo prima delle nozze; anzi se ne dolea: lo amò tosto che lo conobbe. Onde sono così dilicatamente lodati e la tenerezza conjugale di Berenice, ed i pregi di Evergete.

V. 21. ET TU NON ORBUM LUXTI DESERTA CUBILE, SED FRATRIS CARI FLEBILE DISCIDIUM? Passo interpolato, e da noi ridotto all' antica lezione. Lo Scaligero e gli altri espongono: *Tu non piangesti lo sposo, bensì la partenza del fratello,* pretendendo di ritorcere a lode di Berenice la poca tenerezza in amore, e la molta pietà fraterna. Queste varianti accolse anche il Conti quando tradusse:

> Ah tu solinga del vedovo letto
> Non piangesti l'orror, ma del fratello
> La lagrimevol dipartenza!

Ma se questi dotti avessero badato che la passione è l'elemento d'ogni poesia, anzichè far campeggiare un solo affetto ne avrebbono lasciati due. Come lega il non piangere lo sposo con l'asserzione che le nuove maritate si avvedono di avere a torto pianto sul talamo? In tutto il poema dove si parla più di fratello? Bensì sempre di

sposo; perchè qui rinnegarlo? Nè Berenice era sorella, ma soltanto cugina. Alle prove del discorso II. 5, aggiungeremo queste parole dello scoliaste di Teocrito Idil. XVII, verso 3o, notate, ma senza smidollarle, anche dal Volpi.
— Πτολεμαίῳ τῷ Φιλαδέλφῳ συνῴκει πρότερον Ἀρσινόη ἡ Λυσιμάχου· ἀφ᾽ ἧς τοὺς παῖδας ἐγέννησην, Πτολεμαῖον, καὶ Λυσίμαχον, καὶ Βερενίκην. E seguendo a narrare il ripudio e l'esilio di questa prima moglie di Filadelfo, conclude: καὶ εἰσεποιήσατο αὐτῇ τοὺς ἐκ τῆς προτέρας Ἀρσινόης γεννηθέντας παῖδας, ἡ γὰρ ἀδελφὴ καὶ γυνὴ αὐτοῦ ἄτεκνος ἀπέθανεν. Ebbe dunque Filadelfo due maschi ed una femmina dalla prima Arsinoe poichè la seconda *morì sterile.* Or dov'è la Berenice moglie e *sorella* di Evergete, se appunto questo re per la morte dell'unica sorella intraprese la guerra siriaca, guerra che fu cagione del voto della nostra Berenice? Sentì alcuna di queste ragioni il Vossio, e corresse: *E tu piangesti lo sposo, e la partenza del fratello;* e parimenti il Doering: *Oh come allora piangesti lo sposo ec.* Ma cangiano il testo. Io l'ho lasciato com'è nell'edizione principe, e nel più fidato mss. Y Ambros. e solo ci aggiungo l'interrogazione: chi non sa che i mss., e spesso le edizioni prime mancano di tutte interpunzioni? Ecco il processo del discorso: *Dolgonsi a torto le nuove spose; ben me n'avvidi dalle querele della regina quando partì il marito. Che? Forse tu non hai pianto lo sposo sul freddo letto, ma soltanto il fratello?* Risalta non solo il concetto ma la tenerezza conjugale di Berenice. E che questo modo di usare la particella congiuntiva sia aureo te l'attesta Ovidio Amor. III eleg. 4.

<blockquote>At non formosa est, at non bene culta puella,<br>
At puto non votis sæpe petita meis?</blockquote>

*Et* per *At* in molti, ed in Virgilio Egl. I vers. 27.

<blockquote>Et quæ tanta fuit Romam tibi caussa videndi?</blockquote>

V. 27. ANNE BONUM etc. Ecco l'esposizione letterale: *Forse dimenticasti l'egregio fatto onde t'acquistasti le regali nozze, fatto, da niuno, sebben più di te forte, osato?* Pare che qui Callimaco alluda a taluno potente di que' tempi che con viltà sopportasse l'impero della madre di Berenice e l'usurpazione del drudo Demetrio. Callimaco era Cireneo, *nec caussas eorum procul habebat.*

V. 33—36. At quæ ibi, proh, cunctis pro dulci conjuge divis Non sine taurino sanguine pollicita es, Si reditum tetulisset! is haut in tempore longo Captam Asiam Ægypti finibus addiderat.

PROH, CUNCTIS, etc. Achille Stazio ed il Vossio, non ammettendo l'interjezione stampata la prima volta dallo Scaligero e ricettata dal Volpi, spiegano: *O quanto hai promesso agli Dei per lo dolce marito e per tutti quelli che lo accompagnavano!* Fredda interpretazione che divide l'affetto sopra persone diverse da quella del marito, sconosciute e prima e dopo al lettore.

HAUT per *haud*. VOLPI. — Con questo rapido volo dai voti della regina alle vittorie di Tolomeo, finamente il poeta ascrive a lei tutto il merito della conquista come effetto delle sue preghiere. Con pari sublimità è lodato Tolomeo di cui non si parla più in tutto il poema [1].

ASIAM ÆGYPTI FINIBUS ADDID. Questa espressione, s'io forse non vedo troppo sottilmente, non è come pare al Volpi una nuda figura rettorica prendendosi il tutto per la parte, ma ha per iscopo di magnificare il trionfo di Tolomeo, e di augurargli obbliquamente il dominio di tutta l'Asia. Diffatti questo re *sub specie sororiæ ultionis Asiæ inhiabat.* Giustino, lib. XXVII. 3.

---

[1] Interpunctio versus 35 mihi videtur lectio esse felicissima.

# DISSERTATIO ITALICA. 617

V. 42. Postulet. *Si arroga.* Achille Stazio predato tacitamente dal Volpi reca due passi di Cicerone ove questo verbo è usurpato nello stesso significato, ed il Valckenario prova con molti autori essere questa maniera tutta greca.

V. 45. Properare. Non posso in coscienza adottare *peperere.* Il Vossio chiama in ajuto l'eneide, lib. XI.

> Ite, ait, egregias animas, quæ sanguine nobis
> Hanc patriam peperere suo, decorate supremis
> Muneribus. . . . .

Ma il *properare* è meno ardito e più lirico perchè accenna la prestezza con che Serse faceva cadere il monte alla sua possanza, e la fretta che l'esercito avea di passare.

V. 53. Unigena. *Gemello.* Esiodo, Teogonia verso 378, canta l'Aurora madre de' venti. Tanto più dev' essere madre di Zefiro vento soave e mattutino. Catullo nelle nozze di Peleo, verso 300, chiama Diana *unigenam Phœbi,* i quali Dei sappiamo nati di Latona in Delo ad un parto. A che dunque i commentatori tormentano sè e gli altri per l'interpretazione di questa parola? Il *gemello* dell' *Etiope Mennone* è *Zefiro* che spira su l'aurora. Badisi che l'attributo di recare per conforto della terra il vento dato da Callimaco all' aurora, ove non converrebbe fra noi se non ne' mesi estivi, nel caldo cielo degli Egizj e de' Cirenei è giustamente attribuito perpetuo.

V. 55. Isque per, etc. Sino a tutto il verso 58. — 1.° Fu sotto il dominio de' re d'Egitto il promontorio Zefirio ove Stefano pone il tempio d' *Arsinoe Zefiritide,* della quale parlò Callimaco, epigramma V, chiamandola or *Zefiritide,* or *Arsinoe* ed or *Venere.* Da un altro epigramma di Posidippo recitato nel VII libro di Ateneo si sa che questo tempio fu consecrato da Callicrate ammiraglio per propiziare la Diva a' naviganti. Posidippo chiama il promontorio Zefirio *terra di Filadelfo.* 2.° Tolomeo nella geografia pone in Pentapoli d'Africa le due città dette una *Berenice*, l'altra *Arsinoe*, ed il promontorio *Zefirio*. Un altro promontorio Zefirio è negli Abruzzi anticamente Locri de' quali Virgilio, Eneid. III. 399.

Hic et Narycii posuerunt mœnia Locri.

E Servio chiosa a questo verso: « Erano i Locri compagni « d'Ajace Oileo detti altri Epizefirj altri Ozoli. Discom- « pagnati nella navigazione da una burrasca del medi- « terraneo gli Epizefirj approdarono in Italia: gli Ozoli « in Pentapoli di Libia, e tennero il promontorio Zefirio. « Altri Locri Ozoli erano in Grecia presso Delfo. Da « questi vennero i Nasamoni di cui parla Tacito, ed i « Narici di cui Virgilio. » Nè avrei creduto al gramatico s'ei non citava Tacito, ne' cui libri rimasti non vedo orma di queste storie, e doveano essere ne' perduti. Ma de' Locri d'Africa, ov'era il promontorio d'Arsinoe Zefiritide, parla anche Virgilio XI. 265.

— Libicone habitantes littore Locros?

3.° Berenice moglie di Tolomeo Lago, ed Arsinoe sorella e moglie di Filadelfo furono indiate, ed associate a Venere, di che ti è bastantemente detto nella nostra considerazione sopra le *deificazioni*. *Zefiritide* dunque *Arsinoe* e *Venere* sono una stessa persona la quale ha *Zefiro*, idoleggiato cavallo alato, per ministro, e chiamasi *Locride*, perchè il tempio di lei era nel mare posseduto un tempo da' Locri, e quindi si esclude la lezione spuria *Chloridos*, soggetto di molti assurdi commenti.

PER ÆTHERIAS UMBRAS. *Per l'aere ombroso dalle tenebre notturne*. La chioma essendo stata rapita di notte, ottimamente lo Scaligero restituì la lezione antica.

V. 58. GRATA INCOLA LITORIBUS CANOP. Ho sbagliato io scrivendo nell'argomento che la chioma fu appesa al tempio di Venere Zefiritide. Quel tempio era nel promontorio; e qui si parla d'Alessandria dove fu appesa la chioma. Arsinoe mandò Zefiro a trasportare in cielo la chioma, *come quella che era stata abitatrice e regina del lito d'Alessandria, e grata del culto degli Egizi*. Ma questa lezione fu abandonata dal Vossio in poi; chi ei sostitu' *in loca* all' *incola*, e strepita chiamando la lezione antica *turpe mendum, et miratur hactenus non suboluisse tot tantisque interpretibus*. Ma parmi che l' *eo* dell' esametro riesca superfluo ove si accolga la lezione *in loca*. Ed *incola* femminino, sebbene infrequente, non manca d' aurei esempi. Fedro lib. 1, fav. 6 : *Quædam* ( rana ) *stagni incola*. Aggiungi che quest' espressione ricorda agli Egizj che la loro Dea era stata pochi anni addietro viva e presente.

V. 90. FESTIS LUMINIBUS. S' è veduto il vocabolo *lumen* usato per giorno anche al verso 81. Callimaco lo usurpa anche altrove. Inno in Diana verso 182 :

—τὰ δὲ Φάεα μηκύνονται.
Et lumina ipsa protrahuntur.

Vedi anche Inno in Cerere verso 83 ; e molti esempi nelle Fenisse d'Euripide verso 1315, ediz. del Valcken.

# TABULA

RERUM QUÆ IN HOC VOLUMINE CONTINENTUR.

Præfatio Editoris . . . . . . . . . . . . . Pag. ıx
Præfatio Doeringii . . . . . . . . . . . . . . . . . . . 1
Dedicatio ejusdem . . . . . . . . . . . . . . . . . . . 7
Catulli vita . . . . . . . . . . . . . . . . . . . . . . . 9
Testimonia veterum de Catullo . . . . . . . . . . . . . 17
Diatribe de metris Catulli . . . . . . . . . . . . . . . 25
Carmina Catulli hendecasyllaba et varia . . . . . . . . 33
   I. Dedicatio ad Corn. Nepotem . . . . . . . . . . . 33
  II. In passerem Lesbiæ . . . . . . . . . . . . . . . 35
 III. Luctus in morte passeris . . . . . . . . . . . . 37
 IV. Dedicatio Phaseli . . . . . . . . . . . . . . . . 40
  V. Ad Lesbiam (hortatio amatoria) . . . . . . . . . 44
 VI. Ad Flavium (percunctatio de amoribus) . . . . 46
VII. Ad Lesbiam (basiorum postulatio) . . . . . . . 49
VIII. Ad se ipsum (querelæ de infelici amore) . . . . 50
 IX. Ad Verannium (congratulatio de reditu) . . . . 53
  X. De Vari Scorto (lepida narratio) . . . . . . . . 54
 XI. Ad Furium et Aurelium (mandata de remittendo perfidæ nuncio) . . . . . . . . . . . . . . 60
XII. Ad Asinium Marrucinum (postulatio de furto) 64
XIII. Ad Fabullum (vocatio ad cœnam) . . . . . . . . 66
XIV. Ad Calvum Licinium (querela de munere pessimorum carminum) . . . . . . . . . . . . . . 68

# TABULA.

| | |
|---|---|
| XV. Ad Aurelium (commendatio pueri amati) Pag. | 72 |
| XVI. Ad Aurelium et Furium (recriminatio comminatoria)................ | 74 |
| XVII. Ad Coloniam (lusus in stupidum quemdam maritum)................ | 75 |
| XVIII. Ad hortorum Deum (dedicatio agelli Priapo)................... | 80 |
| XIX. Hortorum Deus (comminatio Priapi in fures)................... | 82 |
| XX. Hortorum Deus (idem argumentum).. | 85 |
| XXI. Ad Aurelium (exprobratio penuriæ simul et libidinis, vid. c. xv.)........... | 87 |
| XXII. Ad Varrum (irrisus inficeti auctoris pessimos versus in libro ornatissimo scribentis)..................... | 90 |
| XXIII. Ad Furium (exprobratio paupertatis).. | 93 |
| XXIV. Ad Juventium puerum (objurgatio de amato Furio)................. | 95 |
| XXV. Ad Thallum (postulatio de furto)..... | 96 |
| XXVI. Ad Furium (lusus de æris alieni, qua Catullus urgetur, mole)........... | 99 |
| XXVII. Ad Pocillatorem puerum (laus Falerni) | 100 |
| XXVIII. Ad Verannium et Fabullum (conquestio de Memmii tenacitate dolosa)..... | 101 |
| XXIX. In Cæsarem (exprobratio de prodigentia erga Mamurram)............. | 104 |
| XXX. Ad Alphenum (querimonia de infidelitate)..................... | 108 |
| XXXI. Ad Sirmionem peninsulam (congratulatio ob suum reditum)........... | 110 |
| XXXII. Ad Ipsithillam (efflagitatio admissionis amatoriæ).................... | 112 |
| XXXIII. In Vibennios (exprobratio furtorum).. | 113 |
| XXXIV. Ad Dianam (triplicis Deæ laudes)..... | 114 |

## TABULA.

XXXV. Cæcilium invitat............Pag. 117
XXXVI. In Annales Volusii (pessimi scriptoris ludificatio).................. 120
XXXVII. Ad contubernales (comminatio in mœchos puellæ suæ)................ 123
XXXVIII. Ad Cornificium (querela de silentio debentis solatia)................. 124
XXXIX. In Egnatium (ludificatio inepti risus dentiumque ostentationis).......... 128
XL. Ad Ravidum (ultio lacessentis)...... 130
XLI. In amicam Formiani (reprehensio stultæ arrogantiæ)................ 131
XLII. In quamdam (insectatio furti)....... 133
XLIII. In amicam Formiani (indignatio ob illam cum Lesbia comparatam)....... 135
XLIV. Ad Fundum (lusus in Sextium divitem frigida scripta convivis legentem).... 137
XLV. De Acme et Septimio (imago mutui amoris)...................... 140
XLVI. Ad se ipsum de adventu veris (profectionis apparatus)................ 143
XLVII. Ad Porcium et Socrationem (insectatio in comites Memmii dilectos)........ 145
XLVIII. Ad Juventium (osculandi cupiditas) .. 147
XLIX. Ad M. T. Ciceronem (gratiarum actio) 148
L. Ad Licinium (narratio lusus poetici).. 148
LI. Ad Lesbiam (significatio ardentissimi amoris ex Sapphus carmine conversa). 151
LII. Ad seipsum de Struma et Vatinio (insectatio in duo magistratuum dehonestamenta)...................... 154
LIII. De quodam et Calvo (dictum cujusdam e turba Calvi eloquentiam admirantis) 155
LIV. Ad Cæsarem (insectatio spurcitiei)... 157

## TABULA.

LV. Ad Camerium (objurgatio de celato amoris fructu) .................... Pag. 158
LVI. Ad Catonem (cachinnatio de pueruli protervo tirocinio) .................. 164
LVII. Ad Mamurram et Cæsarem (ludificatio illorum unanimitatis) .............. 165
LVIII. Ad Cælium de Lesbia (procacissima libidinis notatio) .................... 167
LIX. De Rufa et Rufulo (sordidissimi conjugii insectatio) ..................... 168
LX. Fragmentum imprecationis .......... 170
LXI. In nuptias Juliæ et Manlii (epithalamium) 171
LXII. Carmen nuptiale amœbeum et dactylicis versibus senariis conscriptum ........ 197
LXIII. De Aty (carmen Galliambicum) ...... 207
    argumentum ............... 207
    diatribe de metro Galliambico.. 208
    carmen .................... 212
LXIV. Epithalamium Pelei et Thetidos ....... 225
    Argumentnm .................... 225
    Carmen ........................ 231

C. Valerii Catulli Carmina. Pars altera, quæ Elegiaca continet ........................ 287
Præfatio Doeringii ...................... 289
Novi editoris annotatio in versus Catulli elegiacos. 291
LXV. Ad Hortalum (obtestatio amicitiæ dum elegiam Callimachi latine redditam mittit, et luctus in morte fratris) ............. 293
LXVI. De coma Berenices ............... 297
LXVII. Ad januam mœchæ cujusdam (narrat Janua quæcunque furta in amore domina fecerit) ...................... 313
LXVIII. Ad Manlium (obtestatio amicitiæ et grati animi, intercedente longo Laodamiæ epi-

| | sodio et querelis de fratris morte) Pag. | 319 |
|---|---|---|
| LXIX. | Ad Rufum (ludificatio viri qui ob tetrum alarum odorem a puellis spernitur) | 345 |
| LXX. | De inconstantia feminei amoris | 346 |
| LXXI. | Ad Virronem (duorum ludificatio, alterius podagra, alterius alarum fœtore, laborantium) | 347 |
| LXXII. | Ad Lesbiam (objurgatio ob perfidiam) | 349 |
| LXXIII. | In ingratum | 351 |
| LXXIV. | In Gellium (exprobratio nefandæ libidinis) | 351 |
| LXXV. | Ad Lesbiam (exprobratio perfidiæ) | 352 |
| LXXVI. | Ad se ipsum (querimonia de impotenti amore quem deponere frustra conatur) | 353 |
| LXXVII. | Ad Rufum (insectatio in perfidum amicum) | 356 |
| LXXVIII. | De Gallo (ultio in infamem amorum suorum interceptorem) | 357 |
| LXXIX. | In Lesbium (detrectatio prælati rivalis) | 359 |
| LXXX. | Ad Gellium (inquisitio de fœdo libidinis genere) | 360 |
| LXXXI. | Ad Juventium (objurgatio ob alium sibi prælatum) | 361 |
| LXXXII. | Ad Quintium (deprecatio ut parcat poetæ amoribus) | 362 |
| LXXXIII. | In maritum Lesbiæ (interpretatio Lesbiæ adversus Catullum maledicentiæ) | 362 |
| LXXXIV. | De Arrio (lusus de vitioso pronuntiandi genere) | 364 |
| LXXXV. | De amore suo (professio amantis inviti) | 365 |
| LXXXVI. | De Quintio et Lesbia (discriminis inter pulchram et formosam definitio) | 366 |
| LXXXVII. | Vid. Carm. LXXV in notis p. 352. | |

## TABULA.

| | |
|---|---|
| LXXXVIII. In Gellium (exprobratio nefariæ libidinis).......................Pag. | 367 |
| LXXXIX. De eodem (idem argumentum)..... | 368 |
| XC. In eumdem (idem argumentum).... | 369 |
| XCI. In eumdem (insectatio in perfidum suæ puellæ corruptorem)............. | 370 |
| XCII. De Lesbia (deprehensio amoris in assiduitate maledicendi)............ | 371 |
| XCIII. In Cæsarem (contemptus significatio) | 372 |
| XCIV. In Mentulam (cinædi mœchantis ludificatio)...................... | 373 |
| XCV. De Smyrna Cinnæ poetæ (irrisus Volusii cum Cinnæ laudibus conjunctus) | 374 |
| XCVI. Ad Calvum de Quintilia (collaudatio amoris vel erga mortuum servati)... | 376 |
| XCVII. In Æmilium (exprobratio obscenitatis) | 377 |
| XCVIII. Ad Vettium (cavillatio de lingua improba)...................... | 379 |
| XCIX. Ad Juventium (querimonia de sævitia fastidientis basium).............. | 380 |
| C. De Cælio et Quintio (fausta precatio pro illius amore).............. | 381 |
| CI. Inferiæ ad fratris tumulum........ | 382 |
| CII. Ad Cornelium (pollicitatio taciturnitatis) | 383 |
| CIII. Ad Silonem (insectatio in perjurum lenonem)..................... | 384 |
| CIV. Ad quemdam de Lesbia (vindicatio importunæ loquacitatis)............ | 385 |
| CV. In Mentulam (ludificatio de infelici poeticæ artis studio)............. | 385 |
| CVI. De puero et præcone (cavillatio de amborum conversatione)............ | 386 |
| CVII. Ad Lesbiam (congratulatio ob reconciliatum amorem).. ............. | 386 |

CVIII. In Cominium (atrox imprecatio)..Pag. 388
CIX. Ad Lesbiam (vota pro amoris perennitate) .......................... 389
CX. Ad Aufilenam (insectatio in meretricem perjuram) ...................... 389
CXI. Ad eamdem (exprobratio incesti amoris) 391
CXII. In Nasonem (cavillatio in pathicum)... 392
CXIII. Ad Cinnam (de insigniter aucto mœchorum numero)..................... 393
CXIV. In Mentulam (exprobratio prodigalitatis) 394
CXV. In eumdem (idem argumentum)..... 395
CXVI. Ad Gellium (contemptio lacessentis).. 396
Catulli carmina in Græcam linguam a viris doctis translata ............................. 398
Mureti Galliambus in Bacchum.............. 408
Commentatio abbatis Arnaud de Catullo gallice scripta................................ 410
Index editionum Catulli.................... 439
Index in Catulli contextum ................ 463
Index onomasticus et geographicus .......... 565
Index in annotationes et varietatem lectionis..... 573
Dissertatio de epithalamio Manlii et Juliæ, et idem carmen gallicis versibus translatum......... 583
Præfatio ................................. 584
Dissertation sur l'épithalame............... 585
Traduction de l'épithalame, en vers français..... 586
De coma Berenices dissertatio Italica.......... 600

In hac recudenda Catulli carminum editione ordinem qui fere omnibus tum manuscriptis tum impressis libris tenetur, servavimus; quam vero Grammatici dum statuerent, magis ad metrorum varietates quem ad rerum discrimina attendebant. Commodius forsan, ratione argumentorum habita, carmina ita digerere fuisset :

# TABULA.

### Heroica.
Carmina LXIII, LXIV.

### Amatoria.
Carmina II, III, V, VI, VII, XV, XXXII, XLV, XLVIII, LV, LXII, LXXII, LXXV, LXXXI, LXXXII, LXXXV, LXXXVI, XCII, XCVI, XCIX, C, CVII, CIX.

### Epigrammatica.
Carmina XII, XIV, XV, XVI, XVII, XXI, XXII, XXIII, XXIV, XXV, XXVI, XXVIII, XXIX, XXXIII, XXXVI, XXXVII, XXXIX, XL, XLI, XLII, XLIII, XLIV, XLVII, LII, LIV, LVII, LVIII, LIX, LX, LXVII, LXIX, LXX, LXXI, LXXIII, LXXIV, XXLVII, LXXVIII, LXXIX, LXXX, LXXXIII, LXXXIV, LXXXVIII, LXXXIX, XC, XCI, XCIII, XCIV, XCV, XCVII, XCVIII, CIII, CIV, CV, CVI, CVIII, CX, CXI, CXII, CXIII, CXIV, CXV, CXVI.

### Lyrica.
Carmina XI, XXXIV, LI, LXI.

### Querula.
Carmina XXX, XXXVIII, LXV, LXVIII, LXXVI, CI.

### Varia.
Dedicationes I, IV, XVIII.
Vocationes XIII, XXVII, XXXV.
Gratulationes. Gratiarum actiones. Officiorum obtestationes. IX, XXXI, XLVI, XLIX, CII.
Narrationes facetæ X, L, LIII, LVI, LX.
Inscriptiones XIX, XX.

## FINIS.

## Conditions de la Seconde Souscription.

La collection complète des *Classiques Latins* se compose de 150 gros volumes grand in-8 beau papier, imprimés par Didot, et entièrement publiés, à 4 fr. 50 c. le volume; total : 675 fr. au lieu de 1981 fr. 50 c., prix de la première souscription.

Les livraisons seront de 2 ou 4 volumes tous les dix jours, ou d'un plus grand nombre, au choix des souscripteurs. On versera, en souscrivant, 9 fr. imputables sur les deux derniers volumes. Pour les départements et l'étranger, chaque ballot de 10 volumes coûtera en sus pour l'emballage 50 c., et 75 c. pour 20 volumes; le port à la charge du souscripteur.

En prenant dès à présent livraison de toute la collection, les 150 volumes ne coûteront que 625 fr. y compris emballage et port pour la France; 330 fr. pour chaque moitié, et 170 fr. pour chaque quart de la collection.

Après les 25 premiers souscripteurs le prix sera porté à 6 fr. le volume.

Vu le petit nombre d'exemplaires on ne servira que les 50 premiers souscripteurs à la collection complète.

Quelques exemplaires des divers auteurs se vendent séparément au prix de

| vol. | | fr. | | fr. | vol. | | fr. | | fr. |
|---|---|---|---|---|---|---|---|---|---|
| 1 Catulle, | | 6 | au lieu de | 16. | 1 Properce, | | 8 | au lieu de | 16. |
| 20 Cicéron, | | 100 | — | 305. | 3 Quinte-Curce, | | 17 | — | 50. |
| 3 Claudien, | | 11 | — | 37. | 7 Quintilien, | | 35 | — | 94. |
| 1 Florus, | | 6 | — | 13. | 10 Sénèque, phil. et trag. | | 50 | — | 146. |
| 3 Horace, | | 18 | — | 38. | 2 Silius Italicus, | | 10 | — | 32. |
| 1 Justin, | | 6 | — | 16. | 4 Stace, | | 20 | — | 61. |
| 3 Juvénal et Perse, | | 16 | — | 49. | 2 Suétone, | | 14 | — | 58. |
| 2 Juvénal seul, | | 12 | — | 52. | 3 Térence, | | 16 | — | 38. |
| 3 Lucain, | | 16 | — | 38. | 1 Tibulle, | | 6 | — | 16. |
| 3 Martial, | | 16 | — | 48. | 13 Tite-Live, | | 65 | — | 163. |
| 10 Ovide, | | 60 | — | 125. | 2 Val. Flaccus, | | 10 | — | 27. |
| 1 Les Métamorphoses en grec, | | 6 | — | 16. | 3 Val. Maxime, | | 13 | — | 35. |
| 2 Phèdre, | | 12 | — | 37. | 1 Vell. Paterculus, | | 6 | — | 16. |
| 4 Plaute, | | 24 | — | 61. | 8 Poetæ minores, | | 36 | — | 113. |
| 13 Pline l'ancien, | | 65 | — | 186. | 4 César. | | | | |
| 2 La zoologie avec notes de Cuvier, | | 12 | — | 30. | 1 Corn. Nepos. 1 Salluste, 6 Tacite, | | Ne se vendront pas séparément. | | |
| 2 Pline le jeune, | | 10 | — | 25. | 9 Virgile, | | | | |

### T. LUCRÈCE, servant de complément à la Collection.

2 VOLUMES, qui seront livrés aux souscripteurs à la collection complète, au prix des autres volumes.

*N. B.* Quelques volumes incomplets de la première souscription circulant dans le commerce, on ne garantit que les exemplaires revêtus de la présente couverture et provenant de la seconde souscription.

Imprimerie de H. Fournier et comp., rue de Seine, 14.

www.ingramcontent.com/pod-product-compliance
Lightning Source LLC
Chambersburg PA
CBHW050327240426
**43673CB00042B/1553**